BIBLIOTHÈQUE

DE L'ÉCOLE

DES HAUTES ÉTUDES

PUBLIÉE SOUS LES AUSPICES

DU MINISTÈRE DE L'INSTRUCTION PUBLIQUE

SCIENCES PHILOLOGIQUES ET HISTORIQUES

QUATRE-VINGT-DOUZIÈME FASCICULE

ÉTUDES DE PHILOLOGIE NÉO-GRECQUE
RECHERCHES SUR LE DÉVELOPPEMENT HISTORIQUE DU GREC
PUBLIÉES PAR JEAN PSICHARI

PARIS
ÉMILE BOUILLON, LIBRAIRE ÉDITEUR
67, RUE RICHELIEU, 67

1892

ÉTUDES

DE

PHILOLOGIE NÉO-GRECQUE

RECHERCHES SUR LE DÉVELOPPEMENT HISTORIQUE

DU GREC

CHARTRES. — IMPRIMERIE DURAND, RUE FULBERT.

ÉTUDES
DE
PHILOLOGIE
NÉO-GRECQUE

RECHERCHES SUR LE DÉVELOPPEMENT HISTORIQUE

DU GREC

PUBLIÉES PAR

JEAN PSICHARI

DIRECTEUR ADJOINT A L'ÉCOLE PRATIQUE DES HAUTES ÉTUDES

PARIS
ÉMILE BOUILLON, LIBRAIRE ÉDITEUR
67, RUE RICHELIEU, 67

1892

A

M. GASTON PARIS

PRÉSIDENT

DE LA SECTION D'HISTOIRE ET DE PHILOLOGIE

A

L'ÉCOLE PRATIQUE DES HAUTES ÉTUDES

PRÉFACE

OBJET DE CE LIVRE.

Ce volume est destiné à servir d'introduction aux études néo-grecques ; je n'entends point par là les études grammaticales seulement, mais aussi les études historiques ou littéraires dont le néo-grec peut devenir l'objet. Le présent recueil essaye de tracer les frontières scientifiques de notre domaine, ou plutôt tente de découvrir quelques-unes des innombrables directions où courent ces études encore récentes. Il règne à cet effet un petit malentendu dans le monde philologique. L'étude du néo-grec n'est pas l'étude du grec moderne. L'état actuel de la langue et de ses nombreux dialectes est l'aboutissement de forces séculaires ; c'est sur ce passé que porte précisément notre attention. A nos conférences, nous supposons même volontiers que nos auditeurs possèdent les premières notions du grec moderne, qu'ils le parlent ou tout au moins qu'ils le lisent couramment, et n'ont plus alors à s'occuper que de l'évolution à laquelle est dû l'état nouveau. Nous n'enseignons pas plus le grec moderne que les romanistes n'enseignent le français de nos jours. Notre histoire commence beaucoup plus tôt. A proprement parler, elle remonte aux origines mêmes du grec et presque à sa première apparition dans la famille indo-européenne. Nous avons cette chance inouïe de posséder depuis trois mille ans des textes qui constituent une tradition écrite ininterrompue. Grâce à cette circonstance exceptionnelle, nous pouvons suivre, dans un développement dont l'harmonie satisfait l'esprit sans cesse, les changements progressifs qui s'accomplissent à travers les âges. C'est ici qu'il devient curieux de constater, aux époques les plus reculées, l'origine d'un phénomène dont les conséquences dernières ne se font sentir que de nos jours ; de cette façon, le grec moderne entre dans sa pleine lumière, et son histoire nous apparaît dans son intégrité. Pour saisir toute la valeur et pour goûter en quelque sorte la saveur nouvelle d'une locution telle que οὐδὲν ἔτισεν dans Homère ou οὐδὲν παυσάμενος dans Aristophane, il faut savoir qu'aujourd'hui οὐδέν, c'est-à-dire δέν, a pris définitivement le sens d'une particule négative.

Le *néologisme* homérique nous attire alors comme une première palpitation de la vie. Nous sommes, plus que les romanistes, obligés d'avoir constamment recours à ces textes primordiaux. En effet, le grec moderne, dans le système grammatical qu'il nous révèle aujourd'hui, est encore de fraîche date. Il se trouve à l'état du français de la Chanson de Roland, ou même, si l'on veut y mettre le grain de sel, à l'état du latin vulgaire entre le IIe et le IVe siècle de notre ère. Le grec conserve encore intactes à l'heure qu'il est quatre flexions distinctes, dans les noms de la deuxième déclinaison, au nominatif ἀδερφός, au gén. ἀδερφοῦ, à l'acc. ἀδερφό, au voc. ἀδερφέ (= ἄδελφε, à cause du nomin., etc.), et l'analogie ne s'est attaquée à ce dernier cas que dans certaines conditions spéciales : Πέτρο, Χάρο, etc. Les paradigmes ἡ τύχη, τῆς τύχης, τὴν τύχη, ἡ μοῖρα, etc., ὁ πατέρας (sur νεανίας), τὸν πατέρα, τοῦ πατέρα (où l'α dorien n'a rien à voir), continuent de subsister. Nous sommes donc relativement en retard. Je répète expressément cette opinion, car il n'y a pas longtemps, un critique, évidemment mal informé dans cette circonstance, me reprocha d'avoir mis sur le même pied le développement parallèle du néo-grec et des langues romanes. Au contraire, nous sommes encore bien loin du français moderne, et même, à plusieurs égards, de l'italien. Pour retrouver dans nos études l'équivalent de ce que peut être, comme document linguistique, pour les romanistes, l'Histoire des Francs de Grégoire de Tours, il faut que nous remontions jusqu'à Polybe, c'est-à-dire deux cents ans avant le Nouveau Testament. Chez Polybe nous apparaît la κοινή, d'où le néo-grec dérive: syntaxes, locutions, sens des mots, tout y tient le milieu et forme comme une transition entre l'usage ancien et l'usage qui plus tard prévaudra. Un linguiste athénien a qualifié le style de Polybe de *Kanzleistil*, à un moment où il ignorait encore le travail de Jerusalem et ne pouvait comprendre, par conséquent, dans quel sens on entendait cette expression pour Polybe. Si l'on retrouve dans l'inscription de Sestos la grammaire et le vocabulaire polybiens, c'est que la langue commune se faisait jour dans l'un et l'autre de ces documents. Ce linguiste a donc eu tort d'appliquer à Polybe l'appréciation qu'il fait des auteurs médiévaux, dont la langue populaire est également pour lui, avec tout aussi peu de raison, un style de chancellerie. Polybe nous appartient tout entier. Il faut le ranger parmi nos incunables. Et de là vient cette situation particulière qui nous est faite, et qui nous force à pousser dans le domaine ancien de perpétuelles reconnaissances, que les romanistes n'ont pas toujours à faire dans le latin classique.

Ce point de vue a déjà été exposé ailleurs, et j'y reviendrai encore tout à l'heure à propos du travail de Derk Hesseling. Mais il ne s'agit pas seulement d'envisager le néo-grec dans son développement interne en quelque sorte. Une tâche plus attrayante encore s'impose à nos recherches ; il nous faut faire maintenant la géographie de nos études. Quels sont les pays dont l'histoire n'a pas été un moment mêlée à l'histoire grecque, par conséquent à l'histoire de la langue, à l'histoire des idées ? Nous touchons à la vieille Rome, à la décadence de l'empire romain, à son absorption par Byzance, plus tard à toute l'histoire romane, si je puis dire, par l'Italie, l'Espagne, la France et la Roumanie. D'un autre côté, nous avons les Slaves, l'Orient proprement dit, avec les Persans, les Arabes et les Turcs, et, à remonter plus haut encore, avec les peuples sémitiques dont l'influence sur la Grèce s'était fait sentir par des contacts intellectuels et sociaux, manifestes encore en nombre de mots qui subsistent aujourd'hui dans le parler populaire. En vérité, on se sent pris, devant nos études, d'un profond découragement, quand on voit leur étendue immense et que c'est à peine si l'on peut s'arrêter un instant à méditer devant chacun de ces horizons infinis.

Les divers travaux qui composent ce volume n'ont pas été choisis au hasard par le maître de conférences. Il les a d'abord en partie traités à ses cours, distribués ensuite, souvent avec un plan tracé d'avance aux auteurs. Tout à l'heure, j'entrerai dans le détail, pour déterminer la part qui revient à chacun de nous. Je voudrais pour le moment me laisser aller, à leur propos, à quelques réflexions générales, montrer le lien qui unit ces travaux l'un à l'autre, et les conclusions qui peuvent se dégager de leur ensemble.

I.

GRAMMAIRE HISTORIQUE. HISTOIRE INTÉRIEURE DU GREC.

Les mémoires qu'on va lire forment chacun un chapitre de cette introduction aux études néo-grecques dont je parlais tout à l'heure. Le travail de D. Hesseling vient en tête. Il s'agissait d'abord de montrer en quoi et comment l'histoire du grec s'offre à nous avec une continuité saisissante depuis ses origines jusqu'à nos jours. Cette démonstration a été faite là même où elle était le moins attendue. On sait que le grec moderne a perdu l'infinitif; on connaît aussi les différentes explications qui ont été données à tour de rôle de ce phénomène surprenant à première vue. D. Hesseling a trouvé dans le développement organique du grec les raisons de cette perte de l'infinitif; il en a suivi les phases, il a marqué les vestiges, encore persistants dans la langue commune aussi bien que dans certains dialectes, de cette forme périmée. L'extrême facilité que la construction avec l'article offrait au grec à partir de l'époque classique a répandu à profusion à un certain moment les infinitifs pris substantivement. De là, l'extinction graduelle de cette catégorie grammaticale qui ne devait plus se retrouver que dans certaines formes verbales, où elle ne pouvait pas devenir substantif comme ailleurs. Cette explication très simple et d'une belle élégance philologique fait le fond de ce mémoire. Il est curieux de voir l'infinitif, qui commence par être un datif dans δό-μεν-αι, ne plus se conserver aujourd'hui que comme nom.-accus., et génitif, dans φαγί (φαγεῖν), φαγιοῦ, φιλί, φιλιοῦ, fléchis. D. Hesseling constate ainsi que l'état actuel de la langue rejoint en quelque sorte ses origines indo-européennes.

Je regrette de n'avoir pu donner place dans ce volume au travail qui avait suscité celui de D. Hesseling. Mon attention était continuellement sollicitée par les divers *appunti* que j'avais à revoir. Aussi n'ai-je pu toucher à un petit problème qui me tient fort à cœur, relativement à quelques points de syntaxe historique et même de critique verbale. Au début de l'année où j'avais d'aussi excellents auditeurs à la Conférence, j'ai essayé de faire la monographie de la préposition εἰς. J'ai commencé par résumer dans deux ou trois leçons les destinées phonétiques de cette préposition, qui se présente à nous d'abord sous la forme ἐν, d'où, sur le modèle de ἐξ (ἐκς ἀγορᾶς), εἰς dérive tout naturellement, depuis la lumineuse explication de Brugmann, qui est plus qu'une simple hypothèse et que confirme, à mon sens, le traitement analogue du pamphylien ἰς, qui est à ἰνς ce que ἐς est à ενς. Pour ceux qui sont au courant du traitement de l'aphérèse au moyen âge et de l'influence syntaxique des pronoms à initiales vocaliques, dont il est question dans la préface de Simon Portius, il n'y aura point de surprise à voir dans le σ de στόν, στήν (στό, στή, devant spirantes) et dans le σε de σέ τέτοιο, σέ κῆπο, etc., etc., les représentants phonétiques réguliers du pg. εἰς. Je me suis ensuite particulièrement attaché, dans une série de leçons, à la construction de εἰς avec l'accusatif et de ἐν avec le datif, qui marquent, comme on dit, le mouvement et le repos. Il semble extraordinaire à première vue que ἐν ait été complètement évincé de ses fonctions et que εἰς soit resté seul à remplir les deux rôles. Si l'on suit attentivement les textes et les inscriptions depuis l'époque attique, on se persuade facilement qu'ici pas plus qu'ailleurs il n'y a eu de saut brusque, et que la substitution s'est faite sans qu'on puisse avec exactitude déterminer le moment où elle s'est accomplie. Elle était en germe dans le sens même de la préposition, si bien que εἰς a dû avoir de tout temps la tendance à marquer le repos et que ἐν, inversement, s'est associé aux verbes de mouvement, sans parler ici des archaïsmes tels que ἐν Δελφοῖς, etc. Une nuance de sens très légère sépare εἰς de ἐν ; il suffit de penser à la double construction καταθεῖναι εἰς πόλιν et καταθεῖναι ἐν ἀκροπόλει, ou simplement de se rappeler que ἐμβάλλω et εἰσβάλλω, suivant la remarque de Madvig, se construisent tous les deux avec εἰς. Cette alternance dans les fonctions s'observe surtout chez Polybe ; dans le Nouveau Testament, il paraît à peu près certain que εἰς avec l'accusatif s'est dit même avec un verbe comme εἶναι, où il n'y a plus aucune idée de mouvement. Les raisons théologiques qu'on a invoquées pour rendre compte de cet emploi dans saint Jean ne semblent pas avoir grande valeur, et ὁ ὤν εἰς τὸν κόλπον τοῦ πατρός n'implique que le repos. Mais ce n'est pas du premier coup qu'on est arrivé à parler ainsi. Une très mince cloison psychologique séparait d'abord le sens attaché à chacune de ces prépositions. Il faut se représenter ici l'extrême vivacité de l'esprit grec, et se persuader encore une fois que la grammaire et la psychologie constituent une seule et même étude. Il suffit que l'idée de mouvement ait précédé pour que le verbe suivant, bien que marquant le repos, soit susceptible de l'accusatif avec εἰς. Qu'un participe aoriste marque un léger déplacement, ou qu'un participe futur emporte tout simplement la signification d'un but à remplir dans l'avenir, et aussitôt la pensée du narrateur oublie tout repos. Aussi ne faut-il plus être étonné de lire dans Polybe des phrases telles que celle-ci, où se manifeste cette psychologie d'anticipation : ἀναλαβὼν ἱππεῖς πεντακοσίους... παρῆν εἰς τὴν Καρχηδόνα, ou bien : Ἀννίβας παρῆν αὖθις μετὰ τῶν δυνάμεων παραχειμάσων εἰς καινὴν πόλιν. De même ne sera-t-il pas extraordinaire de rencontrer deux siècles plus tard une proposition telle que celle-ci, dans des conditions morales analogues aux précédentes : ἔθνεν εἰς Σικελίαν. Déjà dans Thucydide, nous avions ἦν ξύνοδος εἰς Δῆλον, et, sur les inscriptions de la meilleure époque, à Athènes même, au IVe siècle, ἀναγράψαι ἐν στήλῃ alterne avec ἀναγράψαι εἰς στήλην. Dans ce dernier exemple, l'accusatif est tout simplement amené par l'idée du mouvement que fait la main vers la stèle et par l'opération du gravage (songer au sens de *scribo*), qui implique une direction du dehors au dedans; de même εἰς στήλην χαλκῆν γράψαντες, etc.

Cette distinction entre les deux syntaxes s'effacera naturellement avec une plus grande rapidité dans certaines locutions, où la règle grammaticale du datif et de l'accusatif disparait par la facilité qu'ont ces locutions à s'associer tantôt avec le mouvement, tantôt avec le repos. J'ai été un jour très frappé par une phrase que j'ai entendu dire à une bonne allemande, qui parlait sa langue très correctement ; elle venait de punir l'enfant, qui décidément ne voulait pas *rester* dans le coin ; elle rendait compte de cette désobéissance avec vivacité : « Er will nicht in die Ecke bleiben » ; et immédiatement après, presque sans intervalle, venait l'explication : « Wenn mann ihn in die Ecke stellt, etc. (une phrase quelconque signifiant que l'enfant disait ou faisait telle ou telle chose dans ces moments) ». Cet exemple est tout à fait remarquable : ainsi, il a suffi que le sens général de mouvement ait dominé dans l'esprit du sujet, pour qu'elle ait employé l'accusatif par attraction, plutôt même par précipitation. On retrouve un équivalent de ce procès psychique dans certains versets du Nouveau Testament: ὑμῖν γάρ ἐστιν ἡ ἐπαγγελία καὶ τοῖς τέκνοις ὑμῶν, καὶ πᾶσι τοῖς εἰς μακράν, ὅσους ἂν προσκαλέσηται Κύριος ὁ Θεὸς ἡμῶν. Winer compare l'allemand: die in 's Weite hin wohnenden, et s'étonne que sa propre langue explique mieux le grec que celui-ci ne se laisse expliquer par lui-même; mais il n'y a rien là de particulier à un pays ; ce sont des méprises communes à tous les hommes ; εἰς μακράν est amené par ἐπαγγελία, la prédication qui doit *se répandre* au loin. Un autre verset de l'Évangile de saint Marc est encore plus saisissant : Καὶ πάλιν εἰσῆλθεν εἰς Καπερναοὺμ δι' ἡμερῶν καὶ ἠκούσθη ὅτι εἰς οἶκόν ἐστι; Jésus rentre à Capharnaüm et l'on apprend qu'il est chez lui, ou plus exactement, qu'il vient de rentrer chez lui, ce qui suppose un premier mouvement : c'est exactement la phrase allemande de tout à l'heure, in die Ecke bleiben, etc. Toutes les fois qu'il s'agit d'un endroit où l'on ne fait qu'entrer et sortir, comme une maison, un champ, un lit, le mouvement peut subsister en quelque sorte, même au repos, et le verset suivant de saint Luc nous donne ce double confluent de la pensée, où le repos et le mouvement se mêlent de très près ; ⁵Ἦν δὲ τὰς ἡμέρας ἐν τῷ ἱερῷ διδάσκων· τὰς δὲ νύκτας ἐξερχόμενος ηὐλίζετο εἰς τὸ ὄρος τὸ καλούμενον Ἐλαιῶν. Εἰς τὴν κοίτην εἰσίν, εἰς τὸν ἀγρὸν ὤν, se lisent ainsi dans le Nouveau Testament, toutes les fois que l'idée de mouvement flotte, pour ainsi dire, autour de ces locutions. Mais ces constructions n'ont rien de particulier à la langue du Nouveau Testament; nous en avons vu plus haut de tout à fait semblables chez Polybe ; ἀπαντᾶν εἰς Σάρδεις, par exemple, ne présente plus aucune différence à cet égard avec le Nouveau Testament. Mais il est difficile de dire que cette syntaxe soit particulière même à Polybe ; nous en avons vu des exemples beaucoup plus anciens que Polybe ; on connaît aussi le στὰς εἰς μέσον de Xénophon, et le καταπεφευγέναι ἐν τόπῳ de Platon, où c'est ἐν qui est pour εἰς, mais où l'entraînement est le même ; cette *analogie* s'explique par des raisons de psychologie générale. On finit ainsi par s'apercevoir que mouvement et repos sont des conceptions purement relatives et que les règles formulées à cet égard sont dues en grande partie aux grammairiens, qui se prononcent souvent d'après la majorité des cas. On en arrive à se demander si, dans les auteurs classiques eux-mêmes, quand nous rencontrons εἰς avec l'accusatif, après un verbe de repos, nous sommes toujours en droit de corriger. Par exemple, les éditeurs n'hésitent jamais à rétablir ἐν δόμοις au lieu de ἐς δόμους dans ce vers de l'*Ajax* de Sophocle : Ἐμοὶ μὲν ἀρκεῖ τοῦτον ἐν δόμοις μένειν ; les manuscrits donnent ἐς δόμους. Les éditeurs, il faut bien en convenir, se décident sur la foi d'un canon grammatical ; car, enfin, il est difficile d'invoquer d'autres raisons. Paléographiquement, la substitution de ἐν δόμοις à ἐς δόμους ne saurait guère se justifier. R. Rauchenstein, dans les Jahrbücher, l'a bien compris ainsi „die änderung des unmöglichen ἐς δόμους der hss. in ἐν δόμοις ist zu wolfeil um glauben zu verdienen) ; mais il propose ἔνδοθεν, d'autant moins vraisemblable que, suivant sa propre remarque, il faudrait suppléer δόμων, d'après le contexte, et que, d'ailleurs, nous avons plus haut : ἀλλ' ἔνδον ἀρκείτω μένων. Schneidewin a pensé au εἰς ἐχθροὺς du vers précédent. On se demande alors pourquoi le scribe n'a pas écrit simplement εἰς et est allé chercher ἐς. L'emploi même de cette forme de la préposition (cf. ἐς κόρακας) nous avertit que nous sommes en présence d'une locution toute faite. La leçon des manuscrits paraît invraisemblable au premier abord, mais elle peut se défendre ; les mots ἐς δόμους peuvent être fort bien considérés comme une de ces expressions courantes dont nous avons parlé tout à l'heure. Elle peut ici surprendre d'autant moins qu'elle est en quelque sorte une légère ironie de la part d'Ulysse, répondant à Minerve, dont les mots εἰς ἐχθροὺς γελᾶν donnent une direction contraire à celle qu'Ulysse prétend faire prendre à Ajax : τί δρᾷς, Ἀθάνα; μηδαμῶς σφ' ἔξω κάλει.— Donc, qu'il rentre chez lui et qu'il y reste. Et ceci nous ramène à ce que nous disions plus haut de la confusion qui, dans la vie, s'établit nécessairement dans les âmes entre le repos et le mouvement. Enfin et surtout, il ne faut jamais oublier qu'il n'y a pas de moments où une langue finit et où elle commence ; elle est un seul et même développement continu ; des phénomènes ayant plus tard abouti sont en germe souvent dans le grec le plus ancien ; il peut être utile de reconnaître ce germe chez les écrivains de la plus belle époque.

Si on n'a pas sans cesse sous les yeux l'état moderne du

grec, les phénomènes analogues dans l'antiquité ou bien demeurent incompréhensibles, ou bien ne ressortent pas dans leur plein relief. Choisissons un exemple un peu gros, et pour cela, éloignons-nous de l'époque classique. On sait que les types πατέραν, μητέραν se rencontrent déjà chez les Septante, dans les papyrus et sur des inscriptions relativement anciennes. Supposons maintenant qu'au IVᵉ siècle de notre ère, à l'époque de Constantin, le grec ait définitivement cessé d'être parlé et que le latin ait partout pris sa place. Ces accusatifs perdraient tout intérêt et même toute signification. Ils n'ont de valeur que lorsqu'on les compare aux nominatifs modernes πατέρας, μητέρα qui leur doivent directement d'exister. Or, ces nominatifs n'apparaissent que plusieurs siècles plus tard. Ils ne se manifestent avec une entière abondance que chez les auteurs médiévaux, à partir du XIVᵉ siècle. Naturellement, il faut accorder ici plus d'importance à ces auteurs qu'aux papyrus astrologiques ou autres de l'Egypte. On trouvera dans les *Essais* le relevé complet des formes de ce genre, clairsemées dans les papyrus ; il faut en écarter, comme je l'avais déjà fait, l'*accusatif* ἀραβῶνα des papyrus du Louvre, p. 344, et non point 334, comme d'autres ont cité par erreur. L'éditeur imprime ἡ ἀρ., mais il est évident que le sens général de la phrase demande ἤ : « donne-lui telle somme ou un gage. » En revanche, on a ajouté dernièrement à ma liste, tout aussi mal à propos, le nominatif ἀέρας, du second volume de Leemans, paru depuis les *Essais*. Il appartiendrait au IIᵉ siècle de notre ère. Cet exemple a été choisi sans grande critique. Le passage où il se trouve est éminemment obscur, et Leemans a pensé qu'il pouvait n'y avoir là qu'un simple accident paléographique. Cette note n'a pas été lue sans doute, car elle aurait tout au moins demandé une discussion. L'exemple ne vaudra rien tant que le passage ne sera pas éclairci. Toujours est-il que ce texte ne saurait avoir la valeur d'un document grec proprement dit ; on y trouve aussi bien ι pour υ et même οι pour η ; or, d'après Karl Foy et Frédéric Blass, dont j'ai peut-être jadis à tort contesté l'opinion, υ, en grec, n'alterne guère qu'avec οι jusqu'au IXᵉ siècle environ. En tout cas, ces nominatifs ne sont que des apparitions sporadiques, et, si l'on ne connaissait pas le système grammatical du grec d'aujourd'hui, on serait tenté de les considérer comme des erreurs et par conséquent de les corriger. En effet, jusqu'au xᵉ siècle environ, nous n'avons pas à proprement parler de langue nouvelle ; jusque-là c'est moins le néo-grec qui se forme que la κοινή ancienne qui est en train de se déformer. J'entends par ces mots que si tout s'était arrêté là, l'expression de néo-grec n'aurait pas un sens pour nous, et qu'elle ne pourrait s'appliquer ni à l'inscription de Silko, ni aux discours des factions du Cirque à Constantinople, ni à Malalas, ni à Théophane, ni, en général, à aucun écrivain antérieur au xᵉ siècle, et pourtant, dans tous ces textes, le néo-grec est en germe. L'état nouveau qui s'y manifeste n'est sensible que pour nous, au moment où nous vivons, c'est-à-dire lorsque nous avons pu constater les conséquences dernières de cet état, où apparaissent tout d'abord, sur le fond ancien et traditionnel, des modifications encore légères et sans portée.

Mullach, dans ses *Conjectanea Byzantina,* a fait observer avec raison qu'en ne tenant pas compte du grec moderne, on corrigeait souvent à tort et à travers les écrivains byzantins. Certainement, par rapport aux écrivains classiques, la situation n'est pas tout à fait la même ; mais, à certains égards, elle est fort rapprochée. L'usage de εἰς avec l'accusatif peut très bien, par exemple, se manifester une première fois même chez Sophocle, *dans certaines conditions spéciales.* Pour dire ici toute ma pensée, je voudrais donc qu'il ne fût jamais permis de corriger un texte ancien, sans s'être préalablement informé de l'état correspondant du grec et, par suite, du développement de cette langue depuis ses origines. Ce qui nous paraît parfois une anomalie, n'est qu'un simple commencement. C'est dans ce sens et avec des précautions infinies à suivre dans ce rapprochement, que le grec moderne est un inséparable accompagnateur de l'étude du grec ancien.

On est quelque peu gêné, dans l'énoncé d'une opinion de ce genre, par ceux qui ont parlé à tout propos de l'*immortalité* de la langue grecque, et qui retrouvent exactement dans Homère le grec du premier dialecte moderne, qu'ils effleurent. Pour ceux-là, le grec n'a pas changé. Et que ceci serve à faire le départ entre les exagérations de ce bizarre point de vue et ce que nous avons dit nous-même à propos de εἰς. C'est au contraire parce que le grec a changé qu'il intéresse directement aujourd'hui le grec d'autrefois. Cette réflexion peut s'adresser également à ceux des philologues classiques qui sont trop dédaigneux de nos études. Car, de ce côté aussi, on se heurte à des préjugés non moins forts. Pour quelques-uns, il se trouve que tout ce qui est postérieur au IVe siècle avant notre ère ne mérite pas une seule veille. Or, le grec le plus attique s'éclaire souvent par la comparaison du néo-grec. Il ne sert de rien de l'appeler barbare ; un fait est certain, c'est que, depuis les origines jusqu'à nos jours, le grec constitue une seule et même langue, dont l'évolution n'a jamais été brusquement interrompue. Telle est la réalité qu'il est inutile de vouloir nier. Aussi convient-il d'opposer aux représentants de ces deux théories, aussi extrêmes l'une que l'autre, la simple doctrine de l'évolution qui concilie tous les partis.

Je vois qu'on n'est pas encore prêt à abandonner cette tendance surannée, qui portait certains philologues trop zélés à courir après tous les vestiges lexicologiques, mythologiques et moraux que l'Iliade semblait à leurs yeux avoir à tout jamais imprimés au sol grec. Dernièrement, on voulait bien me consulter sur les danses d'un charmant village de Chio et l'on me priait d'établir que ces danses remontaient à Homère. Sans doute, parce qu'Homère était aussi Chiote. De braves gens vivent sur cette fausse conception historique, qui nous laisserait calmes et même nous ferait sourire, si elle n'était un obstacle absolu à tout progrès sérieux. Dans la lexicographie grecque d'Autenrieth, on trouve encore un écho de tout le tapage qui s'est fait autour des origines du grec depuis les Ἄτακτα et les annotations dont Koray a cru devoir accompagner ses éditions d'auteurs grecs. Fauriel, qui fut en bien des choses un révélateur, n'hésite jamais, dans ses arguments klephtiques et dans son Introduction, à rapprocher les mots et les usages les plus récents des souvenirs de l'épopée. De même, Autenrieth mentionne dans une note, avec une certaine admiration, un livre sans critique, où il est toujours question de l'*immortalité* de la langue hellénique. Il est vrai que, dans le texte même, il veut nous garer contre le grec moyen et moderne ; c'est encore en quoi il verse dans l'autre excès. Hubert Pernot, dans son mémoire, a montré que la lexicographie ancienne elle-même pourrait s'enrichir par l'histoire phonétique de certaines formes. En cette matière, tout est encore dans l'ombre et nous aurons l'occasion d'y revenir à propos d'un autre travail de ce volume. Il est peut-être assez piquant que nous en venions, nous autres néo-grécisants, à ramener dans la bonne voie les philologues classiques eux-mêmes, après avoir protesté, avec Krumbacher, contre l'arrêt dont Pott frappait le grec moderne. Il semble en effet que ce temps soit déjà loin. Un grand progrès est accompli. Les linguistes, depuis déjà quelques années, ont fait une place au néo-grec dans leurs grammaires de grec ancien. Gustav Meyer et Victor Henry l'ont fait avec succès, si G. Curtius n'a pas toujours été très heureux ni très riche en ce genre de rapprochements, malgré la largeur et la curiosité d'esprit qu'il y apportait. Aujourd'hui, les philologues classiques se tournent aussi vers nous.

On ne saurait jamais remonter assez haut, si l'on a bien soin de se placer au point de vue évolutionnaire, dans les origines de la langue moderne. Il ne faut pas craindre de les trouver même chez le pur Sophocle. Nous voyons déjà dans l'Electre que ἔνι est employé exactement sur le même pied que ἔνεστιν. Electre dit : Ἄπελθε· σοὶ γὰρ ὠφέλησις οὐκ ἔνι, et Chrysothémis répond : Ἔνεστιν· ἀλλὰ σοὶ μάθησις οὐ πάρα. Au XII° siècle, dans le Spanéas, c'est décidément cet ἔνι qui l'emporte, et de cet ἔνι dérive, comme il fut dit ailleurs, le moderne εἶναι. Le sens s'est légèrement modifié avec le temps ; de même que *il y a* est devenu synonyme de *il est*, impersonnel, ἔνι, c'est-à-dire ἔνεστι, est devenu synonyme de ἐστί. Il ne l'est pas encore dans Sophocle, il ne l'est pas dans Xénophon, et, à y regarder de près, il ne l'est même pas encore dans le Nouveau Testament, contrairement à ce qu'un linguiste a cru y voir récemment, pour avoir examiné les choses avec sa rapidité habituelle. Il est évident que dans le verset célèbre de saint Paul : οὐκ ἔνι Ἰουδαῖος οὐδὲ Ἕλλην, le sens de ἔνεστι se justifie encore par le contexte. Je n'insiste pas, ayant jadis consacré à ce verbe quelques conférences dont les notes sont utilisées en ce moment par Hubert Pernot pour un travail étendu sur ἔνι. Mais si Sophocle et Spanéas diffèrent légèrement pour le sens, ils se rencontrent entièrement dans la forme : l'usage de ἔνι n'a donc fait que croître en force depuis Sophocle, et c'est ainsi qu'il en est venu lentement à se substituer d'abord à ἔνεστι, ensuite à ἐστί lui-même.

D'autres faits, plus curieux encore, attirent toute notre attention. On sait que le datif est un cas aujourd'hui disparu ; il n'est nullement téméraire d'affirmer que cette disparition commence déjà à se faire sentir chez Euripide. Je pense en ce moment au chef-d'œuvre de Tycho Mommsen, à cette courte dissertation où, en étudiant l'emploi de σύν et de μετά chez Euripide, il nous a donné de ce poète une idée plus profondément exacte, à mon sens, que ne l'ont jamais fait tous les développements de Bernhardy. Euripide commence à donner à μετά avec le génitif une importance à peu près égale, égale même d'après Mommsen, à celle qu'avait eue σύν avec le datif. Rappelons-nous d'autre part que μετά chez Homère garde encore le datif et reportons-nous maintenant à Isocrate qui ne présente plus de σύν. Le génitif l'emporte ainsi sur le datif, qui subit sa première atteinte. Dans le beau travail de Krebs, inspiré par Mommsen, nous voyons enfin que, chez Polybe, c'est l'accusatif qui décidément l'emporte sur le génitif. Et ce dernier résultat nous ouvre maintenant la juste fenêtre sur les destinées des εἰς et de sa substitution à ἐν. Les raisons psychologiques ne suffisaient pas, puisque ἐν lui-même, nous l'avons vu, s'employait à la place de εἰς (la liste des exemples serait longue). Si ἐν a disparu, c'est que le datif disparaissait de son côté. Ils se maintiennent encore l'un par l'autre chez Polybe, mais surtout dans des locutions consacrées, et avec un usage prépondérant de εἰς, qui déjà dans Euripide avait fait une belle entrée dans la langue.

C'est grâce à des monographies précises que de semblables résultats ont pu être conquis. Dans ces études, on ne voit plus la limite entre le grec ancien et le grec moderne. A approfondir un seul chapitre, un seul point précis d'une vaste histoire, on gagne une plus sûre vue d'ensemble sur l'histoire tout entière. M. Taine disait un jour, en causant, qu'il fallait faire des *trous*. Ce principe a toujours été celui de la science. Pour reconnaître la profondeur du sol, il faut creuser en ligne droite et ne pas s'égarer en zigzags. La méthode statistique, inaugurée par Tycho Mommsen, me paraît pour cela un guide sûr. Krumbacher l'avait employée pour ἀκμή, dans ses Beiträge, et j'ai voulu moi-même lui donner pour étendue tous les auteurs médiévaux. Je crois ainsi avoir abouti, sur la grammaire historique du grec, à quelques conclusions auxquelles toutes les recherches entreprises depuis, soit par mes élèves, soit par moi-même, ne m'ont absolument rien fait modifier. J'insiste ici sur ce point, parce qu'en ne tenant pas compte des divisions chronologiques que j'ai tentées dans les *Essais*, on risque d'introduire dans nos études et l'on y introduit par le fait la confusion de tous les moments historiques. Le grec moderne n'est pas formé avant le xe siècle; quand on ne veut pas en convenir, on n'a plus d'autre ressource que d'aller chercher dans tous les dialectes anciens les origines de certains phénomènes phonétiques, dont c'est à peine si nous pouvons avec certitude constater l'existence au xiie siècle. Après nous être élevés contre Deffner au sujet des subsistances dialectales, il devient aujourd'hui difficile de tomber dans les mêmes théories. Les méprises que l'on commet dans cet ordre d'idées ont du moins cet avantage qu'elles confirment la théorie statistique d'une façon éclatante. Il ne suffit pas de rencontrer au iie siècle de notre ère un génitif τοῦ πρεσβευτῇ, pour conclure immédiatement à l'existence d'autres génitifs du même genre. C'est là se tromper radicalement. Il ne faut jamais oublier qu'en grec, l'apparition d'une forme à un moment donné n'entraîne en aucune façon la généralité à ce même moment, et que le développement de cette langue se fait avec une lenteur extrême. Hors de ce double principe, je le dis aujourd'hui avec une entière conviction, il n'y a que le chaos. Autant soutenir que la présence de οὐδέν dans Homère ou dans Aristophane emporte l'usage exclusif de cette forme de négation, ou que, partout où nous lisons ἔνεστι dans Sophocle, Sophocle parle en pédant qui ne veut pas se servir des formes contemporaines. Ce que les textes nous font voir est d'une lucidité absolue. Aucun document ne nous présente avant le xiie siècle la langue du Spanéas ou de Prodrome, encore moins celle de l'Erophile, où la langue moderne fait son apparition pour la PREMIÈRE FOIS. Tels sont les faits et ils sont indéniables. S'obstiner là contre, c'est vouloir à toute force voyager sur la nue. Rien ne sert de recueillir et de mettre ensemble en une même page les exemples épars et disséminés à travers les auteurs d'époques et de régions différentes : il faut, à côté des formes nouvelles, mettre en balance l'innombrable emploi des formes anciennes avant le xe siècle. Ce qui est aussi très nécessaire, c'est de lire. J'entends par là lire les auteurs d'un bout à l'autre. Quand on lit ainsi des écrivains comme Malalas, on acquiert bien vite la certitude que du temps de ces auteurs et, plus tard, chez Constantin Porphyrogénète, le *grec moderne* n'existe pas encore. Il ne faut pas s'illusionner sur les recueils d'exemples analogiques casuels qu'on peut trouver antérieurement au xᵉ s. dans les auteurs ou sur les inscriptions. Quand ces exemples sont réunis dans une même page, ils ont, mis en masse, une fausse apparence de démonstration. Pour les voir à leur vrai jour, il faudrait faire le relevé inverse de tous les cas où l'ancienne déclinaison persiste, et reconnaître la masse énorme des documents où cette morphologie des nom. πολίτης, πολίτου, μοῦσα, μοῦσης se maintient sans le moindre changement. Deux exemples pris dans Théophanes, deux autres dans son continuateur, etc., quand ils sont juxtaposés, ont l'air de beaucoup compter. Mais il faut considérer isolément chacun de ces exemples et en faire un rapprochement immédiat soit avec la langue de l'auteur dont il est tiré, soit avec la langue de l'époque à laquelle il appartient, et établir de la sorte la critique des témoignages. Ce ne sont là jamais que des phénomènes sporadiques, qui n'auront guère la force démonstrative que possède, p. ex., une statistique des mêmes formes de l'Erophile, où tous les gén. des nom. en -ης sont en -η. En somme, « les formes nouvelles peuvent apparaître dès une époque assez haute. Elles ne parviennent que plus tard à l'emporter sur les formes encore présentes de la κοινή ancienne ».

Une distinction qui n'a pas été faite jusqu'ici, et que j'ai moi-même à peine indiquée, doit porter sur les différentes zones où le grec s'offre à nôtre étude. Les documents siciliens, par exemple, sont bien loin d'avoir l'importance des documents de provenance constantinopolitaine. Il est évident que le grec demeurait toujours plus intact en pays grecs et particulièrement à Constantinople. Pour prétendre que le grec, dans l'intégrité de ses formes, apparaît avant le xᵉ siècle ou même à l'époque romaine, pour transplanter à cette époque un paradigme de déclinaison du xivᵉ siècle (Μάρις, Μάρι etc.); pour croire qu'il n'a pas fallu des obstacles sans cesse renaissants à l'éclosion d'une langue nouvelle, c'est, pour moi, je le dis ouvertement, ne rien entendre à l'histoire du grec. Il faut en effet se représenter l'éclat de l'ancienne littérature et par conséquent le maintien relativement tenace de la langue qu'elle avait consacrée. Aujourd'hui encore, le grec est grammaticalement bien plus près de ses origines que ne l'est aucune autre langue. La tradition pesait toujours sur les sujets parlants, parce qu'elle était longue et qu'elle était illustre. C'est pourquoi les transformations n'ont jamais pu se faire qu'avec une gradation extrêmement lente et toujours à l'insu de ceux dans l'âme desquels se produisaient ces modifications. C'est pourquoi aussi, à partir du xe siècle, les auteurs médiévaux nous représentent si fidèlement les progrès de la langue nouvelle. Ces auteurs ont été longuement étudiés dans les *Essais*. Des recherches statistiques dont ils ont été l'objet, je veux rappeler ici deux points seulement : ces auteurs diffèrent quant à la langue d'un siècle à l'autre et nous présentent un développement suivi ; d'autre part, avant eux, la langue ne nous apparaît jamais dans l'état où ils nous la montrent. Donc, ils sont la base de toute étude historique et, seuls, nous permettent de jeter un coup d'œil sur cette histoire. Avant le xe siècle, la formation du grec se manifeste à nous d'une façon encore indécise. Ce point de vue a été récemment partagé par A. Thumb lui-même. D. Hesseling y avait déjà insisté dans son mémoire. C'est à partir du xe siècle que la langue se transforme d'une façon sensible. Nous attendons patiemment qu'on nous ait montré avant cette époque un document égal à Spanéas ou, si l'on veut même, à Hermoniacos. Qu'il y ait macaronisme ou non dans ce texte, ce macaronisme lui-même ne s'offre pas à nous avant cette date, et ce fait est à son tour un témoignage historique. Qu'on veuille donc bien nous donner un *macaronisme* identique à celui d'Hermoniacos avant cette époque ; on aura du moins alors le droit de parler. Tant qu'on n'aura pas découvert ces documents, les assertions seront vaines. Mais nous n'attendons même pas qu'on les découvre, nous savons trop, — et tout à l'heure nul n'aura plus de doute à cet égard, — que ces assertions sont inspirées par des raisons de polémique purement personnelle. On se guérira de ces absurdités, en envisageant le développement du grec dans son ensemble. C'est parce qu'il est à ce point lent à se transformer qu'il nous permet encore aujourd'hui de retrouver chez Homère, chez Sophocle et chez Polybe les premières origines de phénomènes tout récents, dont on peut suivre les étapes à travers les âges.

Si la langue savante en ce moment accuse une réaction obstinée contre ce développement séculaire, si elle existe encore, cela même tient à ce que le grec n'a pas atteint depuis longtemps le degré d'épanouissement où nous le voyons à cette heure. S'il était vieux de plusieurs centaines d'années, le purisme serait tout bonnement chose impossible. La distance qui sépare les deux états de la langue est encore trop rapprochée ; on n'a pu encore oublier l'ancienne grammaire, trop voisine chronologiquement. Même au XVe siècle, nous voyons chez les auteurs des formes anciennes au milieu des formes modernes qui ont, il est vrai, la majorité. On a dit en 1888 que le mal était fait, que le purisme l'avait décidément emporté au commencement de ce siècle, qu'il n'était plus temps de réagir et qu'on venait trop tard. M. Renan, un jour, disait au contraire, avec plus de profondeur, que c'était venir trop tôt. Les esprits ne sont pas encore mûrs ; les Grecs devront attendre quelques années pour arriver à la conscience de leur langue nationale.

II.

GRAMMAIRE HISTORIQUE. — LES DIALECTES ANCIENS. — LES PATOIS MODERNES.

Ce fut un grand moment dans l'histoire que la suprématie intellectuelle d'Athènes sur le reste de la Grèce. Athènes était devenue le centre de toute culture, et Thucydide l'avait déjà compris, quand il parlait de la παίδευσις, mot qu'Isocrate reprenait après lui, et dont nous retrouvons plus tard l'écho chez Diodore de Sicile. Le Pirée devenait en même temps le ἐμπόριον de l'Hellade, car ce dernier nom a désormais un sens et prend chez les orateurs attiques une force nouvelle, désignant à la fois tous les Hellènes, ceux d'Europe et ceux d'Asie. Tout, peu à peu, converge vers Athènes, et, littérairement parlant, c'est un fait capital que de voir Aristote, le Stagyrite, adopter la langue attique.

Cette suprématie d'Athènes, qui fut un événement humain, eut aussi pour nos études les plus grandes conséquences ; c'est en réalité de là que nous devons partir dans l'histoire du grec. Le résultat immédiat fut que le dialecte attique se substitua lentement aux autres dialectes ; τὰς πατρίους φωνὰς ἐκλελοίπασι. Le premier, à ma connaissance, qui ait affirmé, d'une façon méthodique et précise, que le néo-grec repose sur la κοινή et que cela ressort des inscriptions mêmes, est Sophoclis, dans l'Introduction de ce Lexique dont Eberhardt a parlé avec si peu d'aménité. Nous nous servons journellement de ce Lexique, mais il faut croire que nous lisons peu la préface. Sophoclis, en tant que grammairien, est à peu près oublié. Dans les belles pages que Krumbacher a mises en tête du premier numéro de sa Zeitschrift, on cherche vainement le nom de Sophoclis dans la liste de ceux qui, depuis Mullach, se sont occupés de grammaire historique. Je crois au contraire que nous devons tous venir après lui ; je ne vois pas ce à quoi il n'a pas touché dans cette introduction. Le cadre est complet, si les casiers ne sont pas encore très remplis. Marthe Pernot vient de traduire ce morceau et s'apprête à le publier, en le mettant au courant des recherches qui se sont faites depuis. Sophoclis avait eu d'admirables intuitions, et plus même que des intuitions, des assertions méthodiques : « It appears, then, that, in the third century after Christ, the Attic had superseded the other dialects » 1860. Dans l'historique qu'il trace du développement du grec et dans les périodes qu'il assigne à ce développement, il n'y a pas de place dans sa pensée aux influences dialectales. Pour lui, c'est une question qui ne semble même pas exister. Son attitude envers l'éolo-dorien est éminemment sceptique. Il sait déjà que le ν de πατέραν manifeste l'analogie de la première déclinaison et que la désinence -ες dans ὄρες, etc., est un emprunt à la troisième déclinaison. Il commet, dans le sens opposé, le minimum d'erreurs ; les voici toutes : les masculins en -ᾶς suivent, dit-il, l'analogie de la déclinaison dorienne. Cela est assurément moins absurde que de voir dans l'aor. *efilasa* de l'Italie méridionale un souvenir persistant des *baisers* de Théocrite. Sophoclis ajoute encore que la désinence -ουν *paraît* être formée du dorien οντι, la désinence κα du dorien κντι, la désinence -ντον (dans λεγόντων) du crétois ντω, et que l'imparfait ἠγάπουν des Byzantins est ionien. En d'autres termes, à ses yeux, tout n'est pas attique, et c'est précisément la théorie que nous avons vu reparaître tout récemment, appliquée à d'autres formes, mais tout aussi peu vraisemblable. Il faut noter que dans l'esprit de Sophoclis, ces exceptions n'impliquent nullement que le néo-grec ne dérive pas de la κοινή ; il connaît la κεκραμένη φωνή dont Xénophon accusait les Athéniens. Si donc ces dorismes existent, c'est qu'ils remontent à l'attique même. Il faut avouer que nous sommes bien loin des exagérations dialectales et surtout de l'esprit dans lequel elles ont été faites depuis Christopoulos, par tant de néo-grécisants, à commencer par Mullach. Nous sommes encore plus loin avec Sophoclis de la doctrine, émise dernièrement, d'après laquelle des α doriens se seraient conservés dans des féminins en α, en pays doriens, par une transmission directe et, par conséquent, sans aucune intervention de la κοινή. L'exposition de Sophoclis est faite d'un ton calme et assuré, et l'impression générale qui résulte de cette lecture, c'est qu'il a bien vu l'importance historique de l'attique et l'évolution qui commence à la κοινή. Il sait aussi déjà « qu'une langue parlée ne demeure jamais stationnaire, mais passe insensiblement d'une phase à une autre » et que, quand on introduit des divisions historiques dans le développement des formes grammaticales, cela ne veut nullement dire que ces divisions soient à prendre à la lettre, puisque tout en somme est dans le continuel devenir.

La lecture de cette magnifique introduction, l'autorité tranquille du raisonnement, la base solide sur laquelle il s'appuyait, furent pour moi une révélation. Je compris en quels termes le problème devait être posé. Sophoclis, dès le début, donne un rapide aperçu sur les destinées des anciens dialectes, en montrant leur extinction graduelle, à l'aide d'un petit nombre d'inscriptions il est vrai, mais en ayant soin de choisir les plus caractéristiques. C'était évidemment là la voie à suivre. La tâche de la grammaire historique est double ; elle doit d'abord chercher les origines du néo-grec dans les temps les plus anciens et montrer la filiation continue que les phénomènes les plus récents nous présentent avec l'antiquité : à cet ordre d'idées, se rattache le mémoire d'Hesseling. Le mémoire d'Hubert Pernot nous donne l'autre côté de la question. Il s'agit de savoir, en effet, si le néo-grec descend de la κοινή, ou bien s'il a ses racines dans les dialectes paléo-grecs. Pour résoudre la question d'une façon méthodique, il n'y a qu'un seul moyen, c'est d'entreprendre tour à tour, à notre point de vue, l'histoire de tous les dialectes anciens. Ainsi notre cadre s'élargit singulièrement. Après avoir embrassé tous les documents littéraires proprement dits, il s'ouvre maintenant à toute l'antiquité épigraphique. La pensée de Sophoclis était aussi forte que simple. Il est évident qu'on ne saurait guère s'occuper d'un dialecte moderne sans s'être préalablement rendu compte de son histoire depuis l'antiquité. Aussi, l'étude du tzaconien n'a-t-elle plus de sens, si on ne la fait précéder d'un premier chapitre important, l'étude des inscriptions doriennes, et laconiennes en particulier. Ikonomos, Deville et Deffner nous ont appris sur le tzaconien un grand nombre de faits ; ces faits assurément n'ont pas été recueillis avec la rigueur que nous demandons aujourd'hui aux investigations dont les patois sont l'objet. Mais encore est-il possible de travailler sur cette donnée ; ce travail, cependant, n'est pas complet, sans la documentation épigraphique. Donc, il nous appartient d'examiner d'abord la situation, considérée isolément, des dialectes anciens ; sur ce terrain des monographies excellentes, parues dans ces dernières années, comme celle de Müllensiefen, et, cette année même, un heureux essai de Skias, à qui nous avons donné une médaille à l'Association des Etudes grecques, nous rendent la tâche facile. Ces ouvrages ne s'occupent guère toutefois des vicissitudes ultérieures du crétois et du laconien. Müllensiefen fait à peine une ou deux allusions au tzaconien, et Skias s'abstient de tout rapprochement avec le crétois moderne, en quoi il me semble avoir eu raison, car ce serait là un autre livre à écrire, pour lequel les matériaux manquent encore. D'autres savants, en descendant plus loin dans l'histoire, comme Rothe l'a fait pour le chypriote, n'ont pas été très heureux dans leurs comparaisons avec l'état moderne. Mondry Beaudouin a certainement été mieux inspiré, en renonçant à tout parallèle. Mais les ressemblances qu'il signale, par-ci par-là, avec le grec préhistorique, auraient pu être laissées de côté, et en revanche, l'historique du chypriote aurait pu être au moins tenté, quelles que soient les difficultés souvent insurmontables de l'entreprise, comme l'a dit Voigt si justement. Je ne veux pas parler ici du gros volume de Sakellarios ; l'intention est excellente à coup sûr, mais l'exécution laisse trop à désirer. La grande question de la substitution de la κοινή aux dialectes n'y est même pas entrevue. D'autre part, les linguistes ou philologues qui sont exclusivement occupés de reconstituer les caractères des vieux dialectes, ne se soucient naturellement pas des inscriptions où ces dialectes sont altérés. C'est entre autres le point de vue d'Ahrens-Meister, etc.

Nous, au contraire, c'est à ces inscriptions-là que nous devons donner la préférence. Il est amusant de vivre parmi les inscriptions et de voyager de siècle en siècle parmi les marbres. On constate ainsi, dans le même pays, où l'on avait vu d'abord les formes ioniennes dans leur fleur, à Téos, par exemple, que les formes attiques ou communes apparaissent dès le II° siècle avant notre ère, et bientôt l'on voit la langue commune, à Éphèse, ne plus être troublée par aucune anomalie dialectale. En descendant de l'inscription de Milasa ou de celle d'Halicarnasse jusqu'à la grande inscription de Smyrne, on s'aperçoit déjà du progrès accompli. Dès le IV° siècle même, des mots, plus usités et applicables, en quelque sorte, par tout homme à tout lieu, tels que πόλις, se montrent plus facilement sous la forme commune du génitif πόλεως que des mots d'un usage plus restreint ou consacrés par des pratiques religieuses. Peu à peu ces différences elles-mêmes s'effacent et la κοινή étend partout son niveau. On peut ainsi parcourir successivement l'ionien côtier et les Cyclades. Les mêmes résultats s'affirment. Ce travail, s'il s'étendait à tous les dialectes, nous présenterait dans un ensemble l'histoire de la formation du grec et des morts dialectales.

Enflammé par l'exemple de Sophoclis, je voulus essayer d'esquisser ce tableau dans l'année scolaire 1889-1890. Je me souviens d'avoir dicté avec une certaine allégresse à mes élèves le sommaire suivant d'un premier chapitre qui, dans ma pensée, devait être suivi de deux autres dans le même cours : Chapitre premier. Hégémonie d'Athènes. Destinées des anciens dialectes grecs. — § 1. Importance politique, intellectuelle et § 2. commerciale d'Athènes. — § 3. Ce qu'il faut entendre par dialecte dans l'antiquité et de nos jours. — § 4. Gradation des formes. Etat de la science à l'égard des dialectes pg. — 5. Faits connus et division des dialectes pg. en groupes distincts. — § 6. Les dialectes ioniens. — § 7. Destinées du dialecte ionien (Carie, Milasa, Amphipolis, Phanagoria, Téos, Ephèse, Branchides, Chio, Samos). — § 8. Substitution de l'attique à l'ionien en Ionie. — § 9. Le groupe des Cyclades. — § 10. Destinées du dialecte dorien. Inscriptions. — § 11. Influence de l'attique sur le dorien. — § 12. Extinction du dialecte dorien. — § 13. Destinées du dialecte éolien d'Asie mineure. Etat de la science à l'égard de ce dialecte. — § 14. Prédominance de l'attique.

— § 15. Groupe Nord. Thessalie. — § 16. Destinées des dialectes béotiens. — § 17. Les dialectes chypriote, lesbien, pamphylien. Considérations sur le dialecte éolien. — § 18. Le dialecte macédonien. — § 19. Etat linguistique de la Grèce du IIIe au Ier siècle avant notre ère. — § 20. Récapitulation. Les langues communes et les langues littéraires. — § 21. Alexandre.

Dans le second chapitre, je devais étudier les principaux documents de la κοινή, Polybe, les inscriptions contemporaines, l'Ancien et le Nouveau Testament! De là, je me proposais de prendre, toujours en suivant Sophoclis, le grec d'Egypte, en m'arrêtant, vers le IIe siècle de notre ère, à la réaction des grammairiens qui veulent ramener l'attique en pleine floraison de la κοινή, et que Sophoclis compare avec assez de justesse aux réactions analogues de nos jours, en donnant à entendre que le témoignage de ces grammairiens, amoureux de mots rares et tombés d'usage, ne prouve pas toujours grand chose ; en effet, les formes qu'ils condamnent peuvent souvent n'avoir pas plus été usitées dans le langage du temps que les formes ὁ λέμβος ou ἡ λέμβος n'appartiennent aujourd'hui à la langue vivante. J'étais persuadé en commençant que je viendrais à bout de toute cette besogne en deux semestres. Je ris encore de mon inexpérience. Hélas ! c'est à peine si j'ai pu terminer l'histoire de l'ionien, et si j'y suis arrivé, c'est encore en modifiant sur bien des points mes divisions premières, et en précipitant vers la fin la revue des inscriptions.

La principale difficulté qu'on rencontre dans ces études est bien connue des épigraphistes. Elle est d'ordre purement technique. Je ne sais pas si, à l'heure actuelle, il est un épigraphiste qui possède une bibliographie analytique complète des inscriptions. La table du Bulletin de correspondance hellénique et l'index des Jahresberichte de Bursian ont rendu et rendent encore dans ce sens d'immenses services. Mais beaucoup d'inscriptions ont été découvertes depuis, et il s'en découvre tous les jours. Un conspectus d'ensemble fait défaut. Qui connaîtra jamais les textes innombrables qui paraissent dans les périodiques, dans les journaux? A Athènes surtout, ces publications se retrouvent souvent dans la presse quotidienne, et ce n'est pas une mince affaire que d'être *au courant*, comme nous disons. Si j'avais à refaire un cours sur le même sujet, je me mettrais tout simplement à faire de la bibliographie et à dicter des listes comme celles d'Hübner. J'aime mieux, je l'avoue, recommander ce travail à quelque néo-grécisant ou à quelque jeune épigraphiste. Il leur coûtera beaucoup de peine. Il ne suffit pas seulement de noter les numéros des inscriptions et d'en faire le relevé exact ; il faut encore s'informer de tous les passages où ces inscriptions ont été soit interprétées, soit commentées, dans la presse scientifique, par divers linguistes ou philologues. Mais, pour nos études, l'œuvre serait capitale, et deviendrait plus féconde que toutes les vaines dissertations et les discussions inanes qui se sont tout récemment encore engagées sur la question des subsistances dialectales. A défaut d'un relevé complet, plût au ciel que nous eussions du moins, pour quelques groupes d'inscriptions, l'équivalent de l'étonnant index qu'Homolle a fait des inscriptions de Thrace! Mais ce n'est plus là l'affaire d'un élève : un index aussi fouillé suppose pour chaque mot, chez son auteur, une information spécialement approfondie sur chaque point.

A l'aide d'un registre général, où, sous la rubrique de chaque pays, figureraient les matricules diverses qui se rapportent à chaque région, à chaque ville et à chaque village, il nous serait loisible un jour d'écrire une belle histoire. On peut s'étonner que l'idée de Sophoclis n'ait pas été plus tôt, et même tout de suite, mise à exécution. Dans le premier travail (1880), qui parut après celui de Sophoclis (1860), et où le grec moderne est décidément rattaché à la κοινή, les inscriptions ne sont pas prises en considération. Chatzidakis (je viens de le vérifier à l'instant même) cite à peine deux ou trois numéros du *Corpus,* de façon d'ailleurs tout à fait incidente, et l'histoire, d'après les inscriptions, n'est pas entreprise dans cette démonstration. Je ne dis point cela pour diminuer le mérite des articles de l'Ἀθήναιον, qui restent aujourd'hui, à mon sens, le seul titre scientifique de Chatzidakis ; j'ai moi-même jadis quelque peu contribué, ce me semble, à les faire connaître et apprécier du moins en France. Je le dis, parce que suivant la remarque d'Ernest Renan, dans ses Langues sémitiques, « la meilleure théorie d'une langue est son histoire » et que cette histoire n'existe point sans l'épigraphie. Il est donc nécessaire de rétablir les faits tels qu'ils sont et de rendre à chacun la part qui lui revient.

La première fois que j'eus à parler de Chatzidakis, je ne manquai pas de signaler, dans la Revue critique, le caractère tout à fait remarquable de ces travaux ; mais j'y regrettai en même temps l'information documentaire insuffisante et comme un défaut de précision historique. Cette observation, dont je fus frappé dès le début, se confirma pour moi dans la suite. Tout récemment encore, Chatzidakis retrouvait les origines du *jod* moderne et des génitifs modernes πολίτη dans les dialectes paléo-grecs. Et cela n'est point extraordinaire tant qu'on ne suit point pas à pas les destinées de ces dialectes. Leur histoire est comme un garde-fou dans nos recherches. Ce n'est pas assurément la seule barrière dont nous ayons à nous entourer. Les textes médiévaux établissent d'une façon irréfutable tout au moins ceci, c'est à savoir que le grec moderne n'est pas formé avant le XVII° siècle. De quelque côté que l'on envisage la question, on n'expliquera jamais sans cela comment il se fait que l'Erotokritos et l'Erophile, premiers textes en langue vraiment moderne, surtout le dernier, n'apparaissent qu'entre le XVI° et le XVII° siècles, alors que Prodrome nous donne au XII° siècle un état bien moins avancé de la langue. Or, dans ces textes, les dialectismes sont absents, les quelques formes attiques qui s'y rencontrent reposent, comme je l'ai dit ailleurs, sur une tradition littéraire. Le fait de l'absence de toute grammaire et de tout vocabulaire dialectaux dans ces textes est des plus significatifs. Ainsi nous en venons à serrer le problème par les deux bouts : entre l'étude des inscriptions anciennes et l'étude des documents médiévaux, il faudra bien que nous arrivions à savoir si le grec moderne, décidément, manifeste ou non des traces de persistance dialectale. Celles-ci ne sauraient guère se montrer que dans le vocabulaire. Mais le mot ainsi mis en question peut fort bien, par un hasard, ne se retrouver ni dans les inscriptions ni chez les auteurs. Comment savoir alors s'il est de transmission dialectale ancienne ou si ce n'est pas au contraire un phénomène comparable à des phénomènes récents et très réguliers ? Ici, j'appliquerais la méthode de Chatzidakis dans l'Ἀθήναιον : du moment que tous les féminins abstraits en -η, oxytons ou paroxytons, ne présentent plus d'α aujourd'hui, il est évident que l'α de βολά dans μιὰ βολά, ne peut guère être dorien et par conséquent doit être fatalement attribué à une analogie. Cette analogie, signalée par Chatzidakis, est une de ses meilleures découvertes, parce qu'elle implique à la fois toute une question de méthode : on explique ainsi le moderne par le moderne. J'ai dit jadis de cette méthode le bien infini que j'en pensais ; mais pour rester dans l'esprit même de son auteur, il est certain qu'elle n'est applicable que lorsque les patois eux-mêmes sont connus. Par conséquent, il n'est plus permis d'appeler ionienne ou dorienne telle forme d'un patois moderne dont le système grammatical est encore chose ignorée. De même que la langue commune doit être étudiée dans l'ensemble de ses formes, ce qui a été fait pour βολά, de même chaque patois, pris isolément, devra s'expliquer par l'économie de son système grammatical. La méthode devra donc être élargie dans ce sens. D'autre part, il ne faut pas s'écarter du principe une fois posé. Chatzidakis, dans l' Ἀθήναιον, avait établi que βολά n'était pas très ancien dans la langue ; il comparait ἀποβολή, etc., et concluait de là que βολή avait dû exister dans une période récente de la langue. Il n'a donc plus le droit lui-même de voir un ionisme dans φορή, pour φορά : suivant son propre raisonnement, φορή à son tour devrait être dû à βολή. Seulement, comme il ne trouve pas cette dernière forme dans la langue moderne, il s'arrête court ; et c'est ici qu'apparaît la lacune première de la méthode de l' Ἀθήναιον : puisque le moderne n'a plus de point d'appui dans le moderne et que les formes génératrices ne se présentent pas à l'observation immédiate (par exemple βολή), on est forcément amené à reconnaître dans un mot de ce genre une persistance ionienne. Or, dans les cas de cette espèce, d'une part les inscriptions, d'autre part les textes médiévaux qui nous montrent, les unes et les autres, le triomphe de la κοινή dans la déclinaison, nous fournissent un bataillon de preuves suffisantes. En un mot, pour éclaircir définitivement la matière, il faut avoir recours à la méthode de Chatzidakis, après avoir épuisé les ressources qu'offre la méthode de Sophoclis et celle que j'ai indiquée dans les *Essais* pour la littérature médiévale. J'ai moi-même écrit de ma main, dans le mémoire d'Hubert Pernot, la page où se trouvent exprimées les réserves que comporte l'usage de cette méthode. Elle est insuffisante dans certains cas. J'ai fini, je l'espère, par convaincre Pernot lui-même, qui, sur le moment, résistait. J'aurais assurément préféré qu'il eût écrit lui-même ces lignes. Ce que nous essayons avant tout de développer chez nos élèves, c'est l'esprit d'initiative et de libre examen. Il s'agit d'arriver à la connaissance de la vérité, et dans l'espèce, la vérité à chercher, c'est la solution du problème des anciens dialectes. Ceux donc qui posent pour le mieux les conditions de ce problème sont aussi ceux qui serrent la vérité de plus près.

Je n'ai point pour ma part d'animosité personnelle contre les dialectes anciens. Qu'il subsiste encore aujourd'hui une forme ionienne en Asie Mineure, ou une forme dorienne en Crète, je ne verrais vraiment pas là de honte durable. J'ai fait jadis moi-même une exception pour les noms de lieux, tels que τῆς νάσου. Je dis seulement qu'aucun des prétendus dialectismes récemment découverts ne peut soutenir l'examen et qu'on a mis de l'étourderie dans les exemples qu'on est allé choisir. Ainsi il paraît que l'aor. ἐφίλασα dans Pellegrini (voir ci-dessus) « erinnert wunderbarer Weise an das Theocriteische ἔστι καὶ ἐν κενεοῖσι φιλάμασιν ἁδέα τέρψις » ; donc, cet aoriste qui, comme cela est encore répété ailleurs « auffallend an das Theocritische, etc. erinnert », nous conserverait ainsi bien mieux qu'un simple dorisme lexicologique : il maintiendrait l'a dorien dans la déclinaison même ! Or, Morosi nous apprend que les présents en -ao sont très fréquents à Bova : *gapáo, katalào, pordaláo*, etc., etc. Ce qui tombe tout d'abord sous le sens, c'est donc de supposer sur un présent φιλάω, *fildo*, que Morosi connaît, l'influence d'un présent χαλάω, c'est-à-dire *khaláo*, que Morosi donne, précisément à côté de *fildo*. Nous avons donc *efilasa* comme *ekhálasa*. Il est impossible, même à première vue, de dénicher là des α doriens, justement parce que nous sommes dans l'Italie méridionale, et que, nous le savons depuis longtemps, les habitants de ces régions n'ont à se réclamer d'aucune parenté directe avec les bergers de Théocrite. Les autres dorismes sont tout aussi malheureux. Chatzidakis nous apprend qu'on dit en Crète : πάει τρός, en parlant de quelqu'un qui court vite. Nous aurions donc là la forme dorienne de l'adjectif ὀτρηρόν, ὀτρηρὸς θεράπων Μενελάου. Mais cela même est en question et c'est résoudre obscurum par obscurius. Chatzidakis ne sait pas davantage que τρός, en crétois, veut dire ὁ ἄνεμος, ce qui change déjà la situation. L'inscription de Gortyne, dont on est allé invoquer le témoignage au sujet du crétois moderne λαγάζω, me semble au contraire confirmer très peu cette étymologie.

Ἀγάζω veut dire σιωπῶ, καταπαύω (autre interprétation chez Chatzidakis : παύεσθαι, ἡσυχάζειν); en d'autres termes, *se taire, se tenir tranquille*; λαγάσαι, sur l'inscription de Gortyne, signifie affranchir. Le rapport sémasiologique m'échappe complètement. Il faut seulement faire attention que, d'après Chatzidakis lui-même, ce verbe, à Calymno, a le sens de μετὰ προσοχῆς βλέπω, παρατηρῶ, ζητῶ. Rien de commun avec la glose ἀφεῖναι d'Hésychius. *Être en observation* (παρατηρῶ) et *se blottir, rester coi* (ἡσυχάζω, d'où σιωπῶ) nous ramènent assez aisément aux habitudes du lièvre, et il est assez probable que λαγώς ait joué un rôle dans ce mot. Ce rapprochement me paraît en tout cas plus logique que le rapprochement entre μαναχός et μανίζω, dû à Chatzidakis. Il est vrai que cette dernière explication est dirigée contre moi ; l'α de λαγάζω, etc., d'autre part, a pour mission d'établir que je vais trop loin dans mes exclusions dialectales. Mais laissons cela pour le moment. Il sera établi tout à l'heure que les variations de ce linguiste tiennent à des causes extra scientifiques.

Si nous sommes à ce point sceptiques à l'égard des dorismes, c'est qu'ils sont en contradiction jusqu'ici avec tous les faits connus. Aussi cadrent-ils mal avec la théorie générale et contredisent-ils les conclusions auxquelles nous arrivons par ailleurs. Il n'y a pas de glaive suspendu sur notre tête et qui menace de retomber, au moment où nous admettrons qu'il y a eu sur le grec des influences phonétiques étrangères et que tels sons ont été introduits dans cette langue, qui ne sont pas dus à un développement organique, mais qui viennent de tel ou tel peuple. Cependant, nous n'admettrons jamais cette doctrine, parce qu'elle est en rupture d'harmonie avec la majorité des faits établis ; aussi, toutes les fois que nous serons en présence d'un phénomène où cette influence exotérique paraît se manifester, nous étudierons ce phénomène avec un redoublement d'attention. Il en va de même pour les dialectes. Alors que la κοινή règne partout, il semblera toujours surprenant de voir le laconien vivace dans la seule Tzaconie. Il y a donc déjà une présomption contre cette hypothèse ; l'histoire générale des inscriptions et de la langue médiévale éveillent en nous un premier doute. Quand on passe au crible les renseignements que nous possédons sur ce dialecte, on finit par s'apercevoir qu'on avait raison de douter. Il est difficile d'admettre que les aspirées tzaconiennes reposent sur une double explosive sourde, résultant d'un traitement laconien σκ = κκ (ἀκκόρ· ἀσκός), alors que la même aspiration se produit, comme il résulte des listes mêmes de Deffner, dans des formes récentes, où στ provient d'abord de σθ (ὠρκσθης, Deffner) et que σκήττα lui-même manifeste cette aspiration. Le travail de Pernot est très instructif à l'égard de ces laconismes, et c'est la partie la plus originale de ce mémoire. Comme on le verra tout à l'heure, quelques-uns des caractères prétendus propres au tzaconien rentrent dans la règle commune. Nous avions donc raison de douter, et je n'ai nul regret pour ma part de pousser dans la voie d'une investigation plus rigoureuse. Chatzidakis a dit que j'exagérais, « den Lehrer, wie es oft vorkommt, überbietend ». Ce Lehrer, c'est lui-même. Chatzidakis verra qu'avant d'ambitionner ce titre, il a encore quelques leçons à recevoir des élèves de la conférence de Néo-grec.

Le genre de démonstration entrepris par Pernot présente quelque nouveauté, en ce sens que la preuve de l'extinction des dialectes est puisée dans l'abondance même des formes dialectales sur les inscriptions métriques d'une certaine époque. L'usage gauche et suranné de l'ionien et du dorien, quand on parle en vers, peut montrer, dans certains cas, que l'ionien et le dorien ont également disparu du temps de ces poètes maladroits. La victoire de la κοινή est d'ailleurs évidente pour Paros, même en dehors des raisons que nous fournit la langue de ces derniers documents. Voici donc, en ce qui concerne Paros, une partie du travail déjà faite. Il faut commencer par le passé avant d'arriver au présent. Pour compléter ce chapitre, il faudrait maintenant le faire suivre de sa seconde partie nécessaire, qui serait l'étude du parler actuel de l'île. Et ici je veux signaler tout de suite une grande lacune des *Etudes de philologie néo-grecque*: on n'y trouvera nulle part une monographie dialectale moderne. C'est malheureusement une lacune générale. A part les *Studi* immortels de Morosi, pour l'Italie méridionale et particulièrement pour Bova, nous ne possédons pas de tableau méthodique d'un dialecte moderne. J'avais depuis longtemps l'intention de remettre en ordre les notes que j'avais jadis prises à Pyrgi et de faire ainsi une place dans ce volume à cette partie capitale de nos études. Si je n'ai pas mis ce projet à exécution, cela tient à la façon même dont j'avais organisé mes recherches. Ce furent dans ma vie des heures charmantes. Je me le rappelle bien, ce beau village de Pyrgi, sur les montagnes, avec ses maisons d'aspect monolithique, les terrasses sur les toits, et le blanc costume des Pyrgousains, en grosse cotonnade grenue, se profilant sur le bleu du ciel. Là, du matin au soir, le crayon à la main, du papier plein les poches, je notais tout ce que j'entendais, de six heures du matin souvent jusqu'à minuit. Je passai ainsi trois semaines délicieuses ; mon oreille ne cessait d'être tendue et mon crayon d'écrire. Dans les premiers jours, j'avais peine à saisir la parole de mes amis ; peu à peu mon oreille se forma à leur son et le pyrgousain me devint familier. Je dois au cher petit village d'inoubliables révélations. J'avais souvent entendu dire avant d'aller là, qu'une langue n'avait pas d'existence en dehors de ceux qui la parlent, que l'écriture et la parole sont choses distinctes, que celle-ci obéit d'une façon inconsciente à des forces cachées, que les lois phonétiques ne souffrent pas d'exception et qu'une langue est toujours en plein devenir. Jamais je ne compris mieux qu'à Pyrgi ce que ces mots voulaient dire. Il me semblait que ces idées abstraites devenaient tangibles pour moi. J'assistais à chaque seconde à la production spontanée du langage que je surprenais dans sa fraîcheur première. Un soir, mon jeune guide, Kosti, racontait une histoire palpitante qui passionnait l'assistance. Il s'agissait d'une jeune princesse, gardée par un dragon merveilleux et qu'un prince, à travers mille obstacles, devait embrasser et délivrer par ce baiser. Enfin, il l'embrasse, dit Kosti ; sa mère l'interrompt à ce moment : « Est-ce vrai ? il a pu l'embrasser ? » Kosti la rassure : « Ναί, τὴν εἶχε φιλημένη. » Ces deux φ furent plus doux pour moi que le baiser de la princesse. Kosti appliquait donc, sans la savoir, la règle du ν assimilé à la spirante suivante ; il faisait de la phonétique syntactique ! Je compris à cette minute la délicatesse de la grammaire populaire. Que se passait-il dans l'esprit de Kosti ? Voilà une combinaison de mots qui lui était probablement inconnue une minute auparavant. Mais il lui suffisait d'associer εἶχεν à φιλημένη, pour que le ν devînt aussitôt labio-dental. C'est surtout en faisant raconter des histoires que l'on peut enregistrer les meilleures observations. Je me gardais bien de me les faire dicter ou de les prendre en entier. Ce système, suivi par beaucoup de voyageurs, présente de graves inconvénients :

le paysan, obligé d'aller plus doucement, a le temps de réfléchir. Il faut donc le laisser s'animer à son récit, y passionner ceux qui l'écoutent, il faut n'être plus soi-même qu'un paysan désireux de savoir la fin, et, dans le cours du récit, ou garder dans sa mémoire ou mettre sur le papier les mots qui vous frappent. J'ai souvent avec succès interrompu les narrateurs, j'ai même amené des interruptions de la part des paysans. C'est dans ces moments que les formes locales éclatent avec le plus de franchise.

Il ne faut jamais oublier que les contes et que les chansons ne sont au bout du compte que de la littérature. Un savant rapporte qu'il lui est arrivé maintes fois, lorsqu'il faisait chanter les paysans, de les arrêter tout à coup à des vers, *à des couplets entiers n'offrant qu'une suite de mots intraduisibles, ne présentant aucun sens;* « j'interpellais mon homme et le faisais répéter; je m'efforçais d'entendre, je n'y comprenais pas davantage. Savez-vous ce que cela veut dire? demandais-je alors. — Ma fi, non m'sieu, répondaient-ils invariablement, *elle* est faite comme ça. » Cette observation est caractéristique. Toute littérature se fige à la longue, et finit par contenir des éléments qui ne sont plus familiers aux lecteurs d'un autre âge. Racine, Molière et La Fontaine ont besoin de commentaires approfondis pour être bien compris. On répète leurs vers, en croyant connaître la valeur exacte des mots, alors qu'il n'en est rien. Il en va de même des chansons, qu'on finit par ne plus chanter que des lèvres.

Les contes sont une littérature populaire, il est vrai, mais elle aussi a ses formules consacrées qui se transmettent d'un conteur à l'autre et qui courent à travers les pays. Je ne sais pourquoi ces formules font penser au πόδας ὠκὺς Ἀχιλλεύς de l'Iliade. Là de même, la clausule est de pure convention. Il m'est arrivé d'entendre à Pyrgi, dans le mot χλαῖνα, qui revenait souvent dans un récit, un é, que certainement ce patois ne connaissait pas. C'est que ce mot figurait dans une phrase de magie qu'il fallait répéter exactement. Bien souvent aussi, je fus frappé de voir le même individu changer de langue, suivant qu'il me disait un conte ou un τραγούδι, ou qu'il causait naturellement avec moi. Le plus instructif, à coup sûr, dans ces sortes d'investigations, ce qu'il faut recommander aux voyageurs, c'est de noter tout simplement les mots les plus usuels. Dans ces mots le fond de la langue apparaîtra le plus clairement. Mais ici des difficultés innombrables se présentent. Les causes d'erreurs sont aussi multiples qu'insaisissables. Je veux en citer deux exemples. J'étais sorti du village même de Pyrgi et j'avais fait cent mètres sur la route, en conversant avec des laboureurs et des casseurs de pierres, tous indigènes. Certaines formes revenaient à tout moment dans leurs discours ; ils disaient constamment τίς pour l'article féminin pluriel à l'accusatif, et νεράτσι, παιδάτσι, λιγάτσι, quelquefois λιάτσι, etc., etc. Nulle méfiance de ma part. Ces deux formes, étant également populaires, ne me paraissaient nullement suspectes. Or, voici ce qui en est de ces deux exemples. On finit par s'apercevoir, au bout de quelque temps, que la forme pyrgousaine normale est τάς ; on dira donc régulièrement τάς ώρες, etc. Il faut avouer que ce τάς sonne étrangement ; il a tout l'air d'un purisme. Au contraire, il se trouve que les Pyrgousains n'ont pas encore dépassé l'état du Quadrupes, poème du xive siècle. Ils en sont donc à l'étape τάς — ες, et témoignent encore par un exemple vivant que la morphologie populaire se retrouve chez les auteurs médiévaux. Ces faits aujourd'hui sont connus, mais il peut s'en présenter d'analogues où le doute ne sera point éveillé. Ainsi, qui suspectera jamais le caractère populaire et même dialectal des diminutifs en -άτσι ? Ici encore, un examen plus attentif du patois de Pyrgi nous montre que ces formes sont étrangères à ce patois. La phonétique pyrgousaine, beaucoup plus fine, fait une distinction entre le traitement du κ dans cette position et du κ devant ε, ι, quand la protonique n'est pas un ά. Elle dira donc λιάι, νεράι, παιδάι, etc. Comment se fait-il alors que les paysans emploient des formes qui ne sont pas de leur patois ? C'est simplement par respect humain. Et voici les causes très diverses qui leur font admettre τίς et νεράτσι ; τίς appartient à la langue commune et par là leur paraît beaucoup plus noble ; ils s'en serviront donc de préférence avec des étrangers qu'ils voient pour la première fois. La situation est un peu différente pour -άτσι ; c'est, dans la région, la forme dominante ; elle est, entre autres, usitée à Nénita, village important, plus proche de la ville et jouissant ainsi d'une plus grande considération. On est donc plus tenté de l'imiter. Mais dans le fait de cette imitation, il y a autre chose encore ; on y voit la façon dont les patois se contaminent les uns les autres. Prenons un mot bien spécifié, le mot δισάκκι, bissac dont on charge les mulets pour le voyage. Ce mot est d'un usage général à Chio. Les Pyrgousains l'entendront partout, chez eux comme ailleurs, et leur phonétique propre en sera troublée.

Rien n'est plus difficile que de reconnaître les véritables formes d'un patois. On sait depuis longtemps que les patois se déforment et cessent même de se développer au contact des langues communes. C'est ainsi qu'il devient souvent très difficile de démêler la forme indigène. Cette difficulté s'accroît, comme nous le voyons, par la contamination des patois voisins. Aussi a-t-on beaucoup de peine à reconnaître avec sûreté la phonétique locale, et il n'est point aisé de savoir au premier abord quelle est la forme pyrgousaine entre ces trois qu'on recueille dans le même village μάτια, μάθια et μάτκια (c'est cette dernière qui appartient à Pyrgi). Il faut même un séjour prolongé dans un village pour arriver à se rendre compte de phénomènes aussi curieux, p. ex., que πῆε ττὸ ππλινΔου (στὸ σπίτιν του), ou pour observer, sans erreurs, des traitements tels que κουτσά (κουκκιά) en regard de κουττά, hhόρεβΓα en regard de hορέβΓο, τῆς καδριᾶμας, ὁ πατέρα μου, οἱ ψεῖρε μὲ τρῶ (encore un amuïssement de σ + μ!), en regard de χάριμμα (= χάρισμα) ou ἐμεῖ διψοῦμε, etc. Il y a différentes couches phonétiques au milieu desquelles il s'agit tantôt de distinguer un simple phénomène de transition, tantôt une importation voisine. Il est nécessaire de procéder avec mille précautions. Il faut d'abord s'informer avec soin de chaque sujet parlant et commencer par dresser sa biographie. Est-il né dans le village? A quelle époque y est-il venu? Ou, au contraire, à quelle époque l'a-t-il quitté? Où est-il allé? et combien de temps est-il resté dans chaque pays? Quelles sont ses relations dans le village même? Quelle est la situation de sá famille et quel rang occupe-t-elle parmi les autres? Un village pour nous se présente en bloc, sans distinction de nuances. Nous croyons que tous les paysans sont entre eux sur un pied d'égalité. Il y a une hiérarchie sociale là comme ailleurs; il convient de savoir le métier de chacun. L'intérêt que présente l'*état civil* des narrateurs n'a pas échappé à Gaston Paris, et il y a longtemps qu'il en fit la remarque à propos de folklore : l'âge et le sexe ont ici de l'importance; les vieilles femmes conservent souvent et des chansons oubliées de tout le monde et des formes de langage plus anciennes. Αἱ γυναῖκες, αἵπερ μάλιστα τὴν ἀρχαίαν φωνὴν σώζουσι. Pour l'étude des patois, ces détails sont encore plus indispensables. La biographie des sujets est du plus haut prix. Une fois que les dossiers sont ainsi constitués, on a sa documentation. Quand nous étudions le passé, nous citons en tête du livre nos références ; ce que sont les textes pour l'historien, ces courtes notices doivent l'être pour le phonétiste. Une lettre majuscule suffit pour indiquer, dans le cours de l'ouvrage, la provenance de chaque forme. J'avais eu l'idée à Pyrgi d'arrêter ainsi une bibliographie vivante et de la mettre en tête du volume que je méditais alors. Je ne me plaindrais plus maintenant qu'il n'existe pas de travail sur ce modèle rêvé. Le livre de Rousselot a fait époque en linguistique. Nous avons eu la même pensée sans nous être rien communiqué l'un à l'autre. Il a eu l'avantage d'exécuter son plan le premier et de l'exécuter en maître. J'ai vu avec joie, pour le patois de Cellefrouin, les listes biographiques dont je parlais et que j'établissais moi-même en 1888 pour Pyrgi. Je les retrouve parmi mes papiers, avec quelques différences cependant que je signalerai tout à l'heure. Rousselot a fait une véritable innovation. Je m'étais attaché à Pyrgi à relever certaines différences phonétiques entre les membres d'une seule famille. Rousselot, lui, a pris un parti énergique : il a décidément étudié les modifications du langage dans une seule famille. L'esprit de son livre me paraît heureusement condensé dans cette phrase : « le groupe x s'est réduit à y dans la famille Bourgeate entre la naissance de Marguerite (1859) et celle de Joséphine (1863). »

Si l'on peut surprendre ainsi l'évolution au moment même où elle s'accomplit, il est évident qu'on aura une vue plus juste sur le développement du langage et que l'étude d'un patois est grosse de conséquences. Grâce aux instruments de précision inventés par Rousselot, cette observation acquiert une exactitude nouvelle. C'est une très belle découverte d'avoir établi que dans *rose trémière* l's qui précède le t, c'est-à-dire z, ne devient pas absolument sonore, mais donne un z sourd. Il semble, devant des résultats de ce genre, que l'on se trouve exactement à pic sur la limite imperceptible qui sépare, dans un phénomène, le degré qui précède de celui qui suit immédiatement. On acquiert une vue plus juste sur les nuances les plus légères et sur la marche même de la nature. Victor Henry disait à ce propos que l'œuvre de Rousselot ne renouvelait pas la science, à proprement parler ; elle la continue et la constitue. La seule inquiétude que me laissent ces instruments, c'est que leur usage empêche nécessairement chez le sujet observé l'état d'inattention. Rousselot ne veut pas que la cessation de cet état d'inattention ait des conséquences aussi graves que je l'ai dit. Ici, je ne puis plus être d'accord avec lui. Je suis très sûr des expériences accomplies dans ce sens ; j'ai même constaté des faits plus décisifs ; ainsi, un paysan ne parle pas la même langue dans son village et hors de son village. Je l'ai vérifié sur Kosti. Nous nous étions éloignés tous les deux de Pyrgi, à dos de mulet, pour nous rendre à un village voisin. Nous n'étions pas à une distance d'une demi-heure que je surpris une différence fondamentale dans les formes grammaticales de Kosti. Il ne parlait plus la langue de son village. Cela même alla si loin que quand je lui disais des mots qu'il avait employés, cette journée même, dans son village, il y avait chez lui une première hésitation ; il semblait ne plus les reconnaître. Et cela ne tenait nullement à un défaut de ma propre prononciation, puisqu'à Pyrgi, il me comprenait parfaitement bien. Non ! un brusque oubli s'était fait en lui. Comme ce phénomène peut paraître extraordinaire, j'ai voulu en découvrir les raisons. Elles me paraissent aujourd'hui toutes simples. Ceux qui ont lu l'*Intelligence* de Taine savent le lien intime qui existe entre le signe et la chose signifiée ; le nom des Tuileries évoque en nous, par exemple, un ensemble d'images, inhérentes au nom même et plus ou moins distinctes suivant le contexte. D'après une remarque de Taine, plus profonde encore, et qu'il a jetée dans une note, il n'y a pas de synonymes entre deux langues : *Liebe* et *amour*, *girl* et *jeune fille* ne signifient pas la même chose ; les détails du sens diffèrent, tout simplement parce qu'ils représentent pour chacun des deux peuples des émotions, des habitudes, des images différentes. Pour le dire en passant, cette circonstance fait qu'une traduction d'une langue dans une autre est chose impossible, si l'on ne s'attache à traduire que les mots et si l'on n'a pas soin au contraire de *traduire* les idées et les émotions. Mais faisons l'application du principe de Taine aux paysans. Voici un villageois qui a une vache, ἀγελάδα ; seulement, dans son patois, γ intervocalique n'existe pas, et ỗ entre deux voyelles s'amuit, ce qui nous donne ἀελάχ. Cette dernière forme dans son esprit est intimement liée à l'image de sa propre vache ; il la voit à l'étable familière, dans le cadre qu'il connaît, et, quand il la mène paître, les herbes qu'elle rumine sont les herbes du village. Dès qu'il sort de son cadre, il ne retrouve plus l'animal connu, et, par conséquent, le mot qui le désigne n'aura plus de sens pour lui. Une autre vache que la sienne s'appellera ἀγελάδα, suivant l'usage *commun*. Pour des motifs analogues, soit qu'il se trouve gêné en présence d'un plus riche, soit qu'il se sente dérangé dans ses habitudes, le paysan ne parlera pas la même langue dans sa maison propre et dans la maison d'autrui. Le ton et la phonétique varient suivant les interlocuteurs et surtout suivant le milieu. J'eus de cette remarque une confirmation inattendue. Un de mes principaux documents, à côté de Kosti, était une brave femme, Kali, d'une quarantaine d'années, aveugle. Je fus surpris de voir que ses intonations et que sa phonétique variaient pour ainsi dire au minimum d'un lieu à un autre. C'est qu'elle ne *voyait pas* les cadres qui changeaient. Elle redoublait toujours et partout dans la posttonique les consonnes avec la même intensité. Le vers de quinze syllabes sonnait toujours dans sa bouche comme un tétramètre vigoureux et non pas comme un dimètre, en ce sens que les deux temps étaient également forts sur chacun des deux hémistiches. C'est à elle que je m'adressais de préférence dans mes investigations. Pour les autres, j'avais adopté un système différent. J'accompagnais les lettres désignant mes individus d'un exposant figuré par une autre lettre, *m, r,* suivant que je recueillais leur témoignage dans les rues ou dans leur domicile. J'avais même varié ma notation au point que mes petits exposants en arrivaient à désigner le nom du villageois dans le domicile duquel j'avais pris mes notes sur tel de mes sujets. Je puis dire que ces précautions n'étaient pas de trop, et qu'il y aura toujours lieu de les multiplier. De cette façon, on arrivera à distinguer les formes indigènes des formes étrangères. Souvent, en effet, on entendra le même individu employer deux ou trois formes différentes (νεράι, νεράτσι et νεράκι, etc., etc.) ; ou bien il sera difficile de surprendre la forme véritable, surtout quand elle varie pour un seul mot suivant la syntaxe. C'est au bout d'un certain nombre de jours seulement que j'ai pu m'apercevoir de l'existence de l'aspiration remplaçant le χ initial (ὁρέβω), et que, m'élançant de ce point de départ, j'ai pu constater à la fois le quadruple traitement du χ : ὁρός, τοχχορό, βρο'ή, βρέχχει. Il faut souvent aller chercher les phénomènes qui n'apparaissent pas à première vue. On voit, d'après tout ce qui précède, à quels risques on s'expose en interrogeant les paysans dans les grandes villes, à Athènes ou à Constantinople. Déjà, chez eux, ils n'ont pas conscience de leur propre phonétique. J'avais très distinctement entendu à Pyrgi la phrase κάω (κάτω) στὴν αὐλή ; cette forme κάω, que j'ai pu vérifier par la suite, m'a toujours été contestée par les indigènes. C'est que la langue commune pèse sur leur mémoire. L'influence de la langue commune constitue le grand danger. Un homme du peuple, originaire d'Athènes ou de Constantinople, conservera bien à l'étranger, à Paris ou ailleurs, sa langue natale, d'abord parce qu'il parle précisément la langue commune, ensuite parce que le français ou toute autre langue n'exercera pas sur lui l'action du grec des centres. En revanche, un paysan hors de chez lui est, proprement parlant, *dépaysé* et cesse d'être un bon garant. Ce sont aujourd'hui des règles élémentaires. Donc, s'adresser, pour des formes villageoises, à des jeunes gens qui ont traversé l'école et quitté leur village, se faire délivrer par eux, comme on me l'a conté, des certificats attestant l'existence de telle prononciation locale, invoquer le témoignage de jeunes étudiants tout disposés eux-mêmes d'ailleurs à déclarer honnêtement que de pareilles recherches ne sont point de leur compétence, s'appuyer sur des données analogues pour la classification des patois modernes, c'est ne pas comprendre grand chose à la linguistique; c'est aussi, en réalité, traiter les questions sérieuses en véritable enfant et gagner sa place aux bancs de l'école.

Mais, au milieu de cette fluidité, de ces formes qui se dérobent à l'observateur, comment arriver au critérium, en d'autres termes, comment arriver à établir les véritables formes indigènes, qui serviront à faire le départ entre celles-ci et les autres? Jusqu'ici j'ai montré l'inanité de la plupart de nos moyens d'information. Il faut bien trouver le point d'appui nécessaire. Je crois qu'il n'y en qu'un seul: il faut partir de trois ou quatre formes dont on est absolument sûr; ces formes, il faut les avoir recueillies dans l'état d'inattention chez le paysan, et dans des conditions telles que le doute ne soit pas possible. C'est le cas pour le εἰγερφιλημένη de Kosti. Ce premier point acquis, il faut procéder par déduction, c'est-à-dire ne jamais perdre de vue la corrélation des phénomènes phonétiques. Ainsi, le traitement du ν dans la phrase de Kosti dirigera notre exploration vers toutes les combinaisons où le ν se présente. Il est bon d'en dresser tout d'abord le tableau dans sa tête ; on *supposera* donc l'existence des formes νύφη, ἄθθρωπος, etc., etc. Désormais, il n'y aura plus qu'à redoubler d'attention quand ces formes se présenteront tout naturellement dans le discours. Entre νύφη et νύφφη, on aura le critérium certain : on saura que νύφφη est la forme locale, puisqu'elle est en accord parfait avec les deux φ observés. De la sorte, de la connaissance d'un seul type on pourra conclure, pour ainsi dire, aux caractères communs de l'espèce. Il faut, bien entendu, se rendre sur les lieux avec une connaissance aussi approfondie que possible de la phonétique générale et de la possibilité de production des phénomènes du langage. On n'apprend jamais que ce que l'on sait ; tel phénomène n'attirera pas notre attention, simplement parce que nous n'en soupçonnons pas l'existence. Ainsi, les personnes qui ignorent le principe de l'attraction réciproque des sourdes ou des sonores contiguës, laisseront échapper des combinaisons telles que καλὲζδοῦλος, etc., etc. Je préviens d'ailleurs les personnes même les mieux informées qu'elles auront la plus grande peine à saisir les phénomènes, soit au moment où ils expirent, soit au moment où ils naissent. Il n'y aura aucune hésitation chez le paysan pour certaines formes comme τσκί pour κκί, etc., etc. ; ce traitement est constant et général dans certaines régions. Mais quand il s'agira de savoir si deux *i* contigus forment deux voyelles ou bien se réduisent, ou bien finalement ne sont émis que d'un seul souffle, il faudra renoncer à se renseigner auprès des sujets parlants eux-mêmes. Je suis sûr du traitement des deux *i* contigus tel que je l'ai indiqué ailleurs. En revanche, j'ai eu beau, pendant trois semaines consécutives, porter mon attention sur d'autres faits, je n'ai jamais pu en avoir le cœur net. J'ai recueilli de la sorte plusieurs phénomènes que j'ai consignés dans mes notes : il y en a d'autres dont je me méfie trop moi-même pour me risquer à entreprendre une grammaire de ce dialecte. Et pourtant ce serait si doux de s'installer dans un village, d'y passer quelques mois dans la tranquille observation. On ferait alors la monographie complète et détaillée d'un seul patois, sujet par sujet, influence par influence. On aurait, comme dans un microcosme, l'histoire même du développement du langage.

On goûtera dans ces études de profondes jouissances philosophiques. Elles sont d'un maniement très délicat, il est vrai, mais elles nous font aussi connaître par instants le bien reposant de la certitude. L'histoire, où il s'agit de pénétrer dans la psychologie des hommes du passé avec les ressources du présent, n'offre pas la même stabilité. La critique verbale n'a pas, elle non plus, les bases solides de la phonétique, bien qu'il y ait des exemples célèbres de conjectures justifiées par les découvertes postérieures. Mais la physiologie ne trompe pas. Brücke, Techmer, Wilkins, Kruszewski, les récentes discussions entre Schuchardt, Brugmann et G. Curtius, les multiples aperçus que Gaston Paris a semés dans ses articles ou dans ses cours, les travaux de Victor Henry, ses comptes rendus dans la Revue critique, bien des notices de Louis Havet, récemment encore la thèse de Paul Passy et le livre de Rousselot, les recherches de Gilliéron, etc., ont poussé la linguistique tantôt dans la voie de la physiologie, tantôt dans celle d'une plus rigoureuse anatomie des phonèmes. Le résultat a été excellent. Nous arrivons ainsi à des subtilités infinies, qui nous permettent de voir plus clairement dans les subtilités plus profondes encore de la nature. Ainsi, d'une part, nous apercevons des nuances inobservées jusqu'à nous, et leur observation, une fois établie, donne une assise aux recherches futures. Nous pouvons souvent raisonner à distance — c'est, on le sait, le seul raisonnement possible en matière de langues indo-européennes comparées — et saisir plus directement la nature intime d'un phonème. Nous avons des doutes nouveaux. Les explications courantes ont peine à nous satisfaire. En voici peut-être un exemple. Des renseignements donnés par Foy et Jeannarakis, il résulterait que le crétois dit παλάτι à côté de παλαθιού, en d'autres termes que le *jod* se produit, dans ces formes, après θ. Cela paraît vraiment peu probable. Si l'on veut comprendre la genèse de ce phénomène, il faut partir de la forme παλατιού; ι commence par devenir sourd par assimilation régressive; il réagit alors sur le τ, et, contrairement à la phonétique commune, l'influence au point de le changer en spirante sourde. Le θ ne peut guère être dû à une autre cause ; et, s'il en est ainsi, le son qu'on note par un ι est en réalité un ι sourd. Telle est la théorie ; il serait intéressant de la vérifier sur les lieux mêmes, c'est-à-dire en Crète. Mais dès à présent, cette *hypothèse* nous explique plus clairement les phénomènes analogues dans la langue commune. Ainsi, après θ et des spirantes sourdes, c'est plutôt un ι sourd que nous y percevons. Il s'agit maintenant de savoir si, après les explosives sourdes, la situation est la même, c'est-à-dire si dans μάτια, ce n'est pas plutôt un ι sourd que nous entendons. Dans ce cas, le crétois ne fait que nous montrer un état de développement plus avancé que celui de la langue commune, où il est possible que μάτια ait un jour le même traitement ; de la sorte, celle-ci serait ramenée à son point de départ ; en effet, c'est de la forme φθειάνω, en d'autres termes, du groupe φθ, qu'elle arrive à la combinaison φτ, comme dans φτειάνω ; or, le ι la ferait revenir à φθειάνω, connu certainement en Crète, quoiqu'il ne nous soit attesté par aucun texte, du moins parmi ceux que j'ai parcourus. Mais ce n'est pas tout. Ce premier degré φθ se retrouve probablement dans quelque dialecte crétois. Ce qui nous permet de le supposer, c'est précisément la combinaison θ + ι sourd, que nous avons constatée en Crète. Donc, deux spirantes sourdes contiguës peuvent subsister. Et cette dernière considération nous confirme dans l'opinion que le groupe φτ moderne repose bien sur φθ et non sur ΦΘ (aspirées). Donc, ce groupe φθ a dû exister dans la langue commune, aux origines mêmes du néo-grec, et selon toute vraisemblance doit vivre encore dans quelque patois. Je touche ici à l'un des avantages de ces études ; les patois nous donnent la chronologie phonétique et se montrent à nous, tantôt en avance, tantôt en retard sur la langue commune. Ils nous fournissent aussi un autre renseignement. Je ne vois pas très bien comment on a pu nier l'existence d'une langue commune aujourd'hui. Il suffit de regarder les patois. L'assimilation du ν à la spirante suivante est peut-être un des phénomènes les plus répandus en Grèce et dans tout l'Orient. Cependant, elle est complètement inconnue à la langue commune, et dès qu'un représentant de cette phonétique vient à Athènes ou à Constantinople, le premier soin des habitants est de se moquer de lui. Le vocabulaire nous conduit aux mêmes conclusions. On sait que le mot *père* a des variétés innombrables suivant les patois. Toutefois, aucun provincial n'appellera jamais son père, à Athènes ou à Constantinople, ἀφές, φέντης, ou τόρης, etc. C'est que la langue des centres a prédominé, imposant le mot πατέρας. Nier la langue commune, c'est, à mon sens, nier la géographie même, c'est-à-dire l'importance ou même l'existence des centres.

Les études des patois grecs sont dans le berceau. En revanche, on a beaucoup plus fait pour les vocabulaires locaux. Cette étude est certainement très intéressante. Que deviennent les mots? Sans même s'occuper des dialectes, on trouvera dans la langue commune plus d'un problème lexicologique. Quand Homère parle de la verge divine de Mercure, qui a la double vertu de charmer les yeux des hommes et de réveiller ceux qui sont endormis, comment se fait-il qu'il nous représente les hommes ὑπνώοντας? Platon, au contraire, déclare que tout homme incapable de se servir de la méthode dialectique et de définir le bien, mène une vie de songes et de sommeil, ὑπνώττοντα. Plus tard, Manéthon nous parle des astres endormis, ἀστέρες ὑπνώουσι. De son côté, Elien nous dit que l'ichneumon trame volontiers son complot contre l'homme livré au sommeil, ὑπνώττοντι. Mais, dans Symmaque et les Septante, ὑπνῶ reparaît. C'est la forme de la langue commune. Depuis Homère jusqu'à Symmaque, quelles avaient été les destinées de ce verbe? Il fait un plongeon pendant l'époque attique, qui ne connaît que ὑπνώττω. Celui-ci, à son tour, s'emploie chez Galien, chez Anne Comnène, Nicéphore Bryenne, quelques Byzantins et quelques Pères de l'Eglise. C'est chez eux tradition littéraire. La forme vivante était bien ὑπνῶ et c'est ce dernier qui se retrouve encore aujourd'hui dans ξυπνῶ (ἐξυπνῶ, André de Crète, Symmaque, etc.). La courte histoire de ce verbe est traitée dans ce volume par Marthe Pernot. Ce mémoire soulève une question de lexicologie historique. Hubert Pernot, dans une note de son travail, montre qu'on peut restituer, de ci, de là, une forme ancienne avec les documents que nous offre la phonétique moderne. Mais ici, il s'agit de reconnaître la valeur même des mots. Voilà donc une expression prétendue poétique (penser à μάρμαρον), qu'on découvre de nouveau dans la prose la plus simple. C'est que le mot avait cours en dehors de l'attique. Il faut croire que depuis Homère il n'avait cessé d'être employé, et que si nous le rencontrons dans Callimaque, dans Nicandre, dans Bion, dans Oppien, Quintus de Smyrne, Manéthon et Nonnos, l'emploi qu'en faisaient ces poètes était peut-être poétique à leurs yeux, mais n'en répondait pas moins à une forme existante. Nous rejoignons ainsi les réflexions du commencement de cette préface; le grec nous présente une longue chaîne de faits, sans solution de continuité, et les premiers chaînons partent quelquefois de l'Iliade.

III.

HISTOIRE EXTÉRIEURE DU GREC. — ROME ET LE LATIN.

Nous nous sommes occupés jusqu'ici du développement intérieur et pour ainsi dire interne du néo-grec. J'entends par néo-grec le grec depuis l'ère chrétienne. Il est toutefois évident que cette expression et que cette limite sont insuffisantes, puisque, on vient de le voir, Polybe figure parmi nos incunables, et que Polybe ne saurait être considéré comme un écrivain néo-grec. Mettons même que nos études commencent, grosso modo, à l'an 146 avant notre ère. Notre embarras n'en est point diminué. Désigner nos études du nom de grec post-classique n'est pas non plus suffisant, puisque ce terme ne saurait guère s'appliquer au byzantin et qu'il vaut mieux lui réserver l'emploi que demande Hesseling. Parler de philologie byzantine n'est pas très juste non plus, puisque nous remontons forcément beaucoup plus haut. Langue romaïque n'en dit pas non plus assez long et semble exclure le byzantin; il est difficile d'autre part de faire rentrer dans le romaïque l'Ancien et le Nouveau Testament (dans saint Jean, ἑβραϊστί, ἑλληνιστί, ῥωμαϊστί sont distincts l'un de l'autre). Ne pas faire place au Nouveau Testament est impossible. De sorte qu'on ne sait vraiment pas comment dire. *Néo-hellénique* est peut-être trop restreint dans une acception spéciale, qu'il est difficile d'élargir; *hellénique* est beaucoup plus juste, puisqu'il s'applique aussi au monde antique, où sont nos origines; et que nous avons à étudier toujours : c'est pourquoi *néo-grec* n'est plus assez compréhensif; il admet bien deux subdivisions toutes naturelles, le grec moyen et le grec moderne. Mais il laisse aussi trop de côté l'époque antérieure au moyen âge. J'avais pensé dans le temps que néo-grec, s'opposant à paléo-grec, faisait place à tout ce qu'excluait l'étude de ce dernier. Mais vraiment, la limite est bien difficile à établir, non seulement au point de vue des faits qui sont continus, mais encore au point de vue des philologues. Cobet n'a pas dédaigné de s'occuper de Constantin Porphyrogénète et Mommsen a bien voulu descendre jusqu'à Malalas !

Il nous faudrait donc un mot qui pût embrasser toute l'étendue de notre cadre. Il suffirait peut-être pour cela de ne plus parler de langue néo-grecque, et de substituer au premier mot celui de *Philologie*. *Philologie hellénique* serait alors d'autant meilleur qu'on peut songer aux ἑλληνικῶς des grammairiens. Nous caractérisons d'un coup nos origines dans la κοινή, et nos recherches grammaticales, littéraires ou mythologiques sur le domaine ancien qu'elles éclairent (voir au *Postscriptum*, p. 367 suiv.). Philologie surtout est très large, et nous avons besoin d'un mot qui en dise beaucoup, car l'étude du grec, même à ne remonter qu'à l'an 146 — et, pour les origines de la κοινή, il faut bien aller jusqu'à Alexandre, — l'étude du grec ne se borne pas à son histoire intérieure, c'est-à-dire au seul développement organique de la langue ; elle comprend aussi son histoire extérieure en quelque sorte. Celle-ci se divise naturellement en deux parties, les influences que la Grèce a subies et celles qu'elle a fait subir, dans divers domaines, le vocabulaire, l'histoire littéraire, l'administration, la jurisprudence, la mythographie, etc. Bien incomplètement, les mémoires de ce volume, qui font suite aux deux premiers, essayent d'ouvrir un aperçu sur quelques-unes de ces directions. Il ne faut pas, dans cette division, introduire une trop grande rigueur. Il n'y a pas de moment précis où la Grèce subisse uniquement les influences du dehors, sans en exercer elle-même, et réciproquement. Il y a dans le monde un perpétuel échange d'offices intellectuels. La philologie a pour mission de les étudier, d'en déterminer l'époque et la portée. C'est pourquoi les cadres sont souvent nécessaires, et c'est pourquoi j'essaye, dans ce qui va suivre, de tracer quelques-uns de ces cadres.

Dans cette nouvelle série d'études, je mets au premier rang le mémoire de Léon Lafoscade. Il est intitulé : « Influence du latin sur le grec. » Cette place lui revient de droit par l'importance historique et morale de la matière qui s'y trouve traitée. Les études de ce genre sont à la base même de nos origines. La plus forte secousse que la Grèce ait sentie lui vient certainement de Rome. Toutes les influences antérieures qu'on retrouve chez elle, soit dans le culte, soit dans le vocabulaire, soit, en premier lieu, dans l'écriture, sont de sa part des emprunts ou réfléchis ou inconscients. Ici, c'est-à-dire avec Rome, il s'agit de bien autre chose. C'est une influence imposée et qui tout d'abord se porte sur la langue; c'est la conquête avec toutes ses conséquences. Jamais, à mes yeux, la Grèce n'a donné une plus forte preuve de sa vitalité. En suivant de près l'histoire de la conquête politique de la Grèce et de la pression romaine, on s'étonne que le grec subsiste et se parle encore aujourd'hui. Ce n'est pas seulement parce que le latin est devenu la langue officielle; mais c'est que les contacts entre les deux peuples, entre les Grecs et les Romains, se multiplient dans la vie civile. Pour arriver sur ce point à des résultats tout à fait précis, il faudrait faire le relevé complet des inscriptions gréco-romaines et la critique des inscriptions où nous voyons apparaître à la fois des noms grecs et latins, des noms latins pris par des Grecs, et qui portent les traces soit de relations commerciales, soit de mariages entre Grecs et Romains. Il faut songer ici au passage des légions, aux légionnaires établis en Grèce et qui ne voulaient plus s'en aller, à la présence des nombreux fonctionnaires, à l'importance des colonies romaines, à ce fait aussi que l'influence, cette fois-ci, se trouve exercée par un vainqueur. Avec Constantin le Grand, le péril devient imminent; l'empereur est romain et c'est le latin qu'on parle à sa cour. Les armées sont commandées en latin, comme cela résulte des Constitutions impériales publiées dans le IIIe volume du Jus graeco-romanum. La fable de Codinus n'était pas tout à fait une fable: c'est bien Rome qu'on transportait à Constantinople.

Nous sommes bien loin des siècles heureux où Plaute et Térence se glorifiaient d'imiter les Grecs. Plautus uortit barbare! Ce n'est pas que l'admiration romaine ait jamais été avare d'expressions envers la Grèce. Sans parler des écrivains, les empereurs lui rendent des hommages publics. Marc-Aurèle la vénère et Hadrien est charmé d'elle. Avant eux, Claude, qui était un érudit, savait apprécier les lettres grecques. Mais ce même Claude ne veut pas qu'un Grec, citoyen romain, ne sache pas parler le latin. Comme ce titre était très ambitionné par les avantages qu'il comportait, on voit que cet empereur étrange ne contribuait pas peu à l'extension de sa langue. Il fallait parler latin devant les tribunaux. Jusqu'à une époque relativement basse, on devait tester en latin. Justinien a un certain dédain pour le grec; la langue du droit est latine, et l'empereur, en rédigeant ses *Novelles,* parle encore avec orgueil de la πάτριος φωνή, qui est le latin. C'est que l'esprit de Rome était en lui. Et le génie romain poursuit toujours son œuvre avec une singulière ténacité. Les écrivains et les empereurs s'extasient devant la Grèce; mais les empereurs n'en persistent pas moins obstinément dans leur propos; les écrivains eux-mêmes, Quintilien, par endroits, et Juvénal, se révoltent contre la Grèce soumise. C'est qu'il y a dans cet esprit de Rome un double caractère. Il est difficile d'imaginer à la fois quelque chose de plus brutal et de plus exquis que le génie romain au siècle d'Auguste, par exemple. Les dialogues de Platon, avec leurs fraîcheurs, leurs amabilités et cet emploi familier et comme négligent des particules qui soulignent les sourires de la conversation, n'ont pas plus de grâce que les lettres à Atticus, que ce ton affable et poli, que cette suprême urbanité que Cicéron apporte dans l'expression même des choses tendres — miserum me tui tenet desiderium. Cet immense regret de la Grèce faisait entreprendre aux Romains des voyages répétés au pays désiré. Mais la dureté envers le vaincu n'en a jamais été moins profonde. Les soldats d'Auguste n'étaient pas des gens très tendres, quand ils bouleversaient le monde, et, plus tard, Néron lui-même, comme Holleaux l'a finement marqué, rend aux Grecs la liberté avec une férocité toute romaine. Les Romains étaient un peuple intelligent, et c'est pourquoi ils aimaient la Grèce; mais ils étaient aussi un peuple conquérant, et c'est pourquoi ils entendaient que leur conquête fût entière.

Budinszky a montré que nul peuple n'a su résister à l'invasion du latin. Le latin n'a cédé que devant le grec. Comment cela se fait-il? Lafoscade en donne plusieurs raisons. Il a présenté le tableau de cette lutte, avec l'émotion que devait inspirer un pareil sujet. On trouvera dans son mémoire le groupement heureux de tous les détails, de tous les faits, d'où se dégage avec netteté l'impression d'ensemble.

Et cette impression, c'est que la Grèce a eu fort à faire pour capturer son vainqueur, non pas au temps d'Horace seulement, mais surtout sous les empereurs. Un chapitre entier reste encore à faire dans cette histoire; c'est le relevé complet, autant que possible, et la critique des inscriptions gréco-romaines, où, dans l'étude des noms propres, des combinaisons entre noms latins et noms grecs, se manifeste le mélange des deux races. J'avoue ne m'être jamais spécialement occupé des livres de Fallmerayer, et n'avoir jamais examiné par moi-même les questions qui y sont soulevées. Les conclusions auxquelles aboutissent les derniers travaux sur la matière, — on en verra dans Thumb une bonne bibliographie, — le jugement d'Hertzberg et les recherches qui se trouvent dans le livre classique de Rambaud, tendent à restreindre considérablement la thèse absolue de Fallmerayer. L'empire grec avait fini par s'assimiler cet étrange fouillis de races qui le constituait. Constantin Porphyrogénète pratiquait par avance le système de Louis XIV, en attirant ses ennemis à la cour et en les surchargeant de dignités auliques. Byzance crée ainsi une unité de langue, et, tout compte fait, réalise un empire unique. Mais l'infiltration latine s'était exercée pour ainsi dire d'une façon plus systématique. Des recherches ultérieures, entreprises sur ce domaine, ne manqueront pas de montrer que l'élément latin est entré plus avant dans le cœur de la race que tout autre élément. Et d'abord, la différence essentielle qu'il y a entre les rapports des Grecs avec les Romains et ceux qu'ils ont eus avec les autres peuples, c'est que leur esprit, surtout depuis Constantin, se modèle en bien des points sur l'esprit romain, tandis qu'au contraire les autres peuples, Bulgares, Russes ou Arméniens, subissent le prestige irrésistible de Byzance et vivent de son imitation. Un Bulgare, par exemple, est flatté jusqu'au fond du cœur du titre de βασι-λεύς; Silko s'enorgueillissait déjà du titre de βασιλίσκος. Voilà donc, en quelque sorte, des émanations de Byzance. Mais l'empereur byzantin lui-même de qui se réclame-t-il? De Rome toujours. Il est le représentant des empereurs romains et les chronographies byzantines commencent toujours par la mention de Romulus. L'empereur byzantin, c'est l'empereur romain en personne. Ce titre ne sera jamais abandonné. Liudprand sera fort mal reçu, quand il aura l'air de dire que les Grecs ne sont pas des Romains. Le patriarche œcuménique, encore aujourd'hui, s'intitule archevêque de Constantinople et de la Nouvelle Rome. Cette Nouvelle Rome, dans l'esprit des historiens byzantins, est la seule Rome impériale et tout autre empire que celui de Byzance est considéré par eux comme illégitime. Au fond, Charlemagne pour eux est un rebelle. Ils ont une conception à la fois étroite et grandiose de l'histoire. Le livre de Neumann est très suggestif à ce sujet. Tout en étant Romains, les Byzantins n'oublient pas qu'ils sont Grecs. Et alors, qu'a fait la vieille Rome à leurs yeux? Elle a soumis le monde et conquis l'univers, uniquement pour le rendre à la Grèce. Elle était le généralissime des armées du Roi. C'est à ce mélange intime de deux grands pays et de deux grandes idées que le nom de Byzance a dû de « devenir le synonyme de toute une civilisation et de toute une religion ». Δίκαιόν ἐστι προκατάρχειν τῆς Εὐρώπης γῆς τὸ Βυζάντιον, τὴν νῦν οὖσαν Κωνσταντινούπολιν, ἐπεὶ καὶ πόλις ἐστὶ βασιλεύουσα τοῦ τε κόσμου παντὸς ὑπερέχουσα, ὡς τοῦ μεγάλου Κωνσταντίνου καὶ βασιλέως τὴν ἐπωνυμίαν κληρονομήσασα. Cette pensée est l'héritage de Rome. Les attaches de Constantinople avec Rome éclairent toute l'histoire grecque d'un jour vif et nouveau. Elles la traversent d'un bout à l'autre jusqu'au temps même où nous vivons. Constantinople représente Rome, et si l'on veut comprendre *la grande idée,* si l'on veut savoir pourquoi le Grec sera inquiet, tant qu'il n'aura pas Constantinople, c'est à Rome qu'il faut remonter pour se rendre compte des racines profondes que cette idée a poussées dans la race.

C'est aussi à cette incarnation de Rome que Constantinople doit en partie d'avoir exercé au moyen âge cette action prodigieuse sur l'Europe. Je ne parle pas ici seulement de l'action juridique. On copie les formes de la chancellerie de Constantinople; les rois de France et les empereurs d'Occident souscrivent en cinabre. Omont, dans un joli travail tout récemment paru, vient de rééditer le fameux *legimus* du ixe siècle. A cette époque, les ambassades de Constantinople en France se succédaient; ces ambassadeurs, qui venaient saluer Charlemagne du titre de *basileus* (cela est-il tout à fait sûr?) apportaient avec eux le papyrus où ce mot se trouve écrit. *Legimus*, nous avons lu; je ne sais quelle force symbolique éclate dans ce mot. Oui, c'est à l'action combinée de Rome et de la Grèce, dont Byzance était à la fois l'héritière, que nous devons aujourd'hui de pouvoir lire.

Jules César, d'après Mommsen, avait conçu le projet magnifique d'un vaste empire gréco-romain, où les deux races et les deux civilisations se seraient fondues en une immense unité. Ce rêve s'est moralement réalisé. La pensée moderne sans Rome n'est pas complète, et sans la Grèce elle n'existerait pas. Byzance nous a transmis l'antiquité classique. Mais la Grèce était désormais enrichie d'un élément nouveau. Quelque chose d'inconnu fait son apparition avec Virgile. Cette poésie plus personnelle intéresse l'homme plus directement. Est-ce parce que nous sommes mal renseignés sur les lyriques grecs? Je ne sais. Chez Sapho et chez Archiloque, il y a bien quelque chose de moins abstrait que chez les poètes attiques, complètement impersonnels. Une certaine personnalité perce même dans les Œuvres et les Jours. Mais l'émotion qui se dégage de tous ces vers a, on ne peut dire comment, je ne sais quoi de moins réchauffant que chez les Latins, de moins intime et de moins concret. Cela tient peut-être à ce que ces poètes n'ont pas à proprement parler éprouvé la mélancolie, qui seule met l'âme à nu. Les premiers pleurs du monde ont été versés à Rome par Virgile. Pour cela, il a fallu un hasard. Les vétérans d'Octave, en l'an 711 de Rome, devaient se partager les terres de dix-huit villes situées dans les plus fertiles contrées de l'Italie. Les dix-huit villes n'y purent suffire; les soldats envahirent le territoire de Mantoue. Le domaine de Virgile fut leur proie. Vient alors la célèbre églogue, où, pour la première fois, le poète entre franchement en scène avec sa souffrance et les circonstances précises qui l'ont causée.

On pourra montrer un jour que cette tristesse n'était peut-être pas aussi inconnue à Byzance qu'on l'a souvent dit. Elle s'y manifeste dans un profond mysticisme, dans un intime sentiment d'humilité chrétienne, dans cette humilité dont Romain Lécapène fit preuve un jour devant Siméon. Ainsi, nous retrouverions même là, à côté du courant chrétien et des pieuses extases du Métaphraste, — le γλυκὺς συγγραφεύς — une influence latine plus dissimulée. C'est dans le vocabulaire surtout qu'elle est apparente et qu'elle est restée jusqu'à nos jours. Le nom de Ῥωμαῖος, aujourd'hui Ῥωμιός, l'indique suffisamment. Mais il y a bien d'autres mots que celui-là. J'avais eu l'idée d'entreprendre pour le grec l'équivalent de l'excellent Dictionnaire qu'Oscar Weise a consacré aux mots grecs passés en latin. Mais la matière est infinie. Il serait impossible de réunir en un seul volume aussi mince tous les mots latins entrés en grec aux diverses époques. Ici plus que jamais, nous devons procéder par monographies. Un beau modèle nous est offert par Immisch, pour Hésychius. Il faut prendre les auteurs un à un. Un des élèves de la conférence, Triantaphillidès, s'est chargé, sur ma demande, du lexique de Théophile. Un des principaux véhicules de l'importation en Grèce des mots latins fut le véhicule juridique. C'est pourquoi j'ai cru devoir faire rentrer cette littérature dans le cadre de nos études, auxquelles elle appartient. Mais ici nous abordons l'examen d'une question minutieuse et toute de détail.

Commençons par poser le principe général. On sait que le grec a emprunté des mots au latin, dans les diverses phases de développement que celui-ci a parcourues, c'est-à-dire depuis l'époque romaine jusqu'aux langues romanes. Ce point de vue se trouve déjà indiqué dans les Questions d'histoire et de linguistique. Il est évident qu'un dictionnaire complet des emprunts latins faits par le grec devrait comprendre successivement toutes les époques et tous les pays auxquels ces emprunts se rapportent. Et c'est là que les recherches deviennent fort épineuses. Jusqu'ici, on a toujours procédé avec la plus grande imprécision. On déclare, par exemple, tout de go, que tel mot est italien. Gustav Meyer a fort bien montré, dans son dictionnaire albanais, qu'il fallait souvent s'adresser au vénitien, et cela, en effet, se trouve beaucoup plus conforme à l'histoire, les Grecs ayant eu surtout des rapports avec Venise. Ainsi le mot βίδα ne fait plus difficulté, du moment que *vida* est attesté en vénitien par Boerio. Il ne sera donc plus nécessaire de se demander si βίδα ne nous représente pas quelque état du latin vulgaire, comme cela, je crois, peut se voir pour d'autres cas, où *t* serait devenu *dh* (δ) et aurait ainsi passé en grec. La forme même de *vitis* s'oppose à cette hypothèse et l'explication de Gustav Meyer est évidemment la meilleure. Mais il ne faut pas non plus exagérer l'influence vénitienne; il se présentera plus d'un mot où nous pourrons la laisser de côté. Gustav Meyer a aussi fait un court lexique des mots romans en moyen chypriote. Parmi les emprunts romans qu'il y signale, tous, évidemment, ne le sont pas et une très grande part revient au latin. C'est, à mon avis, l'élément dont il faut tenir le plus de compte en grec. Un des élèves de la Conférence a exposé cette idée avec beaucoup de charme, dans la ʾΕστία, à l'aide de citations et d'aperçus phonétiques notés en partie d'après le Cours. Quel doit être le critérium en pareille matière? Comment savoir si un mot est latin ou roman? Il y a deux façons de s'y reconnaître; mais je crois que le critérium le plus sûr est encore celui de la phonétique. Miklosich signale en néo-slovène, en serbe et en russe la forme *barka*. L'italien nous donne *barca*; le turc *bàrča*, le moyen haut-allemand *barke*, mais le grec ne donne que βάρκα. Il est évident que le slave ne peut pas reposer ici sur le grec. En revanche, le grec ne peut pas reposer sur l'italien; le *b* italien serait resté. Il faut donc remonter au latin et Isidore de Séville nous offre effectivement *barca*. Le mot est-il entré dans la langue avant que B pg. soit devenu spirante, et le *b* latin aurait-il ainsi subi le sort de tous les B pg., ou bien n'a-t-il pénétré en Orient que lorsque cette évolution s'était déjà accomplie, mais à un moment où la langue ne connaissait plus le son B pg., cela est difficile à déterminer exactement. Il faut pencher cependant vers la première hypothèse. En effet, on ne voit pas à quel moment le son B a été inconnu au grec, puisque, de tradition non interrompue, B, après μ, est toujours resté explosive. Ce serait donc qu'il y aurait eu une difficulté particulière à l'émission du B initial prévocalique. Mais, si cela est, nous sommes précisément ramenés à l'époque de l'adoucissement des spirantes anciennes, dont la date extrême paraît être le ive siècle. Je choisis cet exemple à dessein, parce qu'il me paraît plus compliqué que les autres. Dans la majorité des cas, la phonétique tranche la question du premier coup. Ainsi πλάτι, σπίτι, κελλί, manifestent aussitôt leur origine directement latine, puisqu'ils conservent les explosives mêmes du latin et, par là, témoignent d'un emprunt relativement très ancien. Je ne puis comprendre, pour ma part, comment ce point de vue a pu être contesté par un maître autorisé. Le grec montre à l'évidence la valeur même des sons latins. Le fait que certains dialectes modernes ont palatalisé *t* et *k* devant *i*, n'a pas ici de valeur. Ce sont là des phénomènes postérieurs. Ils sont complètement absents de l'époque romaine, et l'on sait d'autre part que la combinaison τσ ou τζ n'est pas inconnue au grec, et se trouve pour les mots étrangers déjà chez les Septante. Donc, les Grecs n'auraient pas été à court de transcriptions, comme le veut Bréal, si c'est un τσ et non un κ qu'ils avaient eu à rendre. J'ai montré plus loin dans ce volume que cette double transcription existait d'ailleurs suivant les époques. Je sais bien que récemment pour l'histoire du τσ et sa première apparition en grec, on a raisonné d'une autre façon; Thumb établit l'échelle phonétique suivante : κυριος = κüριος = tsüριος = tsurios = tsurios ; or, comme jusqu'au Xe s., υ = ü, κ = τσ est antérieur au Xe ou même au IXe siècle. J'ai souvent parlé, je l'avoue, d'une époque préhistorique du néo-grec : je dois dire cependant que mes imaginations les plus hardies ne sont jamais allées aussi loin en fait de dates phonétiques.

La connaissance des phonétiques dialectales aurait beaucoup plus de prix dans le premier exemple, βάρκα. Quel est le traitement des explosives sonores initiales dans les mots étrangers qui passent en grec ? Nous avons peu de renseignements à ce sujet, et la matière n'a jamais été traitée. Je vois que μπαξές, μπαντιέρα, etc., etc., gardent le *b;* on dit très couramment άντίο (άΔίο et άνΔίο). Mais j'ai aussi recueilli καντάδα pour Apiranthe (Naxos), et φεργάδα reste toujours étrange, d'autant plus que l'espagnol n'a pas *fregada*. Un des élèves de la conférence est en ce moment en train de recueillir des matériaux sur ce point. Le sujet en vaut la peine, et les Athéniens eux-mêmes devraient y veiller.

Si nous savions par exemple avec sûreté que *b* initial étranger reste en grec et que les quelques exceptions sont purement dialectales, si nous connaissions d'une façon précise les dialectes qui font exception, nous aurions un point d'appui solide, et à l'aide de la seule phonétique, qui garderait ainsi tous ses droits, nous pourrions dire que βάρκα remonte à l'époque même du latin.

Nous trouvons ce mot dans les textes, chez Jean Lydus, c'est-à-dire au commencement du VIe siècle, et la démonstration se trouve ainsi donnée. Dans ces recherches lexicologiques, les textes nous fournissent le second critérium. J'avoue cependant que j'attache ici une plus grande importance au critérium phonétique. Et voici pourquoi. Le mot *porta* est le même en italien et en latin ; l'empruntant aux Italiens ou aux Romains, les Grecs auraient toujours dit πόρτα. De fait, il se trouve établi par les textes que le mot en grec est très ancien, et la connaissance générale de l'histoire, c'est-à-dire de l'influence que les Romains ont particulièrement exercée sur la bâtisse des maisons et la construction des chaussées, jusqu'à l'époque de Constantin, nous confirme dans cette opinion. Aurea sæcla gerit, qui portam construit auro. Mais il peut se passer ceci ; les Grecs empruntent une fois aux Romains le mot πόρτα ; puis ils l'oublient ; plus tard, ils l'empruntent de nouveau aux Italiens. Le traitement phonétique étant le même, rien ne nous atteste absolument que le moderne πόρτα ne repose pas sur un second emprunt. Je fais ici à dessein de l'hypercritique. Car enfin, nous n'avons le choix qu'entre deux mots pour désigner le même objet : πόρτα et θύρα ; — πύλη est ici hors de jeu ; — or, dans notre hypothèse, que serait devenu le mot θύρα, à l'époque où πόρτα est entré dans la langue ? Il aurait nécessairement disparu. Est-il donc vraisemblable qu'il reparaisse plus tard et de nouveau cède devant une seconde intrusion de πόρτα ? Cela même pourtant n'est pas tout à fait absurde, ou, du moins, la question demande à être posée autrement. Certains dialectes ont gardé le mot θύρα (Chio, par exemple ; lacune dans Paspatis ; ailleurs on a αἴγες, etc.; rien d'extraordinaire) ; d'autre part, la langue commune connait πόρτα ; c'est le terme courant. Cela prouve que θύρα a toujours été usité, et, si nous admettons que πόρτα moderne repose sans interruption sur le latin, il faut admettre que πόρτα n'était pas le seul mot connu en Grèce. Donc, θύρα pouvait toujours prendre l'intérim et ne disparaître de la langue commune que sous le second règne de πόρτα. On voit que la question ne saurait être entièrement tranchée que par la phonétique. Et ici ce critérium nous fait défaut. Le mieux est certainement lorsque la phonétique et les textes combinent, comme pour βάρκα, leur double témoignage.

Il est une seconde catégorie de preuves que la phonétique nous fournit. Dans σπίτι et dans κελλί, le consonantisme appartient au latin classique. Mais il est une classe nombreuse de mots que le grec emprunte au latin vulgaire. Ici, nous avons un critérium indiscutable. Dès que dans un mot latin passé en grec, nous surprenons un traitement qui est propre au latin vulgaire, aucune hésitation n'est permise ; le mot est sûrement latin. Ainsi φαμελία, τίτλος, etc., etc., représentent des traitements latins caractéristiques et bien connus. La liste détaillée est donnée par Schuchardt. Nous ne trouvons aucun traitement équivalent en grec, à l'époque où ces mots se produisent. Le changement de *i* atone en *e* n'a pu avoir lieu en grec, à ma connaissance, à aucune époque, dans les combinaisons dont Καπετώλιον, λεγεών sont les types, et que j'ai cataloguées plus loin. Donc, ici encore, l'origine latine est certaine.

Je vois décidément que je fais de vains efforts pour renoncer à la sûre conduite des textes ; je suis encore obligé d'y revenir. Car, comment savons-nous que τίτλος, φαμελία, etc., sont dus à des traitements latins, autrement que par les textes qui ne nous fournissent rien de semblable en grec? En somme, pour présenter dans son ensemble le tableau des emprunts lexicologiques faits au latin, à toutes les époques, il faudrait pouvoir s'appuyer sur l'histoire parallèle des deux langues, et ici nous sommes très en retard pour le grec. Il faudrait aussi connaître au juste l'état des dialectes modernes, en suivre les origines et le développement au moyen âge, aussi haut qu'on peut remonter, et enfin dominer toute la littérature grecque, où l'on puiserait sans cesse depuis l'époque romaine.

Sophoclis, dans son admirable dictionnaire, a fait naturellement une large place au latin. Mais ici une nouvelle question se pose. Faut-il admettre tous les mots latins qu'on rencontre chez les auteurs ? Oui, sans doute, si l'on veut être complet. Mais il s'agit de faire une distinction importante. Dans quelle mesure les mots ainsi attestés ont-ils été des mots vivants ? Toute l'histoire du latin en Grèce est là. Bury me semble avoir ouvert une voie, quand il a voulu s'informer auprès des auteurs eux-mêmes de l'emploi de ces mots chez le peuple. Ces recherches devraient assurément être multipliées. Bury se demande donc si les Byzantins, quand ils citent un mot latin, le donnent comme populaire ou non, si, par exemple, ils nous apprennent que la foule, τὰ πλήθη, a l'habitude de s'en servir, ou bien s'ils marquent expressément que c'est là une expression latine. Cette manière de procéder donnerait beaucoup de résultats pour les écrivains juridiques; Théophile très souvent nous dit que tel terme est latin. Mais ce critérium n'est pas absolu. Bury note lui-même que Procope peut en quelque sorte céder à un goût de purisme, ne pas convenir, par exemple, que telle expression est latine et dédaigner de s'en servir, alors qu'elle est d'un usage courant. J'ajoute dans ce sens une nouvelle observation. On sait quelle belle ignorance les vieux grammairiens d'Alexandrie, à commencer par Apollonius Dyscole, professaient à l'égard de la langue et de la littérature latines. C'est très tard que chez les lexicographes, chez Hésychius, par exemple, où Saumaise les avait déjà aperçus, que les mots latins font leur apparition. Chez les grammairiens, ils mettent aussi beaucoup de temps à se montrer. C'est après Choeroboscos, si je ne me trompe, c'est-à-dire au vi^e siècle, que les mots latins commencent à se trouver chez les grammairiens. Cela est visible dans le commentaire de celui-ci, si on le compare au texte d'Hérodien ou de Théodose. Théodose, qui se rattache encore à la vieille école, ne connaît que le grec. En revanche, Théognoste, au ixe siècle seulement, cite des mots latins et cela tient peut-être à une circonstance toute particulière, si tant est qu'il faille identifier Théognoste, selon Egenolff, avec l'archimandrite du même nom et attribuer par conséquent sa connaissance du latin à une origine sicilienne. Et pourtant, avec Théodose, nous sommes au ive siècle. Or, c'est à ce moment, sous Constantin, que le latin fait sa plus forte irruption. A partir du vi^e siècle, au contraire, le latin est décidément battu en brèche par le grec, et les mots latins ont certainement cessé d'affluer avec la même abondance. Donc, les écrivains puristes, comme les grammairiens et comme Procope, ne nous offrent pas toujours une sûre garantie.

Quel cas faut-il faire maintenant des textes juridiques? Ici, nous sommes sûrs que nous n'avons pas à craindre, au moins de la part des auteurs, la même pudeur que chez Procope, à l'égard du latin. Le latin est la langue du droit. Nous tombons alors dans un excès contraire. Tout le latin des juristes est-il un latin parlé? Il l'est évidemment plus ou moins, et cela suivant les cercles plus ou moins étendus où le latin venait à être employé. J'ai essayé d'indiquer plus loin la mesure où cela devait être entendu. Il est évident que chez les juristes, il y a beaucoup de latin connu du peuple. Cela résulte en quelque sorte à priori de la situation prépondérante qu'occupait le latin en matière de législation. Des mots tels que ἔδικτον devaient être dans toutes les bouches, d'autant plus que nous voyons ce mot écrit précisément par un iota, ce qui prouve un traitement populaire, et ici je trouve un dernier argument à opposer à la théorie de Bréal: le latin en Grèce n'est pas toujours entré par les livres; il s'est le plus souvent entendu et répété. Maintenant, doit-il résulter de là qu'un mot latin n'ait été usité que sous sa forme populaire, lorsque la forme savante est également connue? Quand nous trouvons chez les juristes φαμιλία, cela signifie-t-il que c'est une forme purement livresque et que le peuple n'employait pas d'autre forme que φαμελία? Non, certainement; car il devait y avoir à ce moment-là, comme toujours, des doublets savants, et ces mots savants devaient être eux-mêmes d'un usage fort étendu, puisque dans les glossaires juridiques slaves nous voyons précisément passer les mots latins sous leur forme savante, c'est-à-dire δέκρετον, δεπορτατεύεται, δεφενδεύεται, δεφένσωρ, λεγάτον, avec un E, et non avec *i*, tandis que les formes populaires se retrouvent aussi dans les mêmes glossaires, par exemple, ἰρέμ (in rem), φαμοῦσος, τίτλος (sl. *titla*), ainsi transcrits d'après le grec en vieux slovène.

Il y a, je crois, un moyen de serrer cette question de plus près encore. Je ne veux pas l'examiner ici, ayant exposé les choses tout au long dans le cours du volume. Il s'agit tout simplement d'un problème paléographique très aride et très ardu. Ce chapitre offrira peut-être quelque intérêt aux yeux des juristes. La tradition manuscrite, en ce qui concerne ces textes, est un véritable chaos. Les caractères latins s'y mêlent aux caractères grecs, souvent dans le corps d'un seul mot. Or, cet état ne paraît pas avoir été celui des archétypes. Il semble, au contraire, d'après des documents précis, dont l'étude est longue et minutieuse, que les mots latins ont été écrits ou tout en caractères grecs ou tout en caractères latins. Il s'agit justement de reconnaître à quelle catégorie de mots l'alphabet latin paraît spécialement consacré, et quels sont les mots au contraire que les juristes écrivent en grec. Cela nous donne alors un critérium: les mots écrits en grec sont plus usuels que les mots écrits en latin. Ce qui est certain, c'est que l'un ou l'autre des deux alphabets ne paraît pas du tout employé au hasard. Le fragment juridique du mont Sinaï acquiert, à ce point de vue, une importance décisive. Je sais bien que l'usage des deux alphabets varie suivant les époques; mais, à ne prendre les choses qu'au VI° siècle, on peut encore, ce me semble, arriver à quelques résultats satisfaisants.

La jurisprudence, ainsi appuyée sur la paléographie, entre à son tour dans le cercle de nos études. Les destinées des mots sont curieuses. Miklosich a remarqué à deux reprises, dans l'*Archiv* aussi bien que dans les *Denkschriften*, que le vieux serbe husar*b* (les caractères me manquent) rappelle κουρσάρης, qui à son tour est latin d'origine. N'est-ce pas un emprunt significatif? Byzance s'est fait le dépositaire de toute la vieille civilisation, et c'est à Byzance maintenant qu'on va puiser la connaissance du droit, la science, les idées et les mots, dût-on même quelquefois faire prendre à ceux-ci une acception toute nouvelle.

IV.

HISTOIRE LITTÉRAIRE. — ROMANS FRANÇAIS ET BYZANTINS.

L'histoire littéraire entre de plein droit dans nos attributions. Il est presque étrange qu'on ait besoin de l'affirmer. Il suffit de jeter les yeux sur le Grundriss de Gröber et de voir les matières qui sont traitées dans le premier volume et celles qui sont annoncées pour les suivants, dans les pages substantielles que Gröber a écrites sur la philologie romane. Ce n'est certainement pas moi qui dirai jamais du mal de la linguistique. Mais c'est considérer les choses à un point de vue bien étroit que de ramener nos études à la linguistique seule. Les romanistes n'entendent point ainsi leur tâche aujourd'hui, et ne l'ont même jamais entendue de la sorte. Diez, qui a fait la grammaire des langues romanes, s'est toujours occupé d'histoire littéraire. Je me rappelle moi-même avoir entendu le maître vénéré nous expliquer avec amour et lire avec une émotion toute littéraire, dans la Chrestomathie de Bartsch, les vers de Bernart de Ventadorn. Sans entrer ici dans les discussions soulevées depuis longtemps sur le sens et la portée du mot philologie, nous pouvons dire que personne n'a jamais contesté aux philologues le droit de s'occuper de littérature. Les néo-grécisants qui débutent feront bien, pour s'élargir l'esprit, de méditer les paroles de Gröber et de comprendre qu'à côté de la littérature, l'histoire littéraire, — Litteraturforschung und Litteraturgeschichte — fait partie de toute science sérieuse. Cela nous mène par conséquent à examiner toutes les questions d'origine qui se rattachent à notre histoire littéraire : tel roman grec est-il ou n'est-il pas d'importation étrangère ? Et par contre, tel roman de l'Occident repose-t-il ou ne repose-t-il pas sur un original grec ? Peu importe que la réponse soit affirmative ou négative ; l'essentiel est toujours de poser les problèmes. Telle est par excellence la tâche de la philologie. Donc quand l'un de nous porte son attention sur ces matières, il ne faut pas venir lui dire que ces sortes de recherches n'ont qu'un lien très lâche avec nos études, « in loser Beziehung zur mittelgriechischen Philologie stehen ». C'est vouloir à plaisir se rétrécir l'horizon. Il est évident que si nous arrivons à établir la provenance sûrement grecque de tel poème français, cela nous intéresse bien tout autant que les romanistes. Que si, au contraire, le roman en question ne peut, à l'examen, se réclamer d'une source grecque, cela encore nous intéresse tout aussi directement. Car alors, nous savons la valeur linguistique ou littéraire que nous devons accorder à ce document. J'ajouterai même que de semblables matières demandent des connaissances précises de grec moyen. Je ne vois donc pas très bien à quoi Thumb veut en venir, lorsqu'il dit que le roman de Florimont ne se rattache que de très loin à nos études, sous prétexte que les mots grecs du Florimont ne nous apprennent rien, comme je crois, en effet, l'avoir démontré, sur l'état du grec moyen. Encore fallait-il le savoir, et, par conséquent, étudier ce roman, fût-ce à notre point de vue d'hellénistes.

On ne saisit pas très bien comment ni de quelle façon nous pourrons jamais nous passer de l'histoire littéraire, sans aborder aussitôt la question des échanges romanesques qui ont pu se faire au moyen âge entre l'Orient et l'Occident, entre l'Orient et les Slaves. Il est pour nous du plus haut intérêt de savoir que la version serbo-slovène du Poricologos repose sur un texte grec autre que celui que nous connaissons. Les versions slaves, d'autre part, comme Polivka l'a répété à propos du Physiologus, nous donnent souvent, pour la reconstitution des filiations littéraires, les degrés intermédiaires qui nous manquent. Il est donc à prévoir sûrement que plus d'une de ces versions a été faite sur des manuscrits que nous ne possédons plus. Et cela alors touche au cœur même de nos études. La littérature populaire du moyen âge sollicite toute notre attention et son histoire est à peine commencée. Je suis obligé de rappeler ici que dans le second volume des *Essais* et dans l'Index bibliographique en tête du premier, j'ai tâché de donner la classification chronologique des documents médiévaux. Ce travail s'impose à nos études et un grand pas sera fait le jour où nous saurons d'une façon précise la date à laquelle il faut rapporter chacun de ces monuments. J'avoue que, dans ce labyrinthe, je n'ai pas trouvé jusqu'ici d'autre fil conducteur que la grammaire comparée de ces textes. J'ai dit aussi et spécialement remarqué que plusieurs d'entre eux reposaient sur des modèles antérieurs. Un coup d'œil jeté sur les littératures étrangères peut nous aider, ce me semble, à retrouver quelques-uns de ces archétypes. Je me refuse à comprendre, pour ma part, comment le poème d'Apollonius de Tyr, qui est du XVᵉ siècle, peut être un μεταγλώττισμα ἀπὸ λατινικὸν εἰς ῥωμαϊκόν. Il est certain que le μεταγλώττισμα doit être de beaucoup antérieur au XVᵉ siècle. Nous ne voyons plus qu'au Xᵉ s. on sache comprendre le latin en Orient; ceux qui le savent après cette époque sont de purs érudits et constituent à peine une exception. Il est donc nécessaire de se demander successivement quelles sont les origines de chacun de nos textes. La linguistique elle-même est ici directement intéressée à l'histoire littéraire. Ces textes, en effet, nous fournissent une base historique certaine : c'est après avoir pris une connaissance précise de l'état qu'ils nous présentent de la langue, que nous pourrons jeter un regard plus juste sur l'évolution grammaticale dans le passé et juger à leur vraie valeur les phénomènes isolés, qui nous révèlent les origines du néo-grec. Ceux qui n'ont pas encore porté sur ces textes l'effort de leur travail et de leur méditation peuvent assurément dédaigner l'histoire littéraire. Que la grâce divine soit avec eux ! Quant à nous, nous préférerons toujours nous placer sur le terrain solide des faits.

On voit peut-être maintenant que les études d'histoire littéraire purement grecque sont inséparables de l'étude, si passionnante à son tour, des emprunts qui se sont échangés d'un peuple à l'autre sur le domaine de la littérature. Nous posons donc ici le pied sur des frontières nouvelles ; nous ne pouvons plus identifier ce chapitre avec le précédent, ni mettre sur le même rang ces deux questions historiques. Ici, nous devons prendre les choses d'un autre biais. Il ne s'agit plus uniquement d'influence subie par la Grèce; il s'agit aussi des influences qu'elle a fait subir. Je sais bien qu'elle en a de tout temps exercé sur les Romains, et il est possible que les imitations latines, comme celles de l'Apollonius de Tyr, aient été aussi nombreuses que le veulent quelques savants. Or, ces imitations apparaissent bien après la conquête romaine et le christianisme, et même, à ce qu'il paraît, postérieurement à Constantin (Julius Valerius est antérieur), et alors, dans le chapitre même qui traite de l'influence de Rome sur la Grèce, il faut faire une part à l'influence de la Grèce sur Rome. Le pseudo Dictys de Crète et le faux Darès auraient été traduits du grec, suivant Körting, et, tout récemment encore, suivant Gaston Paris (je suis plutôt avec Dunger, Jolly et Teuffel, etc.); le roman d'Apollonius de Tyr, au VIe siècle, semble décidément avoir été une version latine du grec, bien que Rohde insiste particulièrement sur l'absence de l'original. Dans un autre ordre d'idées, Claudien, à la date extrême où nous le rencontrons, et si loin du siècle d'Auguste, conserve, tout en se rattachant à ses devanciers latins, comme un dernier souvenir de cette imitation grecque dont l'époque classique à Rome fut pénétrée. Mais qui ne sent que c'est là une action toute morale et toute littéraire de la part de la Grèce? C'est même en partie grâce à ce prestige qu'elle a dû de ne pas être absorbée par Rome. Dans le travail de Lafoscade, il s'agissait au contraire et avant tout, de l'influence administrative et politique, et celle-ci est toute romaine. Si la langue, sous cette domination, a couru les plus grands risques, c'est justement par suite de cette pesée politique. Le cadre que j'ai voulu ouvrir avec le mémoire précédent serait donc spécialement réservé à l'histoire proprement dite, et, incidemment, aux questions ethnographiques, bien que l'histoire et l'ethnographie soient des questions de toutes les époques du grec et qu'il y ait à les agiter bien souvent après Constantin. Néanmoins, je crois que les questions d'histoire littéraire peuvent toujours rester distinctes et former comme un chapitre à part de la philologie hellénique. Il était donc nécessaire qu'elles fussent représentées dans ce volume et elles le sont d'une façon très heureuse, grâce au mémoire de John Schmitt, sur la Théséide de Boccace.

La Théséide de Boccace nous présente en effet le problème par les deux bouts. On sait qu'elle a été traduite en grec moyen et personne aujourd'hui, je pense, ne voudra plus contester la priorité de l'italien. Mais l'italien lui-même est-il de l'invention de Boccace ? Ou bien Boccace aurait-il pris sa Théséide à une source grecque ? Nous avons ainsi, dans un mémoire unique, la double tâche qui s'impose presque toujours aux travailleurs sur ce domaine : qu'est-ce que les Grecs ont pris et qu'est-ce qu'ils ont donné ? C'est précisément là ce qui pique si souvent l'esprit curieux du chercheur.

Körting et avant lui Ebert ont soutenu très énergiquement que la Théséide de Boccace reposait sur un modèle grec. Cela ne fait aucun doute pour Körting, et Ebert est très dur pour Sandras, qui avait pourtant exprimé des idées raisonnables dans l'autre sens. Körting et Ebert ne savent pas au juste à quelle époque doit se placer ce fameux original grec que, bien entendu, nous ne possédons pas. Un premier point devait être ici examiné : quelles pouvaient donc être les connaissances de Boccace en matière de grec ? Gaspary a montré dans deux pages excellentes le contre-sens qu'il y a dans le titre seul du *Filocolo*. La composition même de ce mot est étrange; on trouvera dans la Théséide quelques exemples analogues. Sur l'exemple de Gaspary, j'ai cru à mon tour devoir ranger dans la même catégorie de contre-sens un κύων mal compris dans le Décaméron. On grossira peut-être la liste en parcourant la *Genealogia Deorum* avec Hortis. Pierre de Nolhac a très bien mis en lumière, après Hortis, l'insuffisance du maître calabrais qui était chargé de révéler à Pétrarque et à Boccace les secrets de l'antiquité grecque. Il semble même qu'il n'ait pas été beaucoup plus fort en latin, et le *Deo cantans* ne doit peut-être pas être mis sur le compte des scribes. Il était, lui aussi, un *romanae facundiae pauperrimus*. Si Pétrarque et Boccace n'avaient tous les deux d'autre professeur que Pilate, il faut avouer qu'ils étaient mal partagés. Il est certain, toutefois, que Boccace sut plus de grec que Pétrarque ; mais je demande encore la permission à Nolhac de réserver mon opinion sur ce point. Nolhac a relevé les explications fantaisistes de Pilate. Pétrarque, qui avait, semble-t-il, comme un pressentiment de la critique verbale, doutait déjà de son maître, en comparant entre elles deux versions latines d'Homère. Boccace était souvent tout aussi sceptique, tant il était surpris par les histoires de Pilate. Le Calabrais paraît avoir été un de ces hommes qui craignent, avant tout, l'emploi des deux mots *non scio* ; aussi inventait-il quand il ne savait pas ; en sa qualité de professeur de grec, il se croyait obligé de ne jamais rester court. Il était affirmatif, péremptoire et bavard. Den garstigen, unreinlichen und übellaunigen Byzantiner, dit Voigt. Ne médisons pas de lui cependant. Il fut, en Occident, le premier professeur de langue grecque, et, s'il n'eut pas l'*auctoritas* de Manuel Chrysoloras, *hominis prope divini*, s'il n'apprit pas à Pétrarque et à Boccace tous les secrets de la langue ancienne, il semble probable en somme qu'il leur a appris de ci, de là, une ou deux formes moyennes ou *modernes*. Il n'est pas vraisemblable, en effet, que Pilate se soit souvenu du Cratyle, quand il transcrivait la onzième lettre de l'alphabet par λάβδα ; le passage même de Photius prouve qu'au moyen âge, la forme courante était λάμβδα, puisque c'est ce que donnent les manuscrits. Les grammairiens postérieurs ne connaissent aussi que cette forme : « Λάμβδα se prononce toujours de la même manière, λάβδα », dit la Nova Methodus de 1709. Pilate appliquait donc tout simplement le traitement propre au μ devant β devenu spirante, de même que, dans Grégoire de Tours, nous trouvons, en vertu d'une autre loi phonétique, le σίγμα transcrit par symma.

Ce que nous admirons dans Pétrarque et dans Boccace, c'est leur amour du grec, ce n'est pas la connaissance qu'ils en ont eue, c'est l'accueil enthousiaste dont ils saluèrent Pilate à Florence,

Il qual v'entrò con molto grande onore.

Le grec ne fit son entrée triomphale en Italie que plus tard, à la Renaissance. Il ne faut donc pas, comme l'a fait Körting, attacher une trop grande importance à la *storia antica* dont parle Boccace. Les modèles de dissertation critique qu'on doit à Crescini — on aimerait pouvoir en faire de semblables ! — ont mis la question sur son véritable terrain, avec une lucidité souveraine. C'est à l'opinion de Crescini qu'il faut se ranger désormais. La Théséide de Boccace n'a pas eu de modèle grec. John Schmitt a fait une jolie découverte, relativement au fameux combat du cirque, où l'on voulait voir auparavant un témoignage incontestable de la science archéologique de Boccace. Il a rapproché le célèbre duel de Bordeaux, dont nous parlent à satiété tous les chroniqueurs, Bernard d'Esclot, Ramon Muntaner et Carbonell. Boccace était simplement de son temps, alors qu'on le croyait en pleine antiquité, ou même qu'on se le figurait retraçant d'après son modèle byzantin les factions du cirque de Constantinople ! Il suffit de lire le petit livre achevé de Rambaud pour savoir à quoi s'en tenir sur ce sujet et sur l'esprit tout différent des stasiastes byzantins et de leurs μέρη. Boccace trouve la plupart des tableaux qu'il prodigue, à chaque octave de la Théséide, dans la Thébaïde de Stace, et cela est d'autant plus naturel que la réputation de Stace au moyen âge est des plus grandes — il est presque sur le même pied que Virgile — et que, d'autre part, la Thébaïde est un vrai roman, presque dans le sens que nous attachons aujourd'hui à ce mot, avec des descriptions familières et des détails domestiques d'une charmante intimité.

L'inspiration de Boccace a d'autres sources aussi. Dante fut la préoccupation constante, on peut le dire, qui domina la pensée de Boccace. On trouvera dans le travail de Schmitt beaucoup de rapprochements de forme et de fond entre les deux poètes, et encore a-t-il fallu se restreindre. Les idées platoniciennes, que Körting croyait émanées dans la Théséide d'un original grec, sont, Schmitt l'a prouvé, des idées dantesques. Les romans français n'étaient pas non plus étrangers au poète. Des réminiscences du Roman de la Rose se reconnaissent sûrement dans la Théséide, quoi qu'Ebert en ait pu dire. Maintenant que Constans vient de publier le roman de Thèbes, une comparaison entre les deux poèmes sera d'un grand intérêt. Mais qui donc, si ce n'est Crescini, a le droit d'y toucher ?

Voilà donc encore un roman qui, après un examen attentif, ne doit plus porter la marque d'une influence littéraire grecque sur l'Occident. Je parle ici d'influence directe, sans intermédiaire latin, comme pour l'Apollonius de Tyr, que celui-ci d'ailleurs soit l'intermédiaire ou l'original. Gaston Paris a énuméré un grand nombre de romans, dans deux chapitres consécutifs de son Histoire, où il y aurait à reconnaître une action grecque s'exerçant sur l'Occident, tantôt de première main, tantôt par le canal du latin. Ces pages sont très suggestives, en ce sens qu'elles indiquent la série de recherches à entreprendre. Je suis un peu ébranlé, je l'avoue, par l'autorité du maître. Mais je demanderai qu'on nous montre enfin un de ces originaux grecs (Barlaam et Joasaph est ici hors de cause). Gaston Paris dit que l'Italie méridionale a servi de pont par ses régions grecques. Mais, ici encore, on aimerait savoir à quelle époque et dans quels textes. Wesselofsky est obligé de descendre jusqu'au Ptocholéon pour les sources de l'*Eracles*. L'archétype byzantin demeure inconnu. Il est possible que le Ptocholéon remonte à une rédaction plus ancienne ; mais quelle preuve que l'*Eracles* puise directement à la source grecque ? Le *savio greco* du Novellino s'est transformé en jeune homme dans le roman français. Le σοφὸς πρεσϐύτης est loin de l'Eracles, sans qu'on puisse saisir les raisons de cette transformation aussi facilement que dans l'épopée slave. Comparetti a relevé chez Donat la même légende appliquée à Virgile, et il remarque à ce propos qu'il y a chez Donat très peu d'influences populaires. Peut-être serait-il possible de remonter ainsi à un prototype latin, où la substitution de Roma à la Νέα Ῥώμη (?) se justifierait aussi beaucoup mieux. Wesselofsky lui-même a reconnu que des noms propres grecs ne constituent pas une preuve bien forte ; quant à la couleur religieuse ou morale d'une légende, elle ne nous offre jamais, dans ces questions d'emprunt, qu'un témoignage bien délicat à manier. En ce qui concerne Aucassin et Nicolette, les origines byzantines de ce roman n'ont jamais été qu'une hypothèse. La question de Floire et de Blancheflor a été reprise à nouveau par Crescini, et l'on cherche encore vainement ici le texte grec original, malgré toutes les hypothèses émises en tout temps dans ce sens. Souvent aussi les apparences sont trompeuses et l'on finit par renoncer à des hypothèses qui paraissent d'abord bien fondées. Zingarelli prouve qu'il n'y a pas imitation des Φαρμακεύτριαι dans l'épisode du Filocolo, mais simplement une imitation d'Ovide. Pour Alexandre le Grand, nous avons avec nous Paul Meyer, qui relève expressément l'intermédiaire latin des romans français. Ceux-ci, à leur tour, ont souvent passé en grec. Ce sont là des faits bien connus depuis les deux livres de Gidel et quelques pages d'Ellissen. Ce qui rend particulièrement attachant ce chapitre de nos études, c'est l'histoire de ces migrations. *Fervet opus*. Krumbacher poussait dernièrement encore à ces travaux dans sa Littérature byzantine. Il serait beau de joindre à ces recherches les imitations slaves, que celles-ci reposent sur le grec ou sur le latin. Nous avons ici un guide sûr, Wesselofsky, et nous avons déjà retiré cet avantage de ses études que nous avons acquis grâce à lui un texte précieux, — le seul, à ma connaissance, où νάν, pour νά, se rencontre, — un fragment de ce poème d'Alexandre, traduit en vieux serbe du grec moyen. Il est évident que toutes les imitations ne reposent pas nécessairement sur des *textes,* et ce n'est pas ce que je voulais dire tout à l'heure. Les fables voyagent, et, comme G. Paris l'a remarqué si souvent, la transmission orale suffit à la propagation d'un roman d'un pays à l'autre ; ceux qui allaient *par mi Griece* ont pu en rapporter quelques légendes. Crescini, dans le Cantare, a écrit à ce propos une charmante page. Novati a consacré au même sujet de fines remarques, en parlant de l'élément oriental qu'on pouvait reconnaître dans un roman français du XIIe siècle. Il y aurait donc là une part de tradition orale, et c'est la question que je voudrais examiner ici en quelques mots, du moins en ce qui touche à nos études. Novati, avec une courtoisie qui d'ailleurs n'enlève rien à la vigueur de son attaque, a contesté quelques-uns des résultats auxquels je croyais être arrivé pour le roman de Florimont. Ces résultats me tiennent à cœur et je vais y revenir en quelques lignes.

La démonstration de Novati se divise en deux parties : la première porte sur la patrie du poète ; Novati reprend l'opinion de Paulin Paris et veut que le Châtillon d'Aymon de Varennes ne soit plus Châtillon-du-Temple, mais bien Châtillon-sur-Azergues, dans le Lyonnais. Les nombreux futurs en *-ant* que Paul Meyer avait signalés pour le provençal, — — achatarant, avrant, ferant, serant, etc., etc., — donnent ici quelque appui à la thèse de Novati. Peut-être cependant faudrait-il diminuer par des arguments plus décisifs l'autorité de F, qui donne Loenois, dans la partie plus récente du manuscrit, il est vrai, mais d'accord avec D, qui a beaucoup de valeur. Il reste encore bien d'autres difficultés, qui n'ont pas été abordées par Novati, comme par exemple les infinitifs lorrains, sans *r*, rimant avec les participes, etc. Les solides déductions de Risop entraînent jusqu'ici la conviction. Il faudra ajouter aux autres documents utilisés les textes lorrains de N. de Wailly qui jettent sur la question une lumière nouvelle. Bien des particularités orthographiques et phonétiques sont les mêmes dans ce texte et dans F ; la provenance lorraine non pas seulement du manuscrit, mais du roman lui-même, peut recevoir par là une confirmation. Je laisse d'ailleurs, dans mon incompétence, l'examen de ce côté de la question à Risop, à qui cet examen revient de droit, et, sans insister sur l'ingénieuse lecture de Novati, qui voit dans *anailui* l'anagramme de *iuliana,* je passe à ce qui me concerne plus particulièrement.

Novati commence par accorder qu'il y a en faveur d'un double auteur du Florimont un argument assez fort : le trouvère dit qu'il a traduit à la fois du grec en latin et du latin en roman. Or, il ne peut pas être l'unique auteur de ces deux versions. Après cela, on ne voit pas très bien comment s'y prend Novati pour lire *grèce,* avec G et K, dans ces deux vers de F :

> Traist de greu l'istore latine
> Et del latin fist le romans.

Le compte des syllabes n'y serait pas, et introduire je ne sais quel néologisme de sens, *traire de grece,* à la place de la locution toute simple *traire de greu,* ne semble guère praticable. Le raisonnement qui suit, chez Novati, n'est pas non plus très compréhensible : « Je ne veux donc pas dans ce moment nier l'existence d'une prétendue version latine du conte grec ; mais je tiens à constater que l'auteur de cette version, si version il y a, n'est en aucune manière mentionné dans le Florimont. » Il faut bien admettre cependant que l'auteur de cette version est bel et bien mentionné, puisque Aymon prétend que c'est lui-même. Le désir qu'il pouvait avoir de convaincre son auditoire de l'existence « en Grèce » de son roman n'a rien à voir dans cette affaire : il lui suffisait de parler d'une version directe, ce qui lui aurait donné auprès de son auditoire encore plus de crédit. La même objection réduit à sa juste valeur un autre raisonnement de Novati : si le poète, dit-il, parle quelquefois d'un texte latin, c'est pour se conformer à l'usage traditionnel des trouvères, en vantant l'authenticité de ses contes ; ce résultat eût été obtenu, et d'un coup bien plus décisif, s'il s'était simplement réclamé d'une source grecque. Pour le reste, j'avoue sincèrement que j'ai fait de vains efforts pour suivre la pensée de Novati ; son argumentation m'échappe complètement. Ainsi, il cite « ces phrases, ces exclamations, ces formules de politesse, qui, pour être devenues aujourd'hui presque méconnaissables dans tous les manuscrits, grâce à l'ignorance des copistes, n'en sont pas moins du grec ». Novati admet ici ce qui reste à démontrer. Les scribes n'ont rien à voir dans ces altérations ; ils n'étaient pas chargés de rimer ; ce soin revenait au seul poète. Et si son grec est mutilé, c'est uniquement de sa faute. Tous les manuscrits, sans exception, donnent le renversement de certis calo (au lieu de calosirtes = καλῶς ἦρθες) et ce renversement est uniquement dû au besoin de rimer. Maintenant, dit Novati, il n'est pas admissible que le grec de notre auteur n'ait été « ni recueilli sur place, ni même compris ou su », mais simplement « vu » par l'auteur dans une version latine. Eh bien ! s'il en est ainsi, il faut que Novati nous prouve que le grec du Florimont est un grec *parlé et entendu*. Je serais assez curieux de voir comment il s'y prendra. Il pourra au moins, de cette façon, justifier l'opinion qu'il émet en dernier lieu dans son travail : « Puisqu'il est certain que le poète français a été en Grèce, qu'il a même demeuré longtemps à Gallipoli, pourquoi aurait-on tant de répugnance à admettre qu'il ait pu, sans apprendre le grec, connaître les mots les plus ordinaires de la conversation et qu'il ait plus tard cherché à utiliser ces petites ressources, en introduisant dans son poème des mots, dont deux sont des exclamations (*ma to teo, o teos*) ; deux des formules de politesse (*calismera, calosirthes*), qu'on pouvait apprendre fort bien sans aller en Grèce ? » Mais c'est que précisément ce ne sont là des mots ordinaires dans aucune conversation, et le *calosirthes* de Novati est justement absent du Florimont. Je crois avoir suffisamment établi d'ailleurs que ce sont là de pures altérations paléographiques. Comment Novati peut-il trouver *très naturel* que la syntaxe, la grammaire et l'orthographe soient violées dans ces passages ? Il ne serait pas du tout naturel que l'on dît tout à coup en français *jourbon,* ou mieux encore *onjourb* au lieu de bonjour ; *sirtescalo* n'est pas moins monstrueux.

Je vais faire bien plaisir à Novati en lui apprenant que le ς des nominatifs masculins singuliers ne subsiste pas partout en grec et que *calo* pour *calos* se dit précisément dans l'Italie méridionale ! De là que de conclusions ne s'empressera-t-on pas de tirer ? L'adjectif *calo* du Florimont — O theos,

Études néo-grecques. e

offenda calo — n'est donc plus une altération paléographique et ce grec du Florimont a donc pu être entendu quelque part! Et où cela? Dans le pays même où G. Paris veut que ces contes aient d'abord été connus. Mais cet argument est sans prix. En premier lieu, il s'agit dans le Florimont de *Felipople* : A felipople la troua A Chastillon len aporta. En second lieu, nous n'avons aucun renseignement sur les dialectes d'Otrante et de Bova au XIIe siècle. L'amuissement de l'*s* peut donc être un phénomène postérieur ; c'est du reste, à ce qu'il semble, l'effet d'une Satzphonetik, comme pour le *t* intervocalique à Otrante, dont la chute paraît sûrement due à la syntaxe. Mais voici qui est encore plus décisif : le Florimont connaît les nominatifs avec *s* ! seulement il les emploie dans le corps du vers, comme dans la formule précédemment citée, où tous les manuscrits (A est ici sans importance) donnent *s* à *teos*, quelles que soient les altérations des autres lettres. C'est que le poète n'a besoin des nominatifs en *o* que pour rimer. Le dernier argument, qu'on aurait pu tirer des nominatifs otrantins, se tourne donc en faveur de la thèse soutenue, c'est assavoir que l'auteur du Florimont ignorait et n'avait jamais entendu parler le grec.

Au point de vue de l'histoire littéraire, une triple question est engagée dans les origines du Florimont. Le poète a-t-il su le grec ? Son roman repose-t-il sur une version latine ou sur une version directe du grec ? Enfin y a-t-il un seul auteur ou bien y en a-t-il deux ? Ces trois questions tiennent dans une seule, la question des mots grecs du Florimont. C'est là le principal problème à résoudre. Or, ce grec ne peut en aucune façon émaner de l'auteur. Mais alors où l'a-t-il pris ? Où a-t-il pris aussi ces renseignements géographiques sur la Grèce, « d'une exactitude frappante ? » Évidemment chez un autre que lui-même. Novati a certainement raison quand il dit que toute l'histoire n'est pas grecque, et quand il y retrouve un vieux fonds celtique. La reine de l'île *Celée* n'est assurément point byzantine. Mais enfin il y a une partie grecque dans ce roman, et c'est de celle-là qu'il s'agit. Celle-là, d'où vient-elle? D'un original quelconque, ou italien ou latin. Or, le poète nous apprend lui-même expressément qu'il traduit du latin. Cela est dit aussi clairement que possible et on ne voit pas quelle preuve de plus il y faut. Il le répète à deux reprises. A ce compte, qu'y a-t-il d'étrange à supposer que le père de notre Florimont, l'auteur véritable, se soit appelé Amo ? Ce nom existe, comme cela a été démontré, et D donne justement ce vers significatif :

> Si fu amo damors nommez.

Et si l'on se place à ce point de vue, la double intervention, qui arrête Novati, d'un personnage parlant en son nom et parlant au nom d'un autre, s'explique, je crois, d'elle-même.

Voilà donc encore un roman qui ne peut reposer qu'indirectement sur le grec. On ne prétend nullement ici qu'il n'y ait pas eu de l'Orient grec à l'Occident des récits voyageurs et bien des influences transmises par le contact direct des populations. G. Paris n'a pas manqué de relever, dans la Chanson d'Antioche, des traces de croyances populaires propagées d'Orient en Occident à la suite des croisades. Les croisades, l'empire franc et les conquêtes franques d'Achaïe n'ont pas été assurément sans exercer une influence sur les conquérants. John Schmitt attribue même aux relations napolitaines de Boccace le choix d'un sujet grec. Ce que l'on veut dire ici est tout autre chose ; voici les termes, en un mot, où l'on pourrait poser la question : n'y a-t-il pas lieu de réunir en un seul chapitre les deux chapitres qui figurent sous des titres distincts dans la *Littérature française au moyen âge* : Imitation de l'antiquité, d'une part, et de l'autre, Romans grecs et byzantins ? Tout rentrerait peut-être dans le premier chapitre, et G. Paris reconnaît lui-même que la limite entre les deux est difficile à tracer. Quel admirable et vaste cadre d'études ce serait là ! On prendrait tour à tour les romans français et la littérature italienne, soit dans les productions anonymes, comme le Novellino, soit dans la littérature proprement dite, comme le Décaméron. Parmi les influences que le grec a subies, on aurait à énumérer celles qui lui sont venues de l'Orient. comme pour le Syntipas, ou comme pour le Ptocholéon, où Legrand, Politis et d'Ancona ont reconnu depuis longtemps cette influence. Parmi celles que la Grèce a exercées, il y aurait à ranger les innombrables répercussions du monde grec sur les Slaves, et antérieurement, les versions latines, qui reposent sur des modèles grecs, et qui inspirèrent l'Occident et la poésie slave elle-même. L'Apollonius paraît décidément offrir le type de cette série. Et comme cela est dans l'ordre historique des choses ! A l'heure où le roman grec est dans toute sa fleur, on l'imite de tous les côtés. Ces imitations latines fécondent l'Occident et par l'Occident reviennent en grec. La Théséide ne nous offre-t-elle pas un remarquable exemple de ce mouvement historique? A l'origine tout part de la Grèce ; la poésie latine, quelque intime que soit son originalité, se rattache à la Grèce par ses cadres. Stace est un imitateur attardé. Il sert de modèle à son tour au roman de Thèbes et à Boccace, puis Boccace lui-même est imité, plutôt littéralement traduit en grec. Et ici, nous entrons de plain pied dans l'étude si féconde des rapports entre l'Italie et la Grèce, par Gênes, Naples et Venise. L'action de l'Italie fut considérable sur tout l'Occident, puisqu'en somme Dante et Boccace furent les premiers à créer l'un le style poétique, l'autre la prose littéraire, en Europe. Mais elle ne fut pas moins vive sur la Grèce. On a été très sévère pour le traducteur de la Théséide. On s'est moqué de ce Grec dégénéré qui n'est plus capable de remonter directement aux sources de sa propre antiquité. On ne voit point qu'il y ait là sujet à raillerie. Ces premiers efforts ont l'intérêt de toutes les genèses. Ils sont comme un tremblant essai de la nouvelle langue voulant arriver à l'œuvre littéraire. Après que l'Italie avait prodigué sa lumière à l'Europe, les Grecs à leur tour ouvraient les yeux ; Pétrarque était traduit ; le théâtre crétois atteint presque à la beauté. Bursian a relevé chez Chortakis un goût par endroits très supérieur à celui de son modèle italien. Au point de vue des origines, on ne peut même pas dire qu'Hermoniacos soit blâmable ni qu'il y ait à faire fi du traducteur de Benoît de Sainte-Maure. Pour acquérir la juste appréciation de ces efforts, il faut évidemment se dire que la Grèce nouvelle est encore dans sa jeunesse, mais qu'elle a une force intime suffisante pour conquérir avec l'avenir une place dans la littérature universelle. Ainsi, le mouvement initial donné par la Grèce ancienne, transmis à Rome, entretenu par Byzance, accéléré par l'Occident, revient en Grèce pour y croître à nouveau. Terre admirable qui se renouvelle incessamment! Il ne faut pas voir les Grecs tels qu'ils sont quelquefois aujourd'hui ; il faut pénétrer dans leur vertu future. Des qualités infinies sommeillent, qui un jour prendront tout leur essor. Leurs défauts mêmes sont pleins de promesses, y compris cette extrême susceptibilité, signe des grandes races. Toute leur histoire, on peut dire, même dans les détails encore inaperçus, porte un cachet singulier de vitalité et de puissance. Pour ma part, je vois une vie débordante même dans l'acribie féroce de ces grammairiens byzantins qui, pour rien au monde, n'auraient consenti à laisser passer un nom propre ou commun, sans le décliner immédiatement au duel, et même au vocatif du duel : ὦ Νέστορε, ὦ Κῶ, ὦ πώεε. Cela était nécessaire à leur repos. Leur besoin d'exactitude n'était satisfait que par là. Ils voulaient être complets, et c'est déjà là un sentiment de la beauté. Il y a chez le Grec je ne sais quelle logique et quelle passion qui trouve souvent, il est vrai, une expression plus haute encore et plus largement nationale, mais dont le germe se manifeste même dans ce paradigme de grammairien.

V.

ÉLÉMENTS GRECS EN TURC OSMANLI. — INFLUENCES LEXICOLOGIQUES EXERCÉES ET SUBIES.

Le plan primitif de ce volume devait comprendre, à la suite du mémoire de John Schmitt, un lexique des mots grecs en turc osmanli. Je l'avais originairement confié à un de mes élèves. Puis, je me suis vu dans la nécessité d'exécuter seul ce travail. Je ne le donne pas encore ici cependant, bien qu'il soit terminé sur manuscrit, parce que je ne veux ni grossir ce volume outre mesure ni en retarder la publication. Je ne m'étendrai donc pas sur ce mémoire aussi longuement que sur les autres. Dans ma pensée, il devait représenter une catégorie nouvelle dans nos études ; il rentrait dans la série des influences exercées par la Grèce. On est quelque peu agacé d'entendre dire sans cesse qu'il y a en grec beaucoup de mots turcs. Il faudrait aussi, ce me semble, examiner la contre-partie de cette proposition. C'est ce qui m'a donné l'idée d'entreprendre cet examen. Je ne veux dire nullement qu'il n'y ait pas en grec des mots turcs. Mais de tout temps, on le sait, l'influence du grec sur les langues de l'Orient a été énorme. En revanche, le grec doit au turc extrêmement peu. Il lui emprunte surtout des substantifs et ces emprunts mêmes varient suivant les pays, c'est-à-dire suivant le chiffre de la population turque et la fréquence des relations avec les chrétiens. Dire que le grec est farci de turc, c'est à peu près ne rien dire. Il faudrait pour cela dresser des vocabulaires locaux. On verrait que la plupart des mots, usités par exemple dans certains districts de Constantinople, sont inconnus à la langue commune et même à la majorité des Constantinopolitains. Cette observation s'applique au turc également ; il sera beaucoup plus rare de découvrir un mot grec en turc oriental qu'en turc osmanli, où le grec abonde.

Les lexiques de ce genre ont, on le sait, un intérêt historique évident. Je me réserve pour plus tard l'étude des mots turcs en grec, étude très épineuse, justement parce qu'il s'agit la plupart du temps de vocabulaires locaux et même, si je puis dire, de vocabulaires de quartier. Ce qui m'a frappé jusqu'ici dans mes incursions sur ce domaine, c'est la pauvreté, c'est l'absence complète de profondeur que l'on constate dans la pénétration lexicologique du turc en grec. Pour comprendre ce dernier point, il faut d'abord songer au latin, je veux dire à l'action qu'il a toujours exercée sur le grec. Gaston Paris a remarqué que l'influence d'une race sur une autre se manifestait surtout dans l'emprunt des adjectifs. Maintenant, que l'on pense aux suffixes innombrables que le latin a laissés en grec jusqu'à nos jours et qui, se détachant, suivant le processus noté par Schuchardt, de leur premier tronc, c'est-à-dire du mot latin qui les transplantait en Orient et s'y transplantait avec eux, se greffèrent ensuite sur des mots purement grecs, auxquels ils servirent de terminaisons. Rien de tel en turc. Le suffixe, autant que j'ai pu le reconnaître, reste attaché au substantif turc et ne prospère pas sur le sol grec. Le suffixe-dji, par exemple, se retrouve dans σεκερτζής et quelques autres mots ; mais il s'arrête là. Il y a dans ce fait purement grammatical une concordance frappante avec le fait historique. La conquête turque est sans précédent. Il n'y eut entre les deux races aucun contact moral. Elles restèrent séparées en tout. Sur le terrain administratif, ce sont même les Turcs qui doivent le plus au vocabulaire byzantin, et il m'a semblé, par instants, dans mon lexique, saisir des emprunts qui, par leur date phonétique, devaient certainement remonter au temps même de la conquête. Ce qui est remarquable, c'est que les Turcs prennent souvent ainsi aux Grecs des mots d'origine latine. On a souvent confondu ces mots avec des mots italiens. C'est un départ qu'il est indispensable de faire. Il est curieux de voir Rome agir sur la Turquie à travers Byzance. Cela confirme d'autre part l'importance de l'élément latin. C'est décidément le plus vivace. Le slave n'a certainement pas eu cette vitalité. Le suffixe -ᾱτος (-ātus) est si bien entré dans la moelle même du grec qu'il ne se distingue plus aujourd'hui des suffixes grecs d'origine. Le suffixe -ίτζιν, qui pullule au XII⁰ siècle, n'a presque plus laissé de traces de nos jours.

Ces recherches présentent aussi, je crois, un autre intérêt pour nos études. Il est très amusant de suivre les voyages des mots à travers les pays, depuis les temps les plus anciens jusqu'au moment même où nous les prononçons. Foy a très justement rappelé, à propos du moderne ἀγγαρειά, le ἀγγαρήιον d'Hérodote, qui, comme on sait, est persan ainsi que les courses de courriers décrites par Hérodote. Eschyle se sert aussi du mot ἄγγαρος, dont ἄγγελος, également persan d'origine, comme O. Keller n'a pas eu de peine à le démontrer, est un doublet. On connaît les destinées de ce dernier mot dans toutes les langues de l'Europe ; quant au premier, il se retrouve en turc, et Miklosich l'a signalé en bulgare. Ainsi donc, ici, c'est le grec qui sert d'intermédiaire au persan. Quelquefois aussi, le mot grec entre d'abord en arabe, d'où le turc l'emprunte et le repasse au grec. J'ai particulièrement insisté sur ces migrations ; mais mon principal effort a porté sur l'histoire même du mot grec à travers les auteurs, en partant naturellement des anciens. Dans d'autres cas, il est curieux de surprendre, quand on le peut, la première apparition en grec d'un mot étranger et surtout le secret de sa forme actuelle. Sophoclis n'a pas manqué de rattacher μαρούλι, *laitue*, à *amarula*. L'*a* faisait encore difficulté ; Muret m'a suggéré la combinaison *lectuca amarula*, ce qui explique la prétendue aphérèse, pour le grec et le latin, à une époque relativement aussi haute que celle où se montre μαρούλιον ; chez Alexandre de Tralles, au V⁰ siècle, l'abandon de l'*a* initial atone n'est guère possible ni en grec, ni en roman, et il ne sert ici de rien d'avoir des exemples modernes, des plus certains, il est vrai, et qui n'ont jamais été sérieusement réfutés, de l'aphérèse de l'*a*, comme dans δερροκτόνος, entre autres, où l'aphérèse est d'autant plus remarquable qu'elle s'exerce sur un mot d'origine savante. J'attends du reste que des esprits consciencieux examinent la question et démontrent que les cas signalés ailleurs ne sont pas probants. Pour le moment, passons outre.

Un autre côté de la question qu'il ne faut jamais perdre de vue, c'est la comparaison du grec avec l'italien. Tel mot turc repose-t-il sur le grec ou sur l'italien? Dans la plupart des dictionnaires, les renseignements à ce sujet sont insuffisants; on met volontiers sur le compte de l'italien ce qui est un emprunt fait au grec. Ici, nous avons pour nous guider un double critérium; d'abord la forme du mot; si le turc manifeste -*os*, à la terminaison, c'est évidemment que le mot appartient au grec et non pas à l'italien, puisque les deux mots, italien et grec, n'offrent entre eux que cette différence. Nous avons aussi le critérium historique; quand un mot grec se montre dès le commencement du xviiie siècle, ou, mieux encore dès le xviie, il est certain qu'il faut l'attribuer au grec. D'où vient cependant que la plupart des dictionnaires négligent ces étymologies et ne mentionnent même pas la forme grecque? C'est que souvent les auteurs ignorent jusqu'à l'existence de cette forme, et vraiment ce n'est pas de leur faute. Cela tient à cette incroyable manie, mise à la mode par les pédants et qui consiste à expulser, à passer même simplement sous silence tout mot étranger. Pour eux, un mot étranger n'a pas de valeur historique. Parfois aussi, on se fait à ce sujet des idées singulièrement fausses. Paspatis, blâmé justement par Krumbacher, disait dans son lexique chiote que seuls les mots grecs lui paraissaient intéressants. C'est qu'il faut à toute force et coûte que coûte retrouver en grec moderne l'ogygie la plus reculée. Quelqu'un me demandait un jour à quoi cela pouvait servir, par exemple, de recueillir les noms de lieux populaires, et, au bout du compte, à quoi ce recueil pouvait bien nous avancer? On ne veut pas se contenter de constater le fait en tant que fait. Naturellement, les esprits même les plus aiguisés n'ont pas souvent l'intelligence immédiate du prix que peut avoir l'observation de ces phénomènes. Sans donc ratiociner à l'infini, il faut se borner à noter, sauf à comprendre plus tard la valeur que peut subitement acquérir la note ainsi prise de sang-froid. C'est évidemment et en grande partie par amour-propre national qu'on jette au panier, sans trace de réflexion, tous les mots turcs. Ce qui est plaisant, c'est que l'amour-propre national lui-même ne trouve pas son compte à ce jeu; car enfin le Grec le plus intransigeant sera toujours plus flatté, j'imagine, d'apprendre qu'il a transmis aux Turcs un plus grand nombre de mots, où l'italien n'a rien à voir, et que, par conséquent, son influence sur le turc et sur les Turcs a été plus considérable. D'ailleurs, il va de soi qu'il ne faut pas non plus exagérer dans ce sens. Il faut au contraire soumettre tous les mots au contrôle le plus sévère et ne pas attribuer follement au grec ce qui ne lui revient pas. C'est rêver que de tirer σκρπίδι de σκρόω, et de retrouver ensuite σκρπίδι dans *supurgué* (j'adopte la transcription de Barbier de Meynard). Cela ne mène à rien qu'à rire.

La préoccupation exclusivement scientifique est la seule juste. On ne perd jamais rien à servir la vérité. On voit que l'amour-propre national y gagne lui-même d'une façon inattendue.

Je dois signaler à cette place une coïncidence singulière au sujet de mon lexique. Il y a un mois, j'écrivis à Gustav Meyer pour lui demander un renseignement et j'ajoutai que j'en avais précisément besoin pour ce lexique, dont je faisais la revision, après l'avoir achevé, il y a de cela près de deux ans. Gustav Meyer me répondit par retour du courrier qu'il venait lui-même de finir un lexique absolument semblable! Je fus, je l'avoue, très inquiet à cette nouvelle. Je communiquai immédiatement trois de mes fiches à mon savant confrère, le priant de me donner à son tour quelques échantillons de son travail. Il eut cette obligeance, et mon inquiétude certainement n'en fut pas diminuée, car justement nous ne nous trouvions d'accord presque sur aucun point. Je fais suivre ci-dessous ces trois articles, en y ajoutant quelques autres, pour donner une idée de mon lexique et aussi pour que ces sortes de recherches soient représentées dans le volume, fût-ce par quelques pages. Et maintenant, je suis très embarrassé. Le lexique de Gustav Meyer n'est pas encore imprimé. Je ne puis donc pas, quand je suis en contradiction avec lui, discuter les preuves qu'il avance à l'appui de son opinion, en d'autres termes, je ne veux rien changer à la rédaction de mes fiches. Mais je note à dessein dès aujourd'hui cette situation particulière ; car je crois avoir de bonnes raisons pour maintenir la seconde de mes étymologies. Ce que je viens de dire s'adresse en quelque sorte personnellement à Gustav Meyer. Après cela, je livre à sa critique ces fiches et quelques autres, en commençant par la première de tout le lexique. Les numéros d'ordre sont ceux de mon dictionnaire.

1. abanos. *ébène.*

Mot d'origine sémitique (Renan, 205), passe en pg. ἔδενος Herodt. III, 97, 4 (et du pg. en lat., *ebenus,* O. Weise, 408, d'où les formes romanes savantes, Littré, s. v. *ébène ;* lacune dans Körting), revient en ar. (ebnoūs Gasselin, I, 562, 2), de là entre en t., et fait retour au gr. mod., ἀμπνός (pr. α-Βηνός).

L'emprunt, en ar., est savant; on transcrit par la seconde lettre de l'alph. ar. ܘ la seconde lettre de l'alph. gr., B. Il n'est guère permis de songer, à l'époque ar., à la persistance de l'explosive pg., B. D'autre part, la désin. (-os, -ous) témoigne bien de la provenance grecque (hébreu hobĕnim, Renan, l. l.); voir ci-dessus et Miklosich, Türk. Gr., 8.

166. pizèlia (B. de M.) à côté de bézélia, *pois.*

Pg. πῖσος, avec ĭ (cf. Ar. fr. 88; attesté d'ailleurs par le roman, c.-à-d. par le latin : pois = pĭsum; voir Chatelain, Lex.) donne pĭsum (pĭsum ne peut être que savant, ou analogique de Pĭso [L. Havet]), d'où pisello (Körting, 565, N. 6183, 2 ; à modifier pour ĭ, d'après ce qui précède), qui passe en ng. avec π, cf. πιζέλλι (Legrand; piséddi Pellegrini, 205, 1), d'où, au pl., le t. pizèlia, qui, par assimilation de la sourde à la sonore suivante, c.-à-d. par *harmonie consonantique* (pendant de l'harmonie vocalique), devient bézélia, lequel suppose le degré intermédiaire bizèlia (cf. pizèlia), et peut seul expliquer, par un retour, le gr. mod. μπιζέλλι, μπιζέλλια, D. C. I, 971 (le document cité est de l'an 1643, cf. ibid. II, 43³), s. v. μπίζι. Cf. G. Meyer, 341.

654. visita. *visite.*

Gr. mod. βίζιτα (= it. visita), très usité; βιζιτάρω déjà dans Somavera, I, 72, 1. Ἐπίσκεψις, d'où πίσκεψις et πίσκεψη (recueilli par moi) est savant et tout récent.

6. ikhlamour (B. de M.), felamour (Samy), *tilleul sauvage.*

Gr. mod. φλαμμούρι; gr. moy. λάμμουλα (= lat. flammula) Diosc., IV, 129 (= I, 613) et φλαμμούλιον Cedr. I, 77, 22, mais celui-ci avec le sens de *bannière,* ainsi que φλάμουλα Codin. C. 83, 15; voir D. C., II, 1681; G. Meyer, 107. — Il faut attribuer au ng. ρ pour λ; cf. κλιθάρι = κριθάρι S. Portius, 94 (dissimilation); Foy, 38 (nombre d'exemples);

καλδινάρις Foy, 39 ; πλώρα = πρώρα G. Meyer, 355. Ajoutez :
Γληγόρις C. I. G. t. IV, 6477, 2 (Pérouse) ; φλάμουρα v. l.
(= φλάμουλα) Théoph. I, 447, 17 ; Nov. VIII, Not. admin.
(p. 83, l. 48) χαλτουλλαρίοις v. l. (inversement ἀρεύριον Const.
Cerim. 659, 9 ; χαλκουράτορας Dig. I, 788, 10 = XVII, 1, § 5,
leçon de F¹) ; cf. aussi selber = serbar B. de M. II, 92 ;
albero it. = arborem ; fraglantes Schuchardt, I, 139 ; co-
lonel, angl., prononcé Körnel; Ingrese, Brandusi, Thiersch,
Zak., 565, etc., etc. — Le groupe fl, inconnu au t., est
traité de deux façons, soit fil (ici *fel* par harm. voc.) ; soit,
quand la voy. initiale est gutturale comme ici, ikhl ou plutôt okhlamour, donné par B. de M. s. v.

7. àkhtapod, *poulpe*.

Gr. mod. ὀχταπόδι, plutôt ἀχταπόδι Foy, Voc. 43 ; G.
Meyer, 3. Cf. Anth. Palat. VI, 96, 2, ὀκτάπουν. — L'a initial
entraîne en t. χ³ (proprement vélaire, Brücke², 60, 65) au
lieu de χ² (semi-vélaire, se produisant entre le voile et le
palais dur). Le t. ignore la spirante sonore interdentale et
entend d pour ∂.

17. ispirito, *esprit (essence)*.

Gr. mod. σπίρτο (= it. spirto), langue commune, très
répandu.

18. ispanaq, *épinard*.

Diez, 303 ; Devic, 110 ; Diez, 747 ; Körting, 680, N.
7680 ; 73, N. 809 ; Cihac, 700 ; G. Meyer, 390. Le mot
est ar. et pers. (B. de M.) et s'y présente sous plusieurs
formes, isfīnādj, isfānādj, aspanākh (Devic), esbànekh,
sebnàkh, esfinādj Gasselin, I, 692, 2. Le gr. mod. offre
σπανάκι D. C. II, 1417 ; le gr. moy. σπινάκιον, D. C. II, 1422,
n'est connu que par le passage cité ibid., qui se lit Asin.
lup. 330 σπανάκια, μαρουλλόφυλλα, ῥάπανα καὶ κρεμμύδια = D. C.
Σπινάκια, καὶ μαρούλια, ῥάπανα καὶ κρεμήδια. Il est possible,
soit que D. C. ait mal lu (il écrit, au v. précédent, αὐτίδια
pour ἀντίδια Asin. lup. 329), soit qu'il ait connu un autre
ms. d'Asin. lup. auj. ignoré (peu probable). Ainsi donc,
spinaceum, dont la confusion avec aspanākh paraît nécessaire à l'explication des formes romanes (Körting, 680,
N. 7680 ; Diez, 747) est inutile en ng. C'est plutôt un emprunt du t. sans intermédiaire. Voir cependant, dans le
sens de G. Meyer, 390, Pernot, Inscr. Par., 48-50, ci-dessous. Σπανάκιν déjà dans Prodr. II, 41.

21. istaqos, *homard*.

Du g mod. στακός Prodr. III, 342 ; G. Meyer, 391 ; non ἀστακός, à cause de ist- pour ast-. Cf. Arist. H. A. IV, 4 (I, 530, 28) τοῖς ἀστακοῖς τοῖς μικροῖς οἳ γίνονται καὶ ἐν τοῖς ποταμοῖς.

31. istoubi, istoupi, *étoupe*.

Pg. στύππη passe en lat. *stuppa*, O. Weise, 525, et de là revient en gr. sous la forme στοῦππα (d'où ου = υ), très ancienne en gr. Pol. B. W. V, 89, 2 (t. II, p. 213), στουππίου est indiqué comme leçon du ms. (cf. t. II, p. LI). B. W. corrige d'après στύππιον du ms., cf. t. I, p. 10. On serait tout aussi en droit de corriger le second par le premier : Polybe ne devait pas reculer devant un mot latin. La forme avec ου est donnée par les meilleurs mss, cf. Pol. H., V, 89, 2 (I, 514) στουππίου AR (A = Cod. Vatic. Gr. CXXIV, XI° s., cf. p. VI ; codices recentiores B C D E (sive coniunctim R) Vaticani simillimos, etc. p. VII). La forme par ου n'est pas citée dans Lob. Phryn. 261-262. — L'it. *stuppa* n'est pas en jeu ; c'est le dimin. στουππί qui passe en t. — G. Meyer, 395 ; Pellegrini, 231, 1 stuppí. — Chatzidakis, Mittelgr., 118, ne voit pas clair.

39. estaqos, *principe, élément ; atome, molécule*.

Le t. ne peut pas reposer sur le gr. ; l'ar. ustouks = στοιχεῖα, Renan, Prononc., 26, a servi d'intermédiaire.

48. iskemlè, *tabouret*.

Gr. mod. σκαμνί, gr. moy. σκαμνίον (cf. S., s. v.), σκάμνιν Eust. Op. 362, 70 Hist. trap. script., σκάμνον (S. s. v.) = lat. class. *scamnum* Varron. L. L. V, 168 : Qua simplici scansione scandebant in lectum non altum, scabellum ; in altiorem scamnum ; p. 66, 4, v. l. *scannum* d'après f (cf. p. I et III) ; Ov. A. A. II, 211 : Nec dubita tereti scamnum producere lecto. *Scanno* chez Dante, Inf. II, t. 38, v. 112 ; scanní Pellegrini, 219, 2. Mais, en gr. commun, μν subsiste ; Elém. lat. en ng., 52. — Le groupe ml t. prouverait l'emprunt au gr. ; cf. la variante iskemni B. de M. Mais voyez Korsch, VIII, 504. — Cf. M., Sl. wört., 125. — Voir G. Meyer, 408 (donc l'alb. peut aussi bien remonter au gr.)

51. iskèlè, *échelle ; débarcadère*.

Gr. moy. et gr. mod. σκάλα (= lat. scala), avec les deux sens : J. Poll. 1, 93, p. 22 ἀποβάθρα καὶ διαβάθρα ἣν σκάλαν καλοῦσιν ; Const. Cerim. 659, 1 σκαλῶν. Théoph. I, 434, 28 προσραγὲν τῇ τῆς Ἀκροπόλεως σκάλα ; Const. Admin. 76, 3 πλησίον σκαλώσαντες ; ib. 76, 21 ἐν τούτῳ οὖν τῷ φραγμῷ σκαλώνουσιν ἅπαντα εἰς τὴν γῆν ὀρθόπλωρα ; Rigalt., 172 (voir 166-167). — Plus tard, l'it. *scala* (Dict. it. VI, 484, § 3) passe en t. avec le sens de *gamme*, particulier à l'it., et donne *esqala*, par harm. voc. ; iskèlè également par harm. voc., cf. N. 46 iskitè ; on supposerait donc σκαλί. — G. Meyer, 406.

59. âghoustous, *le mois d'août.*

Gr. Ἄγουστος (= lat. *Agustus, Körting, 28, N. 327), cf. Ἀγοῦστα G. Meyer², § 121, p. 137 ; S. Reinach, Ep. gr. 261 ; agusto, Pellegrini, 129, 1 ; G. Meyer, 136. Ἄγουστος est commun à côté de Αὔγουστος (= Αὔγ.), savant, mais conforme à la phonétique moderne (cf. Lex. Théoph. s. v. Αὔγουστος). Le t. aurait gardé la combinaison βγ ; il repose donc bien ici sur ἄγ.

65. âlafrangha, *à l'européenne.*

Gr. mod. ἀλαφράγκα, locution dont le premier élément est le fr. *à la*, cf. *à la milanaise*, etc., etc. Le second élément Φράγκος est très ancien en gr. moy., Lyd. 161, 10 Τρίδυρες, ἔθνος Γαλατικόν, ταῖς ὄχθαις τοῦ Ῥήνου παραναμερόμενοι, ὅπου καὶ Τρίδυρις ἡ πόλις, (Συγάμδρους αὐτοὺς Ἰταλοί, οἱ δὲ Γαλάται Φράγκους καθ' ἡμᾶς ἐπιφημίζουσιν) ; cf. Agath. 16, 10 Φράγγους et S., s. v. Φράγκος. Φράγκα ici est adv. — L'emprunt direct au gr. est attesté par le groupe ngh ; l'it. *franca* présente *nk*, combinaison que le t. connaît et aurait gardée, cf. anqat, *flamant* (manghal subit l'influence du gr., en regard de l'ar. manqal), etc., etc. D'ailleurs *alla franca* signifierait *gaiment, sans façon,* (à la bonne *franquette*), avec le sens ancien, Dante, Inf. II, t. 44, v. 132 cominciai come persona franca.

74. ângharyè, *corvée ; peine, difficulté.*

Gr. mod. ἀγγαρεία, pg. ἀγγαρεία Herodt. VIII, 98, 5 ; cf. Foy, 24, n. 1 ; pers. d'origine. Voir S., s. v. ; Rigalt., 12 ; Eust. Op. 337, 20 : ἠγγάρευσα δὲ ἂν αὐτὸν λαλιὰν ἐξ ὑμῶν προσαγορευτικὴν κομίσαι καὶ τῷ οἰκείῳ ἀδελφῷ ; 338, 60 ὀκνεῖτε οἶμαι τὰς ἀγγαρείας ταύτας. Ἄγγαρος et ἄγγελος sont des doublets ; tous deux d'origine persane, O. Keller, 329.

83. oughour, oghour, *rencontre heureuse, sort prospère.*

En t. or. « intention, bénédiction ; bonheur » P. de C. 68 ; cf. ibid. « réussir, prospérer ». On est tenté de le rattacher au gr. moy. αὐγούριον = lat. augurium, Lyd. 101,

11 Αὔγουστον δὲ Ῥωμαῖοι κατὰ τὴν πάτριον σημασίαν καλοῦσι τὸν καθιερούμενον καὶ θεῶν αὐγουρίῳ προαγόμενον, passage qui rend encore plus vraisemblable l'existence d'une forme ἀγούριον (cf. ἄγουστος, ci-dessus, N. 59) = *agurium* Körting, 28, N. 325. — G. Meyer, 456.

209. timar, *bénéfice ou fief militaire*.

D. C. ramène ce mot à τιμάριον (voir ibid. II, 1578); cf. Georg. Const. 654 ῥόγες δίδει παράξενες, δόξες, τιμές, τιμάρια. Mais ce texte n'est pas antérieur à 1453; celui de Damascenus le Studite, que cite D. C., est de 1568. Antérieurement, τιμάριον n'existe pas; Koray, Ἄτακτα, II, 190-191, forge le mot τιμάριον, sans citer aucun texte et sans renvoyer à D. C. Le mot est simplement persan, *soin, entretien, culture* (B. de M., I, 508, 1).

235. khandaq, *fosse, fossé*.

Le gr. moy. χάνδαξ (S., s. v.), d'où χαντάκι mod., vient lui-même de l'ar., Freytag, I, 530.

316. çalya, *salive*.

Gr. mod. σάλια, pl. n., d'histoire obscure. Il ne peut se rattacher directement au pg. σίαλον, à moins de supposer un dimin. σιάλιον, d'où, par dissimilation, σάλιο. Mais le gr. moy. offre surtout σίελον V. T., I Reg. 21, 13 καὶ τὰ σίελα αὐτοῦ κατέρρει ἐπὶ τὸν πώγωνα αὐτοῦ; V. T., Esai. 40, 15 ὡς σίελος λογισθήσονται; cf. v. l. καὶ ως σιελον, και ωσιελαιον; Diosc. II, 74 (p. 195) ἀναξηραίνειν τὸ ἐν τοῖς στόμασιν αὐτῶν σίελον. L'Et. M. 712, 3 donne bien σίαλος et σιαλίζει; mais Mœris et Thomas le Magistre disent expressément que σίαλον est attique et σίελος hellénique : Mœr. 316 Σίαλον, ἐν τῷ ᾶ, καὶ οὐδέτερον, Ἀττικῶς· σίελον, ἐν τῷ ε, καὶ ἀρσενικὸν, Ἕλληνες (voir ib. n. 24 et le renvoi à Eust. Od. A. p. 19 τὸ σίαλον); Thom. M. 331, 15 Τὸ σίαλον Ἀττικοί, ὁ σίελος Ἕλληνες. Λουκιανὸς ἐν τῷ κατάπλους ἢ τύραννος· σιάλῳ χρίσας τοὺς ὀφθαλμούς. v. l. ὁ σίαλος E. Il faut donc partir, pour le ng., de σίελος, et supposer, par conséquent, sur σίελον une contamination du lat. *saliua*; cf. gr. moy. σαλιβαρᾶς, σαλιβάριον, σαλιβᾶς (S., s. v.), σαλίβα (= σειρομάστης), Rigalt. 163 et S., s. v., qui viennent directement du lat. Noter σαλιβάριον *synonyme* de σιελιστήριον (cf. S., s. v.); la confusion est vraisemblable. — Σάλια dans Prodr. III, 206 = Prodr. IV, 206, et ailleurs, très fréquent, Prodr. VI, 137 (τρέχουν τὰ σάλια μου); de même Prodr. III, 100.

381. çandouq, *coffre*.

On penserait à συνδοχεῖον (E. Renan ; oralement) ou plutôt συνδοκεῖον, sur le modèle de πανδοχεῖον, πανδοκεῖον (S., s. v.), qui donne fendeq (voir ci-dessous); cf. συνέδριον, sanhédrin, ar. çanedrin. Le mot fait retour sous la forme σεντούκι. L'étymologie courante est σάνδυξ; voir Passow, s. v., 3 ; S., s. v. 2; Hesych. IV, p. 9, 65 σάνδυξ· δένδρον θαμνῶδες, οὗ τὸ ἄνθος χροιὰν κόκκῳ ἐμφερῆ ἔχει, ὡς Σωσίβιος. ἢ φάρμακον ἰατρικόν. καὶ κιβωτός.

564. mouchmoula, *nèfle*.

Cf. gr. mod. μούσμουλα, absent dans Somavera (I, 250, 2 μούσκουλον); pg. μέσπιλον. Aussi embarrassant en ng. qu'en roman (*nè*fle en regard de *m*espilus, Diez, 222 ; Gröber, Arch. IV, 132; cf. Körting, 489, N. 5268). Phonétiquement, il est impossible de rattacher μούσμουλο à μέσπιλον. Les formes slaves ou albanaises (Cihac, 598 ; G. Meyer, 294) n'expliquent rien. Le t. met peut-être sur la voie. L'a final ramène au pl. μέσπιλα ; cet a réagit sur la pénultième, d'où voy. gutturale; le premier e (μέσπιλα) suit ; la série gutturale est ainsi conforme à l'harmonie vocalique. L'harmonie consonantique ou simple assimilation répercute d'autre part *m* à la seconde syllabe (assimilation régressive); la schuintante serait également due au t. Le t. mechmela est un degré intermédiaire avant mouchmoula. A C. P. on connaît encore μούσπουλα (cf. Koray, Ἄτακτα, V, I, 223), conforme à notre hypothèse : *m* serait t. comme tout le mot, qui aurait fait retour ensuite. Μέσπιλον cependant n'est attesté pour le gr. moy. ni dans S. ni dans D. C. ; on lit μέσφιλον D. C. I, 914. Paspatis, X. Γ., 234, on trouve, s. v. « Μίσπιλα·μίσπιλα, μικρὰ κομμάτια. Ἤκουσα τὴν ἀκόλουθον φράσιν ἐν τῷ βορείῳ χωρίῳ τῶν Καρδαμύλων. « Μίσπιλα μίσπιλα τὰ ἔκαμες ». Ἀγνοῶ τὴν ἐτυμολογίαν τῆς λέξεως ταύτης ». C'est probablement notre μέσπιλα.

553. maïmoun, *singe*.

On a toujours pensé au pg. μιμώ; cf. S. Portius, 98 ; du t. le mot aurait fait retour en gr., d'où la diphthongue αϊ, inadmissible en regard de μιμώ. Mais elle n'est pas beaucoup plus claire en t. : i aurait simplement suivi l'harmonie vocalique. D'autre part, μιμώ n'apparait guère en gr. avant le xe s. (voir les textes dans S., s. v.; Passow, s. v.); mieux vaut admettre avec G. Meyer, 254, que μιμώ est une adaptation par calembourg de maïmoun; les passages cités par S., s. v. confirmeraient ce point de vue. — Sur ce mot, très répandu, qui peut-être est it. d'origine (?), voir Cihac, 592 ; cf. Diez, 216. Le gr. mod. connaît μοῦνα, singe, Somavera, I, 223, 3. C'est au sens indiqué par Diez en dernier (Monna hat auch die bed. von madonna, woraus es zusammengezogen ward: muthmasslich brauchte man es als schmeichelwort von der äffin, 216) que doit probablement se rattacher μουνί (D. C. I, 961, où l'étym. βουνί est phonétiquement impossible). Μουνί remonterait ainsi à madonna, c.-à-d. *mea domina* Körting, 265, N. 2664 ; 483, N. 5183; donc μουννί. Voir Pellegrini, s. v. Múnno. Monna a le même sans en vén. (absent dans Boerio); mais cf. Somavera, II, 308, 1 Monina (= *Natura della donna* et *singe*); Somavera, I, 249, 3. Monìn, dans Boerio, n'appartient pas ici. — Les explications de Koray, Ἄτακτα, V, 1, 221 et de D. C. I, 961 (ci-dessus) n'ont pas de valeur.

602. vichnè, *griotte, cerise aigre*.

Sur ce mot, voir Diez, 343, s. v. visciola; Cihac, 458-459; Körting, 776, N. 8892 (insuffisant, en regard de Diez); Hehn, 328; surtout G. Meyer, 473-474, d'après qui ce mot serait grec d'origine, βύσσινος, βυσσινειά; βύσσος lui-même est sémitique, Renan, 205. — Gr. mod. βίσινο (Somavera, I, 72, 2). Le t. ne repose pas directement sur le grec, mais sur le persan.

613. yoular, *rênes*.

Impossible de penser au pg. εὔλυρα (absent en gr. moy.). Il faudrait au moins recourir à un intermédiaire ar., y t. se développant devant les mots à initiale vocalique, cf. ar. essir = t. yesir. Mais le mot manque en ar. (et en t. or.); ou pour e ne s'expliquerait toujours pas. Le mot semble bien t. Cf. G. Meyer, 164. Il ne donne rien en grec.

214. tchebouq, *baguette, verge, tige de métal; pipe; raie sur une étoffe* (B. de M.).

Le tchibouq désigne le bâtonnet ou tuyau de la pipe turque ; le récipient en terre glaise qui termine la pipe et contient le tabac s'appelle proprement lulé; tchibouq a fini par désigner l'objet tout entier.

On pourrait peut-être penser au grec σαμβύκη (cf. Strab. I, 3, 17 = 662, 23 καὶ τῶν ὀργάνων ἔνια βαρβάρως ὠνόμασται νάβλας καὶ σαμβύκη καὶ βάρβιτος καὶ μαγάδις καὶ ἄλλα πλείω). Il est vrai que la σαμβύκη est un instrument à cordes qui ne paraît pas présenter de tube ; le mot d'ailleurs ne se retrouve pas en gr. moy. Cependant on a σαμβούκη D. C. II, 1330 avec la double signification de cithare et d'instrument poliorcétique (voir ibid. et cf. Onos. p. 83ᵃ pour la description de la σαμβύκη en poliorcétique ; voir Rochas, Machines, σαμβύκαι, 793) ; il n'y est point cité d'auteurs médiévaux. Cette forme σαμβούκη serait un retour du latin *sambuca* (hellénisé) qui lui-même remonte au grec (O. Weise, 510). D'autre part, Gesenius, II, 935, 2, rapporte le passage suivant d'Isidore de Séville (Isid. Origg. 2, 20) qu'on lit aussi dans Du Cange, VII, 296, 2 : « Sambuce in Musicis species est symphoniarum. Est enim genus ligni fragilis, unde et tibiae componuntur. » Voir dans Gesenius, l. l., le passage d'Athénée XIV, 34, p. 633 F (Ath. K. III, 398, 21), instrument de musique (ibid. 634 A (III, 399, 2) πολιορκητικὸν ὄργανον). C'est par là que la transition de sens pourrait s'expliquer. Gesenius, l. l., ajoute : Eodem redit, quod Sambuca etiam de baculo pastorali dicitur (sc. sambucino). Ce dernier sens, pas plus que l'emploi de *sambucino* ne nous sont connus ; mais ils mettent peut-être sur la voie du latin sambucus, sureau, arbre, à côté de sabucus (Freund-Theil, III, 159, 2). En gr. mod., on rencontre également ζαμπούκος, ζαμπουκιά, noms d'arbre. En regard de σαμβύκη, Hesych., II, 253, 46, offre ζαμβύκη (cod. ζαμβίκη)· μουσικὸν ὄργανον, où σ et ζ alternent comme dans ζάγκρη (voir à chéker) ; σαμβύκη est aussi d'origine sémitique, Renan, 207. L'initiale turque (tch pour σ ou ζ) fait toujours difficulté ; cf. cependant tcheleb en regard de l'ar. salib (B. de M.) ; il faudrait supposer un intermédiaire qui nous manque. Toujours est-il que les turcisants renoncent à expliquer *tchebouq* par le t.

E. Renan pencherait pour σαμβύκη (oralement).

225. khorata, *jeux, plaisanteries*.

Cf. Soph. El. 1069 : ἀχόρευτα φέρουσα ὀνείδη, illaetabilia nuntians opprobria ; Soph. s. p. 148 ἐφ' οἷς οὐκ ἄν τις χορεύσειεν, τὰ πένθιμα ὀνείδη. De même Œd. Col. 1221 ἀνυμέναιος ἄλυρος ἄχορος ; Soph. s. p. 451 O. C. 1223 ἄλυρος : ἐπεὶ ἐν θανάτῳ οὐχ ὑμνοῦσιν ἢ μετὰ θάνατον οἱ τοιοῦτοι οὐχ ὑμνοῦνται. Ἄχορος signifie donc πένθιμος ; χορός s'associe au contraire à une idée de joie. Si le mot est grec, c'est à une transition de sens analogue qu'il faudrait songer ; mais la forme ne se prête pas à un rapprochement avec χορός. C'est plutôt χωριατιά qui est ainsi en jeu (cf. χωριάτης), *plaisanterie grossière* (B. de M. I, 720). Plus probable que Korsch, VIII, 503.

On a pu voir, par le second numéro, que le passage d'un mot grec en turc peut résoudre souvent certaines difficultés phonétiques que présente le grec ; le *b* initial dans μπιζέλλια ne se laisse expliquer que de cette façon. Le mot μούσμουλα, une autre *crux*, — *nèfle* n'est pas plus commode en roman ! — gagne également à être suivi en turc. En revanche, il semble que le fameux *tchibouq* ne soit explicable que par le grec. Je réserve d'autres fiches pour le moment. J'aime mieux attendre la publication de Gustav Meyer, et, venant en dernier, profiter de son travail. Plusieurs considérations m'ont également amené à chercher un plus grand nombre de rapprochements avec le slave, et c'est ce dernier vernis que je dois encore donner à mon travail. Ces rapprochements, dont il ne faut pas abuser, n'ont d'ailleurs un sens que s'ils ne figurent pas à l'état de simple nomenclature, mais peuvent éclaircir une étymologie.

Kirpitchnikov, qui m'a fait l'honneur de suivre mon cours cette année même (1891-1892), m'a fait espérer qu'il entreprendrait un lexique analogue pour les éléments grecs en russe. Ce lexique devait même paraître dans ce volume ! Ce n'est que partie remise. Un travail de ce genre est urgent, mais il ne va pas sans d'énormes difficultés, et c'est à coup sûr la vue de plus en plus nette de ces difficultés qui retarde en ce moment Kirpitchnikov. On peut dire que ce travail vaut encore la peine d'être fait. Il n'entre pas une seconde dans mon esprit de diminuer en quoi que ce soit l'œuvre immense de Miklosich. Mais Korsch a déjà fait la juste remarque que les filiations n'étaient pas toujours clairement indiquées dans les Éléments turcs du maître illustre. On se convaincra que la même observation peut être adressée aux Éléments étrangers en russe, en jetant les yeux sur l'article qui traite précisément de μούσμουλα (nešplja); les connaissances y sont accumulées, mais pas toujours disposées suivant le meilleur ordre. Le vocabulaire grec fait aussi souvent défaut à Miklosich ; ainsi, ce n'est pas ἀδελφάτον, c'est ἀδερφᾶτο qu'il fallait comparer au serbe ; ailleurs, la forme μουστάρδα, normale en grec, lui manque pour le serbe et il est obligé de recourir à l'italien *mostarda* ; σκάρα lui demeure également étranger et il ne cite que ἐσχάρα, etc., etc. Mais quelle richesse de documents n'y trouve-t-on pas en revanche, et, en dehors de Miklosich, que de fines remarques, disséminées un peu partout, à cueillir chez les slavisants, chez Wesselofsky, par exemple, et chez Jagič. Jagič, dont l'esprit est si ouvert et si sûr, a fait plus d'une découverte sur ce domaine. Il a su reconnaître πλακώνω dans pljačka ; il est allé plus loin encore, en établissant un emprunt sémasiologique dans doucha, qui, en vieux slave, finit par signifier, au pluriel, *esclaves*, comme en grec ψυχαί, pour lequel l'Apocalypse donne à un passage l'équivalent σώματα. Le lexique inverse, des mots slaves en grec, mériterait pareillement d'être tenté, après le court travail de Miklosich (je n'ai pu encore prendre connaissance de celui de Destounis). Un lexique des mots grecs en roman serait aussi fort important et nous avions projeté de l'entreprendre avec Muret. Le vocabulaire des mots romans en grec, s'il vise à être complet, serait une tâche colossale, car il faudrait étudier un à un les auteurs médiévaux, à commencer par Prodrome qui, à lui seul, est torturant. La distinction entre les pays et les époques d'emprunt — ces questions ont été touchées ailleurs — serait la grande difficulté. En fait d'influences lexicographiques, ce serait là, du reste, à peu près tout, car le germanique ne semble décidément avoir influé sur le grec qu'indirectement. Nous avons déjà touché à l'influence sémitique. Le petit lexique, dont j'ai donné plus haut quelques échantillons, était destiné, dans ma pensée, à faire une place, dans la philologie néo-hellénique, à ces études qui rentrent bien dans notre domaine et que nous devons avoir à cœur de centraliser. Pour le moment, il m'a valu une bonne fortune. Quand Krumbacher vint nous voir à Paris cet hiver, je lui parlai de ce travail, et il me demanda alors si j'y avais rangé le mot ψῆρος. J'avouai à ma honte que non. Je le priai de me donner sur ce mot une note qui figurerait là bien à sa place. Je me hâte de publier cette étude dès maintenant, et je suis fier de l'offrir à ses lecteurs.

VI.

VARIA : DOMAINES VOISINS DE NOS ÉTUDES. — QUESTIONS DE MYTHOGRAPHIE POPULAIRE. — GRAMMAIRE COMPARÉE DES DIALECTES ROMAIQUES. — DICTIONNAIRE DE LA LANGUE NÉO-GRECQUE.

Le professeur de philologie néo-grecque ne vise certainement pas à suivre l'exemple d'un de nos prédécesseurs, on peut le dire, de Michel Néander, qui se chargeait gaîment d'apprendre à un enfant, en le suivant jusqu'à sa dix-huitième année, le latin, le grec, l'hébreu, les arts « und endlich universam philosophiam ». Il faut montrer cependant tous les domaines auxquels nos études nous amènent constamment à toucher et bien expliquer surtout que nous ne représentons pas une science isolée. C'est depuis longtemps une vérité reconnue, par exemple, que la lecture des papyrus, et le nombre en est infini, ne saurait guère se passer d'une connaissance précise du grec moyen. Brunet de Presles avait déjà fait beaucoup de rapprochements dans ce sens. On peut dire que cette voie n'a pas toujours été suivie, et plus d'un, qu'on pourrait citer, est souvent embarrassé dans ses transcriptions. Un néo-grécisant ne peut aussi se défendre d'une certaine impatience à voir toujours suivies de l'éternel *sic* des formes telles que γεναμενη, que tout savant aujourd'hui devrait être en mesure de reconnaître ; γραμενος ne mérite pas davantage cette mention. On ne sait pas comment, d'autre part, les éditeurs de papyrus, s'ils ne possèdent pas nos premiers rudiments, pourront bien s'y prendre pour voir que les deux lettres εν doivent se transcrire parfois ἔν', c.-à-d. ἔνκι, c.-à-d. ἔνι, c.-à-d. ἐστί. Dans la littérature chrétienne, en général, il faut s'attendre à rencontrer ces formes, ainsi que bien d'autres, et il est à peine décent pour un philologue de s'étonner des accusatifs χεῖραν, γυναῖκαν, ou d'être surpris de mots tels que κιλίκιον, κασουλάριος, au IVᵉ s. Quant à croire qu'un nomin. φυγάδα doit être immédiatement corrigé en φυγάδες, c'est tout simplement pécher contre la critique verbale. Il ne semble pas que les épigraphistes puissent non plus négliger l'outillage que leur fournissent les formes du grec byzantin ou même du grec moderne, lorsque celui-ci arrive à se manifester dès une époque relativement assez haute. Il faut pourtant, à l'occasion, pouvoir reconnaître κείτουνται dans κιτουντε et ne pas vouloir absolument y lire κοιτῶνται! Je n'insiste pas ; il y a bien par-ci par-là d'autres..... inadvertances de ce genre ; il nous suffit de les garder en magasin. Mon intention était de réunir simplement sous la rubrique un peu vague de *Varia* quelques articles destinés à montrer d'une façon substantielle la multitude de sujets que doivent aborder nos études et à déterminer d'une façon, si c'est possible, plus rigoureuse, nos frontières philologiques. Peut-être les archéologues eux-mêmes sont-ils directement intéressés à ces questions. Je ne parle pas de rapprochements que les archéologues ont souvent établis avec la mythographie moderne. Il en sera question tout à l'heure. Il s'agit ici d'un détail plus précis. Voici le fait. Des recherches spéciales permettent de supposer que la graphie ἡ (οἱ) n'a été guère introduite chez les copistes que vers le commencement environ du XVIIe siècle. Tout manuscrit antérieur ne devra donc pas porter ce ἡ ; voilà un premier fait acquis ; maintenant il était nécessaire de le confirmer par une expérience plus étendue. Je voulus, il y a quelques années, tenter cette expérience à un de mes cours. Je choisis trois textes ; les manuscrits des deux premiers, tous deux antérieurs au XVIIe siècle, se trouvaient l'un à Munich, l'autre à Vienne. Nous ne les connaissions ni l'un ni l'autre. Les éditeurs donnaient ἡ aux deux passages, ce que nous supposions impossible à priori. Le professeur Giltbauer, de Vienne, et Karl Krumbacher, à Munich, voulurent bien se charger de faire la vérification. Les résultats furent conformes ; les manuscrits avaient οἱ. Mais il y en avait un troisième, celui-ci à Paris, qu'un des élèves de la conférence avait eu pour mission de collationner. Ce manuscrit, le Gr. 1631 A, avait été attribué au XVIe et même au XVe siècle. Donc, d'après notre hypothèse, il était impossible qu'il eût eu ἡ, comme c'était imprimé. L'élève revint triomphant ; il avait bien vu ἡ : notre théorie était ainsi renversée et le professeur se trouvait en faute. J'eus la curiosité de consulter moi-même le manuscrit ; je vis, en l'étudiant, qu'il avait été exécuté en 1671 ; seulement, cette date avait pu facilement échapper aux premiers lecteurs. Le passage en question est ce fameux fragment anonyme sur l'Acropole, qui a été publié dans les Mittheillungen d'Athènes. Je consignai brièvement ce résultat dans une note de la Revue critique et la communiquai à Gregorovius, qui la fit passer dans son Histoire d'Athènes. Un des Varia devait contenir une réédition de ce fragment, avec la description détaillée du manuscrit et l'exposé des raisons quelque peu compliquées, et fort positives, qui permettent de dater ce morceau. Mais cette date, on le voit, ne peut être obtenue que par des recherches grammaticales propres à nos études. C'est elles qui donnent le premier éveil.

L'étude des noms de lieux ne serait peut-être pas moins féconde pour l'archéologie, si l'on veut recueillir les formes vraiment populaires de ces noms. Miliarakis a beaucoup fait dans ce sens, et il a compris l'importance de ces nouveaux documents archéologiques. Il faut marcher ici phonétique en main et être en mesure, par exemple, d'identifier un ancien Φυλάκια avec un Φλάτσα moderne; il faut pouvoir reconnaître qu'il y a là un traitement normal et que, par conséquent, le nom, se transformant peu à peu, a dû se transmettre de génération en génération. Pour les archéologues, il est plus significatif de savoir que Τίρυνς s'appelle de son vrai nom Παλιόκαστρο. Ce point a été touché ailleurs. Heuzey avait déjà montré depuis longtemps qu'il était opportun de se demander si Trikardokastro ne cachait pas plutôt le nom plus expressif de Trigardokastro (à triple grille)? Dans ces sortes de problèmes, il est indispensable d'avoir quelques notions de grec moderne, et de ne pas prendre, comme on l'a fait récemment, στὸ χωριό pour un nominatif. La formation *Amberg* ne semble pas exister en grec.

Mais nos études ne sont pas non plus des sciences purement auxiliaires. Elles ont leur prix en elles-mêmes. On a toujours été occupé de retrouver la Grèce ancienne dans la Grèce moderne, et ce point de vue semble avoir été particulier à tous ceux qui se sont occupés de mythographie populaire. A leurs yeux, c'était évidemment rehausser l'éclat du folklore moderne que d'y constater ainsi à chaque instant une continuation ininterrompue dès la plus haute antiquité. Les superstitions et les croyances de tout genre n'avaient de valeur qu'en tant qu'elles nous offraient comme un dépôt fidèle des vieux mythes. Politis, Albert Dumont, Bernhard Schmidt, G. Perrot ont été spécialement dominés par cette pensée qui tient tout entière dans le titre du livre de Wachsmuth : « Das alte Griechenland im Neuen. » On a dit aussi qu'il y avait je ne sais quel intérêt supérieur dans ces études, car, au point de vue ethnographique, elles établissaient la descendance directe des Grecs de leurs grands ancêtres. On ne voit pas en quoi cette descendance peut être établie par là, ni en quoi non plus elle a besoin d'être établie d'une façon générale. Des races nouvelles, venues sur le territoire grec, peuvent très bien s'être infiltrées peu à peu au fonds indigène, se l'être même, si l'on veut, complètement assimilé, et par là, avoir hérité de ses croyances. Donc, cette première preuve ne prouve rien. Mais la preuve en elle-même est inutile. S'acharner à montrer que les Grecs sont les petits-fils de leurs aïeux, c'est un jeu et rien de plus. Cela est par trop évident. Qu'il y ait eu des infusions de races, comme dans l'Europe entière, comme au temps même des Grecs, cela aussi est oiseux à démontrer, en tant que principe. La question ne mérite pas d'être posée. Ce qui est plus fécond, c'est de savoir avec quels peuples, à quelles époques, et dans quelle mesure s'est faite cette infusion de sang étranger, comment s'est opérée l'absorption de ce sang par le sang grec. Mais la mythologie reste en dehors de ces recherches.

A ne considérer les choses qu'au point de vue historique, le principe qui a présidé aux investigations dans le domaine de la mythologie populaire ne paraît pas non plus très fécond. Ici, comme partout ailleurs, ce n'est pas la conservation, c'est le développement qui est la loi. Et c'est ce développement qu'il importe de marquer. Comment les mythes se sont-ils transmis? En quoi ont-ils été altérés? A quelle époque commencent à se montrer, avec plus d'abondance et plus de précision, les légendes ou les figures fabuleuses qui plus tard, de nos jours, par exemple, apparaissent dans tout leur éclat. On peut observer tout d'abord que les vieilles divinités, Zeus y compris (les traces qu'on en a cru reconnaître sont fort douteuses), ont disparu sans laisser de souvenir. Les dieux jeunes, au contraire, ont plus de chance de suivre cette loi du développement dont il était question tout à l'heure. Charon en serait le type. Voici un dieu qu'Homère ne connaît pas, et, quoi qu'en ait dit jadis Furtwängler, il est bien difficile de retrouver même les origines de Charon dans les poèmes homériques. Μεθ' Ὅμηρον μεμύθευται. Le renseignement est positif. Plus tard, on sait le rôle qu'il joue dans les *Grenouilles,* où son πλοῖον sert probablement à marquer un changement de scène et de décor. Νεκύων δέ πορθμεὺς ἔχων χέρ' ἐπὶ κοντῷ Χάρων μ.' ἤδη καλεῖ; nous le revoyons ainsi dans l'*Alceste,* où le personnage saillant est pourtant Thanatos. Pottier a apporté de nouveaux éléments à la question, avec les lécythes blancs, les bas-reliefs et les peintures de vases qui nous permettent, selon lui, d'établir le caractère hellénique de Charon, thèse contraire, on le voit, à celle de Ambrosch. Il a constaté la présence de Charon même au vi° siècle. Voilà donc une première donnée. Pour nous en tenir au domaine grec, et en réservant la question des origines mêmes de la légende, égyptienne ou non, nous savons dès à présent que Charon fait dans le monde antique une apparition relativement tardive. Aussi, chez Lucien, lui voyons-nous prendre une importance considérable. Qu'est-il devenu après Lucien? Sophoclis mentionne un Χάρων au x° siècle. C'est l'enquête qu'il faut poursuivre, sans oublier le Charon de Virgile, de Sénèque et de Juvénal. Pottier s'arrête là et je ferais certainement bien de suivre son exemple. Mais il y a peut-être plus à tenter. Ici, je vais marcher avec des précautions infinies, sur un terrain mouvant. En rendant compte de l'*Hermoniacos* de Legrand dans la Revue critique, j'avais glissé ou plutôt dissimulé dans une note une remarque que je voudrais voir reprise et réfutée, s'il y a lieu, dans un travail spécial sur la matière. En se reportant aux divers passages que j'ai cités à la suite dans le texte, et en faisant attention à l'ordre dans lequel ces passages sont cités, on s'apercevra qu'une opinion est exprimée, avec plus de netteté encore que dans la note, par la seule façon dont lesdits documents se succèdent. Il est remarquable en effet que les traditions dont Hermoniacos s'est fait l'écho remontent, avec Hécube et Polymestor, non pas à Euripide, mais à Malalas, celui-ci se rattachant à Dictys de Crète, Dictys de Crète à Servius, Servius à Hygin, Hygin à Ovide, et Ovide seulement à Euripide. On saisira, par cette simple nomenclature, l'importance capitale que prennent à nos yeux toutes les études concernant Dictys et Darès, Malalas et sa connaissance du latin. Il est fort possible en effet que les Latins aient souvent servi d'intermédiaires, dans le domaine mythologique, entre la Grèce classique et la Grèce byzantine (cette opinion, qui aujourd'hui peut paraître absurde à quelques-uns, ne manquera pas de se justifier par la suite). Le fait est que chez les Byzantins Isaac Porphyrogénète ne puise certainement pas aux mêmes sources que Malalas. Cela nous montre donc un double courant, l'un savant, l'autre populaire. Bernhard Schmidt a déjà remarqué que la forme moderne Χάροντας ne répond pas à la forme ancienne Χάρων, -ωνος, mais rappelle plutôt la forme latine Charon, Charon*t*is. Ce sont ces transmissions et ces filiations qu'il faudrait suivre de plus près. Il y a plus de chances de retrouver par-ci par-là, même sur ce terrain, l'influence de Rome que l'écho des Muses au pic de Phlamboro. On a trop longtemps persisté dans cette voie. Perrot nous entraîne beaucoup plus quand il consacre, dans un mémoire resté célèbre, un chapitre à part aux souvenirs laissés en Grèce par l'administration romaine et transformés par la légende. Cela ne veut pas dire du tout qu'il faille voir Rome à tout propos dans la Grèce, et ce n'est pas là ce que nous disons. Il est certain toutefois que des influences de toutes parts ont dû agir sur le noyau primitif, légué par les ancêtres, qui, de leur côté, ont subi, on le sait, plus d'une influence phénicienne. Le meilleur aperçu de la question est peut-être contenu dans le conte imaginé par un homme à qui certainement l'intelligence historique ne manquait pas. François Lenormant, dans la Voie Eleusinienne, invente un récit où Déméter — Sainte Dhimitra —, les châteaux francs et un aga turc font ensemble bon ménage. Quarante dragons surveillent une chaudière énorme à l'endroit où la fille de Déméter est captive. Son libérateur invoque le Panaghia... Il est douteux que Déméter subsiste encore. Nous voyons fleurir surtout, comme pour Charon, les divinités qui sont expressément mentionnées comme posthomériques (le témoignage d'Eustathe, cité tout à l'heure, avait échappé à Pottier). Mais, si l'aga turc est douteux en tant que facteur mythologique, le κάστρο l'est beaucoup moins, et ce qu'il faut retenir de la fable de Lenormant, c'est que le mélange a dû s'opérer sur plus d'un point d'une façon analogue et entre des éléments très divers.

Quelle serait maintenant la base principale de ces recherches ? C'est l'étude des écrivains byzantins, en première ligne. Rien, à ma connaissance, n'a été fait dans cet ordre d'idées, en dehors de l'excellent travail de Kirpitchnikov. Ceux qui ont lu une jolie page d'Hermann Usener savent qu'il faudra ajouter à ces derniers documents les renseignements puisés dans les légendes chrétiennes. La remarque vient d'être renouvelée tout récemment par Wirth. La littérature chrétienne apocryphe fournira, elle aussi, un large contingent. Clermont-Ganneau a ouvert une voie nouvelle avec Horus et Saint Georges, du côté de l'Égypte et de la Syrie, « ces grandes manufactures de religions ». On sait aussi que le Syntipas est d'origine orientale. Il y aurait peut-être également à accroître ces renseignements, en relevant par-ci par-là quelques traits de mœurs grecques dans les romans français (on a peut-être exagéré dans ce sens). Enfin, toutes les fables dont le berceau de Constantinople est entouré chez les historiens, les légendes de toutes sortes dont les chronographes sont remplis, ne seront point indifférentes à cette étude, il s'en faut.

Tels sont les principaux éléments d'information. Ils demanderaient à être mis en œuvre dans un mémoire spécial. C'est par des monographies qu'on arrivera à jeter la lumière sur ces questions complexes et même à arrêter la méthode. Envions celui qui entreprendra de nous montrer comment :

> Tout batelier qu'il est, le vieux Kàron, le soir,
> Passe par les chemins sur un grand cheval noir[1].

La partie passionnante et neuve de ces travaux sera de nous montrer précisément de quelle façon l'imagination grecque a su frapper de son cachet propre les traits mêmes qu'elle prend ailleurs. Son originalité apparaîtra ainsi dans sa claire lumière. On met sa marque dans ce qu'on s'assimile plus peut-être que dans ce que l'on crée. En un sens, inventer n'est rien ; exprimer est tout, et exprimer, c'est mettre en œuvre. Un sujet du domaine commun pourra être traité par deux poètes à la fois ; on verra bien, en comparant les deux œuvres, de quel côté est la véritable *invention*. C'est par là surtout que les poésies populaires grecques obtiennent facilement le premier rang. Une vie créatrice y circule, qui sait rendre grec même ce qui ne l'est pas à l'origine.

---

1. Anatole France. *Les Noces corinthiennes.* Paris, Lemerre, 1876, p. 103.

Les contes et les chansons figurent parmi les principaux documents du futur mythographe. Ce sont ces textes qui, en mythologie comme en grammaire historique, nous donnent le point d'arrivée, puisque le point de départ, nous l'avons vu, pouvait être cherché assez haut pour les phénomènes du langage aussi bien que pour les conceptions légendaires. Les chansons et les contes nous livreront probablement aussi la trace de plus d'un ancien roman perdu qui ne se conserve plus que dans la tradition orale. Si l'on veut bien se rappeler le conte du *Livre enchanté,* publié dans le t. II des Essais, on sera surpris de la ressemblance frappante que ce récit présente avec le Dit de l'Empereur Constant en serbe : la tête du mort qui se venge, une fois réduite en cendres, la fille du roi mouillant son doigt sur sa langue, etc., sont autant de traits communs. Mais dans ces rapprochements, il faut tout de suite signaler un écueil. Je fus surpris un jour à Chio de l'analogie extraordinaire qu'offrait une chanson que j'y recueillis, avec un épisode de l'*Erotocritos*. Je m'informai aussitôt. Le chanteur avait été jadis boulanger à Constantinople ; un de ses camarades, aux moments de loisir, leur faisait la lecture à haute voix. Mon sujet se rappela très bien qu'un des livres choisis avait été l'*Erotocritos*. Ces récits leur plurent. Il m'avoua lui-même qu'un de ses camarades retint un de ces épisodes, et, de mémoire, l'arrangea en vers nouveaux. C'étaient les vers mêmes qu'il me disait à son tour. Ainsi, dans ce cas, la *tradition* populaire était bien postérieure à l'œuvre littéraire. L'heure serait venue de faire un *Corpus* des *Carmina popularia,* en y ajoutant les proverbes et les superstitions de toutes sortes, qui seraient mieux peut-être dans un *Corpus* à part. Politis, dont les connaissances bibliographiques sont tellement étendues, devrait se mettre à la tâche. Il serait plus apte que personne à mener à fin un pareil recueil. Ces recherches devraient être surtout faites par des Grecs, qui sont sur les lieux et qui ont l'air du pays. Je sais, par plusieurs confidences, que les ξένοι, les *étrangers,* ne sont pas toujours bien servis dans leur entreprise par les indigènes. On s'amuse à leur raconter des histoires sans fondement. Les braves explorateurs consignent dans leurs papiers tout ce qu'ils ramassent ainsi. Ils oublient que les Grecs sont un peuple excessivement spirituel, souvent moqueur, et surtout que c'est une race très intérieure, qui se livre peu, sous son apparente exubérance, et garde tout en dedans. Il faut souvent entendre à travers leurs paroles et comprendre plus ce qu'ils taisent que ce qu'ils disent. L'investigation n'est donc pas moins difficile qu'elle ne l'est pour les patois. Il faut aussi, d'autre part, y apporter une méthode rigoureuse, veiller, par exemple, à ce que le texte recueilli le soit dans l'intégrité de ses formes. Pour le moment, tout ce qu'on dira dans ce sens sera peine perdue. Aucun résultat sérieux ne sera jamais obtenu, tant que quelques jeunes gens n'auront pas pris la résolution de se mettre bravement à l'école, car il est inutile de songer à relever ces documents si l'on n'est pas solidement armé de la connaissance du grec ancien et du grec moderne. La plupart des textes populaires nous sont transmis dans un état piteux. Il en est même où l'on voit brusquement surgir un datif. Kanellakis, qui a beaucoup de zèle et que des circonstances particulières ont privé d'un premier fonds d'éducation, nous a ainsi donné un volume où les erreurs se sont nichées dans chaque vers. Cela n'est pas de sa faute. Il faut absolument que l'initiative privée ou que le gouvernement prennent le parti de nous envoyer quelques jeunes gens, pour étudier soit à Paris, soit ailleurs, autre chose que le droit et pour s'y pénétrer de quelque doctrine philologique. Un premier conseil dans ce sens a déjà été glissé, à Constantinople, il y a plus de cinq ans. Ce fut en pure perte. J'y insiste beaucoup plus aujourd'hui. Un recueil méthodique devient chose urgente.

Gaston Paris, en étudiant la fameuse chanson de Renaud (on n'y voit pas la version de Gérard de Nerval, Bohême galante, p. 77), a exposé les principes qui peuvent nous guider dans la reconstitution des textes populaires. Gilliéron a suivi cet exemple, et G. Doncieux a franchement et remarquablement appliqué la critique verbale à la chanson de la Pernette dont il rétablit ainsi la forme ancienne du xive siècle. Quand verrons-nous de pareils travaux pour le grec? Il faudra bientôt les tenter. Ces textes ont une immense valeur pour les mythographes, surtout quand ils les rattacheront aux textes du moyen âge. Le *chauvinisme* pourra lui-même trouver satisfaction à ces études, puisqu'en somme on ne transforme jamais que ce que l'on a conservé. Il ne faudra donc pas s'effrayer de voir les mythes s'altérer avec le temps. Ce qui est beaucoup plus difficile à reconnaître, c'est l'état de la tradition populaire au moyen âge. Il suffit de comparer l'épopée de Digénis avec les chansons modernes qui se rapportent à la même inspiration, pour comprendre à quel point, sous l'épopée érudite, sommeillait le vieux fonds populaire. Politis, dans une page mémorable, a dit que dans la littérature mythographique elle-même, il convenait de faire un départ rigoureux entre l'élément savant et l'élément populaire. C'est la base d'une méthode excellente, et Politis, qu'il ne faut pas juger sur son premier essai mythographique, a su très bien le montrer.

L'ensemble des aperçus qui viennent d'être exposés devait être représenté, dans notre volume, par un échantillon bien misérable ; à défaut d'étendue, c'était, au moins, un des textes rares nous ouvrant un jour sur la légende médiévale. C'est le fragment d'une histoire fabuleuse des empereurs byzantins que j'ai eu la chance de découvrir à la Bibliothèque du Métoque du Saint-Sépulcre, à Constantinople. L'imprimerie Lanier, ayant eu l'idée de donner un spécimen de ses divers caractères, me demanda un texte en grec moyen. Je lui communiquai le *Miroir Importun,* que j'accompagnai d'un apparat critique. Mon texte est aujourd'hui introuvable, les spécimens de Lanier n'ayant pas été mis dans le commerce ; j'ai eu moi-même trente tirages à part, grâce à l'obligeance des éditeurs. Je voulais simplement le réimprimer ici. Je n'ai jamais pu avoir la copie complète du manuscrit, dont j'avais une reproduction de plus de la moitié. Kirpitchnikov s'est chargé de recopier le reste. Je lui ai donné ce que j'avais déjà et c'est lui qui le publiera en entier. Krumbacher lui a signalé jusqu'ici deux manuscrits analogues en Italie. La publication, que Kirpitchnikov fera suivre d'un abondant commentaire, ne manquera pas d'avoir le plus grand intérêt. Le texte lui-même demande à être établi. Le lecteur s'apercevra ici d'une autre lacune dans ce volume. Comment doivent être lus et commentés les auteurs médiévaux ? En 1886, je m'étais attaché, à une de mes conférences, à expliquer le début du Spanéas et les seize vers de la Ἁμαρτωλοῦ παράκλησις, en comparant successivement chaque forme à l'état ancien et à l'état nouveau du grec. Un des élèves a pris des notes et ces notes devaient paraître ici. Mais ce sont là des questions de méthode générale que chacun de nous est amené à toucher pour sa spécialité. Des notes de ce genre, que nous possédons tous en abondance dans nos cartons, ne perdent rien à ne pas en sortir. Il est un point cependant sur lequel il aurait convenu d'insister ; ces textes nous fournissent l'intermédiaire entre les deux périodes du grec, et c'est pourquoi leur interprétation présente de si grandes difficultés ; on ne sait à quel sens s'arrêter, au sens moderne ou au sens ancien (par exemple, προσέχω, au début du Spanéas). On se rend compte de cette difficulté en faisant expliquer ces textes tour à tour à des élèves qui n'ont fait jusque-là que du grec ancien et à ceux qui se sont familiarisés avec la langue moderne. Les premiers donnent tout de suite au mot le sens classique, les seconds le sens actuel. Le moyen de sortir de cette impasse, c'est de se livrer à une large lecture des auteurs médiévaux ; on acquiert ainsi le juste critérium. Quand on veut, chez un auteur ancien, se rendre compte de la valeur précise d'un mot, il n'y a qu'une méthode à suivre : c'est de comparer cet auteur avec lui-même, et c'est ce que font tous les hellénistes. La même méthode s'applique à nos textes. Ils gagnent surtout à faire l'objet pour ainsi dire de monographies grammaticales distinctes, qui nous présentent alors pour chacun d'eux un état de développement déterminé. On se demande, en revanche, comment ceux qui ne voient dans les textes médiévaux que macaronisme continu, peuvent bien s'y prendre pour aborder la critique verbale de ces auteurs : il faudra que, suivant leur propre théorie, ils rétablissent πατέρας partout où le texte donne πατήρ ; s'ils ne le font pas, ils seront amenés à voir que l'alternance de ces deux formes ne dépend pas du seul caprice. C'est ce qui deviendra bien plus évident par les études particulières dont chaque auteur doit devenir l'objet. De grandes ressources nous manquent encore sur ce terrain. Sophoclis, dans son édition de 1860, a recueilli en appendice les mots de Prodrome et autres. Dans la dernière édition, cet appendice n'a point reparu. C'est, dans nos études, un desideratum de longue date. Le dictionnaire de Sophoclis et celui de Du Cange demanderaient à être fondus en un seul. Pour le Du Cange, le travail serait énorme, attendu qu'il faudrait identifier à nouveau toutes les citations. Il y aurait aussi immensément d'additions à faire. Les Addenda lexicis, tels que ceux de Koumanoudis ou le petit Index de M. Bonnet, nous reviennent en grande partie.

Βῆλον est à nous, et nous pouvons en dire autant de tous les mots latins. Il serait également curieux de rechercher si l'examen, la critique et l'étude phonétique ou morphologique des verbes actuels en -ώνω ne nous permettent pas de rétablir par instants, fût-ce pour des époques postérieures, des verbes en -όω que les textes ne nous ont point conservés. Nous ne pouvons pas songer, dans l'état actuel de la science, à entreprendre de notre côté une sorte d'introduction à ce lexique, comme l'*Archiv* de Wölfflin l'est pour le latin. Mais il me semble que nous pourrions apporter de ci, de là, à ce travail quelques contributions isolées, destinées à enrichir notre *Thesaurus*. Hubert Pernot a pris cette année même une excellente initiative. Il a fait le dépouillement de tout Prodrome, par ordre alphabétique, et pourra nous renseigner grâce à cet Index sur la classification des manuscrits, la grammaire et le vocabulaire de cet auteur.

On aura compris maintenant, après ce qui vient d'être dit du lexique et après tout ce qui précède, pourquoi nous ne pouvons pas penser pour le moment à la Vergleichende Grammatik de Diez. Les exigences de la science varient avec les époques. Notre premier souci doit être d'établir la méthode générale et d'expliquer tout d'abord ce que nos études signifient. On en connaît à peine l'importance. C'est pourquoi nous n'avons pas entre les mains les matériaux nécessaires à une pareille construction. Les dialectes sont indispensables à une grammaire historique ; ils le sont au même titre que les textes ; or, c'est à peine si nous avons quelques indications sporadiques sur la provenance des textes médiévaux et sur l'état des dialectes au moyen âge. Ces dialectes et ces textes nous donneraient ainsi le pendant des documents que les diverses littératures romanes mettaient entre les mains du premier chercheur. Notre documentation serait évidemment moins riche, puisqu'à partir de l'extinction des anciens dialectes, il ne semble pas que la tendance aux littératures locales ait reparu ; l'espace a manqué d'autre part à la constitution de différentes nationalités néo-grecques ; la Grèce a toujours été conçue comme une unité, depuis Byzance, héritière de l'*orbis romanus*. Mais les divergences dialectales n'en seraient pas pour cela moins grandes. Pour le moment, c'est à désespérer. L'année même où ce volume a pris naissance, j'avais essayé de faire l'histoire du consonantisme et du vocalisme. Dans les deux semestres, nous n'avons pu traiter que des explosives sourdes, κ, π, τ. Nos renseignements étaient abondants, mais ils l'étaient surtout pour le passé ; arrivés aux dialectes modernes, nous n'avions pour points de repère assurés que les deux livres de Morosi. Pour le reste, nous étions obligés de courir à travers les informations éparses dans différents ouvrages et d'en faire tout d'abord la critique. Le plus souvent nous étions obligés d'avoir recours aux déductions phonétiques, pour conclure à l'existence d'une forme dialectale d'après les documents imparfaits dont nous disposons actuellement, puis de discuter notre conjecture. Pour le vocabulaire surtout, le travail serait encore plus considérable. A ce compte, une grammaire historique complète demanderait un millier de pages environ et le travail serait à recommencer, aussitôt que les dialectes seraient mieux connus. Ce point de vue, émis il y a longtemps, semble aujourd'hui admis dans la science, et Pavolini, tout récemment encore, disait que les monographies étaient notre seule ressource. Il faut attendre pour la grande œuvre. Multiplions les monographies. Elles permettent d'entrevoir l'ensemble et de poser des bases à l'édifice.

VII.

INDEX BIBLIOGRAPHIQUE.

Maintenant que nous avons parcouru le cycle des multiples sujets qui constituent nos études, et que nous avons passé en revue les différents Mémoires qui représentent chacun une des directions de notre philologie, j'ai de la peine à me consoler de toutes les lacunes que nous laissons derrière nous, et je considère avec tristesse l'effort tenté jusqu'ici. Que de choses passées sous silence, indiquées en courant seulement, d'un mot ou d'une allusion servant de rappel ! J'ai essayé de boucher quelques-uns de ces trous dans l'Index bibliographique qui suit cette Préface. Cet Index ayant été fait dans des conditions particulières et ayant un objet spécial, il est nécessaire que j'en parle ici. C'est, dans ma pensée, autre chose qu'un simple Index ; c'est un Mémoire au même titre que les autres.

Je dois dire tout d'abord que je l'ai conçu et exécuté en vue de mes élèves ; il leur est destiné ainsi qu'aux débutants en général. Ce que les jeunes gens ont le plus de peine à acquérir, ce sont les connaissances bibliographiques ; ils ignorent ainsi, la plupart du temps, quels sont les livres dont ils ont à se servir dans leurs travaux ; un de mes élèves était allé un jour jusqu'à me demander de faire un simple cours de bibliographie néo-grecque. Un des effets les plus fréquents de cette absence de renseignements, c'est que les élèves se servent d'éditions ou vieillies ou insuffisantes, et malheureusement les jeunes gens ne sont pas les seuls. Alors que Hultsch s'est acquis depuis des années une maîtrise européenne dans tout ce qui touche à Polybe, et que les travaux de Büttner-Wobst abondent dans toutes les revues, il est encore des savants, jouissant d'une réputation d'hellénistes, qui vont se servir de l'édition de Polybe par Dindorf, qui bâtissent des théories sur les leçons de Dindorf, et qui, à court d'arguments, citent les graphies de Dindorf comme une autorité, le prenant sans doute pour un manuscrit.

Un autre embarras se présente. J'ai voulu réagir énergiquement dans ce volume contre le système des abréviations poussées à outrance. Elles sont indispensables, c'est certain, pour aller vite, et il faut toujours s'en servir dans le corps du volume ; mais il est absolument nécessaire d'en donner l'explication dans un index liminaire. On a peine à comprendre comment cette précaution est encore négligée par des savants sérieux, qui savent ce que c'est qu'une vérification, et le mal inouï qu'elle vous donne, lorsque le renvoi n'est pas fait avec assez de netteté. On ne saurait aller trop loin dans cette voie. Je dis donc ici que, lorsqu'on cite Lob. Phryn., il faut l'expliquer dans un index. Cette abréviation est des plus courantes et c'est pour cela que je la choisis. Quelque usuelle qu'elle soit, on m'accordera bien qu'elle représente une de ces notions que l'on n'a pas naturellement. Il n'y a pas que les hellénistes à se servir de nos livres et l'on pourrait nommer, dans plus d'un domaine, des savants extrêmement outillés qui ne comprendront pas du tout ce que veut dire Lob. Phryn. (Phryn. Lob. me représente autre chose). En voici un exemple : les linguistes savent la facilité avec laquelle nous usons des deux lettres K. Z. dans nos renvois. Un helléniste très distingué, mais exclusivement philologue (dans le sens allemand), m'a avoué un jour qu'il avait été embarrassé par cette notation et j'eus tort d'en être surpris. Il faut songer, en effet, que ces deux lettres ne répondent même pas au titre de la couverture et que ce qu'elles abrègent, ce sont deux termes mis ainsi côte à côte dans la conversation. Tout récemment encore, je vois même que K. Z. se réduit à la simple abréviation Kz. C'est vraiment excessif. L'abréviation G. D. S., qui fleurit aussi depuis quelque temps, n'est pas non plus très rationnelle. Nous avions déjà Coll. qui suffisait bien. On ne peut pourtant pas demander aux étudiants d'identifier immédiatement les deux abréviations. Il leur faudra toujours du temps pour s'y reconnaître et le temps du travailleur est sacré. Nous avons également voulu réagir contre la prodigalité avec laquelle les philologues sèment les mentions : *l. l.* ou *a. a. O.* Quand l'ouvrage en question n'est cité que trente pages plus haut, on s'y perd et souvent il échappe, enfoui qu'il est dans une note. Une abréviation, quelque courte qu'elle soit, pourvu qu'elle se trouve résolue dans l'Index, suffit à parer à cet inconvénient. Que dire aussi de l'étrange déclaration du *Thesaurus* d'Henri Estienne : « Ut nimis crebram repetitionem sigli Mss. quod apud Anglos ad taedium usque recurrit, vitaremus, nomina et Anglorum et sociorum Valpyanæ editionis exprimi curavimus literis initialibus minutis ? » Ces façons de citer, si nobles et si détachées, m'ont fait perdre souvent des après-midi entières, et plus souvent encore, j'ai dû lire d'un bout à l'autre un auteur, quand ce n'était pas un auteur classique, pour identifier le passage. C'est là du temps entièrement gâché. Mais, pour les auteurs classiques eux-mêmes, où les lexiques spéciaux existent souvent, il est indispensable de donner les éditions dont on s'est servi. On sait que les numérations diffèrent plus d'une fois d'un éditeur à l'autre. Les éditeurs ne pensent pas toujours à établir les concordances. Pour cette raison, il est utile de spécifier l'édition à laquelle on renvoie. Il est aussi d'autres raisons qui rendent nécessaire l'indication précise de l'édition. Renvoyer, dans le courant d'une discussion, à un auteur grec, en donnant simplement le nom, le titre de l'ouvrage, le chapitre, etc., c'est citer d'une façon imparfaite et embarrassante.

Ce genre de renvois n'aurait, en effet, sa justification que si chaque auteur avait aujourd'hui son édition complète et qui répondît en même temps aux exigences actuelles de la philologie. Mais nous sommes encore bien loin de compte. Je parle ici des auteurs anciens, et même des auteurs classiques. C'est un fait, qu'on se trouve très embarrassé quand il s'agit de renvoyer aux six derniers livres des *Lois*. Est-ce que le jeune étudiant saura toujours qu'il faut aller à Schanz pour les six premiers et à Stallbaum pour les six autres? Pour Lucien, c'est bien une autre affaire ; on est obligé d'indiquer quatre ou cinq éditions à la fois ; celle de Sommerbrodt, parce que c'est la plus récente ; mais elle est en cours de publication ; pour les traités qui manquent, on a donc recours à Fritzsche ; l'édition de Fritzsche ne contient pas les scholies, qui pour nous sont fort utiles ; elle n'a que l'apparat critique. Les scholies sont données dans l'édition de Lehmann ; celle-ci à son tour est demeurée inachevée ; un certain nombre de traités apocryphes, intéressants pour nos études, ne s'y trouvent pas, l'Ocypus, par exemple ; il faut donc revenir à la vieille édition bipontine (Luc. B.), qui, celle-là du moins, est complète. Faut-il laisser les commençants — et même les érudits plus avancés — se débattre au milieu de ces difficultés sans nombre, et, quand ils ont une vérification à faire, passer quelques heures à courir d'une édition à l'autre, avant de tomber sur la bonne? Il faut songer aussi que les étudiants ont peu de livres, que personne en tout cas ne possède chez lui toutes les éditions de Lucien et que la plupart des savants, jeunes ou vieux, sont obligés de travailler dans les bibliothèques. Il y a déjà une perte de temps considérable entre le moment où le lecteur inscrit sa demande sur le bulletin et celui où le garçon lui apporte l'ouvrage demandé. J'ai cru devoir indiquer par une lettre majuscule, à la suite du nom de l'auteur, l'édition à laquelle on renvoie dans ce volume. J'avoue que dans ce sens j'ai été jusqu'à l'excès, s'il y en avait jamais à citer exactement. J'ai voulu épargner le temps des travailleurs, quitte à prendre sur le mien. Ajoutons que souvent on vise une édition plutôt qu'une autre ; une telle est bonne à consulter pour l'apparat critique ; une autre pour l'établissement du texte ou les notes, etc.; il est fastidieux, dans ce cas, de donner à chaque fois le titre complet ou abrégé de l'édition. La majuscule à la suite du nom suffit. Dans des ouvrages en plusieurs volumes, où la pagination est courante du premier volume au dernier, comme dans les *Anecdota* de Bekker, ou le Strabon de Meineke, il est plus utile d'indiquer en même temps le numéro du volume. Pour Polybe, il semble de mode depuis Kälker, de donner la page de Hultsch ; j'ajoute le numéro du volume. On sait aussi que tout le monde se sert encore des chiffres de pages avec lettres des vieilles éditions, — Platon, Plutarque, etc., — que les éditeurs indiquent toujours en marge. Puisque c'est l'usage, nous l'avons suivi, mais nous avons préféré donner à la suite la page et la ligne de l'édition consultée. On ne voit pas très bien le profit qu'il y a à donner la pagination des vieux livres que personne n'a plus entre les mains. C'est soi-disant pour faciliter les recherches, puisque le renvoi est ainsi uniforme pour toutes les éditions et que, si on n'a pas un Schanz sous la main, on retrouve son passage dans le Didot, ou qu'à défaut de Grégoire Bernardakis, on peut recourir au vieux Wyttenbach. Il n'y a pas de façon plus cavalière de déclarer que nous sommes dans une indifférence absolue à l'égard des éditions à consulter. Alors, pourquoi en faire de nouvelles ? Pourquoi surtout, lorsque personne n'a jamais vu ni l'édition de Bâle, ni l'édition de Rome, citer toujours la page de l'édition de Rome pour Eustathe, sous prétexte que l'édition de Stallbaum n'apporte rien de nouveau ? Il me semble qu'il est beaucoup plus commode de citer cette dernière avec le tome, la page et la ligne. N'oublions pas non plus que dans certaines éditions, on met des deux côtés de la marge deux paginations différentes de deux éditions antérieures et qu'il faut alors se rappeler, quand la différence entre les deux chiffres est minime, à quel moment le chiffre de gauche passe à droite ou le chiffre de droite à gauche, au tournant de la page. Cela ne nous coûte vraiment pas beaucoup de donner la tomaison. Certains éditeurs, persuadés que tout homme possède, catalogués dans sa tête et classés dans l'ordre qu'ils ont eux-mêmes adopté, les ouvrages de l'auteur qu'ils publient, se soucient peu de donner leur table des matières en tête ou à la fin du volume. Il est regrettable que la place de Grève n'existe plus ; une exécution de temps en temps serait salutaire. Car enfin, c'est notre temps qu'on nous prend. Et il n'est pas démontré qu'on en ait le droit.

Dans nos études surtout, où nous touchons à des bibliographies si différentes, c'est presque une ironie que de nous prodiguer les hiéroglyphes dans le corps d'un livre, sans daigner nous apprendre le titre complet d'un ouvrage. Les auteurs sont ici victimes d'une illusion très fréquente ; ils croient que tout le monde sait ce qu'eux-mêmes ne savent que sur le moment. Adressons-leur une simple prière : qu'ils veuillent bien supposer chez le lecteur un état d'ignorance absolue, c.-à-d. précisément l'état où ils se trouvaient eux-mêmes, avant de commencer leurs recherches et d'écrire leur livre.

Espérons aussi qu'un jour, dans les éditions classiques et autres, les auteurs consentiront à ne plus jeter dans le coin d'une note les renseignements essentiels. Quand les préfaces sont en latin et que les majuscules sont supprimées partout, systématiquement, l'usage d'un livre est suppliciant. La suppression des majuscules est peut-être d'une grande élégance ; mais il faudrait bien arriver à se persuader qu'elle détruit toute clarté. La date des mss, leur classification, la chronologie biographique et bibliographique relative à l'écrivain qu'on publie, etc., etc., constituent une série d'indications auxquelles le lecteur a droit immédiatement. C'est donc aller contre les intérêts du public que de noyer ces indications dans de longues introductions. Si la matière prête à discussion, il suffit de donner en tête le résultat et de marquer par là même la place où chaque point se trouve particulièrement traité. C'est au lecteur ensuite à se guider. Seulement il peut bien de son côté demander aux éditeurs la netteté.

Dans le plan primitif de cet Index, je ne voulais y faire figurer que les ouvrages cités en abrégé dans le cours du volume. En effet, on les y trouvera, je l'espère, tous, et s'il en manque deux ou trois, *humanum est*. Cela m'a amené, pour être logique, à citer même les ouvrages qu'on n'avait rappelés qu'incidemment. Ce second plan me séduisit aussitôt, parce que j'y vis une utilité immédiate pour l'étudiant. Rien n'éveille plus la curiosité qu'une indication bibliographique complète et précise. Qu'on en soit bien persuadé, quand un étudiant rencontre une citation ainsi conçue : Gr. d. neut. Sprachi., il n'a pas envie d'y aller voir, et d'abord parce qu'il ne comprend pas. L'abréviation pourtant est faite suivant les règles ; il est inutile de mettre *des* au lieu de *d.*, puisque *Sprachi.* nous indique suffisamment que nous sommes devant un neutre, *Sprachidioms ;* on voit du même coup que Gr. ne peut signifier que Grammatik. Seulement, Grammatik des neutestamentlichen Sprachidioms sera toujours un titre plus alléchant ; mais il est un peu long ; alors il vaut mieux simplifier encore plus : écrivons Winer[7], et donnons le titre complet à l'Index.

Le désir d'exciter l'attention de l'étudiant m'a poussé du même coup à faire de cet Index comme un répertoire général de nos études et en même temps comme une indication matérielle de nos frontières géographiques. Ici, j'ai dû choisir et me borner. J'ai suivi le système de G. Paris dans son Histoire de la littérature française au moyen âge ; il se contente souvent de donner le dernier ouvrage sur la matière, parce que celui-là contient les renvois aux ouvrages antérieurs. J'ai fait de même, au risque quelquefois de citer un mauvais ouvrage. Si l'on voulait entrer dans la bibliographie de tous les sujets, le travail serait infini. Ainsi, il est à peine besoin, pour Floire et Blancheflor, de donner Édélestand du Méril, du moment qu'on a Crescini. Voigt contient Moritz Schmidt, ainsi que Rothe, si bien qu'il n'est pas nécessaire de mentionner l'un et l'autre, à moins que l'on ait eu spécialement en vue un passage de l'un de ces deux auteurs. Il faut aussi supposer que les étudiants sauront se servir des périodiques. Il n'est pas indispensable de mentionner Jules Simon, dès l'instant qu'on a mentionné Baunack ; l'étudiant qui feuilletera les Wiener Studien y trouvera les commentaires de Simon. J'engage beaucoup les travailleurs qui débutent à faire connaissance avec les Revues. Je me suis efforcé de leur en fournir une longue liste, en indiquant pour chaque périodique l'année où il commence, ce qui n'est pas toujours commode. Peut-être me sauront-ils aussi gré de les avoir brièvement renseignés sur les Jahresberichte de Bursian. On se demande pourquoi ce périodique excellent a adopté une pagination aussi indébrouillable. C'est évidemment pour servir de matière d'examen aux candidats bibliothécaires.

Je n'ai pas moins insisté dans l'Index sur la bibliographie des inscriptions, des scholies et des grammairiens, etc. D'autres fois, j'ai simplement signalé des ouvrages qui n'avaient pas trait directement à nos études, mais qu'il était bon d'avoir lus. Ainsi, les travaux de Fick, très suggestifs, doivent être connus des néo-grécisants. Ils peuvent leur donner l'éveil pour des rapprochements avec l'état actuel de la littérature populaire ; j'ai toujours pensé pour ma part qu'il y avait là des analogies fécondes avec le passé. La petite grammaire de Leskien a trouvé aussi sa place dans l'Index, parce que les étudiants qui voudront la voir ne résisteront certainement pas au plaisir d'y apprendre le vieux slovène. Quelques réflexions de Natalis de Wailly, sur un sujet tout spécial, sont d'une utilité générale et peuvent nous inculquer des principes utiles dans l'étude et dans le déchiffrement des textes populaires du moyen âge. Les dictionnaires, les lexiques d'auteurs, les petits guides utiles, comme le Traut, ont été indiqués pour la commodité des travailleurs. Je dois ajouter enfin que plusieurs des livres marqués n'ont été utilisés que dans le Lexique des mots grecs en turc osmanli, absent de ce volume. J'en ai réservé beaucoup d'autres pour le moment où paraîtra ce lexique (le Redhouse, par exemple), afin de donner aux commençants l'envie de faire dans les langues orientales plus de reconnaissances que je n'ai été capable d'en faire moi-même. J'espère également y donner plus d'extension aux livres russes et à la philologie slave. Ceux qui m'auront fait l'honneur de lire cette préface comprendront, je crois, que pas une seule notice bibliographique n'a été faite au hasard. Chacune se justifie et se défend par sa connexion avec l'ensemble. Il importe surtout de mettre des éditions entre les mains des travailleurs. Le tout est de savoir à qui l'on s'adresse. Dans cette Préface, par exemple, j'ai pu supprimer les renvois. Cela, dans l'espèce, n'a aucun inconvénient. C'est une simple causerie avec des personnes mieux informées que l'auteur. Le passage précis que je visais, auquel je ne faisais souvent qu'une allusion en passant, viendra de lui-même, recto ou verso, se placer devant l'œil du spécialiste. Mes lecteurs verront même que souvent je continuais, sans avoir besoin de le marquer expressément, ni de spécifier le passage, une discussion commencée par l'auteur que je nomme, et trouveront à leur tour une série d'arguments pour me combattre. Je n'ai rien dit ici qui n'eût trait à quelque livre connu. L'Index, d'ailleurs, suffira comme documentation. Quand, une ou deux fois, j'ai dû penser à un livre ou à un article qui ne figure pas à l'Index, je l'ai mentionné au bas de la page. Le reste se trouve toujours dans les ouvrages catalogués, livres ou revues. Cette manière de faire est acceptable dans une introduction. Mais, quand il s'agit de mémoires, comme ceux de ce volume, qui ne s'adressent pas absolument au même public que la Préface, il est indispensable d'être très rigoureux dans ses renvois ; un index doit alors faciliter les recherches de tout le monde. J'ai cru souvent aussi plus commode de citer par collections. Ainsi nous renvoyons à Petr. Patr. et Prisc. d'après Bonn, en donnant à l'Index les pages de Muller et de Dindorf. En revanche, un ou deux livres sont mentionnés dans les mémoires comme n'ayant pu être consultés sur le moment par suite de circonstances particulières. Cette lacune n'a pu être comblée même plus tard dans l'Index, et un livre ou deux n'ont pu y figurer.

L'impression qu'on recueillera de cet Index, c'est qu'en définitive nous sommes très mal outillés. Nous avons très peu de bonnes éditions, et, chose étrange, c'est pour le grec ancien qu'elles nous manquent le plus. Et celles qui sont bonnes ne nous donnent pas souvent ce que nous cherchons, un apparat critique complet. Nous ne pouvons pas nommer beaucoup d'éditions qui vaillent celle de Ribbeck pour Virgile ou de M. Herz pour Aulu-Gelle. Les hellénistes considèrent volontiers une édition d'auteur ancien comme une œuvre d'art. On se trouve devant un texte et l'on se demande tout d'abord : qu'est-ce que je vais en faire maintenant, comment vais-je le comprendre et le rendre ? Ils établissent donc leur texte, mais ils considèrent comme une besogne inutile et même inférieure de donner toutes, j'entends bien toutes les leçons des manuscrits. Nous devons à ce système des merveilles de conjecture ou des chefs-d'œuvre de netteté, mais nous aimerions qu'on ne nous mentionnât pas seulement les variantes aux passages difficiles. Toujours, dans les Préfaces, revient cette phrase sacramentelle : l'éditeur nous communique, dit-il, *den handschriftlichen Apparat nur im wesentlichen*. Comme l'essentiel est affaire d'appréciation pour chaque spécialiste, nous serions bien reconnaissants aux éditeurs de ne plus nous imposer leur appréciation individuelle comme règle unique. Il est assez piquant que pour le néo-grec nous soyons mieux outillés à cet égard. Legrand nous a donné dans Hermoniacos le modèle achevé de nos éditions. On fera bien de s'y tenir ; on ne voit pas du tout, à l'heure qu'il est, quel est celui qui pourra nous établir, pour les textes populaires, une édition critique de quoi que ce soit.

Est-il besoin de dire que tous les livres de l'index me sont passés entre les mains ? J'ai tenu spécialement à ce qu'il en fût ainsi, et, ceux que je ne trouvais pas dans les bibliothèques, je me les procurais, pour supprimer toute citation de seconde main. C'est une besogne bien fastidieuse que des index de ce genre ; on court dans une bibliothèque, le livre est prêté ; dans une autre, il est à la reliure. Un savant possède tel autre ouvrage ; courses nouvelles ; il faut le trouver chez lui et revenir à la charge. Des journées entières se passent en voyages, avec cet agacement intime du temps inutilement gâché, sans profit pour personne. Si du moins nous étions mieux organisés ! On rêve un âge d'or où toutes les bonnes éditions seraient faites, où tous les livres, dans toutes les bibliothèques des deux mondes, auraient la même cote, où ces cotes seraient données en tête de tous les livres, où il n'y aurait plus qu'à demander un livre pour l'avoir ! Un peu du confortable américain en philologie ! Pour faciliter les recherches de nos étudiants, j'avais même songé un moment à donner les cotes de la riche Bibliothèque de la Sorbonne. J'ai dû y renoncer, ces cotes devant nécessairement être modifiées. J'ai voulu aussi, à l'origine, ce qui eût été plus utile, signaler à chaque ouvrage les articles dont il a été l'objet ; je m'aperçus au bout de quelque temps que c'était impraticable, si l'on voulait finir.

J'ai mauvaise grâce à me plaindre. Je garde encore le souvenir ému des facilités qu'on m'a faites partout et toujours. M. le conservateur de la Bibliothèque de la Sorbonne ne sera certainement pas content de ce que je vais dire ; il m'a bien recommandé de ne pas le nommer dans cette Préface. Mais vraiment je ne puis. Son érudition étonnante, qui m'est venue en aide si souvent, sa complaisance infinie, ont fait pour moi de cette Bibliothèque un séjour cher et préféré. Mon ami Philippe Berger, bibliothécaire à l'Institut, m'a été toujours d'un grand secours. Il est de tradition que je remercie H. Omont, M. Deprez et Julien Havet, et ils sauront que je ne m'en acquitte jamais assez. J'en dirai autant de M. Blanchet, du département des imprimés. Je veux mentionner aussi l'accueil excellent qui m'a été fait à la Bibliothèque Mazarine, à la Bibliothèque de l'Arsenal, à la Bibliothèque de l'École de droit, et à la Bibliothèque de l'École normale, grâce au directeur et à M. L. Herr. Que d'amis que je n'ai pas nommés ! En tête notre secrétaire, Emile Chatelain, Alfred Jacob, Henri Lebègue, Louis Leger, Louis

Havet, Pierre de Nolhac, Morel-Fatio, James Darmesteter, M. Mortet et M. Maire. Je dois un remercîment spécial à M. R. Dareste, et à M. Paul Meyer, à qui je suis redevable de précieux renseignements. Drossini, Krumbacher et Gustav Meyer ont plus d'un titre à ma reconnaissance.

VIII.

TRAVAUX DES MEMBRES DE LA CONFÉRENCE.

L'année scolaire 1889-1890 a été bonne à nos études. Je dois remercier ici tout spécialement mes collaborateurs. Ils ont fait preuve de beaucoup de zèle, de beaucoup de bonne volonté. Nous avons passé ensemble quelques mois excellents. Ce volume, sorti de nos conférences, consacre le souvenir de ces heures. Il ne faut pas que ces Messieurs s'en tiennent là. Nous pouvons fonder dès à présent les meilleures espérances sur Derk Hesseling. Armé d'une instruction solide, ancien élève de Cobet, Hesseling possède cette double qualité du savant, la précision dans l'information et l'initiative. C'est un esprit à la fois sûr et hardi. Il réfléchit longtemps avant de se former une opinion, et une fois qu'il se l'est formée, il la formule avec netteté et sait en tirer toutes les conséquences. Il devrait nous donner le pendant pour le grec du *Vokalismus* de Schuchardt. En l'y poussant ici, je voudrais en quelque sorte l'y engager publiquement. Que n'entreprend-il, à défaut, un recueil de *Specimina vetustissima linguae graecae recentioris?* Il aurait tout d'abord le plaisir de montrer la pauvreté des textes que j'ai classés jadis sous cette rubrique. On en trouverait un bien plus grand nombre aujourd'hui. Il s'agirait bien entendu de rééditer la plupart d'entre eux, sur les originaux si c'est possible, de les ranger par ordre chronologique et enfin de les pourvoir d'un commentaire historique et grammatical. Nous aurions là un beau livre. Pour le moment, Hesseling en prépare un autre, non moins intéressant, avec Neubauer; il se propose d'étudier, avec le savant bibliothécaire d'Oxford, les mots grecs, transcrits en caractères hébreux, des textes rabbiniques. Voilà encore une nouvelle branche de nos études; c'est Hesseling qui devra publier maintenant la version du Jonas, annoncée jadis dans les Essais.

L'étude des dialectes et de leurs particularités phonétiques paraît dévolue à Hubert Pernot. Il a l'oreille très exercée, de la pénétration critique, et il est muni des solides leçons de phonétique physiologique qu'il a prises chez Rousselot. Léon Lafoscade est un esprit ouvert et très distingué, un très bon travailleur, consciencieux et précis, avec beaucoup de finesse pour les études historiques. Il faut qu'il persévère dans cette voie. Il y a encore beaucoup à faire. Que ne se charge-t-il du côté historique de notre philologie, en ce qui concerne Rome, au moins? En suivant Rome à la piste à travers les écrivains byzantins, il aura de quoi nous donner plus d'une contribution nouvelle non moins utile. C'est un chercheur et qui met de l'âme dans ce qu'il fait. Je ne saurais assez le remercier d'avoir suivi mes cours avec une si grande régularité, alors qu'il avait en même temps à préparer le concours absorbant de l'agrégation.

John Schmitt a une extrême vivacité dans l'esprit; tout l'attire et il est pris d'une belle curiosité de connaître. Il semble s'être consacré à la publication des textes médiévaux. Quand il nous est venu à Paris, il avait déjà derrière lui sa thèse de doctorat soutenue à Munich. Je ne suis pas d'accord avec John Schmitt sur les conclusions de ce dernier ouvrage, mais je n'en apprécie pas moins son ardeur infatigable au travail. Il va nous donner un texte, avec toutes les variantes, de la Chronique de Morée. C'est là un projet très louable. Il a été un des auditeurs les plus réguliers et les plus intéressés à nos études. Quelle charmante collaboration s'était établie entre nous tous! Ces Messieurs se rappellent peut-être que le plus grand soin de leur maître, ou plutôt de leur ami, était de les exciter sans cesse à la discussion, à la contradiction par conséquent. Hesseling était un terrible adversaire. Pernot ne le lui cédait pas, toutes les fois qu'il s'agissait de quelque raffinement phonétique. Bien souvent, nous sommes arrivés à nous convaincre réciproquement que nous n'avions raison ni les uns ni les autres. C'est un avantage de nos cours, de pouvoir ainsi argumenter avec les auditeurs, pour développer en eux l'esprit d'initiative. Le professeur y profite peut-être plus qu'eux-mêmes. Ce qui charme évidemment le plus un maître consciencieux, c'est d'avoir tort. Et la meilleure leçon — mais c'est une leçon idéale! — est celle où il n'aurait pas à interrompre d'un seul mot l'argumentation d'un élève.

Je ne veux pas mentionner ici les défaillances qui se sont produites chez d'autres auditeurs. Il y avait eu bien plus de travaux distribués qu'il n'en figure dans ce volume. Suivre les cours, cela passe encore ; mais faire des travaux est pour quelques-uns un épouvantail, surtout quand ils ont des devoirs à faire. On se demande toutefois si dans des travaux entrepris aux cours par les auditeurs il n'y aurait pas à chercher un palliatif à la surcharge d'examens dont nous sommes actuellement accablés, si, en d'autres termes, un mémoire bien fait, témoignant chez son auteur d'un certain esprit d'initiative, ne peut pas tenir lieu d'une épreuve de licence, et si même il n'y aurait pas profit à substituer l'un à l'autre. La licence et l'agrégation se répètent comme matières. On ne voit pas l'utilité de cette préparation qui fait en réalité double emploi. Ces considérations n'ont eu naturellement aucune prise sur ceux des élèves qui n'apportaient pas un trop grand zèle à nos conférences. D'autre part, les examens les empêchaient. Tout compte fait, j'ai rencontré plus de bonnes volontés que de mauvaises. Triantaphyllidès m'a fait un lexique de Théophile, sur un plan autre, il est vrai, que celui que nous avions arrêté, mais ce lexique, en somme, est présentable. Je dois à ce propos dire un mot de la façon dont les travaux ont été conçus et exécutés.

Le sujet du premier mémoire a été choisi par le maître de conférences. Il a de plus indiqué les principaux textes à consulter. Ce travail a été ensuite résumé à la conférence. Une fois sur le manuscrit, il a été revu encore par le professeur, mais sans qu'il fût nécessaire d'y introduire de grands changements, sutout en ce qui concerne le fond. Les épreuves ont été corrigées par lui et toutes les citations vérifiées à nouveau. Le plan et la théorie exposée dans le mémoire appartiennent à Hesseling. L'étude de Pernot est un chapitre détaché de notre conférence sur les inscriptions ioniennes. Le texte y avait été commenté. Pernot y a ajouté quelques autres inscriptions du même genre, et un commentaire grammatical plus abondant. Le plan et l'idée avaient été arrêtés par le maître de conférences ; mais nous devons à Pernot ce qu'il dit du dialecte tzaconien. Le troisième travail a été traité d'un bout à l'autre à la conférence, avec l'indication des sources, sauf quelques inscriptions. Nous sommes redevables à Lafoscade de sa rédaction excellente, et je lui suis reconnaissant d'avoir mis tant d'ordre et de clarté dans le fouillis de notes que je lui avais abandonnées. Les épreuves de ces deux mémoires ont été corrigées par moi, après revision du manuscrit. Les citations ont toutes été revues pour Lafoscade et la plupart collationnées à nouveau ; j'ai peut-être laissé passer, chez Pernot, deux ou trois citations sans les contrôler par moi-même. John Schmitt a librement choisi son sujet. Il l'a traité avec beaucoup d'élégance et j'ai vraiment eu très peu à faire, en ce qui concerne le style. En revanche, je suis obligé de dire que ce travail est un de ceux qui ont été le plus remaniés ; les citations ont toutes été revues, souvent modifiées dans le fond, plus souvent encore remplacées par d'autres. C'est la partie consacrée à la Théséide de Boccace qui appelait naturellement le plus grand effort. On trouvera plus loin des renseignements sur la première rédaction du travail de Triantaphyllidès. Quant au lexique de Théophile, il a été revu par moi à deux reprises, complété et souvent corrigé. La seconde fois, j'avais chargé l'auteur de refaire toutes ses citations d'après Schoell et Ferrini. Il y a un mois, en corrigeant les épreuves, je me suis aperçu que ce travail n'avait pas été fait. Il faut que le lecteur en soit prévenu. Ce que l'on peut le moins obtenir, c'est l'attention et la précision, l'attention surtout. Je n'ai pas eu à constater cette qualité facile aussi souvent qu'elle était due. Le petit mémoire sur ξυπνῶ avait été traité en entier à mes conférences de l'année scolaire 1890-1891. L'auteur, chez qui je me plais à constater beaucoup de conscience et des dispositions rares pour la science, a complété plusieurs citations et je les ai vérifiées à mon tour. Il est un regret que je ne puis m'empêcher d'exprimer, en terminant cette revue, où je n'ai à présenter au public que des travailleurs excellents. Je cherche en vain, depuis l'origine de ces conférences, quelque Athénien sérieux parmi les auditeurs. Il ne nous arrive pas de philologues de ce côté. On est quelque peu surpris de cette indifférence et il est bon de la blâmer ouvertement. La matière est pourtant riche et un Grec outillé, muni de nos méthodes, aurait, ce semble, plus de ressources, plus de facilités que tout autre, du moins pour une partie de nos études, pour nos dialectes, par exemple, dont il nous manque précisément un échantillon dans ce Recueil.

Je ne puis entrer ici dans le détail et dans l'historique de ce volume ni démêler strictement la part de chacun. La manière dont ce livre a été fait n'a de sens que pour mes collaborateurs et pour moi. Un chiffre au bas d'une page représente souvent des heures entières de courses et de recherches. Ayant en main tous les mémoires à la fois, j'ai pu nécessairement faire profiter les uns de la bibliographie des autres; c'est l'exactitude des renvois qui laissait le plus à désirer. Je ne me suis nommé au bas d'une page qu'une ou deux fois, quand il y avait à prendre une responsabilité particulière. C'est ce long travail, portant sur tous les points ensemble, qui a tellement retardé la publication. J'y ai consacré deux années entières, pendant lesquelles il m'a été impossible de songer à autre chose. Je présente ici mes excuses aux amis nombreux auxquels j'ai dû des comptes rendus que je n'ai pu faire. Il faut avoir entrepris par soi-même un travail de ce genre, pour savoir à quel point il peut absorber. J'avoue que bien des moments étaient durs; je me souviens pourtant que j'ai eu de grandes jouissances dans cette peine même. La science est la forme la plus impersonnelle de l'effort. Souvent, en travaillant sous l'anonyme, on aime à se dire que le travail n'a pas besoin d'un nom, pour remplir son but; un fait acquis, n'est-ce pas assez? L'individu n'est rien, mais le fait demeure. Le philologue finit par vivre ainsi dans une sorte de Nirvâna scientifique, où toute personnalité est abolie.

L'esprit qui a présidé à la composition de ce volume n'est donc pas tout à fait le même que celui des *Studien* de Curtius ou des *Leipziger Studien*. J'entends par là que je dois assumer la responsabilité de ces Mémoires et que je ne laisse aux auteurs que la responsabilité de ce qu'ils ont fait de bon. Il faut considérer ces travaux comme sortis de la Conférence. Mais l'effort aura été fructueux, je l'espère. Il s'agissait avant tout d'arrêter, au moins dans les traits principaux, le cadre de nos études. Dans ces conditions, il était difficile, si l'auteur eût été unique, de passer sans transition en un seul volume d'un sujet à l'autre, d'annoncer successivement les divers changements de décor, et d'expliquer la raison d'être de ces changements ainsi que le lien entre tous nos Mémoires autrement que dans une Préface. La variété des matières gagne à la variété des esprits. Je suis fier aussi d'avoir définitivement gagné à nos études tant de talents nouveaux.

Enfin, je tenais à justifier la confiance que mes collègues avaient eue en moi, lorsqu'ils m'ont admis dans cette École, à laquelle j'appartiens avec orgueil.

IX.

CONCLUSION.

Nos études sont heureuses. Elles ont pris depuis quelque temps un essor singulier. On peut dire que Krumbacher a concentré toutes les recherches dont Byzance est l'objet et que par là il a constitué cette science spéciale. Il nous a aussi fait une surprise : dans son Histoire de la Littérature byzantine, en dehors de la nouveauté du sujet et de la largeur des points de vue, il est arrivé à nous donner un livre aussi bien fait, mieux fait même par endroits que la Littérature latine de Teuffel, qui paraissait le modèle du genre. Sur le terrain des textes, les belles éditions de de Boor ne resteront pas sans imitateurs. Tout le *Corpus* de Bonn doit être repris. Franz Cumont, qui a la chance de savoir le syriaque, échappera-t-il à l'édition de Malalas? Émile Legrand, dont on ne peut cesser d'admirer l'énergie infatigable, a mis entre nos mains, pour l'histoire de la langue, de véritables monuments. Il ne faut pas se méprendre sur le titre du récent ouvrage de Gustav Meyer; ce n'est pas seulement un dictionnaire albanais; il a fait faire plus d'un pas aux études néo-grecques; ce fameux ἕλχ, que Korsch rattachait encore à ἐλαύνω, ne sera plus pour nous un tourment. Mais ceux-là mêmes qui ne visent pas notre domaine directement, concourent à l'accroître. La riche littérature des papyrus nous appartient. Les Évangiles apocryphes, on l'a vu, nous touchent par plus d'un côté, et les *Acta Thomae* ne sont pas perdus pour nous. L'éveil nous vient de toutes parts; le livre récent de Sütterlin ne manquera pas sans doute de provoquer quelque travail analogue pour les verbes modernes en -ώνω, qui offrent des particularités non moins curieuses (cf. βιδώνω). Puissent nos études, grâce à tous ces efforts, acquérir bientôt cette vitalité éclatante qu'on admire dans l'enseignement des langues romanes[1].

---

1. Voir le *Journal des Débats*, 4 mai, 1892 (article de Gaston Paris).

Ce qui est toujours intéressant, c'est le développement des phénomènes qui constituent la langue grecque présentés dans une seule et unique série, depuis les origines jusqu'à nos jours. Mais il ne faut pas exclusivement s'en tenir là. Max Bonnet a dit avec raison que la linguistique était un point de départ. Elle ne suffit pas à l'objet divers d'une science et ne peut caractériser notre spécialité comme il convient. Aussi le mot de philologie devait-il être prononcé dans nos études, et il l'est ici, si je ne me trompe, pour la première fois.

Nous avons fait une acquisition nouvelle dans la personne d'Albert Thumb. Ses travaux sont conçus dans un esprit d'intelligente sympathie pour la Grèce. Je regrette chez lui une direction fâcheuse venue du maître qu'il s'est choisi. Dans ses premières productions, Albert Thumb n'approfondissait guère les travaux étrangers, ne nous donnait que le reflet d'une autre doctrine et témoignait peu d'originalité. Il semble même par instants qu'il ait pris les procédés de son maître, dont l'habitude est de faire dire aux autres précisément le contraire de ce qu'ils ont dit. Dans les Indogermanische Forschungen, Thumb commettait de même quelques lapsus regrettables, en retournant complètement telle phrase de la préface de Simon Portius, que sans doute il n'a pas lue. Il faut que je dise ici quelques mots de Chatzidakis même. Les personnes qui voudront être fixées sur son compte pourront lire ce volume. Il est nécessaire que l'opinion soit bien faite à ce sujet. Je ne prononcerai point de vaines paroles; je considère le travail de ce linguiste comme désormais nuisible à la science. Les personnalités et un amour-propre misérable sont au fond de tout ce qu'il fait. La discussion chez lui est proprement une φιλονικία; il s'agit avant tout d'avoir raison et, par conséquent, de changer d'avis suivant l'adversaire du moment; φθόνου τε καὶ φιλονικίας καὶ ἔχθρας. Platon blâmait énergiquement cette tendance déplorable; elle est la paralysie de tout effort sérieux. Je regrette seulement que la Zeitschrift de Kuhn ait trop souvent accueilli la prose déplacée de Chatzidakis. J'ai l'habitude de suivre ce périodique. Je suppose que M. Kuhn en fait autant. Je lui demande donc s'il y a souvent rencontré des expressions dans le genre de celles-ci : was er aufgetischt, was er ausgegrübelt hat, etc. Ces paroles et le ton même de cette polémique suffisent pourtant, il me semble, à mettre en garde un esprit avisé. Il ne faut pas être bien au courant de nos études pour s'apercevoir que ces tristes pages sont dépourvues de tout sérieux. La Zeitschrift leur est trop hospitalière. Son directeur peut être sûr au moins que tous ses compatriotes ne jugent pas de la même façon. Après ma réponse à un article intempérant et dénué de fond, dans la Berliner Wochenschrift, Chatzidakis n'a plus reparu parmi les rédacteurs. Quant à moi, il ne me convient pas de supporter davantage cette injure systématique. J'ai fait preuve jusqu'ici d'une trop grande modération. Les esprits faibles prennent la courtoisie pour de la timidité. On a décidément tort de laisser aller les choses. Pour écouter une voix autorisée tout près de moi, j'ai dédaigné toutes les attaques personnelles, et, tout récemment encore, on me rendra cette justice que je n'ai pas répondu d'un seul mot au livre tapageur d'un faux savant hollandais, me refusant même à inscrire son nom en tête d'un compte rendu. Mais, comme on dit si bien dans cette langue dont Chatzidakis ne veut pas, ce linguiste πῆρε θάρρος. Encore dans la *Einleitung* les invectives ont recommencé ainsi que les faussetés coutumières. Il est temps de finir. On n'a d'ailleurs pas toujours raison de croire que l'injure et que les sophismes meurent d'eux-mêmes dans le ridicule et dans l'inanité. Il ne faut pas avoir dans les néo-grécisants cette confiance illimitée. Il est bon aussi quelquefois de montrer, par des faits précis, en quoi certains savants ne songent pas à servir la science. Par une coïncidence funeste, ce sont les passages où Chatzidakis le prend de si haut, qui contiennent ses erreurs les plus retentissantes.

> Langue doit estre refrenée....
> .....Sages est cis qui met paine
> A ce que sa langue se refraine.

Nous devrons la lui refréner nous-mêmes désormais. Je rendrai compte de ses livres page par page, en commençant tout de suite par la liste des erreurs, en ramassant dans un second paragraphe les sophismes, les contre-sens dont mes ouvrages sont de parti pris l'objet chez ce linguiste, et enfin, en signalant dans un dernier paragraphe ce qui peut être gardé de ses livres. Chatzidakis est celui qui a le moins le droit d'user de ce ton à mon égard ; car, — il faut qu'il se le rappelle, — dès le début, j'ai relevé chez lui des erreurs qu'il a été impuissant à nier. Son témoignage est par conséquent suspect. Faust dit que pour avoir raison, il suffit d'user de son poumon sans ménagement. Je crois avoir la raison pour moi et je n'ai pas à me plaindre de mes poumons. Ce qui me détermine à parler, c'est le sentiment professionnel du devoir ; je ne veux pas que nos études périclitent. Ces imputations inexactes, la façon délibérée dont Chatzidakis déforme ou conteste les faits avancés et bien acquis, faussent la science à tout moment. Quelle estime peut-on faire d'un savant qui loue ou blâme une opinion suivant le nom dont elle est signée? Des erreurs, nous en commettons tous, et nous sommes tous prêts à les reconnaître. Mais nous décider dans une discussion par des raisons personnelles, cela n'est pas beaucoup dans nos mœurs. Chatzidakis, dans l'aveuglement de la polémique, est devenu incapable de regarder le passé d'un œil sûr, et, pour ce qui concerne le présent, il n'a pas même su noter ce qu'il entendait autour de lui. Ceux qui citent Chatzidakis ne se doutent pas, la plupart du temps, qu'ils renvoient le lecteur à des renseignements erronés, parce qu'il les donne avec mauvaise foi et avec l'intention de polémiquer en dessous, même quand l'adversaire n'est pas nommé. Il faut que ce danger cesse. On peut croire que personne ne lit ces livres avec plus d'attention que moi et ne sait mieux comparer ce qu'il me fait dire à ce que j'ai dit. La sotte mesquinerie de cette polémique consiste, entre autres, à ne jamais renvoyer directement même aux passages où se trouvent catalogués des faits matériels recueillis par l'adversaire. Εἰ οὖν φιλόνικον αὐτὸ προσαγορεύοιμεν, ἢ ἐμμελῶς ἂν ἔχοι; Par exemple, il évitera de citer les vers de la Peste de Rhodes, dont j'ai donné la collation; à propos des accusatifs en -αν ou en -ας, il dressera des listes incomplètes et y introduira des erreurs plutôt que de renvoyer aux passages où j'ai consigné les formes de ce genre. En effet, Chatzidakis se trouve pris dans ses propres inconséquences : il ne faut pas avoir l'air de juger utilisables en quoi que ce soit des livres dont on a dit qu'ils étaient mauvais d'un bout à l'autre; du moment que je ne sais ni le grec ancien, ni le grec moyen, ni le grec moderne, Chatzidakis se donnerait à lui-même un démenti, en se servant de mes ouvrages. En un sens, son attitude est logique. Mais que devient pendant ce temps l'intérêt de la science? Peu importe, à la vérité, que le savant soit renseigné; il suffit que la rancune soit satisfaite et tant pis pour la science!

Le monde sérieux des travailleurs se soucie peu des animosités de ce triste personnage. Quand il me prête au sujet de l'orthographe de ει des opinions que je n'ai pas professées — il le sait mieux que personne — quand il me fait dire, par exemple, que j'appuie cette analogie sur le témoignage unique des siècles qui ne savaient plus distinguer entre οι et η, Chatzidakis manque de respect envers son lecteur, car il le prive ainsi des renseignements paléographiques que j'ai recueillis à ce sujet et desquels il résulte que la confusion, dans ce cas, entre οι et d'autres graphies est précisément une rareté. Quand Chatzidakis donne sous son nom des explications que j'ai données et que souvent il déforme (comme pour Φυλάκια), il manque également aux devoirs auxquels on est tenu envers tout le monde. Ces accusations sont, à nos yeux, d'une extrême gravité, quand on peut les porter contre un savant. C'est pourquoi je les laisse tomber sur lui aujourd'hui, après y avoir longuement réfléchi. La liste de ses sophismes serait infinie. Il sait d'ailleurs — mieux que moi peut-être — tous les passages où il a laissé libre cours à sa rancune étroite et à ses sophismes. Il m'entend à demi-mot. Σοφιστὴς ὁ μὴ ὢν σοφός. Quant à moi, je crois avoir suivi dans ce volume le système le meilleur et le plus impersonnel, en fait de polémique ; je renvoie spécialement ici le lecteur aux pages qui terminent le Mémoire sur les mots latins dans Théophile et les Novelles. Si les critiques que j'ai portées contre lui n'ont aucun fondement, c'est à lui à nous le dire : j'ai mis soigneusement la preuve entre ses mains. Je ne doute pas un instant qu'il ne soit incapable de la donner. Il faudra bien cette fois-ci qu'il connaisse son erreur. Il faut surtout que les intérêts du lecteur soient sauvegardés, et c'est la tâche que j'avais à cœur.

Je me refuse absolument à faire figurer le dernier livre de Chatzidakis dans mon Index bibliographique, pour ces deux raisons qu'il est confus et qu'il est de mauvaise foi. Il faut qu'auparavant je l'examine point par point. Alors, j'en parlerai avec détail. Jusqu'ici, il m'a semblé que c'était un simple recueil, mal digéré et mal présenté, d'articles antérieurs. Ceux-là, on en trouvera l'analyse dans ce volume. Pour le reste, je réserve mon opinion. On ne sait pas davantage — cela n'est dit nulle part — si les mémoires précédents de Chatzidakis, non compris dans ce volume, sont considérés par l'auteur comme définitifs dans la forme où ils existent, ou comme devant être remaniés ou refaits. Je n'ai nullement l'intention de condamner l'ouvrage en bloc. Ces procédés ineptes sont loin de ma pensée. L'ensemble m'a paru manquer d'horizon. C'est malheureusement aussi un livre *indispensable* à quiconque veut se tromper, sans s'en douter. Quelques injures par-ci par-là jettent leur bave. Quelques flatteries, presque en passant, à l'adresse de Blass, ont je ne sais quoi de déplaisant. Chatzidakis y reprend sa théorie des dialectes, et c'est le seul point qui mériterait d'être examiné. Il veut diviser la Grèce en deux régions principales, le nord et le sud. Thumb a repris cette théorie. Il paraît qu'au 38° degré de latitude, d'épouvantables malheurs sévissent sur les voyelles : κουκκία y devient κκιά (le même homme disait ailleurs que δδάσκαλος était une prononciation impossible ; c'était contre moi); κουλλούρι devient κλούρ. Thumb a pris la peine de nous donner très sérieusement la raison de tout manque de transition entre les régions de ces différents phénomènes. Chatzidakis, de son côté, pour atteindre ces résultats, a successivement étudié le Péloponèse, l'Achaïe, Mégare, l'Attique, les Cyclades, la Crète, Chio, les Sporades, Chypre, l'Eubée, l'Épire, la Thessalie, la Macédoine, la Thrace, la Propontide. Il nous fait pourtant avec une certaine modestie l'aveu suivant : « das Kleinasiatische vom Pontos bis nach Cilicien habe ich leider nicht gehörig studirt »... Je ne demande pas mieux que de croire à une division dialectale de la Grèce ; mais je demande tout d'abord qu'on nous mette les documents entre les mains et que surtout, faute de ces documents, on ne vienne pas nous accuser magistralement, Krumbacher et moi, de n'avoir pas admis cette distinction entre le sud et le nord. Il faut ne pas se douter de l'état où sont aujourd'hui les études dialectales, pour bâtir des théories sur des données aussi vaines. Ce que nous voulons, je vais le dire avec clarté : ce sont pour toutes les parties que Chatzidakis a parcourues, des monographies comme celles de Morosi. Alors, nous pourrons nous prononcer en connaissance de cause. Que l'on commence donc par étudier un seul dialecte avant de les étudier tous à la course. Ce que je sais pour ma part, c'est que partout où j'ai pu contrôler par moi-même les observations phonétiques de Chatzidakis, elles se sont trouvées fausses. On verra également dans mon livre qu'il a même souvent ignoré les faits déjà signalés par Morosi. Toute la question est donc à reprendre.

Albert Thumb a consacré une étude au dialecte d'Égine et une autre au dialecte d'Amorgos. Dans la première, il a négligé de nous dire dans quelle mesure il était lui-même susceptible d'observer un dialecte moderne, en d'autres termes, de nous apprendre s'il était arrivé à parler ce dialecte. Ce sont là des renseignements qu'on doit au lecteur. Dans la seconde, il est plus explicite ; celle-ci me paraît aussi mieux bâtie. Toutefois, il n'a eu qu'une source principale, le pappas Prasinos et sa femme. C'est ce même Prasinos dont nous parle Gaston Deschamps. Thumb nous dit que leur langue à tous deux était demeurée pure de toute influence savante. Cela ne signifie pas qu'ils aient parlé le patois local. Deschamps m'a toujours dit et j'ai pu constater à travers les bribes de conversation qu'il m'a rapportées que le pappas parlait à peu près la langue commune, ou tout au moins un patois fortement entaché des formes de la κοινή. Je suppose, d'autre part, qu'il n'y a pas qu'un seul patois à Amorgos. Quel est celui qui a été spécialement pris en considération ? Avoir un seul garant, dont on n'a pas toujours l'occasion, — c'est Thumb lui-même qui nous l'apprend — de contrôler les assertions sur la masse des habitants, ne me paraît pas non plus d'une documentation suffisante. Il faut aussi que Thumb ait été bien maître de la langue commune pour la distinguer toujours de la langue du pays. Je ne fais point ces réserves pour diminuer le mérite de cet effort, mais parce que décidément je désespère de signaler jamais avec assez de netteté les difficultés infinies de ces entreprises. Il y a beaucoup de bonnes réflexions dans Thumb et des remarques phonétiques intéressantes. Il a raison de dire que les patois insulaires battent peu à peu en retraite devant la langue commune. Mais, j'avoue que, pour ma part, j'apprécie beaucoup la sage parole de Miliarakis, disant qu'il faut séjourner longtemps à Amorgos pour en connaître le vocabulaire. Miliarakis a sillonné l'île dans toutes les directions et il a bien dû s'apercevoir que le vocable rare (nous pouvons ajouter : le phonème) se cache souvent dans un coin ignoré. Je crois aussi que Thumb ne voit pas tout à fait juste, quand il se vante d'avoir mieux observé le dialecte que les habitants eux-mêmes, et mieux, entre autres, que le maître d'école qui occupait ses loisirs à recueillir des chansons et des proverbes populaires. Il est évident qu'un linguiste de profession en saura toujours plus long que tout autre. Mais cette inaptitude d'observation n'est point particulière aux Amorgiotes ni aux Grecs en général. N'est-ce pas F. Neumann, de Fribourg, qui avait signalé des inadvertances analogues chez des maîtres d'école allemands? Nier le traitement $x + \varepsilon = \tau\sigma$, ou prétendre que dans se$h$en, l'h subsiste, n'est-ce pas à peu près la même chose, et, en France comme partout ailleurs, ne relèverait-on pas des ignorances du même genre? J'aurais bien un autre regret à exprimer; mais Thumb n'est pas seul responsable; on aurait aimé voir chez lui un effort nouveau tenté en vue d'une notation phonétique dont l'alphabet grec fournirait les bases. Rien n'est plus laid, rien n'est aussi plus inutile que de se servir constamment des lettres romaines plus ou moins transformées par des signes diacritiques. Ces signes diacritiques peuvent tout aussi bien s'adapter aux lettres grecques. Il est vrai qu'il resterait à faire fondre les caractères. Mais nous devrions nous aussi mettre un certain amour-propre à suivre pour nos patois grecs le système de transcription adopté par Gilliéron et Rousselot pour les patois gallo-romans. La notation serait ainsi plus exacte et il serait temps d'y pourvoir.

Hélas! les villages reculés des montagnes et ceux des plaines aussi ne tarderont pas à subir l'influence de ces centres, dont je parlais, il y a longtemps, à la suite d'expériences personnelles. Gilliéron avait déjà fait en France les mêmes constatations. Ces morts locales sont bien regrettables pour le linguiste. Il faudrait pourtant se hâter de les étudier, ces chers patois, avant leur extinction. A l'historien, ce nivellement de tous les dialectes apprend toutefois un fait intéressant, c'est que la Grèce a marché à la fois vers l'unité politique et vers l'unité linguistique. La langue littéraire nouvelle sortira de cet effort. Je ne veux point entrer ici dans le détail de cette discussion. Qu'il me suffise de faire une simple remarque. Une langue, disons un idiome quelconque, pour se répandre alentour, a besoin d'un point de départ géographique; j'entends par là, qu'il faut qu'elle soit née tout d'abord dans un lieu déterminé, qu'elle y ait été parlée par des enfants au berceau. Les livres ne sont pas une patrie. Le peuple transformera sans cesse suivant sa propre grammaire les importations savantes. Il serait intéressant dès aujourd'hui de surprendre ce travail qui s'accomplit à toute heure. Roïdis a fait une remarque extrêmement juste le jour où il a dit que nous étions dans un état de diglossie. Il peut être sûr qu'on n'en restera pas là. Il faudrait donc, pour se prononcer, entreprendre un double examen : voir d'abord de quelle façon se transforment les mots savants dans la bouche du peuple, qui se les assimile, voir ensuite de quelle façon le peuple, et j'entends par là la majorité des habitants d'une ville, laisse entamer la régularité de sa langue par les xénismes des puristes ; ainsi, le paradigme ἡ πόλις, τῆς πόλης pourra fort bien se produire, mais sera-t-il tenace ? Cela est fort douteux. Il est certain qu'il y aura des altérations fâcheuses ; l'unité finira par s'imposer. Les savants eux-mêmes, professeurs ou autres, subissent l'inéluctable empire de la physiologie du langage. Cela est significatif. Même dans leur bouche, les mots anciens suivent la phonétique moderne. La place des articulations a changé, et contre cela il n'y a rien à faire. Un millième de millimètre de différence dans la position de la langue suffit à déterminer le changement. Quand on étudie ces faits par le menu, il s'en dégage une vue d'ensemble rassurante. Le triomphe n'est pas incertain. Le courant est plus fort que toutes les résistances, voilà tout. Le canon attique ne décrétera pas la résurrection des morts. Un puriste — bien mieux ! le chef du purisme — ayant à transcrire dans un livre la phrase tout imprimée d'un grammairien, qui dit τὰ ὀνόματα κλίνεται, n'a même pas pu lire ce qui était écrit, et, entraîné par la vie, a mis inconsciemment κλίνονται dans sa reproduction. C'est pourtant là une épouvantable monstruosité !

Le devoir de la langue littéraire est de chercher l'unité dans l'art aussi bien que dans la grammaire, ou plutôt d'atteindre l'une par l'autre. De même qu'en matière de grammaire historique, notre tâche est de chercher à déterminer, soit par l'étude des textes, soit par l'état présent du grec, les éléments divers dont se compose la κοινή ancienne ; de même, dans notre œuvre littéraire, il faut que nous arrivions à reconnaître sûrement les caractères essentiels de la κοινή moderne. Du moment que le nominatif πατέρας est commun, du moment que φτωχός l'est aussi, penser à toute autre forme devient une impossibilité. Nous pouvons bien admettre, côte à côte, s'il le faut, deux formes aussi vivantes l'une que l'autre et tout aussi usitées — ἔγραφαν et γράφανε, μάλαμα et ἀναστεναγμός ; — mais il n'y a plus à accueillir ni πατήρ, ni πτωχός ; à proprement parler, πατήρ et πτωχός n'existent plus; il n'y a donc pas à les employer. Les mots savants dont nous avons besoin se plieront eux-mêmes, comme de raison, à la morphologie commune. La règle de la grammaire populaire est une règle de l'esprit. Employer au hasard toutes les formes, savantes ou *vulgaires,* c'est paresse et négligence ; cette absence d'effort est aussi nuisible à l'art qu'à la grammaire elle-même, puisque l'art est fait d'attention et de discernement. Quelqu'un parlait dernièrement des *pedanti della lingua volgare,* et il mêlait le nom de Dante à cette citation. Assurément, il a mal lu. L'auteur de l'article prétendait qu'en vue des besoins supérieurs de l'art, il convenait d'amalgamer la double morphologie ancienne et moderne. Cela est absolument faux. Nous ne voyons nulle part que Dante ait dit à la fois *fù* et *fuit;* le choix chez lui se fait entre deux formes également italiennes, tantôt *fù* et tantôt *fue* (comme on disait aussi *piue*). Ce critique oubliait aussi que Dante n'aimait pas les âmes moyennes, les âmes des faiseurs de compromis, de ceux qui vécurent « senza infamia e senza lodo ». Son imagination sévère inventa pour eux un nouveau supplice. Il ne daigna même pas les mettre dans l'Enfer. C'eût été encore leur faire trop d'honneur; il les jugeait indignes d'épuiser, dans leur intégrité, ou la joie ou la peine. Il les laisse à la porte, parmi ceux

<blockquote>Ch' hanno perduto il ben dello intelletto.</blockquote>

Passons, comme lui, à côté d'eux, sans même les regarder. Il n'est pas facile de contrecarrer l'histoire dans sa logique. Tout, jusqu'ici, nous montre en grec un développement normal et continu dans le domaine des faits et dans celui des idées. Les conclusions littéraires rejoignent ainsi d'elles-mêmes les conclusions philologiques. Philologie et littérature ont été tenues dans l'ombre trop d'années ; il est temps pour elles d'en sortir

<blockquote>a riveder le stelle.</blockquote>

Paris, 26 juillet, 1892.

Jean PSICHARI.

INDEX BIBLIOGRAPHIQUE

Remarques préliminaires.— Les citations reproduisent toujours exactement, y compris les fautes d'impression, les éditions auxquelles on renvoie.

Les italiques des citations figurent les abréviations résolues. Voir Et. Paris, p. 511. Les mss ou livres rares (exemple : Et. ng., 321, 340) n'ont pas été compris dans cet Index.

Pour les mémoires, articles, etc., contenus dans les périodiques, les abréviations portent sur le titre du travail utilisé ; le titre *in extenso* est donné dans l'Index, avec renvoi au Journal, à la Revue, etc., où le travail a paru.

Tout l'*Index auctorum* des Essais, I, 4-31 a passé dans le présent Index ; l'abréviation, suivie du simple renvoi aux Essais, indique que l'ouvrage en question n'a pas été cité dans le volume.

En ce qui regarde les autres abréviations, on en trouvera, à la suite de l'Index, la liste générale.

ABC. — Das ABC der Liebe. Ed. W. Wagner. Leipzig, 1879 ; 8°, 85. Voir Essais, I, 4 et n. 1.

ΑΒΓ, etc. α β γ. etc. — Voir Homère. Les majuscules renvoient à l'Iliade ; les minuscules à l'Odyssée.

Abh. d. k. Ges. d. Wiss. zu Gött. — Abhandlungen der königlichen Gesellschaft der Wissenschaften zu Göttingen. Göttingen, 4°. Tome I en 1843.

Abh. d. philos.-philol. Cl. d. bay. Ak. d. W. — Abhandlungen der philosophisch-philologischen Classe der königlich bayerischen Akademie der Wissenschaften. München. Commencé en 1835.

About, Eg. — Mémoire sur l'île d'Egine par E. About. Miss. scient. t. III (1854), 481-567.

Abraham. — Le sacrifice d'Abraham ; Legrand, Bibl. gr., I, 226-280. Voir Essais, I, 4 ; II, 265.

Abstammungsfr. des Neugr. ou d. ngr. — Voir à Chatzidakis.

Acad. — The Academy. A weekly review of literature, science, and art. London. 4°. Commencé en 1869.

Achmet. — Achmetis F. Scirim oneirocritica. Nunc primum Graecè in lucem edita ; Paris, 1613 ; 8°, 274 p. avec un Index capitum.

Acta Thomae. — Acta Thomae graece partim cum novis codicibus contulit, partim primus edidit etc. Max Bonnet. Leipzig, 1873 ; 8°, xxx-220.

Act. — Voy. N. T.

Act. et dipl. — Acta et diplomata graeca medii aevi sacra et profana. Edd. Fr. Miklosich et J. Müller. Vienne, 1860-1890 ; 6 vol. 8°.

Acta Semin. Erlang. — Acta seminarii philologici erlangensis. Edd. I. Müller et E. Wölfflin. Erlangen, 1878-1891 (t. III-V. Edd. I. Müller et A. Luchs) ; cinq vol. 8°.

Act. Pil. — Voir Gest. Pil.

Adam. — Voir Essais, I, 4.

A. S. E. — Voir Acta Semin. Erlang.

Adelphoe. — Térence. Les Adelphes. Ed. Jean Psichari. Paris, Hachette, 1890; 12º, 96 p.

A. Dumont. — Voir Dumont.

Ael. J. — Aeliani de Natura animalium libri XVII. Ed. F. Jacobs. Iéna, 1832, 2 vol. 8º, LXXXVIII-465-254; 700.

Ael. n. a. — Claudii Aeliani de natura animalium libri XVII. Ex recognitione Rudolphi Hercheri. Leipzig. 1864; 2 vol. 12º; LXI-488; LXIX-665.

Ael. v. h. — Claudii Aeliani varia historia ex recognitione Rudolphi Hercheri. Leipzig, 1870; 12º, 210.

Aen. comment. pol. — Aeneae commentarius poliorceticus. Recensuit Arnoldus Hug. Leipzig, 1874; 12º, XIV-88. (On cite la p. et la l.)

Aen. Poliorc. — Aeneae commentarius poliorceticus. Rudolphus Hercher recensuit et adnotavit. Berlin, 1870 ; 8º, XII-156.

Aesch. et Soph. fr. — Poetarum tragicorum graecorum fragmenta edidit Fr. G. Wagner. Volumen I : Aeschyli et Sophoclis perditarum fabularum fragmenta. Breslau, 1852; 8º, XII-509. Cité par numéro de fr.

Aesch. fr. — Tragicorum graecorum fragmenta recensuit Augustus Nauck. Ed. II, Leipzig, 1889; 8º, XXVI-1022 (Esch. 1-128; Soph. 129-360; Eur. 361-716; Tragici minores 717-833 ; Adespota 835-958 ; Indices 959-1022). Cité par N. de fr. et p.

Aesch. W. — Aeschyli tragoediae. Ed. H Weil; Leipzig, 1884; 12º, LXVIII-312.

Aesop. — Fabulae Aesopicae collectae. Ex recognitione Caroli Halmii. Leipzig, 1863; 12º, XIV-215.

Aesop. K. — Μύθων αἰσωπείων συναγωγή. Ed. Koray. Paris, 1810 ; 8º, ξδ'-516.

Aet. — Ἀετίου λόγος δωδέκατος. Πρῶτον νῦν ἐκδοθεὶς ὑπὸ Γ. Α. Κωστομοίρου. Paris, 1892 ; 8º, ριβ'-131.

Ἀθ. Ι. — Ἀθηνᾶ, σύγγραμμα περιοδικὸν τῆς ἐν Ἀθήναις ἐπιστημονικῆς ἑταιρίας, t. I, Athènes, 1889, p. 247-288 : Περὶ τονικῶν μεταβολῶν ἐν τῇ νεωτέρᾳ Ἑλληνικῇ. Ἐτυμολογικαὶ σημειώσεις, ὑπὸ Γ. Ν. Χατζιδάκι.

Ἀθήν. — Ἀθήναιον. Σύγγραμμα περιοδικὸν κατὰ διμηνίαν ἐκδιδόμενον. Athènes, 1872-1881, 8º.

Ἀθηνᾶ. — Voir Ἀθ. Ι.

Agath. — Agathiae Myrinaei historiarum libri quinque. Ed. B. G. Niebuhr, Bonn, 1828 (C. S. B.); 8º, XXXVII-420-XVI. — Dindorf, Hist. gr., II, 132-453. On cite d'après la première.

Agathias. — Voir Agath.

Ahrens, Dial. gr. — De graecae linguae dialectis. Scripsit H. L. Ahrens. Göttingen, 1839-1843 ; 2 vol., 8º, XVI-285 ; XIV-586.

Alch. gr. — Collection des anciens alchimistes grecs. Edd. M. Berthelot et Ch. Em. Ruelle. Paris, 1887-1888 ; 4 livr. 4º ; Introduction, 1-268 ; Textes 1-106, Trad. 1-115 ; Textes [107-]252, Trad. [117-]242 ; Textes [253-]459, Trad. [243-]433 ; Introd. [269-]284, Texte, Ind. etc. x-[461-]458.

Alekt. Phert. — Λεξιλόγιον τοῦ ἐν Φερτακαίνοις τῆς Καππαδοκίας γλωσσικοῦ ἰδιώματος. Ὑπὸ Ἀναστασίου Σ. Ἀλεκτορίδου. Δελτίον, I, 480-508.

Alex. — Voir Essais, I, 4.

Alex. in Aristt. — Voir Wallies.

Alex. L. — Die Wunderepisode der mittelgriechischen Alexandreis. Von A. Wesselofsky. Arch. f. sl. Ph. XI(1888), 327-343. (Version

de la Laurentienne : 328-343).
Alex. Trall. — Alexander von Tralles. Texte et traduction. Ed. Theodor Puschmann. Vienne, 1878-79. 2 vol. 8°; xii-617 ; vi-620 ; cité par tome, p. et [l.]
Ali. — Voir Essais, I, 4.
Alimonakis, Chios. — Χίος ἡ νῆσος ἐν τῇ ἀρχαιότητι. Par Ch. Alimonakis. Erlangen, 1882 ; 8°; 84.
ALL. — Voir Arch. f. L. L.
Alph. mund. — Voir Essais, I, 5.
Amari, vespr. sic. — La guerra del vespro siciliano scritta da Michele Amari. Ed. IX. Milano, 1886 ; 3 vol. 12°.
Ambrosch, Char. etr. — De Charonte etrusco commentatio antiquaria. Scripsit J. A. Ambrosch. Breslau, 1837 ; 4°, 72 p.
Am. Journ. of Phil. — The american Journal of Philology. — Edited by Basil L. Gildersleeve. — (Baltimore, New-York et Londres, chez Macmillan and C°; Leipzig, chez Brockhaus). Commencé en 1880.
Amm. Marc. — Ammiani Marcellini rerum gestarum libri qui supersunt. Ed. V. Gardthausen. Leipzig, 1874-1875 ; 2 vol. ; xxvii-339 ; 380.
Anast. Sin. — S. P. N. Anastasii, cognomento Sinaitae, Patriarchae Antiocheni, opera omnia. Migne, Patr. gr., t. 89, p. 1-1288 ; Paris, 1860. Cité d'après la pagination de Migne.
Andr. Cret. — Τοῦ ἐν ἁγίοις Ἀνδρέου ἀρχιεπισκόπου Κρήτης τοῦ Ἱεροσολυμίτου λόγοι. Sancti Andreae orationes. Migne, Patr. gr., 97, p. 789-1444.
Anecd. H. — Ἀνέκδοτα edidit Gustavus Ernestus Heimbach. Leipzig, 1838, 2 vol. 4°. — Vol. I, iv-cxii-282 : *Ath. Nov.* (Athanasii scholastici Emiseni epitome post codicem Novellarum Constitutionum in titulos redacta etc.) 1-184 ; *De div. lect.* (Anonymi libellus περὶ διαφόρων ἀναγνωσμάτων) 191-198 ; *Theod. Hermop.* (Fragmenta libri a Theodoro Hermopolitano de Justiniani Novellis compositi etc.) 224-259 ; *Fragmenta Philoxeni, Symbatii, Incertorum fr.*, 260-268. — Vol. II, lxxii-307 : *Summa Per.* (Justiniani Codicis summa Perusina) 1-144 ; *Coll. capit.* (Constitutiones legum civilium ex novellis Imperatoris Justiniani quæ consentiunt et confirmant sanctorum patrum ecclesiasticos canones), 145-201 ; *Jo. Sch.* (Johannis scholastici collectio lxxxvii capitulorum), 202-237 ; *Ind. Reg.* (Novellarum Constitutionum Justiniani Index Reginae) 237-246 ; *de Pec. tract.* (Anonymi scriptoris de peculiis tractatus) 247-260 ; *Nov. Impp. byz.* (Novellae Imperatorum byzantinorum) 261-289.
Anecdota de Bekker. — Voir Bekk. An.
Anecd. Z. — Ἀνέκδοτα. Edidit Carolus Eduardus Zachariae, Leipzig, 1843, 1 vol. 4°, lxi-294 (forme le t. III des Anecd. H.) ; *Brev. Nov.* (Breviarium Novellarum Theodori Scholastici Thebani Hermopolitani) 1-165 ; *Reg. Inst.* (Regulae Institutionum) 166-175 ; *Steph. Cod.* (Codicis per Stephanum antecessorem κατ' ἐπιτομὴν graece conversi fragmenta) 176-184 ; *App. Ecl.* (Appendix Eclogae, etc.) 184-195 ; *An. Ep. Nov.* (Fragmenta Epitomae graecae Novellarum Iustiniani... quae ab anonymo i. e. Juliano antecessore Constantinopolitano confecta esse videtur) 196-226 ; *Ed. Praef. Praet.* (Edicta Praefectorum Praetorio, etc.), 265-278.

Andron. — Voir Essais, I, 5.

An. H. — Voir Anecd. H.

Aninger, Luc. Philop. — Abfassungszeit und Zweck des pseudolucianischen Dialogs Philopatris. Von Dr. phil. K. J. Aninger. I Theil. Hist. Jahrb. 1891. 463-491.

Ann. Comn. — Annae Comnenae Alexiadis libri XV ; 2 vol. 8°; t. I. ed. L. Schopen, Bonn, 1839, xlix-461 ; t. II, Annae Comnenae Alexiadis libri X-XV; ed. A. Reifferscheid, Bonn, 1878; xii-828 ; 4 pl. (C. S. B.)

Ann. de Bordeaux. — Annales de la Faculté des Lettres de Bordeaux. Bordeaux - Paris (Leroux) ; 8°. Commencé en 1879.

Annuaire. — Annuaire de l'Association pour l'encouragement des Etudes grecques en France. — Paris, Maisonneuve. Commencé en 1867.

Anth. Jac. — Voir Jacobs. Anth.

Anth. pal. — Voir Anth. palat.

Anth. palat. — Epigrammatum Anthologia palatina cum Planudeis et appendice nova epigrammatum veterum ex libris et marmoribus ductorum. Ed. F. Dübner. Paris, Didot. 1864-1872 ; 2 vol., 4° ; t. I (livres I-V), xxiv-572 ; t. II (livres VI-XVI), xv-688.—T. III, ed. Cougny, 1890, 631 p. (Voir ci dessous Herwerden, St. crit.). Cité par livre, N. et v.

Antig. Car. — Antigone de Caryste dans les Scriptores rerum mirabilium graeci. Insunt [Aristotelis] mirabiles auscultationes, Antigoni, Apollonii, Phlegontis historiae mirabiles, reliquorum ejusdem generis scriptorum deperditorum fragmenta, etc., etc. Ed. Ant. Westermann. Brunswig-Londres, 1839 ; 8°, lvi-451. Cité par p. et par l.

An. Z. — Voir Anecd. Z.

Apic. Cael. — Apici Caeli de re coquinaria libri decem. Ed. Chr. Th. Schuch. Heidelberg, 1867 ; 8°, 202.

Apoc. — Voir N. T.

Apocr. Apost. T. — Acta apostolorum apocrypha. Ed. C. Tischendorf. Leipzig, 1851 ; 8°, lxxx-276. (Acta Petri et Pauli. — Acta Pauli et Theclae. — Acta Barnabae auctore Marco. — Acta Philippi. — Acta Philippi in Hellade. — Acta Andreae. — Acta Andreae et Matthiae. — Acta et martyrium Matthaei. — Acta Thomae. — Consummatio Thomae. — Martyrium Bartholomaei. — Acta Thaddaei. —Acta Iohannis)

Apocr. Apost. L. — Acta Petri, Acta Pauli, Acta Petri et Pauli, Acta Pauli et Theclae, Acta Thaddaei. Ed. R. A. Lipsius. Leipzig, 1891 ; 8°, cxi-320.

Apok. I. — 'Απόκοπος τοῦ Μπεργαδῆ, ῥίμα λογιωτάτη. | τὴν ἔχουσιν οἱ φρόνιμοι πολλὰ ποθεινοτάτη. Legrand, Bibl. gr., II. 94-122. Essais, I, 5 ; Essais, II, 261.

Apok. II. — 'Απόκοπος, etc. Legrand, Mon. néo-hell., N° 9. Paris, 1870. Edition de 1667 ; Essais, I, 5, 139 ; Essais, II, 261.

Apoll. — Voir Essais, I, 5.

Apoll. Bibl. — Apollodori bibliotheca. Ed. R. Hercher. Berlin, 1874; 12°, 148.

Apoll. Bibl. V. — Epitoma Vaticana ex Apollodori bibliotheca. Ed. R. Wagner. Leipzig, 1891 ; 8°, xvi-319.

Apoll. Rhod. — Apollonii Argonautica emendavit apparatum criticum et prolegomena adiecit R. Merkel. Scholia vetera e codice Laurentiano edidit Henricus Keil. Leipzig, 1854 ; 8°, cxc-562.

Apoll. Tyr. — Historia Apollonii regis Tyri. Ed. A. Riese. Leipzig, 1871 ; 12°, xviii-68.

Apoll. Tyr. — Voir Ring.

Apophth. Patr. — Apophthegmata Patrum. Migne, Patr. gr., t. 65, p. 71-440 ; Paris, 1858.

Apostolides, Gr. Alex. — Du grec alexandrin et de ses rapports avec le grec ancien et le grec moderne. Par B. Apostolides. Alexandrie, 1892 ; 4°, 24.

App. — Appiani historia romana. Ed. L. Mendelssohn. Leipzig, 1879-1881 ; 2 vol., 12° ; xxviii-564 ; vi-(565-)1227. Ed. citée dans le présent ouvrage.

App. — Appiani Alexandrini historia romana. E. I. Bekker. Leipzig, 1852-53, 12°, 2 vol., vi-442 ; vi-(443-)938.

App. — (Ci-dessous, p. 79 =) Jacobs, Anth. (t. II, p. 748).

Ar. — Poetarum scenicorum graecorum Aeschyli Sophoclis Euripidis et Aristophanis fabulae superstites et perditarum fragmenta ex recensione et cum prolegomenis Guilelmi Dindorfii. Ed. V. Leipzig, 1869, 4° ; Aristophane, IV, pp. 1-232.

Ar. Bekker. — Aristophanis comoediae cum scholiis et varietate lectionis. Ed. Immanuel Bekker. Londres, Cambridge, 1829 ; 8°, vol. I (Comoediae) xvii-620-xcvi ; vol. II (Versio latina, 1, 310. Fragmenta. Scholia, 1-413).

Ar. Bekker Not. — (Suite du précédent.) Notae in Aristophanem sedula recensione collatae ex editionibus Brunckii, Reisigii, Beckii, Dindorfii, etc. Londres-Cambridge, 1829 ; 8°, vol. I, 635 p. ; vol. II, 434 p. ; III, 616.

Archäol. Zeit. — Voir Arch. Zeit.

Archiv. — Voir Essais, I, 28.

Arch. de l'Or. lat. — Archives de l'Orient latin publiées sous le patronage de la Société de l'Orient latin. Paris (Leroux) ; 8°. — Commencé en 1881. — Bibliographie de l'Or. lat., II, 1881, 1882, 1883, 8°, [iv-] 165.

Arch. des miss. — Archives des missions scientifiques et littéraires, choix de rapports et instructions. Publié sous les auspices du Ministère de l'Instruction publique et des cultes. Paris, Imprimerie Nationale. Commencé en 1850 (-1890); continué en 1891, sous le titre de : Nouvelles archives des Missions, Paris, Leroux, 8° = t. XVII des Arch. des Miss.

Arch. ep. Mitth. — Archaeologisch-epigraphische Mittheilungen aus Oesterreich. Vienne (Carl Gerold's Sohn), 8°. Commencé en 1877.

Arch. f. l. L. — Archiv für' lateinische Lexikographie und Grammatik mit Einschluss des älteren Mittellateins, herausgegeben von Eduard Wölfflin. Leipzig (Teubner). Commencé en 1884.

Arch. f. sl. Phil. — Archiv für slavische Philologie. Herausgegeben von V. Jagić. Berlin, 8° ; commencé en 1876. — Supplementband : Slavistische Bibliographie, etc. Berlin, 1892 ; 8°, viii-415.

Ar. fr. — Fragments d'Aristophane. Voir Ar.

Arch. glott. — Archivio glottologico italiano. Diretto da G. I. Ascoli. Turin, 8°. Commencé en 1873.

Arch. Zeit. — Archäologische Zeitung. Berlin Reimer; 4°. (Année, p. et N. de l'inscr.). Commencé en 1843.

Ariost. — Opere di Ludovico Ariosto. Trieste, 1857 ; 4°, xx-135.

Arist. ou Aristt. — Aristotelis opera. Ed. I. Bekker, Berlin, 1831-1836, 4 vol., 4° (les t. I et II contiennent les œuvres proprement dites ; t. III, Aristoteles latine interpretibus variis ; t. IV, scholia in Arist. collegit Augustus Brandis). On cite le traité (en abrégé, p ex., H. A.= Περὶ τὰ ζῶα ἱστορίαι). le livre, le chapitre. le §, et, entre parenthèses, la p., la col., la l. de l'éd.

Arist. ou Aristt. Eth. Nic. — Aristotelis Ethica Nicomachea. Ed. Ramsauer, avec commentaire. Lettre critique de Fr. Susemihl. Leipzig. 1878 ; 8°, VIII-740.

Arrian. Erythr. m. — Arriani Alexandrini Periplus maris Erythraei. Ed. B. Fabricius. Dresde. 1849 ; 8°, 31 p. On cite la p. de l'éd.

Arrian. Per. Pont. Eux. — Ἀρριανοῦ περίπλους Εὐξείνου Πόντου Αὐτοκράτορι Καίσαρι Τραϊανῷ Ἀδριανῷ Σεβαστῷ Ἀρριανὸς χαίρειν. Dans les Arriani Nicomediensis scripta minora de R. Hercher. Leipzig, 1854 ; 12°, XXIV-151.

Ar. Schol. — Scholia graeca in Aristophanem cum prolegomenis grammaticorum, etc., ed. Fr. Dübner. Paris. Didot, 1877 ; 4°, XXXI-726. Cf. K. Zacher, Ar. schol. (= Die Handschriften und Classen der Aristophanesscholien. Von Konrad Zacher (= Fleck. Jahrb., 1888. XVIer Suppl. b., 501-746). Tirage à part, même pagination.

Ascoli. I. E. — Iscrizioni inedite o mal note. Greche, Latine, ebraiche. di antichi sepolcri giudaici del Napolitano. Ed. G. I. Ascoli. Turin. 1880 ; 8°, 120, 8 pl. — Voir aussi N. Mueller, dans les Mitth. d. d. ar. I., Röm., Abth., I, 49-56. — Th. Gomperz. Arch. ep. Mitth. X (1886). 231-232.

Ascoli, Sprachw. Br. — Sprachwissenchaftliche Briefe von G. I. Ascoli. Autorisierte Uebersetzung von Bruno Güterbock. Leipzig, 1887 ; 8°, XVI-228.

A. S. E. — Voir Acta Semin. Erlang.

Asin. — Συναξάριον τοῦ τιμημένου γαδάρου, Wagner, Carmina, 112-123. Essais, I, 5.

Asin. lup. — Voir Essais, I, 5.

Assemani, B. O. — Bibliotheca orientalis clementino-vaticana in qua Manuscriptos codices Syriacos, Arabicos, etc... Bibliothecae Vaticanae addictos Rec. J. S. Assemanus Syrus Maronita. Rome, 1719-1721. 2 vol. fol.

Ἄτ. — Voir Atakta.

Atakta ou At. — Ἄτακτα ἤγουν παντοδαπῶν εἰς τὴν ἀρχαίαν καὶ τὴν νέαν ἑλληνικὴν γλῶσσαν αὐτοσχεδίων σημειώσεων, καί τινων ἄλλων ὑπομνημάτων, αὐτοσχέδιος συναγωγή. Paris, F. Didot, 1828-1835, 5 vol., dont IV et V en deux parties. On cite le vol., la partie et la p.

Ἄτακτα. — Voir le précédent.

Ath. — Voir Ἀθ. I.

Athan. — Athanasii archiepiscopi Alexandrini opera omnia quae exstant. Migne, Patr. gr., Paris, 1857. Tomes 25-28. Le premier chiffre désigne le vol., le second la p. de Migne.

Athen. — The Athenaeum. Journal of Literature, science, etc. London ; 4°. Commencé en 1835.

Athen. V. — (Voir Ἀθήν.). Ἔτος ε', τόμος 5, Athènes, 1876. Article de Θ. I. Ὀλύμπιος, Συλλογὴ ἀνεκδότων παρίων ἐπιγραφῶν, p. 3-48.

Athen. X. — Ἀθήναιον (Voir Ἀθήν.) Ἔτος ι', τόμος 10 ; Athènes, 1882. Articles de G. N. Chatzidakis : Συμβολαὶ εἰς τὴν ἱστορίαν τῆς νέας ἑλληνικῆς γλώσσης, pp. 3-28, 85-128, 208-249.

Athen. Dipnos. — Athenaei Naucratitae dipnosophistarum libri XV. Recensuit Georgius Kaibel. Leipzig, 1887-1890 ; 3 vol. 12° ; I (I-V) XLI-491 ; II (VI-IX) IV-498 ; III (XI-XV; indices) XII-810.

Athen. K. — Voir le précédent.

August. De civit. Dei *ou* Civ. Dei. — Sancti Aurelii Augustini episcopi De civitate Dei libri XXII. Recensuit B. Dombart. Leipzig, 1863 ; 2 vol. 12° ; xxvi-529 (I-XIII) ; xxv-580 (XIV-XXII).

Aulu-Gell. — Voir Gell.

Autenrieth, Gr. Lexikogr. — Voir Brugmann [2].

B. — Voir Bianchi.

Bachmann, An. gr. — Anecdota graeca. E codd. mss. bibl. reg. Parisin. descripsit Ludovicus Bachmannus. Leipzig, 1828 ; 8°, xii-496 ; iv-481.

Bailie, I. G. — Inscriptions grecques, 3 vol. 4° ; I, Fasciculus inscr. graec., quas apud sedes apocalypticas chartis mandatas etc., ed. J. Kennedy Bailie ; Londres, 1842 ; 4°, 218 p. — II, Fasc. inscr., graec. potissimum, etc. Londres, 1846 ; 446 p. — III, Fasc. inscr., gr. potiss., ex Galatia, Lycia, Syria et Aegypto, etc. Londres, 1849 ; 409 p.

Baldelli, Boccacci. — Vita di Giovanni Boccacci scritta dal conte Gio. Batista Baldelli. Firenze, 1806 ; 8°, lii-392.

Ball. de Lén. — Voir Jean Psichari.

Banduri, Imp. or. — Imperium orientale sive Antiquitates Constantinopolitanae, etc. Opera et studio Domni Anselmi Banduri. Paris, 1711 ; 2 vol., fol.

Baret, Pron. gr. — Essai historique sur la prononciation du grec. Thèse de doctorat, par Paul Baret. Paris, 1878 ; 8°, 93 p.

Barl. et Joas. — Voir P. Meyer. — Zottenberg.

Basil. — S. P. N. Basilii, Caesareae Cappadociae archiepiscopi, opera omnia quae exstant, vel quae sub ejus nomine circumferuntur. Migne, Patr. gr., t. 29-32 ; 4 vol. 4°, 1857. — Traité, chap. ; p. de l'éd. de Paris (3 vol., fol., Paris, 1730) indiqués dans Migne ; le dernier chiffre est celui des p. de Migne.

Basilic. — Basilicorum libri LX. Post Annibalis Fabroti curas ope codd. mss. a Gustavo Ernesto Heimbachio aliisque collatorum integriores cum scholiis edidit, editos denuo recensuit, deperditos restituit, translationem latinam et adnotationem criticam adiecit D. Carolus Guilielmus Ernestus Heimbach, Antecessor Ienensis. Leipzig, 1833-1870 ; 6 vol., 4°, I (L. I-XII) xx-822 ; II (XIII-XXIII) xvi-783 ; III (XXIV-XXXVIII) viii-787 ; IV (XXXIX-XLVIII) viii-794 ; V (XLIX-LX) xvi-918 et Supplément viii-288 ; VI (Prolegomena et Manuale Basilicorum) iv-434. (Bibliothèque de l'Ecole de Droit, N. 78.)

Basiliques. — Voir Basilic.

Bast, Comm. pal. — Fr. J. Bastii commentatio palaeographica. Dans Greg. Cor., p. 701-861.

Batiffol, Abb. de Ross. — L'abbaye de Rossano. Contribution à l'histoire de la Vaticane. Par Pierre Batiffol. Paris, 1891 ; 8°, viii-xl-182.

Batrach. — Voir Essais, I, 6.

Baunack, Inscr. G. — Die Inschrift von Gortyn. Bearbeitet von Johannes Baunack und Theodor Baunack. Mit einer Tafel. Leipzig, 1885 ; 8°, vi-167.

B. C. H. — Voir Bull. corr. hell.

B. de M. — Dictionnaire turc-français. Supplément aux dictionnaires publiés jusqu'à ce jour, par A. C. Barbier de Meynard. Paris, 1881-1890 ; 2 vol. T. I, i-786 (élif-dal), t. II, i-898 (zal-yè).

Becker Marquardt, Handbuch. —

Handbuch der römischen Alterthümer nach den Quellen bearbeitet von Wilhelm Adolph Becker. Vol. I et II. 1843-1844. — Fortgesetzt von Joachim Marquardt, 1851-1864, vol. III à V ; 8°.

Beiträge. — Voir Essais, I, 28 et cidessous, à Krumbacher.

Bekk. An. *ou* An. gr. — Anecdota graeca d'I. Bekker ; 3 vol. 8°, Berlin, 1814-1821 ; I : Ἐκ τῶν Φρυνίχου τοῦ Ἀραβίου τῆς σοφιστικῆς προπαρασκευῆς (= Phryn. P. S.) 1-74; Ἀντιαττικιστής, 75 suiv.; Περὶ συντάξεως, 117 suiv. ; Δικῶν ὀνόματα, 181 suiv.; Λέξεις ῥητορικῆς, 195 suiv. ; Συναγωγὴ λέξεων χρησίμων, 319 suiv. — II : Ἀπολλωνίου Ἀλεξανδρέως περὶ συνδέσμων, 477 suiv. ; Περὶ ἐπιρρημάτων, 527 suiv. ; Διονυσίου θρακὸς γραμματικὴ, 627 ; Σχόλια εἰς τὴν Διονυσίου γραμματικήν, 645. — III : Θεοδοσίου κανόνες, 975 ; Annotatio critica, 1063 ; Indices, 1297-1466.

Bekker, A. G. — Voir Bekk. An. gr.

Behrendt, Inf. Thuc. — Wissenschaftliche Beilage zum Programm des Sophiengymnasiums zu Berlin. Ostern, 1886. — Ueber den Gebrauch des Infinitivs mit Artikel bei Thucydides. Von Dr. Gustav Behrendt.—Berlin, 1886, Progr. Nr. 59 ; 4°, 23 p.

Belis. I. — Voir Essais, I, 6.

Belis. II. — Ῥιμάδα περὶ Βελισαρίου. Wagner, Carmina, pp. 348-378. Essais, I, 6.

Belth. — Διήγησις ἐξαίρετος Βελθάνδρου τοῦ Ῥωμαίου. Legrand, Bibl. gr., I, 125-168. Essais, I, 6 ; II, 17.

Berger, Hist. de l'Ecr. — Histoire de l'Ecriture dans l'antiquité. Par Philippe Berger. Paris, 1891 ; 8°, xviii-389.

Bergk, Aug. Ind. — Augusti rerum a se gestarum indicem cum graeca metaphrasi edidit Theodorus Bergk. Göttingen, 1873 ; 8°, iv-xxvii-136.

Berl. philol. Woch. — Berliner philologische Wochenschrift herausgegeben von Chr. Belger und O. Seyffert. Commencé en 1880.

Bernardakis, Pseudo-attic. — Ψευδαττικισμοῦ ἔλεγχος ἤτοι Κ. Σ. Κόντου Γλωσσικῶν Παρατηρήσεων ἀναφερομένων εἰς τὴν νέαν ἑλληνικὴν γλῶσσαν ἀνασκευὴ ὑπό***. (Μετατύπωσις ἐκ τῆς Ἐπιφυλλίδος τῆς « N. Ἡμέρας »). Trieste, 1884 ; 8°, 481 p.

Bernard d'Esclot. — Voir Buchon, Chron. étr.

Bernhardy. — Grundriss der griechischen Litteratur. Von G. Bernhardy. Halle, 1872-1877 ; 3 vol. 8° ; xxii-782, 756, xxxii-815.

Bernhardy, Röm. Litt. — Grundriss der römischen Litteratur. Von G. Bernhardy. Ed. V. Braunschweig, 1872 ; 8°, xxx-1010.

Berthelot, Alch. gr. — Voir Alch. gr.

Bescherelle. — Dictionnaire national ou dictionnaire universel de la langue française, etc., par M. Bescherelle aîné. Paris, Garnier frères ; 2 vol., 4°.

Bethmann-Hollweg, Civilprozess. — Der Civilprozess des gemeinen Rechts in geschichtlicher Entwickelung. Von M. A. von Bethmann-Hollweg. Bonn, 1864-1874. T. I-III Der römische Civilprozess; I, xvii-205 ; II, xv-841 ; III, ix-383 ; IV-VI, Der germanisch-romanische Civilprozess im Mittelalter, IV, xi-562 ; V, xi-450 ; VI, xiii-275.

Bezz. Beitr. — Beiträge zur Kunde der indogermanischen Sprachen herausgegeben von Dr Adalbert Bezzenberger. Göttingen. Commencé en 1877.

Bianchi. — Dictionnaire turc-français par J. D. Kieffer et T. X. Bianchi. Paris, 1835-1837; 2 vol. 8°; xxvi-788 ; 1304.

Bibl. de l'Ec. des Ch. — Bibliothèque de l'Ecole des Chartes. Paris, 8° ; commencé en 1839-1840.

Bikélas, F. gr. — Sur la nomenclature de la Faune grecque. Annuaire, 1878, 208-237 (= tirage à part, 3-32).

Bikélas, Gr. au m. â. — Les Grecs au moyen âge. Etude histor. par D. Bikélas. Trad. par E. Legrand. Paris, 1878 ; 12°, viii-136.

Bion. — Voir Theocr.

Birklein, Subst. Inf. — Entwickelungsgeschichte des substantivierten Infinitivs. Von Dr. Franz Birklein.1888; 8°, 109; (Schanz, Beitr. III, 1).

Blanc, Voc. Dant. — Vocabolario dantesco ou dictionnaire critique et raisonné de la Divine Comédie de Dante Alighieri, par L. G. Blanc. Leipzig, 1852; 8°, ix-563. Voir Conc. dant.

Blass [3]. — Ueber die Aussprache des Griechischen, von Friedrich Blass. Ed. III, Berlin, 1888 ; 8°, vii-140 p. On cite la p.

Blass. — Voir I. Müller, Handb.

Blass. Att. Bereds. — Die attische Beredsamkeit. Dargestellt von Friedrich Blass. Leipzig. 3 vol. 8° ; I : von Gorgias bis zu Lysias. Ed. II, 1887, viii-648 ; II : Isokrates und Isaios ; 1874, 1-550 ; III, 1 : Demosthenes ; 1877, viii-562.

Blastaris Synt. Praef. — Matthaei Monachi sive Blastaris, Syntagma alphabeticum, t. II, p. 1-272 du Synodicum (Voir notre Index à ce mot) ; la Praefatio ou Προθεωρία n'est pas paginée dans l'édition. Tome, p. du texte (ou p. restituée), lettre et chapitre.

Bl. f. d. bayer. Gymn. sch. w. — Blätter für das Bayerische Gymnasialschulwesen. München, 8°. Commencé en 1865 (Bamberg).

Boccaccio. — Opere volgari di Giovanni Boccaccio corrette su i testi a penna. Edizione prima ; 17 vol. 8°, Florence, 1827-1834, edd. Magheri (t. 1-5) et Moutier (t. 6-17); i-v, Décaméron; vi, Fiammetta ; vii-viii Filocolo (cité par vol. I et II [= vii et viii des œuvres complètes] p. et livre) ; ix, La Théséide (p. xiii, 434) ; x-xii, Il comento sopra la commedia di Dante Alighieri ; xiii, Il Filostrato ; xiv, Amorosa Visione ; xv, La vita di Dante Alighieri e l'Ameto ; xvi, Rime ; xvii, Ninfale Fiesolano.

Boccace, Geneal. deor. — Joannis Bocatii περι γενεαλογιας deorum, libri quindecim, cum annotationibus Jacobi Micylli. Ejusdem de montium, sylvarum, fontium, lacuum, fluuiorum, stagnorum, et marium nominibus. Liber I. ... Basileae apud Io. Hervagium Mense Septembri Anno M. D. XXXII. 33 fo. 504 et 1 f., f.

Boerio. — Dizionario del dialetto veneziano di Giuseppe Boerio. Venezia, 1829 ; 4°, xiii-802.

Bogorov — Dictionnaire bulgare-français. Vienne, 1871 ; 8°, viii-506.

Boiss. A. G. — Voir Boissonade, An. gr.

Boiss. An. — Ἀνέκδοτα. — Anecdota graeca e codicibus regiis descripsit... J. Fr. Boissonade. Paris, 1829-1833 ; 5 vol. 8°. T. p. et [1.].

Boiss., Herod. Partit. — Voir Herod. Partit.

Boissier, Prov. orient. — Les provinces orientales de l'empire romain, article de la Revue des deux Mondes, 1874, Juillet, 111-137.

Bonnet, Gr. de T. — Le latin de Grégoire de Tours. Par Max Bonnet. Paris, 1890 ; 8º, [II-] 788. — (Vocabulaire grec, 209-225).

Bonnet, Mir. Mich. — Narratio de miraculo a Michaele Archangelo Chonis patrato adiecto Symeonis Metaphrastae de eadam re libello. Ed. Max Bonnet. Paris, 1890 ; 8º, XLVIII-36.—V. Acta Thomæ.

Bonnet, Phil. class. — La Philologie classique. Par Max Bonnet. Paris, 1892 ; 8º, III-224.

Bouvy, Rythm. ton. — Etude sur les origines du rythme tonique dans l'hymnographie de l'Eglise grecque. Par E. Bouvy. Nîmes, 1886 ; 8º, xv-385.

Brady, Neugr. Volksspr. — Die Lautveränderung der neugriechischen Volkssprache und Dialekte nach ihrer Entwickelung aus dem Altgriechischen dargestellt von J. E. Brady. Göttingen, 1886 ; 8º, 128 p.

Bréal, C lat. — M. Bréal, de la prononciation du c latin. Mém. soc. Ling. VII (1890), 149-160.

Bréal, Dict. ét. — Dictionnaire étymologique latin par M. Bréal et A. Bailly. Paris, 1885 ; 8º, VIII-465.

Bréal, Pers. Nom. — De persicis nominibus apud scriptores graecos. Paris, 1863 ; 8º, 52.

Brücke ². — Grundzüge der Physiologie und Systematik der Sprachlaute für Linguisten und Taubstummenlehrer. Von Ernst Brücke. Ed. II ; 2 pl. Vienne, 1876 ; 8º, v-172. On cite la p.

Brugmann ². — Griechische Grammatik (Lautlehre, Flexionslehre und Syntax). von Dr. Karl Brugmann. T. II du Handbuch der klassischen Altertumswissenschaft etc., publié par Iwan von Müller. Contenu : Brugmann ², 1-236 ; Lateinische Grammatik. Friedrich Stolz et J. H. Schmalz, 237-584. — Cf. Nachtrag, 871-875. — Lexikographie der griechischen und lateinischen Sprache neubearbeitet von Dr. G. Autenrieth, und Dr. F. Heerdegen ; Gr. Lex., 585-608 ; Latein. Lexikogr., 608-635. — Rhetorik der Griechen und Römer neubearbeitet von Dr. Richard Volkmann, 637-676. Metrik der Griechen und Römer mit einem Anhang über die Musik der Griechen, neubearbeitet von Hugo Gleditsch, 677-870. Alphabetische Indices, etc. 877-942 ; 8º, xx-942, München, 1890.

Brugmann, Grundriss. — Grundriss der vergleichenden Grammatik der indogermanischen Sprachen ; von Karl Brugmann, 2 vol. 8º. Strasbourg, 1886-1890 ; XVIII-568 ; XIV-846.

Brugmann, Sprachw. — Zum heutigen Stand der Sprachwissenschaft. Von Karl Brugmann. Strasbourg, 1885 ; 8º, 144.

Brunet. — Manuel du libraire et de l'amateur de livres. Par Jacques-Charles Brunet. Paris, 1860-1865 ; 6 vol. 8º.

B. Schmidt, Gr. Märch. — Griechische Märchen, Sagen und Volkslieder, von Bernhard Schmidt. Leipzig, 1877 ; 8º, 283.

B. Schmidt, Volksl. d. Ng. — Das Volksleben der Neugriechen und das hellenische Alterthum von Bernhard Schmidt. Erster Theil (seul paru). Leipzig, 1871 ; 8º, v-251.

Buc. gr. — Bucolicorum graecorum Theocriti Bionis Moschi reliquiae accedentibus idylliis. EH. d. L. Ahrens. Leipzig, 1855-1859, 2 vol. 8º; I (LXXXIV-280) Theocr., Bion, Mosch. etc. ; II (LXXIV-556) Scholia.

Buchon, Chron. étr. — Chroniques étrangères relatives aux expéditions françaises, pendant le XIII° siècle, publiées pour la première fois, élucidées et traduites par J. A. C. Buchon. Anonyme grec. — Chronique de la principauté française d'Achaïe. (Texte grec inédit.) Ramon Muntaner — Chronique d'Aragon, de Sicile et de Grèce. (Traduction nouvelle du catalan). — Bernard d'Esclot. Chronique de Pierre III et expédition française de 1285. (Texte catalan inédit.) — Anonyme sicilien. Chronique de la conspiration de J. Prochyta. (Traduit du sicilien). Paris, 1861 (Panthéon littéraire), 8°, LXXV, XV (tables généalogiques), 802.

Buchon, Nouv. rech. hist. — Nouvelles recherches historiques sur la principauté française de Morée et ses hautes baronnies à la suite de la quatrième Croisade, etc., par Buchon ; 2 vol., Paris, 1843 ; I (vol. 1er, partie 1re), XCII-444 ; II (vol 2e, partie 1re), XVI-447, 4 tables généalogiques.

Buchon, Rech. hist. — Recherches historiques sur la principauté française de Morée. Le livre de la Conqueste de la Princée de Morée, par Buchon. Première époque (1205-1333). Tome premier. Paris, 1845 ; 8°, LXXXIX-539.

Büdinger, Mittelgr. Volksep. — Mittelgriechisches Volksepos. Von Max Büdinger. Leipzig, 1866 ; 8°, 31 p.

Budinszky. — Die Ausbreitung der lateinischen Sprache über Italien und die Provinzen des römischen Reiches, von Dr. Alexander Budinszky. Berlin, 1881 ; 8°, XII-267.

Bull. — Voir le suivant.

Bull. corr. hell. — Ecole française d'Athènes — Bulletin de correspondance hellénique. Δελτίον Ἑλληνικῆς ἀλληλογραφίας, Athènes, Perris ; Paris, Thorin. Commencé en 1877. — Table générale des dix premières années (1877-1886), Paris, 1889 ; 8°, (III-)216.

Bull. inst. ég. — Bulletin de l'Institut égyptien. Alexandrie d'Egypte, 8° ; commencé en 1859.

Burckhardt, Const. d. Gr. — Die Zeit Constantin's des Grossen von Jakob Burckhardt. Ed. II, Leipzig, 1880 ; 8°, VII-456.

Bursian, Eroph. — Erophile. Vulgärgriechische Tragödie von Georgios Chortatzes aus Kreta. Ein Beitrag zur Geschichte der neugriechischen und der italiänischen Litteratur von Conrad Bursian. Abhandlungen der philologisch-historischen Classe der königl. sächsischen Gesellschaft der Wissenschaften, t. V, N° VII. Leipzig, 1870 ; 649-635 ; 4°.

Burs. Jahrb. — Jahresbericht über die Fortschritte der classischen Alterthumswissenschaft herausgegeben von Conrad Bursian. Berlin (Calvary). Commencé en 1873 (paru en 1875-1876). (On cite l'année, le t. de l'année, la p. du t. Chaque année comporte des Berichte de diverses sortes, dont les paginations distinctes se retrouvent à la fois dans chaque nouveau fascicule qui paraît. D'autres fois, les t. I et II d'une année, de la première, p. ex., se font suite comme pagination, parce qu'ils ne représentent alors qu'un seul Bericht : Alterth. w.). — Voir Ind. inscr.

Bury, Lat. Rom. Emp. — A history of the later roman empire from Arcadius to Irene (395 A. D. to 800 A. D.). By J. B. Bury.

Londres, 1889 ; deux vol. 8° ; 1, xxxiv-482 ; II, xxiv-579.

Busse, Dex. in Aristt. — Dexippi in Aristotelis categorias commentarium. Ed. A. Busse. Berlin, 1888 ; 4°, ix-105.

Büttner-Wobst, Pol. H². — Compte rendu de Pol. H² (t. I ; voir ci-dessous à Pol. II.), par Th. Büttner-Wobst, N. Jahrb. f. Phil., 1889, t. 139, 133-160.

Büttner-Wobst, Polyb. I. — Beiträge zu Polybios von Theodor Büttner-Wobst. N. Jahrb. f. Phil., 1884, t. 129, p. 111-122.

Büttner-Wobst, Polyb. II. — Beiträge zu Polybios, N. Jahrb. f. Phil., t. 139, 1889, 671-692. Voir Büttner-Wobst, Polyb. I.

Bywater, Prisc. Lyd. — Prisciani Lydi quae extant. Metaphrasis in Theophrastum et solutionum ad Chosroem liber. — Ed. I. Bywater. Berlin, 1886 ; xiv-136.

Byz. Zeitschr. — Voir le suivant.

B. Z. — Byzantinische Zeitschrift. Herausgegeben von Karl Krumbacher. Erster Band. Erstes Heft. Leipzig (Teubner), 1892 ; 8°, 184 p.

Cagnat. — Cours d'épigraphie latine, par René Cagnat. Ed. II, Paris, 1889 ; 8°, xxvi-437.

Call. — Callimachea edidit Otto Schneider ; Leipzig, 1870-1873 ; 8°, 2 vol. I (Hymni cum scholiis veteribus, etc.), xliii-455 ; II (Fragmenta a Bentleio collecta, etc.), 860. On cite d'après cette édition.

Call. hymn. — Callimachi hymni et epigrammata. Ed. Wilamowitz-Möllendorff. Berlin, 1882 ; 8°, 60 p.

Callim. — Τὸ κατὰ Καλλίμαχον καὶ Χρυσορρόην ἐρωτικὸν διήγημα. Lambros, Rom. gr., pp. 1-109 ;

Essais, I, 6, 70, etc. ; Essais, II, 18.

Candolle. — Origine des plantes cultivées par Alph. de Candolle. Paris, 1883 ; 8°, viii-379.

Capp. — Voir Essais, I, 6.

Carm. Am. — Voir Essais, I, 7.

Carm. div. — Voir Essais, I, 7.

Carm. gr. — Voir Essais, I, 7,

Carm. hist. — Voir Essais, I, 7.

Carm. pop. — Voir Sigalas.

Carm. rel. — Voir Essais, I, 8.

Castelli. — Edmundi Castelli Lexicon Syriacum ex eius lexico heptaglotto seorsim typis describi curavit atque sua adnotata adiecit Joannes David Michaelis. Pars prima. Göttingen, 1788 ; 8°, viii-980.

Cat. Ath. — Κατάλογος τῶν βιβλίων τῆς ἐθνικῆς βιβλιοθήκης τῆς Ἑλλάδος. Τμῆμα α'. Θεολογία. Athènes, 1883 ; 4°, (γ'-)177. Τμῆμα β'. Ἑλληνικὴ φιλολογία. Athènes, 1884 ; 4°, (γ'-)300.

Cauer [2]. — Delectus inscriptionum graecarum propter dialectum memorabilium iterum composuit Paulus Cauer. Leipzig, 1883 ; 8°, xvi-365. On cite le N.

Cedr. — Georgius Cedrenus Ioannis Scylitzae ope ab Immanuele Bekkero suppletus et emendatus. Bonn, 1838-1839 ; 2 vol. 8° ; xviii-802 ; 1008 (C. S. B.). On cite le t., la p. et la l. de Bonn.

Ceph. — Voir Essais, I, 8.

Chalkiopulos, Neo-locr. — De sonorum affectionibus quae percipiuntur in dialecto neo-locrica. Scripsit Nicolaus Chalkiopulos, locrensis. Curt. Stud. V, 2, 339-376.

Charis. Inst. gr. — Dans les Gramm. lat. de H. Keil. Vol. I. Flavii Sosipatri Charisii artis grammaticae libri V. Diomedis artis grammaticae libri III. Ex Charisii arte grammatica excerpta. Leipzig, 1857 ; 4°, lvii-610.

Charles Joret. — Voir Joret.
Chartz. — Voir Essais, I, 8.
Chass. — Voir Essais, I, 8.
Chassang, Apoll. T. — Le merveilleux dans l'antiquité. Apollonius de Tyane. Par A. Chassang. Paris, 1862 ; 8º, xvi-492.
Chassang, Rom. gr. — Histoire du roman et de ses rapports avec l'histoire dans l'antiquité grecque et latine, par A. Chassang. Paris, 1862 ; 12º, iv-473.
Chassant. — Dictionnaire des abréviations latines et françaises usitées dans les inscriptions lapidaires et métalliques, les manuscrits et les chartes du moyen-âge, par L. Alph. Chassant. Ed. IV. Paris, 1876 ; 12º, lii-170.
Chatelain, Lex. — Lexique latin-français. Par Emile Chatelain. Paris, 1899 ; 12º, iv-841.
Chatelain, Pal. lat. — Paléographie des classiques latins. Collection de fac-similés, etc., publiés par Emile Chatelain ; 6 fasc. parus. Paris, Hachette, 1884-1888.
Chatz. — Voir Chatzidakis.
Chatzidakis, Zum Vocal. des Neugr. — Voir Chatzidakis, Vocal.
Chatzidakis. — Voir 'AΘ. I et Athen. X.
Chatzidakis, Abstammungsfr. d. Ngr. ou d. Neugr. — Zur Abstammungsfrage des Neugriechischen, Ἑλλάς, 3ᵉ année, 1ʳᵉ livraison, p. 1 et suiv.
Chatzidakis, Athen. X. — Voir Athen. X.
Chatzidakis. C. R. — Compte rendu des Essais dans la Berl. phil. Woch. 1887, N. 32-33, p. 1009-1018.
Chatzidakis, Ἑβδ. — Ἑβδομάς, Athènes, N. du 10 mars 1865, 116-117.
Chatzidakis, Ἐφημ. — Articles de l'Ἐφημερίς, Athènes, 15 juin 1885, N. 166 (signé : Γ. Ν. Χατζηδάκης) ; 7 février 1887, N. 38 ; 8 février 1887, N. 39 ; 10 février 1887, N. 41 ; 11 février 1887, N. 42 (signés Γ. Ν. Χατζιδάκης).
Chatzidakis-Foy. — Περὶ τῶν ἀπαρεμφατικῶν λειψάνων ἐν τῇ νεωτέρᾳ ἑλληνικῇ. Γ. Ν. Χατζιδάκης. Dans le Ἡμερολόγιον τῆς Ἀνατολῆς, etc., de l'année 1887. ἔτος ἕκτον. Constantinople, 1886, p. 132-148.
Chatzidakis, Fut. Inf. — Τετάρτη συμβολὴ εἰς τὴν ἱστορίαν τῆς νέας ἑλληνικῆς γλώσσης. Γεώργιος Ν. Χατζιδάκης, dans le Δελτίον τῆς ἱστορικῆς καὶ ἐθνολογικῆς ἑταιρίας τῆς Ἑλλάδος ; t. I, fasc. 2, 226-261 ; Athènes, 1883, 8º.
Chatzidakis, Γλωσσ. ἀτοπ. ἀναίρ. — Γλωσσικῶν ἀτοπημάτων ἀναίρεσις ὑπὸ Γεωργίου Ν. Χατζιδάκη. Athènes, 1886 ; 8º, ις'-84.
Chatzidakis, Γλωσσ. Ζητ. — Γεωργίου Ν. Χατζιδάκι Περὶ τοῦ γλωσσικοῦ ζητήματος ἐν Ἑλλάδι. Μέρος πρῶτον. Athènes, 1890 ; Extrait de la Ἀθηνᾶ, t. II, pp. 169-235.
Chatzidakis, Jubil. Athen. — Voir Jubil. Athen.
Chatzidakis, Μελέτη. — Γεωργίου Ν. Χατζιδάκη. Μελέτη ἐπὶ τῆς νέας ἑλληνικῆς ἢ βάσανος τοῦ ἐλέγχου τοῦ ψευδαττικισμοῦ. Athènes, 1884 ; 8º, 104 p.
Chatzidakis, Mitt. u. Ngr. — G. Hatzidakis. Zur Geschichte des mittel- und neugriechischen. K. Z. xxxi (N. F. xi), 1, 103-156 ; 1889.
Chatzidakis, Mittelgr. — Voir le précédent.
Chatzidakis, Nom. contr. — Περὶ τῶν εἰς -ους συνῃρημένων τῆς Β' κλίσεως καὶ τῶν εἰς -ος οὐδετέρων ὀνομάτων τῆς Γ' ἐν τῇ νέᾳ ἑλληνικῇ, ὑπὸ Γ. Ν. Χατζιδάκη. Athènes, 1883 ; 8º, 15 p.

Chatzidakis, Phon. leg. — Περὶ φθογ-γολογικῶν νόμων καὶ τῆς σημασίας αὐτῶν εἰς τὴν σπουδὴν τῆς νέας ἑλληνικῆς, ὑπὸ Γ. Ν. Χατζιδάκη. Athènes, 1883 ; 8°, 31 p.

Chatzidakis, Sprachfr. — Die Sprachfrage in Griechenland (dans la Ἑλλάς). 34 p.

Chatzidakis, Vocal. — Zum Vocalismus des neugriechischen, par G. Hatzidakis ; K. Z. xxx (N. F. X.), pp. 357-398, 1890.

Chatzidakis, Tzakon. — Compte rendu de Deffner, Zak., dans les Gött. gel. Anz. 1882, N. 11-12, p. 347-370.

Chatzidakis, Zum vocal. des Neugr. — Voir Chatzidakis, Vocal.

Chaucer, Canterb. t. — Chaucer. The Prologue, the knightes tale, the nonne preestes tale from the canterbury tales edited by Rev. Richard Morris. A new edition with collations and additional notes by the Rev. Walter W. Skeat. Oxford, at the Clarendon Press ; 1889, 12°, LV-262.

Chaucer. — The poetical works of Geoffrey Chaucer. With an Essay on his language and versification, and an introductory discourse ; together with Notes and a Glossary. By Thomas Tyrwhitt. London. 1843 ; 4°, LXX-502. Réédition avec peu de changements en 1883.

Ch. Graux. — Voir Fr. Sin., in f.

Chourmouziades, Ἀναστ. — Περὶ τῶν Ἀναστεναρίων καὶ ἄλλων τινῶν παραδόξων ἐθίμων καὶ προλήψεων. Ὑπὸ Α. Χουρμουζιάδου. Constantinople, 1873 ; 8°, 28.

Christ [2] — Geschichte der griechischen Litteratur bis auf die Zeit Justinians. Von Wilhelm Christ. Mit 24 Abbildungen. Ed. II. München, 1890 ; 8°, XII-770 ; I. Müller, Handbuch, t. VII.

Christ, Carm. christ. — Anthologia graeca carminum christianorum. Edd. W. Christ et M. Paranikas. Leipzig, 1871 ; 4°, CXLIV-268 ; 1 pl.

Christ, Metr. — Metrik der Griechen und Römer. Von Wilhelm Christ. Ed. II, Leipzig, 1879 ; 8°, VIII-716.

Chron. Cypr. — Λεοντίου Μαχαιρᾶ Χρονικὸν Κύπρου. Chronique de Chypre. Texte grec par E. Miller et C. Sathas, avec une carte en chromolithographie. Paris, 1882 ; 8°, I, XIX-431 ; II, traduction française, VII-440.

Chron. Esp. — Chroniques de Es- | pāya fins acino diuulgades : que dels No | bles e Inuictissims Reys dels Gots : y gestes de aquells : y dels Contes de Barcelona : e Reys | de Arago : ab moltes coses dignes de perpetua | memoria. Compilada per lo honorable y discret | mossen Pere Miquel Carbonell : Escriua y Ar | chiuer del Rey nostre senyor. e Notari publich de Barcelona. Nouament imprimida en lany. M. D. xlvij, 4 feuillets ; folios CCLVIII. (B. N., Oa, 16 (fol.) Réserve).

Chron. étr. — Voir Buchon.

Chron. Mor. — Recherches historiques sur la principauté française de Morée et ses hautes baronnies. — Βιβλίον τῆς Κουγκέστας, et autre poème grec inédit, etc., publiés pour la première fois d'après les mss de Copenhague et de Venise, etc., par Buchon. Première époque. Conquête et établissement féodal, de l'an 1205 à l'an 1333. Tome second. Paris, 1845 ; 8°, VII-530. Le prologue (p. 1-50, 1332 v.) est cité d'après Chron. Mor. Prol. ; le reste (p. 51 Τὸ πῶς οἱ Φράγκοι ἐκέρδισαν τὸν τόπον τοῦ Μωραίως — p. 333, 7872 v.) d'après Buchon.

Chron. Mor. Prol. — Ἐκ τοῦ βιβλίου τῆς Κουγκέστας. A. 1096-1204. Ex libro de Syria expugnata. 1024 v. Recueil des historiens des Croisades, publié par les soins des Inscriptions et belles-lettres. Historiens grecs. Tome premier. Paris, Imprimerie Nationale, 1875 ; fol., xxiv-154-668.

Chron. Pasch. — Chronicon Paschale ad exemplar vaticanum recensuit Ludovicus Dindorfius ; 2 vol. 8º, Bonn, 1832 ; vi-737 ; 570. (C. S. B.)

Chrysost. — S. P. N. Joannis Chrysostomi, archiepiscopi Constantinopolitani, opera omnia quae exstant vel quae ejus nomine circumferuntur. Migne, Patr. gr., t. 47-64. Paris, 1858-1860.

Chrysost., adv. oppugn. vit. mon. — Voir le précédent, t. 47. 319-386. L., ch. et p. de Migne entre parenthèses.

C. I. A. — Corpus inscriptionum atticarum consilio et auctoritate Academiae litterarum regiae borussicae editum Berolini apud Georgium Reimerum ; 3 vol. parus, 1873-1882 ; en plus, deux fasc. du t. IV, 1887, 1891. T. III, Inscriptiones atticae aetatis romanae. Ed. G. Dittenberger.

Cic. ad Att. — Marci Tullii Ciceronis epistolae. Recognovit D. A. S. Wesenberg. ; vol. II, Leipzig, 1873 ; 12º, Lipsiae, iv-659.

Cic. Arch. — M. Tullii Ciceronis Pro A. Licinio Archia poeta oratio. Ed. C. F. W. Mueller, t. II (vol. II de la 2e partie), 374-386. Voir Cic. De Imp. Cn. Pomp.

Cic. De Imp. Cn. Pomp. — M. Tullii Ciceronis de imperio Cn. Pompei ad Quirites oratio (alias : Pro lege Manilia) ; dans les œuvres complètes : M. Tullii Ciceronis scripta quae manserunt omnia recognovit C. F. W. Mueller, 1878-1891... ; Leipzig ; vol. II de la 2e partie, Leipzig. 1885 ; 12º, cxxxiv-541. On cite le ch., le §. le N. du vol., de la partie, la p. et la l.

Cic. de off. — M. Tullii Ciceronis de officiis ad Marcum filium ; dans les œuvres complètes (voir le précédent) ; vol. III de la 4e partie ; Leipzig, 1879 ; 12º, lxi-434. On cite le L., le ch., le §, etc., comme ci-dessus.

Cic. In C. Verr. — M. Tullii Ciceronis in C. Verrem. Œuvres complètes (ci-dessus), vol. I de la 2e partie : Leipzig, 1880 ; 12º, cx-499 ; on cite l'action, le livre, le ch., le §.

Cic. Phil. — M. Tulli Ciceronis in M. Antonium orationes philippicae XIV. Œuvres complètes (ci-dessus), vol. III de la 2e partie ; Leipzig, 1886 ; 12º, cxxix-569 ; N. du discours, ch. et §.

Cihac. — Dictionnaire d'étymologie daco-romane. Éléments, slaves, magyars, turcs, grecs moderne et albanais, par A. de Cihac. Francfort-s.-M., 1879 ; 8º, xxvii-816.

Cihac, El. lat. — Dictionnaire d'étymologie daco-romane ; éléments latins comparés avec les autres langues romanes, par A. de Cihac. Francfort-s.-M., 1870 ; 8º, xii-332.

C. I. G. — Corpus inscriptionum graecarum. Ed. Augustus Boeckhius, etc., etc. ; bibliographie détaillée sur la couverture du dernier fascicule (*Indices*, ci-dessus) ; 4 vol. fol., Berlin, 1828-1856 ; de plus, un vol. d'*Indices* de H. Roehl, Berlin, 1877 ; fol. [ii-]167. — T. I, N. 1-1792 ; t. II, N. 1793-3809 ; t. III, N. 3810-6816 ; t. IV, N. 6817-9926.

C. I. L. — Corpus inscriptionum latinarum consilio et auctoritate Academiae litterarum regiae Borussicae editum. Berolini apud Georgium Reimerum, 1863-1891...; 15 vol. fol. — T. III, Inscriptiones Asiae Provinciarum Europae graecarum Illyrici Latinae, etc., ed. Theodorus Mommsen ; Berlin, 1873; en deux parties, avec deux fasc. de supplément, 1889.

Cinn. — Ioannis Cinnami epitome rerum ab Ioanne et Alexio Comnenis gestarum. Rec. A. Meineke. Bonn, 1836 ; 8°, xxvi-410. (C. S. B.).

C J C. — Corpus juris civilis ; 3 vol. 4°; t. I, Institutiones recognovit P. Krueger. Digesta recognovit Theodorus Mommsen; 58-xxxii-882, 1877 ; t. II, Codex Justinianus recognovit P. Krueger ; xxx-612, 1880 ; t. III, Novellae ; rec. Rud. Schoell ; 1890-1891, 4 fasc. parus (Nov. I-CXVIII) ; [1-]568 p. En cours de publication.

Classen Hom. Sprachg. — Beobachtungen ueber den homerischen Sprachgebrauch von Dr. Joh. Classen. Frankfurt A. M., 1867; 8°, v-231.

Clem. Alex. — Clementis Alexandrini opera. Ex recensione Gulielmi Dindorfii. Oxford, 1869 ; 4 vol., 8°.

Clermont-Ganneau, Horus. — Horus et saint Georges d'après un bas-relief inédit du Louvre. Notes d'archéologie orientale et de mythologie sémitique par Ch. Clermont-Ganneau. Paris, 1877; 8°, 51 p.

Cl. Rev. — The Classical Review. Londres. 8°. Commencé en 1885.

C. Muller, Altgerm. Weihnachtssp. — Ein altgermanisches Weihnachtsspiel, genant das gotische. Zeitschr. f. d. Philol. xiv, 443-460.

Cobet, Var. lect. — Variae lectiones quibus continentur observationes criticae in scriptores graecos. Scripsit C. G. Cobet. Lugduni-Batavorum, 1854 ; 8°, xx-428.

Cochin, Boccace. — Henry Cochin. Boccace. Etudes italiennes. Paris, 1890 ; 12°, xv-295.

Cod. — Voir C. J. C.

Codin. — Georgii Codini excerpta de antiquitatibus Constantinopolitanis. Rec. I. Bekker. Bonn, 1853 ; 8°, xiv-290 (C. S. B.). Voir Krumbacher, 168, 1.

Codin. C. — Codini curopalatae de officialibus palatii CPolitani et de officiis magnae ecclesiae liber. Rec. I. Bekker. Bonn, 1839 ; 8°, xii-435. (C. S. B.). Voir Krumbacher, 168, 1.

Cod. — Voir Cod. Just.

Cod. ou Cod. Just. — Voir C. J. C.

Coleti. — Sacrosancta concilia ad regiam editionem exacta quae olim quarta parte prodiit auctior studio Philipp. Labbei, et Gabr. Cossartii, Soc. Jesu Presbyterorum ; nunc verò integre insertis Stephani Baluzii, et Joannis Harduini additamentis, etc. longè locupletior, et emendatior exhibetur, curante Nicolao Coleti, etc. Venetiis, MDCCXXVII-MDCCXXXIII, etc. 21 vol. fol.

Coll. — Voir Collitz.

Collilieux, Dict. et Dar. — Etude sur Dictys de Crête (sic) et Darès de Phrygie. Par E. Collilieux. Grenoble, 1886 ; 8°, 111.

Collitz. — Sammlung der griechischen Dialekt— Inschriften, herausgegeben von Dr. Hermann Collitz. T. I (Kypros. Aeolien. Thessalien. Böotien. Elis. Arkadien. Pamphylien). Göttingen, 1884 ; 8°, vi-410; t. II, fasc. 1, 2, (90-)174, 1890 ; t. III, fasc. 1, 2, 3 et 4. 1re moitié, 1888-1889, 300 p. ; t. IV, fasc. I (Wortregister zum I Bande) 1886 ; fasc. 2, 1re partie (Wortregister zum 1 Heft des II Bandes), 1888.

Colluth. Rapt. Hel. — Colluthi Lycopolitani carmen de raptu Helenae. Ed. E. Abel. Berlin, 1880 ; 8°, 140 p.

Coloss. — Voir N. T.

Comparetti, Virg. nel m. e. — Virgilio nel medio evo per Domenico Comparetti. Livourne, 1872 ; 8°, 2 vol. ; xiii-313 ; 310.

Comparetti, Dial. gr. — Saggi dei dialetti greci dell' Italia meridionale. Raccolti ed illustrati da Domenico Comparetti. Pisa, 1866 ; 8°, xxvii-105.

Conc. dant. — Le suivant.

Concord. dant. — Concordance of the Divina Commedia by Edward Allen Fay. Published for the Dante Society. London, 1888, 8°, vi-819.

Conc. — Voir Coleti, Labbe, Mansi.

Const. — Voir Essais, I, 8.

Const. Admin. — Constantinus Porphyrogenitus de Thematibus et de administrando imperio. Accedit Hieroclis Synecdemus cum Bandurii et Wesselingii commentariis. Rec. I. Bekker. Bonn, 1840 ; t. III, 8°, 594 p. (Κωνσταντίνου τοῦ ἐν Χριστῷ βασιλεῖ αἰωνίῳ βασιλέως Ῥωμαίων πρὸς τὸν ἴδιον υἱὸν Ῥωμανὸν, etc.).

Constans. Lég. d'Œd. — La Légende d'Œdipe, étudiée dans l'antiquité, au moyen âge et dans les temps modernes, en particulier dans le roman de Thèbes, texte français du xiie siècle, par L. Constans. Thèse de doctorat. Paris, 1880 ; 8°, x-390-xciii. (Exemplaire annoté par A. Darmesteter, à la Sorbonne, sous la cote MS. n. 215, 8°.)

Constans, Rom. de Th. — Le roman de Thèbes publié d'après tous les manuscrits, par Léopold Constans. Paris, 1890 (Société des anciens textes français) ; 2 vol., 8°, 512 ; clxix-399. (Voir G. Paris, Rom. X (1881), 270-277).

Constantinides. — De infinitivi linguae graecae vulgaris forma et usu. Scripsit Georgius Constantinides Macedo. Argentorati, 1878 ; 8°, 35 p.

Const. Cerim. — Constantini Porphyrogeniti imperatoris de cerimoniis aulae byzantinae libri duo graece et latine e recensione Io. Iac. Reiskii. T. I de l'ouvrage complet (Voir Const. Adm.) Bonn, 1629 ; 8°, lxii-807 (Κωνσταντίνου βασιλέως ἔκθεσις τῆς βασιλείου τάξεως). On cite le t., la p. et la l.

Const. Cerim. C. — Jo. Jac. Reiskii commentarii ad Constantinum Porphyrogenitum de cerimoniis aulae byzantinae ; t. II (voir le précédent), Bonn, 1830 ; 8°, 905 p.

Const. Harmen. — Const. Harmenopuli Manuale Legum sive Hexabiblos cum appendicibus et legibus agrariis. Ed. G. E. Heimbach ; Leipzig, 1851 ; 8°, xxxii-1003.

Const. Them. ou Themat. — Constantini Porphyrogeniti de thematibus ; voir Const. Adm., t. III, 11-64.

Contoléon, I. A. M. — Ἀνέκδοτοι μικρασιαναὶ ἐπιγραφαὶ ἐκδιδόμεναι ὑπὸ Α. Ε. Κοντολέοντος. Fasc. I, Athènes, 1890 ; 8°, 48.

Cont. pop. — Δημώδη παραμύθια. N. A., t. II, 1874 ; 8°, ς'-138 pp.

Cor. — Voir N. T.

Cornu, Portug. — Die portugiesische Sprache. Von Jules Cornu, Gröber, Grundriss, 715-803.

Corssen. — Ueber Aussprache, Vokalismus und Betonung der la

teinischen Sprache. Von W. Corssen. Ed. II; Leipzig, 1868-1870; 2 vol. 8°; xv-819; iv-1086.

Cougny. — Voir Anth. palat.

Cousin et Deschamps, Bull. XI. — Le senatus-consulte de Panamara. Bull. de corr. hell., XI, 1887. 225-239.

Cramer, An. Par. — Voir Cramer, A. P.

Cramer, An. Ox. — V. Cramer, A. O.

Cramer, A. O. — Anecdota graeca e codd. manuscriptis bibliothecarum oxoniensium descripsit J. A. Cramer. Oxford, 1835-1837; 4 vol. 8°.

Cramer, A. P. — Anecdota graeca e codd. manuscriptis bibliothecae regiae parisiensis. Ed. J. A. Cramer. Oxford, 1839-1841. 4 vol. 8°.

Crescini, Boccaccio. — Contributo agli studi sul Boccaccio con documenti inediti per Vincenzo Crescini ; Turin, 1887 ; 8°, xi-264.

Crescini, F. B. — Il cantare di Fiorio e Biancifiore edito ed illustrato de Vincenzo Crescini. Vol. I ; Bologne, 1889 ; 12°, xi-206.

Crescini, St. rom. — Vincenzo Crescini. Per gli studi romanzi. Saggi ed appunti. Padoue, 1892 ; 8°, viii-230.

Croiset, Litt. gr. — Histoire de la Littérature grecque. Par Alfred et Maurice Croiset. Paris, 1887-1891 ; 3 vol. 8°.

Crowe et Cavalcaselle. — A new history of painting in Italy from the second to the sixteenth century. London, 1864-1866. 3 vol. 8°.

Crusius, Turco Gr. — Turcograeciae libri octo a Martino Crusio, in Academia Tybingensi Graeco et latino Professore, vtraque lingua edita. Quibus Graecorum status sub imperio Turcico, in Politia et Ecclesia, Œconomia et Scholis, jam inde ab amissa Constantinopoli, ad haec usque tempora luculenter describitur. Cum indice copiosissimo. Cum Gratia et Privilegio Coes. Maiest. Basileae, per Leonardum Ostenium, Sebastiani Henrici Petri Impensa. 4° ; 21 feuill. — 538 p. et (avec l'Appendix après le mot Finis, p. 538) 557 p. en tout.

C. S. B. — Corpus scriptorum historiae byzantinae. Ed. B. G. Niebuhr. Bonn, 1828-1878 ; 49 vol. 8°.

Curt.[5] — Grundzüge der griechischen Etymologie von Georg Curtius. Fünfte unter Mitwirkung von Ernst Windisch, umgearbeitete Auflage. Leipzig, 1879 ; 8°, xvi-858.

Cumont, Jul. Ep. — Sur l'authenticité de quelques lettres de Julien. Gand, 1889 ; 8°, 31 (Recueil de travaux publiés par l'Université de Gand ; Faculté de philosophie et lettres, fasc. III).

Cumont, Phil. de aet. m. — Philonis de aeternitate mundi. Ed. Franz Cumont. Berlin, 1891; 8°, xxxii-76.

Curtius. — Voir E. Curtius.

Curtius[5]. — Voir Curt[5].

Curtius, Neuest. Sprachf. — Zur Kritik der neuesten Sprachforschung von Georg Curtius. Leipzig, 1885 ; 8°, 161 p.

Curt. Stud. — Studien zur griechischen und lateinischen Grammatik herausgegeben von Georg Curtius ; Leipzig, 1868-1878 ; 10 vol. 8°. On cite le vol., la partie, la p.

Curt. Stud. V. — (Ci-dessous, p. 67, 77, 78). Voir Erman, tit. ion.

Cypr. — Poésies érotiques chypriotes. Legrand, Bibl. gr., II, 56-93. Essais, I, 8.

Danitchitch. — Dictionnaire des anciens textes serbes. Belgrade, 1863-1864, 3 vol. 8º ; xi-521 ; 519 ; 599.

Dante. — La divina Commedia di Dante Allighieri ricorretta sopra quattro dei più autorevoli testi a penna da Carlo Witte. Berlin, 1862 ; 4º, LXXXVII-725. Les citations sont toujours faites d'après cette édition ; on cite la partie (Inf. etc.), le chant, le v. et la tercine (t.).

Dante. — La divina Commedia di Dante Alighieri col comento di Pietro Fraticelli. Florence, 1860 ; 8º, XLIII-811-136 (L'éd. de 1881 ne m'a pas été accessible).

Dante. — La divina Commedia di Dante Alighieri. Riveduta nel testo e commentata da G. A. Scartazzini. Leipzig, 1875-1890 ; 4 vol. 12º.

Dante, De vulg. eloq. — Voir Dante, Op. lat.

Dante, Op. lat. — Opere latine di Dante Allighieri reintegrate nel testo con nuovi commenti da Giambattista Giuliani. Florence, 1878-1882 ; 2 vol. 12º ; VII-454 ; III-516. (De vulg. eloq. = De vulgari eloquentia libri duo, t. I, p. 17 et suiv.).

Darmesteter, Mots comp. — Traité de la formation des mots composés dans la langue française comparée aux autres langues romanes et au latin, par Arsène Darmesteter. Paris, 1874 ; 8º, XIX-331 (Bibl. de l'Ec. des Hautes-Etudes, fasc. XIX).

Darmesteter, Mots nouveaux. — De la création actuelle de mots nouveaux dans la langue française et des lois qui la régissent. Thèse de doctorat. Par A. Darmesteter. Paris, 1877 ; 8º, 307 p.

Darmesteter-Muret. — Cours de grammaire historique de la langue française. Première partie : Phonétique. Publiée par les soins de M. Ernest Muret. Paris, 1891 ; 12º, XII-171.

Darmesteter, Vie des mots. — La vie des mots étudiée dans leurs significations par Arsène Darmesteter. Paris, 1887 ; 12º, XII-212.

D. C. — Glossarium ad scriptores mediae et infimae graecitatis, in quo graeca vocabula novatae significationis, aut usus rarioris, Barbara, Exotica, Ecclesiastica, Liturgica, Tactica, Nomica, Iatrica, Botanica, Chymica explicantur, etc., etc. Accedit Appendix ad Glossarium mediae et infimae Latinitatis, unà cùm brevi Etymologico Linguae Gallicae ex utroque Glossario. Auctore Carolo Du Fresne, Domino Du Cange. Lyon. 1888 ; 2 vol. fo. On cite le t. et la col. Le chiffre suivi de ^{a} ou de ^{1} etc., renvoie aux Addenda ad Glossarium (t. II), suivi de ^{b} ou de ^{2} à l'Index auctorum (t. II), etc.

D. Cass. — Voir Dion. Cass.

Decharme, Lex. lat.-gr. — Extraits d'un lexique manuscrit latin-grec ancien et grec moderne par M. P. Decharme. Annuaire, 1873, 100-113.

Déclinaisons. — Voir Essais, I, 28 et ci-dessous G. Meyer, Analogieb.

Deffner, Archiv. — Michael Deffner. Archiv für mittel- und neugriechische Philologie. Athènes, 1880 ; 8º, 304 p. Voir Krumbacher, Bl. f. d. Bayer. Gymn. sch. W., XVII, 331-334 (1881).

Deffner, Neogr. — Neograeca. Scripsit Michael Deffner Donaverdensis. Curt. stud. IV, 2, 233-322.

Deffner, Pont. Inf. — Dr. Michael Deffner : Die Infinitive in den pontischen Dialekten und die zusammengesetzten Zeiten im Neugriechischen. Dans les M. B.

(voir ci-dessous) de Berlin, année 1877 (Berlin, 1878), 191-230.

Deffner, Zak. — Zakonische Grammatik von Dr. Michael Deffner. Erste Hälfte, Berlin. 1881; 8°, 176 p. (seul paru). On cite la p.

Deffner, M. B. — Zakonisches. Par M. Deffner. Dans les M. B. (voir ci-dessous) de Berlin ; année 1875, 15-30, 176-195.

Delbrück, Einl. i. d. Sprachst. — Einleitung in das Sprachstudium. Ein Beitrag zur Geschichte und Methodik der vergleichenden Sprachforschung, von B. Delbrück. Ed. II; Leipzig, 1884; 8°, x-146. — Tome IV de la Bibliothek indogermanischer Grammatiken etc., Leipzig, chez Breitkopf et Härtel.

Delbrück, S. F. — Syntaktische Forschungen von B. Delbrück und E. Windisch. Halle, 1871-1888; 5 vol. 8°; t. I, xii-268 ; t. II, viii-136 ; t. III, viii-80 ; t. IV (Die Grundlagen der griechischen Syntax erörtert von B. Delbrück). 1879, viii-156 ; t. V, xxii-634.

Delisle, Cab. des mss. — Le cabinet des manuscrits de la Bibliothèque impériale, etc., etc., par Léopold Delisle. Paris, 1868-1881; 3 vol. 4° ; en plus un vol. de *Planches d'écritures anciennes*, Paris, 1881, xiv-l planches et un fac-similé de miniature.

Δελτίον. — Δελτίον τῆς ἱστορικῆς καὶ ἐθνολογικῆς ἑταιρίας τῆς Ἑλλάδος. Athènes, Perris frères. Commencé en 1883 ; t. III, 12e (et dernier) fasc., 1891.

Denkschr. d. k. Ak. d. Wiss. — Denkschriften der kaiserlichen Akademie der Wissenschaften. Philosophisch-historiche Classe. Vienne. Commencé en 1850.

Desc. Chr. — Descensus Christi ad Inferos; voir Ev. ap. 301.

Deschamps. — La Grèce d'aujourd'hui. Par Gaston Deschamps. Paris, 1892 ; 12°, 388 p.— Voir Cousin.

Destounis, Arm. — Τοῦ Ἀρμούρη. Ἆσμα δημοτικὸν τῆς βυζαντινῆς ἐποχῆς. Ed. G. Destounis, St Pétersbourg. 1877 ; 8°, xxii-22.

Destounis, Pers. Ath. — Περὶ τῆς ἀναλώσεως καὶ τῆς αἰχμαλωσίας ἣ γέγονεν ὑπὸ τῶν Περσῶν εἰς ἀττικὴν Ἀθῆνα. St Pétersbourg, 1881 ; 8°, vi-9.

Destounis, Xanth. — Τοῦ Ξανθίνου. Ἆσμα δημοτικὸν Τραπεζοῦντος τῆς Βυζαντινῆς ἐποχῆς. Publié par G. Destounis. St Pétersbourg, 1881 ; 8°, 27.

D'Estournelles, Cont. ach. — Texte d'un conte populaire grec recueilli en Achaïe et publié pour la première fois par M. d'Estournelles. Annuaire, 1878, 118-123.

De Syntipa. — Voir Essais, I, 28, et ci-dessous G. Meyer, Synt,

Deuticke. — Archilocho Pario quid in graecis litteris sit tribuendum. Scripsit Paulus Deuticke. Halle, 1877 ; 8°, 60 p.

De Venatione. — Voir Xen. Venat.

Devic. — Dictionnaire étymologique des mots français d'origine orientale (arabe, persan, turc, hébreu, malais), par L. Marcel Devic. Paris, 1876 ; 8°, xvi-279.

Deville, I. Aeg. — Inscriptions grecques d'Egypte recueillies en 1861, etc. Par M. Gustave Deville. Miss. scient. II, livr. 3 (1866), 457-492.

Deville, Pop. cant. — De popularibus cantilenis apud recentiores Graecos. Par G. Deville. Paris, 1866 ; 8°, 55 p.

Deville, Tzac. — Etude sur le dialecte tzaconien. Par Gustave Deville. Paris, 1866 ; 8°, 140 p. et 1 carte.

Dex. — Dexippi, Eunapii, Petri Patricii, Prisci, Malchi, Menandri historiarum quae supersunt. Rec. Imm. Bekker et B. G. Niebuhr. Bonn, 1829 ; 8°, XLVIII-XVI-659. (Patric. 119-136 ; Muller, F. H. G., IV, 184-191 ; Dindorf, H. G., I, 425-437 ; — Prisc. 137-228 ; Muller, F. H. G., I, 69-110 ; Dindorf, H. G., I, 275-352).

Dex. in Aristt. — Voir Busse.

Dial. — Voir Hoffman I.

Dial. gr. — Voir Essais, I, 28 et ci-dessus Comparetti, Dial. gr.

Dict. de l'Acad. — Dictionnaire de l'Académie française. Septième édition. Paris, 1878, 2 vol. 4°.

Dict. gén. — Dictionnaire général de la langue française du commencement du XVIIe siècle jusqu'à nos jours. Par A. Hatzfeld, A. Darmesteter et A. Thomas. Paris, Delagrave ; 4°. En cours de publication, 8 fasc. parus (T. I, p. 624, s. v. De.).

Dict. it. — Dizionario della lingua italiana. Padoue, 1827-1830 ; 7 vol. 8° ; le t. I contient (XLI-CXLI) la liste des auteurs cités (avec renvois) dans le Dict.

Dict. it. — Voir Manuzzi.

Didym. — Didymi Chalcenteri grammatici Alexandrini fragmenta quae supersunt omnia collegit et disposuit Mauricius Schmidt. Leipzig, 1854 ; 8°, x-423.

Diehl et Cousin, Bull. 1885. — Sénatus-consulte de Lagina de l'an 81 avant notre ère. Charles Diehl et Georges Cousin. Bull. corr. hell. 1885. 437-474.

Diehl et Cousin, S. C. de Lagina. — Voir le précédent.

Diehl, Ex. de Ravenne. — Études sur l'administration byzantine dans l'exarchat de Ravenne (568-751). — Thèse de doctorat. Par Charles Diehl. Paris, 1888 ; 8°, XIX-421.

Diels, Dox. gr. — Doxographi graeci. Ed. H. Diels ; Berlin, 1879 ; 8°, x-854.

Diez. — Etymologisches Wörterbuch der romanischen Sprachen von Friedrich Diez. Ed. V. Anhang d'A. Scheler. Bonn, 1887 ; 8°, XXVI-866.

Diez, Gr. Rom. — Grammaire des langues romanes par Frédéric Diez ; éd. III. T. I, traduit par A. Brachet et G. Paris (1874) VIII-476 pp. ; t. II (1874), 460 p. et t. III (1876), 456, tr. par A. Morel-Fatio et G. Paris ; 3 vol. 8°.

Diez, P. d. Troub. — Die Poesie der Troubadours. Von Friedrich Diez. Ed. II, par Karl Bartsch. Leipzig, 1883 ; 8°, XXIII-314.

Dig. — Digesta Iustiniani Augusti. Edd. P. Krüger, Th. Mommsen. Berlin, 1868-1870 ; 2 vol. 4° ; t. I. LXXXVI-LVI*-907-54* ; t. II, 971-75*-10 pl. (en plus 8 feuillets, recto, non chiffrés de Emendanda et Addenda au t. I, p. LXXXI-LXXXVIII de la Préface). — On cite ici d'après le t., la p. et la l. ; entre parenthèses, à la suite, le L., le titre et le § du Dig. (Ainsi cité ci-dessous, 90, 11.)

Dig. I. — De même Dig. III, Dig. V, voir Essais, I, 8-9.

Dig. II. — Les exploits de Digénis Akritas, épopée byzantine du Xe siècle, publiée pour la première fois et d'après le ms. unique de Trébizonde, par C. Sathas et E. Legrand, Paris, 1875 ; 8°, CLII-301. Voir Essais, I, 8.

Dig. IV. — Βασίλειος Διγενῆς Ἀκρίτας. Ed. A. Miliarakis ; Athènes, 1881. Ms. d'Andros du XVIe s., cf. Lambros, Rom. gr., XCVI-XCVII. Voir Essais, II, 39-47.

Dig. VI. — Les exploits de Basile

Digénis Acritas. Epopée byzantine publiée d'après le manuscrit de Grotta-Ferrata par Emile Legrand. Paris, 1892 ; 8°, xxii-147 ; t. VI de la Bibl. gr.

Dindorf, H. G. — Voir le suivant.

Dindorf, Hist. gr. — Historici graeci minores. Ed. L. Dindorf. Leipzig, 1870-1871 ; 2 vol. 12° ; cii-502 ; xxiii-453.

Diog. L. — Diogenis Laertii de clarorum philosophorum vitis, etc., libri decem. Ex italicis codicibus nunc primum excussis recensuit C. Gabr. Cobet. Paris, Didot, 1850 ; 4°, iii-319 (Diog. L.)-iv-182.

Dion. Cass. D. — Dionis Cassii Cocceiani historia romana. Ed. L. Dindorf. Leipzig, 1863-1865 ; 5 vol. 12°, t. I (-xxxvi-xl) xxii-378 ; II (xli-l), 420 ; III (li-lx), 374 ; IV (lxi-lxxx), 363 ; V (Ἐπιτομή, etc. Index), lxxviii-286.

Dion. Cass. M. — Dionis Cassii Cocceiani Historia romana. Edd. L. Dindorf — J. Melber. Leipzig, 1890 ; vol. I, 12°, xliv-604 (L. xxxvi-xl.)

Dion. Chrysost. D. — Δίωνος τοῦ Χρυσοστόμου λόγοι Dionis Chrysostomi orationes. Rec. L. Dindorf. Leipzig. 1857 ; 2 vol. 12° ; xliv-435 ; 392.

Dion. Chrys. — Dionis Chrysostomi opera graece. Ed. A. Emperius ; Brunswig. 1844 ; 8°, xxiii-829 ; pars prior (Or. i-xxx) ; pars altera (Or. xxxi-lxxx). La p. de l'éd. est citée entre parenthèses, en dernier lieu, après le renvoi au discours. la p. de Reiske et celle de Dindorf (Cf. ci-dessous, p. 107. 1).

Dion. Chrysost. Emp. — Voir le précédent.

Dion. Halic. — Dionysi Halicarnasensis Antiquitatum romanarum quae supersunt ed. C. Jacoby. Leipzig, 1885-1888 ; 2 vol. 12° ; I (Ant. Rom. i-iii) viii-404 ; II (Ant. R. iv-vi) iv-408.

Dion. Halic. A. R. — Voir le suivant.

Dion. Halic. Antiq. rom. — Dionysii Halicarnasensis Antiquitatum romanarum quae supersunt. Rec. A. Kiessling. Leipzig, 1860-1870 ; 4 vol. 12° ; xlviii-318 ; xlvi-328 ; xxxvi-319 ; xxxviii-293.

Diosc. — Pedanii Dioscoridis Anazarbei de materia medica libri quinque. Ed. Curtius Sprengel ; Leipzig, 1829 ; 8°, xxviii-850 ; t. XXV des Medicorum graecorum opera quae exstant de C. G. Kühn. On cite le L., le ch., et la p. de Sprengel.

Diosc. Mat. med. — Voir le précédent.

Dirksen, Fr. Spr. bei d. R. — Ueber den öffentlichen Gebrauch fremder Sprachen bei den Römern, t. I. p. 1-92 (1820) des : Civilistische Abhandlungen. Berlin, 1820 ; 2 vol. 8° ; vii-480 ; 528.

Dissert. argent. — Dissertationes philologicae argentoratenses selectae. Strasbourg, 1879-1885 ; 8 v. 8°.

Dist. I, Dist. II. — Voir Essais, I, 9.

Dittenberger, Griech. Nam. — Voir Dittenberger, Röm. Nam.

Dittenberger, Röm. Nam. — Römische Namen in griechischen Inschriften und Literaturwerken. Hermes, 1871, t. VI, 129-155 ; 281-313.

Dittenberger, Syll. — Sylloge inscriptionum graecarum edidit Guilelmus Dittenberger. Fasc. I, viii-404 ; Fasc. II, 805 p. Leipzig, 1883 ; 8°.

Doederl. Lat. Synon. — Lateinische Synonyme und Etymologien von Ludwig Döderlein. Leipzig, 1826-1838 ; 6 vol. 8°.

Domaszewski, I. G. — Inschriften aus Kleinasien. Von A. v. Domaszewski. Arch. ep. Mitth., IX, 1885, 113-132.

Doncieux, Pernette. — La Pernette, origine, histoire et restitution critique d'une chanson populaire romane. Rom. XX (1891), 86-135 ; 8°, 52 p. Par G. Doncieux.

Dosith. Interpret. Böck. — Δοσιθέου τοῦ γραμματικοῦ ἑρμηνευμάτων βιβλίον γ'. Dositheimi Magistri Interpretamentorum liber tertius. Ed. E. Böcking ; Bonn, 1832 ; 12°, xxxi-121. (Adr. sent.— Divi Adriani sententiae et epistolae. Θείου Ἁδριανοῦ ἀποφάσεις καὶ ἐπιστολαί, 1-21 ; Disp. for.— Disputatio forensis maxime de manumissionibus. Συγγραμμάτιον νομικὸν μάλιστα περὶ ἐλευθερώσεων, 39-64).

Dossios, Bezz. Beitr. VI, 230-232. — Alt- und neugriechische Volksetymologien (1881).

Dossios, Ng. Wortbild. — Beiträge zur neugriechischen Wortbildungslehre. Zurich, 1879 ; 8°, 66 p.

Doublet, Bull. etc. — Fragment d'un S. C. de Tabae en Carie ; Bull. corr. hell. XIII, 503-508 (1889).

Doublet, S. C. de Tabae. — Voir le précédent.

Doubl. Synt. — Voir Jean Psichari.

d'Ovidio, El. vul. — Sul trattato de vulgari eloquentia di Dante Alighieri. Studio di Francesco d'Ovidio. Arch. glott. II (1876), 59-110.

Dozon, Chans. bulg. — Chansons populaires bulgares inédites, publiées et traduites par Auguste Dozon. Paris, 1875 ; 12°, xlvii-427.

Dozy. — Glossaire des mots espagnols et portugais dérivés de l'arabe. R. Dozy. — W. H. Engelmann. Ed. II. Leyde-Paris, 1869 ; 8°, xii-427.

Dozy, Suppl. — Supplément aux dictionnaires arabes par R. Dozy. Leyde. 1881 ; 2 vol. 4°.

Drimyt. — Voir Essais, I, 9.

Du Cange. — Glossarium mediae et infimae latinitatis conditum a Carolo du Fresne Domino Du Cange, auctum a monachis ordinis S. Benedicti, etc. Ed. Leopold Favre. Niort, 1883-1887, 10 vol. 4°.

Duchesne-Bayet. — Mémoire sur une mission au Mont Athos par MM. l'abbé Duchesne et Bayet. Paris, 8°, 334 (Arch. des miss., t. III, 3e série, 201-332). Cité par N.

Dugit, Naxos. — Naxos et les établissements latins de l'Archipel. Par M. E. Dugit ; 8°, Arch. des miss., X, 81-337 (1874).

Du Maine et du Verdier. — Bibliothèques françoises de La Croix du Maine et de du Verdier, sieur de Vauprivas. Nouvelle édition. Paris, 1772-1773 ; 6 vol. 4°.

Dumont, Balk. et Adr. — Le Balkan et l'Adriatique. Par A. Dumont. Paris, 1873 ; 8°, iv-413.

Dumont, Δοκίμιον. — Δοκίμιον περὶ χρηματικῆς τινος ἀποδείξεως γεγραμμένης ἐπὶ κεράμου. Ὑπὸ Albert Dumont. (Ἐκ τοῦ ὑπ' ἀρ. 418 φυλλαδ. τῆς Πανδώρας.) Athènes, 1867 ; 16°, 23 p.

Dumont, Mél. — Mélanges d'archéologie et d'épigraphie par Albert Dumont. Réunis par Th. Homolle et précédés d'une notice sur Albert Dumont par L. Heuzey. Paris, 1892 ; 8°, xxxv-666 (avec xvii pl.).

Dunger, Troj. Sag. — Die Sage vom trojanischen Kriege in den Bearbeitungen des Mittelalters und ihren antiken Quellen. Von Dr. H. Dunger. Leipzig, 1869 ; 8°, 81.

Ebeling. — Voir Lex. hom.

Eberhard. Dig. Akr. — Ueber ein mittelgriechisches Epos vom Digenis. (Verhandlungen der vierunddreissigsten Versammlung deutscher Philologen und Schulmänner in Trier vom 24. bis 27. September 1879). Par A. Eberhard. Leipzig, 1880 ; 4°, p. 49-58 du recueil.

Eberhard, Fab. rom. — Fabulae romanenses graece conscriptae. Ed. A. Eberhard. T. I : de Syntipa et de Aesopo narrationes fabulosae partim ineditae. Leipzig, 1872 ; 12°, xii-310.

Ebert, Litt. méd. — Histoire générale de la littérature du moyen âge en Occident, par E. Ebert. Trad. franç. par J. Aymeric et J. Condamin. Paris, 1883-1889 ; 3 v. 8°.

Ebert, Tes. — Compte rendu de Sandras, Chaucer (voir ci-dessous), par A. Ebert. Jahrb. f. rom. u. engl. Lit., t. IV (1862), p. 85-106.

Eckstein, Gloss. gmd. — Ein griechisches Elementarbuch aus dem Mittelalter. (Programm der Lateinischen Hauptschule in Halle für das Schuljahr 1860-1861 von Dr. F. A. Eckstein ; 4°, 1-11.

E. Curtius, Gr. Gesch. — Griechische Geschichte von Ernst Curtius ; 3 vol. Berlin, 1878-79 ; 8° ; 687 ; 883 ; 816.

Ed. — Voir Nov. Z. II, p. 432.

Ed Anast. — Die vom Kaiser Anastasius für die Libya Pentapolis erlassenen Formae. (Zachariae de Lingenthal), Sitz.-Ber. d. k. k. Ak. d. W., Berlin, 1879, 134-158.

Ed. Diocl. — Edit de Dioclétien, établissant le maximum dans l empire romain, publié, avec de nouveaux fragments et un commentaire, par W. H. Waddington. Paris, 1864 ; fo, [iii-]47. —
Ein neues Bruchstück des edictum Diocletiani de pretiis. Mitth. d. d. ar. Inst. Ath., V, 1880, 70-82 (Johannes Schmidt). — Ib. VII, 1882, 22-30. Ein neues Fragment des edictum Diocletiani de pretiis. — Ib. 312.

Ediz. Bocc. — Serie delle edizioni delle opere di Giovanni Boccacci latine, volgari, tradotte e trasformate. Sur la couverture, le titre : Bibliografia boccacesca. Bologne, 1875 ; 8°, 162 p. (Voir p. 12).

Ed. Praef. Praet. — Ein Erlass des Praefectus Practorio Dioscorus vom Jahre 472 oder 475 (Zachariä de Lingenthal). Sitz.-Ber. d. k. k. Ak. d. W., Berlin, 1879, 159-169.

Egenolff, OG. S. — Die orthographischen Stücke der byzantinischen Litteratur von P. Egenolff. Leipzig (Teubner), 1888. Progr. Nr. 571, 4°, 48.

Egenolff, OE. S. — Die orthoepischen Stücke der byzantinischen Litteratur von Prof. Egenolff. Leipzig (Teubner), 1887. Progr. Nr. 570 ; 4°, 48 pp.

Egger, Apoll. Dysc. — Apollonius Dyscole. Essai sur l'histoire des théories grammaticales dans l'antiquité par E. Egger, Paris, 1854 ; 8°, ii-349.

Egger, Etat actuel du grec. — De l'état actuel de la langue grecque et des réformes qu'elle subit. Mém. Soc. Ling. I, 1, 1-13 (1868).

Egger, Hist. anc. — Mémoires d'histoire ancienne et de philologie par E. Egger. Paris, 1863 ; 8°, xii-516. (De l'étude de la langue latine chez les Grecs dans l'antiquité, 259-276 ; Recherches historiques sur la fonction de secrétaire des princes chez les anciens, 220-258, etc.

E. Guidici, Lett. it. — Storia della litteratura italiana di Paolo Emiliani Giudici. Quarta impressione. T. I, Florence, 1865 ; 12°, 460 p.

Elem. — Voir Essais, I, 9.

Elem. lat. en ng. Λατινικά (Eléments latins en néo-grec) par Μιχ:ογιάννης. Ἑστία, 1891, II, 49-59, 65-68, N. 30 et 31.

Elem. ng. t. — Voir Jean Psichari.

Ellissen, Gr. An. — Analekten der mittel- und neugriechischen Literatur. Ed. A. Ellissen ; Leipzig, 1855-1862 ; 5 vol. 16° ; CXLIII-223; XLVIII-110-319; XXXII-320-108 ; XV-365-156 ; 258.

E. Lovatelli, Thanatos. — Comtesse E. Caetani-Lovatelli. Thanatos, Roma, Tipografia della R. Accad. dei Lincei, 1888 ; 12°, 84 pp.

Engelmann-Preuss. — Bibliotheca scriptorum classica. Ed. W. Engelmann ; Ed. VIII par Dr. E. Preuss. Leipzig, 1880-1882 ; 2 vol. 8° (I, Aut. gr. — II, Aut. lat.).

Eph. Arch. — Voir Ἐφ. ἀρχ.

Ephr. — Sancti Ephraem Syri opera omnia quae exstant Graece, Syriace, Latine, in sex tomos distributa ; Graece et latine, 3 vol. fol. Rome, 1732-1746 (le premier chiffre de nos renvois répond, par ordre, aux trois tomes gréco-latins).

Ἐφ.ἀρχ. — Ἐφημερίς ἀρχαιολογική, ἐκδιδομένη ὑπὸ τῆς ἐν Ἀθήναις ἀρχαιολογικῆς ἑταιρίας. Περίοδος τρίτη, 1883. Athènes, chez Perris ; 4°.

Ἐφ. τ. Φιλ. — Ἐφημερίς τῶν φιλομαθῶν, 1852-1867. Fondée sous le titre Ἐφημερίς τῶν μαθητῶν ; fol., jusqu'en 1857, n. 200 ; 4°, à partir du N. 201.

Epiph. D. — Epiphani episcopi Constantiae opera. Ed. G. Dindorf. Leipzig, 1859-1862 ; 5 vol. 8° ; dans la Bibliotheca Patrum graecorum et latinorum.

Epir. — Voir Essais, I, 9.

Epit. Vatic. — Epitoma vaticana ex Apollodori bibliotheca. Ed. Richardus Wagner. Etc. Leipzig, 1881 ; 8°, XVI-319.

Eq. vet. Ὁ πρέσβυς ἱππότης. — Ein griechisches Gedicht aus dem Sagenkreise der Tafelrunde. Ed. Adolf Ellissen. Leipzig, 1846 ; 8°, 47 p.

Er. coll. — Desiderii Erasmi Roterdami colloquia familiaria et encomium Moriae. Leipzig, 1872-1874 ; 2 vol. 16° ; 370 : [II-] 401.

E. Renan, L. S. — Voir Renan.

E. Renan. — Voir Renan.

Erman, tit. ion. — De titulorum ionicorum dialecto. Scripsit Guilelmus Erman, Berolinensis. Curt. Stud. V, 2, 249-310. (Ci-dessus, p. 67, l. 8, corriger 203 en 303).

Eroph. I. — Ἐρωφίλη τραγῳδία Γεωργίου Χορτάτζη. Sathas, Th. crét., 283-467. Voir Essais, I, 9 ; Essais, II, 266.

Eroph. II. — Erophile, tragédie en dialecte crétois par George Chortatzis, Legrand, Bibl. gr., II, 335-399. Voir Essais, I, 9 ; Essais, II, 268 suiv.

Erotocr. — Ποίημα ἐρωτικὸν λεγόμενον Ἐρωτόκριτος, etc. Par Vincent Cornaros. Venise, 1777 ; voir Essais, I, 9, n. 2 ; Essais, II, 272 suiv.

Erot. script. — Erotici scriptores Parthenius, Achilles Tatius, Longus, etc., etc. Edd. G. A. Hirschig, Ph. Le Bas, Lapaume, Boissonade. Paris, Didot, 1856 ; 4°, XXXIV-644-69. — Les renvois sont faits à cette édition.

Erot. script. — Erotici scriptores graeci. Ed. R. Hercher. Leipzig, 1858-1859 ; 12°, LX-399 ; LXVIII-612.

Études néo-grecques.   *j*

Eschyle. — Voir Aesch.

Essais, I. — Voir Jean Psichari.

Essais, II. — Voir Jean Psichari.

Ἑστία. — Περιοδικὸν ἑβδομιαῖον, ἱδρυθὲν τῷ 1876. Athènes, 4°. Dirigé par G. Drossini.

Et. M. — Etymologicon magnum, etc. Anonymi cujusdam opera concinnatum. Ed Thomas Gaisford. Oxford, 1848 ; fol., iv-2470.

Et. méd. — Ἑταιρία τῶν μεσαιωνικῶν ἐρευνῶν. — Κανονισμὸς τῆς ἐν Κωνσταντινουπόλει ἑταιρίας τῶν μεσαιωνικῶν ἐρευνῶν. Constantinople, 1879 ; 8°, 15. — Δελτίον τῶν ἐργασιῶν τοῦ α´ ἔτους. Τεῦχος πρῶτον. Ἐργασίαι τῆς α´ καὶ β´ τριμηνίας. Constantinople, 1880 ; 8°, 100.

Et. ng. — Etudes de philologie néogrecque. Le présent volume.

Et. Paris. — Etudes romanes dédiées à Gaston Paris, par ses élèves français, etc. Paris, 1891 ; 8°, 552 p.

Etudes Paris. — Voir le précédent.

Eub. — Voir Essais, I, 10.

Eug. Nicet. — Nicetae Eugeniani Drosillae et Chariclis rerum libri IX. Ed. J. F. Boissonade ; Erot. script., ii-69, à la fin du volume.

Eunapios. — Muller, F. H. G. IV, 7-56.

Eur. Ind. — Index in tragicos graecos. Vol. I (Euripide). Cambridge, 1830 ; 8° (sans pagination).

Eurip. Hec. — Euripidis fabulae. Ed. Rudolfus Prinz. Vol. I. Pars III. Hecuba. Leipzig, 1883 ; 8°, vi-56 (avec apparat critique).

Eurip. Med. — Euripidis fabulae. Ed. R. Prinz. Vol. I, Pars I. Medea. Leipzig, 1878 ; 8°, xi-64.

Eurip. N. — Euripidis tragoediae. Rec. A. Nauck ; éd. II. Leipzig, 1860-1869 ; 3 vol. 12° ; lxvi-461 ; xxvi-355 ; xxvi-332 (Euripidis perditarum tragoediarum fragmenta).

Eurip. K¹. — Euripidis tragoediae. Rec. A. Kirchoff ; Berlin, 1855 ; 2 vol., 8°, xx-564 ; 533.

Eurip. K². — Euripidis fabulae. Rec. A. Kirchhoff. Berlin, 1867-1868 ; 3 vol., 8°.

Eurip. P. — Euripides, with an english commentary, by F. A. Paley. Ed. II ; Londres, 1872-1880 ; 3 vol. 8° ; t. I, lxiii-577 ; t. II, xxxii-619 (Index) ; t. III, xxvii-633.

Eurip. Phœn. — Εὐριπίδου Δράματα. Ed. D. N. Bernardakis. T. I, Φοίνισσαι. Athènes, 1888 ; 8°, ρλϛ´-660.

Eur. sch. — Scholia in Euripidem. Ed. E. Schwartz. Berlin, 1887-1891 ; 2 v. 8° ; xvi-415 ; viii-442.

Eur. W. — Sept tragédies d'Euripide. Texte grec et commentaire par H. Weil. Ed. II (Hippolyte, Médée, Hécube, Iphigénie en Aulide, Iphigénie en Tauride, Electre, Oreste). Paris, 1879 ; 8°, lvi-809.

Euseb. Comm. — Commentarii in Eusebii Pamphili historiam eccl. vitam Constant. Panegyricum atque in Constantini ad sanctorum coetum orationem et Meletemata Eusebiana. Ed. Fr. A. Heinichen. Leipzig, 1870 ; 8°, vii-804.

Euseb. H. E. — Eusebii Pamphili Historiae Ecclesiasticae libri X. Recensuit cum prolegomenis apparatu et annotatione critica indicibus denuo edidit Fridericus Adolphus Heinichen. Leipzig, 1868 ; 8°, lii-592.

Euseb. Hist. eccl. — Eusebii Caesariensis opera. Ed. G. Dindorf. Leipzig, 1867-1871 ; 4 vol. 12° ; t. I (Pr. Ev., L. i-x) xlvii-588 ; t. II (L. xi-xv) 474 ; t. III (Dem. ev. i-x) xx-700 ; t. IV (Hist. Eccl.) lvi-528.

Euseb. V. C. — Eusebii Pamphili Vita Constantini et panegyricus atque Constantini ad Sanctorum coetum oratio (Const. or. *ou* Const. S. C.). Recensuit cum annotatione critica atque indicibus denuo edidit Fridericus Adolphus Heinichen. Leipzig, 1869 ; 8º, 353.

Eust. ad Il. — Voir Eust. H.

Eust. ad Od. — Voir Eust. H.

Eust. H. — Eustathii archiepiscopi thessalonicensis commentarii ad Homeri Iliadem ; ed. Stallbaum; Leipzig, 1827-1830 ; 4 vol. 4º.
— Du même : Commentarii ad Homeri Odysseam. Leipzig, 1825-1826 ; 2 vol. 4º. — Index in Eust. comment. Matthaei Devarii, Leipzig, 1828 ; 4º, 508.
— On cite le chant (majuscules pour l'Il., minuscules pour l'Odyssée, Λ, α, etc.), la page de l'éd. de Rome (cf. Krumbacher, 246), donnée en marge ; puis, entre parenthèses, le t., la p., la l. de la présente édition.

Eust. Ind. — Voir Eust. H.

Eust. op. — Eustathii metropolitae thessalonicensis Opuscula. Accedunt trapezuntinae historiae scriptores Panaretos et Eugenicus. E codicibus mss. Basilcensi, Parisinis, Veneto nunc primum edidit Theophil. Lucas Frider. Tafel. Francfort, 1832 ; 4º, xxiv-418-xlii. On cite la p. et l.

Eutr. V. — Eutropii breviarium Historiae romanae. Ed. A. Verheyk. Leyde, 1862 ; 8º, liv-38 fol. (non paginés)-664-10 fol. (non paginés)-772-45 fol. (non paginés).

Evang. apocr. — Voir Ev. ap.

Ev. ap. — Evangelia apocrypha. Ed. C. Tischendorf. Leipzig, 1853 ; 8º, lxxxviii-463.

Ev. Nic. — Evangelium Nicodemi, etc., etc. Voir Ev. ap. 203; 266; 301 ; 396.

Ev. Mar. — Evangelium de nativitate Mariae. Voir Ev. ap. 106.

Ev. Th. — Voir Ev. ap. 150.

F. — Voir Essais, I, 10.

Fabre, Chan. Benoit. — Travaux et mémoires des facultés de Lille. Tome I. — Mémoire Nº 3. Paul Fabre. Le polyptique du chanoine Benoit (Etude sur un manuscrit de la Bibliothèque de Cambrai). Lille, 1889 ; 8º, 36 p. et 1 pl.

Fabretti. — Raphaeli Fabretti Gasparis F. Urbinatis Inscriptionum antiquarum quae in aedibus paternis asservantur explicatio, etc. Rome, 1702., 1 vol., fº; 2 feuill. (non paginés)-759-xiv-7 feuill. d'Index (non paginés) et 1 feuillet.

Fabricius-Harles. — Joannis Alberti Fabricii Bibliotheca graeca sive notitia scriptorum veterum Graecorum, etc. Editio nova curante Gottlieb Christophoro Harles. Hambourg-Leipzig, 1790-1809 ; 12 vol., 4º.

Fallmerayer, Entst. d. h. Gr. — Ueber die Entstehung der heutigen Griechen. Par J. Ph. Fallmerayer. Stuttgart et Tübingen, 1835 ; 8º, 112 p.

Fallmerayer, Fr. — Voir le suivant.

Fallmerayer, Fr. aus d. Or. — Fragmente aus dem Orient. Von Dr. J. Ph. Fallmerayer. Stuttgart-Tübingen, 1845 ; 2 vol. 12º ; xxxvii-344 ; [iv-]512.

Fallmerayer, Gesch. d. Halbins. Morea. — Voir Fallmerayer, Halb. Mor.

Fallmerayer, Ges. W. — Gesammelte Werke von Jakob Philipp Fallmerayer. Herausgegeben von G. M. Thomas. Leipzig, 1861 ; 3 vol. 8º.

Fallmerayer, Halb. Mor. — Geschichte der Halbinsel Morea während des Mittelalters. Ein historischer Versuch von Prof. J. Phil. Fallmerayer, 1832-1836 ; 2 vol. 8° ; xiv-432 ; xliv-455.

Fallmerayer, Krit. vers. — Vol. III de Fallmerayer, Ges. W. 1861.

Fallmerayer, Neue Fr. — Neue Fragmente aus dem Orient von Jakob Philipp Fallmerayer. Leipzig, 1861 ; 8°, xlviii-408 ; t. I des Ges. Werk.

Fallmerayer, Neue fr. aus dem Or. — Voir le précédent.

Fallmerayer, Polit. Aufs. — Politische und Culturhistorische Aufsätze. Vol. II de Fallmerayer, Ges. W. 1861.

Fauriel, Dante. — Dante et les origines de la langue et de la littératures italiennes. Par M. Fauriel ; Paris, 1854 ; 2 vol. 8° ; viii-540 ; 494.

F. de Coulanges, Chio. — Mémoire sur l'île de Chio, par Fustel de Coulanges. Miss. scient. t. V (1856), 481-642, 1 pl.

Ferrini. — Voir Theoph. F.

Fick, Hesiod. — Hesiods Gedichte in ihrer ursprünglichen Fassung und Sprachform wiederhergestellt von August Fick. Göttingen, 1887 ; 8°, 131 pp.

Fick, Ilias. — Die homerische Ilias nach ihrer Entstehung betrachtet und in der ursprünglichen Sprachform wiederhergestellt von August Fick. Göttingen, 1886 ; 8°, xxxvi-593 pp.

Fick, Odyssee. — Die homerische Odyssee in der ursprünglichen Sprachform wiederhergestellt von August Fick. Göttingen, 1883 ; 8°, 330 pp.

Finlay. — History of the byzantine empire from dccxvi to mlvii by George Finlay. Edinbourg et Londres, 1853 ; 8°, xii-542.

Fiore. — Ed. G. Mazzatinti. Inventario dei manoscritti italiani delle bibliotheche di Francia. Rome, 1886-1888. t. III, 611-730.

Fischer, Studien. — Studien zur byzantinischen Geschichte des elften Jahrhunderts vom Dr. William Fischer. (Wissenschaftliche Beilage zu dem Program der Gymnasial- und Realschul-Anstalt zu Plauen i. V.) Ostern, 1883. Plauen i. V. 1883, Progr.-Nr. 495 ; 8°, 56 p.

Flach, Chron. Par. — Chronicon Parium. Rec. J. Flach ; Tübingen, 1884 ; 8°, xvii-44, 2 pl.

Flechia, Post. et. — Postille etimologiche. Arch. glott. II (1876), 1-58, 313-384.

Fleckeisen's Jahrb. — Voir Jahrb. f. cl. Ph.

Fleck. Jahrb. — Voir Jahrb. f. cl. Ph.

Fleischer, Acc. c. inf. hom. — De primordiis graeci accusativi cum infinitivo ac peculiari ejus usu homerico. Scripsit Curtius Henricus Fleischer Lipsiensis. Leipzig, 1870 ; 8°, 76.

Fl. et Bl. — Floire et Blanceflor. Poèmes du xiiie siècle, publiés d'après les manuscrits avec une introduction, des notes et un glossaire par M. Edélestand du Méril. Paris, P. Jannet, 1856 ; 12°, ccxxxvi-319 (Edition du Globe).

Flor. — Φλώριος καὶ Πλατζιαφλώρα, Wagner, Med. gr. t., 1-56.

Förster, Par. An. — Zum Pariser und Wiener Anonymus über Athen. Von R. Förster. Mitth. d. d. ar. Inst. in Ath., VIII, 1883, 30-32.

Forcellini. — Totius Latinitatis Lexicon. Par Forcellini. Ed. de Vit. Prati typis aldinianis, 1858-1871 ; 6 vol. 4°. — Onomasticon, 1859-1868, 2 vol. (— Deciminus).

Formul. — Voir Essais, I, 10.

Forssmann, Inf. Thuc. — Theodorus Forssmann. De infinitivi temporum usu Thucydideo. Curt. Stud. VI, 1, 1-83.

Foucart, S. C. de Thisbé. — Rapport sur un sénatus-consulte inédit de l'année 170, relatif à la ville de Thisbé, par M. P. Foucart. Arch. des miss. scient. et littér. Deuxième série, t. VII. Paris, 1872, p. 321-379.

Foucart. — Voir Le Bas, Voy. arch.

Foucart, I. Rh. — Inscriptions inédites de l'île de Rhodes. Par M. P. Foucart. Paris, 1867 ; 8°, 90 p. (=Rev. arch. XI, 218-230 ; 293-301 ; XIII, 152-167 ; 351-364 ; XIV, 328-338 ; XV, 204-221 ; XVI, 21-34).

Foy. — Lautsystem der griechischen Vulgärsprache. Von Dr. Karl Foy. Leipzig, 1879 ; 8°, x-146.

Foy, Bezz. Beitr VI, 220-230. — Beiträge zur Kenntniss des vulgärgriechischen. In Form kritischer Bemerkungen zu Wagners Publication rhodischer Liebeslieder (1881).

Foy, Infin. I. — Τὸ ζήτημα τῶν ἀπαρεμφατικῶν τύπων ἐν τῇ νεοελληνικῇ γλώσσῃ. Dans le 'Ἡμερολόγιον τῆς 'Ανατολῆς τοῦ ἔτους 1886. Constantinople, 1885, p. 207-216.

Foy, Infin. II. — Καὶ πάλιν τὸ ζήτημα τῶν ἀπαρεμφατικῶν τύπων. Ἡμερολόγιον τῆς 'Ανατολῆς, cf. Chatzidakis-Foy, même année, même volume, p. 148-169.

Foy, Voc. ou Vocalst. — K. Foy. Griechische Vocalstudien (I. Anlaut der Neutra. — II. Accent und Vocalveränderung. — III. Grenzen des Vocalschwundes im Anlaut vulgärgriechischer Wörter. — Zur A - prothese bei männlichen und weiblichen Substantiven.) Bezz. Beitr. XII, 38-75.

Franz, El· ep. gr. — Elementa epigraphices graecae. Scripsit Ioannes Franzius. Berlin, 1840 ; 4°, [vi-]401.

Freund-Theil. — Grand dictionnaire de la langue latine. Par le Dr. Guill. Freund. Trad. franç. par N. Theil ; Paris. 1855-1865 : 3 vol. fol. ; I (A-F), II (G-P), III (Q-Z).

Freytag. — Georgii Wilhelmi Freytagii Lexicon arabico-latinum. Halle, 1830-1835.

Fr. Girard, Textes de dr. rom. — Textes de droit romain publiés et annotés par Paul Frédéric Girard. Paris, 1890 ; 8°, viii-750. — Voir Fr. Sin.

Fr. Lenormant, Voie éleus. — Monographie de la voie sacrée éleusinienne, etc. Par François Lenormant. Paris, 1864 ; 8°, 564, 1 pl. (T. I, seul paru).

Fr. Sin. [1]. — Fragments inédits de droit romain d'après un manuscrit du mont Sinaï. Publiés pa M. R. Dareste, Bull. de corresp. hell. 1880, IV, 449-460.

Fr. Sin. [2]. — Réédité par M. R. Dareste, dans la Nouvelle Revue historique de droit français et étranger. Paris, quatrième année, 1880, p. 643-657.

Fr. Sin. [3]. — Papyrusblätter vom Sinai-Kloster mit Bruchstücken griechisch-römischer Jurisprudenz, par Zachariae de Lingenthal. Sitz. ber. d. k. k. Ak. d. W., Berlin, 1881. 620-655.

Fr. Sin. [4]. — Die Sinaï-Scholien zu Ulpians libri ad Sabinum. Von Herrn Professor Paul Krüger in Königsberg. Zeitschrift der Savigny-Stiftung für Rechtsgeschichte. Vierter Band ; XVII, Band der Zeitschrift für Rechtsgeschichte. Romanistische Abtheilung. Weimar, 1883 ; 1-32 ; 8°.

Fr. Sin. [5]. — Fragmenta iuris Romani sinaitica. Dans le : Jurisprudentiae anteiustinianae quae supersunt. Ed. Ph. Eduardus Huschke ; éd. V. Leipzig, 12°, xx-880 ; 1886 ; p. 815-834.

Fr. Sin.⁶. — Scholia sinaitica ad Ulpiani libros ad Sabinum recognovit P. Krueger, dans la : Collectio librorum juris anteiustiniani ; t. III. Berlin, 1890 ; 8°, ii-323 ; p. 265-282.

Fr. Sin.⁷. — Zum Papyrus Bernardakis von Dr. O. Lenel in Leipzig. Zeitschr. der Sav. Stift. (ci-dessus). t. II, Abth. 2; p. 233-237. — Voir : Ch. Graux, Notes paléographiques, 2. L'onciale des fragments juridiques du Sinaï, Rev. de philol., V, Paris, 1881, 121-127. — Sopra alcuni frammenti greci di annotazioni fatte da un antico giureconsulto ai libri di Ulpiano ad Sabinum ; dans les : Studi e documenti di storia e diritto. Rome, Année III, 1882, p 33-48 ; 99-132 ; par I. Alibrandi.

Fr. Sin.⁸. — Mispoulet, Textes de dr. rom., 861-883.

Fr. Sin.⁹. — Fr. Girard, Textes de dr. rom., 509-520 (Ces deux dernières éditions n'ont pas été particulièrement examinées ici ; dans Fr. Sin.⁸, l'apographum a été collationné spécialement. Au point de vue qui nous intéresse, ces deux éditions n'offrent rien de particulier ni qui les différencie des autres.)

Furtwängler. Reit. Char. — Der reitende Charon, eine mythologische Abhandlung von W. Furtwängler. Constance, 1849 ; 12°, vi-109 pp.

Gal. — Voir N. T.

Galen. — Claudii Galeni opera omnia. Ed. D. Carolus Gottlob Kühn. Leipzig, 1821-1833; 20 vol, 8° (t. I à XX des Medici graeci de Kühn; voir Diosc.) — Ch. désigne le t. et la p. de l'édition Chartier, donnée dans Kühn, en titre courant ; on renvoie au t. et à la p. de Kühn.

Gal. elem. — Galeni de elementis ex Hippocratis sententia libri duo. — Ad codicum fidem recensuit Georgius Helmreich. Erlangen, 1878 ; 8°, xiv-70.

Gal. M. — Claudii Galeni Pergameni scripta minora recensuerunt Ioannes Marquardt Iwanus Mueller Georgius Helmreich. — Vol. I, Περὶ ψυχῆς παθῶν καὶ ἁμαρτημάτων. Περὶ τῆς ἀρίστης διδασκαλίας. — Περὶ τοῦ διὰ τῆς σμικρᾶς σφαίρας γυμνασίου. Προτρεπτικός. — Rec. I. Marquardt. Leipzig, 1884 ; 12°, lxvi-129.

Gal. Meth. med. — Galeni de methodo medendi. Γαληνοῦ θεραπευτικὴ μέθοδος. Dans Galen., t. X (Meth. med. L. XIV), 1021 pp. ; Leipzig, 1825, voir Galen.

Gardthausen. — Griechische Palaeographie von V. Gardthausen. Leipzig, 1879 ; 8°, xvi-472 et 12 pl.

Gaspary. — Storia della letteratura italiana di Adolpho Gaspary. Trad. it. de V. Rossi ; Turin, 1887-1891 ; 2 vol. 8°, [Il-]495 ; viii-371. (C'est le t. II qui est cité dans le cours du volume).

Gasquet, Et. byz. — Etudes byzantines. L'empire byzantin et la monarchie franque. Par A. Gasquet. Paris, 1888 ; 8°, xii-484.

Gasselin. — Dictionnaire français-arabe (arabe vulgaire — arabe grammatical), par Edouard Gasselin. Paris, 1886-1891 ; 2 vol. 4° ; xxx-975 ; iv-860.

Gaster. Nichtlat. Rum. Elem. — Die Nichtlateinischen Elemente im rumänischen, von Moses Gaster. Gröber, Grundriss, 406-414.

Gaston Deschamps. — Voir Deschamps.

Gaston Paris. — Voir G. Paris.

G. Curtius. — Voir Curtius.

G. D. S — Voir Coll.
G. Deville, I. Ae. — Inscriptions grecques d'Égypte recueillies en 1861 à Philae, Éléphantine, Silsilis, etc. par Gustave Deville. Miss. scient., sér. II, t. II, 1866, 457-492.
Gédéon, Mv. μεσ. — Μνημεῖα μεσαιωνικῆς ἑλληνικῆς ποιήσεως. Ed. M. J. Gédéon. Parnassos, I (1877), 525-537 (Abécédaire, 533-537), 746-756 ; 856-869 (Tirage à part, Athènes, 1878 ; 8º, 15'-28).
Gell. Noct. Att. — A. Gellii Noctium atticarum libri XX ex recensione et cum apparatu critico Martini Hertz. Berlin, 1883-1885; 2 vol. 8º, I(I-IX), VIII-448 ; II (X-XX), CLI-534.
Geop. — Γεωπονικά. Geoponicorum sive de re rustica libri XX. Ed. N. Niclas. Leipzig, 1781 ; 8º, CVIII-1274 et Index de 71 feuillets.
Georg. Belis. — Voir Essais, I, 10.
Georg. Const. — Ἐμμανουὴλ Γεωργιλλᾶ ἅλωσις Κωνσταντινουπόλεως. Legrand, Bibl. gr., I, 169-202 ; Essais, I. 10.
Georges. — Ausführliches lateinisch-deutsches und deutsch-lateinisches Handwörterbuch ausgearbeitet von Karl Ernst Georges. Lateinisch-deutscher Theil. Ed. VII, Leipzig, 1879 ; 2 vol. 8º; x-2878 ; 3210.
Georg. Rhod. — Ἐμμανουὴλ Γεωργιλλᾶ Θανατικὸν τῆς Ῥόδου ; Wagner, Carmina, 32-52. Essais, I, 11 ; la collation du Gr. 2909, Essais. II, 248-258.
Gervinus, Insurr. gr. — Insurrection et régénération de la Grèce par G. Gervinus. Traduction française par Minssen et Léonidas Sgouta. Paris, 1863 ; 2 vol. 8º ; 618 ; XVI-704.
Gesenius. — Guilielmi Gesenii Thesaurus philologicus criticus linguae hebraeae et chaldaeae veteris Testamenti. Leipzig, 1835-1842, 3 vol. 4º.
Gest. Apoll. — Gesta Apollonii regis tyrii metrica. Ed. E. Dümmler. Berlin, 1877 ; 4º, 20.
Gest. Pil. — Gesta Pilati A. = Ev. ap. 203 (Ev. Nic.)—Acta Pilati, ib. 266.
Gest. Rom. — Gesta Romanorum. Ed. H. Oesterley. Berlin, 1871-1872 ; 2 vol. 8º ; [II-]320 ; VIII-[320-]755. Pagination continue.
G. Hermann. — Godefroy Hermann. Extemporalia. Zeitschr. f. d. Alt-Wiss.1837(Darmstadt),321-327.
Gibbon. — Histoire de la décadence et de la chute de l'empire romain, traduite de l'anglais d'Edouard Gibbon. Par M. F. Guizot. Paris. 1812 ; 13 vol. 8º.
Gidel, Et. — Etudes sur la littérature grecque moderne. Imitations en grec de nos romans de chevalerie depuis le XIIe s. Par A. Ch. Gidel. Paris, 1866 ; 8º, VII-371.
Gidel, Nouv. Et. — Nouvelles études sur la littérature grecque moderne. Par Ch. Gidel. Paris, 1878 ; 8º, VIII-616.
Gildersleeve, Artic. Inf. — Contributions to the History of the Articular Infinitive. By Professor B. L. Gildersleeve ; Trans. of the Amer. Philol. assoc. 1878, p. 5-19.
Gildersleeve. Artic. Inf. ag. — The articular infinitive again, dans Am. Journ. of Phil., vol. VIII, 1887, p. 329-337.
Gildersleeve, Artic. Inf. Xen. a. Pl. — Notes from the Greek Seminary. By the Editor. I. On the articular Infinitive in Xenophon and Platon (p. 193-202). II. On οὐ μή (202-205), dans Am. Journ. of Phil. Vol. III, 1882, Nº 10.

Gildersleeve, Cons. sent. in Gr. — The consecutive sentence in Greek. By B. L. Gildersleeve dans Am. Journ. of Phil. Vol. VII, N. 26, 1886, p. 161-175.

Gilliéron, Claire font. — La claire fontaine, chanson populaire française. Examen critique des diverses versions. Par J. Gilliéron. Rom. XII (1883), 306-331; 8°.

Gilliéron. — Voir Rom.

Giudici. — Voir E. Giudici.

G. Kaibel. — Voir Kaibel.

G. Krüger, Ch. u. Th. — Charon und Thanatos. Von Dr. Gustav Krüger. Berlin, 1866; 4°, p. 1-14 (et 1 pl.) dans le Königliches Progymnasium zu Charlottenburg.

Gloss. jur. sl. — Λέξεις λατινικαί in einer älteren bulgarisch-slovenischen Uebersetzung. E. Kałużiacki. Arch. f. sl. Ph. XIV (1891), 84-88.

Gloss. Laod. — Voir Essais, I, 11.

Glykas. — Poëme de Michel Glykas, Legrand, Bibl. gr., I, 18-37 ; cf. Essais, I, 11.

G. Meyer. — Etymologisches Wörterbuch der albanesischen Sprache von Gustav Meyer. Strasbourg, 1891 ; 8°, xv-526 (t. III de la Sammlung indo-germanischer Wörterbücher).

G. Meyer². — Griechische Grammatik von Gustav Meyer. Ed. II ; Leipzig, 1886 ; 8°, xxxvi-552 (T. III de la Bibliothek indogermanischer Grammatiken).

G. Meyer, Et. Wört. — Voir G. Meyer.

G Meyer, Aggiunti gr. it. — Alcune aggiunte all' articolo del Morosi sull'elemento greco nei dialetti dell' Italia meridionale (Arch. glott. XII, 76 sqq.) di Gustavo Meyer ; Arch. glott. XII, 137-140.

G. Meyer, Analogieb. — Analogiebildungen der neugriechischen Deklination, von Gustav Meyer. Bezz. Beitr. I, 227-230.

G. Meyer, Chypr. — Il dialetto delle cronache di Cipro di Leonzio Machera e Giorgio Bustron. Gustavo Meyer. — Riv. di fil. An. IV, fasc. 5-6, 1875, p. 255-286.

G. Meyer, Etym. — Etymologisches. Indog. Forsch. I, 3 et 4, p. 319-329.

G. Meyer, Rom. W. im m.-k. - Romanische Wörter im kyprischen Mittelgriechischen. Jarhrb. f. rom. u. engl. Lit., XV (III Neue Folge), 1876, p. 33-56.

G. Meyer, Synt. — Ueber die sprachlichen Eigenthümlichkeiten in Syntipas. Par G. Meyer, Zeitschrift für die oesterreichischen Gymnasien, Année 1875, livr. 5, Vienne, 1875, pp. 321-345.

Godefroy. — Dictionnaire de l'ancienne langue française et de tous ses dialectes du ixe au xve siècle. Par Frédéric Godefroy. Paris, 1880-1892 ; 4° ; 6 vol. et 8 fascicules (p. 640 du t. VII). — Exemplaire avec des notes d'A. Darmesteter pour les 4 premiers volumes (1880-1885) à la Sorbonne, M.S. n. 64.

Goetz, Coll. Harl. — Colloquium scholicum harleianum ex recensione Georgii Goetz (Index scholarum aestivarum de l'Université d Iéna). Iéna, 1892 ; 4°, 16 p.

Goodwin, Synt. Gr. — Syntax of the moods and tenses of the greek Verb by William Watson Goodwin; London, 1889 ; 8°, xxxii-464.

Gött. gel. Anz. — Göttingische gelehrte Anzeigen. Göttingen ; 12°. Commencé en 1753.

G. Paris, Acc. lat. — Etude sur le rôle de l'accent latin dans la langue française. Par G. Paris. Paris, 1862 ; 8°, 132.

G. Paris, Amuisement de l's fr. — Voir G. Paris, s fr.

G. Paris, Ch. pop. — Rev. crit. 1866, N. 19, 302-312. Compte rendu des: Chants et chansons populaires des provinces de l'Ouest, Poitou, Saintonge et Augoumois, avec les airs originaux, recueillis et annotés par Jérôme Bujeaud. Niort, 1866, 2 vol. 4°, 332, 363 p.

G. Paris, Pet. Pouc. — Le petit Poucet et la grande Ourse. Paris, 1875 ; 16°, viii-95.

G. Paris, Discours. — Voir G. Paris, Parl. fr.

G. Paris, Litt. fr. — La littérature française au moyen âge (xie-xive siècle), par Gaston Paris. Ed. II ; Paris, 1890 ; 12°, xii-316.

G. Paris, Mor. Bov. — Compte rendu de Mor. Bov. Rom. IX, 623.

G. Paris, Parl. fr. — Les parlers de France. Lecture faite à la réunion des sociétés savantes, le samedi 26 mai, par M. Gaston Paris. Paris, 1888 ; 4°, 13 p.

G. Paris, Poés. du m. â. — La poésie du moyen âge. Leçons et lectures par Gaston Paris. Paris, 1885 ; 12°, xiv-254.

G. Paris, Romania. — Romani, Romania. Lingua romana, etc. Rom. I, 1-22.

G. Paris, S. Al. — La vie de saint Alexis, textes des xie, xiie et xive siècles, publiés par G. Paris et L. Panier. Paris, 1872 ; 8°, xii-416. (Bibl. de l'Ec. des H. E., fasc. VII). — Ed. II, 8°, Paris, 1885, viii-26, texte seul.

G. Paris, s fr. — Compte rendu de Köritz, s v. cons. Rom. XV, 614-623.

Graesse. — Trésor des livres rares et précieux ou nouveau dictionnaire bibliographique. Par J. G. Th. Graesse. Dresde, 1859-1867 ; 6 vol. fol.

Grasberger, Gr. Ortsn. — Studien zu den griechischen Ortsnamen. — Mit einem Nachtrag zu den griechischen Stichnamen. Von L. Grasberger. Würzburg, 1888 ; 8°, ix-392.

Grässe, Troj. kr. — Die Sage vom Trojanerkrieg. Lehrbuch einer Literärgeschichte der berühmtesten Völker des Mittelalters etc. Von J. G. Th. Grässe, Dresde, 1842 ; III, 1, p. 111-131.

Greg. Cor. — Gregorii Corinthii et aliorum grammaticorum libri de dialectis linguae graecae. Ed. G. H. Schäfer. Leipzig, 1811 ; 8°, lvii-1072, 7 pl.

Grég. de T. — Voyez Bonnet.

Gregent. — Sanctus Gregentius Tapharensis episcopus ; Migne, Patr. gr., 86, 1, 565-763.

Greg. Naz. — Sancti Patris nostri Gregorii theologi vulgo Nazianzeni, archiepiscopi Constantinopolitani, opera quae exstant omnia ; 4 vol. 4°, Migne, Patr. gr., t. 35-38.

Gregorovius, Hadrian. — Der Kaiser Hadrian. Gemälde der römisch-hellenischen Welt zu seiner Zeit. Von Ferdinand Gregorovius. Ed. II ; Stuttgart, 1884 ; 8°, x-505.

Gregorovius, Kl. schr. — Kleine Schriften zur Geschichte und Cultur. Von F. Gregorovius. Leipzig, 1887 ; 12°, [iv-]323 (Mirabilien der Stadt Athen, 73-115).

Gregorovius, St. Ath. — Geschichte der Stadt Athen im Mittelalter. Von der Zeit Justinian's bis zur türkischen Eroberung. Von Ferdinand Gregorovius. Ed. II ; Stuttgart, 1889 ; 2 vol. 8° ; xxii-490 ; x-477.

Greg. Thaum. — S. P. N. Gregoiri,

cognomento Thaumaturgi, opera quae reperiri potuerunt omnia. Migne, Patr. gr., Paris, 1857, t. 10.

Gr. gr. — Grammatici graeci recogniti et apparatu critico instructi. Voluminis primi fasc. I. Apollonii Dyscoli quae supersunt recensuerunt etc. Richardus Schneider et Gustavus Uhlig. Leipzig, 1878 ; 8°, xvi-264. — Partis quartae vol. prius Theodosii Alexandrini Canones, Georgii Choerobosci scholia, Sophronii Patriarchae Alexandrini excerpta. Rec. Alfredus Hilgard. Contenu : Theodosii canones et Choerobosci scholia in canones nominales ; 1889 ; 417 pp.

Gr. lat. — Grammatici latini ex recensione Henrici Keilii. Leipzig, 1857-1878 ; 8 vol. (avec le suppl.), 4° (t. II en deux vol.).

Gröber, Arch. — Vulgärlateinische Substrate romanischer Wörter. Von G. Gröber. Dans ALL. I, 204-254 ; 539-557 (A C) ; II, 100-107 ; 276-288 ; 424-443 (D-G) ; III, 138-143 ; 264-275 ; 507-531 (H-M) ; IV, 116-136 ; 422-454 (M-P) ; V, 125-132 ; 234-242 ; 453-486 (Q-S) ; VI, 117-149 (T-Z) ; Nachtrag, 377-397.

Gröber, Grundriss. — Grundriss der romanischen Philologie… herausgegeben von Gustav Gröber. T I, Strasbourg, 1888 ; 8°, xii-853 et 2 pl.

Gröb. Zeitschr. — Voir Gr. Z.

Grünenwald, Inf. limit. — Der freie formelhafte Infinitiv der Limitation im Griechischen. Von Dr. L. Grünenwald. Wurzbourg, 1888 ; 8°, 37 p. (Schanz, Beitr. II 3).

Gruter. — Jani Gruteri corpus inscriptionum, ex recensione et cum annotationibus Joannis Georgii Graevii. Amsterdam, 1707 ; 2 vol. fol., en deux parties chacun.

Gr. Z. — Zeitschrift für romanische Philologie herausgegeben von Dr. Gustav Gröber. Halle. Commencé en 1877 ; 8°.

G. Sync. — Georgius Syncellus et Nicephorus C P. Ex recensione Guilelmi Dindorfii. Bonn, 1829 ; 2 vol., 8° ; viii-788 ; II, 596.

Guidi, Osts. Bisch. — Ostsyrische Bischöfe und Bischofssitze im v, vi, und vii Jahrhundert. Von I. Guidi. Zeitschr. d. d. morg. G. 1889, t. XLIII, 388-414.

G. Villani. — Istorie fiorentine di Giovanni Villani cittadino fiorentino fino all' anno MCCCXLVIII. Milano, 1802-1803 ; 6 vol. 8°. — On cite le livre et le chap. ; entre parenthèses, le t. et la p. de l'édition.

Haenel, C. L. — Corpus legum ab imperatoribus romanis ante Iustinianum latarum, quae extra constitutionum codices supersunt. Ed. D. Gustavus Haenel ; Leipzig, 1857 ; 4°, x-278.

Hagen, Dos. Mag. — Hermanni Hageni de Dositheii Magistri quae feruntur glossis quaestiones criticae. Berne, 1877 ; 4°, 15.

Hahn, Alb. st. — Albanesische Studien. Par J. G. de Hahn. Iéna, 1854 ; 4°, xiii-347 ; vi-169 ; viii-244.

Hahn. Gr. u. alb. Märch. — Griechische und albanesische Märchen gesammelt, übersetzt und erläutert von J. G. v. Hahn. Leipzig, 1864 ; 2 vol. 12° ; xiv-319 ; vi-339.

Hahn, Myth. Par. — Mythologische Parallelen. Von J. G. v. Hahn. Iéna, 1859 ; 8°, iv-191.

Harpocr. — Harpocration et Moeris. Ex recensione I. Bekkeri. Berlin, 1833 ; 8°, iv-254.

Hasemann, Gr. Kirch. — Griechische Kirche. Von Dr. J. Hasemann. Enc. de Ersch und Gruber ; t. V (1-290) de : Griechenland (voir Unger, Gr. Kunst.). Leipzig, 4°, 1870.

Hausknecht, F. e Bianc. — Il cantare di Fiorio e Biancifiore. Emil Hausknecht. Herrig's Arch. t. 71 (1884), 1-48.

Havet. — Voir Louis Havet.

Hehn. — Kulturpflanzen und Hausthiere in ihrem Uebergang aus Asien nach Griechenland und Italien sowie in das übrige Europa. Von Victor Hehn ; Ed. V ; Berlin, 1887 ; 8°, 522 p.

Hehn, das Salz. — Das Salz. Eine kulturhistorische Studie von Victor Hehn. Berlin, 1873 ; 8°, 74.

Heilmaier. — Ueber die Entstehung der romaischen Sprache unter dem Einflusse fremder Zungen. Von J. M. Heilmaier. Aschaffenburg, 1834 ; 4°, 42 p.

Heldreich, F. gr. — La Faune de la Grèce. Par Th. de Heldreich. Première partie. Animaux vertébrés. Athènes, 1878 ; 8°, 115.

Heliod. Aeth. — Heliodori Aethiopicorum libri decem. Ed. I. Bekker. Leipzig, 1855 ; 12° ; vi-318. (Erot. script. 223-412).

Heliod. K. — Ἡλιοδώρου Αἰθιοπικῶν βιβλία δέκα, ἃ χάριν Ἑλλήνων ἐξέδωκε μετὰ σημειώσεων, προσθεὶς καὶ τὰς ὑπὸ τοῦ Ἀμιότου συλλεγείσας, τέως δὲ ἀνεκδότους, διαφόρους γραφὰς, προτροπῇ καὶ δαπάνῃ Ἀλεξάνδρου Βασιλείου Ο. Δ. Κοραῆς. Paris, 1804 ; 2 vol. 8° ; πη'-448 ; 418.

Henrichsen, Vers. polit. — Ueber die sogenannten politischen Verse bei den Griechen. Von Mag. R. J. F. Henrichsen. Aus dem dänischen übersetzt von P. Friedrichsen. Leipzig, 1839 ; 8°, viii-135.

Henry, Anal. gr. — Etude sur l'analogie en général et sur les formations analogiques de la langue grecque. Par V. Henry. Lille, 1883 ; 8°, vi-441.

Henry, Gr. comp. — Précis de grammaire comparée du grec et du latin. Par V. Henry. Ed. II. Paris, 1889 ; 8°, xx-356.

Henry [2]. — Voir le précédent.

Hermann. — Voir G. Hermann.

Hermes. — Hermes. Zeitschrift für classische Philologie. Herausgegeben von E. Hübner. Berlin (Weidmann) ; 8°. Commencé en 1866-1881 (E. Hübner), 1882 (G. Kaibel et C. Robert).

Hermoniacos II. — Legrand, Bibl. gr., t. V. — La guerre de Troie, poème du xive siècle en vers octosyllabes par Constantin Hermoniacos, publié d'après les manuscrits de Leyde et de Paris par Emile Legrand. Paris, 1890 ; 8°, xiii-480. Cf. Hermon. (qui devient maintenant : Hermon. I), Essais, I, 11.

Herod. Epim. — Voir Herod. Partit.

Herodian. — Herodiani ab excessu divi Marci libri octo edidit Ludovicus Mendelssohn. Leipzig, 1883; 8°, xvi-255.

Hérodote. — Voir Herodt.

Herod. Partit. — Herodiani partitiones. E codd. parisinis edidit Jo. Fr. Boissonade. Londres, 1819 ; 8°, xi-319.

Herod. Philet. — Voir Moer.

Herodt. — Herodoti Historiae. Recensuit Henricus Stein. Berlin, 1869-1871 ; 2 vol. 8° ; I (L. A-Δ) lxxvi-462 ; II (E-I) 538.

Herod. — Voir Lentz.

Herodian. — Voir Lentz, Herod.

Herrig's Arch. — Archiv. für das Studium der neueren Sprachen und Litteraturen. Begründet von Ludwig Herrig. Braunschweig (Westermann), 8°. Commencé en 1846.

Hertzberg, Gesch. Griech. — Geschichte Griechenlands seit dem Absterben des antiken Lebens bis zur Gegenwart. Von Gustav Friedrich Hertzberg. Gotha, 1876-1879 ; 4 vol. 8° et un Index.

Hertzberg, Röm. Griechenl. — Die Geschichte Griechenlands unter der Herrschaft der Römer. Von Dr. Gustav Friedrich Hertzberg. Halle, 1866-1868 ; 2 vol. 8° : t. I (von Flamininus bis auf Augustus) xii-540 ; t. II (von Augustus bis auf Septimius Severus) vi-535.

Herwerden, Ad Thuc. — H. van Herwerden. Ad Thucydidem. Mnemosyne. N. S., t. I (1873), 70-90, 170-180.

Herwerden, Polyb. — Polybiana. Scripsit H. van Herwerden. Mnemosyne, N. S., t. II, 1874, 73-79.

Herwerden, St. crit. — Studia critica in epigrammata graeca. — Adnotationes ad epigrammata in tertio volumine anthologiae palatinae editionis didotianae, cum appendice epigrammatum nondum collectorum. Leyde, 1891 ; 8°, 158 p.

Herzog, Inf. Synt. — Ernst Herzog, Die Syntax des Infinitivs. Fl. Jahrb. 1873, t. 107, 1-33.

Hesseling, Istambol. — Rev. des Et. gr., t. III, N. 10, 1890, p. 189-196.

Hes. — Hesiodea quae feruntur carmina ad codicum manuscriptorum et antiquorum testium fidem recensuit etc. Arminius Koechly, lectionis varietatem subscripsit Godofredus Kinkel. Leipzig, 1870 ; 8°, xlviii-192.

Hesych. — Hesychii Alexandrini Lexicon post Ioannem Albertum recensuit Mauricius Schmidt.

Iéna, 1858-1868 ; 5 vol. 4° ; t. I (A-Δ), 556 ; t. II (E-K) 566 ; t. III (Λ-P) 439 ; IV (Σ-Ω) 368-cxcii (Quaest. hes.) -183 (Indices) ; V (Auct. emend.), 178. On cite le mot, le t. et la p.

Heuzey, Ol. et Acarn. — Le mont Olympe et l'Acarnanie. Exploration de ces deux régions, etc. Par L. Heuzey. Paris, 1860 ; 8°, 496.

Heuzey, Miss. de Mac. — Mission archéologique de Macédoine par Léon Heuzey et H. Daumet. Paris, 1876, fol., xiii-470 ; 1 vol. de 34 pl. — Voir Dumont, Mél.

H. Hagen, Ap. T. — Der Roman vom König Apollonius von Tyrus in seinen verschiedenen Bearbeitungen. Par Hermann Hagen. Berlin, 1878 ; 8°, 32 p. (= Sammlung gemeinverständlicher wissenschaftlicher Vorträge, herausgegeben von R. Virchow und Fr. von Holtzendorff, xiii série, fasc. 303, p. 563-592. — Ce recueil ne m'est pas accessible.)

Hieron. Comm. in ep. ad Gal. — Sancti Eusebii Hieronymi Stridonensis presbyteri commentariorum in epistolam ad Galatas libri tres. Migne, Patr. lat., t. 26 (t. 7 des œuvres de S. Jérôme), pp. 307-438 ; Paris, 1845.

Hieron. V. I. — Hieronymi de viris inlustribus liber, accedit Gennadii catalogus virorum inlustrium. Ex recensione Guilelmi Herdingii. Leipzig, 1879 ; 12°, xliv-112. On cite le ch., la p. et la l. de l'édition.

Hinrichs, de hom. eloc., etc. — De homericae elocutionis vestigiis aeolicis scripsit Gustavus Hinrichs ; Iéna, 1875 ; 8°, 176.

Hinrichs. — Voir I. Müller, Handb.

Hirsch, Byz. St. — Byzantinische Studien. Von Ferdinand Hirsch. Leipzig, 1876; 8°, xi-428.

Hist. Aug. — Scriptores historiae Augustae iterum recensvit adparatumque criticum addidit Hermannus Peter. Leipzig, 1884; 2 vol. 12°; xlii-299; 401. On cite le t., l'auteur, l'ouvrage, le ch., le §.

Hist. Jahrb. — Görres-Gesellschaft. Historisches Jahrbuch. Münster; 8°. Commencé en 1880.

Hist. litt. — Histoire littéraire de la France, ouvrage commencé par des religieux bénédictins de la congrégation de Saint-Maur et continué par des membres de l'Institut; 1733-1892...

Hist. litt. XXVII. — Voir Rabb. fr.

Hoffmann I. — Die griechischen Dialekte in ihrem historischen Zusammenhange dargestellt von Dr. Otto Hoffmann. 1 Band. Der Südachäische Dialekt. Mit I Tafel. Göttingue, 1891; 8°, xvi-344.

Hoffmann, Dial. I. — Voir le précédent.

Holleaux, Néron. — Discours de Néron prononcé à Corinthe pour rendre aux Grecs la liberté. Bull. corresp. hellén. 1888, 510-528. — Tirage à part: Discours prononcé par Néron à Corinthe en rendant aux Grecs la liberté. 28 novembre 67 J. C.-Lyon, 1889; 4°, 24 p. et 1 pl. (La correspondance avec le tirage à part, entre parenthèses).

Homolle. — Voir Dumont, Mél.

Hom. — Voir Hom. Il. et Hom. Od. Les capitales A B, etc. renvoient à l'Iliade; les minuscules α, β, etc., à l'Odyssée.

Hom. Il. — Homeri Ilias ad fidem librorum optimorum edidit I. La Roche. Leipzig, 1873-1876; 8°, Pars prior vi-361 (A-K); Pars posterior, 395 (N-Ω).

Hom. Lex. — Voir Lex. Hom.

Hom. Od. — Homeri Odyssea ad fidem librorum optimorum edidit I. La Roche. Pars prior. Accedunt tabulae xi specimina librorum exhibentes. Leipzig, 1867; 8°, xlviii-283, tab. xi. — Pars posterior. Accedunt testimonia veterum et Indices; 1868; 358.

Hopf, Chr. gr. rom. — Chroniques gréco-romanes. Ed. Charles Hopf. Berlin, 1873; 8°, xlviii-538.

Hopf, Gr. Gesch. — Geschichte Griechenlands vom Beginn des Mittelalters bis auf unsere Zeit (1821). Encyklopaedie von Ersch und Gruber. 1re section, 85e partie. Leipzig, 1867; 4°. Tomes VI (cité I) et VII (cité II) de: Griechenland, geographisch, geschichtlich und culturhistorisch von den ältesten Zeiten bis auf die Gegenwart in Monographien dargestellt.

Hor. — Q. Horatii Flacci opera recensuerunt O. Keller et A. Holder. Leipzig, 1864-1880; 8°; Vol. I, xiiii-304; vol. II, fasc. I, iii-187; fasc. II, xx-188-484; Epilegomena xii-890, en trois parties.

Hor. Or.[4]. — Q. Horatius Flaccus. Rec. J. G. Orelli. Ed. IV, par G. Hirschfelder; Berlin, 1885-1891; vol. I, 709, Proleg. lvi (fasc. II du t. I); vol. II, ii-640 (inachevé); 8°.

Hortis. — Attilio Hortis. Studj sulle opere latine del Boccaccio. Trieste, 1879; 4°, xx-956.

H. S. — Thesaurus graecae linguae ab Henrico Stephano constructus. Ed. Didot, Paris, 1831-1854; 8 vol. fol.

Hübner. — Exempla scripturae. epigraphicae latinae a. Caesaris. dictatoris. morte. ad. aetatem Iustiniani edidit Aemilius. Huebner. Corporis. Inscriptionum latinarum. auctarium. Berlin, 1885; fol., LXXXIV-458.

Hübner, Grundriss. — Grundriss zu Vorlesungen über die griechische Syntax von E. Hübner. Berlin, 1883 ; 8°, IV-112.

Hübner, Röm. Ep. — Römische Epigraphik. Von Dr. E. Hübner. — I Muller. Handb. I, 475-548.

Hultsch, Curtius' Gr. — Friedrich Hultsch. Compte rendu de la Griech. Schulgr. de G. Curtius et des « Erlauterungen zu meiner griechischen Schulgr. » du même. — N. Jahrb., 1864. t. 89, p 433-448.

Hultsch, Hiat. b. Pol. — Ueber den hiatus bei Polybius. Philol. XIV. 288-319 ; XV, 152-153.

Hultsch, Pol. Zeitf. — Die erzählenden Zeitformen bei Polybios. Ein Beitrag zur Syntax der gemeingriechischen Sprache von F. Hultsch. Leipzig, 1891 ; 4°, 210 p.

H. Usener, Heil. Pel. — Legenden der heiligen Pelagia. Ed. Hermann Usener. Bonn, 1879 ; 8°, XXIV-62. V. Usener, Heil. Theod.

H. Usener, Phil. u. Gesch. — Philologie und Geschichtswissenschaft. Von Hermann Usener. Bonn. 1882 ; 8°, 39.

Hygin. — Hygini fabulæ. Ed. M. Schmidt. Iéna, 1872 ; 8°, LVI-172. 1 pl.

Hymn. hom. — Die homerischen Hymnen. Ed. A. Gemoll. Leipzig. 1886 ; 8°, XIV-378.

I. A. — Inscriptiones graecae antiquissimae praeter atticas in Attica repertas. Ed. Hermannus Roehl. Berlin. 1882 ; fo. 193 p.

I. F. — Voir Indog. Forsch.

I. G. A. — Voir I. A.

Ignat. Epist. — Ignatii et Polycarpi Epistulae martyria fragmenta recensuit et illustravit Theodorus Zahn ; Leipzig, 1876 ; 8°, LVI-404. On cite le ch., le §, la p. et la l. de l'éd. (Fasc. II des : Patrum apostolicorum opera. Leipzig, chez Hinrichs).

Ikonomos, Tzak. — Γραμματικὴ τῆς τσακωνικῆς διαλέκτου. Athènes, 1870 ; 8°, 76 p.

Imb. I, III et IV. — Voy. Essais, I, 11 et 12.

Imb. II. — Διήγησις ἐξαίρετος ἐρωτικὴ καὶ ξένη τοῦ Ἡμπερίου θαυμαστοῦ καὶ κόρης Μαργαρώνας ; Lambros, Rom. gr., 239-288. Essais, I, 12.

Immisch. — Voir le suivant.

Immisch, Gl. Hes. — De Glossis Lexici Hesychiani italicis. Scripsit Otto Immisch. Leipz. St. VIII (1885), 265-378.

I. Muller, Handb. — Handbuch der klassischen Alterthums-wissenschaft in systematischer Darstellung. Publié par I. von Muller. Parus, I, II, III, IV, V (1 et 3), VII, VIII, IX, 1 (1885-1891).

I. Müller, Handb. I. — Handbuch der klassischen Altertumswissenschaft. Nördlingen, 1886 ; t. I, 8°, XX-712. — Grundlegung und Geschichte der klassischen Altertums-wissenschaft. Par L. V. Ulrichs, 1-126[b]. — Hermeneutik und Kritik. Par Fr. Blass, 127-272. — Palaeographie. Par Fr. Blass, 273-327. — Griechische Epigraphik. Par G. Hinrichs, 329-474. — Zeitrechnung der Griechen und Römer. Par G. F. Unger, 549-662. — Griechische und römische Metrik. Par H. Nissen, 663-712. — Voir Christ, Hübner, Krumbacher.

Ind. hom. — Index homericus. Ed.

A. Gehring. Lepziig, 1891 ; 4°, IV-875.
Ind. Inscr. — Jahresbericht über die griechische Epigraphik. Von C. Curtius. — Burs. Jahrb., 1873, t. II, 1194-1254 ; 1874-1875, (paru en 1877), t. IV, 2 Abth., 252-311 ; 1878 (paru en 1880), t. XV, 3 Abth., 1-94 ; 1882 (paru en 1884), t. XXXII, 3 Abth., 1-154 (par Hermann Röhl) ; 1883 (paru en 1885), t. XXXVI, 3 Abth., 1-153 ; 1887 (paru en 1889), t. LII. 3 Abth., 379-564 (Wilhelm Larfeld) ; 1889, t. LX, 3 Abth., 442-499 (Bibl. de 1883-1887.)
Indog. Forsch. — Indogermanische Forschungen. Zeitschrift für indogermanische Sprach- und Altertumskunde. Edd. K. Brugmann et W. Streitberg. Mit dem Beiblatt : Anzeiger für indogermanische Sprach- und Altertumskunde redigiert von Wilhelm Streitberg. Strasbourg, 1891, 8° (quatre premières livraisons parues).
Inf. — Voir Dante.
Infort. — Λόγος παρηγορητικός περὶ δυστυχίας καὶ εὐτυχίας. Lambros, Rom. gr., 289-321. Essais, I, 12, 68.
Inscr. C. — The inscriptions of Cos. Edd. W. R. Paton et E. L. Hicks. Oxford, 1891 ; 4°, LIV-407 ; 1 carte.
Inscr. de Gort. — Voir Baunack.
Inscr. gr. ég. — Bull. inst. ég. N. 13, (1874-1875), 102-105.
Inst. — Voir C. J. G.
Institut. — Voir C. J. G.
Interpret. Montep. — Voir Essais, I, 12.
Isid. Sev. — Sancti Isidori Hispalensis episcopi opera omnia. Migne, Patr. lat., t. 81-84. Paris, 1850.
Isocrat. — Isocratis orationes. Recognovit praefatus est indicem nominum addidit Gustavus Eduardus Benseler. Editio altera curante Friderico Blass. Leipzig, 1878-1879 ; 12°, t. I, LVIII-241 ; II, LX-324.
Isocr. Paneg. — Voir Isocrat.
Ital. Gr. — Die italienische Sprache von Francesco d'Ovidio und Wilhelm Meyer. Gröber, Grundriss, 489-560.
Italien. Gr. — Voir le précédent.
Italograeca I. — Ἰταλοελληνικά, ἤτοι κριτικὴ πραγματεία περὶ τῶν ἐν τοῖς ἀρχείοις Νεαπόλεως ἀνεκδότων ἑλληνικῶν περγαμηνῶν ὑπὸ Σ. Ζαμπελίου. Athènes, 1864 ; 8°, 254. Voir Essais, I, 13, n. 1.
Italograeca II. — I diplomi greci ed arabi di Sicilia, publicati nel testo originale, tradotti ed illustrati da Salvatore Cusa. Palerme, 1869-1882, 2 vol. in-4°, en 2 parties, XXIII-862 pages. Voir Essais, I, 13 ; Essais, II, 106.

Jacobs, Anth. — Anthologia graeca ad fidem codicis olim palatini nunc parisini ex apographo gothano edita. Ed. Fr. Jacobs. Leipzig, 1813-1817 ; 3 vol. 8° ; I (I-VIII) LXXII-606 ; II (IX-XV, Anth. pal. ; App. Ep.) 880 ; III (Notes critiques) CIV-1058.
Jagić, Poric. — Ein serbisch-slovenischer Text verglichen mit der griechischen Originalerzählung. V. Jagić, Arch. f. sl. Ph. I (1876), 611-617.
Jahrb. d. arch. Inst. — Jahrbuch des kaiserlich deutschen archäologischen Instituts. Herausgegeben von Max Fränkel. Berlin, 4°. Commencé en 1887.
Jahrb. f. cl. Ph. — Jahrbücher für classische Philologie. Herausgegeben von Alfred Fleckeisen.

Leipzig, chez Teubner. — Ce recueil comprend deux vol. par an, de tomaisons différentes. Les Neue Jahrb. f. Phil. u. Paed. sont publiés par A. Fleckeisen et H. Masius ; d'où les Jahrbücher für cl. Phil. par A. Fleckeisen. La tom. générale comprend les Jahrb. f. cl. phil. u. Paed., commencés par Jahn. La II° Abth. (Paed.) est publiée par Masius.

Jahrb. f. Phil. — Jahrbücher für Philologie und Paedagogik (titre général du Recueil ; voir le précédent). Herausgegeben von M. Joh. Christ. Jahn. Leipzig, Teubner ; 8°. Commencé en 1826, continué en 1831 par les Neue Jahrb. = Fl Jahrb. (voir aux deux).

Jahrb. f. rom. u. engl. Lit. — Jahrbuch für romanische und englische Literatur. Leipzig, Brockhaus ; 8° ; 1859-1871, 12 vol. — En 1874, Neue Folge. On cite N. F. et le t., ou, sans N. F., le t. de la série depuis 1859.

Jal. — Glossaire nautique. — Répertoire polyglotte de termes anciens et modernes, par A. Jal. Paris, 1848-1850 ; 2 vol., 4°, 1591 p. ; I (A-J) ; II (K-Z).

Jeann. — Kretas Volkslieder herausgegeben von Anton Jeannaraki, Leipzig, 1876 ; 12°, ix-388. Essais, I, 13.

Jeannarakis. — Voir Essais, I, 29.

Jean Psichari, Ball. de Lén. — La Ballade de Lénore en Grèce. (Rev. hist. d. rel., IX, 1884, 27-64) ; tirage à part, Paris, 1884, 8°, 40 p. — Voir Arch. f. sl. Ph. X (1887), 356-359 (Bogomil Krek) ; XIV (1891), 146 suiv. (W. Bugiel).

Jean Psichari, C. R. Foy. — Compte rendu de Foy, Vocalst.—Rev. crit. 1888, N. 17, 329-333. — Ibid. N. 43, 299-303.

Jean Psichari, Doubl. synt. — Essais de phonétique néo-grecque. Doublets syntactiques, ὅταν, ὄντων (Mém. Soc. de Ling. VI, fasc. I, 40-50.) Tirage à part, Paris, 1885 ; 8°, 15 p.

Jean Psichari, Elem. ng. t. — Éléments néo-grecs en turc osmanli. Lexique des mots grecs qui ont passé en turc osmanli, directement du grec, ou par le canal de l'arabe, avec l'historique des mots grecs particulièrement (A paraître dans le t. II des Et. ng. V. ci-dessus, p. LXXIV-LXXXII.).

Jean Psichari, Essais, I. — Essais de grammaire historique néo-grecque. L'article féminin pluriel au moyen âge et de nos jours et la première déclinaison moderne. Première partie ; Paris, 1886 ; 8°, XXIII-299.

Jean Psichari, Essais II. — Essais de grammaire historique néo-grecque. Etudes sur la langue médiévale. Paris, 1889 ; 8°, CLX-336.

Jean Psichari, Ét. néo-gr. — Voir Ét. ng.

Jean Psichari, Hermoniacos II. — Compte rendu d'Hermoniacos II. Rev. crit. 1891, N. 2, 28-30.

Jean Psichari, Lex. de Theoph. — Introduction au Lexique des mots latins dans Théophile et les Novelles de Justinien ; Et. ng. 159-254. Voir Triantaphyllidès, Lex. de Theoph.

Jean Psichari, Mir. Imp. — Le miroir importun. Extrait d'un manuscrit inédit contenant une *Histoire anecdotique et fabuleuse des empereurs de Byzance*. Ecriture et XVI° siècle ; Paris, 1888 ; 4°, 4 pp. (Tiré à vingt-huit exemplaires).

Jean Psichari, Mittelgr. — Zur Entstehung der mittelgriechischen Schriftsprache (Réponse à Chatzidakis C. R.), Berl. philol. Woch. 1888, N. 17, 515-516; N. 18, 547-548; N. 20, 611-612.

Jean Psichari, N. G. I. — Essai de phonétique néo-grecque. Futur composé du grec moderne Θὰ γράψω — θὰ γράφω, Paris, 1884 ; 8º, 47 p. (= Mém. Soc. de Ling., 1880, t. V, fasc. 5, pp. 349-393). — On cite d'après la p. du tirage à part.

Jean Psichari, N. G. II. — Compte rendu des Beiträge. Rev. crit. 1884, N. 49, 449-457.

Jean Psichari, Noms de lieux. — Compte rendu de Miliarakis, Argol. Rev. crit., N. 21, 1887, 404-410.

Jean Psichari, Observ. phonét. — Observations phonétiques sur quelques phénomènes néo-grecs. Paris, 1888 ; Mém. Soc. de Ling. XI, 303-323. (Même pagination dans le tirage à part.)

Jean Psichari, Phon. pat. — Quelques observations sur la phonétique des patois et leur influence sur les langues communes. Rev. d. pat. 2ᵉ année, N. 5, 7-30. Tirage à part, Paris, 1888 ; 8º, 42 pp. (plus développé).

Jean Psichari, Pron. ng. — Compte rendu du livre de : E. Engel, Die Aussprache des Griechischen. Iéna, 1887 ; 8º, 166 pp. — Rev. crit. 1887, N. 14, 261-268.

Jean Psichari, Prononciation du grec. — La prononciation du grec. Extrait de la Nouvelle Revue, du 1ᵉʳ juillet 1890 (57-78). — Paris, 1890 ; 8º, 24 pp.

Jean Psichari. — Quelques observations sur la langue littéraire moderne. Paris, 1888. Rev. des Et. gr. I, 2, 192-208. (Tirage à part avec la pagination de la Revue.)

Jean Psichari, Quest. d'hist. et de ling. — Questions d'histoire et de linguistique. Ἱστορικὰ καὶ γλωσσολογικὰ Ζητήματα. Extrait du supplément du 18ᵉ volume de l'Annuaire du Syllogue littéraire grec de Constantinople (Εἰκοσιπενταετηρὶς τοῦ ἐν Κ. Π. Ἑλληνικοῦ Φιλολογικοῦ Συλλόγου). Constantinople, 1888; 4º, p. 441-497. — Le tirage à part porte la même pagination.

Jean Psichari, Rapp. de miss. — Rapport d'une mission en Grèce et en Orient. Paris, 1890 ; 8º, 11 pp. (Nouv. arch. des miss. scient., I, 1891, 25-36).

Jean Psichari, Spanéas. — Le poème à Spanéas. Mélanges Renier, 261-283. — Paris, 1886 : 8º, même pagination au tirage à part.

Jean Psichari, Ταξίδι. — Ψυχάρης. Τὸ ταξίδι μου. Ἀθῆνα. Τυπογραφεῖο τοῦ Σ. Κ. Βλαστοῦ. 1888 ; 12º, δ'-270.

Jean Psichari. — Voir S. Portius. — Adelphoe.

Jerusalem, Inscr. Sest — Die Inschrift von Sestos und Polybios. Von Dr. Wilhelm Jerusalem. Wien. Stud. I, 32-58 (1879).

J. G. R. — Jus graeco-romanum. Ed. C. E. Zachariä de Lingenthal. Leipzig. 1856-1884 ; 7 vol. 8º. I. Practica ex actis Eustathii Romani ; x-312. — II. Synopsis minor et Epitome, 455. — III. Novellae constitutiones Imperatorum post Justinianum quae supersunt collatae et ordine chronologico digestae A. 566-1451 ; xxxiv-749. — IV. Ecloga privata aucta (= Ecl.), Ecloga ad prochiron mutata (= Ecl. pr.) et Epanagoge aucta (= Epan.) ; 1-376. — V. Synopsis Basilicorum ; xi-705. — VI. Prochiron auctum ; vii-439. — VII. Epitome legum tit. xxiv et sequentes ; vi-213.

Jirecek. — Geschichte der Bulgaren.

Études néo-grecques.   *k*

Von Constantin Jos. Jireeck. Prague, 1876 ; 8°, xi-586.

J. Lyd. — Voir Lyd.

J. Martha, Inscr. Par. — Inscription métrique de Paros. Bull. corr. hell. VI (1882), 245-249.

J. Martha, Ner. fig. — Quid significaverint sepulcrales Nereidum figurae. Par J. Martha. Paris, 1881 ; 8°, 124.

J. Moschus. — Voir Jo. Mosch.

Joan. Mosch. — Voir Jo. Mosch.

Joannides, Hist. Treb. — Ἱστορία καὶ στατιστικὴ Τραπεζοῦντος καὶ τῆς περὶ ταύτην χώρας ὡς καὶ τὰ περὶ τῆς ἐνταῦθα ἑλληνικῆς γλώσσης. Ὑπὸ Σάβ. Ἰωαννίδου. Constantinople ; 8°, ζ'-296-μη'.

Joest, caviar. — Zeitschr. f. Ethn. 1890, dans les Verlandlungen, Heft IV (210)-(223) : Ueber den Ursprung des Wortes « Caviar ». Communication envoyée le 23 oct. 1866.

Johannes Schmidt, Ind.g. Neutr. — Die Pluralbildungen der indogermanischen Neutra von Johannes Schmidt. Weimar, 1889 ; 8°, viii-457.

Johannes Schmidt. — Voir Ed. Diocl.

John Schmitt, Chr. v. Mor. — Die Chronik von Morea. Von John Schmitt aus Cincinnati. München, 1889 ; 8°, 130 pp. — Voir G. Paris. Rom. XVIII (1889), 351-352.

John Schmitt, Thés. — La Théséide de Boccace et la Théséide grecque. Et. ng., 278-345.

Joh. — Voir N. T.

Joly, Rom. de Tr. — Benoît de Sainte More et le Roman. de Troie ou les métamorphoses d'Homère et de l'épopée gréco-latine au moyen âge. Par A. Joly. Paris. A. Franck, 1870-1871 ; 2 vol. 4° ; t. I, 106-446 ; t. II (suite à la p. 106, t. I—) 107-617. (La discussion sur Darès : 184-218, dans les Mémoires de la Société des antiquaires de Normandie, VII, XXVIIe de la collection, 1870-1871, p. 649-708 ; B. S., L. M., XII, 13ª, 4°).

Jo. Mosch. — Beati Joannis Eucratae (Εὐκρατᾶς) liber qui inscribitur Pratum quod floridam proferat vitarun narrationem coelestis Roseti (Surnommé Ἰωάννης ὁ τοῦ Μόσχου, 2843 a). Migne, Patr. gr., t. 87, 2847-3116.

Jolly Hypot. im ig. — Ueber die einfachste Form der Hypotaxis im indogermanischen. Von Julius Jolly. Curt. Stud. VI, 2, 215-246.

Jolly, Inf. i. ig. — Geschichte des Infinitivs im indogermanischen. Von Dr. Julius Jolly. München, 1873 ; 8°, xv-288.

Joret, Rhot. ie. — De rhotacismo in indoeuropaeis ac potissimum in germanicis linguis. Paris, 1875 ; 8°, 67 p.

Joseph. — Flavii Josephi opera edidit et apparatu critico instruxit Benedictus Niese. Berlin, 1885-1892 ; 8°, vol. I (Antiquitatum iudaicarum libri I-V) lxxxiv-362 ; 1887 ; vol. II (Antiq. iud. VI-X) viii-392 ; 1885 ; vol. III (Antiq. iud. XI-XV) lxvii-409 ; 1892 ; vol. IV (Antiq. iud. XVI-XX et vita Josephi) x-389 ; 1890 ; vol. V (De iudaeorum vetustate sive contra Appionem libri II) xxviii-99 ; 1889.

Joseph, B. — Flavii Josephi opera omnia ab Immanuelle Bekkero recognita. Leipzig, 1855-1856 ; t. I (Ant. Jud. I-V), iv-301 ; t. II (Ant. Jud. VI-X), iv-342 ; t. III (Ant. Jud. XI-XV) iv-350 ; t. IV (Ant. jud. XVI-XX) vii-254 ; t. V (Bell. jud. I-IV) iv-

360 ; t. VI (Bell. Jud. V-VII ; contra App. ; Macc. ; Index des noms propres) iv-346.

Joseph. N. — Flavii Josephi opera omnia post Immanuelem Bekkerum recognovit Samuel Adrianus Naber. Leipzig, 1888-1889 ; 12° ; t. I (Ant. jud. I-V) xxv-334 ; t. II (Ant. jud. VI-X) xliii-374.

Journ. asiat. — Journal asiatique. Paris (Leroux), Imprimerie Nationale ; 8°. Commencé en 1822. Série VIII, t. I, en 1883.

Journ. des Sav. — Journal des Savants. Paris, Imprimerie Nationale ; 4°. — « Septembre 1816. [Premier cahier, depuis le rétablissement de ce Journal]. Seconde édition, etc., 1817 ». Commencé en 1665(-1788).

Journ. of. hell. st. — The Journal of hellenic studies. Londres, 8°. Commencé en 1880.

J. Poll. — Julii Pollucis Onomasticon ex recensione Immanuelis Bekkeri. Berlin, 1846 ; 8°, iv-494. On cite le L., le ch., la p.

J. Psichari. — Voir Jean Psichari.

Jub. Athen. — Voir Jubil. Athen.

Jubil. Athen. — Τὰ κατὰ τὴν ἑορτὴν τῆς Πεντηκονταετηρίδος τοῦ ἐθνικοῦ Πανεπιστημίου ἐκδιδόμενα ψήφῳ μὲν τῆς ἀκαδημαϊκῆς συγκλήτου, ἐπιμελείᾳ δὲ Γεωργίου Καραμήτζα πρυτάνεως τῷ 1886-87. Athènes, 1888 ; 8°, 479 p. — Articles de G. N. Chatzidakis : Συμβολὴ εἰς τὴν ἱστορίαν τῆς μεσαιωνικῆς ἡμῶν γλώσσης, 117 ; Περὶ τῆς ὀρθογραφίας τῶν κατὰ συνεκδρομὴν γενομένων λέξεων καὶ τύπων ἐν τῇ καθ' ἡμᾶς Ἑλληνικῇ, 175.

Julian. — Juliani Imperatoris quae supersunt praeter reliquias apud Cyrillum omnia. Recensuit Fr. C. Hertlein. Leipzig, 1875-1876 ; 2 vol. 12° ; viii-432 ; viii(433-)644.

Jul. Poll. — Voir J. Poll.

Justin. Hist. Phil. Epit. — M. Juniani Justini epitoma historiarum Philippicarum Pompei Trogi ex recensione Francisci Ruehl. Accedunt prologi in Pompeium Trogum ab A. de Gutschmid recensiti. Leipzig, 1886 ; 12°, lxii-315.

Juv. H. — D. Junii Juvenalis satira septima. Texte latin et commentaire. P. J. A. Hild. Paris, 1890 ; 8°, x-97.

Juv. W. — D. Junii Juvenalis saturae. Erklärt von Andreas Weidner. Ed. II ; Leipzig, 1889 ; 8°, xxxii-313.

Kaibel, E. G. — Epigrammata graeca ex lapidibus conlecta edidit Georgius Kaibel. Berlin, 1878 ; 8°, xxiv-703. — Voir Th. Gomperz, compte rendu dans la Zeitschr. f. ost. Gymn. xxix (1878), 429-440.

Kaibel, Epigr. — Voir Kaibel, E. G.

Kaibel, I. G. — Inscriptiones graecae Siciliae et Italiae additis graecis Galliae Hispaniae Britanniae Germaniae inscriptionibus. Ed. G. Kaibel. Galliae inscriptiones edidit Albertus Lebègue. Berlin, 1890 ; fol., xii-36*-778.

Kälker, Q. P. — Quaestiones de elocutione Polybiana cum Epimetro de Hiatu in libris Diodori Siculi. Scripsit Fridericus Kälker. Leipzig, 1880 (Leipz. St. III, 217-320.)

Kälker, Quaest. Polyb. — Voir Kälker, Q. P.

Kambouroglou, Hist. Ath. — Ἱστορία τῶν Ἀθηναίων. Τουρκοκρατία. T. I. Athènes, 1889 ; 8°, 416.

Kambouroglou, Mon. Ath. — Μνημεῖα τῆς ἱστορίας τῶν Ἀθηναίων.

Τουρκοκρατία. Athènes, 1889-1891 ; 2 vol. 8°, 443 ; 392.

Kampe, Thuc. — Observationum criticarum ad Thucydidem pars prima. Von Dr. Kampe. Neu-Ruppin. 1842 ; 4°, p. 1-33 d un Programme de gymnase pour examens.

Kanellakis, Ch. An. — Κωνσταντίνου Ν. Κανελλάκη Χιακὰ ἀνάλεκτα. Athènes, 1890 ; 8°, η'-592.

Kapp, Gutturall. — Die griechischen und lateinischen Gutturallaute im Neugriechischen und in den romanischen Sprachen. P. 1-46 du : Jahresbericht des k. k. Staatsgymnasiums im IX. Bezirke in Wien fur das Schuljahr 1882-1883 ; Wien, Selbstverlag der Lehranstalt. 1883. — Le recueil ne m est pas accessible.

Karavas. Ch. — Τοπογραφία τῆς νήσου Χίου. Par A. Karavas. Chio, 1866 ; 8° (β'-)79 ; 5 pl.

Karl Krumbacher. — Voir Krumbacher.

Karolidis, Capp. — Καππαδοκικὰ ἤτοι πραγματεια ἱστορικὴ καὶ ἀρχαιολογικὴ περὶ Καππαδοκίας. Ὑπὸ Παύλου Κ. Καρολίδου. Tome I. Constantinople, 1874 ; 8°, ιβ'-359.

Karolidis, Lex. capp. — Γλωσσάριον συγκριτικὸν ἑλληνοκαππαδοκικῶν λέξεων ἤτοι ἡ ἐν Καππαδοκίᾳ λαλουμένη ἑλληνικὴ διάλεκτος καὶ τὰ ἐν αὐτῇ σωζόμενα ἴχνη τῆς ἀρχαίας καππαδοκικῆς γλώσσης. Ὑπὸ Π. Καρολίδου ; Smyrne. 8° ; 221.

K. E. — Voir Kaibel, E. G,

Keck, Redn. Dual.— Ueber den Dual bei den griechischen Rednern. Von Dr. Stephan Keck. Würzburg, 1882 ; 8°, 64. (Schanz, Beitr., Heft 2.)

Keiper, Aesch. Pers. — Die Perser des Aeschylos als Quelle für altpersische Altertumskunde betrachtet, nebst Erklärung der darin vorkommenden altpersischen Eigennamen. Act. Sem. Erl. t. I, 175-288.

Kiepert, Handbuch. — Voir Kiepert, Lehrbuch.

Kiepert, Lehrbuch. — Lehrbuch der alten Geographie von Heinrich Kiepert. Berlin, 1878 ; 8°, xvi-544.

Kiepert, Lehrbuch. — Lehrbuch der alten Geographie von H. Kiepert. Erste Hälfte. Einleitung, Asien und Afrika. Berlin, 1877 ; 8°, 224.

Kiepert, Leitf. — Leitfaden der alten Geographie. Von H. Kiepert. Berlin, 1879 ; 8°, viii-219.

Kiepert, Manuel. — Manuel de géographie ancienne, traduit par Emile Ernault, et remanié en ce qui concerne la Gaule par Auguste Longnon. Paris, 1887 ; 8°, vii-365.

Kind. — Handwörterbuch der neugriechischen und deutschen Sprache. Leipzig, 1876 ; 16°, vii-672.

Kirchhoff[4]. — Studien zur Geschichte des griechischen Alphabets, von A. Kirchhoff. Ed. IV. Gütersloh, 1887 ; 8°, vi-180, 1 carte et 2 pl.

Kirchhoff, Stud.[4]. — Voir Kirchhoff[4].

Kirpitchnikov, Βυζ. ὑλ. — Πόθεν ληπτέον τὸ ὑλικὸν τῆς ἱστορίας τῆς βυζαντινῆς φιλολογίας. Trad. du russe par Sp. Lambros ; Δελτίον, III, fasc. 11, 536-546.

Kluge. — Etymologisches Wörterbuch der deutschen Sprache von Friedrich Kluge. Ed. IV ; Strasbourg, 1889 ; 8°, xxiv-453.

Koch, Ch. et la Tes. — Dr John Koch, on 1. An original version of the « Knight's Tale. » 2. The date and personages of the

« *Parlament of foules* », etc., etc., p. 357 suiv. dans les : Essays on Chaucer, his words and works (Chaucer Society). Part IV. London.

Kölbing, Am. et Am. — Amis and Amiloun. Zugleich mit der altfranzösischen Quelle. Ed. E. Kölbing. Heilbronn, 1884 ; 12°, cxxxi-256. (T II de la Altenglische Bibliothek, ed. E. Kölbing).

Köritz. S v. Cons. — Ueber das S vor Consonant im französischen. Von Wilhelm Köritz. Strasbourg, 1885 ; 8°. viii-135.

Korsch, Turk. Elem. — Compte rendu de Miklosich (voir ci-dessous, s. v.), VIII, 1885, 637-651 ; IX, 1886, 487-520, 653-682. — Simplement : Korsch.

Körting. — Lateinisch-romanisches Wörterbuch. Von Gustav Körting. Paderborn, 1890 ; 4°, ix-828-174.

Körting, Boccaccio. — Voir Körting, It. Litt.

Körting, Dict. u. Dar. — Dictys und Dares. Ein Beitrag zur Geschichte der Troja-Sage in ihrem Uebergange aus der antiken in die romantische Form von Dr. Gustav Körting. Halle a. S., 1874 ; 8ᵉ, iv-120.

Körting, It. Litt. — Geschichte der Litteratur Italiens im Zeitalter der Renaissance, von Dr. Gustav Körting. Leipzig, 1878, 1880. T. I, Petrarca's Leben und Werke, 8°, xi-723 ; t. II, Boccaccio's Leben und Werke, xii-744.

Körting, Petrarca. — Voir Körting, It. Litt.

Körting, Ren. litt. — Die Anfänge der Renaissance litteratur in Italien von Dr. Gustav Körting. Erster Theil : Einleitung. Die Vorläufer der Renaissance. — Die Begründer der Renaissance.

— Leipzig, 1884 ; 8°, vii-449.

Kondos, Γλωσσ. Παρ. — Κωνσταντίνου Σ. Κόντου Γλωσσικαὶ παρατηρήσεις ἀναφερόμεναι εἰς τὴν νέαν ἑλληνικὴν γλῶσσαν. Ἐν Ἀθήναις, ἐκ τῶν καταστημάτων Ἀνδρέου Κορομηλᾶ, 1882 ; 8°, λβ'-593.

Kontopoulos. — Κ. Κοντόπουλος, Ἀθανασία τῆς ἑλληνικῆς γλώσσης ἢ ἀνεύρεσις τῆς ὁμηρικῆς γλώσσης ἐν ταῖς δημώδεσι διαλέκτοις τῆς συγχρόνου Ἑλληνικῆς. Ἔκδοσις δευτέρα. Ἐν Ἀθήναις, ἐκ τοῦ τυπογραφείου τῆς Ἑνώσεως. 1884 (ap. Autenrieth, Gr. Lex., 605, 2).

Kor. Ἄτ. — Voir Atakta.

Koray. — Voir Atakta.

Koray, Ἄτακτα. — Ἄτακτα, ἤγουν παντοδαπῶν εἰς τὴν ἀρχαίαν καὶ τὴν νέαν ἑλληνικὴν γλῶσσαν αὐτοσχεδίων σημειώσεων, καί τινων ἄλλων ὑπομνημάτων, αὐτοσχέδιος συναγωγή. Paris, 1828-1835 ; cinq vol. 8°, en sept parties (t. IV et V en deux parties chacun).

Kostomiris. — Voir Aet. XII.

Koumanoudis, Συν. — Συναγωγὴ λέξεων ἀθησαυρίστων, ὑπὸ Σ. Ἀ. Κουμανούδη. Athènes, 1883 ; 8°, ια'-399.

Krauss, Südsl. — Sitte und Brauch der Südslaven. Nach heimischen gedruckten und ungedruckten Quellen, von Dr. Fried. S. Krauss. Wien, 1885 ; 8°, xxvi-681.

Krebs, Praep. adv. — Die Präpositionsadverbien in der späteren historischen Gräcität. Von Dr. Franz Krebs. I Teil ; München, 1884 ; 8°, 62 p. ; II Teil, 1885 ; 64 p.

Krebs, Praepos. adv. — Voir le précédent.

Krebs, Pol. Praep. — Die Präpositionen bei Polybius. Von Dr. F.

Krebs. Würzburg, 1882; 8°, 148 p. (Schanz, Beitr. I, 1.)

Krebs, Praep. b. Polyb. — Voir Krebs, Pol. Praep.

Krebs, Praep. Polyb. — Voir Pol. Praep.

Krek, Sl. Lit. g. — Einleitung in die slavische Literaturgeschichte. Von Gr. Krek, Graz, 1887; 8°, xii-887

Krüger. — Voir G. Krüger.

Krüger, Griech. Sprachl. — Voir le suivant.

Krüger, Gr. Sprachl. — Griechische Sprachlehre für Schulen. Herausgegeben von K. W. Krüger. Erster Theil (Attische Prosa), en deux parties, 366 et 206 p., 8° Berlin-Leipzig, 1873-1875, Ed. V; Zweiter Theil (Dialekte), en deux parties : Erstes Heft (Formenlehre), Leipzig, 1879, Ed. V; Zweites Heft (Syntax), Berlin, 1871, Ed. III. — Register zu K. W. Krüger's griechischer Sprachlehre für Schulen, mit ergänzenden Erklärungen. Fünfte Auflage, berichtigt von Dr. W. Pökel. Leipzig, 1877; 8°, 251.

Krumbacher. — Geschichte der byzantinischen Litteratur von Justinian bis zum Ende des oströmischen Reiches (527-1453). Von Karl Krumbacher ; München, 1891; 8°, x-495. (Band IX, 1 Abth. du Handbuch de Iwan Müller).

Krumbacher, Beiträge. — Beiträge zu einer Geschichte der griechischen Sprache von Dr. Karl Krumbacher. Weimar, 1884; 8°, 65 (K. Z. xxvii, 481-545; ajouter K. Z. xxix (N. F. ix). 188-192 : Nachtrag zu der abhandlung in b. xxvii, 481-545.)

Krumbacher, Gr. Reise. — Griechische Reise. Blätter aus dem Tagebuche einer Reise in Griechenland und in der Türkei von Karl Krumbacher. Berlin, 1886; 12°, xli-390.

Krumbacher, Byz. Sprichw. — Eine Sammlung byzantinischer Sprichwörter herausgegeben und erläutert von Karl Krumbacher. München, 1887. Tirage à part des : Sitz.b. d. philos.-philol. u. hist. Cl. d. k. bayer. Ak. d. Wiss. ; Année 1887, t. II, 43-96 (Paru en 1888).

Krumbacher, De codd. Pseudodosith. — De codicibus quibus Interpretamenta Pseudodositheana nobis tradita sunt scripsit Dr. Carolus Krumbacher. Programm des königlichen Ludwigs-Gymnasiums vom Schuljahre 1882-83. München, 1883; 8°, 68 p.

Krumbacher, Engel. — Compte-rendu du livre de Eduard Engel (Voir ci-dessus, Jean Psichari, Pron. ng.) par Karl Krumbacher, dans les : Bl. f. d. bayer. Gymn. sch. w.; année XXXIV, 45-48.

Krumbacher, H. Theod. — Studien zu den Legenden des H. Theodosios von Karl Krumbacher. München, 1892; 8° (= Sitz. b. d. philos.-philol. u. hist. Cl. d. k. bay. Ak. d. W., de Bavière, livr. II, 217-379; même pagination au tirage à part).

Krumbacher, Irr. Spir. — Ein irrationaler Spirant im Griechischen von Dr. Karl Krumbacher. München, 1886; 8°, Sitz. b. d. philos. philol. u. hist. Cl. d. k. bayer. Ak. d. W. 1886, 359-444 (München, 1887).

Krumbacher, Lenore. — Ein Problem der vergleichenden Sagenkunde und Litteraturgeschichte (Die Lenorensage). Von Karl Krumbacher. Zeitschr. f. vgl. Litt.-gesch. I, 214-220 ; 8°.

Krumbacher, Sanders. — Compte rendu de la : Neugriechische

Grammatik etc., von Prof. Dr. Daniel Sanders, Leipzig, 1881. — Par K. Krumbacher ; Bl. f. d. bayer. gymn.-sch.-w., XVII, 413-419 (1881).

Krumbacher. — Voir Deffner, Archiv. — Lambros, Rom. gr. — Voir Bl. f. d. bayer. Gymn. sch. w., XVII, 121-123 (1881); compte rendu.

Kruszewski. — Prinzipien der Sprachentwicklung ; Techm. Zeitschr. I, 295-307 ; II, 258-268; III, 145-187 ; V, 133-144 ; 339-360.

Kühner [2]. — Ausführliche Grammatik der griechischen Sprache von Dr. Raphael Kühner. Ed. II, Hanovre, 1869-1870 ; 2 vol. 8° ; XXII-976 ; VIII-1204.

Kühner [3]. — Voir Kühner-Blass.

Kühner-Blass. — Ausführliche Grammatik von Dr. Raphael Kühner. Erster Theil : Elementar und Formenlehre. Dritte Auflage in zwei Bänden in neuer Bearbeitung besorgt von Dr. Friedrich Blass. Erster Band. Hannover, 1890 ; 8°, XXIII-645 p.

Κυθνιακά. — Κυθνιακὰ ἤτοι τῆς νήσου Κύθνου χωρογραφία καὶ ἱστορία μετὰ τοῦ βίου τῶν συγχρόνων Κυθνίων ἐν ᾧ ἤθη καὶ ἔθη καὶ γλῶσσα καὶ γένη κλπ. Ὑπὸ Ἀντωνίου Βάλληνδα. Syra, 1882 ; 8°, ζ'-162.

Kurz, Planud. — Die Sprichwörtersammlung des Maximus Planudes erläutert von Eduard Kurtz. Leipzig, 1886 ; 8°, 47.

Kviçala, Synt. Unters. — Joh. Kviçala, Syntaktische Untersuchungen. I. Tamen, ὅμως ; Wien. St. I (1879) 147-154. — II. Gerundium und Gerundivum, ib. 218-239. — III. Litotes, ib. 239-245.

Kz. — Voir K. Z.

K. Zacher, Ar. schol. — Voir Ar. schol.

K. Zacher, Ausspr. d. Gr. — Die Aussprache des Griechischen. Von Dr. Konrad Zacher. Leipzig, 1888 ; 8°, 52 p.

Labbe, Conc. — Sacrosancta concilia ad regiam editionem exacta. Edd. Labbe et Cossart. Paris, 1671-1672 ; XV vol. et 1 vol. d'Indices, fol.

Lafoscade. — Voir le suivant.

Lafoscade, Lat. en gr. — Influence du latin sur le grec. Par L. Lafoscade. Et. ng. 83-158.

Lagarde, Cappad. — Neugriechisches aus Klein Asien. Mitgetheilt von Paul de Lagarde (d'après un travail de Karolidès). Abh. d. k. Ges. d. Wiss. zu Gött. 1886, t. XXXIII ; 1-68. Göttingen, 4° (tirage à part).

Lagus, Plut. Cat. — Plutarchus vitae Catonis Censorii scriptor. J. J. G. Lagus. Helsingfors, 1848 ; 8°, 107.

Lambakis, Μον. Δαφν. — Χριστιανικὴ ἀρχαιολογία τῆς Μονῆς Δαφνίου ὑπὸ Γεωργίου Λαμπάκη. Athènes, 1889 ; 8°, 144, 1 pl.

Lambros, Cat. Codd. — Κατάλογος τῶν ἐν ταῖς βιβλιοθήκαις τοῦ ἁγίου ὄρους ἑλληνικῶν κωδίκων ὑπὸ Σπ. Π. Λάμπρου. Τ. I. Athènes, 1888 ; 8°, η'-194 (En cours de publication).

Lambros, Const. n. a. — Excerptorum Constantini de natura animalium libri duo Aristophanis historiae animalium epitome subiunctis Aeliani Timothei aliorumque eclogis. Ed. Spyridon P. Lambros. Berlin, 1885 ; 4°, XX-282.

Lambros, P. Herm. — A collation of the Athos codex of the Shepherd of Hermas. Together with an Introduction by Spyr. P. Lambros Ph. D. Translated and edited with a Preface and appendices by J. Armitage Robinson M. A. Cambridge, 1888 ; 8°, xii-36.

Lambros, Rom. gr. — Collection de romans grecs en langue vulgaire et en vers, publiés pour la première fois d'après les manuscrits de Leyde et d'Oxford par Spyridion P. Lambros. Paris, 1880 ; 8°, cxxv-381. — Voir Krumbacher, Bl. f. d. bayer. Gymn. sch. w., XVII, 251-223 (1881).

Landau, Boccaccio. — Giovanni Boccaccio, sein Leben und seine Werke von Dr. Marcus Landau. Stuttgart, 1877 ; 8°, xi-263. (La traduction italienne de C. Antona-Traversi, Naples, 1881, ne m a pas été accessible).

Lang. littér. — Voir Jean Psichari.

Latyschev, I. P. E. — Inscriptiones antiquae orae septentrionalis Ponti Euxini graecae et latinae. Ed. B. Latyschev. St Pétersbourg, 1885-1890 ; 4°, 2 vol. ; viii-244, 2 pl. ; lvi-352; 2 cartes.

Lauchert, Physiol. — Geschichte des Physiologus. Von Dr. Friedrich Lauchert. Mit zwei Textbeilagen. Strasbourg, 1889 ; 8°, xiii-312.

L. Delisle. — Voir Delisle.

Leake, Trav. in n. Gr. — Travels in northern Greece, by William Martin Leake. London, 1835 ; 4 vol. 8°.

Leake, Res. in Gr. — Researches in Greece. Par W. M. Leake. London 1814 ; 4°, xxii-472.

Leake, Mor. — Travels in the Morea. Par W. M. Leake. London, 1830 ; 3 vol. 8°.

Leake, North. Gr. — Travels in northern Greece. By W. M. Leake. London, 1835 ; 4 vol. 8°.

Le Bas-Foucart. — Voir Le Bas-Waddington.

Le Bas. — Voir Le Bas-Waddington.

Le Bas-Waddington. — Inscriptions grecques et latines recueillies en Grèce et en Asie Mineure par Philippe Le Bas et W. H. Waddington. Paris, 1870. Tome III, Première partie. Textes, en deux vol. ; [ii-]654 (texte des inscriptions); 651 (lectures et commentaires) ; t. III du voyage archéologique en Grèce et en Asie Mineure, etc., par Philippe Le Bas et par ses collaborateurs et continuateurs. (B. S., H. Æ. e. 66. fol.)

Le Blant, I. G. — Inscriptions chrétiennes de la Gaule, antérieures au viiie siècle, réunies et annotées par Edmond Le Blant. Paris, 1856-1865 ; 2 vol. 4° ; clvi-498 ; 644 ; 1 vol. de 92 pl. et une carte.

Lect. mosq. — Christiani Matthaei Universitatis Caesareae Mosquensis professoris, etc. Lectiones mosquenses. Leipzig, 1779 ; 2 vol. 8° ; 8 feuillets, 120 p. ; 4 feuillets, 87 p.

Leemans, Mus. Leid. — Description raisonnée des monuments égyptiens du Musée d'antiquités des Pays-Bas à Leide. Leide, 1840 ; 8°, xvi-313.

Legrand, M. Chrysol. — Notice biographique sur Manuel Chrysoloras. Par Emile Legrand. Tirage à 30 exemplaires non mis dans le commerce. Paris, 27 septembre 1884, 8°, 16. Extrait de la Bibl. hell., I, xix-xxx (les pp. 15-16 en plus).

Legrand. — Nouveau dictionnaire grec moderne français contenant les termes de la langue parlée et de la langue écrite par Emile Legrand. Paris, 1892 ; 8°, vii-920. (Il n'a été tiré que 25 exemplaires 8° ; l'éd. 16°, *ibid.*, est la même.)

Legrand, Bibl. gr. — Bibliothèque

grecque vulgaire, publiée par Emile Legrand. Paris, 1880-1892... ; 6 vol. 8º (t. I, 1880 ; t. II et III, 1881 ; IV, 1888 ; V, 1890 ; VI, 1892).

Legrand, Bibl. hell. — Bibliographie hellénique ou description raisonnée des ouvrages publiés en grec par des Grecs aux xvᵉ et xviᵉ siècles par Emile Legrand. Paris, 1885 ; 2 vol. 4º ; ccxxix-320 ; lxxix-453.

Legrand, F. G. — Nouveau dictionnaire français grec moderne contenant les termes de la langue parlée et de la langue écrite. Par Emile Legrand. Paris, 1892 ; 8º, vii-870 (Même observation que pour Legrand, ci-dessus).

Legrand, Gr. gr. — Grammaire grecque moderne suivie du panorama de la Grèce d'Alexandre Soutzos, publié d'après l'édition originale par Emile Legrand. Paris, 1878 ; 8º, li-320.

Legrand, Monuments. — Collection de monuments pour servir à l'étude de la langue néo-hellénique. Paris, 1869-1875. Première série, 19 numéros. Nouvelle série, 7 numéros. Description détaillée, Bibl. gr., III, 443-446.

Legrand, Poèmes hist. — Recueil de poèmes historiques en grec vulgaire relatifs à la Turquie et aux principautés danubiennes, publiés, traduits et annotés par Emile Legrand. Paris, 1877 ; 4º, xliii-370.

Legrand, Recueil. — Recueil de chansons populaires grecques, publiées et traduites pour la première fois par Emile Legrand. Paris, 1874 ; 8º, xlv-376.

Lehman, Demonic. — De oratione ad Demonicum Isocrati abjudicanda. Specimen literarium inaugurale scripsit G. A. Lehman de Lehnsfeld. Leyde, 1879 ; 8º, 75.

Leipz. Stud. — Leipziger Studien zur classischen Philologie. Leipzig, 1878-1885 ; 8 vol. 8º.

Lentz, Herod. — Herodiani technici reliquiae. Collegit disposuit emendavit explicavit praefatus est Augustus Lentz. Leipzig, 3 vol. 4º ; I, 1867, ccxxviii-564 ; II, fasc. I, 1868, i-611 ; fasc. II, 1870, vi-(612-)1264 (Indices 953-1232).

Leo Diac. — Leonis Diaconi Caloensis historiae libri decem et liber de velitatione bellica Nicephori Augusti e recensione Caroli Benedicti Hasii. Bonn, 1828 ; 8º, xxxviii-624 (Cf. Krumbacher, 73).

Leon. or. — Voir Essais, I, 14.

Leont. Cypr. — Leontii Neapoleos in Cypro episcopi opera omnia. Migne, Patr. gr., t. 93, Paris, 1860.

Leon Tact. — Leonis imperatoris tactica sive de re militari liber. Migne, Patr. gr , t. 107, 669-1120 ; Paris, 1863.

Lepsius, Silko. — Die griechische Inschrift des Nubischen Königs Silko. R. Lepsius, Hermes, t. X, 1876, p. 129-144.

Leskien, Handb. — Handbuch der altbulgarischen (altkirchenslawischen) Sprache. Grammatik. Texte. Glossar. Par A. Leskien. Weimar, 1871 ; 8º, vi-245.

Letronne, I. E. — Recueil des inscriptions grecques et latines de l'Egypte. Par M. Letronne. Paris, 1842-1868 ; 2 vol. 4º ; xliv-480 ; 554.

Levy, Neuh. Wörterb. — Neuhebräisches und chaldäisches Wörterbuch über die Talmudim und Midraschim. Von Jacob Levy. Leipzig, 1876-1883 ; 3 vol. 8º.

Lex. — Voir Essais, I, 14.

Lex. Aesch. — Lexicon Aeschyleum. Ed. G. Dindorf. Leipzig, 1876; 4°, vii-432.

Lex. hom. — Lexicon homericum. Ed. H. Ebeling. Leipzig, 1885-1880; 2 vol., 8°; I (A-Ξ) 512; II (O-Ω) ii-1184.

Lex. Sm. — Notice et collation d'un manuscrit grec de la bibliothèque de Smyrne, contenant des lexiques grecs, par M. Pappadopoulos, avec les observations de M. Miller. Annuaire, 1876, 121-136.

Lex. Soph — Lexicon Sophocleum adhibitis veterum interpretum explicationibus Grammaticorum notationibus recentiorum doctorum commentariis. Edd. Fr. Ellendt — H. Genthe. Berlin, 1872; 4°, xvi-812.

Lex. Soph. — Lexicon Sophocleum, Ed. G. Dindorf. Leipzig, 1870; 4°, viii-634.

Lex. Theoph. — Lexique des mots latins dans Théophile et les Novelles de Justinien. Par C. C. Triantaphyllidès. Et. ng. 159-277.

Lexique de Théophile. — Voir Lex. Theoph.

Lex. de Theoph. — Voir Jean Psichari. — Voir Triantaphyllidès.

Lex. Xen. — Voir Xen. Anab. L.

Liban. — Libani sophistae orationes et declamationes. Ed. J. J. Reiske. Altenbourg, 1791-1797; 4 vol. 8°.

Lit. Centr. — Literarisches Centralblatt für Deutschland. Leipzig; 4°. Commencé en 1850.

Littré. — Dictionnaire de la langue française, par E. Littré. Paris, 1875-1876; 4 vol. et un Supplément (1881).

Littré, S. — Supplément, voir Littré.

Liv. — Titi Livii historiarum romanarum libri qui supersunt. Edd.

J. N. Madvig et J. L. Uessing. Copenhague, 1864-1884; 4 vol. 8°, en 2 parties chacun.

Liudpr. Leg. — Liudprandi relatio de Legatione Constantinopolitana. Pertz, Monum. t. V (= t. III des Scriptores) 347-363. (Voir aussi Leo Diac. 343-378), 1839.

L. Müller, R. M. — Luciani Muelleri de re metrica poetarum latinorum praeter Plautum et Terentium libri septem. Accedunt eiusdem auctoris opuscula. Leipzig, 1861, 8°, 491.

Lob. Par. — Paralipomena grammaticae graecae. Scripsit Chr. Aug. Lobeck. Leipzig, 1837; 8° (en 2 parties) xii-324 (325-)622.

Lob. Paralip. — Voir Lob. Par.

Lob. Path. — Pathologiae sermonis graeci prolegomena scripsit Chr. Augustin Lobeck. Leipzig, 1843; 8°, x-574.

Lob. Phryn. — Phrynichi Eclogae nominum et verborum atticorum, etc. Ed. Chr. August. Lobeck. Leipzig, 1820; 8°, lxxx-841.

Lob. Rhem. — Ῥηματικόν sive verborum graecorum et nominum verbalium technologia. Scripsit Chr. Aug. Lobeck. Königsberg, 1846; 8°, xii-387.

Lob. Ῥημ. — Voir Lob. Rhem.

Loewy, Ant. sculpt. — Loewy, Antike Sculpturen auf Paros. Arch. ep. Mitth. XI (1887), 147-188.

Long. — Διονυσίου ἢ Λογγίνου περὶ ὕψους. De Sublimitate libellus. Ed. J. Vahlen. Bonn, 1887; 8°, xii-80. — On cite le ch. et le §; entre parenthèses, la p. et la l.

Longin. — Voir Long.

Long. Pastor. — Longi Pastoralium de Daphnide et Chloe libri quattuor, dans les Erot. script., 131-179.

Lorentz, Tarent. — Veterum Tarentinorum res gestae. Specimen alterum. Inest Pyrrhi epirotae bellum. Composuit Rudolphus Lorentz. Elberfeld, 1841 ; 4°, 30 p.

Louis Havet, de Sat. v. — De Saturnio latinorum versu. Paris, 1880 ; 8°, xii-517. Bibl. de l'Ec. des H. E., fasc. xliii.

Louis Havet, Dict. cr. — Sur les préfaces du Dictys de Septimius. Par L. Havet. Rev. de phil., III, 1879, 81-88.

Lovatelli. — Voir E. Lovatelli.

Luc. — Lucianus. Recognovit Julius Sommerbrodt. Berlin, 1886-1889... Vol. I, pars prior (1886), 8°, viii-271 ; vol. I, pars posterior (1889), civ-283 (d. d. = dialogi deorum, *ibid.*, I, 1, 64-104.)

Luc. B. — Luciani Samosatensis opera graece et latine ad editionem Tiberii Hemsterhusii et Ioannis Frederici Reitzii accurate expressa cum varietate lectionis et annotationibus. Studiis societatis Bipontinae. Biponti, 1789-1793 ; 10 vol. 8°.

Luc. F. — Lucianus Samosatensis. Franciscus Fritzschius recensuit. Rostock, 1860-1882 ; 3 vol. 8° ; I, xvi-212 ; II, xiv-271 ; III, 1, xlii-226 ; III, 2, cxx-162.

Luc. L. — Luciani Samosatensis opera graece et latine. J. Th. Lehmann. Leipzig, 1822-1831 ; 9 vol. 8° (Resté inachevé ; voir t. I, clxxix-clxxx et comparez la fin du t. IX). Avec les scholies.

Luc. R. — Luciani Samosatensis opera. Graece et latine. In tres tomos distributa. Ed. J. Fr. Reitz ; Utrecht, 1743-1746 ; 4°, I (Hemsterhuys-Reitz) lxxii-882 ; II (Reitz), 8-953 ; III (Reitz), 860.

Luc. — Voir N. T.

Luitpr. Leg. — Voir Liudpr. Leg.

Luk. — Voir Essais, I, 14.

Lumbroso, Docum. gr. — Documenti greci del Regio Museo Egizio di Torino. Par G. Lumbroso. Turin, 1869 ; 8°, 45 p.

Lumbroso, Not. racc. — Notizie raccolte in tre Musei di antichità da Giacomo Lumbroso. Turin, 1872 ; 8°, 27 pp., 4 tables.

Lumbroso, Pap. gr. — Del papiro greco LXIII del Louvre sulla Seminatura delle terre regie in Egitto e di alcune iscrizioni inedite del Museo egiziano di Firenze. Studi di Giacomo Lumbroso. Turin, 1870 ; 8°, 26 p.

Lundell, Pat. — Sur l'étude des patois. Techm. Zeitschr. I (1884), 308-328.

Luzel, Chans. br. — Chansons populaires de la Basse-Bretagne. Par F. M. Luzel et A. Le Braz. Paris, 1890 ; 2 vol. 8°, xliii-335 ; iii-352.

L. Vernier, Sen. it. — De senariis italicis. Thèse latine. Par L. Vernier. Besançon, 1888 ; 8°, 78 p. — Du même : Etude sur la versification populaire des Romains à l'époque classique par Léon Vernier. Besançon, 1889 ; 8°, 68 p. — On cite d'après le premier.

Lyd. Ost. — Joannis Laurentii Lydi liber de ostentis. Etc. Ed. C. Wachsmuth. Leipzig, 1863 ; 12°, lx-280.

Lyd. — Joannes Lydus. Ex recognitione I. Bekkeri. Bonn, 1837 ; 8°, lxiv-434.

M. — Voy. Miklosich.

Maass, Sch. hom. — Scholia graeca in Homeri Iliadem Townleyana. Ed. E. Maass. Oxford, 2 vol. 1887-1888 ; xxv-461 ; xvi-561. (= t. V et VI pour faire suite aux schol. de Dindorf ; cf. Schol. ven.).

Macar. — S. P. N. Macarii aegyptii homiliae spirituales. Migne, Patr. gr., t. 34, 449-822 ; Paris, 1860. — Cf. Pallad. Lausiac.

Macr. Sat. — Ambrosii Theodosii Macrobii viri clarissimi et illustris conviviorum primi diei saturnaliorum [libri]. Franciscus Eyssenhardt recognovit. Leipzig, 1868 ; 12º, viii-665, 1 pl.

Madvig, Synt. Gr. — Syntax der griechischen Sprache, besonders der attischen Sprachform. Von Dr. J. N. Madvig. Ed. II ; Braunschweig, 1884 ; 8º, x-302.

Magirus, G. P. — Griechische Papyri im ägyptischen Museum in Berlin. — Wien. st. VIII (1886), 92-108. Voir *ibid.*, 109-115 : Bemerkungen zu den Texten der vorangehenden Abhandlung. Von K. Wessely.

Makaroff. — Dict. fr. russe complet. — Dict. russo-fr. complet. St Pétersbourg, 1881 ; ed. III ; iº, xii-552 ; xi-506.

Mal. — Joannis Malalae chronographia. Ex recensione Ludovici Dindorfii. Bonn, 1831 ; 8º, lxxviii-799 (C. S. B.).

Malal. — Voir Mal.

Malalas. — Voir le précédent.

Mamoukas, Bibl. — Ἡ βιβλιοθήκη Ἀνδρέου Ζ. Μάμουκα. Athènes, 1886 ; 8º, 164 p.

Maneth. — Manethonis Apotelesmaticorum qui feruntur libri VI. Relegit Arminius Koechly. Accedunt Dorothei et Annubionis fragmenta Astrologica. Leipzig, 1858 ; 12º, xxx-117.

Mansi. — Sacrorum conciliorum nova, et amplissima collectio, in qua praeter ea quae Phil. Labbeus et Gabr. Cossartius S. J. et novissime Nicolaus Coleti in lucem edidere ea omnia insuper suis in locis optime disposita exhibentur, quae Joannes Dominicus Mansi Lucencis etc., evulgavit. Editio nova ab eodem patro Mansi etc. curata. Novorum Conciliorum, novorumque Documentorum additionibus locupletata, etc., etc. Florence - Venise, 1759-1798 ; 31 vol. fo. (B. I., E 48 M**).

Manuzzi. — Vocabolario della lingua italiana già compilato dagli accademici della Crusca ed ora novamente corretto ed accresciuto dal cavaliere abate Giuseppe Manuzzi. Ed. II ; Florence, 1859 ; 2 vol. fo., xxvii-986 ; 972. (N'a pas été utilisé dans le présent vol.)

Mar., Pap. dipl. — I papiri diplomatici raccolti, ed illustrati dall' abate Gaetano Marini. Rome, 1805, fo., xxxii-383, xxii pl.

Marc. — Voir N. T.

Marit. vind. — Essais, I, 14.

Marquardt-Mommsen. — Handbuch der römischen Alterthümer. Von J. Marquardt und Th. Mommsen. Leipzig ; commencé en 1871 ; 10 vol. parus I, II, 1-2, III, 1-2, IV, V, 2, VI, 3, VII, 1-2. Trad. fr. Paris, Thorin, 1887-1890 ; 11 vol. parus.

Martha. — Voir J. Martha.

Mas Latrie, Chypre. — Histoire de l'île de Chypre sous le règne des princes de la maison de Lusignan par M. L. de* Mas Latrie. Paris, 1852-1861 ; 3 vol. 4º.

Matth. — Voir N. T.

Matranga, A. G. — Anecdota graeca e mss. bibliothecis Vaticana, etc. deprompta. Ed. P. Matranga. Rome, 1850 ; 8º ; 1 vol. en deux parties, 799 p.

Matth., Gr. Gr. — Ausführliche griechische Grammatik von August Matthiä. Ed. III ; Leipzig, 1835 ; 3 vol. 8º.

Mavrophrydis. — Δοκίμιον ἱστορίας τῆς ἑλληνικῆς γλώσσης συνταχθὲν ὑπὸ Δ. Μαυροφρύδου. Smyrne, 1871, 8º, 7 feuill. non paginés-693 p.

M. Aur. — D. Imperatoris Marci Antonini commentariorum quos sibi ipsi scripsit libri XII. Ed. J. Stich. Leipzig, 1882 ; 12º, xviii-212.

Maury, Croy. et lég. — Croyances et légendes de l'antiquité. Par A. Maury. Paris, 1863 ; 8º, 413.

Maury, Lég. pieuses. — Essai sur les légendes pieuses du moyen âge. Par A. Maury. Paris, 1843 ; 8º, xxiv-307.

Mazzuchelli, Scritt. it. — Gli scrittori d'Italia. Par Giammaria Mazzuchelli. Brescia, 1753-1763 ; 2 v. fo. (vol. I en 2 parties, vol. II en 4 parties.)

M. B. — Voir Deffner, M. B. — Voir M. B., B.

M. B., B. — Monatsberichte der königlich preussischen Akademie der Wissenschaften zu Berlin. (Chez Dümmler, à Berlin). Commencé en 1836, sous le titre : Bericht über die zur Bekanntmachung geeigneten Verhandlungen der königl. Preuss. Akademie der Wissenschaften zu Berlin, 8º.

Meineke. — Fragmenta comicorum graecorum. Collegit et disposuit A. Meineke. Berlin, 1839-1857 ; 5 vol. 8º (t. II et V en 2 part. chacun).

Meister. — Die griechischen Dialekte auf Grundlage von Ahren's Werk: « De graecae linguae dialectis » dargestellt von Richard Meister ; Göttingen, 1882-1889... ; 2 vol. 8º ; vi-310 ; xii-350.

Meisterhans [2]. — Grammatik der attischen Inschriften von Dr. K. Meisterhans. Ed. II, Berlin, 1888 ; 8º, xii-237.

Mélanges Graux. — Recueil de travaux d'érudition classique dédié à la mémoire de Charles Graux, maître de conférences à l'Ecole pratique des Hautes-Etudes, etc. Paris, 1884, 8º, lvi-823.

Mélanges Renier. — Recueil de travaux publiés par l'Ecole pratique des Hautes-Etudes (section des sciences historiques et philologiques), en mémoire de son président Léon Renier. Paris, 1887 (73e fasc. de la Bibl. de l'Ec. des Hautes-Etudes) ; 8º, iii-lx-468.

Mél. d'arch. — Ecole française de Rome. Mélanges d'archéologie et d'histoire. Paris (E. Thorin) ; 8º. Commencé en 1881.

Mélusine. — Recueil de mythologie, littérature populaire, traditions et usages. Fondé par H. Gaidoz et E. Rolland. Dirigé par H. Gaidoz. Paris, librairie Rolland, 4º. Commencé en 1878.

Mem. di corr. arch. — Memorie dell' instituto di corrispondenza archeologica. Roma ; 8º. Commencé en 1832.

Memnon. — Muller, F. H. G. III, 525-558.

Mém. Soc. Ling. — Mémoires de la Société de Linguistique de Paris. Paris (Emile Bouillon) ; 8º. Commencé en 1868.

Meth. gr. — Nouvelle méthode pour apprendre les principes de la langue grecque vulgaire. Divisée et partagée en xii heures. Par le P. F. Thomas, capucin. Paris, 1709 ; 12º, [vi-]354[-vi].

Meursius. — Ioannis Meursi Glossarium graeco-barbarum, etc. Editio altera emendata. Leyde, 1614; 4º, 7 feuill.-672 (Voir aussi t. IV, col. 143 suiv. de : Ioannis Meursi opera omnia. Florence, 1741-1763 ; 12 vol. fol.)

Meyer-Lübke. — Grammaire des langues romanes par W. Meyer-Lübke, Professeur à l'Université de Vienne. Traduction française par Eugène Rabiet, t. I (seul paru) : Phonétique. Paris, 1890 ; 8º, xix-613.

Meyer-Lübke. — Voir W. Meyer.
Meyer. — Voir G. Meyer.
Meyer. — Voir W. Meyer.
Mézières, Pélion et Ossa. — Mémoire sur le Pélion et l'Ossa, par M. Mézières. Miss scient., t. III (1853), 149-266, 1 pl.
M. G. H. — Voir Pertz, Monum.
Michaelis, Inf. Thuc. — De Infinitivi usu Thucydideo. Scripsit Gerhardus Michaelis. Halle, 1886 ; 8°, 112.
Mich. Cerul. Epist. — Michaelis Cerularii CP. Patriarchae Dominici Gradensis et Petri Antiocheni episcoporum epistolae mutuae. Migne, Patr. gr., t. 120, Paris, 1864, p. 751-820.
Mich. Limb. — Voir Essais, I, 15.
Mich. Stren. — Voir Essais, I, 15.
Migne. — Patrologiae cursus completus, seu Bibliotheca etc. omnium SS. Patrum, Doctorum, Scriptorumque ecclesiasticorum sive latinorum sive graecorum, qui ab aevo apostolico ad aetatem Innocentii III (ann. 1216) pro latinis, et ad Photii tempora (891) pro graecis floruerunt. — *Patr. gr.* Series graeca, 1857-1866. — *Patr. lat.* Series latina, 1844-1855.
Miklosich. — Die türkischen Elemente in den südost- und osteuropäischen Sprachen. Von Franz Miklosich ; Vienne, 1884 ; 2 parties. 4° ; 102 ; 90 p. — (Ci-dessus p. 49, lisez : Miklosich, I, 38).
Miklosich, Lex. Psl. — Lexicon palaeoslovenico-graeco-latinum. Ed. F. Miklosich. Vienne, 1862-1865 ; 4°, xxiv-1171.
Miklosich, Slav. Elem. i. ngr. — Die slavischen Elemente im Neugriechischen. Von Franz Miklosich ; Sitz. b. d. phil.-hist. Cl. d. k. Ak. d. Wiss., Vienne, t. 63 (1869), 529-566. Chez K. Gerold's Sohn, 1870 ; 8°.

Miklosich, Sl. Fremdw. — Die Fremdwörter in den slavischen Sprachen. Von Franz Miklosich. Denkschr. d. k. Ak. d. Wiss., Vienne, XV, 1867, 73-140.
Miklosich, Türk. Gr. — Ueber die Einwirkung des türkischen auf die Grammatik der südosteuropäischen Sprachen. Von Dr. Franz Miklosich. Vienne, 1889 ; 8°, 12 p. (= Sitz. b. d. ph. hist. Cl. d. k. Ak. d. Wiss. Vienne ; t. 120, Mém. N. I, 1-12.)
Miklosich u. Muller. — Voir Acta, etc.
Miklosich, Vergl. Gr. — Vergleichende Grammatik der slavischen Sprachen. Von F. Miklosich. Vienne, 1875-1883 ; 8°, 4 vol. ; t. I et III, Ed. II ; IV, 2e tirage.
Miliarakis, Amorg. — Ὑπομνήματα περιγραφικὰ τῶν κυκλάδων νήσων κατὰ μέρος ὑπὸ Ἀντωνίου Μηλιαράκη. Ἀμοργός. Ἀθῆνες, 1884 ; 8°, δ'-92 p. ; 1 carte.
Miliarakis, Andr. — Ὑπομνήματα περιγραφικὰ τῶν κυκλάδων νήσων. Ἄνδρος, Κέως. Ἀθῆνες, 1880 ; 8°, ιαʹ-276 ; 2 pl.
Miliarakis, Bibl. géogr. — Νεοελληνικὴ γεωγραφικὴ φιλολογία ἤτοι κατάλογος τῶν ἀπὸ τοῦ 1880-1889, γεωγραφηθέντων ὑπὸ Ἑλλήνων. Ὑπὸ Ἀ. Μηλιαράκη. Ἀθῆνες, 1889 ; 8°, δʹ-128.
Miliarakis, Cephall. — Γεωγραφία πολιτικὴ νέα καὶ ἀρχαία τοῦ νομοῦ Κεφαλληνίας. Etc. Par A. Miliarakis. Athènes, 1890 ; 8°, 272, 1 carte. (Voir au dos).
Miliarakis, Cor. — Γεωγραφία πολιτικὴ νέα καὶ ἀρχαία τοῦ νομοῦ Ἀργολίδος καὶ Κορινθίας, etc. ὑπὸ Ἀντωνίου Μηλιαράκη. Ἀθῆνες, 1886 ; 8°, ιςʹ-302, 1 carte.
Miller, Mél. litt. — Mélanges de littérature grecque contenant un grand nombre de textes inédits. Par E. Miller. Paris, 1868 ; 4°, xvi-475.

Miller, Phil. et épigr. — Mélanges de philologie et d'épigraphie par E. Miller. Première partie (seule parue). Paris, 1876 ; 8°, iv-199.

Misc. di st. it. — Miscellanea di storia italiana edita per cura della regia deputazione di storia patria. Torino, Stamperia reale ; 8°. Commencé en 1862.

Mispoulet, Textes de dr. rom. — Manuel des textes de droit romain. Par J. B. Mispoulet. Paris. 1889 ; 12°, xv-921. — Voir Fr. Sin., in f.

Missa. — Messe de l'homme sans barbe, Legrand, Bibl. gr., II, 28-47. Essais, I, 14.

Miss. scient. — Voir Arch. des miss.

Mittelgr. — Voir Chatzidakis.

Mitth. d. d. ar. Inst. — Mittheilungen des deutschen archäologischen Institutes in Athen. Athènes, 8°. Commencé en 1876.

Mitth. d. d. ar. Inst., Röm. Abth. — Römische Abtheilung (du précédent). Bulletino dell' imperiale Istituto archeologico Germanico. Sezione Romana. Commencé en 1886.

M., n. — Nachtrag à M. (voir s. v.). Denkschr. d. k. Ak. d. W., Vienne, 1889, t. XXXVII, 1 Abth., 1-88 ; 1890, t. XXXVIII, 1 Abth., 1-194.

M. Neander. — Michaelis Neandri Bedencken an einen guten Herrn und Freund. Wie ein Knabe zu leithen und zu unterweisen Das er one gross sagen treiben und eilen mit Lust und Liebe vom sechsten Jahre seines alters an biss auff das achtzehende wol und fertig lernen möge pietatem, linguam Latinam, Graecam, Hebraeam, Artes, und endlich universam Philosophiam. Sampt etlichen Sendbrieffen vom zustande der Christen in Griechenland unterm Türcken. Auffs newe zum vierden mal ubersehen und gebessert. M. D. LXXXIII. — Fol. 82 : Islebii excudebat Urbanus Gubisius. — 8°, 82 feuillets.

Mnemosyne. — Tijdschrift voor classieke Litteratuur. Leyden, E. J. Brill. (Eerste Deel. 1852).

Mnemosyne, N. S. — Mnemosyne. Bibliotheca philologica batava. Nova series. Lugduni-Batavorum, E. J.-Brill. Lipsiae, Richter und Harrossowitz. Commencé en 1873.

Moer. — Moeridis atticistae Lexicon atticum etc. Secundum ordinem msstorum restituit, emendavit animadversionibusque illustravit Joannes Piersonus. Accedit Aelii Herodiani Philetaerus, etc. Denuo edidit Georg Aenotheus Koch. Leipzig, 1830 ; 8°, cviii-494. On cite la p. [et la l.].

Mommsen. — Voir C. I. L.

Mommsen, Hist. rom. — Histoire romaine par Théodore Mommsen, traduite par C. A. Alexandre. Paris, 1863-1872, 8 vol.

Mommsen, R. G. — Voir le suivant.

Mommsen, Res gestae d. Aug.[1]. — Res gestae divi Augusti. Ex monumentis Ancyrano et Apolloniensi edidit Th. Mommsen. Berlin, 1865 ; 8°, lxxxvii-159.

Mommsen, Res gestae d. Aug. — Le même, éd. II ; Berlin, 1883 ; 8°, c-223.

Mommsen, Röm. Münzw. — Geschichte des römischen Münzwesens von Th. Mommsen. Berlin, 1860 ; 4°, xxxii-900.

Mommsen. — Voir Tycho Mommsen.

Mon. fun. P. — Monuments funéraires de Paros récemment découverts à Parikia (Paros). Bull. corr. hell. IV (1880), 284-290.

Mon. hag. — Μνημεία ἁγιολογικὰ νῦν πρῶτον ἐκδιδόμενα ὑπὸ ἱεροδιακόνου Θεοφίλου Ἰωάννου. Venise, 1884 ; 8°, λβ´-515.

Mon. hag. rec. — Ἀκολουθία τοῦ ἐν ἁγίοις πατρὸς ἡμῶν Διονυσίου ἀρχιεπισκόπου Αἰγίνης τοῦ θαυματουργοῦ. Athènes, 1844 ; 8°, ις´-154. — Βίος Γρηγορίου μητροπολίτου Εἰρηνουπόλεως καὶ Βατοπαιδίου. Athènes, 1860 ; 8°, 72. — Ἀκολουθία βίος καὶ πολιτεία τοῦ νέου ἱερομάρτυρος Γρηγορίου τοῦ πέμπτου πατριάρχου Κωνσταντινουπόλεως. Patras, 1871 ; 8°, 68. — Προσκυνητάριον τοῦ βασιλικοῦ, etc., μοναστηρίου τῶν Ἰβήρων, τοῦ ἐν τῷ ἁγιωνύμῳ ὄρει τοῦ Ἄθωνος, ἐμπεριέχον τὴν διήγησιν τῆς ἱερᾶς εἰκόνος τῆς ὑπεραγίας Θεοτόκου τῆς θαυματουργοῦ Πορταϊτίσσης, etc. Athènes, 1857 ; 4°, 75. — Ἡ θεία καὶ ἱερὰ ἀκολουθία τοῦ ἐν ἁγίοις πατρὸς ἡμῶν Σπυρίδωνος ἐπισκόπου Τριμυθοῦντος, τοῦ θαυματουργοῦ, πατρὸς καὶ προστάτου Κερκύρας. Venise, 1880 ; 4°, 160. — Ἀληθὴς ἔκθεσις περὶ τοῦ ἐν Κερκύρᾳ θαυματουργοῦ λειψάνου τοῦ ἁγίου Σπυρίδωνος, ἐν ᾗ δείκνυται πῶς ἀπὸ Κωνσταντινουπόλεως μετηνέχθη εἰς Κέρκυραν, καὶ πῶς ἡ οἰκογένεια τῶν Βουλγάρεων ἔχει τὸ ἐπ᾽ αὐτοῦ πατρωνικὸν δικαίωμα, παρὰ Νικολάου τοῦ Βουλγάρεως, etc. νῦν δὲ ἐξελληνισθεῖσα μετὰ σημειώσεων καὶ προσθηκῶν ὑπὸ Ν. Τ. Βουλγάρεως καὶ Ν. Β. Μάνεση. Venise, 1880; 8°, 81. — Βίος τοῦ μακαρίου Θεοδωρίτου ἐπισκόπου Κύρου, συγγραφεὶς ὑπὸ Εὐγενίου διακόνου τοῦ Βουλγάρεως ; 4°, 72.

Mon. h. minora. — Διηγήσεις λίαν ψυχωφελεῖς τοῦ ὁσίου πατρὸς ἡμῶν Ἀντωνίου τοῦ Μεγάλου. Ἐν Καλάμαις, 1876 ; 12°, 31. — Βίος τῆς μεγαλομάρτυρος Βαρβάρας. Athènes, 1864 ; 12°, 16. — Βίος τοῦ νεομάρτυρος ἁγίου Γεωργίου τοῦ ἐξ Ἰωαννίνων. Μαρτυρήσαντος ὑπὲρ πίστεως κατὰ τὴν 17 Ἰανουαρίου τοῦ 1838. Συλλεγεὶς ἐκ τοῦ νέου Μαρτυρολογίου. Patras, 1875 ; 12°, 15. — Μαρτυρολόγιον, ἤτοι βίος τοῦ μεγαλομάρτυρος Δημητρίου τοῦ Μυροβλήτου. Athènes, 1870 ; 12°, 32. — Βίος τοῦ ὁσίου πατρὸς ἡμῶν Ἐφραίμ, τοῦ Σύρου. Συλλεγεὶς ἐκ διαφόρων ἐκκλησιαστικῶν βιβλίων. Athènes, 1869 ; 12°, 15. — Περιγραφὴ τῆς εὑρέσεως τῆς ἁγίας καὶ θαυματουργοῦ εἰκόνος ἐν τῇ νήσῳ Τήνου τῆς κυρίας ἡμῶν Θεοτόκου καὶ ἀειπαρθένου Μαρίας τῆς Εὐαγγελίστριας καὶ τῶν θαυμάτων αὐτῆς. Παλαιῶν τε καὶ νέων. Athènes, 1877 ; 8°, 16. — Ἡ ἀποκάλυψις τῆς ὑπεραγίας Θεοτόκου. Ἐν Καλάμαις, 1876, 12°, 15. — Εὐχὴ κατανυκτικὴ εἰς τὴν ὑπεραγίαν Θεοτόκον. Εὑρεθεῖσα ἐπὶ τοῦ Παναγίου Τάφου τῆς. Καὶ ἐρανισθεῖσα ἔκ τινος παλαιοῦ πρωτοτύπου. Syra, 1874 ; 12°, 15. — Βιογραφία καὶ πολιτεία τοῦ ὁσίου πατρὸς ἡμῶν Ἰωάννου τοῦ Καλυβίτου. Athènes, 1875 ; 12°, 30. — Βίος καὶ πολιτεία τῆς ὁσίας Μαρίας τῆς Αἰγυπτίας μεταφρασθεῖσα εἰς τὴν κοινὴν γλῶσσαν παρὰ τοῦ ἐν Μοναχοῖς ἐλαχίστου Δαμασκηνοῦ. Athènes, 1877 ; 12°, 14. — Μαρτυρολόγιον, ἤτοι βίος τῆς μεγαλομάρτυρος Μαρίνης. Athènes, 1870 ; 12°, 16. — Οὐρανοῦ κρίσις, ἤτοι θαῦμα φρικτὸν καὶ ἐξαίσιον τοῦ θαυματουργικωτάτου θείου Σπυρίδωνος δι᾽ οὗ τὰς βουλὰς τῶν παρανόμων παπιστῶν ἐματαίωσε. Μὴ συγχωρήσας αὐτοῖς, νὰ ἐγείρουν Ἀλτάριον, ἤτοι θυσιαστήριον μέσα εἰς τὸν ἐν Κερκύρᾳ ἅγιον τοῦ ναόν. Athènes, 1870 ; 12°, 32. — Οἱ εἰκοσιτέσσαρες οἶκοι. Syra, 1873 ; 12º, 15. — Βίοι τῶν ὁσίων πατέρων ἡμῶν Χαραλάμπους καὶ Τρύφωνος. Athènes, 1872 ; 12º, 31. — Ὕμνοι ἀδόμενοι ὑπὸ τῶν παιδίων εἰς τὴν γέννησιν, περιτομήν, βάπτισιν, etc., τοῦ κυρίου ἡμῶν Ἰησοῦ Χριστοῦ. Athènes, 1878 ; 12º, 15 (Noël grec). — Ἐπιστολὴ τοῦ κυρίου ἡμῶν Ἰησοῦ Χριστοῦ. Ἐν Καλάμαις, 1877 ; 12º, 15.

Mondry-Beaudouin, Rhot. él. etc. — Du rhotacisme éléen et laconien par Mondry Beaudouin. Ann. de la F. d. L. de Bord. III, 1881, 423-428.

Mondry-Beaudouin, Chypr. — Etude du dialecte chypriote moderne et médiéval. Thèse de doctorat. Paris, 1883 ; 8º, 148 p.

Mor. Bov. — I dialetti romaici del mandamento di Bova, in Calabria. Arch. glott. IV, 1874, 1-116.

Mor. Otr. — Studi sui dialetti greci della terra d'Otranto del Prof. Dott. Giuseppe Morosi. Lecce, 1870 ; 4º, VIII-214.

Morosi. — Voir Mor. Bov. et Mor. Otr.

Mordtmann, I. B. — Epigraphik von Byzantion und Constantinopolis von den ältesten Zeiten bis zum Jahre Christi 1453 von Dr. P. A. Delthier und Dr. A. D. Mordtmann (Erste Hälfte. Mit 7 Tafeln) : Denkschr. d. k. Ak. d Wiss., Phil. hist. Cl., B. XIII, 2e Abth., 1-94, Vienne, 1864.

Mordtmann, I. G. — Griechische Inschriften aus dem Hauran. Arch. ep. Mitth. VIII, 1884, 180-227.

Morel-Fatio, Chron. Mor. — Libro de los fechos et conquistas del principado de la Morea, etc. Chronique de Morée aux XIIIe et XIVe siècles, publiée et traduite pour la première fois par Alfred Morel-Fatio. Genève, 1884 ; 8º, LXIII-177.

Mortreuil, Dr. byz. — Histoire du droit byzantin ou du droit romain dans l'empire d'Orient, etc. Par J. A. B. Mortreuil. Paris, 1843 ; 8º, 3 vol. ; LII-436 ; 511 ; 508.

Mosch. — Voir Theocr.

Moschop. — Grammaticae artis graecae methodus, Manuele Moschopulo Authore Eiusdem artis Theodori Gazae Lib. II. Basileae. Ex officina Ioan. Vualder. MDXL ; 8º, a3-277.

M. Ring. — Voir Ring.

Müllensiefen. — De titulorum laconicorum dialecto. Scripsit P. Müllensiefen. Dissert. argent., t. VI, 131-260 ; Strasbourg, 1882, 8º. (Le tirage à part, Strasbourg, 1882, 8º, ne comprend que 68 p. = 135-198 des Dissert., t. VI).

M. Schmidt. — Voir Schmidt, Tzak.

Müllensiefen, Dial. Lac. — Voir Müllensiefen.

Muller. — Voir L. Müller.

Μουσεῖον. — Voir Mus. Sm.

Mullach, Conj. byz. — Coniectaneorum byzantinorum libri duo. Scripsit F. G. A. Mullachius. Berlin, 1852 ; 8º. 64 pp.

Mullach, Gr. Gr. — Grammatik der griechischen Vulgarsprache in historischer Entwicklung. Von Prof. Dr. F. W. A. Mullach. Berlin, 1856 ; 8º, x-406.

Muller. — Voir I. Müller.

Muller. — Voir C. Müller.

Muller, F. H. G. — Fragmenta historicorum graecorum. Edd. C et Th. Muller. Paris, Didot, 1853, 4 vol. 4º.

Muller, Fragm. hist. gr. — Voir Muller, F. H. G.

Muralt, Chron. byz. — Essai de chronographie byzantine pour servir à l'examen des annales du

Études néo-grecques

Bas-Empire et particulièrement des chronographes slavons de 395 à 1057 par M. Edouard de Muralt. St Pétersbourg, 1855 ; 4º, xxxii-[888] ; le même, de l'an 1057 à 1453, 2 vol., 4º, Bâle et Genève, 1871.

Muralt, G. Hamart. — Georgii Monachi dicti Hamartoli, Chronicon. Ed. E. de Muralt. St-Pétersbourg, 1859 ; 4º, lii-xlix-1016.

Muratori, I. V. — Novus Thesaurus veterum inscriptionum. Par L. A. Muratori. Milan, 1739-1742 ; 4 vol. fo.

Muratori, Rer. it. script. — Voir Muratori, R. I.

Muratori, R. I. — Rerum italicarum scriptores ab anno aerae christianae quingentesimo ad millesimum quingentesimum. Ed. L. L. Muratori. Milan, 1723-1751 ; 25 vol. fo.

Mus. Sm. — Μουσεῖον καὶ β:βλιοθήκη τῆς εὐαγγελικῆς σχολῆς. Smyrne ; 8º. Commencé en 1873.

N. A. — Νεοελληνικὰ Ἀνάλεκτα. Περιοδικῶς ἐκδιδόμενα ὑπὸ τοῦ φιλολογικοῦ Συλλόγου Παρνασσοῦ. Athènes, 8º. Commencé en 1871. La collection complète ne m'est pas accessible.

Naber, Polyb. — Polybiana. Par S. A. Naber, Mnemosyne, VI, 1857, p. 113-137 ; 225-258 ; 341-364.

Neamon. — Τὰ Νεαμονήσια. Δύο βιβλία ὧν τὸ μὲν α΄ ἐκδοθὲν τῷ 1804 ὑπὸ τοῦ ἱεροδιδασκάλου Νικηφόρου, τὸ δὲ β΄ συνταχθὲν ὑπὸ τοῦ καθηγουμένου Γρηγορίου Φωτεινοῦ, συνεξεδόθη μετὰ τοῦ α΄ διορθωθέντος ὑπὸ τοῦ αὐτοῦ. Chio, 1865 ; 8º, χ΄-318-(Κτηματολόγιον τῆς ἐν Χίῳ Νεαμονῆς) 20.

Nect. de S. Theod. — Voir Nect. En.

N. de Wailly, Text. lorr. — Notice sur les textes en langue vulgaire du xiiie siècle contenus dans la collection de Lorraine, à la Bibliothèque Nationale, par M. Natalis de Wailly. Not. et extr., XXVIII, 2 (1878), 1-289.

Neander. — Voir M. Neander.

Nect En. — Nectarii archiepiscopi Constantinopolitani Enarratio. Migne, Patr. gr., 39, 1819-1846 ; Paris, 1858.

Norb opusc. — Matthiae Norbergi selecta opuscula academica. Londini Gothorum ; 1817-1818 ; 2 vol. 12º ; viii-386 ; iv-583.

Neumann, Geschichtschr. i. xii Jahr. — Griechische Geschichtschreiber und Geschichtsquellen im zwölften Jahrhundert. Von Carl Neumann. Leipzig, 1888 ; 8º, vi-105.

Newton, G. I. — The collection of ancient greek inscriptions in the British Museum. Edited by C. T. Newton. Part I Attika (Ed. E. L. Hicks), Oxford, 1874 ; fo. [vi-] 161 ; Part. II (Ed. C. T. Newton), Oxford, 1883 ; [vi-]159 ; Part. III, section I Priene and Iasos (Ed. E. L. Hicks), 1886, 67 ; sect. II Ephesos, 1890, [viii-]68-294.

N. G. I. — Voir Jean Psichari.

N. G. II. — Voir Jean Psichari.

Nic. — Voir Opp.

Nic. — Nicandrea. Theriaca et Alexipharmaca. Recensuit et emendavit fragmenta collegit commentationes addidit Otto Schneider. Accedunt scholia in Theriaca ex recensione Henrici Keil. Scholia in Alexipharmaca ex recognitione Bussemakeri et R. Bentlei emendationes partim ineditae. Leipzig, 1856 ; 8º, vi-352-vi-111.

Niceph. Br. — Nicephori Bryennii commentarii. Rec. A. Meineke,

Bonn, 1836 ; 8°, xviii-245 (C. S. B.).

Nicéphore Romanos. — Bibl. Nat., Gr. 2604 « Grammatica linguae graecae vulgaris communis omnibus Graecis, ex qua alia artificialis deducitur peculiaris eruditis et studiosis, per Patrem Romanum Nicephori, Thessalonicensem Macedonem ; » latine. xviie s. Pap. 80 fol. (Voir Omont, Invent. III, N. 2604).

Nicet. Akom. — Nicetae Choniatae historia. Ed. I. Bekker. Bonn, 1835 (C. S. B.); 8°, xvi-974 ; 4 feuillets et 1 page non numérotés entre xvi et 974. (C. S. B.)

Nic. Nuc. — The second book of the Travels of Nicander Nucius of Corcyra. Ed. J. A. Cramer. Londres, 1841 ; 8°, xxvii-126.

Nicolai. — Griechische Literaturgeschichte in neuer Bearbeitung von Dr. R. Nicolai. Magdebourg, 1873-1878 ; 3 vol. 8° ; 527 ; 706 ; xii-435.

Nicolai, Neugr. Lit. — Geschichte der neugriechischen Literatur. Von Dr. Rudolf Nicolai. Leipzig, 1876 ; 8°, x-239.

Niebuhr, Aeg. gr. — Voir Essais, I, 30.

Nik. — Voir Essais, I, 15.

Niebuhr, Länd. u. Völkerk. — Vorträge über alte Länder- und Völkerkunde, etc., von B. G. Niebuhr. Berlin, 1851 ; 8°, xiv-705.

Niebuhr, Röm. Gesch. — Römische Geschichte von B. G. Niebuhr. Berlin, 1828-1832, 3 vol. 8°. — T. 4-5, Röm. Gesch., von dem ersten punischen Kriege bis zum Tode Constantins, etc., nach Niebuhr's Vorträgen bearbeitet von Dr. Leonhard Schmitz. Aus dem Englischen übersetzt, etc., von Dr. Gustav Zeiss. Iéna, 1844-1845 ; 3 vol. 8°.

Nil. — S. P. N. Nili abbatis opera quae reperiri potuerunt omnia. Migne, Patr. gr., t. 79, 1-1474 ; Paris, 1860.

Nissen. — Voir I. Muller, Handb.

N. Jahrb. — Neue Jahrbücher für Philologie und Paedagogik. Leipzig, Teubner. Commencé en 1831.

Nolhac, Ald. Man. — Les correspondants d'Alde Manuce (1483-1514). Par P. de Nolhac. Rome, 1888 ; 4°, 104 p.

Nolhac, Bocc. et Tac. — Boccace et Tacite. Mél. d'arch., t. XII, 1892 ; tirage à part, 28 p., 8°.

Nolhac, Patr. codd. — De patrum et medii aevi scriptorum codicibus in bibliotheca Petrarcae olim collectis disserebat Petrus de Nolhac. Paris, 1892 ; 8°, 48.

Nolhac, P. et l'hum. — Pétrarque et l'Humanisme, par Pierre de Nolhac. Paris, 1892 ; 8°, x-439, 3 pl. (Fasc. 91e de la Bibl. de l'Ec. des Hautes-Etudes).

Nonn. — Nonni Panopolitani Dionysiacorum libri XLVIII. Ed. A. Koechly. Leipzig, 1857-58 ; 2 vol. 12° ; ccx-354 ; 509.

Not. ad Ar. — Notae ad Aristophanem. Voir Ar. Bekk. Not.

Not. Dign. — Notitia dignitatum. Accedunt notitia urbis Constantinopolitanae et laterculi prouinciarum ; edidit Otto Seeck. Berlin, 1876, 8°, xxxii-339. On cite le ch. et le §, avec la p. de Seeck. — Not. Dign. Or. = Notitia dignitatum in partibus Orientis ; cf. ibid. 276, pour les autres abréviations.

Not. Dign. Böck. — Notitia dignitatum, etc. Rec. E. Böcking. Bonn, 1839-1853 ; 2 vol. 8° ; I (Orient) lxvi-539 ; Ind. 192 ; II (Occident) 1*-1209*.

Not. et extr. — Notices et extraits des manuscrits de la Bibliothèque

Nationale. Paris, Imprimerie Nationale. Commencé en 1787.

Nouv. arch. — Voir Arch. des miss.

Nouv. fr. XIII. — Nouvelles françoises en prose du XIIIe siècle. Edd. L. Moland et C. d'Héricault. Paris, Jannet, 1856 ; 16°, LVI-311 (L empereur Constant. Amis et Amile. Aucassin et Nicolette).

Nouv. fr. XIV. — Nouvelles françoises en prose du XIVe siècle. Edd. L. Moland et C. d'Héricault. Paris, Jannet, 1858 ; 16°, CXXXIX-305.

Novati, Florim. — Nouvelles recherches sur le roman de Florimont d après un ms. italien. Par F. Novati. Rev. d. l.-rom., 1891, t. XXXV, 481-502.

Nov. — Voir C. J. C.

N. T. — Novum Testamentum graece. Ed. C. Tischendorf. Editio octava critica maior ; 2 vol. 8° ; XX-970 ; 2 feuillets-1044 ; 3e vol.: Prolegomena scripsit Casparus Renatus Gregory, en deux parties, 8° ; VI-440 ; IV-(441-)800. — Leipzig, 1884-1890.

N. T. S. — Novum Testamentum sinaiticum sive novum testamentum cum epistula Barnabae et fragmentis Pastoris. Ex codice sinaitico... descripsit A. F. C. Tischendorf. Leipzig, 1863, fo.; LXXXII-148 feuillets, 1 pl.

N. T. V. — Novum testamentum vaticanum. Ex ipso codice edidit A. F. C. Tischendorf. Leipzig, 1867 ; fo. L-284 ; 1 pl.

Observ. phonét. — Voir Jean Psichari.

O. Keller. — Lateinische Volksetymologie und Verwandtes. Von Otto Keller. Leipzig, 1891 ; 8°, XI-387.

Olympios, Inscr. Par.— Cf. Athen. V.

Omont, Invent. — Inventaire sommaire des manuscrits grecs de la Bibliothèque Nationale par Henri Omont. Paris, 1886-1888.

Omont, Abréviations. — Article de la Grande Encyclopédie ; s. v., livr. III.

Omont, Gl. D. C. — Le Glossaire grec de Du Cange. Lettres d'Anisson à Du Cange, relatives à l'impression du Glossaire grec (1682-1688), publiées par H. Omont, Paris, 1892 ; 8°, 38.

Omont, mss gr. de Fontainebleau. — Catalogues des manuscrits grecs de Fontainebleau sous François I et Henri II, publiés et annotés par Henri Omont. Paris, 1889 ; 4°, XXXIV-464.

Omont, Mss gr. datés. — Les manuscrits grecs datés des XVe et XVIe siècles de la Bibliothèque Nationale et des autres bibliothèques de France. Par H. Omont. Paris, 1892 ; 8°, 87.

Omont, Pap. byz. — Lettre grecque sur papyrus émanée de la chancellerie Impériale de Constantinople et conservée aux Archives Nationales. Par H. Omont. Rev. arch. XIX, 1892, p. 384-393. — Tirage à part, 14, 2 pl.

Omont, Typ. gr. — Essai sur les débuts de la typographie grecque à Paris (1507-1516). Par H. Omont. Paris, 1892 ; 8°, 72.

Onos. — Ὀνοσάνδρου στρατηγικός. Onosandri Strategicus. Sive de imperatoris institutione. Accessit Οὐρβικίου ἐπιτήδευμα. Nicolaus Rigaltius P. nunc primùm è vetustis codd. Graecis publicavit, etc. Paris, 1599 ; 8°, 118-96.

Onos. — Onosandri de imperatoris officio liber. Ed. A. Koechly. Leipzig, 1860 ; 12°, 41-63.

Opp. — Oppiani et Nicandri quae supersunt, etc. Ed. F. S. Lehrs. Paris, Didot, 1862 (dans les Poet. buc.); XIV-178 ; 4°.

Opp., schol. — Scholia in Theocritum. etc. Scholia et paraphrases in Nicandrum et Oppianum. Ed. U. Cats Bussemaker. Paris, Didot, 1878, 4°; xiv-670.

Orac. Sibyll. — Χρησμοὶ σιβυλλιακοί. Oracula Sibyllina recensuit Aloisius Rzach. Vienne, 1891 ; 8°, xxi-321.

Orac. Sibyll. — Oracula sibyllina ; ed. Alexandre. Paris, 1859 ; 8°, xlvii-419.

Or. att. — Oratores attici ex recensione I. Bekkeri. Berlin. 1823 ; 3 vol. 8° ; I (Antiphon. Andocides. Lysias) 410 ; II (Isocrates) 504 ; III (Isaeus, Dinarchus, Lycurgus. Aeschines. Demades) iv-492.

Or. att. ind. — Indices graecitatis in singulos oratores atticos etc. J. J. Reiske-T. Mitchell. Oxford, 1828; 2 vol.; iv-424 ; [425-]867.

Orelli, I. L. — Inscriptionum latinarum selectarum amplissima collectio etc. Ed. J. G. Orelli; Zürich, 1828-1856 ; 3 vol. 8° ; I, 570 ; II, 567 ; III, xxiii-525; [ii-]225 (Indices). Ed. G. Henzen, Zürich, 1856.

Orig. Hex. — Origenis hexaplorum quae supersunt ; sive veterum interpretum graecorum in totum vetus testamentum fragmenta. Ed. F. Field. Oxford, 1875, 2 vol. 4°. I (ciii-806) Prolegomena, Genesis-Esther ; II (1036-77) Jobus-Malachias. (Les abrév. ο', Ἀ. Σ. Θ. ibid., sont remplacées dans les citations par les abrév. Sept. (Septante). Aq. (Aquila), Symm. (Symmaque), Theod. (Théodotion).

Or. lat. — Voir Arch. de l'or. lat.

Orph. — Orphica. Recensuit E. Abel. Accedunt Procli hymni, hymni magici, hymnus in Isim, aliaque eiusmodi carmina. Prague-Leipzig, 1885, 12°, iii-320 (dans la Bibliotheca scriptorum graecorum et romanorum, publiée par Ch. Schenkl.).

Ov. — P. Ovidius Naso. Edd. R. Merkel - R. Ehwald. T. I, Leipzig, 1888 ; 12°, xli-287 (A. A. = Ars amatoria).

Ov. Her. — P. Ovidi Nasonis Heroides. Apparatu critico instruxit et edidit Henricus Stephanus Sedlmayer. Vienne, 1886 ; 8°, xviii-177.

Ovid. — Voir Ov.

O. Weise. — Die griechischen Wörter im Latein. Von Dr. Fr. Oscar Weise. Leipzig, 1882 ; 4°, viii-546. On cite la p.

P. — Voir Passow. — Essais, I, 17.

Pallad. Laus. — Palladii Episcopi Helenopoleos historia ad Lausum continens vitas sanctorum Patrum. Migne. Patr. gr., t. 34, 991-1278. Paris, 1860.

Παρνασσός. — Σύγγραμμα περιοδικὸν κατὰ μῆνα ἐκδιδόμενον. Athènes, 8°. Commencé le 30 janvier 1877.

Pape. — Wörterbuch der griechischen Eigennamen. Dritte Auflage. Neu bearbeitet von Dr. Gustav Benseler, Braunschweig, 1863-1870 ; 2 vol. 8°.

Pap. Ath. — Voir Essais, I, 15.

Pap. Ber. I. — Voir Essais, I, 15.

Pap. Ber. II. — Voir Essais, I, 15.

Pap. Leid. I. — Lettres à M. Letronne, sur les papyrus bilingues et grecs et sur quelques autres monuments gréco-égyptiens du Musée d'antiquités de l'Université de Leide, par C. I. C. Reuvens. Leide, 1830 ; 4°, 164 p.

Pap. Leid II. — Papyri graeci musei antiquarii publici Lugduni-Batavi. Edidit C. Leemans. T. I, Leide, 1843 ; 4°, 143 p.

Pap. Leid. III. — Papyri graeci musei antiquarii publici Lugduni-Ba-

tavi Ed. C. Leemans. T. II,
Leide. 1885 ; 8°, viii-318, iv pl.
Pap. Lond. — Voir Essais, I, 16.
Pap. Mag. — Papyrus magica musei
lugdunensis Batavi. Ed. A. Dieterich. Leipzig, 1888 ; 8° (=
Jahrb. f. cl. Phil., XVI⁰ʳ Suppl.
b., 1888, 749-829). Tirage à
part avec la même pagination.
Pap. Lup. — Notices et textes des
papyrus grecs du Musée du
Louvre Publication préparée par
M. Letronne, continuée par
MM. Brunet de Presle et E.
Egger. — Not. et extr., t. xviii,
2, Paris. 1865 ; 4°, 506 p. —
1 vol fo. de 52 planches de facsimilé ; Paris, 1865.
Pap. Rain. — Mittheilungen aus der
Sammlung der Papyrus Erzherzog Rainer. T. I, 4°, p. [1-]130,
Vienne. 1887 ; t. II et III, iv-
272, 3 pl., 1887 ; t. IV, iv-148,
3 pl., 1888 ; t. V, fasc. 1 et 2,
64 p., 1 pl., 1889.
Pap. Taur. — Voir Essais, I, 16.
Pap. Vat. — Voir Essais, I, 16.
Par. — Voir Dante.
Paraphrasis. — Voir Essais, I, 16.
Parthey, Pap. gr. — Frammenti di
papiri greci, asservati nella regia
biblioteca di Berlino. Leipzig,
1865 ; 8°, 27 (= Mem. di corr.
arch. II, 1865, 438-462). — Du
même : Lectüre über die griechischen Papyrus-fragmente der
Leipziger Universitätsbibliothek,
dans les M. B., B., 27 juillet,
1865, 423-439. (Cité : Parthey,
Pap. gr., M. B., B., etc.)
Paspatis. Βυζ. Άν. — Τὰ βυζαντινὰ
ἀνάκτορα καὶ τὰ πέριξ αὐτῶν ἱδρύματα. Ὑπὸ Α. Γ. Πασπάτη.
Ἀθῆναις. 1885 ; 8°, 350 p., 1
carte.
Paspatis. Χ. Γ. — Τὸ χιακὸν γλωσσάριον ἤτοι ἡ ἐν Χίῳ λαλουμένη
γλῶσσα, etc. Συνέγραψεν Α. Γ.
Πασπάτης. Ἀθῆναις, 1888 ; 8°,

430, 1 carte. — Compte rendu
par K. Krumbacher, Berl. philol.
Woch., 1889, p. 602-605, N.
19.
Passow. — Handwörterbuch der griechischen Sprache begründet von
Franz Passow, etc. Ed. V ;
Leipzig, 1841-1852 ; 2 vol. 4°.
Passy. — Voir P. Passy.
P. Passy, Chang. phonét. — Etudes
sur les changements phonétiques
et leurs caractères généraux. Par
Paul Passy. Paris, 1890 ; 8°,
270.
Past. Herm. — Hermae Pastor. Ed.
Adolfus Hilgenfeld. Leipzig,
1887 ; 8°, xxxix-131. Voir
Lambros, Past. Herm.
Pastor. — Long. Pastor. Voir à ces
mots.
Pat. gallo-rom. — Voir Rev. d. pat.
Patois gallo-romans. — Voir Rev. d.
pat.
Patr. gr. — Voir Migne.
Patric. — Ex historia Petri Patricii
et magistri excerpta de legationibus gentium ad Romanos ; voir
Dex.
Patr. lat. — Voir Migne.
Paul, Princ. — Principien der Sprachgeschichte. Von Hermann Paul.
Ed. II ; Halle, 1886 ; 8°, x-
368.
Pauly. — Pauly's Real Encyclopädie
der classischen Alterthumswissenschaft in alphabetischer Ordnung. Ed. II. Herausgegeben
von Dr. W. S. Teuffel. Stuttgart,
1864-1866 ; 2 vol. 8° (de A à
Byzinus). — La première édition
est de 6 vol. Stuttgart, 1839-
1848.
Pauly's Real. Enc. — Voir le précédent.
Paus. — Pausaniae descriptio Graeciae. Ed. J. H. Chr. Schubart.
Leipzig, 1872 ; 2 vol. 12° ; xxvi-
486 ; xxvi-454. On cite le L., le
ch., le §.

Paus. Athen. — Pausaniae descriptio arcis Athenarum. Ed. d'Otto Jahn, revue par A. Michaelis, etc. Bonn, 1880 ; 4º, vi-70 ; 8 pl. (hors texte et dans le texte).

Paus. Sch.-W. — Pausaniae descriptio Graeciae. Edd. J. H. Chr. Schubart et Chr. Walz. Leipzig, 1888-89; 3 v. 8'; lx-582; xxxii-656 ; xvi-800 (Apparat critique).

Pavolini. — Compte rendu dans la Cultura, Anno II (N. S.), N. 23, p. 534-536.

Payne Smith. — Thesaurus syriacus etc. Ed. R. Payne Smith. Oxford, 1879-1890 ; (fasc. VIII, col. 3348) ; fo.

P. de C. — Dictionnaire turk-oriental. Par M. Pavet de Courteille. Paris, 1870 ; 4º, xiv-562.

P. Deuticke. — Voir Deuticke.

Peccat. — Voir Essais, I, 17.

Pellegrini. — Il dialetto greco-calabro di Bova. Studio di Astorre Pellegrini, etc. Turin-Rome, 1880 ; 8º, liii-270.

Pelop. — Voir Essais, I, 17.

Peltier, Res gestae d. Aug. — Res gestae divi Augusti d'après la dernière recension, etc. Par C. Peltier, sous la direction de R. Cagnat. Paris, 1886 ; 12º, viii-92.

Pernot, Inscr. Par. — Etudes sur les subsistances dialectales en néo-grec. I. Les inscriptions de Paros par H. Pernot. Et. ng. 45-82.

Perrot, As. Min. — Souvenirs d'un voyage en Asie Mineure par Georges Perrot. Paris, 1864 ; 8º, xxiv-516.

Perrot, Cr. — L'île de Crète, souvenirs de voyage, par Georges Perrot. Paris, 1867 ; 12º, xxxi-279.

Perrot, Croy. pop. — Quelques croyances et superstitions populaires des Grecs modernes. Notes recueillies en Grèce. Par M. G. Perrot. Annuaire, 1874, 373-406.

Perrot, Galatie. — Exploration archéologique de la Galatie et de la Bithynie, d'une partie de la Mysie, de la Phrygie, de la Cappadoce et du Pont, exécutée en 1861, etc. par Georges Perrot, E. Guillaume, et S. Delbet. T. I (392 pp.), Paris, 1862 (on cite la p., le N. et la l. de l'inscr.) ; t. II, 80 pl., 7 cartes ; 1872.

Perrot, Gaulois en Galatie. — De la disparition de la langue gauloise en Galatie ; Rev. celt. I, 179-192.

Perrot, Mém. d'arch. — Mémoires d'archéologie, d'épigraphie et d'histoire. Par G. Perrot. Paris, 1875 ; 8º, xxiv-463.

Perrot, Thasos. — Mémoire sur l'île de Thasos, par M. G. Perrot. Paris, 1864 ; 8º, 103.

Pertz, Monum. — Monumenta Germaniae historica inde ab anno Christi quingentesimo usque ad annum millesimum et quingentesimum. Ed. G. H. Pertz. Commencé en 1826. — Script. indique la série des Scriptores, qui a une tomaison à part.

Petalas, Ther. lex. — Θηραϊκῆς γλωσσολογικῆς ὕλης, τεῦχος Α'. Ἰδιωτικὸν τῆς Θηραϊκῆς γλώσσης, ὑπὸ Ν. Γ. Πεταλᾶ. — Athènes, 1876 ; 8º, η'-152.

Peter Schmitt, Relativ part. — Ueber den Ursprung des Substantivsatzes mit Relativpartikeln im Griechischen. Von Dr. Peter Schmitt. Würzburg, 1889; 8º, 80 (Schanz, Beitr. III, 2).

Pet. Mitth. — Dr. A. Petermanns Mitteilungen aus Justus Perthes' geographischer Anstalt. Gotha (J. Perthes). Commencé en 1855.

Petr. — (Petros Patrikios). Voir Dex.

Petrarca. — Rime di Francesco Petrarca. Con l'interpretazione di Giacomo Leopardi. Ed. IV ; Florence, 1854 : 12º, xi-447.

Petr. S. — Petronii Arbitri Satirarum reliquiae ex recensione Francisci Buecheleri. Berlin, 1862 ; 8º, xxxxviii-237. On cite le ch., la p. et la l.

Phil. — Φιλίστωρ. Σύγγραμμα φιλολογικὸν καὶ παιδαγωγικόν. Athènes, 1861-1863 ; 4 vol. 8. A cessé de paraître.

Phil. — Voir N. T.

Phil. Anz. — Philologischer Anzeiger. Als Ergänzung des Philologus. Göttingen (Dieterich). 8º. Commencé en 1869.

Phil. le Solit. — Les pleurs de Philippe, poème en vers politiques de Philippe le Solitaire. Publié par l'abbé Auvray. Paris, 1875 ; 8º, 108 (Bibl. de l'Ec. des H.-Et., Fasc. 22).

Philol. Jahrb. — Voir Jahrb. f. cl. Philol.

Philol. — Philologus. Zeitschrift für das klassische Alterthum. Stolberg-Göttingen, 8º. Commencé en 1846.

Philon. — Philonis Judaei opera omnia. Textus editus ad fidem optimarum editionum (Edd. Lasch et Klotz) dans la Bibliotheca sacra patrum ecclesiae graecorum ; Leipzig, 1828-1830 ; 8 vol. 12º. Les chiffres renvoient à la l. et à la p. de l'éd. de Mangey (cf. I, V). Voir Cumont.

Philostr. — Flavii Philostrati opera auctiora. Ed. C. L. Kayser. Leipzig, 1870-1871 ; 2 vol. 12º; xxxviii-413 ; lii-551. — On cite Vit. Apoll. le L., le ch., la p. de Philostr. Ol. (donnée en marge, chez Kayser, à gauche pour le recto, à droite pour le verso), puis, entre parenthèses, le t., la p. et la l. de Kayser ; pour les Epist. Apoll., le N. de la lettre, la p. d'Ol., le t., etc. de Kayser ; pour les Vit. Soph., le L., le ch., le §, la p. d'Ol., le t. etc. de Kayser.

Philostr. Ol. — Philostratorum quae supersunt omnia, etc., etc. Ed. Gottfridus Olearius. Leipzig, 1709 ; fo, xliii-987.

Philostr. Soph. K. — Philostrati vitae Sophistarum, etc. Ed. C. L. Kayser. Heidelberg, 1838 ; 8º, xlii-416.

Ph. Bryenn., Did. — Διδαχὴ τῶν δώδεκα ἀποστόλων ἐκ τοῦ ἱεροσολυμιτικοῦ χειρογράφου νῦν πρῶτον ἐκδιδομένη ὑπὸ Φιλοθέου Βρυεννίου. Constantinople, 1883 ; 8º, ρμθ'-75.

Phon. pat. — Voir Jean Psichari.

Phort. — Voir Essais, I, 17.

Phot. — Photii bibliotheca. Ed. I. Bekker. Berlin, 1824, 2 vol. (266-581), 4º.

Phryn. Lob. — Voir Lob. Phryn.

Phryn. Praep. Soph. — Voir Bekk. An. gr.

Phryn. P. S. — Phrynichus. Praeparatio sophistica. Voir Bekk. An.

Physiol. — Le Physiologus. Ch. Gidel et E. Legrand, Annuaire, 1873, p. 225-286. Cf. Essais, I, 17.

Picat. — Voir Essais, I, 17.

Pind. — Pindari carmina ad fidem optimorum codicum rec. Car. Joh. Tycho Mommsen. Berlin, 1864 ; 8º, li-205.

Pind. schol. — Scholia recentia in Pindari epinicia. Ed. E. Abel. T. I (vii-480) Scholia in Olympia et Pythia (1891); t. II, fasc. I, II, III (524 p.) Scholia vetera in Pindari Nemea et Isthmia (1884), 2 vol. 8º.

Pind. Schol. — Πινδάρου σχόλια πατριακά. Ed. Semitélos. Athènes, 1875 ; 8º, κδ'-134.

Pio. — Contes populaires grecs publiés d'après les mss du Dr J. G. de Hahn et annotés par Jean Pio. Copenhague, 1879 ; 8°, xi-260 pp.

Plat. Alc. — Ed. M. Schanz (voir Plat. Crat.). Vol. VI, fasc prior. Alcibiades I. et II., Amatores, Hipparchus, Theages. Leipzig, 1882 ; 8°, xii-115.

Plat. Civ. — Platonis opera omnia. Rec. G. Stallbaum. Vol. III, sect. I Polit. i-v ; Gotha-Erfurt, 1858 ; 8°, cxxxvi-480 ; vol. III, sect. II, Polit. vi-x ; 1859 ; 8°, 515 pp.

Plat. Charm. — Ed. M. Schanz (voir Plat. Crat.). Vol. VI, fasc. posterior. Charmides, Laches, Lysis. Leipzig, 1883 ; 8°, viii-91.

Plat. Crat. — Platonis opera quae feruntur omnia ad codices denuo collatos. Ed. Martinus Schanz. Vol. II. fasc. prior. Cratylus. Leipzig, 1877, 8°, x-90. On cite, entre parenthèses, la p. d'Henri Estienne, puis la p. et la l. de Schanz.

Plat. Crit. etc. — Ed. M. Schanz (voir Plat. Crat.) Vol. I. Euthyphro, Apologia, Crito, Phaedo. Leipzig, 1875 ; 8°, xii-187. On cite comme pour Plat. Crat.

Plat. Euthyd. — Ed. M. Schanz (voir Plat. Crat.). Vol. VII. Euthydemus, Protagoras. Leipzig, 1880 ; 8°, xvi-120. On cite comme pour Plat. Crat.

Plat. H. — Platonis dialogi. Ed. C. Fr. Hermann. Leipzig, 1851-1853 ; 6 vol., 12°.

Plat. Leg. VI. — Ed. M. Schanz (voir Plat. Crat.) Vol. XII, 1. 1879 ; xx-199. Leges et epinomis. (Leg. i-vi).

Plat. Leg. VII-XII. — Platonis Leges et Epinomis. Rec. G. Stallbaum, Gothae et Erfordiae ; 3 vol. 8° ; I (Leg. i-iv) clxxv-468 ; II (Leg. v-viii) cix-484 ; III (Leg. ix-xii ; Epin.) 583. Voir Plat. Leg. VI. — A partir du L. VI, on cite d'après Stallbaum.

Plat. Phaedr. — Ed. M. Schanz (voir Plat. Crat.). Vol. V, fasc. posterior. Phaedrus. Leipzig, 1882 ; 8°, xvi-79.

Plat. Soph. — Ed. M. Schanz (voir Plat. Crat.). Vol. III, fasc. prior. Sophista. Leipzig, 1887 ; 8°, xi-92.

Plat. Symp. — Ed. M. Schanz (voir Plat. Crat.). Vol. V, fasc. prior. Symposion. Leipzig, 1881 ; 8°, xiv-74.

Plat. Symp. — Ed. M. Schanz (voir Plat. Crat). Vol. II, fasc. posterior. Theaetetus. Leipzig, 1880 ; 8°, xvi-107.

Plaut. Trin. — T. Macci Plauti comoediae. Rec. Fr. Ritschl. Tomi I, fasciculus I, Trinummum continens. Leipzig, 1871 ; 8°, lxxi-168.

Plin. Ep. — C. Plini Caecili Secundi Epistularum libri novem. Rec. H. Keil. Accedit Index Nominum cum rerum enarratione auctore Theodoro Mommsen. Leipzig, 1870 ; 8°, xlvii-432 ; on cite le L., la lettre, le § ; la p. et la l. de Keil, entre parenthèses.

Plin. H. N. — C. Plinii Secundi naturalis historia. Rec. D. Detlefsen. Berlin, 1866-1873 ; 8° ; I (L. i-vi), 278 ; II (L. vii-xv), 312 ; III (L. xvi-xxii), 323 ; IV (L. xxiii-xxxi), 314 ; V (L. xxxii-xxxvii), x-250.

Plut. — Plutarchi vitae parallelae. Rec. Carolus Sintenis. Leipzig, 1852-1854 ; 5 vol. 12° ; x-461 ; x-556 ; viii-432 ; xvi-428 ; vi-330. On cite l'ouvrage, le ch., entre parenthèses, le t., etc., de l'éd.

Plut. M. — Plutarchi Chaeronensis Moralia. Rec. Gregorius N. Bernardakis. Leipzig, 1888-1891; 3 vol. 12°; xciv-421, xxii-558; 586. On cite la p. d'Henri Estienne, donnée en marge, le traité, le t., etc., de Bernardakis.

Plut. Mor. W. — Plutarchi Chaeronensis Moralia. Ed. D. Wyttenbach. Oxford, 1795-1829; 8 vol. 8°, dont I-VI et VIII en 2 parties chacun. On cite le traité (ch. et §), la p. d'Henri Estienne (cf. Plut. Mor. W. I, 1, lxxvii, cvii-cxiv), et, entre parenthèses, le t., etc., de Plut. Mor. W.

Poèmes historiques. — Voir Essais. I, 30.

P. Meyer, Barl. et Joas. — Fragments d'une traduction française de Barlaam et Joasaph faite sur le texte grec au commencement du xiiie siècle, publiés par Paul Meyer. Paris, 1866 ; 8°, 24 pp.

P. Meyer, Compil. franç. — Les premières compilations françaises d'histoire ancienne. Par Paul Meyer. Paris, 1885 ; 8°, 81 p. (= Rom. XIV, 1-81)

P. Meyer, Rom. d'Alex. — Alexandre le Grand dans la littérature française du moyen âge. Par Paul Meyer. Paris, 1886 ; 8°, xxiii-400.

Pogatscher, A engl. Lehnw. — Zur Lautlehre der griechischen, lateinischen und romanischen Lehnworte im Altenglischen. Von Alois Pogatcher. Strasbourg, 1888 ; 8°, xiii-220.

Pol. D. — Polybii historia. Ed. L. Dindorf. Leipzig, 1866-1868 ; 4 vol. 12°; 349 (L. I-III); xxxviii-412 (L. IV-IX); xxiv-520 (L. X-XXX); xxiv-235 (L. XXXI-XL ; Fragmenta ; Ind., etc.)

Pol. B. W.— Polybii historiae. Editionem a Ludovico Dindorfio curatam retractavit Theodorus Büttner-Wobst. Leipzig, 1882-1889 ; 2 vol. 12° ; cxxvi-361(L. I-III) ; cxxii-380 (L. IV-VIII).

Pol. H². — Polybii historiae. Rec. apparatu critico instruxit Fridericus Hultsch. Vol. I. Ed. II. Berlin, 1888 ; 8°, lxxvi-339 (L. I-III).

Pol. H¹. — Polybii historiae. Ed. Fridericus Hultsch (Première édition); 4 vol. 8°; t. II (L. IV-VIII). IV — (319-)663 ; t. III (IX-XIX). IV — (664-)1024 ; t. IV (XX-XL ; Reliquiae, etc. Index) [1024—] 1402-86. — Pour les L. I-III, voir Pol. H², seuls parus en seconde édition. La pagination est courante du t. I au t. IV. Les deux chiffres ou groupes de chiffres arabes renvoient donc à la pagination de Hultsch, (p. et l.).

Pol. H. — Voir Pol. H¹.

Politis, Ἀσθ. — Αἱ ἀσθένειαι κατὰ τοὺς μύθους τοῦ ἑλληνικοῦ λαοῦ. Δελτίον, I, 1-30.

Politis, Croy. méd. — Ἑλληνικοὶ μεσαιωνικοὶ μῦθοι περὶ Φειδίου, Πραξιτέλους καὶ Ἱπποκράτους. Ὑπὸ Ν. Γ. Πολίτου. Δελτίον, I, 77-101.

Politis, Gorg. — ὁ περὶ τῶν Γοργόνων μῦθος. Ἀθῆνες, 1878, 8°, 17 (Parnassos, II, fasc. IV, 259-275).

Politis, Hel. — Ὁ ἥλιος κατὰ τοὺς δημώδεις μύθους. Ἀθῆνες, 1882 ; 8°, 54.

Politis, Myth. gr. — Μελέτη ἐπὶ τοῦ βίου τῶν νεωτέρων Ἑλλήνων. Ἀθῆνες, 1871-1874 ; 2 vol. 12°; μγ´-204 ; [205-]527.

Politis, Myth. météor. — Δημώδεις μετεωρολογικοὶ μῦθοι. Ἀθῆνες, 1880 ; 8°, 51 (Parnassos, IV, fasc. VI, 585-608).

Politis, Νεκρ. Ἀδ. — Τὸ δημοτικὸν ᾆσμα περὶ τοῦ νεκροῦ ἀδελφοῦ ὑπὸ Ν. Γ. Πολίτου. Ἀθῆνες, 1885 ; 8°, 69 (Δελτίον, II, 552-557).

Politis, Ρhid. méd. — Ἑλληνικοὶ μεσαιωνικοὶ μῦθοι περὶ Φειδίου, Πραξιτέλους καὶ Ἱπποκράτους. Δελτίον, 77-101.

Polívka, Phys. — Zur Geschichte des Physiologus in den slavischen Literaturen. Arch. f. sl. Ph. xiv (1892), 374.

Polyaen. — Polyaeni Strategematon libri octo. Ed. E. Woelfflin ; revu par J. Melber. Leipzig, 1887, 12°, xxvi-562.

Poric. — Essais, I, 18. — Variantes du Gr. 2316 dans Jagić, Arch. f. sl. Ph., I, 611-617.

Poric. — Wagner, Carmina, 199-202. Essais, I, 18.

Porphyr. — Voir Essais, I, 17.

Portius. — Voir S. Portius.

Pottier, Léc. att. — Etude sur les lécythes blancs attiques à représentations funéraires. Par E. Pottier. Paris, 1883 ; 8°, 160, 2 pl.

Pouqueville, Voy. de Gr. — Voyage de la Grèce. Par F. C. H. L. Pouqueville. Ed. II ; Paris, 1826-1827 ; 6 vol. 8°.

Preller, Gr. Myth. — Griechische Mythologie von L. Preller. Berlin, 1872-1875 ; Ed. III ; 2 vol. 8° ; xiv-709 ; vi-537.

Prisc. — Ex historia byzantina Prisci rhetoris et sophistae excerpta de legationibus gentium ad Romanos. Voir Dex.

Prisc. Inst. — Prisciani grammatici Caesariensis Institutionum Grammaticarum libri XVIII. Ed. M. Hertz. Leipzig, 1855-1859 ; 2 vol. 4° ; I (L. I-XII) xxxiiii-597 ; II (L. XIII-XVIII) xii-384. T. II et III des Gr. lat.

Prisc. Lyd. — Voir Bywater.

Proc. — Procopius ex recensione G. Dindorfii, 3 vol. Bonn, 1833-1838 ; 3 vol. 8° (C. S. B.).

Proch. — Ὁ πρόχειρος νόμος. Imperatorum Basilii, Constantini et Leonis Prochiron. Ed. C. E. Zachariae. Accedit commentatio de bibliotheca bodlejana ejusque codicibus ad jus Graeco-Romanum spectantibus. Heidelberg, 1837 ; 8°, ccxii-368.

Prodr. I. — Voir Essais, I, 18.
Prodr. II. — Voir Essais, I, 19.
Prodr. III. — Voir Essais, I, 19.
Prodr. IV. — Voir Essais, I, 19.
Prodr. V. — Voir Essais, I, 19.
Prodr. VI. — Voir Essais, I, 19.

Protev. Jac. — Protevangelium Jacob. Voir Ev. ap., p. 1.

Protodikos. — Ἰδιωτικὰ τῆς νεωτέρας ἑλληνικῆς γλώσσης ὑπὸ Ἰωάννου Πρωτοδίκου. Smyrne, 1866 ; 8°, 96 pp.

Prou. — Manuel de paléographie latine et française du vi[e] au xviie siècle, etc. Paris, 8°, 387 pp.

Psichari. — Voir Jean Psichari.

Ptol. — Claudii Ptolemaei geographia. Ed. C. Müllerus. Paris, Didot, 1883 ; 4°, 570 p.

Puell. juv. I et II. — Voir Essais, I, 20.

Pulol. — Voir Essais, I, 20.

Purg. — Voir Dante.

Quadrio. — Della storia e della ragione d'ogni poesia. Volumi quattro di Francesco Saverio Quadrio. Bologne, 1739-1752 ; 4 vol. 4° (II et III en deux parties chacun), avec 1 vol. d'Index.

Quadrup. — Voir Essais, I, 20.

Quatremère, Copte. — Grammatica linguae copticae, etc. Studio Amedei Peyron. Taurini, 1841, in-8. C.-R. par Quatremère, Journ. d. sav., 1849, 402-414.

Quest. d'hist. et de ling. — Voir Jean Psichari.

Quicherat-Chatelain. — Dictionnaire latin-français. Par L. Quicherat et Daveluy. Nouv. éd. par E. Chatelain. Paris, 1889 ; 4°, xxviii-1515.

Quint. Smyrn. — Quinti Smyrnaei posthomericorum libri XIV. Ed. A. Koechly. Leipzig, 1850 ; 8°, civ-60?, 1 pl.

Quint. X. II. — M. Fabi Quintiliani Institutionis oratoriae liber decimus. Ed. J. A. Hild. 1885 ; 8°, xxviii-163.

Quint. Inst. Or. — M. Fabi Quintiliani Institutionis oratoriae libri duodecim. Ed. Carolus Halm. Leipzig, 1868-1869. Pars prior (I-VI) x-338 ; Pars posterior (VII-XII) 421.

Rabb. fr. — Les rabbins français du commencement du xiv° siècle, par E. Renan (et Neubauer) ; Hist. litt. xxvii, 431-734.

Rajna, Orl. Fur. — Le fonti dell' Orlando furioso. Ricerche e studii di Pio Rajna. Florence, 1876 ; 8°, xiii-534.

Rambaud. Circ. fact. — De byzantino hippodromo et circensibus factionibus. Scripsit Alfred Rambaud. Paris. 1870 ; 8°, 114.

Rambaud, Const. Porph. — L'empire grec au dixième siècle. Constantin Porphyrogénète. Par A. Rambaud. Paris, 1870 ; 8°, xiv-551.

Ramon Muntaner. — Voir Buchon, Chron. étr.

Rangabé, Ant. hell. — Antiquités helléniques ou répertoire d'inscriptions et d'autres antiquités, etc. Par A. R. Rangabé. Athènes, 1842 ; 4°, 1098 p. — Voir Rangavi, Essais, I, 30.

Rayet, Inscr. K. — Inscriptions de l'île de Kos. Par O. Rayet. Annuaire, 1875, 266-326.

Rayet. Kos. — Mémoire sur l'île de Kos. Par M. O. Rayet. Paris, 1876 ; 8°, 14, 2 cartes (Arch. des miss., 3° série, t. III (1876), 37-116).

Reinach. — Voir S. Reinach.

Reinesius. — Thomae Reinesii Syntagma inscriptionum antiquarum, etc. Lipsiae et Francofurti, 1582 ; fo. 13 feuill. non paginés — 1032 — 44 feuill. non paginés.

Renan. — Histoire générale et système comparé des langues sémitiques, par Ernest Renan. Première partie (seule parue). Histoire générale des Langues sémitiques. Ed. III, Paris, 1863 ; 8°, xvi-527.

Renan. L. S. — Voir Renan.

Renan. Orig., Ind. — Histoire des origines du christianisme. Index général. Par Ernest Renan. Paris, 1883 ; 8°, iv-299. (La pagination, dans les renvois, est restée la même pour les différents tirages des autres volumes des Origines, sauf pour la vie de Jésus ; cf. Index, p. I).

Renan. Orig. II. — Les apôtres. Paris, 1866 ; 8°, lxiv-388.

Renan. Orig. III. — Saint Paul ; avec une carte des voyages de Saint Paul par M. Kiepert. Paris, 1869 ; 8°, lxxvii-572.

Renan. Orig. IV. — L'Antéchrist. Paris, 1873 (Ed. III) ; 8°, li-572.

Renan, Orig. V. — Les Evangiles et la seconde génération chrétienne. Paris, 1877 ; 8°, xxxv-552.

Renan. Orig. VI. — L'église chrétienne. Paris, 1879 (Ed. II) ; 8°, vii-564.

Renan, Orig. VII. — Marc-Aurèle et la fin du monde antique. Par Ernest Renan. Paris, 1882 (Ed. IV) ; 8°, vi-648.

Renan, Phénicie. — Mission de Phénicie dirigée par M. Ernest Renan. Paris, 1864 ; fo., 887 pp. Avec I v., fo., de lxx planches.

Renan, Prononc. gr. — Eclaircissements tirés des langues sémitiques sur quelques points de la prononciation grecque, par M. Ernest Renan, agrégé de philosophie. Paris, 1849 ; 8°, 36 p.

Renan, Prononc. — Voir Renan, Pron. gr.

Renan. — Voir Rabb. fr.

Rev. arch. — Revue archéologique. Publiée sous la direction d'A. Bertrand et G. Perrot (depuis 1883) ; Paris (Leroux), 8°. — Commencé en 1844.

Rev. celt. — Revue celtique publiée avec le concours des principaux savants des îles britanniques et du Continent, etc. Fondée par H. Gaidoz. Paris (Bouillon), 8°. Commencé en 1870-72.

Rev. crit. — Revue critique d'histoire et de littérature. Paris (E. Leroux) ; 8°. Commencé en 1866.

Rev. des Et. gr. — Revue des Etudes grecques, publication trimestrielle de l'Association pour l'encouragement des Etudes grecques. Paris (E. Leroux), 8°. Commencée en janvier-mars, 1888. — Suite de l'Annuaire. Voir à ce mot.

Rev. d. l. rom. — Revue des langues romanes publiée par la Société des langues romanes. Montpellier-Paris ; 8°. Commencé en 1870.

Rev. d. pat. — Revue des patois gallo-romans. Recueil trimestriel, publié par J. Gilliéron et l'abbé Rousselot. Paris (H. Welter), 8°. Commencé en 1887.

Rev. de philol. — Revue de philologie, de littérature et d'histoire anciennes. Paris, Klincksieck. Commencé en 1877 (Voir t. I, p. 5, n. 1).

Rev. hist. d. rel. — Revue de l'histoire des religions. Paris, Leroux ; 8°. Commencé en 1880.

Rhein. Mus. — Rheinisches Museum für Philologie. Neue Folge. Frankfurt am Mein ; 8°. Commencé en 1842.

Ribbeck, Trag. rom. — Tragicorum romanorum fragmenta secundis curis recensuit Otto Ribbeck. Leipzig, 1871 ; 8°, LXXIX-368.

Riemann, Aor. gr. — La question de l'aoriste grec, par O. Riemann. Mélanges Graux, 585-599.

Rigalt, — Nicolai Rigaltii Glossarium Τακτικόν μιξοβάρβαρον, etc., etc. Paris, 1601 ; 8°, 7 feuillets non numérotés - 220 - 5 feuill. non numérotés.

Ring, Apoll. Tyr. — Historia Apollonii regis Tyri. Ed. Michael Ring. Leipzig, 1887 ; 12°, 90 p.

Ritschl, Decl. lat. rec. — De declinatione quadam latina reconditiore. Ritschl, Op. phil. IV, 446-478.

Ritschl, op. phil. — Friderici Ritschelii opuscula philologica. Leipzig, 1866-1879 ; 5 vol. 8°.

Riv. di fil. — Rivista di filologia e d'istruzione classica. Turin (Loescher). Commencé en 1873.

Robert, Thanatos. — Berlin, 1879 ; 4°, 44, 3 pl. C'est le : Neununddreissigstes Programm zum Winckelmannsfeste der archäologischen Gesellschaft zu Berlin.

Rochas, Machines. — Traduction du traité des machines d'Athénée par M. de Rochas d'Aiglun ; Mélanges Graux, 781-801.

Rohde. — Voir le suivant.

Rohde, Griech. Rom. — Der griechische Roman und seine Vorläufer. Von Erwin Rohde. Leipzig, 1876 ; 8°, XII-552.

Rom. — Romania, recueil trimestriel consacré à l'étude des langues et des littératures romanes publié par Paul Meyer et Gaston Paris. — Paris (Bouillon). Commencé en 1872. — Table analytique des 10 premiers vol. (1872-1881), par J. Gilliéron. Paris, 1885 ; 8°, [II-]188.

Rom. — Voir N. T.

Roman de la Rose. — Le Roman de la Rose par Guillaume de Lorris et Jean de Meung. Ed. Pierre Marteau. Orléans. 1878 ; 2 vol. 12º : cxv-324 ; 461.

Rom. gr. — Voir Lambros. Rom. gr.

Romanos. Vagen. — Δημοσία κερκυραϊκὴ πρᾶξις λατινιστὶ συντεταγμένη περὶ ἀποδόσεως ἐθελοδούλων ἐκ Βαγενετίας τῆς Ἠπείρου, δυναστεύοντος ἐν Κερκύρᾳ τοῦ ταραντίνου ἡγεμόνος Φιλίππου τοῦ Β΄. Par Jean Romanos. Corfou. 1882 ; 8º, 14.

Roscher. — Voir le suivant.

Roscher, Myth. Lex. — Ausführliches Lexikon der griechischen und römischen Mythologie, herausgegeben von W. H. Roscher. Leipzig, 1884... 8º. En cours de publication. La 21e livraison (Juppiter) est de 1892.

Ross, I. G. — Inscriptiones graecae, ineditae. Ed. L. Ross. Nauplie. 1834-1845 ; 3 fasc. 4º ; III, 39 ; 93 ; 64, 10 pl.

Ross, I. L. — Inschriften von Lindos auf Rhodos. L. Ross, Rhein. Mus. IV, 161-199.

Rossi. Bullett christ. — Bullettino di archeologia christiana. Ed. de Rossi. Rome ; 4º. Commencé en 1863.

Rossi, Rom. Sott. — La Roma sotterranea cristiana. Par de Rossi. Rome. 1864-1877, 3 vol. fo. et 52 pl.

Rossignol, Virg. et Const. — Virgile et Constantin le Grand, par Jean Pierre Rossignol. Première partie. Paris. 1845 ; 8º, xxxvi-352.

Rothe, Quaest. cypr. — Quaestiones de Cypriorum dialecto et vetere et recentiore. Pars I. Scripsit Augustus Rothe. Leipzig, 1875 ; 8º, 78.

Rousselot, Introd. — Introduction à l'étude des patois. Rev. pat. I, 1, 1-22 (1887).

Rousselot, Modif. phon. — Les modifications phonétiques du langage étudiées dans le patois d'une famille de Cellefrouin (Charente). Thèse de doctorat, par l'abbé Rousselot. Paris, 1891 ; 8º, 374 pp.

Rousselot, Pat. de Cellefr. — Les modifications phonétiques du langage étudiées dans le patois d'une famille de Cellefrouin. Rev. d. pat., IV (1891), N. 14-15, 65-208 (= Rousselot, Modif. phon., 1-144).

R. Schneider, Bodleiana. — Bodleiana. Ed. Richardus Schneider. Leipzig, 1887 ; 8º, 52 p. (Additamenta ad volumen alterum anecdotorum oxoniensium Crameri).

Rum. trag. — Voir Essais, I, 20.
Rum. dist. — Voir Essais, I, 20.
Russ. descripta. — Voir Essais, I, 20.

S. — Greek Lexicon of the roman and byzantine Periods (from B. C. 146 to A. D. 1100) by E. A. Sophocles (Memorial Edition). New York, 1887 ; 4º, xvi-1188.

S¹. — A glossary of later and byzantine greek, by E. A. Sophocles. London, 1860 ; 4º, 624 pp.

Sachl. I. — Voir Essais, I, 20 ; Essais, II, 260.

Sachl. II. — Voir Essais, I, 20 etc.

Sachl. III. — Voir Essais, I, 20, etc.

Sandras, Chaucer. — Etude sur G. Chaucer. Thèse de doctorat, par E. G. Sandras. Paris, 1859 ; 8º, viii-299.

Sakell. Cypr. II. — Τὰ Κυπριακά, ἤτοι γεωγραφία, ἱστορία καὶ γλῶσσα τῆς νήσου Κύπρου, etc. Ὑπὸ Ἀ. Σακελλαρίου. Tome II, Ἡ ἐν Κύπρῳ γλῶσσα. Athènes, 1891, 8º, 95-896.

Sakell. Cypr. III. — Τὰ Κυπριακά. Τόμος τρίτος. Ἡ ἐν Κύπρῳ

γλῶσσα. Ὑπὸ Α. Α. Σακελλαρίου. Athènes, 1868 ; 8°, νς'-432 (Ed. II du précédent).

Sakell. Ling. lat. — Περὶ τῆς λατινικῆς γλώσσης καὶ φιλολογίας παρὰ τοῖς ἀρχαίοις "Ελλησι, etc. Ὑπὸ Σ. Κ. Σακελλαροπούλου. Athènes, 1878 ; 8°, 47.

Sarant. — Voir Essais, I, 21.

Savigny, Röm. Rechtsg. — Geschichte des römischen Rechts im Mittelalter. Von Friedrich Carl von Savigny. Ed. II; Heidelberg, 1834, les t. I, II, III; t. IV, V, VI, 1826-1831 ; 6 vol. 8°.

Sathas, Μεσαιων. Βιβλ. — Μεσαιωνικὴ Βιβλιοθήκη, ἐπιστασίᾳ Κ. Ν. Σάθα. Venise-Paris, 1872-1877 ; 6 vol. 8°.

Sathas, Comm. byz. — Sur les commentaires byzantins relatifs aux comédies de Ménandre, aux poèmes d'Homère, etc. (Notice et textes grecs inédits). Annuaire, 1875, 187-222.

Sathas, Rom. Ach. — Le roman d'Achille, par C. N. Sathas. Annuaire, 1879, 126-175.

Sathas, Th. crét. — Κ. Ν. Σάθα, Κρητικὸν Θέατρον ἢ συλλογὴ ἀνεκδότων καὶ ἀγνώστων δραμάτων. Venise, 1879 ; 8°. 91-467.

Sathas, Ἑλλην. ἀνέκδ. — Ἑλληνικὰ ἀνέκδοτα. Ὑπὸ Κωνσταντίνου Ν. Σάθα. Athènes, 1867; 2 vol. 8°; 16-137-228 ; 40-310.

Scartazzini, Dante. — Dante-Handbuch. Einführung in das Studium des Lebens und der Schriften Dante Alighieri's. Von Dr. G. A. Scartazzini. Leipzig, 1892 ; 8°, x-511.

Schanz, Beitr. — Beiträge zur historischen Syntax der griechischen Sprache herausgegeben von M. Schanz. Würzburg. 1882-1889 ; 2 vol. 8° de 3 fasc. chacun, et 2 fasc. du t. III.

Scheler. — Dictionnaire d'étymologie française, par Auguste Scheler. Ed. III, Bruxelles-Paris, 1888 ; 8°, x-526.

Schleusner. — Novum lexicon graecolatinum in Novum Testamentum. Par J. F. Schleusner. Leipzig, 1819 ; 8°, 2 vol. en deux parties chacun.

Schleusner, V. T. — Novus Thesaurus philologico-criticus sive Lexicon in LXX et reliquos interpretes graecos ac scriptores apocryphos veteris Testamenti. Par J. F. Schleusner. Leipzig, 1820-1821 ; 5 vol. 8°.

Schlumberger, Sigill. byz. — Sigillographie de l'empire byzantin, par Gustave Schlumberger. Paris, 1884 ; fo, VII-749.

Schmidt (Heinr.). L. u. gr. Syn. — Handbuch der lateinischen und griechischen Synonymik. J. H. Heinr. Schmidt. Leipzig, 1889 ; 8°, XII-844.

Schmidt, tzak. — Das Tzakonische. Von Prof. Moriz Schmidt. Curt. Stud. III, 2, 345-376.

Schneid. Conj. crit. — Coniectanea critica. Scripsit F. G. Schneidewin. Göttingen, 1839 ; 8°, [VIII-] 190.

Schol. ad Il. — Scholia in Homeri Iliadem ex recensione Immanuelis Bekkeri. Berlin, 1825 ; 2 vol. 4°, 830 p.

Scholarios, Index. — Κλεὶς πατρολογίας καὶ βυζαντινῶν συγγραφέων ἤτοι εὑρετήριον πάντων τῶν συγγραμμάτων τῶν θείων ἡμῶν πατέρων, διδασκάλων καὶ συγγραφέων τῶν περιεχομένων ἐν τῇ ἐν Παρισίοις ἐκδοθείσῃ πατρολογίᾳ εἰς τόμους ἑκατὸν ἑξήκοντα καὶ ἕνα (1857-1866) ὑπὸ Μιγνίου (Migne). Ὑπὸ Δωροθέου τοῦ Σχολαρίου. Athènes, 1879 ; 4°, μζ'-611.

Schol. Dion. Thr. — Voir Bekk. An.

Schol. hom. — Scholia graeca in

Homeri Iliadem. Ed. Gulielmus Dindorfius. Oxford, 1875-1877 ; 4 vol. 8°. (P. 66, N. 1 ci-dessous, lire Schol. ven. (= Schol. ad. Il.) t. IV). Voir Maass, Sch.hom.

Schol. ven. — Voir Schol. hom.

Schuchardt. Lautg. — Ueber die Lautgesetze. Gegen die Junggrammatiker. Von Hugo Schuchardt. Berlin, 1885 ; 8°, vi-39.

Schuchardt. Slawod. — Slawo-deutsches und slawo-italienisches Von Hugo Schuchardt. Graz, 1884 ; 4°. 140 pp.

Schuchardt. — Der Vokalismus des Vulgärlateins von Hugo Schuchardt. Leipzig. 1866-1868 ; 3 vol. 8° ; xii-476 ; 530 ; iv-356.

Scot — Voir Essais, I, 21.

Seelmann. — Die Aussprache des Latein nach physiologisch-historischen Grundsätzen. Von Emil Seelmann. Heilbronn, 1885 ; 8°, xiv-397.

Seger. Byz. Hist. — Byzantinische Historiker des zehnten und elften Jahrhunderts. Nikephoros Bryennios. Von Johannes Seger. München, 1888 ; 8°, iv-129.

Sen. I, II et III. — Voir Essais. I, 21-22.

Sen. Contr. — Annaei Senecae oratorum et rhetorum sententiae, etc. A. Kiessling. Leipzig, 1872 ; 12°, xvi-557.

Sen. eq. — Voir Eq. vet.

Sen. puell. — Voir Essais, I, 22.

Serv. in Verg. — Servii grammatici qui feruntur in Vergilii carmina commentarii. Edd. G. Thilo et H. Hagen. Leipzig, 1881-1884 ; Aen. 2 vol. xcviii-660 ; x-650. — Vol. III, fasc. 1 (Buc. Georg.) xx-360.

Sfak. I et II — Voir Essais, I, 22.

Sievers. Grundz². — Grundzüge der Phonetik. Von Eduard Sievers. Ed II ; Leipzig. 1881 ; 8°, xv-224.

Sigalas, Carm. pop. — Συλλογὴ ἐθνικῶν ᾀσμάτων περιέχουσα τετρακόσια ᾄσματα τονισθέντα. Ὑπὸ Ν. Σ. Σιγάλα. Athènes, 1880 ; 8°, κδ'-543.

Sir. — Voir Orig. Hex. et V. T.

Sittl, Lok. lat. — Die lokalen Verschiedenheiten der lateinischen Sprache mit besonderer Berücksichtigung des afrikanischen Lateins. Von Dr. Karl Sittl. Erlangen, 1882 ; 8°, iv-163. (Voir G. Paris, Rom. XII (1883), 118-120).

Sitz. b. d. k. pr. Ak. d. W. — Sitzungsberichte der königlich preussischen Akademie der Wissenschaften zu Berlin. Berlin, 4°. Commencé en 1882 (fait suite aux M. B., voir ibid., et les remplace).

Sitz. b. d. ph. hist. Cl. d. k. Ak. d. W. z. W. — Sitzungsberichte der philosophisch-historischen Classe der kaiserlichen Akademie der Wissenschaften. Vienne (chez Tempsky) ; 8°. Commencé en 1848.

Sitz. b. d. philos.-philol. u. hist. cl. d. k. bayer. Ak. d. Wiss. — Sitzungsberichte der philosophisch-philologischen und historischen Classe der k. b. Akademie der Wissenschaften zu München. München, 8°. Commencé (sous ce titre) en 1860, continuation des Gelehrte Anzeigen (1835-1860), qui sont une continuation des Jahresberichte der königlich Bayer'schen Akademie der Wissenschaften (Trois *Bericht*, de 1829 à 1833).

S. Keck, Dual. — Ueber der Dual bei den griechischen Rednern mit Berücksichtigung der attischen Inschriften. Von Dr. Stephan Keck. Würzburg, 1852; 8°, 64 (Schanz Beitr. I, 2).

Skias, Dial. crét. — Περὶ τῆς κρητικῆς διαλέκτου ὑπὸ Ἀνδρέου Ν. Σκιᾶ Δ. Φ. Athènes, 1891 ; 8º, 168.

Sklav. — Wagner, Carmina, 53-61. Voir Essais, I, 22.

Socr. Ep. — Socratis et Socraticorum Pythagorae et Pythagoreorum quae feruntur Epistolae. Ed. J. C. Orelli. Leipzig, 1815 ; 8º, xx-460.

Socr. H. E. — Socratis scholastici historia ecclesiastica. Migne, Patr. gr., 67, p. 17-842. On renvoie aux p. de Migne.

Socr. H. E. — Σωκράτους σχολαστικοῦ ἐκκλησιαστικὴ ἱστορία. Ed. William Bright. Oxford, 1878 ; 8º, xxviii-343 (Voir le précédent).

Solom. — Voir Essais, I, 22.

Solomos. — Διονυσίου Σολωμοῦ τὰ εὑρισκόμενα. Corfou, 1859, 8º, οη'-445.

Som. — Tesoro della lingua greca-volgare ed italiana, cioe ricchissimo Dizzionario Greco-volgare et italiano, etc. Opera postuma dal Padre Alessio da Somavera, Capucino Francese, etc. Paris, 1709 ; 2 vol. 4º ; I (Grec-italien) 14 feuill.-462 ; II (Italien-grec) 3 feuill.-513. — On cite le t., la p. et la col.

Somavera. — Voir Som.

Soph. — Les tragédies de Sophocle. Ed. E. Tournier ; troisième tirage revu par A. M. Desrousseaux. Paris, 1886 ; 8º, xxxviii-803.

Soph. Aj. — The Ajax of Sophocles. Ed. F. H. M. Blaydes. Londres, 1875 ; 8º, vii-342.

Soph. T. — Voir Soph.

Soph. sch. — Scholia in Sophoclis tragoedias vetera. E codice Laurentiano denuo collato, etc. Ed. Petrus N. Papageorgius. Leipzig, 1888 ; 12º, xviii-532.

Soph. Schn. — Sophokles. Erklärt von F. W. Schneidewin. Ed.

Études néo-grecques.

A. Nauck. Berlin, 1876-1880 (Aj., El., OT., OC., Phil. éd. VII ; Ant., Tr., éd. VIII).

Sophianos I. — Voir Essais, I, 22.

Sophianos II. — Voir Essais, I, 22.

Sophoclis. — Voir S. et S. Pr. gr.

Sophr. — S. Sophronius Hierosolymitanus Patriarcha. Migne, Patrol. gr., t. 87, partie 3, 3115-4012 ; Paris, 1860.

Soph. fr. — Voir Aesch. fr.

Soph. s. — Voir Soph. sch.

Sotiriadis, Jo. Ant. — Zur Kritik des Johannes von Antiochia. Von Georg Sotiriadis. Leipzig, 1887 ; 8º, 126 (Jahrb. f. cl. Ph., Supplement-Band. xvi, même pagination). — Voir Rev. crit., 1889, N. 40, 196-197 (E. Rabiet).

— Cf. Boissevain, Ueber die dem Ioannes Antiochenus zugeschriebenen Excerpta Salmasiana, Herm. xxii (1887), 161-178.

Soz. H. E. — Hermiae Sozomeni ecclesiastica historia. Migne, Patr. gr., 67, p. 843-1724.

Spaneas I. — Legrand, Bibl. gr., I, 1-10. Voir Essais, I, 22.

Spaneas II. — Voir Essais, I, 23.

Spaneas III. — Voir Essais, I, 23.

Spata I. — Diplomi greci inediti ricavati da alcuni manoscritti della Biblioteca comunale di Palermo, tradotti da Giuseppe Spata. Turin ; 8º, 140 = Misc. d. st. it., IX, 373-512. — Les documents vont de l'année 1084 (cf. p. 44 = Misc. d. st. it., IX, 417) à l'année 1221 (cf. p. 82 = Misc. d. st. it., etc., p. 455).

Spata II. — Le pergamene greche esistenti nel grande archivio di Palermo tradotte ed illustrate da Giuseppe Spata. Palerme, 1864 ; 4º, 468. Années 1091-1280 et jusqu'à un document de 1331, cf. p. 367 ; les apostilles, etc., p. 387, vont à 1409.

Specim. vetust. — Voir Essais, I, 23.

S. Portius. — Simon Portius. — Grammatica linguae graecae vulgaris. Reproduction de l'édition de 1638 suivie d'un commentaire grammatical et historique par Wilhelm Meyer (Meyer-Lübke), avec une introduction de M. Jean Psichari. Paris, 1889 ; 8°, LVI-256. (Fasc. 78ᵉ de la Bibl. de l Ec. des Hautes-Etudes).

S. Portius, Lex. — Dictionarium latinum graeco-barbarum, et litterale. Auctore Simone Portio. Paris, 1635 ; 4°, 2 feuillets, 512. — Suivi du Λεξικόπουλο ῥωμαϊκό, ἑλληνικό, καὶ λατινικό, 247 pp., note : S. Portius, Lex. II.

S. Portius, Lex. II. — Voir S. Portius, Lex.

S. Pr. gr. — History of the greek alphabet, with remarks on greek orthography and pronunciation. By E. A. Sophocles. Cambridge-Boston. 1848 ; 12°, VIII-136.

S. Spyr. — Ἡ θεία καὶ ἱερὰ ἀκολουθία τοῦ ἐν ἁγίοις πατρός ἡμῶν Σπυρίδωνος. Venise, 1880 ; 8°, 160.

S. Reinach, Ep. gr. (ou Epigr. gr.). — Traité d'épigraphie grecque par Salomon Reinach, etc. Paris, 1885 ; 8°, XLIV-560.

Stab. — Voir Essais, I, 24.

Stat. — Publius Papinius Statius. Rec. G. Queck. Leipzig, 1854 ; 2 vol. 12° ; XXX-151 ; XVI-274. (Cité pour les L. VII-XII de la Thébaïde.)

Stath. — Voir Essais, I, 24.

Stat. Silu. — P. Papinius Statius. Vol. I Siluae. Rec. Aemilius Baehrens. Leipzig, 1876 ; 12°, XX-157.

Stat. Theb. — P. Papini Stati Thebais et Achilleis cum scholiis. Rec. Otto Mueller. Vol. I Thebaidos libri I-VI (seul paru). Leipzig. 1870 ; 8°, XIV-304.

Stat. Theb. — P. Papinius Statius (Vol. II, fasc. II). Thebais. Ed. Ph. Kohlmann. Leipzig, 1884 ; 12°, XVIII-476.

Stavr. — Voir Essais, I, 24.

St. di fil. rom. — Studj di filologia romanza pubblicati da Ernesto Monaci. Roma (E. Loescher) ; 8°. Commencé en 1885.

Steph. Diac. — Stephanus Constantinopolitanus diaconus. Migne, Patr. gr., t. 100, 1067-1186 ; Paris, 1860.

Stevenson. — Codices manuscripti palatini graeci bibliothecae vaticanae descripti. Rec. Henricus Stevenson. Rome, 1885 ; 4°, XXXIX-336.

Stich, Pol. dic. gen. — De Polybii dicendi genere. Scripsit Joannes Stich. Acta semin. Erlang., II (1881), 141-212.

Strabon. — Voir Strab.

Strab. — Strabonis Geographica. Rec. Augustus Meineke. Leipzig, 1852-1853 ; 3 vol., 12°, XV-396 ; XII-814 ; VII-1238. On cite le L., le ch., le §, entre parenthèses, la p. et la l. de Meineke, dont la pagination est courante. La pagination de Casaubon est donnée dans Meineke.

Sturm, Constr. m. πρίν. — Geschichtliche Entwickelung der Constructionen mit πρίν. Von Dr. Josef Sturm. Würzburg, 1882 ; 8°, 155 (Schanz, Beitr. I, 3).

Sturz. — Frid. Guil. Sturzii de dialecto macedonica et alexandrina liber. Leipzig, 1808 ; 8°, XII-225.

Suet. — C. Suetoni Tranquilli quae supersunt omnia. Rec. C. L. Roth. Leipzig, 1858 ; 12°, CIV-357.

Suidas. — Σουΐδας, Suidae Lexicon graece et latine. Ed. G. Bernhardy. Halle, 1853 ; 2 vol. 8°, en 4 parties : Tomi prioris pars prior (A-E), xcviii-1487 ; Tomi prioris pars altera (AI-Θ), 1234 ; tomi alterius pars prior (K-Ω), 1302 ; tomi alterius pars altera (Π-Ψ, Appendix), 2022. On cite le t., la partie, la p., le N. — Voir Krumbacher, 262, 266-267.

Sütterlin, V. denom. — Zur Geschichte der Verba denominativa im altgriechischen. Erster Teil. Die verba denominativa auf -άω -έω -όω. Von Dr. L. Sütterlin. Strasbourg, 1891 ; 8°, 128.

Suz. I, II et III. — Voir Essais, I, 24-25.

Swoboda, Gr. Volksbeschl. — Die griechischen Volksbeschlüsse. Von H. Swoboda. Leipzig, 1890 ; 8°, x-320.

Sybel, Katalog. — Katalog der Sculpturen zu Athen. Von Ludwig von Sybel. Marburg, 1881 ; 12°, xxiv-459.

Syll. Kor. — Καταστατικόν τοῦ ἐν Ἀθήναις Συλλόγου Κοραῆ. Athènes, 1890 ; 8°, 8 p., prospectus accompagné d'un autre prospectus intitulé Γλωσσικὸς διαγωνισμὸς τοῦ Συλλόγου Κοραῆ, 8 p. ibid. — On ne cite ici que le premier.

Syll. ph. de C P. — Ὁ ἐν Κωνσταντινουπόλει Ἑλληνικὸς φιλολογικὸς Σύλλογος. Commencé en 1870 (sous ce titre). Premier titre : Τοῦ ἐν Κωνσταντινουπόλει Ἑλληνικοῦ φιλολογικοῦ Συλλόγου τὰ περισωθέντα. Ἀπὸ 1865 Δεκεμβρίου μέχρι 1870 Μαΐου. Constantinople, 1871. (Ce dernier ne m'est pas accessible).

Sym. Met. — Symeonis Logothetae, cognomento Metaphrastae, opera omnia. Patr. gr., t. 114-116. Paris, 1864.

Syn. hist. — Συνοπτικὴ ἱστορία τῶν τριῶν ναυτικῶν νήσων Ὕδρας Πετσῶν καὶ Ψαρῶν καθ' ὅσον συνέπραξαν ὑπὲρ τῆς ἐλευθερίας τῆς ἀναγεννηθείσης Ἑλλάδος, etc. συγγραφεῖσα ὑπὸ Π. Σ. Ὁμηρίδου. Nauplie, 1831 ; 8°, ια'-15-ΔΔΔΔΠΙ.

Sync. — Voir G. Sync.

Synes. — Synesius Ptolemaidis in Libyca Pentapoli episcopus. Migne, Patr. gr., t. 66, 1021-1616 ; Paris, 1859.

Synodicum. — Συνοδικὸν sive Pandectae Canonum SS. Apostolorum, et Conciliorum ab Ecclesia Graeca receptorum ; nec non canonicorum SS. Patrum Epistolarum. Etc. Totum Opus in duos Tomos divisum Guilielmus Beveregius recensuit, etc. Oxford, 1672 ; 2 vol. fo.

Syntip. I, II et III. — Voir Essais, I, 25-26.

Tac. Ann. — Cornelius Tacitus a Carolo Nipperdeio recognitus. Berlin, 1871-1876 ; 4 vol. 12°. (Ann. [= Ab excessu divi Augusti] I-VI, t. I ; Ann. VII-XII, t. II).

Tag. I, II et III. — Voir Essais, I, 26.

Tafel, Const. Them. — Constantinus Porphyrogenitus de provinciis regni byzantini. Liber secundus, Europa. Ed. Th. L. Fr. Tafel. Tübingen, 1846 ; 4°, xxxvi-56.

Taine, De l'intelligence. — Paris, 1878 ; 2 vol. 12° ; 420 ; 492.

Taine, Litt. angl. — Histoire de la littérature anglaise, par H. Taine. Paris, 1892 ; 8e édition ; 5 vol. 12°.

Tamerl. — Voir Essais, I, 26 ; Essais, II, 230-233, avec la collation du Grec 2914 de la Bibliothèque Nationale).

Ταξίδι. — Voir Jean Psichari.

Tardif, Monum. histor. — Monuments historiques, par M. Jules Tardif. 1866 ; fo., cxiv-xix-712.

Techmer, Spr. Phys. — Naturwissenschaftliche Analyse und Synthese der hörbaren Sprache. Etc. Techm. Zeitschr. 1 (1884), 69-192.

Techmer. — Voir Techm. Zeitschr. II, 141 suiv., IV, 110 suiv. ; V, 145 suiv.

Techm. Zeitschr. — Internationale Zeitschrift für allgemeine Sprachwissenschaft. Herausgegeben von F. Techmer. Leipzig, 4°. Commence en 1884 — terminé en 1890.

Tertull. O. — Quinti Septimii Florentis Tertulliani quae supersunt omnia. Ed. Franciscus Oehler. Leipzig, 1853 ; 3 vol. 8° ; xxv-957 (Continens libros apologeticos, etc.) ; 799-ccxx ; 729.

Testam. XII Patriarch. — Testamenta duodecim Patriarcharum filiorum Jacob ad filios suos. Migne, Patr. gr., t. II, 1225-1160.

Teuffel. — W. S. Teuffel's Geschichte der römischen Literatur. Neu bearbeitet von Ludwig Schwabe. Ed. V; Leipzig, 1890 ; 2 vol. I, xiv-648 ; II, viii-1346.

T. g. Nam. — Beiträge zur Rechtschreibung und Deutung türkischer geographischer Namen. Von Karl Kandelsdorfer. Vienne. 1887 ; 12°, 66.

Th. — Voir Theoph. F.

Th. Kock. Com. att. fr. — Comicorum atticorum fragmenta. Ed. Theodorus Kock. Leipzig. 1880-1888 ; 3 vol., 8° ; xxiii-806 ; 582 ; xix-756.

Theocr. — Theocritus Bion Moschus. Ed. III ; A. Meincke. Berlin, 1856 ; 8°. ix-618. — On cite d'après Buc. gr.

Théocrite. — Voir Théocr.

Theocr. Z. — Theocriti carmina ex codicibus italis denuo a se collatis tertium edidit Christophorus Ziegler. Tübingen, 1879 ; 8°, xii-200.

Theoph. Fabr. — Theophili antecessoris Institutionum libri IV. Ed. II, par Ch. A. Fabrot. Paris, 1657 ; 4°, [xiv-]720.

Theoph. — Theophanis Chronographia. Recensuit Carolus de Boor. Leipzig, 1883-1884 ; 2 vol. 8°, viii-503 ; 788.

Theoph. B. — Theophanis Chronographia. Ex recensione Ioannis Classeni. Bonn, 1839-1841 ; 2 vol. 8° ; liv-786 ; 748 (C. S. B.).

Theoph. cont. — Theophanes continuatus, Ioannes Cameniata, Symeon Magister, Georgius Monachus ex recognitione Immanuelis Bekkeri. Bonn, 1838 ; 8°, viii-951 (C. S. B.).

Theoph. F. — Institutionum graeca paraphrasis Theophilo Antecessori vulgo tributa ad fidem librorum manu scriptorum recensuit, etc. E. C. Ferrini. Berlin, 1884-1888 (en cours de publication) ; 1 vol., 8°, xxv-256, et deux fasc., p. (256)-304 et (304-)352, parus. La publication s'arrête actuellement à Theoph. III, 23, § 1.

Theoph. R. — Theophili Antecessoris Paraphrasis graeca Institutionum Caesarearum, etc. Ed. Gul. Otto Reitz, Hagae Comitis, 1751 ; 2 vol. 4° ; lxxx-612 ; 613-1327 (Glossaire, 1247-1301).

Theophr. — Theophrasti Eresii opera quae supersunt omnia. Ex recognitione Friderici Wimmer. Leipzig, 1854-1862 ; 2 vol. 12° ; lii-262 ; 356 ; xxxiii-330.

Theophyl. B. — Theophylacti Simocattae historiarum libri octo. Rec. I. Bekker. Bonn, 1834 ; 8°, xvi-352.

Theophyl. — Theophylacti Simocattae historiae. Ed. C. de Boor. Leipzig, 1887 ; 12°, xiv-437.

Thiersch. — Ueber Paros uud parische Inschriften. Von Dr. Fr. Thiersch. Abh. d. philos.-philol. u. hist. Cl. d. k. bayer. Ak. d. W., Munich, 1835, t. I, 585-644.

Thiersch, Zak. — Ueber die Sprache der Zakonen, vonDr.Fr.Thiersch. Abh. d. philos.-philol. Cl. d. k. bayer. Ak. d. W., I, 1835, 511-582.

Thom. M. — Thomae Magistri sive Theoduli ecloga vocum atticarum ex recensione et cum prolegomenis Friderici Ritschelii. Halle, 1832 ; 8°, cxlviii-504.

Thuc. Cl. — Thukydides erklärt von J. Classen. Berlin, 1875-1885. T. I³, cx-290 (L. I) ; II³, ii-208 (L. II); III², vi-215 (L. III); IV², ii-244 (L. IV); V, ii-188 (L. V); VI², xii-216 (L. VI) ; VII², vi-177 (L. VII) ; VIII², xxviii-200 (L. VIII).

Thuc. Cr. — Thucydide. Histoire de la guerre du Péloponnèse. Par Alfred Croiset. Paris, 1886 ; 1 vol. 8° (L. I-II), xxviii-467.

Thumb, Aeg. — Μελέτη περὶ τῆς σημερινῆς ἐν Αἰγίνῃ λαλουμένης διαλέκτου. 'Αθ. III, 95-128 (Tirage à part).

Thumb, Dial. Am. — Beiträge zur neugriechischen Dialektkunde. I. Die inlautenden Vokale im heutigen Dialekt von Amorgos. — Von Dr. Albert Thumb. — Strasbourg, 1892; 8°, 60 (Indog. Forsch. II, 1-2).

Thumb, Neugr. Sprachf. — Die Neugriechische Sprachforschung in den Jahren 1890 und 1890. Indog. Forsch., Anz., I, 1, 38-49 ; 146-155.

Thumb, Neugr. Spr. — Die neugriechische Sprache. Eine Skizze. Von Dr. Albert Thumb. Freiburg i. B., 1892 ; 8°, 36 pp.

Thumb, Neugr. Volksk. — Zur Neugriechischen Volkskunde. Von Dr. Albert Thumb. I. Die Schicksalsgöttinnen im neugriechischen Volksglauben. Zeitschr. d. Ver. f. Volksk., 1892, fasc. 2, 123-134.

Thumb, Spirit. asp. — Untersuchungen über den Spiritus asper im griechischen. Strasbourg, 1889 ; 8°, viii-103.

Tim. — Voir N. T.

Tournier, Némésis. — Némésis et la jalousie des dieux. Par Ed. Tournier. Paris, 1863 ; 8°, viii-288.

Trans. of the am. ph. ass. — Transactions of the american philological association. Hartford. Première année, 1869-70 ; publié en 1871.

Trap. — Voir Essais, I, 26.

Traut. — Lexicon über die Formen der griechischen Verba. Etc. Von Georg Traut. Ed. II ; Giessen, [1867] ; 8°, viii-715-44 (Ind. des désin. casuelles, etc.).

Triantaphyllidès, Lex. de Theoph. — Lexique des mots latins dans Théophile et les Novelles de Justinien. Et. ng., 255-277.

Triantaphyllidis, Ποντ. — Ἡ ἐν Πόντῳ ἑλληνικὴ φυλὴ ἤτοι τὰ Ποντικά, etc. Ὑπὸ Π. Τριανταφυλλίδου. Athènes, 1866 ; 8°, ιη'-314.

Trinchera. — Syllabus graecarum membranarum (Naples, Mont-Cassin, Cava et Nerti). Ed. Fr. Trinchera. Naples, 1865 ; 4°, xxxii-629, 8 pl. Années 885-1331 (-1450, dans l'Appendix, p. 509-539).

Tsitsélis, Loc. Ceph. — Ὀνόματα θέσεων ἐν Κεφαλληνίᾳ, etc. Parnassos, I (1877), 674-681 ; 783-787 ; 844-853 ; 902-911.

Tuma, Griechenl. — Griechenland, Makedonien und Süd-Albanien. Etc. A. Tuma. Hannover, 1888; 8°, viii-330.

Tycho Mommsen, σ. u. μ. b. Eur. — Gebrauch von σύν und μετά bei Euripides. Von Tycho Mommsen. Berlin, 1877 ; 8°, 26.

Tycho Mommsen, Gr. Pr.— Beiträge zu der Lehre von den griechischen Präpositionen. Von Tycho Mommsen. Fasc. I, Frankfurt a. M., 1886; 8°, vii-96; 1887 (97-)288. — (Μετά, σύν u. ἅμα bei den Epikern. Frankfurt, 1874. 50 p., ne m'est pas accessible).

Tycho Mommsen, σ. u. μ. b. d. nachh. ep. — Die Präpositionen σύν und μετά bei den nachhomerischen Epikern mit litterargeschichtlichen Excursen namentlich über Dionysios den Periegeten. Von Tycho Mommsen. Leipzig, 1879; 4°, 88.

Tzetz. All. Il. — Tzetzae Allegoriae Iliadis. Accedunt Pselli Allegoriae quarum una inedita. Ed. J. Fr. Boissonade. Paris, 1851, 8°, viii-414.

Tzetz. hist. — Joannis Tzetzae historiarum variarum Chiliades. Rec. Theoph. Kiessling. Leipzig, 1826; 8°, xxiv-568.

Tzetz. Hom. — Joannis Tzetzae Antehomerica, Homerica, Posthomerica. Ed. Lehrs ; 40 pp., dans le vol. : Hesiodi carmina, etc. Paris, Didot, 1862, 8°.

Ulrichs. — Voir I. Müller, Handb.
Unger. — Voir I. Müller, Handb.
Unger. Byz. Kunstg. — Quellen der byzantinischen Kunstgeschichte. Ausgezogen und übersetzt von Fr. W. Unger. Vienne, 1878 ; 8°, xxxvi-335 (t. I, seul paru).

Unger, Gr. Kunst. — Christlich-griechische oder byzantinische Kunst. Von Fr. W. Unger. Enc. de Ersch und Gruber ; V (291-474) et VI (1-66) vol. de Griechenland, etc., in acht Bänden ; Leipzig, 4°, 1870.

Usener, Heil. Theod. — Der Heilige Theodosios. Schriften des Theodoros und Kyrillos. Ed. H. Usener. Leipzig, 1890 ; 8°, xxiii-210.

Valavanis, Εἱμ. παίγν. — Εἱμαρμένης παίγνια. Κωμῳδία εἰς πέντε μέρη. Ὑπὸ Γ. Βαλαβάνη (de Cérisonte). Athènes, 1860 ; 8°, ζ'-68 pp.

Valavanis, Καμπ. χ. — Ἡ καμπάνα τοῦ χωριοῦ μου. Ὑπὸ Ι. Βαλαβάνη. Athènes, 1888 ; 8°, 27 (Lex., p. 9-13).

Val. Max. — Valerii Maximi factorum et dictorum memorabilium libri novem. Iterum rec. Carolus C. Kempf. Leipzig, 1888 ; 12°, xxxiv-672.

Varron, L. L. — M. Teronti Varronis de lingua latina libri. Ed. A. Spengel. Berlin, 1885 ; 8°, xc-286.

Veitch, Gr. Verbs. — Greek Verbs irregular and defective, their forms meaning and quantity, by William Veitch. New edition. Oxford, 1887 ; 12°, viii-717.

Vell. Paterc. — C. Vellei Paterculi ex historiae romanae libris duobus quae supersunt. Ed. C. Halm. Leipzig, 1876 ; 12°, iv-170.

Vénizelos, Prov. pop. — Παροιμίαι δημώδεις συλλεγεῖσαι καὶ ἑρμηνευθεῖσαι ὑπὸ Ι. Βενιζέλου. Syra, 1867 ; 8°, η'-360.

Verettas, Prov. pop. — Συλλογὴ παροιμιῶν τῶν νεωτέρων Ἑλλήνων μετὰ παραλληλισμοῦ πρὸς τὰς τῶν ἀρχαίων ὑπὸ Ι. Φ. Βερέττα. Ἐν Λαμίᾳ, 1860 ; 8°, δ'-88.

Verg. Aen., etc. — Voir à Virg.

Verg. F. — P. Vergili Maronis opera. Ed. A. Forbiger. Ed. IV ; Leipzig, 1872-1875 ; 3 vol. 8° ; 553 ; 796 ; xxxix-843.

Verg. R. — P. Vergili Maronis opera. Rec. O. Ribbeck. Leipzig, 1859-1868 ; 5 vol. 8° ; I (Prolegomena critica) xxxii-467 ; II (vol. I), 267 ; III (vol. II), 435 ; IV (vol. III), 449 ; V (vol. IV), 206.

Viereck, Sermo graecus. — Sermo graecus quo senatus populusque Romanus magistratusque populi romani usque ad Tiberii Caesaris aetatem in scriptis publicis usi sunt examinatur. Scripsit Paulus Viereck. Göttingen, 1888 ; 4°, xiv-122.

Victor, El. phon². — Elemente der Phonetik und Orthoepie des deutschen, englischen und französichen, etc. Von W. Victor. Ed. II ; Heilbronn, 1887 ; 8°, xii-270.

Vilaras. — Ἅπαντα Ἰωάννου Βηλαρᾶ ἤτοι ποιήματα καὶ πεζά τινα ὑπὸ Σεργίου Χ. Ῥαρτάνη ἠπειρώτου τὸ δεύτερον ἐκδιδόμενα μετὰ προσθήκης ἀνεκδότων. Zante, 1871 ; 12°, 257.

Villani. — Voir G. Villani.

Villehardouin. — Geoffroy de Villehardouin. Conquête de Constantinople avec la continuation de H. de Valenciennes. Ed. Natalis de Wailly. Paris, 1874 ; 4°, xxiv-616-23.

Villoison, An. gr. — Anecdota graeca e Regia Parisiensi, et e Veneta S. Marci bibliothecis deprompta. Ed. d'Ansse de Villoison. Venise, 1781 ; 2 vol. 4°, xxvi-443 ; 323.

Vind. Pop. — Essais, I, 27.

Vlastos, Ch. — Χιακὰ ἤτοι ἱστορία τῆς νήσου Χίου ἀπὸ τῶν ἀρχαιοτάτων χρόνων μέχρι τῆς ἔτει 1822 γενομένης καταστροφῆς αὐτῆς παρὰ τῶν Τούρκων. Παρ Α. Vlastos.

Ἐν Ἑρμουπόλει, 1840 ; 8°, 2 vol. ; ια'-124 ; 259, 1 pl.

Voc. dant. — Voir Blanc. — Voir Conc. dant.

Voigt, Tit. Cypr. — Quaestionum de titulis cypriis particula. Leipz. St. I, 251-302 (1878).

Voigt, Wiederheleb. d. class. Alt. — Die Wiederbelebung des classischen Alterthums oder das erste Jahrhundert des Humanismus. Von Georg Voigt. Ed. II, Berlin, 1880-1881 ; 2 vol. 8° ; xii-595 ; viii-547.

Volum. Hercul. — Herculanensium voluminum quae supersunt. Naples, 1793-1855 ; 11 vol. fol.

Vossius, Hist. gr. — Gerardi Ioannis Vossii de historicis graecis libri tres. Ed. Ā. Westermann. Leipzig, 1838 ; 8°, xxiv-525.

V. T. — Vetus testamentum graece juxta lxx interpretes. Ed. C. Tischendorf, éd. VI, Leipzig, 1880, 2 vol. 8°, lxxxi-684 ; 616-187 (collation du Vaticanus et du Sinaiticus, par E. Nestle).

Wachsmuth, Das a. Griech. im. n. — Das alte Griechenland im neuen. Von Curt Wachsmuth. Mit einem Anhang über Sitten und Aberglauben der Neugriechen bei Geburt Hochzeit und Tod. Bonn, 1864 ; 12°, 126.

Waddington, I. G. — Inscriptions grecques et latines de la Syrie, recueillies et expliquées par W. H. Waddington. Paris, 1870 ; fol., vii-628.

Waddington. — Voir Ed. Diocl.

Wagener, Lat. bei Mal. — Compte rendu par C. Wagener Philol. Anz. X (N. 2) 91-93 de : De vocibus Latinis, quae apud Ioannem Malalam chronographum Byzantinum inveniuntur, par G. Koerting ; 1879 ; 4°, 20 (Monasterii Guestfalorum).

Wagner, Art. Inf. — De infinitivo apud oratores atticos cum articulo coniuncto, scripsit Dr. Richard Wagner. — 1885. Progr. N. 589. — Schwerin, 1885 ; 4°, 11 p.

Wagner, Carmina. — Carmina graeca medii aevi edidit Guilelmus Wagner Leipzig. 1874 ; 8°, xv-382.

Wagner, Med. gr. t. — Medieval greek texts : being a collection of the earliest compositions in vulgar greek, prior to the year 1500. Ed. Wilhelm Wagner. London. 1870 ; 8°, xxiv-190.

Wagner, Trois poèmes. — Trois poèmes grecs du moyen âge inédits, recueillis par feu le professeur W. Wagner. Berlin. 1881 ; 8°. xx-349.

Wallies, Alex. in Arist. — Alexandri in Aristotelis analyticorum priorum librum I commentarium. Ed. M. Wallies. Berlin, 1883 ; 4°, xxii 426.

Walz, Rhet. gr. — Rhetores graeci. Ed. Chr. Walz. Stuttgart-Tübingen. 1832-1836 ; 9 vol. 8°.

Wattenbach, Lat. Pal. — Anleitung zur lateinischen Palaeographie von W. Wattenbach. Ed. III ; Leipzig. 1878 ; 8°, iv-90.

Wattenbach [2]. — Scripturae graecae specimina in usum scholarum. Ed. Guilelmus Wattenbach. Libri cui inscriptum erat : Schrifttafeln zur Geschichte der griechischen Schrift editio altera. Berlin, 1883; fol., 17-xxx pl. (B. S., M. S. f. 111).

Wattenbach, Schriftt. — Voir Wattenbach [2].

Weber, Absichtss. — Entwickelungsgeschichte der Absichtssätze. Von Dr. Philipp Weber. Würzburg, 1884-1885 ; 2 vol. 8°; vii-139 ; [1-]125. Schanz, Beitr. II, fasc. 1 et 2.

Weber, Ausspr. d. Gr. — II. Weber. Indische Beiträge zur Geschichte der Aussprache des Griechischen. M. B., Berlin, 1871, 613-632.

Weber, Lat. Gr. — Dissertatio de latine scriptis quae Graeci veteres in linguam suam transtulerunt. Scripsit C. Fr. Weber. Cassel, 1852 ; 8°, 1 vol. en 4 parties : 58-66-50-102 (la pagination recommence à chaque fois). On cite la partie et la p.

Wecklein, Aesch. St. — Studien zu Aeschylus. Von N. Wecklein. Berlin, 1872 ; 8°, x-176.

Weigand, Olymp. Wal. — Die Sprache der Olympo-Walachen. Von G. Weigand. Leipzig, 1888 ; 8°, viii-141.

Weigel. — Λεξικὸν ἁπλορωμαϊκὸν γερμανικὸν καὶ ἰταλικόν. Neugriechisches Teutsch-Italiänisches Wörterbuch. Von D. Karl Weigel. Leipzig, 1796 ; 8°, xii-1319.

Weisschuh, Rhot. gr. — De rhotacismo linguae graecae. Leipzig, 1881 (m'est inaccessible).

Wescher, Dial. Andr. — Note relative au dialecte de l'île d'Andros, par Carle Wescher. Annuaire, 1871, 137-146.

Wescher-Foucart, I. D. — Inscriptions recueillies à Delphes, par C. Wescher et P. Foucart. Paris, 1863 ; 8°, xvi-314.

Wesselofsky, Armouris. — Voir Wesselofsky, Russ. ep.

Wesselofsky, Emp. Const. — Le dit de l'empereur Constant. Rom. VI, 161-198 ; Rom. XIV (1885), 137-143.

Wesselofsky, Russ. ep. — Beiträge zur Erklärung des russischen Heldenepos. Arch. f. sl. Ph. III, 1879, 547-593. I. Das mittelgriechisch-Lied von Armuri (547-561). II. Eracles und die russischen Lieder von Ivan dem Kaufmannso sohne (561-687). III. Armuri und die russischen Lieder von Saul, dem Sohne Leos (587-593). — Arch. f. sl. Ph., IX, 1886, 282-291. IV. Das russische Lied von Sadko-Sadok (282-291).

Wesselofsky. — Voir Alex. L.

Wessely, G. O. — Neue griechische, Ostraka. Wien. stud.. VIII (1886), 116-124.

Wessely, G. P. — Neue griechische Papyri. Wien. st. VII, 122-139. Voir Magirus, G. P.

Wessely, P. P. et L. — Bericht über griechische Papyri in Paris und London. Wien stud. VIII (1886), 175-230 ; IX (1887), 235-278.

Wessely, Zaub. pap. — Griechische Zauberpapyrus von Paris und London. Von Dr. C. Wessely. Denkschr. d. k. Ak. d. Wiss., Vienne, 1888, t. XXXVI, 2 Abth., 27-208.

Wheeler, Gr. N. acc. — Der griechische Nominalaccent, von Benjamin I. Wheeler. Strasbourg, 1885, 8°, viii-147.

Wien. St. — Wiener Studien. Zeitschrift für classische Philologie. Vienne (C. Gerold's. Sohn). Commencé en 1879.

Wilkins. — Voir Techm. Zeitschr. IV, 339-373.

Windisch, Kelt. Spr. — Keltische Sprache von Ernst Windisch. etc. Gröber, Grundriss, I, 283-312.

Winer[7]. — Grammatik des neutestamentlichen Sprachidioms. Von G. B. Winer, Ed. VII ; Leipzig, 1867 ; 8°, viii-622.

Winer, Gr. d. ntest. Sprachi. — Voir Winer[7].

Winkelmann, Phil. Skizz. — Philologische Skizzen, die Geschichte der römischen Sprache und Literatur betreffend. N. Jahrb. f. phil. u. paed., t. I, Suppl. band,

II, 1833, p. 493-584. On considère ici plus particulièrement V. Ueber das Gebiet der römischen Sprache im Zeitalter des Augustus (555-558) et VI. Gebrauch der griechischen Sprache zu Rom während der Republik.

Wirth, Christl. Leg. — Danae in christlichen Legenden. Von A. Wirth. Vienne, 1892; 8°, vi-159.

W. Meyer, Lat. Spr. in Rom. L. — Die lateinische Sprache in den romanischen Ländern. Von Wilhelm Meyer (Meyer-Lübke), Gröber, Grundriss, 351-382.

W. Meyer, Acc. Satzschl. — Der accentuirte Satzschluss in der griechischen Prosa vom IV. bis XVI. Jahrhundert nachgewiesen von Wilhelm Meyer aus Speyer Professor in Göttingen. Göttingen, 1891 ; 8°, 28.

W. Meyer, Lat. Wortacc. — Ueber die Beobachtung des Wortaccentes in der altlateinischen Poesie. Von Wilhelm Meyer aus Speyer. Abh. d. philos.-philol. Cl. d. k. b. Ak. d. W., zu München, 1884, t. XVII, 1 Abth., 1-120.

W. Meyer, Rythm. Dicht. — Anfang und Ursprung der lateinischen und griechischen rythmischen Dichtung. Von Wilhelm Meyer aus Speyer, Abh. d. philos.-philol. Cl. d. k. d. W., zu München, t. XVII, Abth. 2, 1885, 267-450.

W. Meyer. — Voir S. Portius.

Woch. f. kl. Phil. — Wochenschrift für klassische Philologie. Berlin, 4°. Commencé en 1884.

Wunderer, Conject. Polyb. — Coniecturas Polybianas scripsit C. Wunderer. Acta semin. Erlang. IV, 223-259.

Wunderer, Pol. B. W. — Berl. phil. woch. 1890, N. 19, 589-594. Compte rendu par Wunderer de Pol. B. W., t. I.

Wunderer, Polyb. B. W. — Voir le précédent.

Xen. Anab. — Xenophontis opera. Ed. C. Schenkl. Vol. I. Anabasis Berlin, 1869 ; 8°, x-226.

Xen. Anab. L. — Wörterbuch zu Xenophons Anabasis. Von F. Vollbrecht. Ed. IV; Leipzig, 1880 ; 8°, viii-248, 3 pl. et 1 carte.

Xen. Ἀθην. πολιτ. — Xenophontis qui fertur libellus de republica Atheniensium. Ed. A. Kirchhoff. Ed. II ; Berlin, 1881 ; 12°, xii-24.

Xen. Cyr. — Xenophontis Institutio Cyri. Rec. A. Hug. Editio maior. Leipzig, 1883 ; 12°, c-344.

Xenit. — Wagner, Carmina, 203-220. Voir Essais, I, 27.

Xen. Hellen. — Xenophontis historia graeca. Recensuit Otto Keller. Editio maior. Leipzig, 1890 ; 8°, xxviii-427. — On cite, entre parenthèses, la p. et la l. de l'édition.

Xen. Oek. — Xenophontis opera ed. C. Schenkl. Vol. II. Libri socratici (De Socrate commentarii, OEconomicus, etc.). Berlin, 1876 ; 8°, xii-254.

Xen. Mem. — Voir Xen. Oek.

Zachariä, ad Bas. LIII. — Ueber eine lateinische Uebersetzung von Buch 53 der Basiliken. M. B., B., 1881, 13-34.

Zachariä. — Voir Nov. Z. et Anecd. Z.

Zachariä. Gesch. d. gr. röm. R. — Geschichte des griechisch-römischen Rechts. Von K. E. Zachariä von Lingenthal. Ed. II ; Berlin, 1877 ; 8°, xxiv-396.

Zacher. — Voir K. Zacher.

Zalokostas. — Τὰ Ἅπαντα Γεωργίου Χ. Ζαλοκώστα. Athènes, 1859 ; 8°, ζ'-384.

Zambélios, Τραγουδῶ. — Πόθεν ἡ κοινὴ λέξις τραγουδῶ; Σκέψεις περὶ ἑλληνικῆς ποιήσεως ὑπὸ Σπ. Ζαμπελίου. Athènes, 1859 ; 8°, 88 pp.

Zeitschr. d. d. morg. G. — Zeitschrift der deutschen morgenländischen Gesellschaft. Leipzig (Brockhaus), 8°. Commencé en 1847.

Zeitschr. d. Ver. f. Volksk. — Zeitschrift des Vereins für Volkskunde. Berlin (A. Asher), 8°. Commencé en 1891 (Suite de la Zeitschr. f. Völk. ps. — Voir à ces mots).

Zeitschr. f. d. Ph. — Zeitschrift für deutsche Philologie. Halle ; 8°. Commencé en 1869.

Zeitschr. f. dt. Alt. — Zeitschrift für deutsches Alterthum und deutsche Litteratur. Berlin (Weidmann) ; 8°. Commencé en 1841 (Moritz Haupt). La N. F. commence en 1867 (t. XIII de la Série).

Zeitschr. f. d. Alterth. w. — Voir Ztschrf. f. Alt. Wiss.

Zeitschr. f. d. öst. Gymn. — Zeitschrift für die österreichischen Gymnasien. Vienne ; 8°. Commencé en 1850.

Zeitschr. f. Ethn. — Zeitschrift für Ethnologie und ihre Hülfswissenschaften als Lehre vom Menschen in seinen Beziehungen zur Natur und zur Geschichte. Berlin (Wiegand und Hempel), 4°. Commencé en 1869.

Zeitschr. f. rom. Ph. — Zeitschrift für romanische Philologie. Herausgegeben von Dr. Gustav Gröber. Halle (Max Niemeyer). Commencé en 1877.

Zeitschr. f. vgl. Litt.-Gesch. — Zeitschrift für vergleichende Litteraturgeschichte. Herausgegeben von M. Koch. Berlin, 8°. Commencé en 1887.

Zeitschr. f. Völk. ps. — Zeitschrift für Völkerpsychologie und Sprachwissenschaft. Edd. M. Lazarus et H. Steinthal. Berlin (Dümmler), 8°. Commencé en 1860, terminé en 1890 ; voir Zeitschr. d. Ver. f. Volksk.

Zeitschr. f. K. G. — Zeitschrift für Kirchengeschichte. Gotha, 8°. Commencé en 1880.

Zeller. Gr. Ph. — Die Philosophie der Griechen in ihrer geschichtlichen Entwickelung dargestellt von Dr Eduard Zeller. En trois parties. Leipzig, 1879-1892 ; 7 vol. 8° ; I, 1 et 2 (Vorsokratische Philosophie), éd. V, 1892, xv-621 ; viii-1165 ; II, 1 (Sokrates und die Sokratiker. Plato und die alte Akademie), éd. IV, 1888 ; 2 (Aristoteles und die alten Peripatetiker), éd. III, 1879 ; III, 1, i et 2, ii (Die nacharistotelische Philosophie), éd. III, 1880-1881 ; xvi-832 ; xii-866.
— Register zum ganzen Werke ; 1882 ; 8° ; 92 pp.

Zen. — Essais, I, 27.

Zingarelli, Ep. del Fil. — La fonte classica di un episodio del Filocolo. N. Zingarelli. Rom. XIV (1885), 433-441.

Zosimas. — B. Abbatis Zosimae alloquia. Migne, Patr. gr., t. 78, 1675-1702. Paris, 1860.

Zotenberg, Barl. et Joas. — Notice sur le livre de Barlaam et Joasaph, par H. Zotenberg. Paris, 1886 ; 4°, 166 (= Not. et extr. XXVIII, 1, 1-166).

Zos. M. — Zosimi comitis et exadvocati fisci historia nova. Ed. L. Mendelssohn. Leipzig, 1887 ; 8°, liv-306.

Ztschrf. f. Alt. Wiss. — Zeitschrift für die Alterthumswissenschaft. Commencé en 1834 (Giessen) ; terminé en 1857 (Wetzlar).

LISTE GÉNÉRALE DES ABRÉVIATIONS

A. C.	avant Jésus-Christ (ante Christum).
acc.	accusatif.
A. D.	après Jésus-Christ (anno Domini).
add.	addenda.
adv.	adverbe.
alph. ou alphab.	alphabet, alphabétique.
angl.	anglais.
animadd.	animadversiones, etc.
annott.	annotationes.
att.	attique.
Bibl.	bibliothèque, bibliographie.
B. I.	Bibliothèque de l'Institut.
B. M.	Bibliothèque Mazarine.
B. N.	Bibliothèque Nationale.
B. S.	Bibliothèque de la Sorbonne.
C. ou c.	caput.
c. à. d.	c'est-à-dire.
cf.	confer.
ch., Chap.	chapitre.
cod.	codex.
codd.	codices.
col.	colonne.
comm^{ent}.	commencement.
C. P.	Constantinople.
corrig.	corrigenda.
c^{t}.	commencement.
dat.	datif.
décl.	déclinaison.
désin.	désinence.
disyll.	disyllabe, disyllabique.
dor.	dorien.
du b.	du bas.
éd.	édition.
ed.	edidit.
edd.	ediderunt.
ép.	épique.
étym.	étymologie, étymologique.
ex.	exemple.

fasc.	fascicule.
ff. (p. 314).	feuillets.
fo.	folio.
fr.	français ou fragment.
gén.	génitif.
Gr.	Grec (désigne toujours le fonds grec de la B. N.).
gr.	grec.
grec mod.	grec moderne.
grec moy.	grec moyen.
grec méd.	grec médiéval.
harm. voc.	harmonie vocalique.
ib., ibid.	ibidem.
id.	idem.
ion.	ionien.
impf.	imparfait.
ind.	index.
in f.	in fine.
inscr.	inscription.
inv.	inventaire.
it.	italien.
l., ll.	ligne, lignes.
l. l.	loco laudato.
lat.	latin.
lat. class.	latin classique.
lat. vulg.	latin vulgaire.
lex.	Lexique.
livr.	livraison.
loc. cit.	loco citato.
mém.	mémoires.
mod.	moderne.
ms.	manuscrit.
mss	manuscrits.
N. ou N°.	Numéro.
n.	note.
ng.	néo-grec.
nom., nomin.	nominatif.
op. cit.	opere citato.
op. laud.	opere laudato.
opp.	oppone.
p.	page.
pers.	personne.
p. ex.	par exemple.
pg.	paléo-grec.
pl.	planche.
potiss.	potissimum.
pp.	pages.
pr.	prononcez.
progr.	programme (ou Program).

plur.	pluriel.
rec.	recensuit *ou* recognovit.
réd.	rédaction.
rem.	remarque.
s.	siècle.
sc.	scilicet.
sqq.	sequentia, etc.
subst.	substantif.
suiv.	suivantes.
suppl.	supplément.
s. v.	sub verbo.
t.	turc.
t. (à Dante).	tercine.
T. ou t. (à la bibliographie).	tome.
t. or.	turc oriental.
trad.	traduit, traduction, etc.
v.	vers.
V (CLVIII, col. 1, 34, p. 127, n. 2).	voir.
vén.	vénitien.
v. l.	varia lectio.
voc.	vocatif.
vol.	volume.
voy.	voyelle.
a. a. O.	am angeführten Ort.
Abth.	Abtheilung.
Anm.	Anmerkung.
bes.	besonders.
d. h.	das heisst.
ff.	folgende.
französ.	französich.
ital.	italienisch.
N. F.	Neue Folge.
Nr.	Nummer.
portug.	portugiesisch.
russ.	russisch.
S.	Seite.
span.	spanisch.
suppl. b.	Supplement band.
u. a.	und andere.
u. s. w.	und so weiter.
vgl.	vergleich.
z. B.	zum Beispiel.

Dans les citations de mss. a, b, c, etc., après le chiffre, indique la 1re, la 2e, la 3e colonne du feuillet, etc.

ERRATA.

☞ On n'indique ici que les principales corrections à faire dans le texte. On compte les lignes, y compris le titre courant et les notes ; le compte des lignes ne se fait que sur la note de la page même.

Le lecteur est instamment prié de corriger sur son exemplaire, avant de s'en servir.

P. v,		l. 12,	lire :	τυς
		17,		σὲ
x,		27,		du grec moderne,
		36,		moderne qu'ils
xv,		11,		μούσης
xviii,		3,		Eberhard
xxxii,		42,		μάλιστα
xxxvi,		41,		formes
xlix,		4,		Ἑστία
l,		27,		, par exemple,
lviii,		4,		influences subies
lxviii,		1,		GRAMMAIRIENS
lxxiv,		37.		φλάμμουλα
lxxxi,		36, 38,		Soph. s.,
cix,		3,		révision
cxii,		1,		xcii
cxvi,		1,		xcvi
cxvii.		22,		occasion —
cxxix,	col. 2,	30,		f., fo.
cxxxiv,	1,	28,		Press ;
cxliv,	1,	33,		11).
cxlv,	1,	8,		ng. —
cliv,	1,	18-19,		Choeroboscí
4,		38,		du datif ;
7,		9,		α privatif
		34,		fond
8,		39,		additis articulo
11,		35,		mss
12,		39,		seul

ERRATA

P.	l.	lire :
13,	36,	Absichtss.
14,	21,	ἀλεεῖσ
15,	31,	καταντῆσαι
18,	41,	seule :
19,	41,	Winer [7],
22,	12,	»
	39,	p. e.
	40,	Jo. Mosch.
	41,	ἄλλῳ
23,	4,	σωφροσύνη
41,	43,	*Etudes*
42,	2,	relevé
	21,	*canno*
	22,	*cuo eho faùme*
	42,	Otr.
46,	13,	ὦρες
	25,	, comme un fait établi,
49,	15,	p. 243 [au lieu de s. v.]
	28,	latin,
53,	26,	πνογά
55,	30,	analogues,
56,	7,	pour
	40,	γκjὺpo, κτύπος
57,	39,	N.
61,	25,	ἰά
63,	5,	ὦρα
	11,	Φάναι
70,	2,	b.
71,	33,	ἂς
74,	15,	graecus,
	32,	ἦλθον
75,	31,	Vers 18.
76,	25,	μ' ὅλους
78,	27,	-ος,
	30,	-ις
80,	10,	Anth. palat., t. III, c. II, 470
81,	12,	Anth. palat., t. III,
	14,	sont :
	31,	Anth. palat., t. III, c. I, 327
	34,	Anth. palat., t. III, c. I, 311
	36,	t. III, c. II, 394,
82,	3,	Anth. pal., t. III, c. I, 325
88,	25,	»,
92,	24,	Dion Cass. D.
93,	31, 37, 43,	»
93,	27,	στρατηγὸς ὕπατος
95,	31, 40,	Dion Cass. D.
	42,	ἑλληνιστὶ
98,	32,	Bethmann-Hollweg,

ERRATA

P. 102,	l. 36,	lire :	Γαοίς
103,	24,		p. 276 [au lieu de s. v.]
	32,		Καί
104,	17,		les mères,
	39,		Ἐλευθερίῳ
	44,		υἱόν
106,	42,		Πρῖμον
109,	17,		καθ' ὅσον
	20,		τινές
	45,		(aussi
	46,		etc.),
110,	18,		Prooem.
	30,		Dion Cass. D.
	34,		χρόνους.
	37,		Ἀδριανοῦ Καίσαρος.
113,	27,		ὀνόματα
	34,		ἥκιστα
116,	35,		o[mnibus] ?...
	36,		κα[ὶ
127,	29,		Voir
	33,		Theoph. I, 24, 20 (de Boor) :
			ἐπὶ
	35,		πολυΐστωρ δι'
			γενόμενος
132,	37,		διόπερ
133,	13,		τὸ πλάτος ;
135,	6,		Ἐν
	32,		ὄνομα
143,	26,		Théoph. p. 243, ci-dessous.
148,	23,		Paros, 45 suiv.
149,	32,		Sévère (Philostr.
	38,		Dion Cass. D.
152,	34,		Ἀθήνας
154,	30,		rodios (= ὁ καὶ Ῥόδιος)
	42,		οἶκος
156,	31,		I. G.,
	32,		N. 415
160,	38,		occurentium »
162,	36,		ὅστις
166,	12,		καὶ
167,	28,		L. IV
168,	29-30,		religiosa
169,	41,		Dig.,
170,	6,		μέρεντι
	31,		miss
176,	30,		Dig., I,
187,	20,		CIL ix
190,	36,		Dig., I, Dig., II,
	37,		Dig., I,

Etudes néo-grecques.

ERRATA

P.		l.	lire :	
192,		23,		οὕς
194,		37,		s'attachait
201,		42,		Benseler,
202,		38,		Μαρτιάλης
203,		14,		e lat., Le ms.
205,		10,		υἱός
		25,		εἶχε
		39,		νῦν
206,		37,		e
		41,		)
207,		33,		ἐξακεραιῶς
208,		3,		βασιλεάν,
		34,		(εἰ) plein dans
211,		9,		einfach
		16,		ἐντεῦθεν
212,		13,		(= στίς
		31,		Grec
		37,		καθ' ἡμᾶς
213,		13,		herr
		18,		termes,
215,		3,		ἡ λέξις
216,		11,		subsidiaires
		30,		25),
218,		31-32,		267) que
		32-33,		en effet, on a
219,		6,		λ (p.
		22,		13),
222,		16,		p. 278) ;
236,		14,		-arius
237,		21,		1310 appartiennent
		27,		δοχιάρις (
240,		6,		δημώδη αὐτῆς
		11,		ὄν
253,		9,		finissent,
257,	col 1,	21,		auditorium,
259,	2,	12,		discussor,
		32,		καὶ
261,	1,	50,		ἰντεντίων
	2,	21,		ἰντ.
262,	2,	23,		αἱ
264,	1,	28,		ἀποκαλεῖν
268,	1,	40,		ὕπερχι,
274,	2,	39,		tradition
275,	2,	13,		ἐστί)
		47,		fiduciaria
276,		28,		δομέστικος
		38,		μαΐστορες
277,		8,		Kopfe »)
278,		3-4,		κελαδέω

ERRATA

P. 278,	l. 17,	lire :	Cf. G.
287,	2,		assai
289,	31,		Crescini
	38,		*Théséide,*
314,	37,		Théséide,
320,	28,		du b. :
328,	38,		αὐτῶν
331,	7,		L. IV, 1
345,	7,		(à l'encre

ESSAI HISTORIQUE

SUR

L'INFINITIF GREC

Par D. HESSELING

(Professeur au Gymnase de Delft)

I. Notice bibliographique; objet du présent travail. — II. Remarques sur l'infinitif en général et sur l'infinitif grec en particulier; développement de l'infinitif en paléo-grec. — III. L'infinitif du grec non classique et du grec moyen. — IV. Les restes de l'infinitif en grec moderne. — Conclusion.

I.

NOTICE BIBLIOGRAPHIQUE ; OBJET DU PRÉSENT TRAVAIL.

On trouve une liste détaillée des travaux sur l'infinitif en général et sur l'infinitif grec chez E. Hübner (Grundriss, 61 et 62). On peut y ajouter les excellentes études sur l'infinitif grec faites par les élèves de M. Schanz à Wurzbourg (Schanz Beitr.), un article de M. Gildersleeve[1], quelques études spéciales comme celles de MM. Michaelis, Behrendt et Wagner[2] et les passages des grammaires de Brugmann, G. Meyer et Goodwin[3] qui traitent de l'infinitif.

Parmi les auteurs beaucoup moins nombreux qui se sont occupés de l'infinitif en grec non classique, en grec moyen et en grec moderne, nous citons : J. Psichari[4], Mavrophrydis, 437-458; Winer, Gr. d. neut. Sprachl., p. 298, § 44;

---

1. Gildersleeve, Artic. Inf. ag.
2. Michaelis. Inf. Thuc. ; Behrendt, Inf. Thuc. ; Wagner, Inf. att.
3. Brugmann², § 146, 170 ; G. Meyer², § 594-600 ; V. Henry², § 278, 290, 296 ; Goodwin, Synt. Gr., § 741 suiv.
4. N G. I.

Sophianos II, 46 suiv.; W. Meyer[1], p. 184, Deffner[2], Chatzidakis[3], Foy[4], Constantinides.

En considérant les écrits grecs depuis Homère jusqu'à nos jours comme des monuments composés dans la même langue à des époques différentes de son évolution, nous tâcherons d'esquisser le développement et la disparition de l'infinitif grec. C'est surtout la période médiévale qui nous occupera ; tandis que pour l'étude de l'infinitif en grec ancien les ouvrages spéciaux ne font pas défaut, il en est tout autrement en ce qui concerne le grec médiéval et le grec moderne.

Nous avons employé le terme « grec non classique ». C'est surtout à cause du grec biblique que nous l'avons choisi. La langue du Nouveau Testament présente, particulièrement pour l'infinitif, des traits caractéristiques qui la distinguent très nettement du paléo-grec et qu'elle a en commun avec le grec moyen. Si nous avions adopté le mot néo-grec pour désigner tout ce qui n'est pas paléo-grec, le titre du troisième chapitre aurait annoncé ce qui se trouve au dernier chapitre de notre travail. Nous avons donc fait la division entre grec non classique et grec moyen (ou médiéval). Nous entendons par grec non classique la langue qui a été écrite dans la période qui commence avec Polybe et qui s'étend jusqu'aux écrivains médiévaux proprement dits. Le terme « grec non classique » pourrait prêter à un malentendu ; pour l'éviter, nous avons expliqué ici le sens spécial qui est donné à ce mot dans cette étude.

II.

REMARQUES SUR L'INFINITIF EN GÉNÉRAL ET SUR L'INFINITIF GREC EN PARTICULIER.

L'infinitif est, quant à son origine, le cas décliné d'un *nomen actionis* qui a développé le sens verbal, lequel se trouve en principe dans chaque *nomen actionis*. On voit cette pro-

---

1. S. Portius.
2. Deffner, Pont. Inf.
3. Chatzidakis, Fut. Infin. et Chatzidakis-Foy.
4. Foy, Fut. Inf. I et II.

priété du nomen actionis dans des constructions telles que : τὴν τοῦ θεοῦ δόσιν ὑμῖν, le don que Dieu vous a fait.

On peut parler de l'infinitif comme d'une catégorie grammaticale indépendante, dès qu'on a perdu le sentiment de l'état décliné du nomen actionis[1]. Il y a des langues où ce sentiment ne s'est jamais perdu et qui, par conséquent, n'ont jamais connu l'infinitif. Les langues celtiques sont dans ce cas[2]. En grec, l'infinitif avait déjà perdu le caractère d'un substantif décliné, au temps d'Homère. Pour le but que nous nous proposons, il n'est pas nécessaire d'examiner si l'on trouve, parmi les infinitifs, à côté de datifs et de locatifs, aussi des accusatifs. La plupart des infinitifs grecs sont, quant à leur origine, des datifs[3].

La signification primitive d'un substantif au datif explique très bien, comme le remarque Brugmann[4], l'emploi de l'infinitif de but et de l'infinitif épexégétique. Ainsi on a dans le vers :

ἠῶθεν δ' Ἰδαῖος ἴτω κοίλας ἐπὶ νῆας
εἰπέμεν ... (H, 372),

un infinitif qu'on pourrait remplacer par un substantif au datif : εἰπέμεν veut dire « pour annoncer, pour l'annonce ». De même, dans le vers :

τόφρα δὲ ῥηίτεροι πολεμίζειν ἦσαν Ἀχαιοί
(Σ, 258).

On peut comparer l'infinitif épexégétique à un substantif comme μάχη dans une locution telle que : εὐμεταχειρίστεροι τῇ μάχῃ. Mais je crois que Brugmann, Delbrück et Jolly[5] ont tort quand ils veulent expliquer de la même manière l'emploi de l'infinitif pour l'impératif. Je rapprocherais plutôt cet usage de celui de l'infinitif dans les exclamations comme celle-ci, d'un passage d'Aristophane :

1. Brugmann[2], § 170.
2. Jolly, Inf. i. ig., 70.
3. Brugmann[2], § 146.
4. Brugmann[2], § 170.
5. Brugmann[2], § 170 ; Delbrück, S. F. IV, 124 ; Jolly, Inf. i. ig. 216 ; Jolly, Hypot. i. ig.

Ἑρμᾶ 'μπολαῖε, τὰν γυναῖκα τὰν ἐμὰν
οὕτω μ'ἀποδόσθαι τάν τ'ἐμωυτῶ ματέρα.
(Ar. Ach., 816-817).

D'autres ont vu dans ces infinitifs des ellipses, comme par exemple Herzog [1]. Voici son explication de ces vers de l'Odyssée:

αἲ γάρ, Ζεῦ τε πάτερ καὶ Ἀθηναίη καὶ Ἄπολλον,
τοῖος ἐὼν οἷός ἐσσι, τά τε φρονέων, ἅ τ' ἐγώ περ,
παῖδά τ' ἐμὴν ἐχέμεν καὶ ἐμὸς γαμβρὸς καλέεσθαι
(η, 311-313):

[käme es dosch] zum haben meine Tochter. Jolly [2] a remarqué avec raison que ces additions n'existent jamais dans l'esprit du sujet parlant, mais qu'elles sont au contraire le produit des spéculations du grammairien.

Je vois dans tous ces infinitifs comme une isolation de l'élément principal de la phrase. En effet, quand on étudie le langage des enfants, on s'aperçoit qu'ils expriment leurs désirs par l'infinitif, à un âge où ils ne connaissent point les formes du verbe dont pourrait dépendre cet infinitif [3]. C'est qu'ils entendent de leurs parents des locutions complètes dont ils détachent le mot qui leur semble essentiel. Un mot qui est isolé de cette manière prend le caractère d'un substantif.

Ces infinitifs-impératifs nous donnent des exemples du retour de l'infinitif au caractère du substantif. Déjà chez Homère on a quelques autres traces de ce phénomène. Ainsi on trouve dans l'Iliade (K, 173) l'emploi de l'infinitif au nominatif:

... ἐπὶ ξυροῦ ἵσταται ἀκμῆς
ἢ μάλα λυγρὸς ὄλεθρος Ἀχαιοῖς, ἠὲ βιῶναι.

L'infinitif βιῶναι équivaut grammaticalement au substantif ὄλεθρος.

Quant à l'infinitif avec πρίν et πάρος, l'infinitif absolu, et

1. Herzog, Inf. Synt., 18.
2. Jolly, Inf. i. ig., 216.
3. On ne croira pas chez eux, je suppose, à une persistance de la signification primitive de datif; ils n'auraient pas pu davantage l'apprendre des adultes, qui ne font que rarement usage de ces infinitifs.

l'accusatif avec l'infinitif, ceux qui, dans ces derniers temps, ont fait des études spéciales sur ces constructions, en cherchent les origines dans l'emploi de l'infinitif comme substantif à l'accusatif; ce sont des accusatifs *relationis,* des *accusativi graeci* comme disaient les grammairiens d'autrefois. Nous n'insistons pas sur cette question. Nous renvoyons aux travaux de Sturm, Grünenwald et Fleischer[1].

L'infinitif-substantif ou l'infinitif avec l'article, qui est comme le dernier stade dans ce procès de retour à l'état de substantif, ne se trouve pas chez Homère. On a voulu en voir un exemple dans ce passage de l'Odyssée :

... ἀνίη καὶ τὸ φυλάσσειν
πάννυχον ἐγρήσσοντα, ...
(υ, 52);

mais il faut entendre τό comme pronom démonstratif, ce qui est conforme à l'usage homérique. Le fait qu'Homère ne connaît pas l'article a arrêté chez lui le développement de ces infinitifs, qui sont si nombreux chez les Attiques. Cette construction a été étudiée avec beaucoup de soin et de précision par Gildersleeve et Birklein[2]. Nous empruntons à leurs travaux précieux sur cette matière l'aperçu suivant du développement de ces infinitifs.

L'infinitif avec l'article, inconnu d'Homère, se trouve encore rarement chez Pindare. On n'en compte que dix exemples dont neuf présentent l'infinitif au nominatif. Le même état de choses se manifeste chez les poètes lyriques. Eschyle non plus n'a pas fait un usage fréquent de cette construction et chez lui aussi les infinitifs avec l'article aux cas obliques sont rares. Dans Sophocle, les infinitifs substantifs deviennent plus nombreux; Euripide, au contraire, en a relativement moins. Chez tous ces auteurs, les temps de ces infinitifs substantifs sont le présent et l'aoriste, quand on compte les parfaits-présents (les parfaits qui équivalent à des présents) pour des présents.

---

1. Sturm, Constr. m. πρίν; Grünenwald, Infin. limit.; Fleischer, acc. c. inf. hom. L'accusatif avec l'infinitif est moins fréquent chez Homère que chez les Attiques; on trouve des détails chez Classen, Hom. Sprachg., 149.

2. Gildersleeve, Artic. Inf., 5-19; Gildersleeve, Artic. Inf. Xen. a. Pl., 193; Birklein, Subst. Infin.

Aristophane nous présente moins de ces infinitifs qu'Eschyle et Sophocle, mais plus qu'Euripide. Ce sont surtout des nominatifs et des accusatifs. Les temps sont le présent et l'aoriste. Les prépositions précédant les infinitifs sont rares, comme chez les autres poètes. Parmi les prosateurs, Hérodote a fait un usage très restreint de la construction, surtout quand on le compare à son grand successeur, à Thucydide. On peut dire que chez celui-ci la construction est devenue tout à fait d'usage courant. Aussi a-t-elle acquis la faculté de se combiner avec toutes les prépositions; elle se présente aux cas obliques comme au nominatif et à l'accusatif, et les temps auxquels elle appartient ne sont plus seulement l'aoriste et le présent, mais aussi le parfait et le futur. Les autres prosateurs ont employé ces infinitifs de la même manière que Thucydide, mais la fréquence de cette construction diffère selon les propriétés caractéristiques du style de chacun d'eux[1]. Le maximum est atteint chez Démosthène, qui a même, on peut le dire, abusé de cette construction aux dépens de la clarté de son style. On peut donc distinguer trois groupes :

1. Les poètes épiques et lyriques. On ne trouve que l'infinitif avec τό et il n'y a pas d'exemple d'une construction avec τοῦ ou τῷ. Ces infinitifs avec τό sont des nominatifs.

II. Les poètes dramatiques et Hérodote. La plupart des exemples sont des infinitifs avec τό, mais ce sont en grande partie des accusatifs. En outre on trouve, depuis les tragédies d'Eschyle de la dernière époque, des infinitifs avec τοῦ et τῷ.

III. Les prosateurs attiques. Les infinitifs avec l'article aux cas obliques avec ou sans préposition sont au moins aussi nombreux que ceux avec τό. La construction a atteint son plein développement.

Ainsi on peut constater un progrès régulier dans l'emploi de l'infinitif-substantif depuis Homère jusqu'aux prosateurs attiques. Toutefois il convient de faire observer que les constructions de l'infinitif avec l'article comme on en trouve chez Démosthène, appartiennent à la langue littéraire et n'ont probablement jamais été en usage dans la bouche du peuple.

On s'explique facilement la prédilection que beaucoup d'au-

---

1. Les détails statistiques chez Birklein, 91 et Gildersleeve Artic. Inf. Xen. a. Pl., 197.

teurs ont montrée pour l'infinitif-substantif, car cette construction a des avantages sérieux sur les noms abstraits, qu'elle peut remplacer. M. Gildersleeve[1] en a donné l'exposé suivant :

1. L'infinitif peut exprimer des idées négatives. Jusqu'à un certain point, grâce à l'α privatif, on a un moyen de faire la même chose pour les noms abstraits. Mais, pour beaucoup de mots, les formes avec a privatif font défaut. Ainsi on a ἀδυναμία, ἀδυνασία, mais rien à côté de μὴ βούλεσθαι, μὴ ἐθέλειν, μὴ μέλλειν.

2. Le nom abstrait subit souvent, dans le cours du temps, des modifications de sens considérables, tandis que l'infinitif garde plus fidèlement le sens du verbe qui existe à côté.

3. Le nom abstrait n'indique pas toujours le temps de l'action (πάθος équivaut à πάσχειν et à παθεῖν), mais la construction avec l'infinitif permet de faire ressortir toutes les nuances temporelles.

C'est sans doute cette dernière propriété de l'infinitif-substantif qui a le plus contribué à répandre son usage. C'est surtout en grec que cet avantage de l'infinitif-substantif sur le nom abstrait est très réel, parce qu'aucune des langues indo-européennes n'a développé à ce point son système d'infinitifs. On trouve déjà chez Homère l'infinitif de tous les temps, même celui du futur du parfait passif : p. e. μεμνήσεσθαι (τ 581, φ 79).

III.

L'INFINITIF DU GREC NON CLASSIQUE ET DU GREC MÉDIÉVAL.

On fait commencer à bon droit une nouvelle époque dans l'histoire de la langue grecque avec Polybe. Certes, il est l'élève des grands prosateurs de l'école attique; mais son long séjour à l'étranger, la nature même de son génie, qui est plutôt romain que grec, enfin son mépris des artifices de la rhétorique, qui font oublier le fonds pour la forme; toutes ces particularités lui assurent une place à part dans l'histoire de la littérature et le distinguent de tant d'autres auteurs

---

1. Gildersleeve, Artic. Inf., 18.

postérieurs qui se sont efforcés de suivre scrupuleusement les modèles du grand siècle d'Athènes. Polybe avait une conviction très forte de la puissance de Rome et une admiration très sincère de la grandeur romaine : il avait quelque chose à dire à ses compatriotes et son but principal n'était pas d'écrire ἐς τὸ παραχρῆμα ἀκούειν. Il vivait dans une période où la langue se trouvait déjà dans un état de décomposition : les grands changements politiques de l'époque avaient fait naître des formes et des locutions nouvelles, en détruisant les dialectes et en créant une langue commune pour tout le monde grec ; mais la tradition littéraire, qui a été de tout temps d'une vigueur surprenante en Grèce, y opposait une résistance formidable. Le style de Polybe présente l'influence de ces deux courants dans la vie du langage de son temps, et, par cela même, cet auteur fait le désespoir des doctrinaires qui, déjà dans l'antiquité, ont été très sévères pour lui. L'éditeur le plus récent de l'œuvre de Polybe, M. Büttner-Wobst, est bien loin d'accepter les tentatives d'uniformisation dont cet auteur a été l'objet de la part de quelques savants [1]. Pour lui, le style de Polybe n'obéit qu'à une loi dominante : la crainte de l'hiatus [2]. Et, à en croire M. Wunderer [3] et M. van Herwerden [4], l'importance de cette loi est encore bien douteuse.

Le caractère particulier du style de Polybe, tel que nous venons de l'esquisser, se retrouve dans l'usage qu'il fait de l'infinitif. Ce qui nous frappe surtout à cet égard dans cet auteur, c'est la fréquence des constructions de l'infinitif avec l'article au lieu de propositions secondaires. M. Kälker [5] a cité de nombreux exemples de cette construction, qu'il compare (p. 302) à des constructions analogues dans quelques inscriptions [6]. On trouve des analogies plus frappantes encore dans les Papyrus, qui sont environ de la même époque. Citons

---

1. Büttner-Wobst., Polyb. I, 121.
2. Büttner-Wobst, Polyb. I, 122 et Polyb. II, 692 (cf. 671, n. 1).
3. Wunderer, Polyb. B. W., 590 ; cf. Büttner-Wobst, Pol. H², 135, n. 4.
4. Herwerden, Polyb., 79.
5. Kälker, Quaest. Polyb., 252 : Si quis uel paucas historiarum Polybii paginas perlegerit, intelleget malle hunc scriptorem sententias efferre infinitiuis, additi sarticulo et praepositionibus, quam enuntiatis secundariis aut simplici infinitiuo.
6. C. I. G. 3137, I, 8-9; III, 91 ; 2561ᵇ, 34 ; 3068 A, 12 ; 2058 A, 45 ; B, 15 sqq.; 4697, 11, 28.

parmi les exemples que nous présente la collection des papyrus du Louvre : Pap. Lup. N. 6 (127 a. C.),17 suiv., p. 161 : Συνέβη δὲ καί, διὰ τὸ ἀχ[κνῆ] τὴν θύραν ἀφεθῆ[ναι, ὑπὸ] λύκων λυμανθῆ[ναι] ἀγαθὰ σώματα; N. 12 (14 a. C.), 21 suiv., p. 209 : διὰ τὸ χωλὸν ὄντα τοῖς ἀναγκαίοις [τρ]ίβεσθαι; N. 22 (154 a. C.), 14, p. 266 : τῷ δὲ μὴ ἡμᾶς εἶναι σὺν αὐτῷ; N. 27 (162 a. C.), 5, p. 277 : ἐπεδώκαμέν σοι ὑπόμνημα ὑπὲρ τοῦ μὴ εἰληφέναι παρὰ τῶν ἱερεῶν; N. 34, (146 a. C.), 1, p. 290 : φάσκοντος καταδεδηκέναι εἰς Μέμφιν χάριν τ[ο]ῦ ἄρτους ἀγοράσαι; N. 49 (153 a. C.), 23, p. 320 : διὰ τὸ εἰς τὴν πόλιν μὲ θέλειν δοῦναι ἀπενεγκεῖν; N. 63 (158 a. C.), col. 7, ligne 1, p. 368 : Μετὰ τὸ γράψαι τὴν πρὸ ταύτης ἐπιστολήν.

On voit donc que ces infinitifs ne sont pas propres à Polybe, mais qu'on les trouve un peu partout à cette époque. Cependant il faut se garder de voir dans cette construction seulement un effet du style de la chancellerie; elle est la continuation directe de l'emploi de l'infinitif-substantif chez Démosthène, et, chez Polybe, elle appartient au même degré à la langue parlée que chez les orateurs attiques.

Au premier abord, on peut s'étonner de cette fréquence d'infinitifs dans les écrits de cette époque, parce qu'on sait que dans la période suivante les infinitifs commencent à disparaître. Quand on vient de voir le large usage que font de ces infinitifs les contemporains de Polybe, la rareté relative des infinitifs dans le Nouveau Testament paraîtra un fait contradictoire. C'est qu'on croit facilement que les formes grammaticales disparaissent avec une diminution de fréquence régulière, mais ce n'est pas le cas : en perdant ou en élargissant la signification qui lui est propre, une catégorie grammaticale perd du même coup sa raison d'être; elle se confond avec d'autres catégories et le développement démesuré peut annoncer la disparition prochaine. Nous en avons un exemple dans le parfait grec. Les écrivains des premiers siècles de notre ère en font un usage très fréquent, aussi bien dans le sens du parfait grec ancien que de l'aoriste[1]. Après eux, ce temps se perd peu à peu en laissant à la langue du moyen âge quelques-unes de ses désinences, surtout celle de la troisième personne du pluriel[2]. Pour l'infinitif, on peut

---

1. Voir des exemples chez S., 45, 4.
2. Ce qui prouve que le parfait était bien une forme vivante dans

encore alléguer, comme cause de sa disparition, le manque de clarté dans le style, qui est la conséquence nécessaire de l'accumulation de ces substantifs forgés à l'aide de l'article et gouvernant toute une phrase.

Dans nos éditions de Polybe, on trouve souvent des infinitifs de l'aoriste là où les règles de la syntaxe attique exigent le futur. Faut-il voir dans ces infinitifs des indices de la disparition de l'infinitif du futur ou bien sont-ce des fautes de copistes qu'il faut corriger? Plusieurs savants hollandais, Cobet, Naber, Van Herwerden, sont de ce dernier avis, tandis que la plupart des éditeurs de Polybe, Dindorf, Hultsch, Büttner-Wobst ont soutenu que c'est bien à l'auteur luimême qu'il faut attribuer ces fautes contre l'usage attique. Il est important d'examiner ce qu'on a émis en faveur des deux opinions.

En ce qui concerne les infinitifs qui dépendent d'un verbe, il faut bien distinguer entre les infinitifs qui se trouvent en discours indirect et ceux qui ne sont pas dans ce cas[1].

Dans φησὶν ἐλθεῖν (cas d'infinitif en discours indirect), ἐλθεῖν représente ἦλθον du discours direct; mais dans βούλεται ἐλθεῖν, ἐλθεῖν ne représente ni l'indicatif ni l'optatif de l'aoriste : dans ce dernier cas, ἐλθεῖν équivaut à un substantif ayant la signification de l'action d'aller, auquel la distinction de temps n'est pas inhérente. Ainsi dans les constructions du type (βούλομαι ἐλθεῖν), le présent et l'aoriste de l'infinitif peuvent marquer un temps futur, de telle sorte que dans ces constructions on trouve rarement un infinitif du futur. Ils désirent faire cela, se dit en grec : βούλονται τοῦτο ποιεῖν (ποιῆσαι[2]), non pas βούλονται τοῦτο ποιήσειν. D'autre part, dans les constructions avec l'infinitif en discours indirect, l'infinitif de l'aoriste ne peut jamais avoir un sens futur; φήσει τοῦτο ποιῆσαι ne peut signifier que : il dira qu'il fit cela (il dira: τοῦτο ἐποίησα). Aussi, les passages où on lit un aoriste à l'in-

---

le grec non classique; sans cela, il n'aurait pu laisser de traces dans la langue parlée de l'époque suivante.

1. M. Goodwin, Synt. Gr., a mis en lumière, dans son beau livre, la haute importance de cette distinction. Voir, pour la question qui nous occupe, les §§ 112, 113, 126, 127, 683, 684.

2. Sur la différence qui existe, en cas pareil, entre l'aoriste et le présent, voir Riemann, Aor. Gr., 585 suiv.

finitif, avec un seul futur, après des verbes tels que νομίζω, οἴομαι, φημί, sont-ils à corriger [1].

Il y a des savants qui nient la justesse de cette règle, même pour les auteurs attiques. Ainsi, M. Stich[2] croit que la distinction des temps n'est pas inhérente à l'idée d'infinitif comme tel, et que, pour cette raison, il y a eu toujours une grande liberté dans l'emploi des différents temps de l'infinitif. Ce principe me paraît inadmissible et en contradiction avec l'histoire de l'infinitif en grec. Car, tout en admettant que l'infinitif, comme cas décliné d'un *nomen actionis,* n'a pas eu la signification de temps à son origine, il ne faut pas oublier que déjà à l'époque homérique les différents infinitifs avaient cette signification d'une manière très précise, et que pour le sentiment grec les infinitifs en -κέναι et en -σαι appartenaient exclusivement au temps dont les autres modes présentaient des éléments semblables. Et comment expliquer l'existence de formes différentes pour les infinitifs de tous les temps, si ce n'est par le besoin de faire ressortir ces différences temporelles ? C'est sans doute parce que ce besoin était senti que la langue grecque a développé à ce point son système d'infinitifs.

Pour ce qui concerne l'usage attique et l'importance de ce témoignage dans la matière, nous renvoyons aux études de Cobet[3] et de Forssmann[4], qui ont prouvé qu'à l'époque de Thucydide la règle citée ci-dessus était rigoureusement observée. Aussi la catégorie de ceux qui l'admettent pour les auteurs attiques, mais qui la nient pour les écrivains postérieurs, est-elle beaucoup plus nombreuse que la précédente.

---

1. Dans un grand nombre de passages, la correction se fait facilement en restituant la particule ἄν, grâce à laquelle l'infinitif de l'aoriste équivaut à un infinitif futur. Parmi les autres corrections, on peut citer comme une des plus sûres, celle qu'a faite M. van Herwerden pour le passage suivant de Thucydide (Thuc. Cl. II, 3, 2) : ἐνόμισαν ἐπιθέμενοι ῥᾳδίως κρατήσαι. Il lit κρατήσειν au lieu du κρατήσαι des mss. et sa leçon est confirmée par un passage d'Aen., Comment. pol., II, 3 [p. 6, l. 9] ; cf. Herwerden, ad Thuc., 77.

2. Stich, Pol. dic. gen., 174 suiv. M. Stich me paraît avoir une idée beaucoup trop favorable de la valeur des copistes au moyen âge, quand il parle des « librarios vel correctores (graecae scilicet linguae peritos) » 182.

3. Cobet, Var. Lect., 98 suiv.

4. Forssmann, Inf. Thuc.

Il est vrai que deux raisons militent en faveur de leur opinion : 1° après Polybe, dans les premiers siècles de notre ère, le futur classique perd du terrain ; 2° on trouve presque toujours l'infinitif de l'aoriste pour l'infinitif du futur, mais rarement l'infinitif du futur au lieu de l'infinitif de l'aoriste. Ces deux faits combinés feraient croire que du moins l'infinitif du futur commençait à devenir plus rare déjà au temps de Polybe. Par conséquent, là où il y a hésitation dans la graphie, la plupart des éditeurs s'en tiennent à l'autorité du meilleur manuscrit et on n'admet que rarement les corrections. M. Naber[1] a pourtant défendu ses corrections, en faisant observer d'abord que cette confusion entre l'infinitif futur et l'infinitif aoriste se trouve dans les manuscrits des auteurs de toutes les époques ; puis, qu'on a tort de faire une exception pour Polybe, en corrigeant ces fautes des copistes, car lui aussi a bien distingué entre l'aoriste et le futur. C'est ce qu'on voit aux passages où il s'agit de formes d'aoristes non thématiques. On lit toujours chez Polybe des formes telles que τεύξεσθαι, πείσεσθαι, pour lesquelles il ne met jamais τυχεῖν et παθεῖν, dans les cas où l'attique emploie le futur. Il est impossible de trouver dans Polybe un seul passage où l'auteur emploie un aoriste non thématique ou un aoriste passif au lieu du futur.

Ces arguments, dont personne ne niera l'importance, ne sont cependant pas encore convaincants : on pourrait dire que la confusion a commencé par les formes qui se ressemblaient et que l'infinitif futur des verbes qui ont un aoriste non thématique s'est maintenu plus longtemps, parce que la forme différente du futur le protégeait contre la confusion. Je crois que le témoignage des inscriptions et des papyrus contemporains est d'une importance décisive dans cette question. Or, je n'ai trouvé ni dans les inscriptions[2], ni dans les papyrus un exemple de confusion semblable. On peut donc dire que nous ne sommes pas autorisés par le texte de Polybe à

---

1. Naber, Polyb.
2. J'ai dépouillé, à cet effet, Dittenberger, Syll., les Pap. Lup. et les Pap. Leid. II et III. Meisterhans[2], p. 203-205, ne parle point de cet emploi irrégulier de l'infin. aor. Je n'en ai point trouvé un seu exemple dans le C. I. G.

constater chez lui les commencements de la disparition de l'infinitif du futur.

On peut encore signaler, comme appartenant à la langue de Polybe, des infin. en -ειν de quelques verbes qui, en attique, ont la désinence -μι au présent de l'indicatif, et -ναι à l'infinitif, p. ex. δεικνύειν, ὀμνύειν, ζωννύειν, συμμιγνύειν, ἱστάνειν[1].

Dans l'emploi de l'infinitif, le style de Polybe présente quelques latinismes qui lui sont propres et dont nous ne parlerons pas, parce qu'ils ont disparu de la langue avec lui. A côté de l'infinitif, qui est si fréquent chez Polybe, on voit naître les constructions qui se substitueront plus tard à l'infinitif : ce sont les propositions avec ἵνα. Chez Polybe, cette particule ἵνα, qui avait déjà gagné beaucoup de terrain dans les écrits de Platon, a triomphé complètement de ses concurrents ὅπως et ὡς[2]. Nous voyons donc que, chez notre auteur, ἵνα se trouve pour ainsi dire tout préparé à remplir les fonctions importantes qui l'attendent. On voit déjà cette particule à des passages où les Attiques auraient préféré la construction avec l'infinitif[3].

La langue biblique nous donne des exemples nombreux de la substitution de l'infinitif par une proposition avec ἵνα. Comme l'a remarqué Mavrophrydis, p. 446, on trouve ces substitutions dans les cas où en paléo-grec on aurait mis des infinitifs avec l'accusatif et après des verbes impersonnels. M. Wilhelm Meyer (S. Portius, p. 185) y a ajouté la juste remarque que ἵνα se trouve surtout dans les phrases où il y a deux sujets logiques, c'est-à-dire où le sujet de la proposition principale n'est pas le même que celui de l'infinitif avec l'accusatif; mais il va beaucoup trop loin quand il affirme qu'à cette époque la construction moderne était sinon la seule, du moins la plus usitée. Étudions d'abord l'usage de

---

1. Kälker, Quaest. Polyb., 237. Il cite les passages suivants : [Pol. H¹.] 179, 21 ; 255, 28 ; 455, 20 ; 857, 2 ; 698, 1. — 212, 18 ; 913, 5 ; 1155, 13 ; 1178, 28. — 1123, 5 ; 305, 27.

2. Weber, Absichts., 92.

3. Kälker, Quaest. Polyb., 290. Il cite [Pol. H¹.] : 350, 21 ; 516, 12, 13 ; 576, 17 ; 971, 20 ; 1246, 14 ; 1334, 22. On peut comparer les remarques suivantes de Viereck, Sermo graecus, 67 : Polybii consuetudinem secuti interpretes etiam verba censendi, dicendi, iudicandi, quae a classicis, qui dicuntur, auctoribus cum infinitivo solent coniungi, cum particulis ὅπως vel ἵνα iungunt.

l'accusatif avec l'infinitif après un verbe impersonnel. Dans l'évangile de S. Matthieu on trouve après un verbe impersonnel dix fois l'accusatif avec l'infinitif et trois fois seulement l'infinitif analytique, c'est à savoir toutes les trois fois avec ἵνα; cf. pour l'inf.: Matth. 19, 10: οὐ συμφέρει γαμῆσαί; 13, 11; 15, 26; 16, 21; 17, 10; 18, 8; 18, 9; 18, 33; 25, 27; 27, 6; d'autre part: 5, 29: συμφέρει γάρ σοι ἵνα ἀπόληται ἓν τῶν μελῶν σου; 10, 25; 18, 6. Pour l'évangile de S. Marc, la statistique donne des résultats peu différents. On y lit dix fois l'accusatif avec l'infinitif après un verbe impersonnel et une seule fois la solution de l'infinitif et, cette fois, c'est avec une proposition commençant par εἰ qu'on a fait la périphrase. P. ex.: Marc. 9, 43: καλόν ἐστίν σε κυλλὸν εἰσελθεῖν εἰς τὴν ζωήν...; 2, 26; 3, 4; 8, 31; 9, 5; 9, 43, 45, 47; 10, 2; 10, 4. Le passage avec εἰ est 9, 42: καλόν ἐστιν αὐτῷ μᾶλλον εἰ περίκειται μύλος ὀνικὸς περὶ τὸν τράχηλον αὐτοῦ; dix lignes plus bas, on trouve des phrases tout à fait semblables avec l'accusatif et l'infinitif (9, 45, 47). L'accusatif avec l'infinitif se lit même dans des phrases à deux sujets logiques, p. ex.: ποιήσω ὑμᾶς γενέσθαι ἁλεεῖς ἀνθρώπων (Marc. 1, 17). L'infinitif est fréquent dans les phrases où le sujet de l'infinitif est en même temps le régime direct du verbe principal, p. ex.: Matth. 8, 22; 14, 9; 14, 22; 14, 28; 16, 5; Marc. 1, 34; 6, 45; 10, 14. On trouve également l'infinitif analytique dans ces dernières phrases, p. ex.: Marc. 7, 26: ἠρώτα αὐτὸν ἵνα τὸ δαιμόνιον ἐκβάλῃ (comparez Matth. 16, 1: ἐπηρώτων αὐτὸν σημεῖον ἐκ τοῦ οὐρανοῦ ἐπιδεῖξαι); 11, 16.

On trouve le verbe θέλω suivi d'un accusatif avec l'infinitif comme d'une proposition. La première construction se lit surtout dans les Actes et les Épîtres: Act. 16, 3: τοῦτον ἠθέλησεν ὁ Παῦλος σὺν αὐτῷ ἐξελθεῖν; Gal. 6, 13: θέλουσιν ὑμᾶς περιτέμνεσθαι; 1 Cor. 7, 7, θέλω δὲ πάντας ἀνθρώπους εἶναι ὡς καὶ ἐμαυτόν; cf. 1 Cor. 7, 32; 1 Cor. 14, 5; Rom. 11, 25; Rom. 16, 19; 1 Cor. 10, 1; 1 Cor. 10, 20; 1 Cor. 11, 3; Coloss. 2, 1; 1 Tim. 2, 4. Dans les évangiles, au contraire, on trouve après θέλω plus souvent ἵνα, p. ex.: Matth. 7, 12: πάντα οὖν ὅσα ἐὰν θέλητε ἵνα ποιῶσιν ὑμῖν οἱ ἄνθρωποι (cf. Matth. 23, 37: ἠθέλησα ἐπισυναγαγεῖν τὰ τέκνα σου); Marc. 6, 25: θέλω ἵνα ἐξαυτῆς δῷς μοι...; 9, 30; 10, 35.

Dans l'Evangile de S. Matthieu, il y a un exemple de ἵνα après un adjectif, là où la langue ancienne aurait mis l'infinitif : 8, 8 : οὐκ εἰμὶ ἱκανὸσ ἵνα μου ὑπὸ τὴν στέγην εἰσέλθησ. Chez S. Marc, on trouve à un passage correspondant, l'infinitif, 1, 7 : οὗ οὐκ εἰμὶ ἱκανὸσ κύψας λῦσαι τὸν ἱμάντα.

On voit donc qu'on ne peut constater dans la langue biblique que les premiers symptômes de la disparition de l'accusatif avec l'infinitif. Rien ne serait plus faux que de croire qu'au commencement de notre ère l'infinitif en général tendait à disparaître. Qu'on compare à cet égard des passages tels que Marc. 1, 24 ἦλθεσ ἀπολέσαι ἡμᾶσ; 2, 17 οὐκ ἦλθον καλέσαι δικαίουσ ἀλλὰ ἁμαρτωλούσ; Luc. 8, 8 : ὁ ἔχων ὦτα ἀκούειν ἀκουέτω (cf. Marc. 4, 9, 23); II Tim. 1, 12 δυνατὸσ τὴν παραθήκην μου φυλάξαι; Matth. 6, 1 προσέχετε ...μὴ ποιεῖν.

L'infinitif avec l'article est aussi d'un emploi très fréquent dans la langue biblique, surtout l'infinitif précédé de τοῦ. Cette construction, dont les premiers exemples se trouvent dans Thucydide, mérite un examen à part. Nous y reviendrons en parlant de Malalas.

La syntaxe classique exige, après les verbes qui expriment une espérance ou une présomption, le futur de l'infinitif ou l'infinitif de l'aoriste avec ἄν. Quelquefois, on trouve après ἐλπίζω, προσδοκῶ et quelques autres, l'aoriste sans ἄν, ces verbes formant comme une classe intermédiaire entre ceux qui prennent l'infinitif en discours indirect et ceux qui ne le font pas[1]. Ce qui pour ces verbes est exception en attique devient règle dans la langue biblique. Ainsi on ne trouve presque jamais l'infinitif du futur après le verbe ἐλπίζω; Luc. 6, 34 παρ' ὧν ἐλπίζετε λαβεῖν; 23, 8 ἤλπιζέν τι σημεῖον ἰδεῖν; Rom. 15, 24; I Cor. 16, 7; Phil. 2, 23; I Tim. 3, 14; II Joh. 12; III Joh. 14. Act. 26, 7, est le seul passage où le Vaticanus ait la leçon ἐλπίζει καταντήσειν (T. καταντῆσαι).

Signalons encore dans la langue biblique la construction fréquente de θέλω avec le subjonctif de l'aoriste qui se trouve côte à côte avec l'infinitif, p. ex. : Matth. 13, 28 : θέλεισ οὖν ἀπελθόντες συλλέξωμεν αὐτά; 20, 32 : τί θέλετε ποιήσω ὑμῖν; 26, 17; 27, 17, 21; Marc. 10, 36 (cf. 10, 35); 14, 12; 15, 9, 12; Luc. 9, 54; 18, 41; 22, 9.

Les évangiles apocryphes, dont la langue est à peu près la même que celle du Nouveau Testament, nous présentent le

---

1. Madvig, Synt. gr., § 171, a) Anm. 2; § 172, a) Anm.; Goodwin, Synt. gr., § 136, cf. ci-dessus, p. 10.

même état de choses[1]. Je me contenterai de signaler quelques passages qui prouvent la coexistence de l'infinitif avec l'accusatif et la solution par ἵνα. Evang. Nicod. I, 2, 6 (p. 217): τὸν Ἰησοῦν ἐκέλευσε χωρισθῆναι; cf. 7 p. 226); II, 1, 1 (p. 267); 2, 4 (p. 271); 2, 5 (p. 271); 4, 2 (p. 274); 5, 1 (p. 275); 9, 3 (p. 279): τὸν Καίσαρα θέλομεν βασιλεύειν ἡμῶν, οὐ τὸν Ἰησοῦν. Cependant la périphrase par ἵνα est déjà très fréquente. Ev. Nicod. I, 4, 4 (p. 222): βουλόμεθα ἵνα σταυρωθῇ; II, 2, 4 (p. 270): εἰς τὴν ζωὴν τοῦ Καίσαρος θέλω ἵνα ὁμόσητε; ibid. ὁ νόμος ἡμῶν ὁρίζει ἵνα μηδὲν ὀμνύωμεν; 4, 3 (p. 274); 9, 1 (p. 278): τί λέγετε ἵνα ποιήσω; 9, 2, in f. (p. 279); 9, 3 (ex. des deux constructions; p. 279). On voit que chez cet auteur, ἵνα se trouve dans des phrases où le Nouveau Testament a encore l'infinitif. D'autre part il faut bien dire qu'ici non plus l'infinitif n'est pas rare: à côté de ἄξιός ἐστιν ἵνα λαμβάνῃ μετὰ ῥάβδου πληγὰς τεσσαράκοντα ... ἵνα λιθοβοληθῇ ται (Evang. Nicod. II, 4, 3, p. 274), on a: οὐκ ἔστιν ἄξιος σταυρωθῆναι (I, 4, 4, p. 222; ibid. βουλόμεθα ἵνα σταυρωθῇ. On peut dire que la lutte entre l'infinitif et les périphrases par propositions secondaires est engagée; on voit déjà le triomphe prochain des dernières dans les propositions à deux sujets logiques.

Les écrits des Pères de l'Église ne sont pas pour notre étude d'une valeur aussi grande que la Bible. Ces auteurs se sont servis d'une langue pleine de réminiscences paléogrecques qui, grâce à eux, se continuent dans une grande partie de la littérature grecque du moyen âge. Quand on compare leur langue à celle du Nouveau Testament, on voit bien qu'ils n'écrivaient pas comme ils parlaient. Seulement, comme nous n'avons pas de documents de la langue populaire, qui soient contemporains des écrits des Pères, il est extrêmement difficile de savoir jusqu'à quel point leur langue était artificielle. Par ci, par là, on trouve des locutions qui montrent comment la langue parlée de l'auteur se

---

1. Quiconque veut se convaincre qu'on a dans ces écrits la langue d'hommes tout à fait ignorants, et, par suite, des documents d'autant plus intéressants qu'ils sont peu littéraires, n'a qu'à étudier les passages qui touchent à des questions de géographie ou d'histoire: presque chaque phrase contient une erreur grossière. — La « Descente du Christ aux Enfers » doit seule être mise à part: l'auteur se pare de tous les ornements de la langue poétique ancienne: βροτοῖς, etc. Evang. Nicod. II Desc. Chr. IV, 1: παμφάγε καὶ ἀκόρεστε, βροτοῖς συναναστρεφόμενος.

fait jour à travers les expressions toutes faites que lui suggéraient sa mémoire, sa grammaire ou ses modèles. Mais ces passages sont trop rares pour nous permettre de nous former une idée exacte de l'état de la langue grecque à cette époque. Aussi, a-t-on peut-être attaché trop d'importance à quelques néologismes épars qui se trouvent dans ces écrits. En oubliant qu'aux premiers siècles de notre ère, la différence entre la langue littéraire et la langue vivante ne peut avoir été aussi grande qu'au xiv° ou au xv° siècle, on a été trop facilement porté à croire que tous les auteurs ecclésiastiques ont écrit dans une langue qui était pour eux une langue morte. Il faut se méfier de ces conclusions. On peut dire que le style des auteurs ecclésiastiques a subi l'influence des prosateurs grecs comme celle de la langue biblique; on peut affirmer également qu'ils emploient un grand nombre de mots qu'ils connaissent seulement par la lecture; mais pour décider avec sûreté si telle construction syntaxique appartenait encore ou non à la langue vivante de l'époque, il faut procéder avec une prudence minutieuse. Je m'explique par un exemple. Quand on lit chez Ignace (Ignat. Smyrn. II, 1, p. 84, 7): λέγουσιν, τὸ δοκεῖν αὐτὸν πεπονθέναι, αὐτοὶ τὸ δοκεῖν ὄντες ou bien (ibid. IV, 2, p. 86, 11): Εἰ γὰρ τὸ δοκεῖν ταῦτα ἐπράχθη ὑπὸ τοῦ κυρίου ἡμῶν, κἀγὼ τῷ δοκεῖν δέδεμαι, on sera volontiers porté à croire que ces infinitifs absolus à valeur restrictive sont des locutions savantes qui au temps d'Ignace avaient disparu de l'usage commun. On sera confirmé dans cette hypothèse par les passages correspondants de l'imitateur d'Ignace, qui donnent: τῷ δοκεῖν. Cependant il n'en est pas ainsi. On lit dans la Chronique de Morée (commencement du xiv° siècle), dont personne ne nie le caractère essentiellement populaire, des infinitifs qui semblent bien la continuation de ces infinitifs absolus (voir ci-dessous p. 32). Nous ne sommes donc pas autorisés à voir dans la locution d'Ignace un souvenir de ses lectures. D'autre part, il y a des cas où l'on n'hésitera pas; ainsi, on sait que la forme τοῖν ἀνδροῖν, qu'on trouve chez Ignace (Ignat. ad Mar. III, p. 180, 12) est purement savante, puisque, déjà au temps de Polybe, le duel n'était plus en usage (cf. Keck; Redn. Dual, 56).

Les Inscriptions chrétiennes ne donnent pas non plus des renseignements très précis sur l'état de la langue. Ce sont en bonne partie des décrets, des actes, des dédicaces qui répètent à l'infini les mêmes termes. Les expressions empruntées à la langue ecclésiastique pullulent dans ces documents. Il va sans dire qu'il y a des exceptions, comme p. ex., l'inscription bien connue du roitelet éthiopien qui raconte ses hauts faits en langue populaire[1]. Dans les vingt lignes qui forment cette inscription, il n'y a pas de proposition avec ἵνα; on y rencontre la phrase suivante : οὐκ ἀφῶ αὐτοὺς καθεσθῆναι εἰς τὴν σκιάν. Dans une autre inscription (C. I. G. 8691), qui est écrite dans une langue tout à fait illittéraire[2], on lit, l. 20, ἔδ[ο]κεν τοὺς βουλγάρεις φαγεῖν καὶ πιεῖν[3]. Les infinitifs sont aussi très fréquents dans l'inscription 8701 (C. I. G.), qui a été trouvée sur une colonne au bout du pont de l'ancienne Sparte. Cette inscription, datant du commencement du xi° siècle (1027), est l'œuvre d'un moine qui a fait bâtir le pont et qui en recommande à ses héritiers l'entretien et la conservation. Il exprime sa volonté tantôt par la proposition avec ἵνα (l. 23 suiv., l. 30, 35, 36 suiv.), tantôt par l'infinitif (l. 29-30). Après le verbe βουλεύω, on lit dans cette inscription l'infinitif (l. 8-9, 15-16). Les fautes d'orthographe et le style décousu du texte montrent à l'évidence que l'auteur était un homme ignorant; je ne vois donc aucune raison de ne pas croire que cette alternance de l'infinitif et des propositions avec ἵνα était encore vivante à cette époque.

Malalas et Constantin Porphyrogénète appartiennent également à cette période du développement de la langue sur laquelle nous sommes si mal renseignés. Semblable à ces fleuves qui pour une partie de leur parcours disparaissent sous le sol, la langue grecque se soustrait durant certaines époques à nos recherches et nous ne pouvons que constater les changements sans en connaître les causes immédiates. Tel est le cas pour la période qui s'étend des premiers siècles de notre ère au x°, période que M. Psichari a si justement appelée la période pré-historique du néo-grec. Que les prépositions avec ἵνα fussent d'un usage très fréquent vers la fin

---

1. C. I. G. 5072 ; Lepsius, Silko, 129.

2. L'éditeur, M. Kirchhoff, y voit la langue d'un étranger, mais il ne donne pas de preuves à l'appui de cette supposition.

3. Je corrige les fautes d'itacisme. M. Kirchoff imprime φάγη[ν] καὶ πίν[ην] mais la pierre porte ΠΙΝ, qui est pour πιεῖν. Πιν nous offre une application de la loi qui en néo-grec fait que deux voyelles contiguës semblables se réduisent à une seule Essais, II, LIX. Cette inscription est de la fin du x° siècle.

de cette époque, c'est ce qui ressort du fait que Constantin Porphyrogénète présente déjà un exemple de la forme νά pour ἵνα[1]. Or, on ne saurait s'expliquer cette aphérèse dans une période si reculée qu'en admettant que ἵνα s'était trouvé dans le cas des mots très usités, dont les transformations ne sont pas assujetties aux mêmes lois que celles des autres mots, c'est-à-dire que ἵνα était proclitique.

Comme particularité de la langue de Malalas en ce qui concerne l'emploi de l'infinitif, on peut citer les infinitifs avec ὥστε après des verbes qui signifient *demander, ordonner, prendre une résolution*; p. ex., Malal. 434, 7 : δεόμενος τοῦ βασιλέως... ὥστε λαβεῖν αὐτὸν ἐπίσκοπον; 437, 5 : ἔπεμψε κατὰ πόλιν, ὥστε τὸν ἄρχοντα... μὴ κτίζειν οἴκον; à la même page, l. 10, 12, 15, dans des résolutions impériales ; 439, 12 : εἰπὼν ἐν τῇ διαθήκῃ ὥστε τὸν εὐσεβέστατον Ἰουστινιανὸν παρασχεῖν ταῖς ἐμαῖς θυγατράσιν ἡμερησίας ἀνὰ πόλεις ιε΄ ; 449, 6 : ἐθέσπισε δὲ ὁ αὐτὸς βασιλεὺς ὥστε μὴ πολιτεύεσθαι τοὺς ἑλληνίζοντας ; 466, 20 : γράψας... ὥστε πεμφθῆναι αὐτὸν πρὸς αὐτόν; d'autres exemples : 112, 7 ; 113, 19 ; 385, 15, 21, etc. Des exemples de cet emploi de ὥστε se trouvent en grec ancien, mais rarement (Madvig, Synt. gr., §§ 144, Anm. 1; 145, Anm. 3; 146, Anm. 2). L'infinitif avec l'article au lieu d'une proposition secondaire est très fréquent chez Malalas. On en découvre des exemples à chaque page. De ces infinitifs-substantifs, ceux qui sont précédés de τοῦ méritent un examen spécial, parce qu'ils sont souvent employés d'une façon particulière, dont on constate déjà les commencements en grec ancien. Je veux parler de ces phrases avec τοῦ et l'infinitif, dans lesquelles les grammairiens d'autrefois voyaient une ellipse de ἕνεκα. Cette construction se trouve déjà chez Thucydide; chez Polybe, elle est fréquente, et dans la traduction des Septante, on la lit à chaque page[2] ; cependant nous avons différé l'étude de cette construction jusqu'ici, justement parce que Malalas et les Byzantins en général présentent le plein développement de cette construction.

On a proposé plusieurs explications de cet usage de τοῦ devant l'infinitif. Krüger (Gr. Sprachl., I, 2, § 47, 22, 2) voit dans cette construction un génitif indiquant la relation ;

---

1. Const. Cerim., 693, 5.
2. Winer, 305.

Madvig (Synt. gr., § 170, c. Rem.) y compare le génitif de la chose pour laquelle on demande ou donne payement; Hultsch[1] fait observer que ce génitif se trouve toujours dans les cas où l'on peut sous-entendre un verbe qui indique *désirer, chercher à atteindre;* Kviçala[2] enfin rappelle que le génitif marque la chose à laquelle une autre chose appartient, avec laquelle elle est dans un certain rapport d'origine. Il part de cette signification du génitif pour expliquer la construction en question. Je regrette beaucoup qu'il ne m'ait pas été possible de me procurer le volume des Wiener Studien qui contient le travail de Kviçala, dont je n'ai connaissance que par le résumé très succinct qu'en donne M. Birklein (Subst. Inf., 55). Si j'ai bien compris ce qu'il en dit, l'expilcation de Kviçala revient à celle de Krüger. Je crois qu'elle est exacte. L'explication de Hultsch a le même défaut que l'ancienne explication par l'ellipse de ἕνεκα : comme celle-là, elle nous force à admettre la chute, sans cause apparente, de la partie essentielle de la phrase. Toutefois cette explication contient un élément qui pourra nous servir à expliquer les dimensions considérables qu'a prises cette construction avec τοῦ dans la basse grécité. Ce sont les verbes qui marquent un désir, l'effort d'atteindre quelque chose, dont l'analogie a amené la construction de beaucoup d'autres verbes avec le génitif. Cependant pour se former une idée de l'origine de la construction en question, il me semble qu'il faut partir d'une catégorie plus générale, qu'il faut chercher l'explication du phénomène dans la nature même du génitif. Or, nous voyons qu'il y a en grec ancien plusieurs verbes qui ont un génitif servant à indiquer la cause de l'action et se rapprochant par le sens de ἕνεκα ; p. ex. : πολλάκις μὲν δή σε... εὐδαιμόνισα τοῦ τρόπου Plat. Crit. 43 B (p. 65, 17); λέγοντες ὡς νῦν ἐξείη Λακεδαιμονίους πάντων ὧν ἐπεποιήκεσαν αὐτοὺς τιμωρήσασθαι (Xen. Hell. VI, 4, 19); chez Xénophon, à côté de : Καὶ ὁ Κῦρος ἀκούσας τοῦ μὲν πάθους ᾤκτειρεν αὐτόν (Cyrop., 5, 4, 32), on trouve aussi : ὧν ἕνεκα οἰκτείρω σε μή τι ἀνήκεστον κακὸν πάθῃς (Oecon. II, 7; cf. II, 4 ἐμὲ δὲ οἰκτείρεις ἐπὶ τῇ πενίᾳ). Madvig, à qui j'emprunte les exemples de εὐδαιμονίζω et τιμωροῦμαι, cite encore ἄγαμαι, ζηλῶ, μακαρίζω et ἀμυνοῦμαι. Il ajoute (Synt. gr., § 61 b,

---

1. Hultsch, Curtius' Gr., 447.
2. Kviçala, Synt. Unters., 239.

Rem. 1) : « Certains verbes qui ont un sens analogue sont quelquefois construits de la même manière, p. ex. συγγιγνώσκω τινὶ τῆς ἐπιθυμίας Plat. Euthyd. 306 C (p. 48, 3 συγγιγνώσκειν μὲν οὖν αὐτοῖς χρὴ τῆς ἐπιθυμίας), comme τιμωροῦμαι, d'ordinaire συγγιγνώσκειν τῇ ἐπιθυμίᾳ τινός. »

D'autre part, on a la catégorie nombreuse des verbes avec le génitif qui impliquent l'idée d'un éloignement et d'une privation. Le fait que la construction de l'infinitif avec τοῦ s'emploie surtout avec une négation (Madvig, Synt. gr., § 170, Rem.) fait croire qu'il faut reconnaître une grande influence sur les origines de cette construction à l'analogie des verbes comme εἴργω, ἀπέχω, ὑφίεμαι, etc. Pour expliquer une phrase telle que : Ὁ δὲ Χαλκιδεὺς καὶ ὁ Ἀλκιβιάδης πλέοντες ὅσοις τε ἐπιτύχοιεν ξυνελάμβανον τοῦ μὴ ἐξάγγελτοι γενέσθαι (Thuc. VIII, 14, 1), il n'est pas inutile de comparer des passages comme les suivants : πᾶς γὰρ ἀσκὸς δύο ἄνδρας ἕξει τοῦ μὴ καταδῦναι (Anab. III, 5, 11) ; τούτους αὖ τοιαῦτα λέγων ἔσχε τοῦ μὴ ἐκπεπλῆχθαι (Xen. Hell., IV, 8, 5).

On peut penser qu'au temps de Polybe la construction du simple infinitif avec τοῦ était devenue une locution ayant la même valeur que l'infinitif précédé de ἕνεκα. Il y a chez cet auteur des exemples de cette construction, qui ne montrent plus aucun rapport avec la signification primitive ; p. ex. : συνυποκριθεὶς ὡς ἐμβαλῶν εἰς τὴν Ἠλείαν, τοῦ μὴ δοκεῖν λίαν ἕτοιμος εἶναι πρὸς τὴν τοῦ πολέμου κατάλυσιν Pol. B.-W., V, 102, 6 (t. II, 227, 18) ; τοῦ δὲ μὴ γενέσθαι μηδεμίαν ὑποψίαν τῆς ἀληθείας... διέδωκε λόγον ὡς τοὺς Αἰτωλοὺς μέλλοντας εἰσπίπτειν διά τινος φάραγγος εἰς τὴν πόλιν Pol. B.-W., VII, 16, 7, (t. II, 330, 21).

A l'époque suivante, l'emploi du simple infinitif avec τοῦ devient de plus en plus fréquent. Dans les Septante on le lit à chaque page. On a voulu y voir un hébraïsme. En effet, il n'est point impossible qu'une construction analogue en hébreu ait exercé une influence sur la fréquence de ces infinitifs dans le texte grec : je ne suis pas à même de me former une opinion sur ce point. Cependant, on a vu que la construction ci-dessus s'explique très bien par le grec lui-même ; son développement extraordinaire dans la basse grécité peut très facilement se comprendre, si on se représente que le sens primitif était oublié et qu'on employait ces infinitifs comme des locutions courantes qui avaient la valeur d'une proposition commençant par ἵνα ou ὅτι. Ainsi, on lit dans l'Ancien

Testament: εἶπα τοῦ φυλάξασθαι τὸν νόμον σου (Ps. 118, 57); ἐτάχυνε τοῦ ποιῆσαι αὐτό (Gen. 18, 7); cf. Adelphoe, 270 n.

Ces infinitifs ne font pas défaut non plus dans le Nouveau Testament, quoiqu'ils y soient moins nombreux, p. ex.: ἰδοὺ ἐξῆλθεν ὁ σπείρων τοῦ σπείρειν (Matth. 13, 3); κατέβη εἰς τὸν παράδεισον τοῦ περιπατῆσαι (Evang. Apocr., Prot. Jac. II, 4, p. 6). Et dans un sens qui s'éloigne plus de la signification primitive: Act. 27, 1: Ὡσ δὲ ἐκρίθη τοῦ ἀποπλεῖν ἡμᾶσ εἰς τὴν Ἰταλίαν; Act. 15, 20: ἐπιστεῖλαι αὐτοῖσ τοῦ ἀπέχεσθαι τῶν ἀλισγημάτων τῶν εἰδώλων; Act. 7, 19: ἐκάκωσεν τοὺσ πατέρασ τοῦ ποιεῖν τὰ βρέφη ἔκθετα αὐτῶν εἰς τὸ μὴ ζωογενεῖσθαι (cf. Winer[1], 306). Chez les auteurs postérieurs, ces infinitifs se trouvent surtout après les verbes qui signifient *ordonner, prendre une résolution;* citons quelques exemples empruntés au 18ᵉ livre de Malalas: ἠνάγκαζον αὐτὰς τοῦ προΐστασθαι (440, 21); ὑπερέθετο ὁ αὐτὸς βασιλεὺς τοῦ δέξασθαι αὐτούς (452, 17); δηλώσας[2] τῷ βασιλεῖ Περσῶν τοῦ δέξασθαι τὸν βασιλέα Ἰνδῶν (458, 19); γράψας αὐτῷ τοῦ ἀγαπῆσαι φιλίαν (467, 3); ἀντέγραψεν ὁ Ῥωμαίων βασιλεὺς τῷ μαγίστρῳ τοῦ δέξασθαι τὴν τῶν τριῶν μηνῶν ἔνδοσιν καὶ δοῦναι ὁμήρους καὶ λαβεῖν ἀπὸ Περσῶν (472, 10). On voit par ce dernier exemple que la construction de l'infinitif sans τοῦ existait collatéralement; de même, on peut comparer la construction avec ὥστε (cf. les exemples ci-dessus, p. 19), qui a la même signification.

Il faut distinguer de ces infinitifs qui ont le sens de *afin que,* ou qui équivalent à une proposition avec ἵνα ou ὅτι, ceux qui sont la conséquence du développement ultérieur qu'a pris la construction avec le génitif après certains verbes et adjectifs. Je m'explique. En grec ancien, on met après le verbe ἐπιχειρεῖν le simple infinitif; chez Malalas, ce verbe a subi l'influence d'un verbe comme ἅπτεσθαι et on lit chez lui (491, 1): εἰ ἐπεχείρησέ τις τοῦ σβέσαι, ἐτοξεύετο. De même, on dit en grec ancien: ἄρχεσθαι τοῦ λόγου, mais ἄρχομαι λέγειν; dans le bas grec et le grec moyen, l'infinitif perdait de plus en plus son caractère verbal et on le sentait tout à fait comme substantif; de là la construction ἄρχομαι τοῦ λέγειν qu'on trouve

---

1. Weber, Absichtss, 92.
2. Δηλῶ a chez les écrivains postérieurs la signification de: *faire savoir sa volonté, commander,* p. c.: Δηλοῖ αὐτὸν ὁ γέρων. Δεῦρο ἕως ὧδε, J. Mosch., 2876 B. Comparez le sens de δήλωσις = ordre, commandement. Plat. Leg. XII, 942 B.: μήτε τινα διώκειν μηθ᾽ὑποχωρεῖν ἄλλῳ ἄνευ τῆς τῶν ἀρχόντων δηλώσεως.

p. ex. chez Prodr. I, 190 ἤρξατο τοῦ γελᾶν με. Je donnerai encore un autre exemple. L'adjectif δυνατός est suivi dans la langue ancienne d'un simple infinitif : οὗ μεῖζον ἀγαθὸν οὔτε σωφροσύνη ἀνθρωπίνη οὔτε θεία μανία δυνατὴ πορίσαι ἀνθρώπῳ Plat. Phaedr. 256 B (41, 8) ; λέγειν τε καὶ πράσσειν δυνατώτατος (Thuc. Cl. 1, 139, 4) ; plus tard on met dans ce cas encore un infinitif-substantif au génitif : p. ex. : δυνατοὶ τοῦ γράφειν καὶ στιχίζειν (Prodr. III, 16), de la même manière que Thucydide avait dit autrefois τῆς θαλάσσης ἐπιστήμονας (Thuc. Cl. I, 142, 6). La lecture des auteurs de la basse grécité comme de ceux du moyen âge nous fournit un grand nombre de ces comparaisons, qui prouvent que l'infinitif remplissait de plus en plus dans le sentiment des Grecs les fonctions d'un substantif. Peut-être peut-on voir une preuve analogue de la disparition de l'infinitif proprement dit dans le nombre considérable des *nomina actionis* en -σις qu'on lit chez les écrivains postérieurs. On n'a qu'à feuilleter les glossaires pour être frappé du grand nombre de ces substantifs en -σις, qui peuvent remplacer jusqu'à un certain point les infinitifs. C'est là une preuve négative à côté du fait bien établi de la lente disparition de l'infinitif[1].

Avant de nous occuper des auteurs médiévaux en langue populaire, il convient de dire quelques mots des recueils de documents grecs provenant de l'Italie méridionale, tels qu'ils se trouvent dans les collections de Zambélios (Italograeca I), de Cusa (Italograeca II) et de Trinchera. Prenons ce dernier livre qui est assez important. Il contient des documents dont la date va de 885 à 1450. Ces pièces nous offrent un vrai style de notaire, qui abonde en expressions consacrées et en pléonasmes toujours les mêmes, p. ex. : ἀπὸ τὴν σήμερον ἡμέρας καὶ ὥρας[2], ποτε κερῶ ἢ χρόνῳ[3], οἰκεία μου βουλῇ, καὶ ἰδίᾳ τῇ προαιρέσει[4], παρακαλῶν ἡμᾶς καὶ δεόμενος[5], etc. Cependant il faut

---

1. Citons au hasard ἀπόξυσις, ἀνακαίνισις εἰδοποίησις, ἐπέλευσις, ἐνδόμησις, θέλησις, παρέλευσις, παράτασις, περιποίησις, etc., etc. Voir tous ces mots dans S. Cf. d'ailleurs Thuc. Cr. p. 110-111.

2. Trinchera, IX (A. D. 984), 8 ; cf. XIII (A. D., 1005), 13 ; très fréquent.

3. Ibid., IX (A. D. 984), 8.

4. Ibid., XIII (A. D. 1005), 13 ; cf. XXII (A. D. 1029), 23 ; très fréquent.

5. Ibid., XXIII (A. D. 1032), 24 ; cf. αἰτοῦντες τε καὶ ἐπιδεόντες, XXX (A. D. 1035), 35.

se garder de croire qu'on lit dans ces actes une langue artificielle et morte : un très grand nombre des expressions qui s'y trouvent n'étaient plus dans la bouche du peuple, mais la langue elle-même, c'est-à-dire la morphologie et la syntaxe, ne sont pas un effet livresque des études pédantes des scribes. Pour en être convaincu, on n'a qu'à comparer la traduction latine qui se lit à côté. Tandis qu'on a la plus grande peine du monde à comprendre le texte latin, le sens de la partie grecque est parfaitement clair. Nous verrons que les formes nouvelles se rencontrent à peu près à la même époque dans les documents de Trinchera et chez les auteurs qu'a publiés M. Legrand. Cette coïncidence prouve bien que l'étude de ces formes nous représente bien le développement spontané de la langue. Pour cette même raison, je crois que M. Chatzidakis[1] a tort d'attribuer une plus grande autorité aux parchemins de l'Italie méridionale qu'aux écrits qui proviennent de la Grèce elle-même, où il est trop porté à voir un macaronisme dans chaque forme ancienne. Au contraire, il faut se servir de ces parchemins avec beaucoup de prudence[2]. Il est peu exact de parler d'une façon générale et sans distinction des parchemins de Trinchera ainsi que le font MM. Chatzidakis et Foy[3], comme si toutes les pièces de ce recueil étaient d'égale valeur. A côté d'actes de donations écrits en paléo-grec, ou plutôt en bas-grec, on a des documents qui ne sont savants que pour la partie lexicologique ; il y a une grande différence entre la langue des testaments, où il y a toujours une partie personnelle, et celle des chartes des empereurs et des princes de la maison impériale, qui « présentent moins d'intérêt que les autres pièces, parce qu'elles sont rédigées d'après un formulaire convenu et toujours le même ».[4] On trouve des échantillons de documents de cette espèce aux pp. 24

---

1. Chatzidakis-Foy, p. 134 ; Chatzidakis, C. R., 1014 ; cf. Psichari, Mittelgr., 611, n. 1.

2. La publication de ces documents par Trinchera est plus qu'insuffisante ; à maint endroit, il n'a pu lire le texte grec. Quelquefois la traduction latine peut nous aider à rétablir la vraie leçon du manuscrit. Ainsi, on lit, p. 70 : παντελεύθερος. ἐκ πασης η δύσεως. Ce qui ne veut rien dire. Le texte latin porte (l. 12 du bas), prorsus libera ab omni vinculo. Cela nous permet de lire ἐκ π. ἀλύσεως.

3. Foy, Vocalst, 57, 2. Cf. Psichari, C. R. Foy, 333, 1.

4. Miller, Mél. litt., p. ix.

(XXIII, A. D. 1032), 31 (XXVII, A. D. 1033), 53 (XLII, A. D. 1054), 62 (XLVIII, A. D. 1084), 155 (CXVII, A. D. 1136), etc. Les formes nouvelles qui se lisent dans ces parchemins seront mentionnées plus bas, quand nous aurons à parler de cas analogues chez les auteurs de poèmes en grec médiéval. Quant aux particularités de syntaxe, on peut affirmer que le même développement de l'infinitif avec l'article, que nous avons déjà signalé si souvent, se retrouve dans ces pièces. L'infinitif futur est rare ; de même, les infinitifs moyens, excepté ceux qui se trouvent dans les phrases consacrées comme δωρίσασθαι καὶ ἀποχαρίσασθαι.

L'histoire de l'infinitif devient plus intéressante, dès qu'on aborde l'étude des œuvres d'imagination. Elles ne sont pas tellement remplies de phrases toutes faites ; il y a quelque chose de personnel dans leur langue. Aussi, la différence de style entre les produits du xe siècle et ceux du xiiie est-elle bien plus grande que celle qu'on peut constater entre la langue du Nouveau Testament et celle des écrits du ixe ou du xe siècle. Prenons d'abord le poème à Spanéas (xie siècle, fin[1]). On y voit l'infinitif à côté de la périphrase avec ἵνα, cf. SPANEAS I :

ἂν δύνασαι νὰ εὐεργετῇς καὶ ἂν εὐπορῇς χαρίζειν (v. 119).

Les autres exemples d'infinitifs sont : σὲ θέλει ἐλέγχειν (v. 101); δύνασαι συντυγχάνειν (v. 109); οὐκ εὐποροῦν εὑρῆσαι (v. 110); οὐκ εὐπορεῖ οἰκονομεῖν (v. 116); οὐ δύναται φυλάξαι (v. 162); πῶς δυνηθῇ ἰᾶσαι (v. 190). On voit que, dans ce poème, l'infinitif se lit seulement après les verbes θέλω, δύναμαι et εὐπορῶ ; ce sont des verbes auxiliaires qui ont perdu jusqu'à un certain point leur signification primitive. Les périphrases avec ἵνα (νά) ne sont pas nombreuses. Dans ce poème de 285 vers, j'en trouve 4 : ἂν δύνασαι νὰ εὐεργετῇς (v. 119); ἂν πρός τινα ὑποσχεθῇς τίποτε νὰ χαρίσῃς (v. 182); οὐκ ἔχω τί νὰ δώσω (v. 256); κ' ἐντρέπεσαι καὶ οὐ βούλεσαι τὸ νὰ τὸ φανερώσῃς (v. 143). Cette dernière périphrase est intéressante, parce qu'elle nous montre combien on était accoutumé à mettre l'article devant

---

1. Pour les dates, je m'en tiens, sauf mention spéciale du contraire, à la classification d'après l'ordre chronologique que propose M. Psichari, Essais II, 244. Cf. aussi Psichari, Spanéas, 282.

les infinitifs. Car cette dernière syntaxe peut être considérée comme la solution d'un de ces infinitifs-substantifs qui tiennent lieu d'une proposition secondaire. Les exemples de ces propositions précédées de l'article sont très fréquents chez Prodrome et les autres auteurs médiévaux. Cette construction est un retour de l'analyse de l'infinitif à la construction avec l'article.

Comme l'a montré M. Psichari[1], le poème à Spanéas est une imitation du discours à Demonicus d'Isocrate[2]. Or, il y a dans le poème byzantin des infinitifs là où il n'y a pas de passages correspondants d'Isocrate[3]; ainsi, on ne saurait penser à un emprunt voulu et artificiel de formes paléo-grecques. Ce poème ne nous présente pas de formes nouvelles de l'infinitif; on pourrait citer εὑρῆσαι (v. 110), mais εὕρησα se trouve déjà chez Manéthon et Nonnos (Passow, s. v. εὑρίσκω). La confusion entre les désinences de l'aoriste thématique et l'aoriste non thématique, confusion qui a ses racines en paléo-grec, était déjà assez fréquente au commencement de notre ère.

Le Roman de Callimaque et Chrysorrhoé (xi° siècle fin, xii° commencement), au contraire, nous offre des exemples d'infinitifs en partie inconnus au grec ancien, cf. CALLIM.

Ἅπαντα τίνος λογισμὸς καὶ νοῦς ἐξαριθμήσει
καὶ τίνος γλῶσσα δυνηθῇ λαλῆσαι κατὰ μέρος (v. 280-281).

παράπεσε καὶ δεῖρό το καὶ θέλεις το κερδέσειν (v. 987).

ὅτι καὶ τὰς πατρίδας τῶν ἔμελλον καταλάβειν (v. 999).

ἡ φύσις γὰρ οὐ συγχωρεῖ νεκρὸν ἐξαναστήσειν (v. 1809).

..... Τίς δ'ὑπολάβειν εἶχεν
τὸ πονηρὸν μηχάνημα, τὴν σκέψιν καὶ τὸν τρόπον; (v. 2420).

οὐ θέλω ποίσειν ἐξ ὑμῶν κανένα βασιλέαν (v. 2509).

---

1. Essais I, 217.
2. On n'est pas d'accord sur l'auteur de ce discours. S'il n'est pas de la main d'Isocrate lui-même, il appartient sans contredit à une époque assez ancienne, Cf. Blass, Att. Bereds. II, 254-259. Lehman de Lehnsfeld Demon., est plus catégorique et refuse d'attribuer le discours à Isocrate.
3. Cf. Spaneas I, 109 : δύνασαι συντυχαίνειν ; 116 εὐπορεῖ οἰκονομεῖν ; 162 οὐ δύναται φυλάξαι.

Ce sont des infinitifs de l'aoriste. Déjà le premier exemple montre par l'alternance de ἐξαριθμῆσει et λαλῆσαι qu'il ne faut pas voir des infinitifs du futur dans ces formes, même si l'on voulait admettre pour cette époque un infinitif du futur après θέλω. On a expliqué la désinence -ει(ν) par l'influence de l'aoriste non thématique, et, à cause de cela même, on a été fort embarrassé par le changement d'accent qu'on observe dans des mots comme -λάβειν.[1] Je crois que cette difficulté ne nous arrêtera plus, si nous cherchons l'explication dans un sens plus général. Il semble que la désinence -ειν soit devenue la désinence exclusive de l'infinitif. Nous avons vu que déjà au temps de Polybe les verbes en -μι font l'infinitif du présent en -ειν[2]. A l'époque dont nous nous occupons en ce moment, cette terminaison commence à éliminer toutes les autres. Plus tard, quand l'infinitif a disparu de l'usage, les traces qu'il a laissées dans la langue sont seulement des formes en -ει(ν). En envisageant la question de ce biais, on comprendra encore d'autres formes qui se trouvent dans des documents de la même époque, mais qui proviennent d'une autre région, p. ex.: TRINCHERA, LXXV (A. D. 1113), 98: καὶ οὐλει κατα- λῦσει ; CXIII (A. D. 1133), 150: ἐποίησεν κλέψειν; CXCI (A. D. 1178), 251 : ὅταν δὲ θέλουσιν δίδην ; LX (A. D. 1097), 78 διότι ἔχουν ἀκουμανδευθήν. Je crois qu'on peut voir une autre preuve de la disparition imminente des autres désinences de l'infinitif dans l'hésitation dont témoigne la graphie de ἐλθειν, qu'on lit tantôt sous cette forme, p. ex. επανελθειν CCLII (A. D. 1202), 343, tantôt sous la forme ἐλθῆναι (CCLX (A. D. 1206), 354 ; CCLXVIII (A. D. 1214), 368 ; CCXCIII (A. D. 1243), 410 ; CCCXVIII (A. D. 1269), 465 in f. ; CCCXXIV (A. D. 1271), 479). En substituant aux désinences du passif et de l'aoriste actif celle du présent actif, on a introduit une terminaison atone, et c'est là la cause du changement de l'accent. Je crois que cette hypothèse est confirmée par un passage intéressant du roman de Callimaque. Le voici CALLIM. 1266 :

τίς εἰς τὸ δρακοντόκαστρον ἴσχυσεν ἀναβῆναι,
τίς τὸν τοσοῦτον τὸν βουνὸν καὶ τὸν τοσοῦτον τόπον,

---

1. Foy, Inf. I, 207 suiv.
2. Ci-dessus, p. 13.

τὸ τόσον ἐρημάνθρωπον, τὴν ἀγριοτοπίαν
ἀνάβειν¹ ἠδυνήθηκεν μετὰ θελήματός του ;

Ici on a côte à côte la forme -*ine* et *in*. Si cette dernière forme dérivait de -*ine,* on aurait quelque chose comme ἀναβῆν ou ἀναβεῖν. On sait toutefois que la désinence atone n'a pas toujours entraîné le changement de l'accent. Il y a une hésitation dans la graphie de tous les documents du moyen âge, jusqu'à ce que la désinence -*i(n)* atone ait triomphé pour les infinitifs actifs (voir plus loin). Dans les infinitifs passifs, au contraire, -*i(n)* (tonique) est resté maître du terrain.

De même que dans la langue commune, la désinence -*i(n)* a éliminé toutes les autres, la désinence -*ine* a triomphé de ses concurrents dans certains dialectes du Pont².

Il est à remarquer que quelques-uns de ces infinitifs n'ont pas l'*n* final. Comme cette chute de l'*n* devient de plus en plus fréquente dans les écrits postérieurs au roman de Callimaque, il faut y voir non pas un indice de l'origine de la désinence -*in* (p. ex. une contamination avec la désinence -*αι* de l'aoriste), mais le commencement d'un nouvel état de choses. Il est vrai que la chute de l'*n* ne semble devenir régulière qu'à une époque beaucoup plus tardive, et l'on sait en outre que plusieurs dialectes modernes ont encore gardé le ν³ ; mais d'autre part il faut bien constater qu'on en trouve déjà des exemples dans les proverbes byzantins publiés par M. Krumbacher⁴ : ἡδὺ τὸ φάγει, πικρὸν τὸ χέσει. Le vers 987 du roman de Callimaque fournit un autre exemple :

παράπεσε καὶ δεῖρό το καὶ θέλεις το κερδέσειν.

Aux vers 163 et 689, le manuscrit n'a pas de ν dans βλέπει(ν), ἔχει(ν) ; aux vers 796, 1164, on y lit αὐξάνειν et λαλεῖν pour les troisièmes personnes du singulier αὐξάνει et λαλεῖ ; toutefois il ne faut pas attacher trop d'importance à ces graphies, qui peuvent provenir de la main du scribe.

---

1. Leçon du manuscrit ; l'éditeur met ἀνάβην.
2. Deffner, Pont. Infin., 193.
3. Ταξίδι, 177 suiv. ; Essais II, CLIII ; Cf. XCV.
4. Krumbacher, Byz. Sprichw., 70, N. 35.

Sauf ces formes nouvelles de l'infinitif[1], le roman de Callimaque ne présente pas de particularités qui soient d'un grand intérêt pour notre étude. Les infinitifs y sont courants, surtout après θέλω, δύναμαι, ἰσχύω, μέλλω, ἔχω ; on y trouve des infinitifs substantifs (v. 22, 1030, 1045, etc.) et les périphrases précédées de τό, que nous avons déjà signalées dans le Spanéas, p. ex. :

λόγος μικρὸς ἂν ἐξαρκῇ πρὸς τὸ νὰ το δηλώσῃ (Callim. 823).

πικρὸν ἡγούμην τὸ νὰ ζῶ... (v. 2491).

Citons encore quelques exemples d'un usage de l'infinitif qu'on est un peu étonné de trouver dans un document de cette époque :

1° τὸ φύσιν ἔχον θανατεῖν καὶ πάλιν ζῆν καὶ βλέπειν (v. 1563).

Dans les vers précédents on lit : τὸ χάριν ἔχον | ἄν τις αὐτὸ πρὸς χέριν του φορέσῃ, νὰ πετάσῃ (1554).

2° διπλοῦν τὸ μῆλον ἔποικες, ζῆν τε καὶ θανατόνειν (v. 2581).

3° ..... προστάττει
δῶρα λαβεῖν τὸν κηπουρὸν καὶ φιλοτιμηθῆναι (v. 1924).

Il est difficile de dire si ces constructions appartenaient à la langue vivante ou s'il faut y voir des souvenirs savants provenant d'une rédaction antérieure de notre roman. Je suis porté à adopter cette dernière hypothèse, surtout à cause des formes ἔσεσθαι (v. 53) et ὑμᾶς (v. 2315), qui semblent suspectes.

Les vers de PRODROME nous offrent un exemple probant de l'influence de la désinence *in-* :

Εἰ δὲ κομπώσειν ἤθελες καὶ λαβεῖν καὶ πλανήσειν (Prodr. I, 106).

Je n'insiste pas sur ce phénomène dont j'ai parlé à la page précédente. On lit dans Prodr. VI, 118 et 119 :

λέγει· ἂς βράσῃ τὸ κρασίν, καὶ βάλε καὶ πιπέριν.
Εὐθὺς τὸ βράσειν τὸ θερμόν, λέγει πρὸς τὸ παιδίν του.

---

1. Elles sont, d'ailleurs, encore assez rares dans ce roman : j'en ai compté 7 dans les 2607 vers du poème.

On peut comparer cet infinitif absolu qui sert à déterminer le temps, aux locutions τὸ πρωΐ, τὸ βράδυ. Quant à l'emploi même de l'infinitif dans ce sens, je crois qu'il est la continuation de l'infinitif de restriction (*infinitivus graecus, infinitivus relationis*) du grec ancien.

Pour le reste, l'emploi de l'infinitif chez Prodrome est à peu près le même que dans le poème à Spanéas. On peut observer la même variation d'infinitifs avec des périphrases par νά; seulement, il est à remarquer que ni dans le Spanéas, ni chez Prodrome, on ne trouve θέλω suivi de νά, quand ce verbe sert à former le futur.

Le vers 514 de Prodrome III montre très bien la différence de la construction :

τότε θέλω νὰ σὲ ἰδῶ τὸ πῶς τὸν θέλεις σύρειν.

La première partie de ce vers marque la volonté, la seconde simplement le futur: θέλω peut avoir l'infinitif ou νά, quand ce verbe équivaut à βούλομαι, mais pour désigner le futur, la construction avec l'infinitif paraît la seule possible. Nous avons déjà parlé (p. 21 suiv.) de l'emploi de τοῦ devant l'infinitif.

Dans le poème de GLYKAS, on peut signaler : θαρρῶ τὸν ἀπαντήσειν (v. 303); ...ἂν ἔχῃ δρακοντιάσειν, ἂν ἔχῃ τὸ κοντάριν του φθάσειν εἰς τὸ Δυρράχιν (v. 347-348); ἂν ἔχῃ εἰς ὄρος ἀναβῆν[1], ὡς κέδρος ἀνυψῶσαι (358); χαλάσειν ἔχει ὀψέποτε, κατακλιθῆν[2] καὶ πέσειν (359). Il est vrai que dans ἀναβῆν et κατακλιθῆν la désinence n'est pas atône. Cette anomalie n'a rien de surprenant là où il s'agit d'une forme qui n'est pas tout à fait admise. L'influence de la forme ancienne peut avoir été assez forte pour retenir l'accent sur la dernière syllabe.

La chute du ν, dont nous avons déjà trouvé des exemples dans le roman de Callimaque et Chrysorrhoë, devient assez fréquente dans le poème Περὶ δυστυχίας καὶ εὐτυχίας, INFORT. (XIIᵉ siècle). Je citerai de ce poème les infinitifs les plus remarquables : οὐ δύνασαι ἐκφύγειν (v. 96); ...πότε γοῦν θέλει εὐτυχο-

---

1. Le ms. porte ἀναβεῖν, ce qui me paraît plus conforme au développement historique. Cependant j'ai adopté partout la graphie de nos textes imprimés qui ont —ην dans ces formes.

2. Ms. κατακλιθεῖν ; voir la n. précédente.

τυχήσει (v. 114); καὶ ἂν θέλω ἀργήσει ὀλίγον καὶ πότε νά το φθάσω (120); θέλεις ἐκδῆν (v. 129); θέλεις γυρίσειν (v. 131); θέλεις εὕρειν (v. 132); θέλεις ἰδεῖν (v. 136); θέλει σε εἰπεῖ (v. 152); θέλω ποδοχναστρέφειν (v. 161); θέλεις ἐπιτύχειν (v. 165); θέλεις εὕρει καλάμιν (v. 167); θέλω σε ὕπει¹ τήπωτες (v. 291); θέλει σε φθάσει (v. 292); τί θέλεις ποιήσειν (v. 299); θέλεις πατείσην² (v. 300); θέλω πιάσειν ἀπεδῶ (v. 413); τί ἔνι τό θέλει ὁρίσειν (v. 444); Καὶ ἅμα τῷ εἰπεῖν με « ναὶ » καὶ δώσειν τὸ πιττάκιν (v. 698); Ἤρξατο παίζειν (v. 360); ἤρξατο καταβαίνειν (v. 392); ἔχεις... διαβαίνειν (v. 265); μέλλεις... ἀνασαίνειν (v. 696). A côté de ces infinitifs, on lit une fois seulement θέλω avec νά dans le sens du futur simple (v. 121); on compte trois cas de ἄρχομαι suivi de νά (v. 216, 382, 616) et un où ἠμπορῶ est suivi d'une périphrase (v. 243).

Quand on étudie les écrits du xiii° siècle, on voit que l'infinitif perd de plus en plus du terrain. Il est très rare dans le Poric.; dans les quelques vers du Peccat., πρέπει est suivi constamment de νά (v. 1-6); dans Solom., l'infinitif ne se lit pas, δύναται est suivi de νά (v. 87, 97, etc.). Dans le Pulol., les infinitifs ne se trouvent d'une façon régulière qu'après θέλω dans le sens du futur : θέλω κάμει (v. 38); θέλω σε καθυβρίσει³ (v. 121), etc.; ἄρχομαι, ἐπιχειρῶ, τολμῶ, qu'on y trouve à chaque instant dans la formule ἄρχομαι etc., ὑβρίζειν, sont suivis tantôt de l'infinitif (v. 30, 97, 127, 345, 495), tantôt de νά (214). Le plus souvent on a remplacé l'infinitif après ces verbes par une construction paratactique, p. ex. :

καὶ σὺ τολμᾷς, κατηγορᾷς τὴν ὠτίδαν τὴν γραῖαν (v. 49).

Comparez les v. 28, 95, 158, 181, 205, 229, 316, etc. Dans le même poème, ἐμπορῶ a deux fois νά (10, 245) et une fois l'infinitif (v. 247). Au vers 221, on lit ἁπλῶς εἰπεῖν dans le sens ancien, à l'état de simple locution. Les infinitifs de l'aor. sont tous en -ει(ν).

---

1. C'est la leçon du ms. L'éditeur, M. Lambros, met θά σ' εἴπω, ce qui fait mieux le vers; seulement, θά n'existait pas encore à cette époque; cf. Essais I, 224.
2. Lambros : θέ'ς πατήσειν.
3. Comparez à ce vers les vers 82 et 83 où le sens volitif est assez prononcé :

μὰ τὴν ἀλήθειαν τὴν πολλὴν θέλω νὰ σὲ ὑβρίσω,
καὶ πάλιν, κακορίζικε, θέλω νὰ σ' ὀνειδίσω.

Nous voyons le même état de choses dans la Chronique de Morée, le plus long poème en grec moyen qu'on ait publié jusqu'à présent. Une particularité dans l'emploi de l'infinitif de la Chronique nous est offerte par les infinitifs absolus qu'on pourrait nommer infinitifs de circonstance (cf. p. 43, n. 2). Quelques exemples expliqueront ce nom; CHRON. MOR. :

Prol. 338 : Χαρὰν μεγάλην ἔλαβε τὸ ἀκούσει τὸ μαντάτον.

» 453 : Τὸ ἰδεῖ ὅτι ἐτύφλωσεν ἐκεῖνος τὸν πατήρ του,...

» 877 : Τὸ ἀκούσει πῶς ἠθέλασιν οἱ Φράγκοι νὰ τὸν ἔχουν κρίνει.

Livre I, 198 : Τὸ ἰδεῖ τὸ πῶς ἐμίσευσαν τὰ φράγκικα φουσάτα.

» 371 : Τὸ ἰδεῖν τὸ πλῆθος τοῦ λαοῦ.

Quelquefois on trouve, au lieu de cet infinitif, une proposition avec ὡς, p. ex. :

καὶ ὡς ἤκουσαν καὶ ἔμαθαν, τὸ πῶς οἱ Φράγκοι ἐκεῖνοι... (I, 34).

La désinence des infinitifs est -ει(ν). Dans les manuscrits de Copenhague et de Paris, le ν final se trouve un peu partout. C'est le lecteur qui doit savoir où le ν est de rigueur; il semble bien que les copistes n'en savaient que faire[1]. Cette hésitation prouve bien qu'à cette époque le ν final était en train de disparaître[2].

Le lecture de la *Guerre de Troie* (HERMONIACOS II) ne nous a pas fourni de détails intéressants sur notre sujet. La Messe de l'homme sans barbe, qui est une parodie d'une cérémonie religieuse, a quelques expressions empruntées à la langue de l'église. C'est par là qu'il faut expliquer probablement la présence de quelques infinitifs passifs dans cette pièce; cf. MISS. ὦ τὸν οὔριον τραγογένην, τριγένην, λυτρωθῆναι τῆς κακῆς του θεωρίας

---

1. Je dois ces renseignements à l'obligeance de M. le Dr John Schmitt, qui prépare une nouvelle édition de la Chronique et qui a mis à ma disposition la collation qu'il a faite des manuscrits de Copenhague et de Paris.

2. On lit dans l'édition de Buchon, au vers 826 du Prologue : θὰ τοὺς πιστεύσῃ. Ce θὰ est inexplicable à cette époque, et si la leçon est bonne, ce petit mot serait assez embarrassant. Seulement le manuscrit de Copenhague, le plus ancien et le meilleur, porte νά.

(34); Ἐν τῷ ταραχθῆναι τὰ συκωτοσφλέγγουνά σου (116), etc. On lit encore Miss. ἀποκτεῖναι (299), διαπράξασθαι (304), mais le caractère particulier de cet ouvrage nous explique suffisamment ces archaïsmes de style.

Dans les autres écrits du xiv⁰ et du xv⁰ siècles, on remarque les mêmes symptômes de la disparition de l'infinitif. Pour éviter des redites inutiles, nous nous bornerons à indiquer rapidement quelques particularités dans les morceaux les plus importants.

QUADRUP. Au vers 339 : (τὰ κρέατα) „.. ἀργὰ εἰς τὸ χωνεῦσαι ; les autres infinitifs sont en -ειν. Il n'y en a que peu : cf. 257, 539, 568, 569, 610, 733 (ἔβγην), 951 (ἐξεστρέψει). Sans aucun doute, il faut voir dans ἐξόν μοι λέγειν (539), οὐκ ἔξεστί μοι λέγειν (v. 610) des locutions toutes faites qui sont des restes d'une période plus ancienne. Les autres infinitifs se trouvent après θέλω, δύναμαι et ἔχω.

IMB. II. L'infinitif est régulier seulement après θέλω = futur (cf. 62, 117, 138, 632, etc.). Il n'y a que des infinitifs en -in dans ce poème, sauf une ou deux exceptions : au vers 175, οὐ δύνανται... διατρέψαι (le manuscrit de Vienne porte διανατὸν ἐπιστρέψουν), au vers 50, μέχρι καὶ τοῦ γεννῆσαι (leçon douteuse)¹. A noter la solution d'un infinitif de circonstance au vers 277 : Τὸ νά το ἰδῆ ὁ Ἡμπέριος, ἐτρώθην ἡ ψυχή του. Dans le remaniement du xvi⁰ siècle (Imb. III), ces infinitifs ont disparu, cf. Essais I, 12, sur Imb. III.

TAMERL. Ce petit poème regorge d'emprunts savants : ἐσύναπτεν οὖν πόλεμον (v. 43) ; τὴν τεκοῦσαν ἔτυπτον ὀξὺ δραμεῖν καὶ τρέχειν (v. 65), etc. Il n'y a donc rien de remarquable dans les nombreux infinitifs dont l'auteur fait usage v. 9, 19 (λάβειν), 32, 55 (σκέψαστε ms.), 66, 88, etc. ; sur toutes ces leçons, Essais II, 231.

ASIN. Quelques infinitifs moyens et passifs : τὰ μέλλοντα γενέσθαι (v. 18) ; ἐλευθερωθῆναι (v. 47) ; παιδευθῆναι (v. 61) ; ἐξομολογηθῆναι (120, 124) ; ἐξομολογεῖσθαι (125) ; puis des infinitifs en -αι : ποιῆσαι (91) ; ἀποκτεῖναι (267) ; δεῖξαι (280) ; θανατῶσαι (366). Le poème est probablement un remaniement d'un modèle plus ancien, dont ces infinitifs sont des restes. Le sujet de ce

---

1. L'infinitif χαλάσαι qui se lit au vers 176 ne se trouve dans aucun des deux manuscrits : celui d'Oxford a χαλάσι, celui de Vienne χαλάσουν.

poème (la fable de l'âne rusé, qui donne un coup de pied au loup) milite en faveur de cette hypothèse; de même les constructions suivantes : θέλετε τοῦ ζῆν (v. 41); πρέπει σε... παιδευθῆναι (v. 61); ἤρξατο τοῦ ἐξομολογεῖσθαι (v. 125); ἐδιεκρίναμεν αὐτὸν τοῦ θανατῶσαι (366).

Belis. I. Les infinitifs qui ont une autre désinence que -*i(n)* sont très rares : πληρῶσαι (v. 25); κοιμηθῆναι (v. 287, fin du vers); σταθῆναι (v. 544, fin du vers). La même chose peut se dire de Belis. II et de Georg. Belis. Dans cette dernière pièce, on trouve encore l'infinitif de circonstance : καὶ τὸ ἰδεῖν ὁ βασιλεὺς μετὰ χαρᾶς τὸν λέγει (v. 186).

Belth. Comme le remarque M. Psichari (Essais II, 17), il y a dans ce poème une très grande quantité de formes anciennes. On y lit ἀφηγήσασθαι (v. 2); ἀφηγεῖσθαι (320); χαρῆναι (v. 4), ἀκοῦσαι (v. 56); κόψαι (v. 66); κωλυθῆναι (v. 71); γνωρίσαι (v. 241); καταγελᾶν (v. 910); δοῦναι (v. 1214). Ce sont là des infinitifs qui probablement proviennent d'une rédaction ou d'un modèle antérieurs. Cependant les infinitifs en -*i(n)* ont la haute main. Les infinitifs passifs ont aussi cette désinence, sauf les exceptions citées, cf. θέλει ἐξ αὐτῆς θλιβῆν τε καὶ χαρῆναι (v. 4); θέλεις γυρίσειν καὶ στραφῆν (v. 196); νὰ μὴ εἶχα ἐγεννήθην (427); εἶχα εὑρέθην (428), εἶχα 'σέβη (432); ἐτόλμησας ἐμβῆν εἰς τὸ κελλίν μου (v. 1006); οὐκ ἠθελήσασιν ποσῶς σταθῆν καὶ ἀνασάνειν (1099), etc.

Au vers 1264, on trouve un infinitif de circonstance :

καὶ τὸ ἰδεῖν ὁ Βέλθανδρος ἐγνώρισεν ἐκεῖνον.

A B C. Point d'infinitifs, excepté après les verbes auxiliaires θέλω et ἔχω. Tous ces infinitifs sont en -*i(n)*, sauf une exception, en tout, sur les 707 vers de ce poème : ζητᾶν (70, 5); toutefois, il convient d'observer que l'éditeur de ce poème, W. Wagner, ne donne pas toujours les leçons exactes des manuscrits qu'il publie (cf. Essais II, 230, 247); il est donc permis d'avoir des doutes sur l'authenticité de cette forme.

Georg. Const. Il n'y a des infinitifs qu'après θέλω et ἔχω; la seule désinence est -*i(n)*. On trouve une exception à chacune de ces deux règles : au vers 730, on lit : νὰ τῶχαν πολεμᾶν et au vers 932 : δύνεσθε εἰς τὸ γίνεσθαι νικηταὶ τοῦ τυράννου.

Comparez à ce dernier infinitif : θέλει γενῆν (p. ex. v. 477). Remarquons le vers : νἄχεν ἀστράψειν οὐρανός, νἄχεν καγῆν ἡ ὥρα.

Ce vers se lit trois fois (v. 94, 114, 117); une fois (v. 114) le texte porte καγῆ, les deux autres passages ont καγῆν. On voit par cet exemple qu'il n'y a rien à tirer de la graphie des manuscrits sur l'origine de cette forme et que les copistes ne savaient pas où le ν était de rigueur. Au vers 66, on lit καὶ νάχες εἶσται. Sur cet infinitif voir ci-dessous.

Georg. Rhod. Des infinitifs seulement après θέλω et ἔχω comme verbes auxiliaires. Tous les infinitifs sont en -*i*(*n*).

Cypr. Dans ces poésies, il n'y a que le verbe θέλω avec le sens du futur qui soit suivi de l'infinitif (p. ex.: λε′ 1, 3, 6; λϛ′ 2, 4; νε′ 8; οϛ′ 30, etc.). Dans le sens volitif, on met νά, p. ex.: καὶ θέλει τὸ δὲν θέλω νὰ θελήσω (κϛ′ 16). En outre, on lit très souvent dans ce recueil un infinitif qui est devenu tout à fait substantif: c'est le mot δεῖ(ν) = ἰδεῖν, qu'on y trouve vingt-deux fois. P. ex.:

> Τ'ὄμνοστον 'δεῖ σου μ'ἔβαλεν 'ς τὸ βάρος,
> τὸ 'δεῖ σου, γοιὸν θωρῶ, μὲ θανατόνει,
> τὸ 'δεῖ σου κράζει νὰ μὲ πάρῃ ὁ Χάρος.
> . . . .
> λοιπὸν 'ς τὸ 'δεῖ σου στέχεται, κυρά μου,
> ζωή, τὸ τέλος, πλῆξιν καὶ χαρά μου (λγ′ 1-8).

Voyez ε′ 2, ιθ′ 13, κ′ 4, νδ′ 4, ξγ′ 6, μγ′ 7, να′ 7, etc. Un infinitif analogue se lit au premier vers de ιε′:

> Ἀν τόσην πίστιν νὰ δίδῃς τὸ 'πεῖν μου.

Signalons encore (θ′ 4, νθ′ 8) l'infinitif εἶσται(ν)[1], p. ex.: πάντα μὲ δὲν θέλ' εἶσταιν ἡ καρδία μου (νθ′ 8). Cet infinitif est formé comme κεῖσθαι, d'après une analogie qu'on peut se représenter par cette équation:

$$\text{κεῖμαι} : \text{εἶμαι} = \text{κεῖσθαι} : \text{εἶσθαι}.$$

Le ν de εἶσταιν est purement analogique.

On voit que dans les Cypr. la langue est arrivée à l'état moderne; on peut dire qu'à cette époque l'infinitif comme tel avait disparu dans le dialecte chypriote.

---

[1]. M. Foy, Inf. II, 152. cite d'autres passages d'auteurs médiévaux, où l'on trouve εἶσθαι. Voir aussi ci-dessous, p. 41-42.

Vind. Pop. Des infinitifs seulement après les verbes auxiliaires θέλω et ἔχω. La seule désinence de l'infinitif est -*i*(*n*).

Xenit. La seule désinence de l'infin. est -*i*(*n*). Ces infinitifs se trouvent après θέλω, ἔχω et trois fois après ἐμπορῶ : δὲν ἠμπορῶ διαβάσειν (v. 243) ; δὲν ἐμπορῶ τοῦ γράφειν (v. 356) et, tout de suite après, v. 357, ἐκάθισα τοῦ γράφειν. Au vers 449, on lit : ὅτι ἀποθάνεις θέλεις ; W. Wagner ajoute en note : « nolui ἀποθάνει corrigere ».

Sklav. Des infinitifs après les verbes auxiliaires θέλω et ἔχω. La désinence est partout -*i*(*n*).

Apok. I. Les infinitifs abondent dans ce poème : προυνὸν τοῦ τρέχειν ἤρχισα (v. 11) ; ἐξαπορῶ τοῦ γράφειν (v. 14) ; λοιπὸν τὸ τρέχειν ἔπαυσα, οὕτως καὶ τὸ σπουδάζειν (v. 15), v. 16, 20, 76, 81, 150, 157, 169, 356, 457, 458, 459, etc. Des infinitifs de circonstance se trouvent aux vers 53 et 372 ; p. ex. : καὶ 'γὼ τὸ δεῖν ἐτρόμαξα (v. 53). Comme on voit, il y a dans ce poème des infinitifs après des verbes, qui, dans les autres écrits de cette époque, sont suivis d'une proposition avec νά. Au premier abord on sera peut-être porté à rejeter la date de la rédaction de ce poème à une époque plus ancienne, mais l'année de la composition est assez solidement établie (Legrand, Bibl. Hell., I, p. 244). En outre, on a dans la langue même de ce poème des preuves qu'on est en présence d'un document d'un âge relativement récent. Citons comme telle la forme ἐμεῖς (371), que je n'ai trouvée dans aucun écrit antérieur au milieu du XVe siècle. Il faut donc croire que ces infinitifs sont des restes d'une version antérieure ; d'ailleurs, ils ne choquent pas dans le contexte et sont plutôt à considérer comme des variations des infinitifs précédemment décrits chez les autres auteurs : καὶ τὸ ξετρέχειν τ' ἄπιαστον καὶ τὸ φαρὶν κολάζειν (v. 16) ; ὠρέχθην τοῦ πεζεύσειν (20) ; ἀποκριθῆν οὐκ εἶχα (76) ; οὐ δύναται διαγύρειν (81) ; ἐσίγησα τ' ἀποκριθῆν (150) ; Τί καρτερεῖς τ' ἀποκριθῆν (157) ; θέλω σᾶς τ' ἀναφέρει (169) ; ἅμα τὸ σώσειν ἥρπαξεν πάραυτα τὸ τιμόνιν (356) ; μὴ δύνοντα τὸ ἀποκριθῆν καὶ πκρα αναμένει (457) ; διὰ τὸ σπουδάζειν τοῦ στραφῆν κ' ἐκ τὴν φωτιὰν ἐβγαίνει (458) ; ἔχετε πλειὸν ἐρώτημα ; μέλλω στραφῆν, τοὺς εἶπα (459). Formes et style, tout y est populaire.

Abraham. Des infinitifs après les verbes auxiliaires seulement ; la seule désinence est -*i*(*n*).

Nous pouvons finir ici le dépouillement des textes, parce que nous pouvons nous servir dès à présent du témoignage d'un grammairien qui montre qu'à cette époque la langue était arrivée à l'état moderne. Nous parlons de Sophianos. On trouve dans sa grammaire (p. 51 suiv.) les infinitifs après θέλω et ἔχω avec la désinence *i(n)*, mais à côté il mentionne des formes passives comme πείθεσθαι, λευκαίνεσθαι, κρατεῖσθαι, γελᾶσθαι. Il est permis de croire qu'à l'époque de Sophianos ces derniers ne vivaient que dans les lexiques et les grammaires. C'est ce que nous a montré l'étude des documents contemporains; en outre cette hypothèse est confirmée par Sophianos lui-même qui, dans sa traduction du traité de Plutarque sur l'éducation des enfants, ne fait point usage de ces infinitifs, sauf à un seul passage (p. 115), où on lit: ὑβρίζομαι εἰς τὸ θέατρον, ὡσὰν νὰ ἤθελα ὑβρίζεσθαι εἰς μέγα κρασσοπωλεῖον. Le texte de Plutarque porte à cet endroit: ὡς γὰρ ἐν συμποσίῳ μεγάλῳ τῷ θεάτρῳ σκώπτομαι Plut. Mor., 10 D (Lib. educ. c. XIV, t. I, 23, 6). Donc, s'il y a un archaïsme dans ce passage de la traduction de Sophianos, il ne faut pas y voir un effort à suivre l'original de trop près.

Signalons, avant de terminer ce chapitre, le témoignage de Simon Portius sur notre sujet: (Verba) carent Infinitivo pro quo utuntur Subjunctivo (S. Portius, 32, 4).

On voit donc qu'au XVII° siècle on avait perdu tout à fait le sentiment de l'infinitif.

IV.

LES RESTES DE L'INFINITIF EN GREC MODERNE.

L'infinitif a disparu en grec moderne en tant que catégorie grammaticale distincte, mais il a laissé des traces. Dans un certain nombre de substantifs on reconnaît facilement des infinitifs anciens qui ont tout à fait perdu leur caractère verbal. En outre, il faut voir des infinitifs dans les seconds éléments de certains temps composés. Nous dirons quelques mots sur l'un et l'autre de ces deux phénomènes.

Les infinitifs substantifs du paléo-grec se distinguaient des substantifs proprement dits en ce qu'ils étaient définis, non pas par des adjectifs, mais par des adverbes. M. Birklein[1],

---

1. Birklein, Subst. Infin., p. 92.

qui fait remarquer cette différence, ajoute que chez les auteurs postérieurs on trouve des infractions à cette règle. Il cite comme exemples trois passages des lettres d'Ignace[1] : τὸ ἀδιάκριτον ἡμῶν ζῆν ad Eph. III, 2 (6, 20), τοῦ διὰ παντὸς ἡμᾶς ζῆν ad Magn. I, 2 (28, 10), τὸ ζῆν αὐτοῦ ad Magn. V, 2 (32, 11). Ces exemples me paraissent bien isolés et je crois qu'on en chercherait en vain d'autres dans les écrits de cette époque. Chez Ignace lui-même, on ne trouvera cette particularité que dans l'emploi du mot ζῆν, où du reste elle est fréquente. Aux passages cités on peut ajouter les suivants : τοῦ προκειμένου ζῆν ad Eph. XVII, 1 (22, 7), τὸ ἀληθινὸν ζῆν ad Ephes. XI, 1 (16, 15) ; ad Trall. IX, 2 (52, 2) ; ad Smyrn. IV, 1 (86, 11). Ces infinitifs, qui se comportent tout à fait comme des substantifs, deviennent nombreux à une époque beaucoup plus récente. C'est vers la fin du xve siècle qu'on les trouve en grande quantité. Le premier exemple que je connaisse d'un infinitif devenu substantif au point d'être décliné et mis au pluriel, est le vers 1337 de Belth : καὶ τὰ φαγία ἕτοιμα. On peut comparer pour la fréquence des mots comme ἰδεῖ, etc., ce que nous avons dit des Cypriaca (p. 35).

Dans les Vind. Pop. (III, 138), on trouve un mot qui nous fait remonter à un infinitif-substantif, qui n'existe plus avec la même signification dans la langue moderne. C'est le mot σφαγίδι, sang (voir ibid.), diminutif d'une forme σφαγί. Ce σφαγί se lit dans Abraham, mais dans le sens d'un *nomen actionis :*

ὅταν ταράξω ς τὸ σφαγί, μὴ πάγω νὰ σοῦ 'γγίξω (v. 836).

Un infinitif-substantif γαμήσει nous est conservé dans le vers 273 de Sakhl. I (= 274 Sakhl. III). Τὸ φιλί n'est pas non plus autre chose qu'un substantif infinitif (= τὸ φιλεῖν).

A titre de curiosité, on peut citer l'opinion de Coray et de Mavrophrydis[2] qui ont voulu voir également des infinitifs dans des locutions telles que τὸ ἄμε κ' ἔλα, τὸ δόσε καὶ πάρε, τὸ διάβα[3], etc. D'après ces savants, ces formes sont des infinitifs doriens. Il n'est plus nécessaire à l'heure qu'il est de démontrer combien cette prétendue survivance des dialectes anciens est peu conforme à l'état réel des choses.

---

1. Birklein, Subst. Inf., 93, n. 1.
2. Atakta I, p. 159 ; Mavrophrydis, p. 454.
3. P. e. Pro Ir. III, 114 : ἐρώτητε στὸ διάβα σου ἐπὶ τοὺς Βενετίκους.

Les formes en litige sont tout simplement des constructions avec l'article, à l'aide duquel la langue grecque a toujours aimé à faire des substantifs de toutes les parties du discours. On peut comparer en français des locutions telles que : *le va-et-vient, le rendez-vous, le revient, le ne m'oubliez pas*, etc.

La question des subsistances de l'infinitif dans les seconds élements des temps composés a été le sujet d'études intéressantes de la part de M. Chatzidakis et de M. Foy (voir p. 2). On aura vu que je partage les opinions de M. Foy sur la nature de ces seconds élements. Seulement, je crois qu'il faut expliquer d'une manière plus générale la substitution de la désinence -κι par -ει(ν). Aussi, je ne vois pas la nécessité d'admettre une influence exercée par l'impératif comme le fait M. Foy pour expliquer le changement de l'accent. La prédominance de la désinence -ει(ν), qui est, dans la plupart des cas, atone, a amené une hésitation de l'accent : dans les écrits du moyen âge on trouve côte à côte εὕρειν, εὑρεῖν; λάβειν, λαβεῖν; ἴδειν, ἰδεῖν, etc[1]. Je crois avec M. Chatzidakis que c'est grâce à l'aphérèse que la forme tonique a triomphé dans les formes (εἰ)πεῖ(ν), (ἰ)δεῖ(ν), (ἐ)ρθεῖ(ν), εὑρεῖ(ν)[2].

En parlant des restes de l'infinitif dans le second élément du futur moderne, on ne s'exprime pas d'une manière tout à fait exacte. La seule forme en usage aujourd'hui est θὰ γράφω (γράψω); des formes telles que θέλω γράψει, θέλει γράψω, θέλω γράψω[3], n'existent plus dans la langue parlée d'aujourd'hui[4]. Cependant, comme la forme θὰ γράψω a peut-être son origine dans une construction de θέλω avec l'infinitif, il ne me paraît pas étranger au sujet de cette étude de dire quelques mots sur l'histoire de cette forme, telle que je me la représente. Il va sans dire que la genèse d'une forme, dont on n'est pas à même de suivre toutes les phases, reste toujours un mystère; aussi ce n'est qu'à titre d'hypothèse que je présente l'exposé suivant de l'origine du futur actuel.

A côté de θέλω γράφει, θέλεις γράφει, etc., on voit naître θέλω

---

1. Foy. Inf. II, 161.
2. Foy, Vocalst. 44, nie la possibilité de l'aphérèse d'une syllabe accentuée. Voir la réfutation de M. Psichari, C. R. Foy, 330 suiv. Il faut, toutefois, observer contre M. Chatzidakis que l'aphérèse ne s'exerce pas sur ἐρθεῖν.
3. Legrand, Gr. gr., 61 et 62.
4. Psichari, NG. I, 7.

γράφω, θέλεις γράφεις[1], etc. Comment expliquer ce phénomène? Je suppose que d'une part l'identité de forme entre l'infinitif γράφει et la 3ᵉ pers. sing. du présent de l'indicatif actif, et d'autre part la disparition lente de l'infinitif ont amené les Grecs à voir dans ce γράφει une forme déclinable: comme on disait θέλει γράφει et θέλει γράψει, on aura dit θέλω γράφω (γράψω), θέλεις γράφεις (γράψεις), etc. A mesure que le verbe θέλω dans θέλω γράψω, etc., perdait sa signification primitive, ce premier élément devenait sujet à des modifications de forme, comme c'est le cas pour les mots qui se trouvent dans des conditions semblables. De là des formes comme θές, θέ[2], etc.; ces formes sont les produits de changements phonétiques qu'on ne peut expliquer par ce qui nous est connu de la phonétique grecque, mais je n'hésite pas à admettre le changement phonétique, quand je vois des altérations analogues dans des mots d'usage fréquent et quotidien[3].

Cette conjugaison de l'infinitif n'a rien qui doive nous étonner. M. Deffner[4] nous en cite des exemples dans le dialecte d'Ofis en Asie Mineure. Il fait observer que le même phénomène se produit dans une autre langue indo-européenne, dans le portugais[5].

Du reste, je crois que notre hypothèse de la conjugaison de l'infinitif est confirmée par ce que nous disent Sophianos

---

1. P. e.: Xenit. 449:

χαίρου τὸν κόσμον, ἄνθρωπε, ὅτι ἀποθάνεις θέλεις.

Il faut avouer que cette construction n'est pas fréquente dans nos textes.

2. Voir le relevé de ces formes, NG. I, 19, 20 et 21.

3. Cf. Schuchardt, Lautgesetse, 26. [« A ma grande surprise, j'ai recueilli dernièrement de la bouche d'une Athénienne la forme ξές lancée rapidement dans la conversation. Je lui fis remarquer ce ξές; elle y réfléchit et me dit qu'à Athènes, on l'employait souvent, par exemple, à l'école entre écoliers. Ce ξές n'est autre que ξέρεις. Et il nous explique θές. Il faut remarquer que θέλεις, ξέρεις sont très fréquents dans la conversation: or, c'est exactement le cas pour λές (qui s'explique phonétiquement: λέγεις = λέεις, λές, cf. λεμοσύνη). Donc, λές n'a de ressemblance avec ξέρει et θέλεις que son fréquent emploi et ce *tertium comparationis* d'un autre genre suffit à l'analogie pour s'exercer. Ajoutez les phrases telles que δὸν ξέρεις τί λές = δὲς τί λές. J'observe ici contre M. Schuchardt, que l'intégrité des lois phonétiques est encore une fois maintenue. Admettre un jeu phonétique dans θέλεις devenant θές me parait donc toujours très difficile. J. P. ».]

4. Deffner, Pont. Inf., 212.

5. J. Cornu, Portug. 798.

et S. Portius du futur du verbe substantif. Le premier de ces grammairiens donne comme μέλλων πρῶτός[1] : θέλω εἶσται, θέλεις εἶσται, θέλει εἶσται, θέλομεν, θέλετε, θέλουσι καὶ θέλουν. Le μέλλων δεύτερος est selon lui : θέλω εἶμαι, θέλεις εἶσαι, θέλει εἶσται, θέλομεν εἶσται, θέλετε εἶστε, θέλουσι καὶ θέλουν εἶσται. Ce dernier futur est intéressant. On y voit le commencement de la conjugaison de l'infinitif : les deux premières personnes du singulier seulement sont atteintes. La forme εἶστε de la seconde personne du pluriel, qui n'est autre que l'infinitif, est écrite comme la 2° pers. plur. de l'indicatif. Consultons maintenant Simon Portius[2]. Il donne les formes : θέλω εἶμαι, θέλεις εἶσαι, θέλει εἶναι, θέλομεν εἶσθαι[3], θέλετε εἶσθαι, θέλουσιν εἶσθαι. On voit que la conjugaison de l'infinitif a fait un progrès : la troisième personne du singulier est entraînée par l'analogie des deux premières. Dans le paradigme de S. Portius, il n'y a que la première et la troisième personnes du pluriel qui restent encore indéclinées. On sait que plus tard ces formes ont subi l'influence des autres. Dans le paradigme que donne M. Legrand[4] d'un futur semblable du verbe substantif, les rôles ont changé : la conjugaison de εἶσται a atteint son plein développement et le verbe auxiliaire est devenu indéclinable. Donc : θέλει εἶμαι, θέλει εἶσαι, θέλει εἶναι, θέλει εἶμεθα, θέλει εἶσθε, θέλει εἶναι.

La forme θέ a fini par être employée pour toutes les personnes. A côté de cette locution s'est développée la forme θὰ γράψω provenant de θὲ νὰ γράψω. On conçoit aisément que θὲ γράψω et θὰ γράψω n'aient pu exister l'un à côté de l'autre. On sait que θὰ γράψω a triomphé[5].

L'étude des dialectes néo-grecs nous montrerait sans doute des restes beaucoup plus importants et plus nombreux de l'infinitif ancien. Malheureusement l'état actuel de nos connaissances en cette matière ne nous permet pas de faire le

---

1. Sophianos, 71.
2. S. Portius, 41, 25.
3. Il n'est pas nécessaire de rappeler que la graphie εἶσθαι est purement étymologique et que la forme avec τ est la seule qui réponde à l'état réel. Cf. des cas analogues chez les scribes du moyen âge, Essais II, XCIII.
4. Legrand, Gr. gr., 89 ; il faut toutefois observer que ce paradigme n'est guère en usage.
5. NG. I, 34, 36 suiv.

Études néo-grecques.

le relevé de ce qui existe encore. Voici les faits connus aujourd'hui qui me paraissent les plus intéressants.

Dans les dialectes du Pont, on emploie l'infinitif après le verbe auxiliaire *eχω*[1] comme après *eporo, θelo, afino, arśino* (ἀρχίζω), *anaspallo* (ἀναοφάλλω), *foume* (φοβοῦμαι), *aγapo* (désirer), *erχume, paγo, kaθume, treχω, steko*, etc. Nous devons ces renseignements à M. Deffner[2]; il n'y a aucune raison de ne pas croire qu'ils soient exacts. On peut avoir des doutes seulement sur quelques détails : ainsi, on se demande s'il est bien avéré qu'une grande partie de ces verbes ne soient suivis de l'infinitif que quand ils sont à l'imparfait, à l'aoriste ou au conditionnel[3].

On peut dire que ces dialectes du Pont ont, pour l'infinitif, conservé l'état linguistique que nous rencontrons dans le Spanéas et chez Prodrome.

Les dialectes grecs de l'Italie méridionale représentent, en ce qui concerne notre sujet, l'état grammatical du xv° siècle environ. A Bova[4], on connaît la forme *iste*, infinitif du verbe substantif. A Otrante[5], l'infinitif-substantif est assez fréquent ; on y trouve aussi l'infinitif après *sozo* (σώζω), *cánno* (κάμνω), *cúo* (ἀκούω), *ého* (ἔχω), *faúme* (φοβοῦμαι). Comme dans les dialectes du Pont, on rencontre dans ces dialectes des restes d'un infinitif passif (ibid. 138). M. Morosi a prouvé qu'il faut voir des infinitifs dans ces formes ; ceci est démontré par les locutions où elles se présentent. Enfin, il faut ajouter que dans les prétérits tels que εἶχα πεῖ, δεῖ, κάμει, etc., etc., nous avons également des restes figés du vieil infinitif.

En résumant, à la fin de cette étude, les résultats de nos recherches, nous arrivons à la conclusion suivante. La disparition de l'infinitif en grec s'explique très bien par les phénomènes linguistiques que nous fait connaître l'étude de cette langue considérée en elle-même ; l'histoire de l'infinitif pendant tant de siècles nous donne l'exemple du retour d'une forme grammaticale à un état antérieur ; de substantif que cette forme était à son origine, elle est redevenue substantif ;

---

1. Je donne la transcription que M. Deffner a adoptée pour ce dialecte, Pont. Inf. 201.
2. Pont. Inf. 191-230.
3. Deffner, Pont. Inf. 210.
4. Mor. Bov. 58, § 282.
5. Mor. Or. 137-138.

ce n'est que sous cette forme qu'elle vit encore de nos jours[1]. Ce qui reste de l'emploi verbal de l'infinitif est tellement vague et indistinct que le peuple n'en a plus aucun sentiment. Le développement extraordinaire de l'infinitif substantif, développement que l'article rendait possible, a été une des principales causes de l'extinction de cette catégorie grammaticale : du moment que, d'après les habitudes mêmes de l'ancienne syntaxe, l'infinitif devenait substantif avec la facilité que nous avons constatée à plusieurs reprises, il cessait par cela même de remplir ses fonctions verbales d'infinitif. D'autre part, une tendance à la clarté explique comment et pourquoi la langue s'est débarrassée de la construction de l'accusatif avec l'infinitif, d'abord et surtout dans les phrases à deux sujets logiques. Le procès de la disparition de l'infinitif grec a été d'une lenteur extrême. Bien que les premiers symptômes de l'anéantissement imminent de l'infinitif puissent s'observer dans des écrits datant de bien avant notre ère, on trouve encore dans les textes du XIVe et du XVe siècles des preuves irréfutables de l'existence de cette forme. Il s'en faut de beaucoup qu'à cette époque l'infinitif fût une forme macaronique ; il l'était si peu qu'on constate en grec médiéval un emploi spécial de l'infinitif, inconnu à la langue ancienne[2].

Le fait que la disparition de l'infinitif a ses racines dans le grec du commencement de notre ère prouve suffisamment qu'on a tort de vouloir expliquer ce phénomène par une influence slave, comme l'a fait Fallmerayer[3], ou par une influence albanaise, comme c'est l'avis de M. Miklosich[4] ; moins probable encore me semble l'opinion de M. Wilhelm Meyer, qui croit qu'il faut chercher l'origine de ce fait chez les peuples illyriens. Il fonde cette opinion sur l'absence prétendue de l'infinitif en roumain, en albanais et en bulgare[5] ;

1. Nous parlons, bien entendu, de la langue commune.
2. L'infinitif de circonstance, comme nous l'avons nommé. Voir p. 32. Premier exemple dans Const. Cerim. 197, 4-5.
3. Fallmerayer, Fr. aus d. Or. I, 451-454 ; cf. p. 390.
4. Miklosich, Slav. Elem. i. ngr. 534-535.
5. S. Portius, 185. Gaster, Nichtlat. Rum. Elem., 409-410, a émis une opinion analogue. Il croit qu'au VIIe siècle la langue des Bulgares a exercé une influence énorme sur les langues de tous les peuples de la péninsule du Balkan : on se demande avec angoisse, à ce sujet, sur quels ouvrages spéciaux de grammaire historique complète ou sur quelles études personnelles on fonde de pareilles assertions.

or, de ces trois langues, l'albanais seul a perdu tout à fait l'infinitif.

Quant aux tentatives ayant pour but de restituer les infinitifs dans la langue moderne, comme le recommandent plusieurs philhellènes, on peut dire d'avance qu'elles n'aboutiront à rien[1]; aussi bien n'est-il point nécessaire qu'une langue possède cette forme pour exprimer tout ce que l'homme pense.

---

1. On s'étonne de voir un linguiste distingué comme M. Jolly au nombre de ceux qui croient au succès de ces efforts de cabinet. Il semble bien que ce savant, dont personne ne niera les mérites, n'a pas des idées très précises sur l'état actuel du grec moderne. On lit dans son livre sur l'infinitif (Jolly, Inf. i. ig. 228) que l'infinitif n'a pas disparu de la langue populaire, et l'auteur cite, comme preuve, un passage de la Clio(!), journal, qui, d'après lui, est écrit dans une langue tout à fait populaire (ganz im populären Stil gehalten). Voici ce passage : Ἀλλ' ὅμως ἔδει ὑπείκειν ἀνωτέρᾳ βουλῇ. Or, dans toute cette phrase, il n'y a que deux formes qui ne soient pas inconnues à la langue du peuple : ce sont les mots ἀλλά et ὅμως ; et encore, le dernier seul semble-t-il reposer sur une transmission directe. C'est μά qui est la vraie forme moderne.

Delft, Octobre, 1890.

ÉTUDES

SUR

LES SUBSISTANCES DIALECTALES EN NÉO-GREC

LES INSCRIPTIONS DE PAROS

Par H. PERNOT
(Élève titulaire à l'École des Hautes-Études)

I.

Les dialectes anciens en néo-grec. — Méthodes d'investigation. — Opinions et assertions de M. Chatzidakis au sujet de ces subsistances dialectales. — Attractions vocaliques. — Traitement du σ en tzakonien et en laconien, et l'*s* des patois français. — θ = σ. — Rhotacisme. — Les dialectes grecs de l'Italie méridionale. — Pas de traces jusqu'ici de subsistances dialectales anciennes. — Etat de la question et position du problème.

La question de la subsistance des dialectes anciens en néo-grec n'est pas nouvelle. On sait[1] quelle était l'ancienne théorie, qui du reste ne semble pas encore avoir dit son dernier mot. Elle consistait à faire du néo-grec un mélange de tous les anciens dialectes à la fois, y compris le pamphylien[2]; on ne s'occupait ni des données historiques, ni de la vraisemblance. La première déclinaison moderne, aussi bien que celle de l'article, n'était qu'un amas disparate de formes éoliennes, lesbiennes, ioniennes et doriennes. Or, nous pouvons affirmer qu'il n'y a pas de traces d'anciens dialectes en néo-grec. C'est un fait aujourd'hui établi. Cf. Chatzidakis, Athen. X, p. 3-28, 85-128, 208-249; Essais I, 189-204.

---

1. M. E. Egger lui-même, dans un article excellent sur les qualités de la langue populaire (E. Egger, De l'état actuel du grec), voit des formes dialectales dans τέχναις, ἐλεύθερη et le ν préhistorique (devenu α) dans φλόγαν, etc., p. 6-7.
2. Un exemple est cité, Essais I, 293, note à la p. 194.

Deux méthodes d'investigation nous conduisent à ce résultat. Dans la première, on considère l'état moderne en lui-même, on embrasse l'économie phonétique et morphologique de la langue, et du moment qu'on trouve des explications normales, on rejette tout dialectisme. C'est la méthode employée par M. Chatzidakis, op. cit. Comme le montrait ce linguiste, la plupart des formes réputées dialectales s'expliquent soit par l'analogie, soit par des règles phonétiques propres au néo-grec. Dans le macédonien ή (ή Πέτρος, ή Χρῆστος), il faut voir le féminin ή et non plus un pamphylien ὐ. L'analogie inverse se trouve dans les formes communes οἱ γυναῖκες, οἱ ὧρες[1]. De même -αις, nom. et acc. pl. de la première déclinaison, n'est rien moins qu'éolien et a été formé sur les noms de la troisième déclinaison. Cf. Essais I, 32-136. La véritable graphie est donc -ες. Les participes modernes en -άμενος ne sauraient être des éolismes comme l'ont voulu Koray et Mavrophrydis, Athen. X, 86-87. L'origine de cette désinence doit être cherchée dans l'analogie des participes des verbes en -μι, etc. etc., cf. Athen. X, 85 sqq.

Cette méthode, habilement maniée par M. Chatzidakis, présente une lacune; il y a chez lui une sorte de pétition de principe; en effet, à part quelques considérations historiques d'un caractère tout à fait général, ce linguiste admet implicitement comme un fait établi la disparition des anciens dialectes[2]. C'est précisément ce qu'il s'agit de démontrer. En donnant de nouvelles explications des formes réputées dialectales, on fait donc naître une nouvelle théorie, sans détruire la première. D'ailleurs l'emploi même de cette méthode a amené M. Chatzidakis à prendre la contre-partie de sa thèse, quand l'explication de certaines formes lui échappait. « Je fais observer, dit-il, Athen. X, 90, qu'il n'y a rien d'étonnant si, dans quelque province de la Grèce, habitée autrefois par les Doriens, il s'est conservé jusqu'à nous quelques do-

---

1. Nouveaux exemples dans Pap. Mag. I, 8, ηδ. δαις [à lire : οἱ δ[ᾶ]δες]; II, 3, οἱ γυνα[ῖκ]ες (= Pap. Leid. I, p. 11, l. 3; Essais I, 61); ajoutez Pap. Leid. III, Papyrus W, pagina 19ᵃ, 35 (p. 149) ή πέτραι (à lire οἱ). Le nouvel éditeur, A. Dieterich, n'est ni peu ni beaucoup au courant de la question ; on est absolument surpris de lui voir citer l'opinion de Mullach, p. 821, col. 2 ; il ne connaît pas Bezz. Beitr. I, 227 suiv. (G. Meyer, Analogiebild.) ni surtout Essais I, 56, 61, etc.

2. Essais I, 193.

rismes, ou si l'on veut, quelque éolisme dans certains pays éoliens. » Parmi ces dialectismes, « λέξεις προδήλως τὸν δώριον χαρακτῆρα φέρουσαι », M. Chatzidakis cite l'acc. plur. τός. On se demande déjà comment un pronom démonstratif tel que τός peut remonter à l'article. Cette considération même aurait dû arrêter M. Chatzidakis, d'après sa propre méthode. Le fait est que τώς (τός) a disparu du nombre des dorismes pour rentrer dans la règle commune; cf. Essais I, 202, où se trouve indiquée la voie à suivre en pareils cas. Plusieurs formes prétendues dialectales, et parmi elles σκκάζω, cf. Jubil. Athen., 119, n. 1, nous semblent expliquables par assimilation, ce qui est une façon d'analogie. La seconde voyelle réagit sur la première qu'elle modifie, et réciproquement.

α ἄξαρνα = ἔξ. S. Portius, 73.
   ἀξάρτει = ἐξ. ibid., 79.
   ἀξαδέρση = ἐξ. ibid., 73.
   ἀξαναβίγλουν = ἐξ. ibid., 79.
   ἀξαπλωμένος = ἐξ.
   ἀπάνω = ἐπ'[1].
   ἀθάλη = αἰθ., S. Portius, 23.
   δραπάνι = δρεπ., ibid.
   ματα- = μετα-, ibid.
   μαγαλώνω = μεγ., ibid., 79.
   θὰ νὰ = θὲ νὰ, NG. I., 37.
   μαραγκουλία = μελαγχολία, Trébizonde, d'après un renseignement dû à M. Callivoulis.
   μαραγκούλιασε = μελ., même source.
   ἄλαψε = ἔλαμψε, S. Portius, 73.
   ἀλάδι = ἐλ. (Bova), Foy, Vocalst., 44.
   ἀλάρι = ἐλ., S. Portius, 73.
   ἀλαφρός = ἐλ., ibid.
   ἀλαφροπάτισ'με, ibid.
   ἀντάμα = ἐντ., cf. Prodr. I, 179.
   καθκνός = καθενός[2].

---

1. L'exemple est contestable et peut s'expliquer aussi bien par une parétymologie populaire.
2. L'explication de M. Chatzidakis (Chatz., Mitt. u. Ngr., 155), par καθ' ἀργά etc., est mauvaise : il n'est pas méthodique de chercher des interprétations particulières pour des faits qui rentrent dans un système phonétique général, attesté par nombre d'exemples. De plus,

καθαμέρα = καθεμ., Chatzidakis, Mitt. u. ngr. 155.

κλάψαμαν = κλάψαμεν, S. Portius, 191.

ἀχνάρια = ἰχν., Foy, Vocalst., 43.

ἀππάρια = ἱππ. (Chypre), ibid.

παλαμίδα[1], Prodr. III, 237, 238 = πηλαμύς (cf. Elem. ng. t., s. v. palamoud, N. 144).

ἀχταπόδι = ὀκτ., Foy, loc. cit.

ἀφάκια = ὀμφ., ibid.

ἀρφανός = ὀρφ., NG. I, 37.

ῥάγα = ῥῶγα[2].

ἀφαλός = ὀμφαλός, Athen. X, 247.

ξελαγιάζω = ξελογ.

μαναστήρι = μον.

μαναχός = μον.[3], manahí, Pellegrini, LXIII, 1, p. 66.

παναγύρι, Athen. X, 246.

o ὄξω = ἔξω S. Portius, 79.

ὄξοδες = ἔξ., ibid.

ὀτότες = ἐτ., ibid.

ὀχτρός = ἐχτ., ibid.

ὀδριός = ἑδραῖος.

ὀδῶ = ἐδῶ, Chron. Cypr., 4.

ossu (ὄσω) = ἔσω, Mor. Bov., § 6, p. 4.

ózzu (ὄξω) = ἔξω, Mor. Bov., § 42, p. 10.

ὄμορφος = ἔμ., S. Portius, 79.

on n'a jamais pu séparer en καθα-ργά. L'influence de ἀργά aurait donné καθαρ-γά et par suite καθάρ-νας. L'influence de κάθ' ἀγάπη (combinaison qui n'est certainement pas courante) ou de κάθ' ἄθρωπος est purement hypothétique : καθενός existe à côté de καθανός; donc il n'y a pas lieu d'avoir recours à une nouvelle formation avec καθα(έ)νός. On est quelque peu surpris du ton d'assurance avec lequel l'auteur substitue à des explications normales, qu'il qualifie d'erreurs, un échafaudage de conjectures.

1. Cf. Athen. X, 246, où l'α est attribué à l'influence inexplicable de παλάμη !

2. M. Chatzidakis (Chatzidakis, Mitt. u. Ngr., 155) fait erreur. Le passage de Phryn. Lob., 75 : ἡ ῥάξ ἐρεῖς, de même celui d'Hesych. ῥάξ [ῥάγα] ἡ τῆς σταφυλῆς [ἣν ἡμεῖς ῥῶγα, καλοῦμεν], s. v. ῥάξ, III, 422, 116, prouvent précisément qu'en néo-grec il faut partir de la forme ῥώξ et non ῥάξ. Du moment que les grammairiens condamnent ῥώξ, c'est que cette forme était seule employée. Mais, dans la chaleur de la discussion, M. Chatzidakis oublie facilement les questions de principes.

3. Chatzidakis, ibid. L'influence de μανίζω sur ces deux mots ne soutient pas un instant l'examen.

ὀμπρός = ἐμπ., ibid.

ὄροξη = ὄρεξη, ibid.

πολομοῦν = πολεμ.., ibid.[1]

ε ἐμπέριον = ἰμπ. (imperium), Cinn., 219, 7.

γένεται = γίν.

γεναῖκα = γυν.

δεκεσίων = decisio, Triantaphyllidis. Lex. de Théophile, s. v.

ἔντελμα = ἔνταλμα, Chatzidakis, Μελέτη, 46.

τέσσερες = τέσσαρες, Foy, Vocalst., 50 sqq.

κερεκή = κερικκή = κυριακή, Chatzidakis, Μελέτη, 46.

ἔνερο = ὄνειρο, Pio, 159, 2.

δεμέστιχος = domesticus, Triantaphyllidis, Lex. de Théophile, s. v.

ι τσικύτσι = τσεκύτσι, marteau (donné par Miklosich, 38; cf. Elem. ng. t., s. v. tchekitche, N. 216; le turc présente e-i).

χιλιδονάκι = χελ., S. Portius, 79[2].

---

1. Cf. Schuchardt, II, 251, oppodum = oppidum ; I, 173, orboribus = arb. ; o-a = a-o, p. 169.

2. On se demande si le maintien de l'*i* devant ρ dans τυρί, σπειρί, γυρίζω (au lieu de τερί, σπερί, γερίζω suivant la règle: Chatzidakis, Μελέτη, 46; S. Portius, 81 ; Essais II, CI; sur συγυρίζω, Essais II, CII, n. 1) ne se justifie pas dans une certaine mesure par la présence de l'*i* suivant qui établit une sorte d'harmonie vocalique. Μερμήκι ou μερμήγκι ne contredit pas cette hypothèse car la séparation des syllabes est autre : μερμή-κι et τυ-ρί. Reste κερί (κηρίον) ; mais κηρίον, qui passe en latin *cerium*, revient peut-être en grec déjà avec *e* ; en tout cas κηρούλια, Const. Cerim., 472, 4, fait penser au latin ; on peut rapprocher également les mots πριμικήριος, κηρουλάριος qui sont latins. Dans ces exemples η est purement orthographique (η=ē), comme l'atteste πριμικέριος C.I.G., IV, 8739, 2, (1174 A. D., Lesbos) où nous avons bien une forme latine ; cf. aussi Const. Cerim. 6, 8, 10, etc., etc. toujours σέκρετον en regard de πρωτοασηκρῆτις, 7, 20. Cf. d'autre part σιρίγκα, qui reste, en regard de σερβανί = chirvani, B. de M. II, 144 ; Elem. ng. t , N. 305 ; σφυρίστρα, σφυριστράκι, συριστράκι, Som. II, 200, 3. Ἐρήνη, Ἐρή, Ἐρηνιώ, Ἐρηνοῦλα ne s'expliquent pas encore. Mais c'est un nom propre et il peut y avoir là des causes particulières. — Sur les influences réciproques des verbes dans la flexion (σέρνω d'après ἔσερνα, ἔσυρα d'après σύρω, σύρε) voir S. Portius, 82 ; ces formes d'ailleurs demanderaient à être vérifiées dans les dialectes : par exemple, γερεύω, inconnu à la langue commune, a été recueilli à Chio (Campos) par M. J. Psichari. — Dans ὄνειρο et πονηρός, ο est labial ; par conséquent ν est alvéolaire (la langue s'appuie sur les alvéoles). et ι, par attraction de ο, ν, reste palatal, région plus

ου   Cf. S. Portius, 198, et Athen. X, 226, où se trouvent de nombreux exemples:

σκουτούρα = σκοτούρα = σκοτείδι.
κουντούρης = κοντός.
λουλούδια = λελούδια.
λουχούνα = λεχώνα.
σουσουράδα = σεισωράδι.

Cf. τοῦ ἀθρούπου, Deville, Tzak., 102. Remarquer le nominatif:

οἱ ἀθροῖποι, ibid.¹.

Cf. aussi ἥμυσυ = ἥμισυ, Foy, Vocalst., 50 sqq.
Ἡλλήνων = Ἑλλήνων, Essais II, 147 (138 A. D.)
Ἕλλενας = Ἕλληνας, Athen. X, 248.

Le fait de cette attraction est des plus répandus. Nous n'avons, il est vrai, que deux exemples (ἀγνάρια, ἀππάρια) d'influence progressive de *a* sur *i*, et dans ces deux cas, l'*i* est initial. Mais on pourrait, pour σακάζω, supposer le même procès phonétique que dans φοῦχτα (Observ. phonét., 304; Essais II, LVI sqq.²): *i* interconsonantique disparaît, et à sa place se développe un *a*, comme à la syllabe suivante. D'après les principes mêmes de M. Chatzidakis, il convient d'expliquer les formes modernes par la phonétique moderne. Toujours est-il que les mots présentant deux *a* de suite ne prouvent rien pour le dorisme, puisqu'ils sont susceptibles d'une autre interprétation. Encore moins est-il possible de comprendre comment un mot tel que σαμαία (Jub. Athen., 119) peut recéler un dorisme, étant donné son sens tout moderne.

La deuxième méthode, celle de M. J. Psichari, Essais I, 189-204, consiste à étudier le grec médiéval, du X⁰ au XVII⁰ siècle

proche des alvéoles que celle de ε. Tel est le fait dans la langue commune. Cependant νερεύγουνται, Pio, 160, 1; ἔνερο = ὄνειρο, Pio, 159, 2. Il reste encore quelques autres formes telles que τυράκι, σπιρούνι. Elles donnent à penser que tous les dialectes ne connaissent pas le traitement i + r = er.

1. C'est peut-être dans une assimilation de ce genre qu'on devra chercher la raison des prétendus dorismes de l'article tzakonien.

2. Cf. Athen. X, 226: « ἀφοῦ τὸ ἐποτίζομην ἐγένετο ἐποτίζομουν μεταξὺ τοῦ μῦ καί τοῦ νῦ συγκοπέντος μὲν τοῦ φθόγγου ι διὰ τὴν ταχεῖαν προφορὰν (!) ἐποτίζομ(ι)ν, ἀναπτυχθέντος δὲ ἔπειτα τοῦ χειλικοῦ βραχέος u παρὰ τὸ χειλικὸν μ, ... ἐντεῦθεν δὲ κατ' ἐπίδρασιν ἐπὶ τὴν προτέραν συλλαβὴν (ἧς ἐπιδράσεως οἱ νόμοι μέχρι τοῦδε οὐκ ἐξηκριβωμένοι) ἐγένετο ἐργάζουμουν, ἐποτίζουμουν, etc. » M. Chatzidakis était presque sur la voie.

principalement, et, si l'on n'y rencontre pas de dialectismes, on conclut qu'il n'y en a pas en grec moderne. Cette méthode s'applique évidemment à la majorité des cas, mais nous ne pensons pas qu'elle puisse s'appliquer rigoureusement à tous : cf. ibid., 195, note 1. Elle explique les phénomènes réputés dialectaux qui se trouvent à la fois dans la langue commune moderne et dans les dialectes, ἡ, τχίς. Dès qu'il s'agit d'un phénomène propre à un dialecte pour lequel nous n'avons pas de témoignages médiévaux, la méthode se trouve en défaut : on est forcé d'avoir recours à une induction que confirmeront peut-être les faits, mais dont on peut toujours à priori contester la légitimité. C'est le cas pour le nom. masc. ὑ du pamphylien; nous n'avons pas de textes pamphyliens au moyen âge. Or, M. Psichari voudrait raisonner comme il suit : pour admettre une forme dialectale, il serait nécessaire qu'elle fût attestée par un document écrit; de ce que les textes crétois par exemple ne conservent pas une trace de dorisme du xve au xviie siècle, il faudrait conclure que ce qui est vrai d'un pays l'est aussi d'un autre. Or, cette induction n'est pas une preuve. Le vice de la méthode, c'est de promulguer une loi générale en rejetant toutes les exceptions qui pourraient se produire. M. Psichari accuse lui-même les imperfections de cette doctrine en expliquant la forme οὺ (ὑ) par des considérations uniquement puisées dans l'ensemble des lois phonétiques modernes. D'ailleurs une forme peut très bien être absente des documents postérieurs au xe siècle et avoir vécu d'une vie locale antérieurement à cette époque. Elle peut même se rencontrer dans des documents remontant plus haut que le xe siècle.

Une méthode analogue, mais préférable, en ce sens qu'elle est générale, qu'elle embrasse plus de temps et de lieux, consiste à entreprendre la grammaire historique du grec depuis Alexandre jusqu'à nos jours, et à suivre dans les inscriptions les destinées des anciens dialectes dont on constate ainsi la disparition. Le fait une fois bien établi, on serait en mesure de nier formellement les subsistances dialectales pour tous les dialectes modernes. C'est la méthode qu'a indiquée Sophoclis, 1-6. Elle a été appliquée dans les conférences de néo-grec à l'École des Hautes Études, en 1889-90. Il va de soi que ces diverses méthodes se complètent mutuellement. Chacune d'elles corrige ce que les autres ont de défectueux.

La voie ouverte par Sophoclis a elle-même ses incertitudes : toutes les inscriptions ne sont pas datées ; nous n'en avons pas pour toutes les régions. On pourrait dire ici également que tel mot s'est conservé d'une façon purement orale. Il faudra donc toujours compléter ces différentes démonstrations l'une par l'autre. Prises dans leur ensemble elles peuvent nous fournir un chapitre très exact du développement du néo-grec. Ce qu'elles établissent d'une façon sûre, c'est que la morphologie, la phonétique et la syntaxe n'ont rien de dialectal et reposent sur une langue commune. En effet, si l'histoire du grec depuis Alexandre nous montre la disparition graduelle de la phonétique, de la morphologie et de la syntaxe des dialectes anciens, en même temps que le développement d'une phonétique, d'une morphologie et d'une syntaxe communes, c'est que ni les dialectes romaïques, ni la langue commune n'ont rien gardé du système grammatical des anciens dialectes. Le débat ne pourra donc porter désormais que sur de pures questions de vocabulaire[1]. On voudra, par exemple, reconnaître dans tel dialecte moderne quelque persistance purement lexicologique comme l'α dorien dans σκκάζω ou σαμαιά.

C'est ce que M. Chatzidakis a fait tout récemment encore. Dans un article de quelques pages[2], dont les conséquences seraient grosses si elles étaient acceptables, M. Chatzidakis reprend la théorie même des origines du néo-grec et établit en principe qu'on retrouve dans la langue moderne des éléments d'anciens dialectes parvenus jusqu'à nous, non pas dans la κοινή ou par la κοινή, mais en dehors de la κοινή, p. 2. Ces éléments, p. 3, se retrouvent dans les différentes régions de la Grèce, indépendamment les uns des autres et en dehors de la κοινή écrite ou parlée. Pour l'établir, il faut démontrer que les éléments dialectaux, usités aujourd'hui dans ces régions, appartenaient dans l'antiquité, non pas à un dialecte quelconque, mais au dialecte même de ces régions. (ibid.)

Voici maintenant les faits cités à l'appui. M. Chatzidakis mentionne d'abord le tzakonien, qui, d'après lui, présente

---

1. Ματέρα des documents gréco-siciliens, Essais II, 118, est expliqué ibid. ; Νάσου, ibid., 119, est un nom de lieu. Nous ne devons pas, en cas pareils, nous hâter de conclure ; cf. ibid., tout le passage.

2. Abstammungsfr. des Neugr., p. 1 sqq. Déjà il avait été question des α doriens dans Athen. X, 245-247.

les traits caractéristiques de l'ancien laconien : 1° chute du σ intervocalique ; 2° changement de θ en σ; 3° le rhotacisme, c'est-à-dire κοὖρ = καλῶρ, etc. Ces trois caractères, ajoute-t-il, appartenaient dans l'antiquité au seul laconien, et ne se retrouvent aujourd'hui qu'en tzakonien, p. 4. Voici quelques autres échantillons doriens dans ce dialecte : τὸν νομία, τὸ(ν) βορία, etc.

M. Chatzidakis passe en revue plusieurs autres dialectes : le Magne lui fournit Βοίτυλον, où il reconnaît un ancien F, et surtout ἀφάμησες = ἄφημον καθέστηκας, « qui, sans aucun doute, remonte à ἄφαμος, ἀφαμέω », p. 4.

En Messénie, il trouve ἡ πνοά : « C'est à coup sûr un vieux reste du messénien ».

A Cythère, la forme λανός = ληνός, également usitée en Macédoine, témoigne « d'un pur vocalisme dorien ».

En Crète, on a σαμκιά, σακάζω[1], ἡ Μίλατο = ἡ Μίλατος, ἡ Βίαννο = ἡ Βίαννος, ὁ ρέγτας = ὁ (κατα)ράκτης; de plus λαγάζω, qui se lit dans l'inscription de Gortyne et qui est aujourd'hui très connu en Crète et ailleurs (ibid.).

Cypre donne ἐγῶνυ, d'où ἐσοῦνυ, qui rappelle merveilleusement le vieux cypriote ὄνυ = ὁ, τόνυ = τόν (ibid.).

Dans l'Italie méridionale on entend ὁ κλέφτα (ὁ κλέπτης), ἡ φίλα, ἐφίλασα[2].

Céphalonie, grâce à ἡ πκγά et ἡ πιογά (pourquoi donc pas ἁ πκγά, ἁ πνογά?) témoigne du développement dialectal non interrompu de la langue grecque.

L'Epire, elle aussi, connaît πνογά, ἀκουγά, c.-à-d. πνοή, ἀκοή.

Enfin, voici que les dialectes du Pont conservent des témoins de leur colonisation ionienne dans πέρνησον = πέρησον, ἀπέρνηστον = ἀπέρητον, φορήν = φοράν, (οὐ)κί = οὐχί, ἀχάντια = ἀκάνθια.

Telle est l'argumentation de M. Chatzidakis. Nous commencerons par y relever deux erreurs capitales, la première en ce qui concerne le tzakonien, la seconde au sujet des dialectes grecs de l'Italie méridionale.

---

1. Cf. Athen. X, 245 = ἀπογαλακτίζω.
2. Les citations, Abstammungsfr. d. ngr., 5, sont mal faites ; κλέφτα ne se lit que dans le lexique p. 28, col. 1; φίλα, XXIV, 8 (p. 24); ἐφίλασα au lex., col. 1, s. v. filáo (p. 165).

1° M. Chatzidakis affirme que l'amuissement du σ intervocalique ne se retrouve aujourd'hui qu'en tzakonien. Il n'a pas lu ce que Morosi nous apprend du dialecte de Bova (p. 25, § 142), où σ intervocalique expire dans des conditions déterminées. Il reste dans les combinaisons *asa, oso, usu, ese, isi*, c.-à-d. entre deux voyelles semblables; de plus, dans la désinence *-esa* des aoristes : *álesa* [sans doute à cause de *áleses* et de *álese*], et dans *-usi*, ex. : *ménusi* (inexpliqué). Mais il disparaît dans les combinaisons *ua, ui, ue, oa, oi, oe, au, ao, ai, ae, iu, io, ia, ie, eu, eo, ei*. Il est à remarquer que ce fait se produit dans la flexion verbale seulement. M. J. Psichari nous apprend également que le même phénomène s'observe dans le dialecte de Pyrgi (Chio), par ex. dans la locution ἀ πὰ πέω (θὰ πάω νὰ πέσω = νὰ πλαγιάσω). Dans le même dialecte, βαφτίης, γλυτώης, σκοτώης. ναγκωμιάης, ἐρώτηες, ἤρΓ'ηες, mais ἤρΓ'ησα, ἤρΓ'ησε, πόους = πόσους. Du reste l'habitant de Pyrgi s'appelle lui-même Πυργούης = Πυργούσης ; cf. Ταξίδι, 137[1].

M. Chatzidakis qui, dans son étude Zum Vocal. des Neugr., p. 357, n. 1, nous apprend qu'il a attentivement étudié ce dialecte, aurait dû connaître ce fait, tout au moins la forme Πυργούης. C'est le premier mot que les habitants vous apprennent. En tout cas, il aurait dû consulter le Ταξίδι.

Voyons maintenant comment se comporte le tzakonien à l'égard du σ intervocalique. Relevons les divers cas dans Deffner, Zak. p. 47-48 (cf. Foy, 81): forùa = φοροῦσα, orùa = ὡρῶσα, θὰ oràu = θὰ ὁράσω, θὰ forèu = θὰ φορέσω, θὰ alèu = θὰ λαλήσω, θὰ θίu = θὰ θύσω, θὰ χὰu = θὰ χάσω et θὰ χαλάσω, θὰ thàu = θὰ στήσω, θὰ δù = θὰ δώσω, oràkhaï = ἑωράκασι, oràthaï = *ὡράσθααι, voïthnoï = βοηθῶσι, voïthïoï = βοηθήσωσι. En d'autres termes, σ tombe entre *ua, oi, au, ai, eu, iu*. Notons que l'amuissement du σ intervocalique se produit en tzakonien dans les formes verbales. Nous n'en avons pas trouvé d'exemple dans les substantifs. C'est précisément ce que nous avons observé pour Bova.

D'ailleurs, en tzakonien, σ ne s'amuit pas seulement entre deux voyelles, mais aussi devant κ, π, τ. Les exemples suivants en font foi :

---

1. La forme Πυργούη du distique, ibid., est due au θ qui suit : en syntaxe, σ devant θ s'amuit à Pyrgi.

Devant kh : fùkha, φύσκη[1]; khòaka, σκώληξ; khombìo, σκορπίος; penàkhu, ἀποθνήσκω; Deffner, Zak., 59; cf. ibid., § 19, p. 73 sqq. Les exemples en sont très nombreux. Le traitement σχ = kh est identique; les seules formes dont on doive partir sont les formes σκ de la langue commune (= σχ pg).

Devant ph : phòndile, σπόνδυλος; phìru, σπείρω; aphàra, ἀσπάρα, etc., ibid., § 39, p. 112 sqq.

Devant th : thàχο, στάχυς; thòn, thàn, στὸν, στὴν; thù et thùr, στοὺς, στὰς; thà, στά; prathè, πλαστός; àvathe, ἄκλαυστος, etc., ibid., p. 96.

La comparaison avec les patois français peut donner lieu à des rapprochements intéressants. Dans ces patois, l'amuissement de l's devant consonne est un fait général : cf. G. Paris, Amuissement de l's fr., 614-623, surtout 621-622, et Études Paris, p. 475-485 (abbé Rousselot, L's devant t, p, c dans les Alpes). L's se transforme d'abord en χ, « résultat du simple frottement de l'air à travers le canal buccal rétréci en avant des piliers du voile du palais. Le changement survenu dans l'articulation consiste dans l'abaissement de la pointe de la langue sur le plancher de la bouche, avec un léger rétrécissement vers la racine de la langue où se trouve transporté l'obstacle vocal ». Rousselot, ibid., p. 478. « X peut, soit devenir h en s'affaiblissant ou en gagnant des vibrations laryngiennes, ou š en se palatalisant, soit se changer en f si les lèvres viennent à se fermer pendant son émission », ibid., p. 480.

Une étude sur l'amuissement du σ en tzakonien, faite avec la rigueur qu'on est en droit d'exiger aujourd'hui dans ce genre de travaux, conduirait à des résultats analogues sinon identiques à ceux qu'on a observés pour certains patois français. Voici en effet les conclusions qu'il est permis de tirer de Deffner, Zak. Nous ne prétendons pas donner ici une démonstration rigoureuse; les renseignements recueillis sont trop imparfaits. L'amuissement du σ tzakonien, devant κ, π, τ, a dû se faire en passant par les intermédiaires χ et h. Il n'y a pas lieu d'avoir recours à des assimilations imaginaires,

---

1. M. J. Psichari, en traitant des explosives sourdes, pendant l'année scolaire 1889-90, a établi que dans le tzakonien kh, ph, th, il n'y a pas trace d'aspiration ancienne. Nous partageons entièrement cette manière de voir.

comme fait M. Deffner. Notre hypothèse semble être confirmée par le traitement du χ (au moins devant τ) dans ce même dialecte : ðàthilè, δάχτυλος; njùtha, νύχτα; zalethè, δικ-λεχτός; frithè, φρυχτός, ibid., p. 98-99. On doit partir dans ce cas du traitement de la langue commune, attesté pour des patois qu'il reste à déterminer par oχtò, ὀκτώ; fràχta, φράκτης, etc.; ibid , § 21, p. 81. M. Deffner aurait dû, lui aussi, partir de χτ. Il cite, en effet, en regard des formes ðàthilè et autres : δethù, δεχθῶ; kilithù, τυλιχθῶ; avrathù, ἀρπαχθῶ; analethù, ἀνχλεχθῶ, qu'il rattache à des formes avec deux aspirées. En réalité, les formes communes (χτ = κτ et χθ) sont les seules à envisager ici[1]. Dans les exemples cités il n'y a pas autre chose qu'un amuissement du χ. L'étendue du phénomène et les différents intermédiaires seraient faciles à constater sur place. Cf. kseniχkìzu, ξενυχτίζω; proseχkikà, προσεκτικά, etc., ibid., § 21, p. 81; (dans cette région χ ne s'amuit pas devant κ) — ìškja, M. B., p. 177 (χ s'est palatalisé). — Cf. amoskà et amosχà, Deffner, Zak., p. 69; mais akhò, ἀσκός, ibid., p. 74 (σ se maintient ou s'amuit), etc., etc. Les contradictions s'expliquent par des régions phonétiques différentes : nous sommes certainement en présence de divers *patois* tzakoniens. Malheureusement, M. Deffner a presque toujours passé sous silence ce fait, dont l'importance est capitale. La provenance exacte des diverses formes n'y est pas indiquée.

Voici d'autre part les faits du laconien et leur histoire. D'abord, l'amuissement du σ devant consonne, tel que nous l'observons en tzakonien, est un phénomène inconnu dans ce dialecte. Ensuite, en ce qui concerne l'amuissement du σ intervocalique, on se demande quel rapport on peut établir entre le tzakonien et les traitements laconiens comme ἐποίηέ = ἐποίησε; νικάς = νικήσας; ἐνίκαέ = ἐνίκησε; ὅρμαον = ὅρμησον; cf. G. Meyer[2], p. 223 (et Brugmann[2], § 39).

Voici le relevé des formes dans Cauer[2] : α-α : νικάᾱς, 17, 3; [νεικά]καρ, 36, 9; νεικάαντερ, 37, 3; νεικάαρ, 345, ne doit pas entrer en ligne de compte, voy. p. 21 ; — α-ε : ἐνίκαέ, 17, 6 et 35 ; — ε-ε : ἐποίεέ, 18 ; — ε-ι : ...εία, 17, 35 ; — η-ι : Αἱρή[ιπ-πος], 20, 1 ; Αἱνηΐας, 20, 2 ; Ἀγηΐστρατος, 22, 8 ; — ο-ι : Διοικέτα, 1, 1 ; — ο-οι : Ποοίδαια, 17, 12 et 18 ; Ποό[ι]δᾱνι, 19, 4-5 ; Ποοί-

---

1. Cf. kseniχkìzu, ξενυχτίζω; χχjùpo, κτύπος, etc. (χτ = χκ) Deffner, Zak., § 21, p. 81.

δᾶν., 21, 2 ; 22, 4-5 ; [Ποσιδᾶνι], 23, 1 ; — υ-ι: Λύιππον, 21, 5 ;
— ευ-υ : κέλευϋνια, 17, 11 ; Ἐλευΰνια, 17, 30 ; — ω-α : ἐνεδόαις,
17, 14, 21, 27 et 32 ; [μωᾶν], 36, 14 ; μῶαν, 37, 4.

En revanche, σ se maintient dans α-α: νικάσας, 26, 7, en regard de νικάας cité plus haut ; — η-ι : Κτησιφῶν, 33, 54, en regard de Αἰνηΐας ; — υ-ι : Λυσίππου, 33, 47, en regard de Λύιππον. Cf. 17, 38 ; (α-α) — 13, 4 ; (α-ει) — 12, 12 ; 24, 7 ; 29, 1-2 ; 32, 2, 4 et 9 ; 33, 30, 31 33 ; (α-ι) — 32, 14 ; (α-αι) — 36, 12 ; (αι-α) — 10, B, 5 ; (α-ο) — 33, 30 ; (α-ω) — 27, 21 ; (ε-α) — 27, 19 ; 32, 8 et 17 ; (ε-αι) — 10, B, 4-5, 7 ; 11, 21 ; (ε-ι) — 24, 9 ; 27, 1 ; 29, 1-2 ; (η-α) — 27, 16 ; 32, 14 ; (η-ε) — 27, 5 ; (ι-α) — 31, 8 ; 33, 38 ; (ι-ο) — 27, 15 ; 30, 33 ; 32 ; 6 ; (ει-α) — 31, 7 ; (ο-ευ) — 32, 1, 5 ; (υ-ι) — 24, 7 ; (αυ-α) — 32, 12 ; (cf. ibid., 11, et note) (ου-α) — 27, 7 ; (ου-ι) — 36, 4 ; (ου-ω) — 32, 11 ; 37, 7 ; (ω-ι).

Dans le domaine du grec, le seul rapprochement à faire avec les formes tzakoniennes eût été le traitement préhistorique du σ entre deux voyelles dans γένεος, μουσάων, λύῃ. Autant dire que le tzakonien remonte à ce grec préhistorique. Cela n'eût pas été moins absurde. D'ailleurs, M. Chatzidakis se trompe étrangement lorsqu'il affirme que l'amuissement du σ intervocalique était, dans l'antiquité, un fait exclusivement laconien. Le même phénomène se retrouve en argien : [δαμο]ΐα, Cauer[2], 51, 5 ; ἐποίϝεε, ibid., 55. Pour les autres exemples, cf. I. G. A., 38, n. à la l. 5 ; — en cypriote : φρονέωσι = φρονοῦσιν, Cauer[2], 474, 5 ; ποεχόμενον, Collitz, 60, 19, 21 ; — en éléen : ποιάσσαι = ποιήσασθαι, Cauer[2], 264, 33 ; ποιήαται = ποιήσηται, ibid., l. 36 ; χρηῆσται, Collitz, 1147, 3 ; cf. G. Meyer[2], p. 223.

Une étude attentive des inscriptions datées permettrait peut-être de constater d'une façon précise l'époque où ce traitement ancien du σ cesse d'avoir lieu. Toujours est-il que, en ce qui concerne le laconien, l'amuissement du σ intervocalique est un fait constant dans les numéros de Cauer 21 (431 A. C., au plus tard) et 22 (427/6 A. C.). Au contraire les numéros 24 (entre 433 et 398 A. C.), 26 (316 A. C.) et 27 (219 A. C. au plus tard) donnent partout le maintien du σ. Au n° 36 (Marc-Aurèle), les formes sans σ sont toutes restituées. D'ailleurs les inscriptions du commencement de notre ère doivent être écartées. Il est reconnu qu'elles présentent un dialecte factice ; cf. Cauer[2], 34, n. D'autre part les numéros

10, 11, 12, 24, 26, 27, 29, 31, 32, 33 ne donnent que des formes où le σ s'est maintenu. Cette remarque a bien son importance.

Après avoir fait cette constatation, j'ai eu connaissance du travail de M. Muellensiefen sur le dialecte laconien. La statistique à laquelle s'est livré l'auteur porte sur toutes les inscriptions laconiennes, divisées en quatre catégories, d'après leurs dates approximatives.

I. Inscriptions du vi° s. à 450 A. C.
II. Du milieu du v° s. au commencement du iv°.
III. De l'an 316 au Ier s. A. C.
IV. Trois inscriptions du temps des Antonins.

L'auteur est arrivé à des résultats décisifs.

En voici le résumé pour le traitement du σ intervocalique :

I. Les inscriptions de cette catégorie ne contiennent pas trace d'aspiration du σ.

II. Le σ, qu'il soit primitif (ἐποίησε) ou postérieur (Ποσειδάν = Ποτειδάν), est noté par le signe H; après le v° s. ce signe d'aspiration disparaît.

III. Dans cette période « quo tempore communis sermo Spartae obtinuit », le σ intervocalique reparaît.

Quelques noms propres font pourtant exception, ce qui n'a rien d'étonnant. Ainsi Σωίνικος?, mais dans la même inscription Σωσικράτης. Il n'y a pas lieu de tenir compte de ce nombre très restreint d'exemples pas plus que de σαάμων = σησάμον, forme liturgique.

IV. Au ii° s. A. D., on omet de nouveau le σ, mais par un retour factice à l'antiquité (cf. Muellensiefen, Dial. lac., p. 122-123). D'ailleurs les inscriptions sont inconséquentes avec elles-mêmes. Malheureusement nous n'en avons qu'un petit nombre.

En somme, la langue commune a pénétré en Laconie comme partout ailleurs. Le maintien du σ intervocalique n'était plus contraire à la phonétique laconienne au moment où se produisit le contact. Les constatations historiques viennent confirmer les considérations phonétiques. Il n'y a pas lieu de rattacher directement le traitement du σ tzakonien à celui du laconien.

En ce qui concerne θ = σ, M. Chatzidakis semble admettre que le σ dans τὼ σιώ est un changement phonétique de la spirante interdentale en σ et non pas une graphie défectueuse de cette spirante au lieu de l'aspirée. Or, ce fait est bien loin d'être établi ; cf. Blass³, 108 ; G. Meyer², p. 214 ; Brugmann², p. 18, A, 1, et surtout p. 52, § 34. L'époque à laquelle apparait ce traitement et le temps restreint pendant lequel il se manifeste (cf. Muellensiefen, Dial. lac., § 8, p. 55 sqq.) sembleraient bien indiquer que θ n'est qu'une mauvaise graphie. Quant à l'autorité qu'on doit accorder aux grammairiens dans le cas présent et pour le dialecte laconien d'une façon générale, cf. ibid., p. 118 sqq. Quoi qu'il en soit, σ pour θ apparait dans d'autres dialectes modernes, cf. Foy, 49 : locrien σλίγω = θλίβω ; crét. σελάχι = θυλάκιον ; G. Meyer, Aggiunti gr. it., § 10, p. 137, kanzírru = κανθήλιος ; ibid., § 91, p. 138, krokássi = ἀγριχάθι¹. La forme crétoise τὼς σιώς, C. I. G., 2554, 285 (cf. G. Meyer², § 214, n., et Muellensiefen, Dial. lac., p. 58) n'est rien moins que probante en comparaison des cas très nombreux où θ se maintient. Il n'y a pas lieu d'y rattacher le traitement du crétois moderne. D'ailleurs la substitution du son σ au son θ est des plus normales ; il suffit, pour qu'elle ait lieu, du rapprochement et de la jointure des arcades dentaires (cf. Brücke², 53-54).

Resterait le rhotacisme du tzakonien. M. Chatzidakis fait erreur lorsqu'il considère ce phénomène comme un fait exclusivement laconien, dans l'antiquité. En effet, on lit, Plat. Cratyle, p. 434 C (79, 24) : « Οἶσθα οὖν ὅτι τῷ αὐτῷ ἡμεῖς μέν φαμεν σκληρότης, Ἐρετριεῖς δὲ σκληρότηρ ». De même Strabon, X(ι), 1, 10 (II, 631, 16) : « (Ἐρετριεῖς) ἐποίκους δ' ἔσχον ἀπ' Ἤλιδος, ἀφ' οὗ καὶ τῷ γράμματι τῷ ῥῷ πολλῷ χρησάμενοι, οὐκ ἐπὶ τέλει μόνον τῶν ῥημάτων ἀλλὰ καὶ ἐν μέσῳ, κεκωρῴδηνται ». Cf. Eust. H. B, 279, 34 (I, 227, 22). Le témoignage des grammairiens est confirmé par les inscriptions. Ainsi donc, dans l'antiquité, le rhotacisme nous est attesté pour *l'éléen :* dans Collitz, 1772 (pour la correspondance avec Cauer, cf. Cauer², p. 367), ρ pour σ est constant à la fin des mots. Cf. τῶ[ρ] ἱ[αρ]ορμάω[ς], Collitz, 1150, 6 ; καὐτοίοιρ, ibid., 1168, 7 — pour *l'érétrien :* ὁπέραι, Cauer², 553, 5 ; ἄ[ρχ]ουριν, ibid. ; ὀμνυούρας, ibid., 1. 9-10 ; παραβαίνωριν, ibid., 1. 11 (l'inscription est du commencement du IVᵉ s. A. C.) — pour *Théra :* cf. Cauer², 147 et n. — pour

---

1. Chatzidakis, Tzakon, p. 354, à propos de Deffner, Zak : « das Ngr., das den Reiblaut θ seit zwei Jahrtausenden hat, lässt ihn *nie* in σ übergehen ».

la *Crète :* ibid., 117, n. à la l. 5. Cf. G. Meyer², § 228, p. 227 sqq.; et Brugmann², § 44, p. 60, sur l'intermédiaire z à supposer dans le traitement $s = r$. La question du rhotacisme est aussi traitée dans les ouvrages suivants : Weissschuh, De rhotacismo linguae graecae, Leipzig, 1881 ; Mondry-Beaudouin, 1, Rhot. él. lac.; Muellensiefen, Dial. lac. Cf. enfin Charles Joret, Rhot. ie. Nous n'avons pas pu nous procurer l'ouvrage de M. Weissschuh. Voici, d'une façon générale, les conclusions auxquelles tendent les autres travaux.

Le rhotacisme éléen est le premier en date. Il apparaît vers le vi⁵ s., se manifeste dans toute sa vigueur à l'époque macédonienne, puis disparaît avec l'éléen lui-même, sous l'influence de la langue commune (cf. Mondry-Beaudouin, op. cit., p. 426-427). En ce qui concerne le laconien, M. Mondry-Beaudouin a tort de vouloir en faire remonter l'apparition à la fin du v⁵ s. A. C., en s'appuyant sur la forme παλεόρ, Lysistr., 988. L'apparat critique de Dindorf donne : « Ravennas, πάλαι ὄργα ; alii et scholiasta παλεός γα ; unus παλαιός γα », cf. Ar. Bekker, Not., II, 411. Etant donné l'autorité du Ravennas, il serait téméraire de corriger en παλεός γα. La forme sous laquelle se présentent ces deux mots dans ce manuscrit rend invraisemblable l'hypothèse d'une correction de grammairien. Mais à supposer même que παλεόρ remonte à Aristophane, ce fait ne prouve pas que le rhotacisme fût en vigueur en Laconie à l'époque de cet auteur. Il a pu mettre dans la bouche de son héraut une forme qu'il avait apprise d'un Péloponnésien, peut-être d'un éléen, sans s'inquiéter de sa provenance précise. Les inscriptions seules doivent faire foi. Malheureusement elles ne sauraient fournir une solution définitive, au point de vue du tzakonien. Il est bon de remarquer pourtant que le rhotacisme laconien ne nous est attesté que par des inscriptions datant du I⁵ʳ ou du II⁵ s. de notre ère, c.-à-d., comme nous l'avons déjà vu, par des inscriptions dont le dialecte est factice (cf. p. 58). Les formes ἐγδοτήρ, Cauer², 27, 14 (219 A. C.) ; ἁρμοστήρ, ibid., 28, 3 ; χοιακτήρ, 33, 53 (I⁵ʳ s. A. C.) ne doivent pas entrer en ligne de compte. C'est là un système de déclinaison où le rhotacisme n'a probablement rien à voir[1]. Il ne s'est d'ailleurs manifesté

---

1. Cf. ἐσδοτῆρες, Collitz, 1222, 6 (Arcadien) ; Maneth. 4, 251 et 253 (p. 71) καθαρτῆρας ; Dion. Hal. 9, 40 καθαρτήριοι, etc.

dans ces inscriptions qu'à l'état sporadique. Ce sont là les seuls faits certains. Pour le reste, on en est réduit aux hypothèses. Le rhotacisme dans les inscriptions factices dont nous avons parlé, n'est-il qu'une imitation maladroite des formes comme ἐγδοτήρ, ἁρμοστήρ? Quelle créance faut-il accorder aux nombreuses gloses des grammairiens sur la question qui nous occupe? N'y a-t-il pas eu chez eux quelque confusion de dialectes (cf. Muellensiefen, Dial. lac., p. 120)? Ces divers problèmes sont difficiles à résoudre directement.

Quoi qu'il en soit, la thèse soutenue par M. Chatzidakis n'aurait quelque apparence de raison que si l'on avait démontré d'une façon rigoureuse l'existence du rhotacisme laconien dans des inscriptions postérieures aux inscriptions factices, ce qui n'est pas le cas. On devra donc désormais dans cette question appuyer son hypothèse sur d'autres bases; il faudra, par exemple, rechercher quelle a été au juste l'influence de la langue commune sur le dialecte laconien. En d'autres termes, on pourra, à la suite d'une étude historique et d'un examen scrupuleux des faits présents, essayer de faire dériver du rhotacisme laconien le rhotacisme tzakonien. Mais de là à donner le second comme preuve du premier, il y a loin.

Parmi les autres formes que cite M. Chatzidakis, il faut encore en rejeter quelques-unes, par ex. νομία, βορία. On sait que -έα aboutit à ιά, cf. sterjà, ljondàri, vasiljàs, eljà, etc., Deffner, Zak., p. 84. Un des degrés nécessaires à supposer serait précisément représenté dans ce dialecte par -ία[1]. Peut-être aussi y aurait-il lieu de penser à une analogie des substantifs en -ία tels que omorθìa, ὀμορφιά; θilìa, φιλία, ibid., p. 92; cf. sterìa, ἡ στερεά, ibid., p. 90; ftelìa, πτελεά, ibid., p. 89. De ce que les explications manquent, il ne s'ensuit pas qu'on doive recourir au laconien. De toutes façons, les formes elìa, ἐλαία; γrìa, γραῖα, s'y opposent absolument.

Toujours est-il que les phénomènes propres au tzakonien, — et leur nombre semble se restreindre de plus en plus, — ne prouveraient rien en faveur de la thèse de M. Chatzidakis. C'est un cas isolé, depuis longtemps mis à part et considéré comme tel. Il ne regarde ni la langue commune, ni les autres dialectes.

---

1. Cf. γονίους Chron. Cypr., p. 3.

2° La seconde erreur de M. Chatzidakis porte sur les dialectes grecs de l'Italie méridionale. Il ne semble pas avoir connaissance de l'excellente introduction de Pellegrini, ni des conclusions auxquelles arrive ce savant à la suite de Morosi, p. xxx sqq. Il y est établi que les colonies grecques d'Italie remontent tout au plus au viiiᵉ siècle de notre ère; cf. Mor. Otr., 206, et G. Paris, Mor. Bov., 623. Pour affirmer que les dorismes de l'Italie méridionale reposent sur une tradition ininterrompue, M. Chatzidakis aurait dû discuter la question, ou tout au moins l'indiquer. Ce qui l'a peut-être égaré, c'est l'expression de *tinta eolo-dorica* (p. xxix)[1] par laquelle Morosi et Pellegrini caractérisent ces dialectes. Il a cru que ces deux savants admettaient la persistance dorienne. Mais, à leurs yeux, toute la langue moderne participe de ce caractère éolo-dorien; c'était là l'ancienne théorie; donc Otrante et Bova ne faisaient pas exception; leurs dorismes n'étaient pas ramenés à l'antiquité, mais avaient leur origine dans le néo-grec lui-même (cf. Essais II, 117).

Ainsi donc, ὁ κλέφτα devra recevoir fatalement une autre explication, puisqu'il n'y peut être question de transmission directe. Cet exemple est d'autant plus frappant que le dorisme à première vue y paraît avec évidence; il nous montre à quel point nous devons être circonspects en pareille matière. Il ne nous reste à voir dans cet α prétendu dorien autre chose que l'influence du vocatif κλέφτα. Cette analogie rentre dans les cas connus, Essais II, 63-64 et 47. Bien entendu, il n'est pas nécessaire que l'analogie ait commencé par κλέφτα; l'α est commun à toute la déclinaison, Mor. Bov., p. 136, § 183[2]. En effet, M. Chatzidakis n'a pas remarqué que φίλα, Pellegrini, p. 24, n'était pas un exemple isolé, et que les féminins, aussi bien que les masculins, ont à la première décl. la désinence α, cf. Mor. Bov., loc. cit. et § 36, où Rómi fait seul exception parmi les substantifs[3]. Or, c'est là ce qui nous explique ce prétendu dorisme. Il est une analogie à laquelle on n'a pas pensé jus-

---

1. Ce renseignement a été pris probablement dans les Essais II, 117, que M. Chatzidakis aura mal lus.
2. La citation de Pellegrini pour κλέφτα est d'ailleurs inexacte. Cf. p. 53, n. 2 ci-dessus.
3. Aspri et megáli, que cite Morosi, sont des adjectifs et ont suivi l'analogie de καλός, καλή comme dans la langue commune.

qu'ici pour ces substantifs, c'est celle du pluriel sur le singulier. Γυναῖκες, ὦρες et δοῦλες[1] coïncident; il est naturel que δοῦλες refasse son nominatif en α sur le modèle de γυναῖκα et ὦρα. L'α domine parce que précisément les imparisyllabiques anciens de la troisième déclinaison devenus parisyllabiques (type : ἡ μητέρα) sont en plus grand nombre ; c'est ce qui a lieu à Bova; Ῥώμη, qui n'a pas de pluriel, reste malgré l'italien Roma. Cf. aussi Ἀθῆνα, Θῆβα, ἡ Κατωφανά (Psichari, Noms de lieux, 497), en regard de Ἀθῆνες, Θῆβες, Φανές (Φαναί). Ces nominatifs féminins en -α (pour -η) nous fournissent un phénomène analogue à celui qui s'observe en pg. entre τόλμα et τόλμη, πρύμνα et πρύμνη, νύμφα et νύμφη (cf. Lob. Phryn., 331-332). On n'a jamais songé à qualifier de dorienne la forme τόλμᾶ des Attiques.

La forme régulière pour l'aoriste est, à côté de efílasa, efília (Pellegrini, 165) avec la chute du σ intervocalique que n'y a point aperçue M. Chatzidakis ; efílasa a donc toutes les apparences d'un aoriste hystérogène. Il est à noter que l'α est déjà au présent, filáo. Il n'y a donc pas lieu de s'extasier sur cet α, de le rapppocher des φιλάμασιν de Théocrite, III, 20, et surtout de constater entre les deux une tradition non interrompue. Parmi les autres exemples cités par M. Chatzidakis, il faut écarter, nous l'avons vu, comme peu sûrs et comme susceptibles d'une autre interprétation, tous ceux qui présentent α dans deux syllabes consécutives : ἀφάμησες (Magne), λαγάζω (Crète), παγά (Céphalonie); il faut également rejeter ceux qui se trouvent à la fois dans des régions différentes, car ceux-là ne prouvent rien, c.-à-d. ne témoignent pas d'une tradition ininterrompue : λανός = ληνός, Cythère et Macédoine!; πνοά, Messénie, Céphalonie et Epire (!)[2]. Ἀκουγά et

1. Autre explication pour δοῦλα (comparé à δοῦλος) Athen. X, 233. — Liste des noms en α (=η), ibid. p. 236.

2. Du moment que les formes de ce genre ne sont pas localisées dans une région, c'est qu'elles remontent à la κοινή ancienne. C'est sans doute le cas pour λάδανον, Jubil. athen. p. 119 ; cf. Athen. X, 245, avec cette mention d'Hérodote, III, 112 : τὸ δὲ δὴ λήδανον, τὸ καλέουσι Ἀράβιοι λάδανον. Ce mot d'ailleurs a un autre traitement ; M. Chatzidakis ignore que λάδανον est d'origine sémitique, cf. E. Renan, L. S., 205. C'est ce qu'indique suffisamment le passage même d'Hérodote.

Nous savons d'autre part que dans la κοινή ancienne il y avait des formes purement dialectales; le grec moderne peut nous aider à en restituer quelques-unes ; par ex. la forme moderne ἀθιβολή = ἀντιβολή,

ἀκοή, Epire, et ῥέχτας = (κατα)ράκτης s'expliqueront comme l'α de Bova, ou de façon analogue, quand ces dialectes seront sérieusement étudiés, que leur système morphologique sera connu dans son ensemble, et qu'on ne pourra plus se livrer à leur sujet à des hypothèses aventureuses.

M. Chatzidakis se contredit d'ailleurs lui-même quand il attribue le η de φορήν = φοράν (dial. du Pont) à l'ionien. Autrefois, il expliquait l'α de βολάν = βολήν par l'analogie de φοράν et écartait ainsi ce prétendu dorisme (Athen. X, 234, note 2). On se demande pourquoi il n'explique pas aujourd'hui le η de φορήν par l'analogie de βολήν et n'écarte pas de nouveau ce prétendu ionisme.

Βοίτυλον (Ϝοίτυλον)[1], nom propre, ne prouve rien non plus. Cette catégorie de mots a ses lois particulières et doit être mise à part. Pour s'appuyer sur Βοίτυλον, il faudrait d'ailleurs montrer que le mot n'a pas passé par la langue commune.

Quant à croire à des formations récentes, comme ἐγῶνυ, sur des formes depuis longtemps disparues comme ὄνυ, etc.[2] (voir ci-dessus), nous nous y refusons. Il était inutile d'écrire les belles pages de l' Ἀθήναιον pour en arriver à ces conclusions.

Le cadre de notre étude ne nous permet pas d'examiner d'une façon détaillée toutes les formes citées par M. Chatzidakis. Cela, du reste, ne se doit pas. Nous manquons des renseignements dialectaux nécessaires à une démonstration rigoureuse. Il faut une singulière légèreté d'esprit pour dé-

nous force, par le sens et le traitement phonétique, à remonter à une forme ἀνΘιβολή, avec l'aspirée au lieu de l'explosive simple, cf. G. Meyer[2], § 206, 208. Ce mot se retrouve dans la langue commune moderne et dans les dialectes (cf. ἀθιβολή, en Crète, Foy, 29 ; d'où ἀθιβόλι, Théra, ibid.; ἀθιογή, tzak. ibid.). Pour que le mot se rencontre dans des dialectes aussi différents, il faut de toute nécessité qu'il remonte à la κοινή ancienne, où il pourrait, à la rigueur, représenter aussi bien une phonétique attique (G. Meyer[2], § 206) que béotienne, ibid. § 208.

1. Cf. Curt.[5], 575 ; C. I. G., 1323 ; Ptol. 3, 16, 22 ; Strab. VIII (ή), 4, 4 (II, 511, 10) : Οἴτυλός ἐστι· καλεῖται δ' ὑπό τινων Βοίτυλος ; Paus. III, 21, 7 ; Muellensiefen, Dial. Lac., p. 47.

2. Cf. νυ, Hoffmann, Dial., I, n. 135, 6 et 16 (milieu du Ve s. A. C., cf. ibid., p. 41) ; ὄνυ, ibid., n. 141, 1 (372 A. C, cf. p. 41) ; τόν(ν)υ, ibid., n. 140, 1 (361 A. C., cf. p. 41). Mais ὅδε, τῶδε, τῶιδε, τό(ν)δε, τόδε, τά(ν)δε, etc., cf. Hoffmann, I, p. 256, § 213. De même ἐγώ, μοι, με, nulle part avec νυ (p. 258, § 217). Tous ces exemples sont cypriotes. En arcadien, τάνυ, n. 29, 14 (première moitié du IVe s. A. C.) ; cf. Hoffmann, I, p. 256, § 213, 3.

couvrir des échantillons d'une haute antiquité dans des dialectes dont l'économie grammaticale ne nous est seulement pas connue. Si nous avons insisté sur quelques points, c'était surtout pour montrer combien ces prétendues subsistances sont mal étayées. Et on vient de voir que nous pouvons écarter ces subsistances prétendues ogygiennes précisément pour ceux des dialectes sur lesquels nous avons quelques informations précises.

M. Chatzidakis se trompe d'ailleurs, quand il cherche à tirer de ces subsistances dialectales des arguments ethnographiques. D'après lui, ces formes dialectales prouveraient que, dans les pays où elles se rencontrent, les habitants n'ont pas changé depuis l'antiquité. Les faits peuvent se passer autrement. Des habitants nouveaux, surtout quand ils sont de même race et de même langue, comme les colons byzantins, apprennent le dialecte local, et en tout cas n'ont aucune peine à en retenir certaines particularités lexicographiques. Or, tous les dialectismes de M. Chatzidakis se réduisent à peu près au vocabulaire[1]. Le seul fait à considérer, c'est que la morphologie et la phonétique dans leur ensemble ne présentent plus aucun dialectisme. Cela prouve qu'à un certain moment la κοινή s'était substituée à tous les dialectes (cf. déjà Heilmaier, 9); mais ethnographiquement cela ne prouve pas davantage qu'un nouvel élément ait remplacé l'élément indigène. Des causes politiques, littéraires et surtout commerciales amènent ces changements linguistiques. Les indigènes changent leur dialecte contre un langage plus répandu et, par conséquent, plus commode. M. Chatzidakis commet ici, en sens inverse, la même erreur que Fallmerayer, quand il voyait dans le traitement θ = φ de certains dialectes une trace phonétique du slave. Fallmerayer négligeait de dire à quelle époque ce changement lui-même avait eu lieu en slave, confondait l'une avec l'autre les régions où il se produisait en Grèce, et cherchait à tirer des conclusions ethnographiques d'un changement phonétique absolument normal.

Il faut donc, dans cette grave question, s'en tenir à la méthode historique et suivre les destinées de la langue dans

---

1. Sauf toutefois φίλα, πνοά, etc., où il faudrait voir une continuation du système morphologique, ce qui est impossible, on peut presque dire à priori.

les inscriptions et dans les textes. Alors même que les inscriptions paraissent nous contredire au premier abord, un examen plus approfondi les met à leur vrai jour. Ainsi, même des inscriptions, qui présentent encore des formes dialectales à une époque où l'on ne s'attend plus à les rencontrer, prouvent non pas la persistance de ces dialectes, mais au contraire leur extinction. C'est ce genre de preuves, pour ainsi dire indirect, de l'établissement de la κοινή, que nous avons voulu entreprendre dans l'étude suivante.

II.

Le dialecte ionien à Paros. — Extinction graduelle de ce dialecte. — Influence attique. — Prédominance des formes communes. — Histoire dialectale d'après les inscriptions.

De l'histoire des destinées des dialectes paléo-grecs, et particulièrement des destinées de l'ionien, nous détachons un court paragraphe; nous examinerons les inscriptions provenant de Paros. Les plus anciennes ne remontent pas au delà du VI° siècle A. C.; nous les reproduisons en entier. Ce sont toutes des inscriptions métriques. Nous avons cru inutile de signaler les formes épiques, qui naturellement ne prouvent rien pour le dialecte parlé à Paros[1]. Mais nous appelons l'attention sur ce fait que, dans ces inscriptions métriques anciennes, l'emploi des formes dialectales est régulier; il n'y a pas de mélange arbitraire comme dans les inscriptions métriques postérieures.

1. Kirchhoff, Stud.⁴, 79; cf. Kaibel, Epigr., N. 750; I. A., N. 402.

1. C'est pour la même raison que nous n'avons pas tenu compte de la langue d'Archiloque. Ce poète s'est servi d'une langue littéraire, où les termes de la nouvelle ἰάς sont parsemés au milieu des expressions homériques et des formes dialectales étrangères. Cf. P. Deuticke, 16 sqq.; Longin, 13, 3 (26, 9); Dion Chrys. 55, 6 (636); Eust. H. E, 518, 28 (2, 7, 17); Schol. ad Il. Ψ, 199.

Ἄρτεμι, σοί τόδε ἄγαλμα Τελεστοδί[κη ἀνέθηκε],
Ἀσφαλίου μήτηρ, Θερσελέω θυγάτηρ·
Τοῦ Παρίου ποίημα Κ[ρ]ιτωνίδεω εὔχομ[αι εἶναι].

Cf. Anth. palat., I, 55; annott., p. 65; add. et corrig. p. 603. Herwerden, Stud. crit., p. 8, n'a pas vu la note de la page 603. L'inscription est du vi[e] siècle d'après Kirchhoff. Ἀσφαλίου est la vraie forme ionienne, cf. Curt. Stud. V, 2, 203. Pour Θερσελέω et Κριτωνίδεω, ioniens, cf. ibid., 294-295.

2. Cauer[2], 521; cf. Athen. V, p. 4 sqq., et I. A., N. 400.

Ἄσων τεσ(σ)ε | ρακαιεβδο[μ. | η] Qοντο(ύ)— της ἐὼν τὰς οἰκίας [ἐ [χσ]εποίησεν.

Cauer[2] ἐὸν. I. A. ἐών.

vi[e] s. d'après Cauer[2]; ve s. d'après Kirchhoff[4], 81.

On a voulu voir une forme ionienne dans la forme moderne τέσσερεις. L'explication est autre; cf. Foy, Vocalst., 50-56. Il est d'abord à remarquer que l'ionien disait τεσσέρων, forme inconnue au grec moderne où l'on a τεσσάρω(ν). Ce seul fait doit nous mettre sur nos gardes. L'altération vocalique a commencé par le neutre. Nous en trouvons les premières traces dans l'Apocalypse (cf. ibid.); elle s'est maintenue à ce genre exclusivement jusqu'au xvie siècle, époque à laquelle elle s'est étendue au masc. et au fém. De nos jours, la forme τέσσερ- n'est pas encore dominante[1]. — Sur ἐών, ionien, cf. Curt. Stud. V, 2, 309.

3. Cauer[2], 522; cf. Athen. V, 8-9; I. A., N. 401; Kirchhoff, Stud.[4], p. 81; Anth. palat., I, 347.

Δημοκύδης τόδ' ἄγαλμα Τε | λεστοδίκη τ' ἀπὸ κοινῶν |
εὐξάμενοι στῆσαν παρ | θένῳ Ἀρτέμιδι, ||
σεμνῷ ἐνὶ ζαπέδῳ κο(ύ)ρῃ Διὸς αἰγιόχοιο, |
τῶν γενεὴν βίοτον τ'α[ὔ]χσ' ἐν ἀπημοσύνῃ.

Cauer[2] : αἰγιόχοιο ; I. A. : αἰγιόχ. Cougny, Anth. palat., loc. cit., v. 4, κὔξησεν. Il semble d'ailleurs ne connaître que Athen. V.

---

1. Ajoutons aux citations de M. Foy les suivantes : εἰκοσιτέσσαρας, Belth. 112 ; οἱ τέσσαρεις, 452 ; τέσσαρες, 598, 871, 1059 ; cf. σαράντα, 526, 549 ; voir Legrand, Gr. gr., p. 134.

de même Herwerden, op. cit., qui propose αὔξοι au lieu de αὔξησεν, sans faire mention de Cauer, de Roehl, ni de Kirchhoff.

L'inscription est du v⁰ siècle. Pour στῆσαν, cf. Matth., Gr. Gr., 369, rem. « Die alten Grammatiker geben die Auslassung des Augments als eine Eigenheit der ionischen Mundart an, womit sie aber wohl schwerlich sagen wollten, dass die Ionier das Augment nie gebrauchten, sondern nur, dass ihr Dialect ihnen erlaubte es auszulassen. » Cf. Brugmann², § 109, et, sur l'abandon de l'augment chez les poètes attiques, Kühner², I, 502, 5. L'absence de l'augment est donc ici un fait ionien. — ζαπέδῳ, cf. Ztschrf. f. Alt. Wiss., 1837, Hermann, 321, et Hinrichs, De hom. eloc. vestig. aeol., 43. Z pour δ est un phénomène béotien et éléen, cf. Θεόζοτος, Collitz, 914, 3, 15; Διόζοτος, ibid., 556, 20; ζᾶμον, ibid., 1157, 8; ζαμιωργία, ibid., 1152, 6, etc. La forme ζαπέδῳ ne peut guère être attribuée à l'ionien, mieux vaudrait admettre une influence dialectale, purement littéraire peut-être. En effet si chez Hérodote, IV, 192, les meilleurs manuscrits donnent ζορκάδες (ζ=δ), δορκάδος, ibid., VII, 69, est la leçon de tous les mss. Δόρξ est encore la forme des tragiques et d'Oppien, Opp. Cyneg., II, 324 et III, 3; mais ζόρκες est celle de Strabon, XII (β'), 3, 13 (II, 768, 5), de Nicandr. Ther. 42 et de Plut. Romul., 27 (I, 68, 13). Cf. gr. mod. ζορκάδι. Rien ne nous autorise à conclure que ζαπέδῳ soit ionien.

Le numéro 524 de Cauer porte la mention: Literatura est ionica volgaris, non Pariorum propria. Le numéro 523, plus loin. Cf. Ross, Inscr. gr., II, 150ᵇ, non daté, mais ancien.

Ainsi donc, les inscriptions de Paros du vi⁰ siècle et même du v⁰, nous donnent encore le dialecte ionien. Mais Athènes ne tarda pas à acquérir une importance considérable tant au point de vue politique et moral qu'au point de vue commercial. Elle devint le centre intellectuel du monde grec, comme en témoigne le passage bien connu d'Isocr. Paneg., 50 E (ιγ', 50). « Τοσοῦτον δ' ἀπολέλοιπεν ἡ πόλις ἡμῶν περὶ τὸ φρονεῖν καὶ λέγειν τοὺς ἄλλους ἀνθρώπους, ὥσθ' οἱ ταύτης μαθηταὶ τῶν ἄλλων διδάσκαλοι γεγόνασι, καὶ τὸ τῶν Ἑλλήνων ὄνομα πεποίηκε μηκέτι τοῦ γένους ἀλλὰ τῆς διανοίας δοκεῖν εἶναι, καὶ μᾶλλον Ἕλληνας καλεῖσθαι τοὺς τῆς παιδεύσεως τῆς ἡμετέρας ἢ τοὺς τῆς κοινῆς φύσεως μετέχοντας. » Cf. Thuc. Cl., II, 41, 1 suiv. Cette suprématie d'Athènes devait forcément amener celle du dialecte attique. Il supplanta en effet tous les autres à mesure que les relations se firent plus fréquentes et les points de contact plus nombreux entre les différentes contrées de la Grèce et Athènes, devenue centre principal. En ce qui concerne Paros, un exemple ancien de l'influence attique nous est fourni par l'inscription suivante : Cauer², 523.

HOPOΣ   Ὅρος
TOI.EPO   το(ῦ ʽ)ιερο(ῦ)

Cf. I, A., 406; Kirchhoff, Stud.⁴, p. 82, note 1. L'inscription, d'après Roehl, est de la fin du vᵉ siècle ou du commencement du ivᵉ. Kirchhoff, loc. cit. : « Der Stein gehört der späteren Zeit der Herrschaft des ionischen Alphabets an, da TOIEPO nicht TΩIEPΩ geschrieben ist. » Cf. Thumb, Spirit. asp., 53.

Par cela même qu'il était en contact avec d'autres dialectes, l'attique devait subir lui aussi leur influence. Il se produisit en effet ce qu'on observe de nos jours dès que plusieurs personnes, ayant chacune un système phonétique différent, se trouvent en présence. Supposons en contact trois individus, *a, b, c,* représentant les trois phonétiques διx-, γιx-, ιx- (=διx-). Il s'établira entre eux un parler où une phonétique pourra prédominer, celle de *a* par ex., mais où *b* et *c* auront aussi leurs représentants. Nous pouvons agrandir le cercle et désigner par *a, b, c,* non plus des individus, mais des villages ou des contrées entières, le résultat sera le même (cf. Phon. pat., 23 sqq.) Dans la langue commune moderne, par ex., c'est la phonétique *a* qui prédomine pour le cas qui nous occupe : διάβολος, διαβάζω, διό (δύο), etc., mais *b* y est représenté par γιx et γιατί. Le présent nous fournit ainsi des analogies pour le passé. Les mêmes échanges se firent au ivᵉ siècle, et c'est ainsi que, du contact de l'attique avec les autres dialectes, il sortit une langue commune. Cf. Xen. Ἀθην. πολιτ., II, 8; et ci-dessus p. 63, note 2[1].

La κοινή pénétra de bonne heure à Paros comme l'attestent les inscriptions datées. Nous en reproduisons quelques-unes. Les faits parlent d'eux-mêmes et n'ont pas besoin de commentaire.

---

1. Sur les dialectes et les patois en général, il faut lire les observations fondamentales de G. Paris, Discours, les belles pages de M. P. Passy, Chang. Phonét., 1-24, et surtout Rousselot, Pat. de Cellefrouin.

C. I. G. 2374 b., cf. Ross, Inscr. gr. II, N. 146.

... ένους τοῖς Χίοις ... ένοις τοῦ τ' ἀ[ργυρί]ου ? [οὒ] ἐδάνεισαν τῇ πόλει, γίνεται τόκος [καὶ]? ἀπὸ τόκου τόκος ἐς τὸν χρόνον, ἐν ᾧ ἡ ὁμολογία ἐγένετο περὶ τῆς ἀποδόσεως [τ]ῶν χρημάτων, ἐτῶν ἕνδεκα καὶ τριά[κ]οντα ἡμερῶν εἰς Ἀνδροσθένην ἄρχοντα καὶ μῆνα Ἀνθεστηριῶνα, etc.

Boeckh : « Titulus optimae aetatis est, Demostheneae vel Alexandri Magni. »

C. I. G. 2374 c, cf. Ross, Inscr. gr. II, N. 147; Le Bas, 2094; Rangabé, Ant. hell., 760.

Θεοί. Ἔδοξεν τῇ βουλῇ κ[αὶ τῷ] δήμῳ, Ἀρχέστρατος [εἶπεν]· ἐπαινέσαι Ἄρητον Ἀστε[ιν]όμου? Χῖον, ὅτι πρόθυμός ἐστιν περὶ τὴμ πόλιν τὴμ Παρί[ων] ποιεῖν ὅ, τι δύναται ἀγαθὸν καὶ νῦγ καὶ ἐν τῷ πρόσθεγ χρόνῳ· ἀναγράψαι δὲ αὐτὸν τοὺς πρυτάνεις τοὺς μετὰ Ἀρχηγένους ἐς τὸ Πύθιον πρόξενον τῆς πόλεως αὐτὸν καὶ ἐκγόνους· εἶναι δὲ Ἀρήτῳ καὶ προεδρίαν καὶ δίκας προδίκους ἐάν τι ἀδικῆται, καὶ πρόσοδον ἐάν του δέηται πρὸς τὴμ βουλὴν καὶ τὸν δῆμον πρώτῳ μετὰ τὰ ἱερά.

Boeckh : « Titulus optimae aetatis. » Cf. Swoboda, Gr. Volksbeschl., 52. L'auteur attribue l'inscription au IVe s.; de même pour la suivante. C'est à cette date qu'on doit en effet s'arrêter, cf. ibid., p. 51, 293, et non à celle de Ross, (Ve s. A. C.).

C. I. G., 2374 d; id. à 2374 c, « fortasse in eadem tabula ». Cf. Ross, Inscr. gr., II, 148; Rangabé, Ant. hell., 761.

Ἔδοξεν τῇ βουλῇ καὶ τῷ δήμῳ, Ἀσμενόφαντος εἶπεν· ἐπαινέσαι Ἀμφίλυκον καὶ Ἀγέλ[αν] Πεδιέως καὶ Ἀρίστοχομ Μεγαλοκλέους Χίους, ὅτι πρόθυμοί εἰσι περὶ τὴμ πόλιν τὴμ Παρίων ποιεῖν ὅ, τι δύνωνται ἀγαθὸγ καὶ νῦγ καὶ ἐν τῷ πρόσθεν χρόνῳ· ἀναγράψαι δὲ αὐτοὺς [κ]αθάπερ πρότερον ἦσαμ προξένους αὐτοὺς καὶ ἐκγόνους· εἶναι δὲ αὐτοῖς ἀτέλειαγ καὶ προεδρίαγ καὶ δίκας προδίκους καὶ ἄν τινος ἄλλου δέωνται πρόσοδομ πρὸς τὴμ βουλὴν [κ]αὶ τὸν δῆμον πρώτοις μετὰ τὰ ἱερά. — Sur δείωνται, qui n'est peut-être qu'un accident graphique, cf. G. Meyer[2], § 108.

Athen. V, p. 9 sqq.

Ὁ δῆμος ὁ Ἀθηναίων Λεύκιον Καικέλιον
Κοίντου Μέτελλον στρατηγὸν ὕπατον
Ῥωμαίων Ἀπόλλωνι.

προνοηθέντος τῆς ἐπισκευῆς καί τῆς
ἀναθέσεως τοῦ ἐπιμελητοῦ Προτίμου
τοῦ Δωσιθέου ἐγ Μυρινούττης.

Ibid., p. 10 : « Περί τοῦ χρόνου τῆς ὑπάρξεως τῆς ἀττικῆς ταύτης ἐπιγραφῆς, ἐπειδὴ ὁ ἐνταῦθα μνημοσιευόμενος Λεύκιος Καικέλιος Κόϊντος Μέτελλος δὶς ὕπατος ἐγένετο, δυνάμεθα νὰ εἴπωμεν ὅτι εἶναι ἤ τὸ ἔτος 250 π. Χριστοῦ ... ἤ τὸ ἔτος 206 π. Χριστ. » Sur Καικέλιος, cf. Dittenberger, Rœm. Nam., 139-140; l'inscription ci-dessus est à ajouter à la liste (cf. p. 139).

C. I. G. 2374 e, cf. Thiersch, p. 559 sqq.; Le Bas, 2097; Rangabé, Antiq. hellén., N. 770 c; Swoboda, Gr. Volksbeschl., 105.

Τύχη ἀγαθή. [Ἔδο]ξεν τῇ βουλῇ καί τῷ δήμῳ, Μυρμιδῶν Εὐ...ου εἶπεν· Ἐπεί οὖν Κίλλος Δημητρίου [ἀνὴ]ρ ἀγαθὸς ὢν καί συμφέρων τῇ πόλει πρό[τερ]όν τε ἀγορανομήσας ἦρξεν τὴν ἀρχὴν[καλ]ῶς τε καί δικαίως καί ἀκολούθως τοῖς [νόμ]οις, ἐφ' οἷς ὁ δῆμος ἐτίμησεν αὐτὸν [ταῖ]ς ἁρμοζούσαις τιμαῖς· κατασταθ[εί]ς τε καί ἐπ' ἄρχοντος Γόργου τὴν αὐτὴν [ἀρχ]ὴν ὑπερέθετο τῇ φιλοπονίᾳ, τὴν πᾶσαν [σπ]ουδὴν εἰσενεγκάμενος, ὅπως ὁ δῆμος [ἐν] εὐετηρίᾳ καί δαψιλείᾳ ὑπάρχῃ [χρ]ώμενος, περί τε τῶν μισ[θοῦ] ἐργαζομένων καί τῶν μισθουμένων [αὐ]τοὺς ὅπως μηδέτεροι ἀδικῶνται [ἐφρ]όντιζεν, ἐπαναγκάζων κατὰ τοὺς νό[μους] τοὺς μὲν μὴ ἀθετεῖν, ἀλλὰ ἐπί τὸ ἔρ[γον] πορεύεσθαι, τοὺς δὲ ἀποδιδόναι τοῖς [ἐργ]αζομένοις τὸν μισθὸν ἄνευ δίκης, τῶν [τε] ἄλλων τῶν κατὰ τὴν ἀρχὴν τὴν καθήκου[σα]ν ἐπιμέλειαν ἐποιήσατο, κακοπάθειαν οὐδε[μίαν] περικάμψας, ἀκόλουθα δὲ πράττων το[ῖς τε] νόμοις καί τῇ τοῦ βίου ἀναστροφῇ καί ταῖ[ς ἀρχ]αῖς αἷς ἦρξεν πρό τῆς ἀγορανομίας· [ὅπω]ς οὖν καί ὁ δῆμος φαίνηται τὰς κατα[ξίου]ς τιμὰς ἀπονέμων τοῖς ὑπερτιθεμένοις [πρὸς] αὐτὸν τῇ φιλοτιμίᾳ, ἀγαθῇ [τύχῃ, δεδ]όχθαι ἐπαινέσαι Κίλλον Δημητρίου καί στεφανῶσαι αὐτὸν χρυσῷ στεφάνῳ [καί] εἰκόνι μαρμαρίνῃ ἀρετῆς ἕνεκεν καί φιλοτιμίας, ἧς ἔχων διατελεῖ περί τόν δῆμον, [καί] ἀνειπεῖν τόν στέφανον Διονυσίων τῶν [μεγ]άλων τραγῳδῶν τῷ ἀγῶνι, δηλοῦντας [τὰ]ς αἰτίας δι' ἃς ἐστεφάνωκεν αὐτὸν [ὁ δῆ]μος, τῆς τε ἀναγορεύσεως τοῦ στεφ[άνου] ἐπιμεληθῆναι τοὺς ἄρχοντας ἐφ' ὧν ἂν [πρ]ῶτον Διονύσια τὰ μεγάλα ἄγωμεν· ἐπελθὼν δὲ καί Δεξίοχος ἐπί μὲν ταῖς τ[ιμαῖ]ς ταῖς ψηφιζομέναις τῷ πατρί αὐτοῦ ἔφη [εὐχ]αριστεῖν τῷ δήμῳ, τὸ δὲ ἀργύριον τὸ εἰς [τὴν] εἰκόνα καί τὴν ἀνάθεσιν τῆς εἰκόνος δ[ώσειν] αὐτός· ὅπως οὖν καί ἡ εἰκών κατασκευ[ασθ]εῖσα σταθῇ τὴν ταχίστην ἐν τῷ ἀγορανο[μίῳ] οὗ ἂν φαίνηται αὐτοῖς μ[ηδὲν β]λάπτου[σα] τῶν ἀναθημάτων, καί τὸ [ὄνομ]α ἀναγρα[φῇ]ν εἰς στήλην λιθίνην στα[θῇ παρ]ὰ τὴν εἰκό[να], ἐπιμεληθῆναι Δεξίοχον, κ[αθὼς ἐπα]γγέ[λ]λεται[·]

Διόσκορο[ι. Ἔ]δοξεν τῇ βουλῇ καὶ τῷ δήμῳ, Εὐμένης Εὐμέ[νο]υς εἶπεν· Ἐπειδὴ Κίλλος Δημητρίου ἔν τε [τοῖ]ς ἔμπροσθεν χρόνοις ἀνὴρ ἀγαθὸς ὢν δι[α]τε[λεῖ] περὶ τὸν δῆμον καὶ πᾶν τὸ συμφέρον πράσσων [καὶ] κοινῇ τῇ πόλει καὶ ἰδίᾳ τοῖς ἐντυγχάνου[σιν Κ]ίλλῳ, νῦν τε πολέμαρχος αἱρεθεὶς καὶ [τυ]χόντος αὐτῷ τοῦ ἱεράζειν τοῖς Διοσκό[ροις] ἐν τῇ θυσίᾳ τῇ γινομένῃ τοῖς Θεοξενίοις, [βουλόμενο]ς συνεπαύξειν τοῖς θεοῖς τὴν πανή-[γυρ]ιν [κ]α[ὶ ἅ]παντας μετέχειν τῶν ἱερῶν, ἐπελθὼ[ν τὸν] δῆμον ἐπαγ-γέλλεται δημοθοινήσειν [ἐν τ]οῖς Θεοξενίοις· δεδόχθαι τῷ δήμῳ ἐπαι[νέ]σαι Κίλλον Δημητρίου ἐπί τε τῇ πρὸς τοὺς θε[οὺς] εὐσεβείᾳ καὶ τῇ πρὸς τὸν δῆμον εὐνοίᾳ, τὴν [δὲ δ]ημοθοινίαν συντελέσαι αὐτὸν ἐ[ν] τῷ γυμνασίῳ.

Boeckh : « Prolixa haec decreta prioribus longe recentiora sunt, neque antiquiora, opinor, medio fere primo ante Christum saeculo. » Cf. Swoboda, Gr. Volksbeschl., 293. L'assimilation du ν n'a pas lieu, ce qui indique une graphie plus soigneuse et, par conséquent, plus savante.

Ainsi donc l'ionien a disparu de toutes ces inscriptions. Il en est de même pour les inscriptions non datées. C. I. G. 2375-2387, 2390-2407, 2409-2414, 2378 b - 2416 b. Cf. Thiersch, p. 632-643 ; Leake, Trav. in north. Gr., N, 117-121 ; Ross, Inscr. gr., N. 146-153 a ; Le Bas, t. II, N. 2062-2145 ; Athen. V, 33-48 ; Rangabé, Antiq. hellén., 770c-770g, 896, 902 ; Bull. de corr. hell. IV (1880), pp. 68, 284-290, 416-495 ; Μουσεῖον, II (1876-1878), p. 1 sqq.

De-ci de-là, une désinence est conservée dans les noms propres ; ce sont là des cas tout à fait isolés. Ainsi, Athen. V, 15, N. 5, Ἥρη ; C. I. G. 2389, Εἰλειθυίη, mais par contre Φιλουμένη, ibid.

Le numéro 2374 (Chronique de Paros, 264-263 A C.), paraît faire exception. On y trouve en effet quelques ionismes : εἵως, v. 2 ; ἱρόν, v. 7, 87, etc. Ils s'expliquent — comme l'ont fait remarquer Boeckh, C. I. G., 2374, commentaire, et Flach, Chron. Par., p. v — par l'archétype qui a servi de modèle à l'auteur. La Chronique en général est en attique, quelquefois en langue commune. Cf. pour les détails : C. I. G. ; Müller, Fragm. hist. gr., I, 535-590 ; Flach, op. cit. Dans les inscriptions datées, postérieures à notre ère, la κοινή a complètement dominé. En voici la preuve :

C. I. G. 2384 (vers 290 A. D.). [Ψ]. β. δ. Τὴν ἀξιολογωτάτην καὶ πάντα ἀρίστην Αὐρ. Λείτην Θεοδότου, γυναῖκα δὲ τοῦ πρώτου τῆς πόλεως Μ. Ἀὐρ. Φαύστου, ἀρχιερέως ἐκ προγόνων διὰ βίου τῶν Σεββ.

καὶ Καισάρων καὶ Καβάρνου, καὶ γυμνασιάρχου τὴν γυμνασίαρχον, ἐν ᾧ κατεσκεύασεν καὶ ἀνενεώσατο ἀπὸ πολυετοῦς χρόνου πεπονηκότ[ι] γυμνασίῳ, ἡ λαμπροτάτη Παρίων πόλις ἡ πατρὶς ἀντὶ πολλῶν καὶ μεγάλων τειμὴν λαμβάνουσα [μᾶλλον] ἢ διδοῦσα, [καθὰ] πολλάκις ἐψηφίσατο, ἀνέστησεν αὐτὴν ἐν ἀνδριάντι μαρμαρίνῳ τὴν φιλόσοφον καὶ φίλανδρον καὶ φιλόπαιδα καὶ φιλόπατριν... διὰ τὴν... ἀριστοτόκ[ε]ιαν ἄκοιτιν ... ος ἀπηγλάϊσεν.

C. I. G. 2384 d (entre 316 et 340, cf. Boeckh et Thiersch, 634). Τὸν γῆς] καὶ θαλάσσης καὶ παντὸς ἀνθρώπων ἔθνους δεσπότην καὶ κύριον Κ[ω]νσταντῖνον νέον, Καίσαρα, ἡ λαμπροτάτη Παρίων πόλις.

III.

Les formes poétiques retardataires dans les inscriptions métriques postérieures. — Le N. 2415 du C. I. G. — Analyse des formes de cette inscription au point de vue dialectal. — Leur provenance diverse ; formes doriennes, ioniennes, poétiques, communes. — Preuves indirectes de la disparition des anciens dialectes.

Jusqu'ici nous avons à dessein laissé de côté les inscriptions métriques récentes. Il est, en effet, un autre genre de preuves, tout aussi convaincant, de la disparition des formes dialectales : c'est leur emploi même dans ces inscriptions. L'usage littéraire que l'on en fait pêle-mêle[1] prouve que forme dialectale est devenue synonyme de forme poétique ou littéraire. Rien n'en établit mieux la disparition. Plus l'auteur gauchit dans l'emploi de ces formes, plus il nous fait voir avec évidence qu'il ne les connaît plus. Leur conservation est donc toute factice : des inscriptions métriques contemporaines des inscriptions en prose, ou postérieures à celles-ci, ne prouvent pas la persistance du dialecte local, si nombreuses qu'y soient les formes dialectales. A supposer que nous manquions de la contre-épreuve fournie par les documents datés, la

---

1. Tout y est confondu. C. I. G. 2388 : σεῦ (l. 11 et 12), σεῖο (l. 3) ; νηοῖο (l. 3), νηοῦ (l. 5) ; φιλέουσι (l. 7) ; ἀδικεῖν (ibid.) ; Παρίοι[σ]ιν (l. 6), πυκνοῖς (l. 4), τοῖς (constant), puis des formes contaminées κούραις, κούροις (l. 9) au lieu du pur ionien κούραισιν, κούροισιν ; cf. τρισσά (l. 5) langue commune ; att. : τριττά, ion. : τριξά. — Athen. V, 20, N. 7 (époque romaine) : Ἡ Νίκα, etc.

langue poétique, avec ses formes littéraires, suffirait à nous renseigner sur le triomphe de la langue commune. Tels dialectes peuvent n'avoir que des inscriptions métriques ; celles-ci ne nous en offrent pas moins un genre de démonstration dont on peut tirer profit. Nous en donnons ici rapidement un échantillon. La méthode que nous essayons d'indiquer pourra être appliquée tout aussi bien aux dialectes en question.

Un type curieux se trouve au C. I. G., N. 2415. Cf. Le Bas, Inscr., t. II, N. 2144, sans commentaire ; Jacobs, Anth., II, p. 877, N. 384 ; animadd. III, p. 962 ; Anth. palat., III, 2, 339, annotation, p. 249 ; G. Kaibel, Epigr., N. 218 ; cf. aussi les observations de Boeckh sur la provenance de l'inscription ; Kaibel l'attribue au ɪɪ[e] s. A. D. Remarquez les graphies Νείκανδρος, v. 2 ; Ἐρεινύς, v. 7 ; ὠδεῖσι, v. 9 ; sur ει = ῑ, cf. Blass[3], 57 ; Viereck, Sermo graecus, 55 ; Perrot, Galatie, p. 29 (ει représente toujours ῑ à l'époque impériale) ; Mommsen, Res gestae d. Aug., I, 18 (p. xli) ἐνείκησα ; 18, 1 (p. lxxv) πολειτῶν ; 19, 10 (p. lxxvii) τειμήσεις ; Holleaux, Néron, ὑμεῖν, l. 9, τειμήν, l. 54 (cf. p. 515, n. 4) et, inversement, πᾱρῖναι, l. 4, ἶς, l. 5 (cf. p. 415, n. 3 = p. 8, n. 2, 3). Nous donnons le texte de Boeckh avec les variantes de Jacobs et de Kaibel.

α   Φράζε τίνος γονέος, σέο τ' οὔνομα καὶ πόσιν αὔδα
     Καὶ χρόνον εἰπέ, γύναι, καὶ πόλεως ὅθεν εἶ.

6   Νείκανδρος γενέτωρ, πατρὶς Πάρος, οὔνομα δ' ἦν μοι
     Σωκρατέα· φθιμένην Παρμενίων δ' ἔθετο

5   Σύλλεκτρος τύμβῳ με· χάριν δέ μοι ὦπασε τήνδε,
     Εὐδόξου ζωᾶς μνῆμα καὶ ἐσσομένοις.

     Καί με πικρά, νεαροῖο βρέφους ἀφύλακτος, Ἐρεινύς
     Αἱμορύτοιο νόσου τερπνὸν ἔλυσε βίον·

     Οὔθ' ὑπ' ἐμαῖς ὠδεῖσι τὸ νήπιον ἐς φάος ἦγον,
10   Ἀλλ' ὑπὸ γαστρὶ φίλᾳ κεύθεται ἐν φθιμένοις.

     Τρισσὰς ἐκ δεκάδος δὲ πρὸς ἓξ ἐτέων χρόνον ἦλθον,
     Ἀνδρὶ λιποῦσα τέκνων ἀρσενόπαιδα γονάν.

     Δισσὰ δὲ πατρὶ λιποῦσα καὶ ἱμερτῷ συνομεύνῳ
     Αὐτὰ ὑπὸ τριτάτῳ τόνδε λέλογχα τόπον.

15 γ   Ἀλλὰ σύ, παμβασίλεια θεά, πολυώνυμε Κούρα,
     Τήνδ' ἄγ' ἐπ' εὐσεβέων χῶρον ἐλοῦσα χερός.

     Τοῖς δὲ παρερχομένοισι θεὸς τέρψιν τινὰ δοίη
     Εἴπασιν χαίρειν Σωκρατέα κατὰ γῆς.

           Διονύσιος Μάγνης ποιητὴς ἔγραψεν.

Var. Jacobs: v. 5, σύλλεκτρος — v. 7, ἐριννύς — v. 9, ὠδῖσι — v. 16, ἔχουσα — v. 17, δῴη — Kaibel: v. 1, γονέως — v. 3, δὲ ἦν — v. 4, δὲ ἔθετο — v. 7, πικρὰν — v. 8, νόσωι — v. 10, ἐμ φθιμένοις — v. 14, λέλογχα — v. 15, παρακοίληκα — v. 16, τήνδε ἄγε, ἔχουσα — v. 17, δῴη — v. 18, Σωκρατέαν.

Notes. — V. 4: cf. Σωκράτεια, C. I. G. 2481 c; Loewy, Ant. Sculpt., 189: Σωκρατείας. — V. 7-8; les leçons de Boeckh sont préférables pour le sens à celles de Kaibel. M. Hesseling nous donne de με l'explication suivante: l'auteur aurait eu dans l'esprit un verbe signifiant tuer, ce qui explique l'acc. με; puis il aurait préféré l'imitation d'une expression homérique, cf. Eur. W., Iph. T. 692:

τὸ μὲν γὰρ εἰς ἔμ.' οὐ κακῶς ἔχει
πράσσονθ' ἃ πράσσω πρὸς θεῶν, λύειν βίον.

On est forcé de construire, v. 7, ἀφύλακτος νεκροῖο βρέφους. Cette construction est probablement due à l'analogie d'un adjectif tel que ἀμελής; elle est d'ailleurs possible à l'époque de l'inscription, cf. Gal. Meth. Med. VI, c. 150, Ch. X, 150 (X, 448): σὺ δὲ εἰ μήτε ἀφύλακτος εἶναι μέλλοις τῶν ὄντων σφαλερῶν μήτε πέρα τοῦ προσήκοντος φοβερός.. — V. 10. Cf. Anth. palat., II, 502:

Τρεῖς δεκάδας ζήσασα ἐτέων σὺν πέντε.

— V. 14. Kaibel: « pro αὐτὰ expectares αὐτῷ, at solent haec pronomina adsimilatione quadam ad subjectum potius referri. » Il compare Jacobs, Anth., VII, 465:

δισσὰ δ' ὁμοῦ τίκτουσα, τὸ μὲν λίπον ἀνδρὶ ποδηγὸν
γήρως· ὃν δ' ἀπάγω μνημόσυνον πόσιος.

Jacobs, var.: ἓν δ' ἀπάγω μναμόσυνον. Αὐτὰ est un nominatif dorien, cf. Eurip. W., El. 207: Αὐτὰ δ' ἐν χερνῆσι δόμοις | ναίω ψυχὰν τακομένα. — V. 18, C. I. G. 2408 = Kaibel, Epigr., N. 217: Σωχάρμου παράγοντες ἐμὸν τάφον εἴπατε χαίρειν. — Antig. Car., p. 63, 2: « ὅθεν καὶ ὁ Φιλητᾶς ἐξηγήσατο περὶ αὐτῆς εἴπας. »; Viereck, Sermo graecus, εἴπασαν XII, 21 et p. 59.

En voici la traduction française:

A. Dis-moi quel est ton père, ton nom et ton époux, dis-moi aussi ton âge, ô femme, et de quelle ville tu es. B. Nikandros est mon père, ma patrie est Paros, j'avais nom

Socratéa. Morte, c'est Parménion mon époux qui m'a mise dans le tombeau ; il m'a fait aussi la faveur que tu vois, un monument de ma vie honorée pour ceux qui viendront après moi. Quant à moi, sans égard pour mon frêle enfant, l'amère Erinnys de l'hémorragie a détruit ma douce vie. Malgré mes douleurs je n'ai pas mis mon enfant au monde, mais il est caché dans mon ventre parmi les morts. Je sortais de ma troisième décade et j'allais atteindre le temps de la sixième année, lorsque je laissai à mon époux une génération d'enfants mâles. J'en ai laissé deux à mon père et à mon époux aimé ; c'est par le fait de ce troisième que m'échut l'endroit où je suis. C. Mais toi, déesse souveraine, Koura aux cent noms, prends-la par la main et conduis-la au séjour des âmes pieuses. Quant aux passants, puisse la divinité leur donner quelque joie, s'ils disent un : salut, ô Socratéa, sous la terre.

Nous essayons de traduire ce texte en langue moderne.

α. Πές με ποιός ὁ γονιός σου, λέγε τ'όνομά σου καὶ τὸν ἄντρα σου, νὰ μάθω τὰ χρόνια σου, γυναῖκα, κι ἀπὸ ποιὰ πόλη εἶσαι. — β. Ὁ Νίκαντρος[1] εἶναι πατέρας μου, πατρίδα μου ἡ Πάρο, ὄνομα εἶχα Σωκρατέα· πεθαμμένη, μ' ἔβαλε ὁ Παρμενίωνας ὁ σύζυγός μου στὸν τάφο· μ' ἔκαμε καὶ τούτη τὴ χάρη, ἕνα μνῆμα τῆς τιμημένης μου ζωῆς καὶ γιὰ τοὺς κατόπι ἀθρώπους. Καὶ μένα, χωρὶς νὰ προσέξη τὸ νεαρό μου βρέφος, ἡ πικρή Ἐριννύα τῆς αἱμορραγίας χάλασε τὸ γλυκό μου τὸ βίο. Κ' ἔτσι μ' ὅλους μου τοὺς πόνους δὲν ἔβγαλα τὸ μωρό μου στὸ φῶς, μὰ κάτω στὴν κοιλιά μου εἶναι κρυμμένο μὲ τοὺς πεθαμμένους. Μέσα ἀπὸ τὴν τρίτη δεκάδα τῆς ἑλικίας μου, κόντεψα νὰ προφτάξω ἕξη χρόνια ἀκόμη· κι ἄφησα στὸν ἄντρα μου παιδιὰ ἀρσενικὴ γενιά. Δυὸ ἄφησα στὸν πατέρα μου καὶ στὸν ποθητό μου τὸν ἄντρα. Ἐγὼ ὅμως μὲ τὸ τρίτο μου παιδὶ κέρδισα αὐτόνα τὸν τόπο. — γ. Ἐσὺ τώρα, θεὰ ποῦ σ' ὅλους βασιλεύεις, πολυώνυμη Κόρη, πάρ' την ἀπ' τὸ χέρι, πήγαινέ τηνα στῶν εὐλάβων τὸν κάμπο. Στοὺς διαβάτες ἂς δώση θεὸς καμιὰ χαρά, ἀφοῦ ποῦν ἕνα χαῖρε στὴ Σωκρατέα κάτω στὴ γίς.

OBSERVATIONS.

L'emploi des formes dialectales dans cette inscription est

---

[1]. Nous risquons cette forme, par analogie de Ἀλέξαντρος, qui ne repose pas nécessairement sur une transmission directe, mais peut être dû simplement à l'influence de ἄντρας.

on ne peut plus fantaisiste, mais ce sont les formes communes qui sont en majorité. C'est un fait à remarquer ; leur présence dans cette inscription, que l'auteur a voulu rendre poétique par tous les moyens, indique suffisamment avec quelle force ces formes communes s'étaient implantées à Paros.

Formes doriennes: ζωᾶς, v. 6; φίλα, v. 10; τρισσᾶς, v. 11; γονάν, v. 12; αὐτά, v. 14; Κούρα, v. 15. Dor. κώρα, C. I. G. 2567; dor. des chœurs κούρα: Aesch. Sept., 137; Soph. Oed. C., 180; Eur. W. Iphig. T., 402; cf. Pind. Pyth., III, 178; Homère ne connaît que la forme κούρη, A, 98, 337 ; Π, 7 ; Υ, 105.

Formes ioniennes: σέο, v. 1; cf. N. 2388, σεῦ, 11, 12, et σεῖο, 3. Les formes employées par Homère sont σεῦ, σεῖο, σέο, cette dernière en minorité, cf. G. Meyer², § 418. Ces trois formes alternent aussi chez Hérodote. C'est l'attique σοῦ qui a pénétré dans la langue commune.

οὔνομα, v. 3; P, 260; ζ, 194; ι, 355; partout ailleurs ὄνομα.

ἐτέων, v. 11. Ce génitif pluriel en -έων ne se trouve pas dans les inscriptions attiques, cf. Meisterhans², p. 103 (inscriptions de 445 à 160 A. C.). Les formes en -έων dans Xénophon sont douteuses. Si κερδέων est dans les mss des Helléniques, κερδῶν a pour lui l'autorité du cod. Par. 1302, Mem. I, 2, 22. Les grammairiens ne sont pas d'accord entre eux. Suidas (I, 1, 443, 1-9, s. v. ἀνθέων) attribue à Xénophon ὀρέων (Anab., 1, 2, 21) et βελέων, mais pour ce dernier les mss portent βελῶν, Cyr. 3, 3, 61 et 69; 7, 1, 35. Hérodien dans le Philet. (Herod. Philet., 414; cf. ibid., n. 13) paraît considérer cette dernière forme comme la bonne, tandis qu'il admet ἀνθέων comme l'antiatticiste des Anecdota de Bekker, I, 83, 12. Cependant les mss du de Venatione, 5, 5, portent ἀνθῶν. La conclusion à tirer de là c'est que les formes en -έων n'ont aucun caractère d'authenticité dans la prose attique.

λέλογχα, v. 14; Pind. Ol., 1, 53; Hymn hom., 18, 6; Eur. N. Troad., 282; Herodt., VII, 53. En attique plutôt εἴληχα.

εὐσεβέων, v. 16. Cf. Curt. Stud. V, 2, 294. Sur les 30 génitifs qui y sont mentionnés et qui ont été relevés dans des inscriptions ioniennes des VIᵉ, Vᵉ et IVᵉ siècles, 3 seulement ne présentent pas la combinaison εω, et ces exceptions sont dues à ce que l'ε, au lieu d'être précédé d'une consonne, est précédé de υ ou de ι.

παρερχομένοισι, v. 17; cf. G. Meyer², § 377; désinence fréquente chez les tragiques; Hérodote emploie exclusivement les formes en -οισι qu'on trouve généralement dans les inscriptions ioniennes du vᵉ s. La forme attique -οις l'emporte au IVᵉ s., cf. Curt. Stud. V, 2, 302 sqq. C'est l'article, semble-t-il, qui a été le premier soumis à l'influence attique. Dans ces inscriptions métriques -οις alterne indifféremment avec -οισι. Les formes κούραις, κούροις (C. I. G. 2388, 9) prouvent que -οισι était considéré comme une désinence poétique. Cf. dans l'inscription même qui nous occupe, v. 6, ἐσσομένοις, forme homérique à terminaison attique.

Formes communes: τίνος, v. 1; att. τοῦ; ép. τέο: Ω, 128; δ, 463; τεῦ : ο, 509; ω, 257; ion. Herodt. τέο.

γονέος, v. 1; cf. G. Meyer², § 342. Herodian. II, 673, 36 sqq.: « διὰ τοῦ εο κοινῶς οἷον Ἀχιλλέος, βασιλέος· διὰ τοῦ ε καὶ ω ἀττικῶς οἷον Ἀχιλλέως, βασιλέως· διὰ τοῦ η καὶ ο παρὰ τοῖς ἀρχαίοις Ἴωσιν, οἷον Ἀχιλλῆος, βασιλῆος ... παρὰ δὲ τοῖς νεωτέροις Ἴωσι διὰ τῆς ει διφθόγγου καὶ ο οἷον Ἀχιλλεῖος, βασιλεῖος ». La forme moderne est γονιός, probablement par analogie du gén. pl. et cela d'assez bonne heure. Sophoclis cite en effet γονέῳ Gregent. 588 A, A. D. 540. Nous saisissons sur le fait l'analogie dans Dig. IV, 488 et 2797 où γονέους se retrouve, à proximité de γονέων, cf. Essais II, 41. Dans γονέος, par suite de la réduction de l'ε (cf. Sachl. I, 232, γονεόν), l'accent passe sur -ος et ε lui-même devient ι.

πόλεως, v. 2: forme attique à citer à côté de γονέος. En grec mod. les noms de la 3ᵉ décl. en ις, gén. -εως ont passé à la première par suite de la coïncidence des acc. kefalin, polin. D'où aujourd'hui la graphie -η (ἡ πόλη): du moment qu'on garde partout l'orthographie historique, la graphie par -ι constitue un barbarisme et détonne dans le système graphique ancien, une fois admis[1]; cf. d'ailleurs πόλη Meisterhans², § 52, 2, p. 108.

εἶ, v. 2; ion. εἷς. Pourtant εἶ, Herodt., III, 140, 142; cf. Kühner², § 299. La forme moderne est εἶσαι par analogie des désinences du passif.

---

[1]. C'est ce point de vue que M. Chatzidakis n'a pas pu comprendre, Jubil. Athen., 182.

ἦν, v. 2; ion. ἔην. Gr. mod. εἶταν (peut-être ἦταν, cf. ἦσου, 2° pers. impf. Nil. 545 B; ἤμην, Lob. Phryn., 152).

τήνδε, v. 5; μνῆμα, v. 6; γῆς, v. 18, etc., en regard des formes doriennes citées plus haut.

ἐσσομένοις, v. 6; forme poétique avec désinence commune.

νόσου, v. 8; ion. νούσου, Herodt., I, 22; I, 25; III, 33. Cf. Pind. Pyth., IV, 293; III, 7; Hom. ε, 395; λ, 172.

δισσά, v. 13; att. διττά; ion. διξά, Herodt., II, 44 et 169; 5, 40; 7, 70.

Formes consacrées par le style poétique: πόσιν, 1 ; rare en prose, Arist. Pol., I, 3 (p. 1253, 2, 6); 7, 16 (p. 1335, 2, 41). Pour la différence entre πόσιν et ἀνήρ, cf. Eust. H. Ω. 1374, 43 (4, 383, 37); Soph. T. Trach., 550, en note : « πόσις conjux est connubio junctus, ἀνήρ, is quo uxor fruitur (Hermann). »

αὔδα, 1; chez Hom., Pind., et les tragiques. Homère ne connaît pas encore la signification transitive.

γενέτωρ, 3; Eur. W. Or., 986; Eur. N. Ion., 136; cf. cependant Arist., De mund., 6 (p. 397, 2, 21); Herodt., VIII, 137.

Σωκρατέα, 4.

φθιμένην, 4; cf. Xen. Cyr., VIII, 7, 18.

σύνλεκτρος, 5; cf. Eur. N. Herc. σύλλεκτρον, 1; Luc., d. d. 6, 5 (I, 1, 73).

ὤπασε, 5; Hymn. hom., 23, 5 : ἄμ' ὄπασσεν ἀοιδῇ.

ἐσσομένοις, 6; A, 70; B, 119; Γ, 287; λ, 433; Tzetz, Hist. 7, 574 (262), dans un oracle.

αἱμορύτοιο, 8 = αἱμόρρυτ.; cf. Aesch. fr. 230 (Sisyphe): αἱμόρρυτοι φλέβες; Soph. fr. 122 ἡμιουτὸν κούρειον ἡρέθη πόλει· « V. 1 in ἡμιουτὸν quid lateat nescimus : αἱμόρρυτον coni. Scaliger. »

φάος, 9; att. φῶς, les deux formes alternent chez les tragiques. Φάος se conserve chez les prosateurs, mais aux cas obliques (cf. Passow, s. v., ἐν φάει, ἄμα φάει, φάους ὄντος, etc.).

φίλα, 10; inconnu en prose dans le sens du pronom possessif.

κεύθεται, 10; Doederl. Lat. Synon., IV, p. 49: « Homer unterscheidet noch zwischen κεύθειν celare, opp. μυθεῖσθαι, φάσθαι, βάζειν, εἰπεῖν, und zwischen κρύπτειν, opp. φαίνειν.. In der Prosa hat κεύθω keinen Platz gefunden. » Cf. Jacobs, Anth., 7, 300; App., 3; Eur. N. Phoen., 1214 κακόν τι κεύθεις; Eur. W. Iph. Aul., 112, κέκευθε δέλτος. — ἱμερτῷ 13; cf. B, 751 (il s'agit d'un fleuve) et Diog. L., X, 3 (=256, 14), τὴν ἱμερτὴν καὶ ἰσόθεόν σου εἴσοδον.

Les trois inscriptions de Paros publiées dans le Bulletin de corr. hell. fournissent exactement les mêmes résultats. Partout, même confusion des formes dialectales. Nous nous bornons à les reproduire.

Loewy, Ant. Sculpt., p. 181; cf. Bull. de corr. hell., IV, p. 287; Anth. palat., II, 470, annott., p. 260; Herwerden, Stud. crit., p. 46. L'inscription est du II° s.

Τίς σε, γύναι, Παρίην ὑπὸ βώλακα θήκατο; τίς σο[ι]
ξυνὸν ὑπὲρ τύμβου σᾶμα τόδ' ἀγλάϊσεν;
« Συνγαμέτας Αὖλος Βαδύλλιος, εἰς ἐμὲ δ(ε)ίξας
στοργὰν ἀέναον. » Τίς τίνος; εἰπὲ πάτραν.
5 « Οὔνομ.' Ἐπαρχίδα μοι θέτο Σώστρατος ἥ θ' ὁμόλεκτρος
Ἀρχίππη[ι], κλεινὰν δόξαν ἐνε[ι]κάμενοι,
ἃν Μύκονος μὲν ἔθρεψε πάτρα, πολιῆτιν Ἀθηνῶν
Κέκροπος αὐτόχθων δᾶμος ἀναγράφεται. »
Χαῖρε, γύναι, τοιοῦδ' ὁμοσυνγενέτ[α]ο γεγῶσα.
« Καὶ σὺ χαρείς, ὤνθρωπε, ἕρπε σὺν εὐτυχία[ι] ».

Var. Bull. de corr. hell.: v. 1, σο[ῦ]; v. 3, ἔρσε μελίξας; v. 4, Τίς τίνος εἰπὲ, πάτρα[ς]; v. 6, κλεινήν; v. 9, ὁμοσυνγενέταο.

Anth. palat.: v. 1, σου; v. 3, συγγαμέτας, ἔρσε μελίξας; v. 4, Τίς τίνος, εἰπέ, πάτρας; v. 5, ἠδ'; v. 6, Ἀρχίππη, κλεινὴν; v. 9, ὁμοσυγγενέταο.

Herwerden, loc. cit.: « Verba absurda suaviter vertit, quem nil terret Cougny, « nexuit modulatus amorem perpetuum ». Apage ineptias! Seri carminis auctor dederat procul dubio (?): Συγγαμέτας Αὖλος Βαδύλλιος εἴσέ με, δίξας ... »

Bull. de corr. hell., VI, 246. L'inscription a été éditée par M. J. Martha. « Les lettres, dit-il, sont petites et régulières; d'après l'écriture le monument est antérieur à la conquête romaine. »

Πατ[ρὶς μὲν μ.' ἀπέ]πεμψε δικαστὴν Μυλασέεσσι
ἤδη δ' εὐδοκιμῶν ἐξέλιπον βιοτάν,
Ἀκρίσιος, πατρὸς μὲν Ἰάσονος, ἐκτέρισαν δὲ
Μυλασέες, χρυσέοις στεψάμενοί με κλάδοις·

5 ταῦρον δ' ἀμφὶ πῦρ ἔσφαξαν, τιμαῖσι σέβοντες,
δαίμονί μου νέρθεν σὺν χθονίοισι θεοῖς.
Υἱὸς δ' Ἀκρίσιος σὺν ὁμόπλοος ἤλυθε πατρὶ
γραμματέως τά[ξιν] πειθόμενος πόλει·
καί μου πνεῦμα λιπ[όν]τος, ἐμᾶς ἀρετᾶς ἐφάμιλλος
10 Μυλάσεσιν δικά[σας ἐν] διέδεκτο κρίσεις.
Ὀστέα δ' εἱμερταῖς [τέρ]ρ' ἀνεκόμιζε χέρεσσι,
τὸν Πάριον Παρίᾳ [γᾷ κ]αταθεὶς γονέα,
οἷ φυσικαὶ τοκέων [στ]οργαὶ πρὸς τέκνα ποθεινά·
ὡς ὁσίαν υἱῶν τ[ὰ]ν χάριν ἀντέλαβον.

Cf. Anth. palat., p. 591, N. 182 b, et annott., p. 605, où quelques corrections sont proposées. Les var. de l'Anth. palat. sont; v. 5, ἀμφὶ πυρ'; v. 7, συνομόπλοος; v. 8, πόλεϊ; v. 10, ἐκ]διέδεκτο; v. 11, Ὀστέα δ' ἱμερταῖς [μακ]ρὰν ἐκόμιζε; v. 13, ᾧ.

Loewy, Ant. Sculpt., p. 179; cf. Bull. de corr. hell., IV, p. 285. L'inscription est du IIe s.

Ἡρώ[ι]ων τὸν ἄριστον ὁρᾷ[τ]έ με Παρμενίωνα,
ὃν ποθ' ὁ πατροπάτωρ ἔτρεφε Παρμενίων,
πατρί τε καὶ πάπποις καὶ πατρίδι κῦδος ἄριστον,
παιδήας ἀγαθαῖς ἡδόμενον μελέταις·
5 υἱὸν Μνησιέπου καὶ Πανκλείτης νέον ἔρνος,
κάλλει καὶ πινυταῖς τερπόμενον πραπίσιν·
τὸν τρεισκαιδεχετῆ[1] δὲ πρὸς ἡρώ[ι]ων χορὸν ἁγνὸν
ἥρπασεν ἐξαπίνης πανδαμάτειρα Τύχη.

Cette inscription est importante en ce qu'elle nous montre la disparition des formes dialectales même dans la langue poétique. L'auteur emploie des mots tels que πραπίσιν, ἔρνος, mais s'interdit, par exemple, les formes doriennes.

Pour les autres inscriptions métriques de Paros, cf. outre C. I. G. 2388 = Anth. palat., 1, 327; Herwerden, Stud. crit., p. 18; et 2408 (époque romaine) = Sybel, Katalog. 572 = Le Bas, II, 2119 = Kaibel, Epigr., 217, déjà mentionnés :
Athen. V, p. 20, N. 7; Anth. palat., I, 311.

Kaibel, Epigr. N. 216, « époque romaine »; Anth. palat., II, 394, annott., p. 254.

1. Forme analogique sur δεχήμερος.

Etudes néo-grecques.

Athen. V, p. 21, N. 8 = Kaibel, add. n. 242 a = Μουσεῖον (1876-1878), p. 2, N. ροέ = Anth. pal., I, 325 = Herwerden, Stud. crit., p. 18, avec quelques observations = Loewy, Ant. Sculpt., p. 173. D'après ce dernier « (Das Relief) kann noch guter vorchristlicher Zeit angehören ».

Anth. pal., II, 234 : cf. annott. au chap. II ; Herwerden, op. cit., p. 31, et Kaibel, Epigr., N. 546.

Nous devons nous arrêter ici. Ce travail, pour être complet, aurait dû comprendre l'étude du dialecte actuel de Paros. Malheureusement les documents nous font défaut. L'ouvrage de M. Protodikos est intéressant au point de vue lexicologique ; mais il est dépourvu de toute valeur linguistique. Un seul exemple suffit à le prouver : p. 60, on lit, s. v. πράματα « πράγματα καὶ χυδαϊκώτερον πράμματα, λέγονται τὰ κτήνη ». L'auteur ne sait pas que πράματα est la forme normale ; par conséquent il n'est pas en état de relever ces différences du vocalisme et du consonantisme qui constituent toute la phonétique. Une trop grande importance est accordée d'autre part à Koray dans le cours du livre. D'ailleurs, le résultat spécial que nous poursuivions était de montrer que l'ionien a disparu du dialecte de l'île et qu'il n'y a plus d'ionien à chercher aujourd'hui à Paros.

La conclusion à tirer des inscriptions métriques en particulier, c'est que la morphologie contemporaine ne nous présente plus de subsistances dialectales ; nous avons vu que nous pouvons en avoir des preuves indirectes là même où les preuves directes nous feraient défaut. L'étude de la langue poétique peut être considérée comme un nouveau moyen d'information, applicable aux cas analogues, dans l'histoire des origines du néo-grec.

Dans un ordre d'idées un peu différent, il est un rapprochement qui se présente de lui-même à l'esprit, lorsqu'on lit ces inscriptions métriques. Cette tentative de ressusciter des formes mortes que l'on comprend plus ou moins et dont la présence jure à côté des formes vivantes, rend le style contourné, obscur et prétentieux ; nous en avons un bel exemple dans le numéro 2415. Ces inscriptions prouvent, elles aussi, que la langue pédante gâte jusqu'aux sentiments les plus simples : l'expression manque de vérité, parce qu'elle manque de vie.

Paris, Avril 1891.

INFLUENCE
DU LATIN SUR LE GREC

Par L. LAFOSCADE
(Licencié ès lettres, boursier d'agrégation à la Faculté des Lettres)

La domination des langues a quelque analogie avec celle des empires politiques : comme eux, elles remportent des victoires et essuient des revers ; comme eux, elles ont leurs moments de prospérité et leurs périodes de décadence. Tantôt on les voit se développer et s'épanouir aux dépens de leurs voisines, absorbant les éléments qui leur conviennent et rejetant ceux qu'elles ne peuvent s'assimiler : tantôt, au contraire, loin de s'étendre et de s'imposer à des peuples étrangers, elles s'arrêtent, reculent, et laissent la place à de nouvelles venues. Ici elles vivent et s'accroissent, semblables à des organismes dont la sève est riche ou le sang vigoureux : là elles dépérissent et meurent, et de leurs débris naissent et s'engraissent de nouveaux dialectes, pareils à ces jeunes états qui se forment peu à peu au sein des empires morcelés.

Mais si la domination d'une langue ressemble dans ses grandes lignes à celle d'un état, il ne s'ensuit pas que la fortune d'une langue déterminée se confonde avec celle de tel ou tel peuple. Sans doute, une nation prospère aura plus de chances qu'une autre de voir fleurir la langue qui domine chez elle ; sans doute aussi un état qui aura imposé ses lois à un autre état, les armes à la main, aura souvent la volonté, et quelquefois la faculté d'imposer son idiome à la race vaincue. Mais est-il nécessaire qu'à la prépondérance des armes corresponde celle de la langue ? Ou bien les idiomes vivent-ils indépendamment des gouvernements qui les imposent, et ont-ils une force propre d'expansion qui dans certains cas arrive à triompher de l'énergie militaire, de la pression administrative, même du mélange intime des populations ?

Pour répondre, il faudrait faire une histoire parallèle des langues et des gouvernements, et la solution du problème sortirait d'elle-même de la comparaison des divers exemples. Un seul nous occupera, et il est tout à fait caractéristique : nous voulons parler de l'attitude des Romains vis-à-vis de la Grèce et de l'influence que le latin a eu tant d'occasions d'exercer sur le grec.

L'empire romain est l'une des plus grandes dominations qu'ait vues le monde : la langue latine semble s'être étendue parallèlement avec les conquêtes de Rome. L'Afrique, l'Espagne, la Gaule sont domptées : le latin s'implante dans ces régions et y fleurit au moins autant qu'en Italie. Et il ne faudrait pas croire que cette floraison est plus spécieuse que réelle, que cette splendeur apparente n'est qu'un épanouissement éphémère : la langue a bel et bien triomphé dans ces régions des idiomes barbares, du même coup que les Romains triomphaient de leurs ennemis. Si le latin trouve en Afrique de la résistance, ce n'est pas de la part des idiomes indigènes[1]. En Espagne et en Gaule, il devient de bonne heure la langue vulgaire ; les inscriptions en font foi[2], et, pour ce qui est de la Gaule, nous savons que, vers le IVe siècle de notre ère, le latin s'était substitué au gaulois[3]. Il y a donc eu victoire du latin, victoire réelle, dont les résultats se touchent encore du doigt, puisqu'une grande partie des peuples autrefois conquis par les Romains parlent des idiomes d'origine latine.

Mais parmi les contrées qui ont été soumises par les Romains, il en est qui semblent n'avoir pas subi au même titre que les autres l'influence littéraire et linguistique de Rome : ce sont les pays de langue grecque ; car, fait curieux, là où le latin rencontra des dialectes barbares, il les domina ; partout au contraire où Rome se trouva en présence du grec, il semble qu'elle ait dû céder. Cela paraît d'autant plus étonnant que la victoire de Rome sur la Grèce fut aussi complète et aussi définitive que n'importe lequel de ses triomphes. Le pays vaincu ne se releva pas du coup qui lui avait été porté, et ses habitants durent se résigner à l'abaissement politique de leur patrie. Sa langue, en revanche, fut à peine altérée :

---

1. C'est de la part du grec ; cf. Renan, Orig., VII, 454-455.
2. Egger, Hist. anc., 259 ; W. Meyer, Lat. Spr. in Rom. L., 353.
3. Perrot, Gaulois en Galatie, 180 suiv. — Etat actuel de la question, Windisch, Kelt. Spr., 296-298.

elle se retrouva au bout de quelques siècles, non point telle évidemment qu'elle était avant la conquête[1], mais à l'état de pure continuation du grec ancien : aujourd'hui encore on parle grec en Grèce et en Orient. D'où vient cette apparente anomalie? Quelle est la raison de cet arrêt partiel et unique dans l'extension du latin?

On pourrait la chercher dans des faits accidentels et étrangers au caractère même des peuples et des langues en présence. Lorsqu'en chimie deux corps refusent de se combiner, cela peut tenir à des circonstances purement physiques et extérieures ; par exemple, ils n'agissent pas l'un sur l'autre, parce que le mélange de leurs molécules n'est pas assez intime, et la langueur de la réaction tient à la mollesse du contact. Est-ce pour une raison de ce genre que le grec a si peu subi l'influence du latin? Le pays vaincu a-t-il été abandonné tellement vite par les vainqueurs, que la fusion des populations n'ait pu se faire? Le conquérant imposant ses lois aux contrées conquises a-t-il montré trop peu de méthode et trop de nonchalance? Ou bien au contraire, les causes cherchées sont-elles d'ordre plus intime, et faut-il se référer à la nature même de ces deux races et de ces deux langues? Essayons d'unir directement de l'oxygène et du platine, prenons mille soins pour assurer le contact de leurs molécules : nous n'arriverons pas à les combiner.

Nous avons donc à examiner si le latin a essayé de supplanter le grec, si ses efforts ont été sérieux, s'ils ont produit quelque résultat. Qu'ils aient été nuls ou insignifiants, le problème se trouvera du même coup résolu. Sinon, il restera à se demander par quelles raisons intrinsèques le grec, résistant au latin, a pu demeurer vainqueur, encore qu'il fût une langue de vaincus.

I.

LES CONTACTS MILITAIRES.

La victoire d'une langue sur une autre ne saurait exister

---

[1]. Quand même le grec n'aurait pas subi d'influence étrangère, il se serait modifié en vertu d'une évolution normale et nécessaire. Psichari, Prononciation du grec, 68 suiv. (= p. 14 suiv.).

en dehors du contact de ceux qui les parlent. Mais ce contact est de plusieurs sortes : il peut être brusque et passager comme il arrive dans les simples conquêtes, officiel, mais durable lorsque l'organisation administrative suit la victoire, enfin réel et intime lorsqu'il y a en même temps mélange véritable des populations, de leurs idées, de leurs mœurs et de leurs langues. Ces différents contacts se sont-ils produits entre les Romains et les Grecs pendant les trois ou quatre siècles qui ont précédé l'avènement de Constantin ?

La conquête des pays de langue grecque avait été autre chose qu'une promenade militaire. Dès 215 A. C.[1], Philippe V de Macédoine avait signé une alliance défensive avec Hannibal contre Rome, et c'est seulement en 146 que la Grèce fut réduite en province romaine[2]. Dans l'intervalle eurent lieu bien des campagnes ; les premières, mal conduites, n'en maintinrent pas moins en Macédoine les soldats de Rome : d'autres aboutissent aux victoires de Cynoscéphales, des Thermopyles, de Magnésie ; puis c'est la lutte de Persée et de Paul-Emile, c'est enfin la défaite définitive de la ligue achéenne à Leucopétra. Ces expéditions répétées mettaient en contact les soldats romains et les peuples qui leur résistaient, avec plus d'efficacité que ne l'eût fait une simple marche militaire. D'ailleurs, même après la soumission de la Grèce, l'Orient ne cessait pas d'être le théâtre des opérations stratégiques des Romains. C'était d'une part la soumission du royaume de Pergame, et la guerre contre Mithridate, et les succès de

---

1. On peut même faire commencer l'influence romaine à la guerre d'Illyrie, 229 A. C.

2. Sur la réduction en provinces des différentes contrées d'Orient, voir Budinszky, 227-246. Voici les dates principales : Achaïe (avec l'Epire), 146 A. C. — Asie (Mysie, Lydie, Carie), 129 A. C. — Bithynie et Pont, 63 A. C. — Cilicie (Pamphylie, Pisidie, Isaurie, Lycaonie, Phrygie), 64 A. C. (Cf. Kiepert, Handbuch, p. 126, § 120 ; p. 127, § 121 ; p. 129 ; p. 130, n. 2 ; p. 130-131, § 125 ; p. 131, § 126). — Syrie, même année (cette province en formera trois sous Hadrien). — Galatie, 25 A. C. (la Lycie s'y ajoutera sous Claude en 43 A. D.). — Cappadoce, 17 A. D. — Commagène, 73 A. D. — Arabie, 105 A. D. — Grande Arménie, Mésopotamie, Assyrie, sous Trajan (limite extrême de l'empire en Orient). — Egypte, 30 A. C. — La Crète (67 A. C.) est réunie à la Cyrénaïque sous Auguste. — Cypre conquise et perdue est reprise en 27 A. C. — Rhodes est réduite sous Vespasien (capitale de la province des îles). — Sur la Macédoine et la Thrace, Budinszky, 193 sqq.

Lucullus, et le siège d'Athènes par Sylla : c'étaient d'autre part les guerres civiles dont les pays grecs semblaient être le théâtre préféré : Pharsale, Philippes, Actium, et pendant tout cela et longtemps encore après, les guerres contre les Parthes.

Toutes ces expéditions ne se faisaient pas sans soldats : il fallait aussi des troupes pour garder les conquêtes. Or, si nous nous plaçons au temps de Tibère, nous constatons que sur vingt-cinq légions romaines répandues sur les frontières[1], il y en a quatre en Syrie et deux en Egypte[2]. Sous Vespasien il y eut en plus les trois légions de Judée[3]. Au IIe siècle nous trouvons (en comprenant les trois légions Parthiques créées par Septime Sévère) onze légions répandues en Orient[4], ce qui fait un total de 66,000 hommes, sans compter les troupes auxiliaires. Tout ce monde parlait-il le latin ? Pas en totalité sans doute, mais en grande partie. Que peu à peu les légionnaires eux-mêmes, vivant dans des pays où l'on parlait grec, se soient laissés gagner par la contagion de cette langue, il n'importe pas pour le moment : ce qu'il faut retenir, c'est que les conditions d'expansion de la langue latine ne paraissaient pas, en ce qui concerne l'armée, moins favorables sur cette frontière que sur les autres. L'influence des légions romaines pouvait même dans certains cas s'exercer au delà des frontières où elles étaient cantonnées. Après la victoire de Septime Sévère sur Pescennius Niger (195 A. D.), un grand nombre des soldats battus s'enfuirent au delà du Tigre et se fixèrent chez les Parthes. Ceux-ci apprirent d'eux le maniement et la fabrication des armes romaines[5]. Ces Romains et ces Parthes devaient apparemment converser ensemble, pour se transmettre ainsi leurs procédés. A plus forte raison les

---

1. Voir Becker-Marquardt, Handbuch, III, 2, 350.
2. Tac. Ann. IV, 5 (I, 101, 6) : Cetera Africae per duas legiones, parique numero Aegyptus, dehinc initio ab Suriae usque ad flumen Euphraten, quantum ingenti terrarum sinu ambitur, quattuor legionibus coërcita...
3. Budinszky, 232.
4. Il y en a 2 en Cappadoce, 1 en Phénicie, 2 en Syrie, 2 en Judée, 1 en Arabie et Egypte, 3 Parthiques, Budinszky, 232.
5. Herodian. III, 4, 9 (81, 25) : τῶν δὲ φυγάδων στρατιωτῶν, πολλῶν τε ἐν αὐτοῖς τεχνιτῶν, παρ' αὐτοῖς γενομένων καὶ τὸν ἐκεῖ βίον ἑλομένων, οὐ μόνον χρῆσθαι ἀλλὰ καὶ ἐργάζεσθαι ὅπλα ἐδιδάχθησαν.

légions établies dans les pays grecs devaient-elles être en relations fréquentes avec leurs habitants.

Ce n'est pas tout : l'occupation militaire entraînait certaines conséquences. Lorsqu'un soldat était resté dans un pays vingt-cinq ans et plus à guerroyer contre les ennemis de l'empire, il se résignait difficilement à le quitter : aussi les anciens légionnaires s'installaient-ils souvent aux frontières : « beaucoup d'entre eux ne pouvaient se résoudre à perdre de vue les drapeaux sous lesquels s'étaient passées leurs meilleures années : ils s'établissaient dans les *canabae* ou dans le voisinage[1] ». Les légions fixées sur les frontières devenaient ainsi de véritables noyaux que de nouveaux légionnaires devaient grossir de jour en jour. Mais ce qui pouvait être plus efficace encore que cette installation toute spontanée en pays conquis, c'était l'établissement des colonies. Ces populations de vétérans envoyées dans les contrées lointaines, soit pour fonder de nouvelles villes, soit pour se mêler aux habitants des cités vaincues, étaient bien propres à faire pénétrer partout les mœurs romaines et la langue latine. Aux anciens légionnaires s'adjoignaient souvent des affranchis, des Romains ou des Italiens pauvres[2], si bien que ces colonies constituaient de véritables transfusions de population. Sous ce rapport non plus, les pays grecs n'étaient pas mal partagés. Corinthe, cette « lumière de toute la Grèce[3] » fut relevée par Jules César qui la peupla de vétérans et d'affranchis[4]. Sa destinée fut prospère : des temples d'Apollon, de Vénus, de Diane et de Bacchus y furent construits, et la sœur d'Auguste, Octavie, y eut même son sanctuaire, à côté des divinités égyptiennes Isis et Sérapis. La ville semblait toute désignée pour être un foyer d'extension de la langue latine[5].

1. Boissier, Prov. orient., 137 ; cf. 130-133.
2. Dion Cass. (D.) LI, 4, 4 suiv. ; (B.) LXVIII, 2, 1 suiv. ; cf. Plin. Ep. VII, 31, 4 (Voir Becker-Marquardt, Handbuch, III, 1, 335-341 suiv.).
3. Totius Graeciae lumen, Cic. De imp. Cn. Pomp. V, 11 (II, 2, 78, 4).
4. Strab. VIII (η), 6, 23 (II, 540, 24) : ἐποίκους πέμψαντος τοῦ ἀπελευθερικοῦ γένους πλείστους.
5. Sur les inscriptions et les monnaies, Corinthe est appelée LAVS IVLI CORINT, ou C I C A (= Colonia Julia Corinthus Augusta). Sur cette colonie ainsi que sur les autres, voir Pauly's Real Encyclopädie. Consulter aussi Kiepert, Manuel, 157-158 (corriger, ibid.; 158, Kechriae en Kechriès = Κεχριές, cf. Miliarakis, Cor., 110) ; Niebuhr, Länd. u. Völkerk., 49-50.

A côté d'elle, Dyme[1] et surtout Patras[2] repeuplé par Auguste après la bataille d'Actium devaient l'aider dans sa tâche. En Épire, nous trouvons Buthrotum et Nicopolis, également fondées par Auguste. Cette dernière avait quelque importance : elle possédait un temple d'Apollon, et était tous les cinq ans le théâtre de jeux en l'honneur du dieu. Une partie de sa nouvelle population était sans doute composée d'habitants d'Anactorium et d'Ambracie, ainsi que d'Etoliens ; mais si la ville n'avait pas reçu d'autres colons, elle n'eût pas été appelée colonie romaine[3] : le mélange des deux races, conquérante et indigène, dans une même ville, ne pouvait, semble-t-il, qu'aider à la romanisation de la contrée. Nous comptons en Macédoine sept colonies[4], en Thrace quatre[5] ; si nous passons le Bosphore, nous rencontrons en Asie, à côté de Parium et de Tralles, Alexandria Troas (colonie depuis Auguste) où habitants et colons étaient considérés comme étant sur le même pied[6]. La ville était d'ailleurs considérable : les empereurs Auguste et Hadrien, et surtout l'opulent Hérode Atticus[7] contribuèrent à son embellissement. Au Ier siècle A. C., César songeait déjà à y transporter le gouvernement de l'empire[8] ; quatre siècles plus tard, Constantin l'eut également en vue avant de se décider à faire de Byzance la capitale du monde. Dans la Bithynie et le Pont, Apamée, malgré la liberté relative dont elle jouissait[9] n'en était pas moins

---

1. Voir Plin. H. N. IV, 5 (6), 13.

2. Strab. VIII (η), 7, 5 (II, 548, 10) ; X (ι), 2, 21 (II, 647, 13) : οἱ ἐν Πάτραις Ῥωμαῖοι.

3. Plin. H. N. IV, 1, 3, 4 ; Tac. Ann. V, 10 (I, 134, 25) : Nicopolim, Romanam coloniam.

4. Budinszky, 196 : Dyrrachium, Pella, Philippes, Bullis, Dium, Cassandria, Potidée (et plus tard Stobes (Stobi) et Thessalonique).

5. Apros (Claude), Debeltus et Flaviopolis (Vespasien), Philippopolis (Philippe, 248 A. D.).

6. Becker-Marquardt, Handbuch, III, 1, 340 ; sur le système de colonisation suivi par les Romains, en regard des Grecs, id., III, 1, 258.

7. Pour tous ces renseignements, voir Pauly s. v. Alexandria Troas, et Budinszky, 231.

8. Suet. Div. Jul. 79 (32, 22). Voir plus loin, chap. VI.

9. Plin. [Ep. X] ad Trai. XLVII [LVI] (286, 28), nous dit qu'aucun proconsul ne s'est avant lui occupé des comptes de la ville : « cupere quidem universos ut a me rationes coloniae legerentur, numquam

une colonie[1], tout aussi bien qu'Héraclée, Sinope[2] et cette Nicomédie dont la splendeur au IVe siècle n'est éclipsée que par celle de Constantinople. On en trouve de même en Galatie, Lycaonie et Pisidie[3], en Cilicie[4], en Cappadoce[5], dans la Petite Arménie[6]. Elles sont nombreuses dans la Syrie principale : Béryte[7] doit sous Auguste sa prospérité aux bienfaits d'Agrippa, Héliopolis[8] reçoit sous le même empereur les vétérans de deux légions[9], Césarée est illustrée par le séjour de Vespasien avant son appel au trône impérial, et le nouveau souverain en fait une colonie[10].

Jérusalem elle-même est colonisée[11] et devient sous Hadrien Aelia Capitolina. Bostra en Arabie reçoit des colons romains sous Alexandre Sévère[12], et la Mésopotamie compte sous Ca-

tamen esse lectas ab ullo proconsulum, habuisse privilegium et vetustissimum morem arbitrio suo rem publicam administrare ».

1. Sur les monnaies : Colonia Julia Concordia Apamea ou Concordia Julia Concordia Augusta Apamea ; Pauly, s. v. Apamea.
2. Col. Jul. Caes. Felix Sinope ; Pauly, s. v. Sinope.
3. Germa (sur les monnaies depuis Domitien), Iconium (id. depuis Gallien), Antioche, Cremna (Col. Jul. Aug. Cremna) ; cf. Kiepert, Handbuch, p. 127, § 121.
4. Sélinonte (où meurt Trajan), Selinūs.
5. Archelaïs, Faustinopolis, Tyana (Caracalla), Comana (id.), que les monnaies désignent par les mots : Col. Jul. Aug. F. Comanorum.
6. Sinis.
7. Julia Augusta Felix Berytus.
8. Colonia Julia Augusta Felix Heliopolis.
9. Les légions VIII Augusta et V Macedonica.
10. Colonia prima Flavia. Tous ces renseignements d'après Pauly, ss. vv.
11. Euseb. H. E. IV, 6, 4 ; cf. Euseb. Comm. p. 120, 122 ; Gregorovius, Hadrian, 150. — Il faut ajouter à ces colonies de Syrie, Ptolemaïs (Claude), Laodicée, Tyr (splendidissima selon Ulpien Dig. L, 15, 1) et Sébaste, toutes trois colonisées sous Septime Sevère, Antiochia Emesa (Caracalla), Césarée du Liban (id.), Sidon (Héliogabale), Damascus (Philippe). — Ulpien (Dig. L, 15, 1) nous dit que de ces colonies il y en avait qui possédaient le droit italique : « Sciendum est esse quasdam colonias iuris Italici, ut est in Syria Phoenice splendidissima Tyriorum colonia, unde mihi origo est, nobilis regionibus, serie saeculorum antiquissima, armipotens, foederis quod cum Romanis percussit tenacissima : huic enim diuus Seuerus et imperator noster ob egregiam in rem publicam imperiumque Romanum insignem fidem ius Italicum dedit »...
12. Nova Trajana Alexandriana Colonia Bostra.

racalla jusqu'à cinq établissements de ce genre[1]. L'Egypte seule n'en a pas[2] : dans tous les autres pays de langue grecque, nombre de colonies se fondent, et non pas seulement sous tel ou tel empereur, mais, comme on l'a pu voir, à des époques bien différentes.

Tel était donc le caractère de la conquête des pays grecs par les Romains, qu'elle avait produit non pas un contact éphémère de troupes victorieuses aussitôt parties qu'arrivées avec des populations aussi vite libérées que vaincues, mais un contact réel et intime, dont les points étaient nombreux et la durée sérieuse. Le passage des armées, le campement des légions, et surtout l'institution de ces établissements à demi-militaires appelés colonies, ne contribuaient pas seulement à la conquête et à la garde des contrées : c'étaient en même temps des moyens de romanisation. Rien n'était plus propre à préparer le mélange des races et des langues.

II.

LES CONTACTS OFFICIELS.

L'institution des colonies nous montre déjà que le gouvernement romain avait la ferme volonté de romaniser l'Orient ; d'autres faits nous prouvent qu'en particulier il a tenté de lui imposer la langue latine. L'assertion générale de saint Augustin[3] ne vise pas spécialement les pays de langue grecque ; elle s'applique très bien à eux, et nous en avons des preuves. Je ne parle pas seulement de menus faits dont on pourrait contester la valeur. Que Tibère défende à ses sujets de se servir du mot *emblema* parce qu'il est grec et bien qu'on ne le puisse traduire, cela peut à la rigueur passer pour

---

1. Carrhes (Carrhae) et Singara (Marc-Aurèle) ; Nisibis et Rhesaena (Septime Sévère), Edesse (Caracalla), Budinszky, 232.
2. Nous aurons plusieurs fois l'occasion de constater que l'Egypte fait exception à la règle commune.
3. August. De civit. Dei. XIX, 7 (II, 320, 8) : At enim opera data est, ut inperiosa civitas non solum iugum, verum etiam linguam suam domitis gentibus per pacem societatis inponeret. Voir Egger, Hist. anc., 261, et, sur l'importance et l'extension du latin, les textes cités par G. Paris, Romania, 2.

une simple boutade de souverain despote et grincheux[1]. La conduite des Romains à l'égard de la langue grecque paraît avoir été plus raisonnée et plus méthodique.

Pour parler tout d'abord des moyens détournés qu'ils ont employés, signalons ces nombreux voyages que les empereurs ont entrepris vers la Grèce. Sans nul doute, c'était souvent l'admiration ou le caprice qui les guidaient : n'était-ce pas un peu le désir de faire connaître la dignité impériale et de répandre le nom romain en offrant au respect des peuples la personne même de son plus haut représentant? Les voyages de Néron et d'Hadrien[2] surtout sont célèbres; tous ont contribué à faire aimer le chef de l'empire. La proclamation de la liberté des Grecs aux jeux Isthmiques est accueillie avec la plus grande joie, et le premier voyage d'Hadrien à Athènes est considéré par les Grecs comme le commencement d'une ère nouvelle[3]. Que les empereurs aiment ou non la Grèce, ils la flattent[4] et cette flatterie est souvent toute politique. Leur intérêt est de se rendre agréables, et ils essaient souvent de l'être. On connaît la conduite des premiers Romains qui intervinrent en Orient ; c'est celle que tiendront souvent les empereurs. Au temps de la conquête, un Flamininus détachait les Grecs des Macédoniens en restituant des terres à

---

1. Dion Cass. (D) LVII, 15, 2; Tibère a défendu à ses sujets de faire usage des vases d'or ; l'historien ajoute : ἐπεί τε διηπόρησάν τινες εἰ καὶ τὰ ἀργυρᾶ τὰ χρυσοῦν τι ἔμβλημα ἔχοντα ἀπηγορευμένον σφίσιν εἴη κεκτῆσθαι, βουληθεὶς καὶ περὶ τούτου τι δόγμα ποιῆσαι, ἐκώλυσεν ἐς αὐτὸ τὸ ὄνομα τὸ τοῦ ἐμβλήματος ὡς καὶ Ἑλληνικὸν ἐμβληθῆναι, καίτοι μὴ ἔχων ὅπως ἐπιχωρίως αὐτὸ ὀνομάσῃ ». Cf. Suet. Tib. 71 (116, 2) : Sermone graeco quamquam alioqui promptus et facilis, non tamen usque quaque usus est, abstinuitque maxime in senatu ; adeo quidem, ut monopolium nominaturus veniam prius postularet, quod sibi verbo peregrino utendum esset; atque etiam cum in quodam decreto patrum ἔμβλημα recitaretur, commutandam censuit vocem, et pro peregrina nostratem requirendam aut si non reperiretur, vel pluribus et per ambitum verborum rem enuntiandam.

2. Voir Renan, Orig. IV, 265 sqq. ; III, 178 ; VI, 186 sqq. ; sur Néron voir spécialement Holleaux; Néron, 517 (10).

3. C. I. G. 281 : θεοῖς, τύχῃ [Αὐ]τοκράτορος Καίσαρος [Τ. Ἀ]ιλίου Ἀδριανοῦ Ἀντωνείνου Σεβαστοῦ, εἰκοστοῦ ἑβδόμου ἔτους ἀπὸ τῆς θεοῦ Ἀδριανοῦ πρώτης εἰς Ἀθήνας ἐπιδημίας... Cf. Gregorovius, Hadrian, 104 sqq.

4. Une exception toutefois est à faire pour Vespasien, qui enlève aux Grecs la faveur accordée par Néron : voir Holleaux, Néron, 525 (23).

des propriétaires dépouillés[1], ou bien encore c'étaient des villes isolées qu'on essayait de s'allier en leur promettant liberté, autonomie et secours[2]. Les procédés qu'emploient les empereurs pour la romanisation des contrées conquises sont parfois du même genre. L'un de leurs moyens favoris est de s'attacher les particuliers en distribuant, même en prodiguant le droit de cité. Sans doute ce droit devint rapidement vénal; peut-être aussi cette vénalité fut-elle une des causes de son extension. Mais si certains empereurs, comme Claude, le prodiguaient, ce n'était pas toujours par avarice[3], c'était plus souvent par désir d'étendre le nom romain et la langue latine : Claude le retire à un Lycien par la raison qu'il ignore le latin, et qu'un citoyen de Rome doit savoir sa langue[4]; ne voulait-il pas par un exemple encourager les peuples à l'apprendre? Et le moyen n'était pas mauvais : car le titre de citoyen romain conférait avec lui des avantages qui ne laissaient pas d'être alléchants[5]. C'était la récompense de ceux qui parlaient latin, et ceux mêmes qui l'avaient conquise, sans la mériter, devaient se croire moralement obligés de faire quelque chose pour en être dignes.

Il était des moyens plus directs : on pouvait dans une certaine mesure obliger les Grecs à savoir le latin. Tout effort de ce genre, dira-t-on, est impossible : le plus tyrannique des despotes ne contraindra jamais aucun de ses sujets à parler une langue qu'il ignore et qu'il refuse d'apprendre.

---

1. C. I. G. 1770 : Τίτος Κοίνκτιος, στρατηγός ὕπατος Ῥωμαίων, Κυρετιέων τοῖς ταγοῖς καὶ τῇ πόλει χαίρειν...

2. C. I. G. 3800 (lettre d'un préteur romain aux habitants d'Héraclée).

3. Dion Cass. (D.) LX, 17, 7 : ἐπὶ δ'ἐκείνῳ ἐπῃνεῖτο ὅτι πολλῶν συκοφαντουμένων, τῶν μὲν ὅτι τῇ τοῦ Κλαυδίου προσρήσει οὐκ ἐχρῶντο, τῶν δὲ ὅτι μηδὲν αὐτῷ τελευτῶντες κατέλειπον, ὡς καὶ ἀναγκαῖον ὂν τοῖς τῆς πολιτείας παρ' αὐτοῦ τυχοῦσιν ἑκάτερον ποιεῖν, ἀπηγόρευσε μηδένα ἐπ' αὐτοῖς εὐθύνεσθαι. L'historien vient d'ailleurs de dire (LX, 17, 6) qu'avec quelques vases, même brisés (ὑάλινα σκεύη συντετριμμένα) on peut acheter le titre de citoyen.

4. Dion Cass. (D) LX, 17, 4. Les Lyciens avaient tué des citoyens romains : Claude ouvre une information : « ἐν δὲ δὴ τῇ διαγνώσει ταύτῃ, ἐποιεῖτο δὲ αὐτὴν ἐν τῷ βουλευτηρίῳ, ἐπύθετο τῇ Λατίνων γλώσσῃ τῶν πρεσβευτῶν τινος, Λυκίου μὲν τὸ ἀρχαῖον ὄντος, Ῥωμαίου δὲ γεγονότος· καὶ αὐτόν, ἐπειδὴ μὴ συνῆκε τὸ λεχθέν, τὴν πολιτείαν ἀφείλετο, εἰπὼν μὴ δεῖν Ῥωμαῖον εἶναι τὸν μὴ καὶ τὴν διάλεξίν σφων ἐπιστάμενον. » Cf. Suet. Claud. 16.

5. Dion Cass. (D.) LX, 17, 5 : ἐπειδὴ γὰρ ἐν πᾶσιν ὡς εἰπεῖν οἱ Ῥωμαῖοι τῶν ξένων προετετίμηντο...

Certes, les pressions de ce genre s'exercent difficilement sur la vie privée : rien n'empêche qu'elles n'aient lieu dans la vie officielle. Vous refusez de parler notre langue : soit, mais si vos députés l'ignorent, ils ne seront pas écoutés. Vous voulez vivre entre vous comme des barbares au milieu de l'empire romain? Permis à vous, mais l'empire romain vous a soumis avec ses soldats, il vous administrera dans sa langue. Vous vous entendez très bien dans votre idiome, et vous n'en voulez pas changer? Libre à vous ; mais l'on a beau s'entendre, on se dispute toujours : quels seront vos arbitres, sinon vos magistrats, lesquels sont des Romains qui vous jugeront en latin? Ainsi vous apprendrez le latin, ou vous serez malheureux ; tel était le dilemme posé aux Grecs. Il ne l'était pas, à vrai dire, en termes aussi formels, car l'on n'obtient rien qu'avec de nombreuses concessions, et la pression est souvent d'autant plus efficace qu'elle est plus élastique. En tout cas le Romain essaie d'introduire sa langue comme organe unique des transactions officielles, tant à Rome, au Sénat, qu'en Orient dans l'administration et dans les tribunaux. Longtemps il fut interdit aux députés étrangers de parler dans le sénat une autre langue que le latin. Au IIe siècle A. C. trois philosophes grecs venus à Rome pour adresser au nom des Athéniens une réclamation au sénat romain furent obligés d'avoir recours à un interprète[1]. Si les Pères conscrits le voulurent ainsi, ce n'était pas de leur part ignorance de la langue grecque : nos trois philosophes en effet avaient pu se faire comprendre et admirer par des auditeurs directs dans des conférences d'un caractère moins officiel. Molon le rhéteur, le premier, put en personne prononcer dans la curie un discours resté grec[2]. Mais vers l'époque où cette rare faveur

---

1. Gell. Noct. Att. VI (VII), 14, 9 (I, 361, 24 suiv.). Erant isti philosophi Carneades ex Academia, Diogenes Stoicus, Critolaus Peripateticus. Et in senatum quidem introducti interprete usi sunt C. Acilio senatore ; sed ante ipsi seorsum quisque ostentandi gratia magno conventu hominum dissertaverunt. Tum admirationi fuisse aiunt Rutilius et Polybius philosophorum trium sui cuiusque generis facundiam.

2. Val. Max. II, 2, § 3 (62, 28) : quis ergo huic consuetudini, qua nunc Graecis actionibus aures curiae exurdantur, ianuam patefecit ? ut opinor, Molo rhetor, qui studia M. Ciceronis acuit : eum namque ante omnes exterarum gentium in senatu sine interprete auditum constat.

était accordée à son maître rhodien, Cicéron était vivement blâmé par Metellus d'avoir parlé grec non pas à Rome et devant un sénat romain, mais à Syracuse et dans une assemblée dont c'était la langue familière[1]. Il est vrai qu'au temps de Valère-Maxime (sous Tibère) l'exception faite en faveur de Molon se généralise, et que « la porte est ouverte » aux discours de langue grecque. Mais l'empereur n'en paraît point très satisfait, et malgré ses aptitudes personnelles, il affecte de parler plutôt le latin dans les réunions du sénat[2]. Il défend d'ailleurs à un centurion de répondre en grec devant l'assemblée, bien que la question lui ait été adressée dans cette langue[3], et son exigence à propos du mot ἐμβλημα perd tout caractère de caprice, si l'on songe qu'il s'agissait d'un sénatus-consulte[4]. Claude paraît avoir eu les mêmes sentiments, et la mesure qu'il prit contre le député Lycien s'explique d'autant mieux que l'information avait lieu dans le sénat[5]. Le même empereur ne permettait pas aux gouverneurs choisis par lui de le remercier en grec. Hérode et Agrippa ne le font, semble-t-il, qu'en vertu d'une faveur exceptionnelle[6]. Et pourtant Claude est l'un des princes qui ont le plus aimé et cultivé la langue grecque ; c'est que, même en dépit de leurs goûts personnels, les empereurs tenaient à généraliser le latin comme langue officielle. On peut constater les concessions qu'ils ont pu faire : on ne peut nier leurs efforts.

Convertir à la langue latine les députés des populations

---

1. Cic. In C. Verr. II, iv, 66, § 147 : ait indignum facinus esse, quod ego in senatu Graeco verba fecissem ; quod quidem apud Graecos Graece locutus essem, id ferri nullo modo posse.

2. Voir p. 92, note 1, la citation de Suétone.

3. Dion Cass. (D) LVII, 15, 3 : ἐκεῖνό τε οὖν οὕτως ἐποίησε, καὶ ἑκατοντάρχου ἑλληνιστὶ ἐν τῷ συνεδρίῳ μαρτυρῆσαί τι ἐθελήσαντος οὐκ ἠνέσχετο, καίπερ πολλὰς μὲν δίκας ἐν τῇ διαλέκτῳ ταύτῃ καὶ ἐκεῖ λεγομένας ἀκούων, πολλὰς δὲ καὶ αὐτὸς ἐπερωτῶν. L'apparente contradiction signalée par l'historien s'explique par la difficulté qu'il y avait à réagir contre une coutume d'ailleurs justifiée.

4. Suet. Tib. 71 (116, 5) ; voir p. 92, note 1 et noter les expressions : « abstinuitque maxime in senatu » et « in quodam decreto patrum ».

5. Voir la citation, p. 93, note 4.

6. Dion Cass. (D.) LX, 8, 3, vient de parler d'Agrippa, il ajoute : τῷ τε ἀδελφῷ αὐτοῦ Ἡρώδῃ τό τε στρατηγικὸν ἀξίωμα καὶ δυναστείαν τινὰ ἔδωκε, καὶ ἔς τε τὸ συνέδριον ἐσελθεῖν σφισι καὶ χάριν οἱ ἑλληνιστὶ γνῶναι ἐπέτρεψε.

d'Orient, c'eût été déjà beaucoup : convertir les populations elles-mêmes, cela importait encore plus. Il fallait tenter dans les provinces ce que l'on essayait au sénat. Ici encore les Romains n'ont manqué ni de volonté ni d'énergie. Au moment de la conquête, les proclamations aux vaincus se font en latin. Il est difficile de rien assurer sur celle qui eut lieu aux jeux Isthmiques (196 A. C.). Un héraut annonce aux Grecs que le sénat romain et T. Quinctius leur accordent la liberté : mais T. Live[1] ne spécifie pas que ce soit en grec, et Polybe[2] laisse croire que le bruit seul empêcha les auditeurs de comprendre[3]. Après la défaite de Persée, c'est en latin que Paul-Emile, à Amphipolis, annonce aux vaincus la nouvelle organisation de la Macédoine[4]. Il est vrai que le préteur Cn. Octavius est obligé de traduire le discours en grec, et que le général adresse dans la même langue des paroles encourageantes à Persée[5] : mais ces deux faits prouvent seulement que les Macédoniens ne savent pas encore le latin : dès lors à quoi bon leur donner l'original du décret, au lieu de se contenter d'en faire lire la traduction? On veut sans nul doute leur montrer que l'interprétation du texte n'est qu'une concession dictée par des nécessités passagères, et que la langue des Romains doit être désormais leur langue. Dans les inscriptions officielles, les Romains tiennent essentiellement à ce que l'original latin des décrets figure à côté de leurs traductions[6]. César[7] et Antoine[8] le spécifient, ce dernier recom-

---

1. Liv. XXXIII, 32, 4 : et praeco cum tubicine, ut mos est, in mediam aream, unde sollemni carmine ludicrum indici solet, processit et, tuba silentio facto, ita pronuntiat : « Senatus Romanus et T. Quinctius imperator »...

2. Pol. H¹. XVIII, 46 (29), 9 (1015, 6) : τηλικοῦτον συνέβη καταρραγῆναι τὸν κρότον ὥστε καὶ μὴ ῥαδίως ἂν ὑπὸ τὴν ἔννοιαν ἀγαγεῖν τοῖς νῦν ἀκούουσι τὸ γεγονός.

3. Il est probable que la proclamation faite en latin était traduite à mesure par un interprète.

4. Liv. XLV, 29, 3 : Silentio per praeconem facto, Paulus Latine, quae senatui, quae sibi ex consilii sententia visa essent, pronuntiavit ; ea Cn. Octavius praetor (nam et ipse aderat) interpretata sermone Graeco referebat.

5. Liv. XLV, 8, 6 : Haec Graeco sermone Persei, etc.

6. Voir des spécimens dans Viereck, Sermo graecus, 12 suiv. Cf. cependant Diehl et Cousin, S. C. de Lagina, 454.

7. Joseph. B. Antiq. jud. XIV, 10, 2 (III, 233, 26), César aux Sidoniens : « βούλομαι δὲ καὶ ἑλληνιστὶ καὶ ῥωμαϊστὶ ἐν δέλτῳ χαλκῇ τοῦτο ἀνατεθῆναι ».

8. Joseph. B. Antiq. jud. XIV, 12, 5 (III, 254, 17 suiv.). M. Antoine

mandant en outre de placer bien en vue les tables du décret. Il nous reste d'ailleurs des inscriptions bilingues d'un caractère officiel[1]. L'une des plus intéressantes est le monument d'Ancyre, où sont rappelés les exploits d'Auguste[2]. Signalons aussi une inscription qui nous a conservé certaines pièces curieuses concernant une question de territoire[3]. Il s'agit des terrains consacrés par les habitants d'Aezanis (Phrygie), à Jupiter Aezanite. La lettre réglant leur délimitation est en grec ; mais les pièces qui résultent des divers pourparlers administratifs sont en latin[4]. C'est qu'en effet le latin est la langue de tous les magistrats. Il n'y a d'exception, au moins à l'origine, ni pour la Grèce ni pour l'Asie[5], et partout les autorités romaines n'écoutent que la langue des Romains. On n'a pas la cruauté, il est vrai, d'interdire à ceux qui l'ignorent toute espèce de vie officielle; mais on exige de leur part l'usage de l'interprète, ce qui est parfois désastreux et toujours incommode. Les magistrats ignoraient-ils donc le grec? Non pas : mais il fallait faire respecter le latin de toutes les nations et le répandre au milieu d'elles. Il y eut toutefois des fonctionnaires qui ne savaient pas le premier mot de la langue du pays qu'ils administraient : tel est le cas d'un gouverneur d'Achaïe, qui, sous Néron, se fait berner par tout le monde[6]. C'était là un mal, à coup sûr, et le latin lui-même

---

aux Tyriens : « ἵν' αὐτὸ εἰς τὰς δημοσίους ἐντάξητε δέλτους γράμμασι Ῥωμαϊκοῖς καὶ Ἑλληνικοῖς, καὶ ἐν τῷ ἐπιφανεστάτῳ ἔχητε αὐτὸ γεγραμμένον, ὅπως ὑπὸ πάντων ἀναγινώσκεσθαι δύνηται ».

1. Consulter à ce sujet Weber, Lat. Gr. IV, 84.
2. C. I. G. 4040 ; Perrot, Galatie, I, 243-262 ; Mommsen, Res gestae d. Aug.¹, XXIX-LXXXVII ; Mommsen, Res gestae d. Aug., XXXVIIII-LXXXXVII (ibid. p. 1-2, la rédaction de ce document est terminée en 767/14) ; Bergk, Aug. Ind., I-XXV ; C. I. L. t. III (pars II), p. 769-799 ; Peltier, Res gestae d. Aug., 2-39. Remarquons en passant le soin qu'ont les Romains d'entretenir le souvenir de leur gloire.
3. C. I. G. 3835.
4. C. I. G. 3835. Sur une question du même genre, voir C. I. G. 1711, une inscription de Delphes, bilingue.
5. Val. Max. II, 2, § 2 (62, 12), parlant des anciens magistrats : « illud quoque magna cum perseuerantia custodiebant, ne Graecis unquam nisi latine responsa darent. quin etiam ipsos linguae uolubilitate, qua plurimum ualent, excussa per interpretem loqui cogebant non in urbe tantum nostra, sed etiam in Graecia et Asia, quo scilicet Latinae uocis honos per omnes gentes uenerabilior diffunderetur ».
6. Philostr. Vit. Apoll. V, 36, p. 221 (I, 197, 27) : κατὰ τοὺς χρόνους,

Études néo-grecques. 7

n'y pouvait gagner : mais cet excès même n'est-il pas l'indice de l'usage du latin comme langue administrative ?

C'était surtout en matière de droit que les fonctionnaires avaient affaire avec leurs administrés : or, le latin reste partout la langue juridique. Un peuple aussi formaliste que l'étaient les Romains, des hommes aux yeux de qui la lettre des lois était tout et l'esprit peu de chose, devaient difficilement se résigner à traduire dans une langue étrangère des textes auxquels il leur semblait impossible de toucher[1] : d'autre part, les constitutions des empereurs étaient émises en latin, et grossissaient les sources du droit sans y mêler d'éléments grecs[2]. Enfin, n'avons-nous pas vu que les magistrats, lors même qu'ils n'ignoraient pas le grec, hésitaient à s'en servir[3] ? Il devenait donc, sinon nécessaire, du moins fort utile pour les parties de savoir le latin, et l'extension de la langue en profitait. Sans doute le secours des interprètes était possible ; sans doute aussi l'on autorisa de bonne heure les plaideurs à se faire entendre dans leur idiome[4] : mais que d'inconvénients à parler en justice une langue qui n'est ni celle de la loi, ni celle du magistrat, et qui ne sera même pas celle du jugement ! Car il faut que les jugements soient en latin[5] : et de fait le premier qui ait été rendu en langue grecque, et que nous possédions, date seulement de Julien : encore les sentences ne seront-elles régulièrement autorisées que sous Arcadius. Ainsi le maintien du latin comme langue juridique

οὓς ἐν Πελοποννήσῳ διῃτώμην, ἡγεῖτο τῆς Ἑλλάδος ἄνθρωπος οὐκ εἰδὼς τὰ Ἑλλήνων, καὶ οὐδ' οἱ Ἕλληνές τι ἐκείνου ξυνίεσαν· ἔσφηλεν οὖν καὶ ἐσφάλη τὰ πλεῖστα, οἱ γὰρ ξύνεδροί τε καὶ κοινωνοὶ τῆς ἐν τοῖς δικαστηρίοις γνώμης ἐκαπήλευον τὰς δίκας διαλαβόντες τὸν ἡγεμόνα, ὥσπερ ἀνδράποδον. Un fait du même genre est cité par Libanius, I, 103, 20 sqq.

1. Voir Bethmann Hollweg, Civilprozess, II, 195-6. On hésite longtemps avant d'oser traduire les formules. Voir chap. V de ce travail : Théophile lui-même laisse encore certaines formules intactes.

2. Voir Dirksen, Fremd. Spr. bei d. R., 40-48, sur les constitutions *grecques* des empereurs, et l'appréciation de Justinien par Gibbon, X, 547. ch. LIII.

3. Voir p. 97, note 5.

4. Bethmann-Hollweg, Civilprozess, II, 196. Cf. Dirksen, Fremd. Spr. bei d. R., 43.

5. Bethmann-Hollweg, Civilprozess, III, § 148, p. 196-197 : Sous Dioclétien et Constantin, les parties parlent en grec, mais la sentence est encore rendue en latin. Cela dure jusqu'au VIe s., à C P., où protocolles et jugements sont encore rédigés en latin, ibid. 197.

doit compter parmi les moyens de pression officielle : bien plus, cet usage semble destiné à se fortifier et à s'entretenir de lui-même ; car l'étude du droit prend en Orient une grande importance. Dès le principat de Domitien, un jeune Arcadien est envoyé à Rome par son père pour se familiariser avec les lois[1]. Le jurisconsulte Papinien est originaire de Phénicie, peut-être même est-il parent de Julia Domna, la femme de l'empereur Septime Sévère[2]; Tyr est certainement la patrie d'Ulpien[3]; enfin, symptôme plus sérieux, il existe à Béryte (Phénicie) une école de jurisprudence, au moment où Grégoire le Thaumaturge, qui a déjà trouvé un premier maître en Cappadoce, désire compléter son instruction[4]. Elle n'était probablement pas la seule, et la science du droit romain devait être d'autant plus recherchée qu'elle était pour tous une commodité, et pour quelques-uns un moyen d'arriver aux fonctions publiques[5]. Déjà Quintilien, tout en recommandant l'étude du grec aux orateurs, tout en leur permettant même de commencer par le grec, s'empressait d'ajouter qu'il ne fallait point y mettre d'affectation et que le grec ne devait point nuire au latin[6].

1. Philostr. Vit. Apoll. VII, 42, p. 320 (I, 395, 18). Le jeune homme interrogé par Apollonius, lui répond : «... ὄντα γάρ με Ἀρκάδα ἐκ Μεσσήνης οὐ τὰ Ἑλλήνων ἐπαίδευσεν, ἀλλ' ἐνταῦθα ἔστειλε μαθησόμενον ἤδη νομικά... ».
2. Hist. Aug. XIII, Ael. Spart. Caracallus, VIII, 2 (I, 187, 11) : Papinianum amicissimum fuisse imperatori Seuero et, ut aliqui loquuntur, adfinem etiam per secundam uxorem, memoriae traditur.
3. Dig. L, 15, 1 (Voir la citation p. 90, note 11). Niebuhr, Röm. Gesch., V, 368, croit que la famille seule du jurisconsulte était de cette ville : Ulpien saurait trop bien le latin pour être Syrien. Cf. Teuffel, § 376, 1.
4. Greg. Thaum., 1065 C. : Ἐπεὶ γὰρ ἐξεπαιδευόμην ἑκὼν καὶ ἄκων τοὺς νόμους τούσδε, δεσμοὶ μέν πως ἤδη κατεδέδληντο καὶ αἰτία καὶ ἀφορμὴ τῆς ἐπὶ τάδε ὁδοῦ, ἡ τῶν Βηρυτίων πόλις· ἡ δὲ οὐ μακρὰν ἀπογέουσα τῶν ἐνταῦθα πόλις Ῥωμαϊκωτέρα πως, καὶ τῶν νόμων τούτων εἶναι πιστευθεῖσα παιδευτήριον.
5. Le latin sera un moyen de parvenir, surtout à l'époque de Constantin. Voir notre ch. IV. Pour les écoles de droit à CP., voir *ibid*.
6. Quint., Inst. or. I, 4, 1 : nec refert de graeco an de latino loquar, quamquam graecum esse priorem placet... Inst. or. I, 1, 13 : non tamen hoc adeo superstitiose fieri uelim, ut diu tantum graece loquatur aut discat, sicut plerisque moris est, et ce qui suit, où le Romain se montre. La raison de la préférence donnée au grec (ib. 12) est toute pratique : Latinum... uel nobis nolentibus perbibet (I, 1, 12).

De tous ces faits, l'on peut conclure que les causes officielles de romanisation ont été sérieuses, même avant Constantin. Le régime impérial, sans doute, fait des concessions, mais il les laisse attendre, et elles semblent en général dictées par la nécessité. Il y a non seulement contact administratif, mais encore pression du pouvoir central[1].

III.

LA CONTAGION DU LATIN.

Des causes générales, comme celles que nous venons d'examiner, pouvaient se heurter à une impassibilité absolue et échouer sur tous les points où elles agissaient. La chose serait sans doute étonnante, vu l'importance des efforts tentés par Rome pour infuser aux pays grecs sa population et pour substituer le latin à leur langue; mais le fait une fois constaté, il faudrait l'admettre et il ne resterait plus qu'à l'expliquer. Ou bien ces causes générales peuvent avoir provoqué des causes plus particulières de romanisation; le levain est dans la pâte : mais s'aperçoit-on qu'elle commence à lever? Les boutures sont plantées, mais poussent-elles des racines? Nous n'hésitons pas à répondre que l'on trouve en Grèce, du IIe siècle A. C. au IVe siècle A. D., plusieurs assimilations d'idées et de mœurs romaines, et à côté, des progrès réels

---

1. L'Egypte fait seule exception : la langue grecque, introduite par les Ptolémées, reste, sous la domination romaine, la langue officielle, au moins avant le IVe siècle. Voir Budinszky, 234 n. 16 et Becker Marquardt, III, 1, 209. — L'étude des monnaies d'Orient donne des renseignements précieux sur l'extension du latin comme langue officielle. Pour le détail voir Mommsen, Röm. Münzw., 702 sqq. La conclusion à tirer (voir p. 733) est que les légendes des monnaies d'or et d'argent sont presque toujours en latin ; sur les monnaies de cuivre, le latin se soutient jusqu'à Trajan ; après, c'est le grec qui l'emporte. Ainsi la pression officielle s'est toujours exercée d'une façon générale par les monnaies de métal précieux ; elle a même essayé de faire pénétrer le latin chez le menu peuple avec l'aide des monnaies de cuivre (qui, selon la remarque de Mommsen, avaient partout un caractère plus local) ; mais il semble qu'elle ait été arrêtée par la résistance populaire du grec.

de la langue latine[1], faits partiels et locaux, sans doute, et dont il serait téméraire de conclure à une conquête définitive de la langue, mais faits palpables ou prouvés, et qu'il convient de considérer comme des causes possibles de contagion, lors même que leur caractère d'exception empêche de les regarder comme des résultats généraux et acquis.

Nous ne reviendrons pas sur le mélange matériel des Romains avec la population grecque ; le passage des légions, le nombre et l'importance des colonies, la présence des fonctionnaires, suffisaient à le rendre sérieux. Ajoutons cependant que les rapports officiels et militaires des pays ne pouvaient manquer d'engendrer des relations d'un caractère plus libre et plus spontané. Dès la guerre de Mithridate, il y avait, en dehors même des soldats, un grand nombre de Romains installés en Orient. Au témoignage de Valère Maxime[2] les 80,000 victimes du roi du Pont étaient des citoyens de Rome dispersés en Asie pour commercer, et Appien nous apprend que dans le nombre il y avait des femmes, des enfants, des affranchis[3]. A plus forte raison les relations commerciales se sont-elles développées sous l'empire, et nombre de familles romaines se sont-elles établies dans les pays grecs[4]. On

---

1. Surtout dans le vocabulaire. Les *Questions romaines* de Plutarque sont, elles-mêmes, dans un certain sens, l'indice de cette invasion.
2. Val. Max. VIIII, 1, Ext. § 3 (431, 12) : Mitridatem regem, qui una epistola LXXX ciuium Romanorum in Asia per urbes negotiandi gratia dispersa interemit... — Cf. Vell. Paterc. II, 18 : occupata Asia necatisque in ea omnibus civibus Romanis...
3. App. Bell. Mithr., 22 (I, 461, 18) : ἐν τούτῳ δ' ὁ Μιθριδάτης ἐπί τε Ῥοδίους ναῦς πλείονας συνεπήγνυτο, καὶ σατράπαις ἅπασι καὶ πόλεων ἄρχουσι δι' ἀπορρήτων ἔγραφε, τριακοστὴν ἡμέραν φυλάξαντας ὁμοῦ πάντας ἐπιθέσθαι τοῖς παρὰ σφίσι Ῥωμαίοις καὶ Ἰταλοῖς, αὐτοῖς τε καὶ γυναιξὶν αὐτῶν καὶ παισὶ καὶ ἀπελευθέροις ὅσοι γένους Ἰταλικοῦ, κτείναντάς τε ἀτάφους ἀπορρῖψαι... id. 23 (I, 462, 22) : τοιαύταις μὲν τύχαις οἱ περὶ τὴν Ἀσίαν ὄντες Ἰταλοὶ καὶ Ῥωμαῖοι συνεφέροντο, ἄνδρες τε ὁμοῦ καὶ βρέφη καὶ γυναῖκες, καὶ ἐξελεύθεροι καὶ θεράποντες αὐτῶν, ὅσοι γένους Ἰταλικοῦ. Comme Appien signale des massacres à Ephèse, Pergame, Adramiti, Tralles, et chez les Cauniens, il y avait donc des Romains un peu partout.
4. Par exemple à Apamée Cibotus (sur le Méandre : ne pas confondre avec la colonie romaine de Bithynie) je trouve C. I. L., III, 1, 355 (Cf. C. I. G. 3966) l'inscription suivante : « Qui Apameae negotiantur ». — Notons dans le C. I. G. 2285 b (Délos) l'expression Ῥωμαίων « οἱ ἐν Δήλῳ ἐργαζόμενοι », et 2286 : « Ἀθηναίων καὶ Ῥωμαίων καὶ τῶν ἄλλων ξένων [οἱ] κατοικοῦντες καὶ παρεπιδημοῦντες ἐν Δήλῳ ».

trouve, non seulement dans les colonies (ce qui n'aurait rien d'étonnant), mais dans la plupart des villes importantes, et surtout à partir des Antonins, un grand nombre de noms propres latins[1]. Ici c'est un Secundus[2], là un M. Aurelius et un Septimius[3], ici un Pontius et un Flavius[4], ailleurs un Antistius[5] ou un Ravius[6]. Beaucoup de femmes aussi à nom latin : plusieurs Julia[7], une Octavia[8], et, ce qui est curieux, une Felicitas[9]. Le nombre de ces noms est incalculable. On objectera que ces noms romains n'étaient pas en général portés par des Romains[10]. Il est certain que les Grecs mirent quelque empressement à vouloir s'appeler comme leurs vainqueurs[11]. Mais de qui tinrent-ils ces noms qu'ils empruntèrent, sinon des Romains installés parmi eux[12]? et pourquoi les auraient-ils adoptés, si leurs rapports avec ces Romains avaient été des relations d'hostilité, ou simplement d'indifférence[13]?

---

1. Quelquefois la forme de ces noms est latine (C. I. L., 1, 273, Memmia Marcia ; 375, P. Publilius) ; il faut avouer qu'elle est plus souvent grecque. — Voir en particulier des noms de vainqueurs aux jeux, C. I. G. 268, 277, à Athènes, 1420 à Sparte, des noms de prêtres 395, 426 (Athènes), 1105 (Isthme de Corinthe), 1738 (Phocide), 2187 et 2189 (Mytilène).

2. C. I. G. 277 (l. 20) : Σεκοῦνδος Σεκούνδου.

3. Ces deux noms se retrouvent plusieurs fois C. I. G. 1586 (Béotie). Voir ci-dessous, n. 13.

4. C. I. G. 1967 (Thessalonique) : Λουκίου Ποντίου Σεκούνδου, [Π]ου[όλί]ου Φλαουίου Σαβείνου...

5. C. I. G. 3336 (Smyrne) : Ἀντέστιος (= Antistius).

6. C. I. G. 3543 (Pergame) : Διονύσῳ Ἀ. Ραούιος Ἰουλιανός, cf. Dittenberger, Griech. Nam., 304.

7. C. I. G. 1442 1443 (Sparte).

8. C. I. G. 2174 (Mytilène) : Ὀκταυία Μάρκου θυγάτηρ...

9. C. I. G. 1986 (Thessalonique) : Κ[λα]υ[δ]ιανὸς Φηλικίτᾳ τῷ τέκνῳ μνείας χάριν (Φηλικίτᾳ = Felicitati). Cf. Dittenberger, Griech. Nam., 147.

10. Voir par exemple C. I. G. 957 (Athènes) : Γάιος καὶ Μάρκος Στάλλιοι. Bœckh se demande avec raison si ces Stallii sont des Grecs ou des Romains ; l'inscription est d'ailleurs antérieure à l'empire.

11. Voir note 9, ci-dessus.

12. Il est pourtant des noms, comme des noms d'empereur (voir note 3 ci-dessus) qui ont été adoptés simplement par flatterie.

13. Des noms particulièrement significatifs à cet égard sont Κομένιος Ἀττικὸς Μαραθόνιος Ἐφ. ἀρχ. 1564, Πόπλιος Φλαμένιος Βάκχιος (Dittenberger, Griech. Nam., 142 ; cf. p. 143 un exemple de *prénom* romain et de *nom* grec ; voir ib. 147) , C. I. G. 305 (Athènes) : Ὀκταῖος Δωρ.

Nous n'essaierons pas en ce moment de démêler quels pouvaient être les sentiments des Grecs à l'égard des conquérants[1] : une chose évidente pourtant, c'est qu'ils les acceptaient, au moins en apparence. La vieille haine des Grecs contemporains de Mithridate couvait peut-être encore, mais ne se révélait plus sous l'empire, et les plus patriotes des Hellènes semblaient résignés à l'abaissement de leur patrie[2]. Rome voulait pénétrer ses nouveaux sujets du sentiment de sa grandeur, et les Grecs s'inclinaient volontiers devant le piédestal où leurs vainqueurs affectaient de se placer. Les bienfaits de ceux-ci justifiaient bien un peu cette adulation; mais jusque dans leurs faveurs, les empereurs gardaient je ne sais quelle attitude de fierté, de raideur ou de caprice qui pouvait blesser[3] : les Grecs semblaient sourire à tout, même aux outrages. Leur adulation parfois allait jusqu'au ridicule[4]. C'était devenu une profession que d'écrire des éloges de l'empereur[5], ou de composer des vers[6] en son honneur, et les œuvres littéraires de ce genre étaient l'objet de concours. Les autres témoignages de cet esprit de flatterie sont nom-

Εὐπυρίδης (lisez Ὀκτάϊος, Dittenberger, 305), C. I. G. 4955 (Antonin le Pieux) : Ἀούλιος Ἡλιόδωρος, 4955. Il ne faut pas oublier d'ailleurs que quelques noms se sont conservés encore de nos jours ; cf. Lex. de Théoph., Σερούιος, s. v.

1. Ces sentiments sont très complexes ; voir ce que nous en disons au chap. VI.

2. Plutarque, par exemple, qui ne réclame pour les Grecs « qu'une sorte de discrétion et de dignité dans l'obéissance ». Egger, Hist. anc., 273.

3. Le discours de Néron aux Grecs contient plusieurs expressions blessantes (voir Holleaux, Néron, 513), l. 16 : ἢ γὰρ ἀλλοτρίοις ἢ ἀλλήλοις ἐδουλεύσατε et l. 21 : Καὶ νῦν δὲ οὐ δι' ἔλεον ὑμᾶς ἀλλὰ δι' εὔνοιαν εὐεργετῶ. Il était brutal de leur dire qu'ils avaient toujours été esclaves, et de leur laisser entendre qu'ils étaient dignes de pitié ; cf. Holleaux, Néron, 524-525.

4. Renan, Orig., III, p. 26, note 3, donne plusieurs références au sujet de l'adulation des Grecs.

5. Une inscription agonistique trouvée près de Thèbes (C. I. G. 1585) nomme Σώσιμος Ἐπίκτου Θηβαῖος ἐγκωμιογράφος εἰς τὸν Αὐτοκράτορα et Πούπλιος Ἀντώνιος Μάξιμος Νεωκορείτης, ποιητὴς εἰς τὸν Αὐτοκράτορα.

6. Voir la note précédente. Cf. C. I. G. 2758 B (Aphrodisias, Carie), l. 3 : ποιητῇ Ῥωμαϊκῷ et l. 4 : ποιητῇ. — Des jeux spéciaux sont d'ailleurs institués en l'honneur de certains empereurs (Jeux Philadelphiens, en l'honneur de Caracalla et de Géta, C. I. G. 245) ; mais peut-être en cela les Grecs ne font-ils qu'obéir.

breux, et s'adressent à tous les empereurs, y compris le premier des Césars[1]. Auguste est honoré comme un dieu, même pendant sa vie, et quoique Tibère ne recherche pas les honneurs de ce genre, un particulier de Chypre lui élève un temple à ses propres frais[2]. Sans doute Caligula ou Vespasien se font moins aduler : mais en face des folies sacrilèges de l'un[3] et des économies trop raisonnées de l'autre[4], c'était déjà beaucoup que de ne pas trop murmurer. Au contraire, que de témoignages de flatterie adressés à Claude, Néron, Nerva, Trajan, et leurs successeurs[5] ! Je relève au hasard dans le C. I. G. quelques inscriptions en l'honneur de M. Aurèle[6], Septime Sévère[7], Caracalla[8]. Ce n'est pas assez d'honorer les empereurs à l'aide d'épithètes et de qualifications passablement hyperboliques[9]. Tous les membres de leur famille sont l'objet des mêmes adorations et des mêmes adulations : les gendres[10], les mères[11] les filles, et aussi les

---

1. Hertzberg, Röm. Griechenl., I, 520 : J. César a des temples à Éphèse et à Nicée. Cf. d'ailleurs Verg. F. Ecl. I, 6 n. et Verg. B. Ecl. I, 6, n.

2. Sur le culte d'Auguste, Hertzberg, Röm. Griechenl., II, 11. — Sur celui de Tibère : ibid., II, 16.

3. Caligula pille positivement les œuvres d'art de la Grèce : ibid. II, 37.

4. C'est par des raisons financières que Vespasien enlève à l'Achaïe sa liberté : ibid. II, 127.

5. Sur Claude, ibid., II, 41 ; — sur Néron, ibid. II, 100-102 ; — sur Nerva, II, 147 ; — sur Trajan, II, 151 ; — sur Hadrien, II, 306, 308, 333, 335, 338 ; — sur Septime Sévère, II, 420-423.

6. C. I. G. 2912 (Magnésie du Méandre) : Αὐτοκράτορα Καίσαρα, τὸν γῆς καὶ θαλάσσης δεσπότην Μάρ(κον) Αὐρ(ήλιον) Ἀντωνεῖνον, Εὐσεβῆ, Εὐτυχῆ, Σεβαστόν... etc. Cf. 351 et 1075.

7. C. I. G. 1618, 2878.

8. C. I. G. 1619.

9. Voir par exemple le décret en l'honneur de Néron qui suit le discours de l'empereur, Holleaux, Néron, 513-514 ; on l'appelle (p. 514, l. 34) : νέος Ἥλιος ἐπιλάμψας τοῖς Ἕλλησιν ; — (l. 39 sqq.) : εἷς καὶ μόνος τῶν ἀπ' αἰῶνος αὐτοκράτωρ μέγιστος φιλέλλην γενόμενος ; — (l. 49) : Διὶ Ἐλευθερίῳ [Νέρωνι]. Ces expressions pompeuses sont d'un usage courant. Cf. C. I. G. 321, σωτῆρι καὶ κτίστῃ, — 339 : τὸν κτίστην καὶ εὐεργέτην, — 334 : πατέρα πατρίδος, τὸν σωτῆρα τοῦ κόσμου. Voir Holleaux, Néron, 526.

10. C. I. G. 309 (Athènes) en l'honneur d'Agrippa, gendre d'Auguste, qui fut d'alleurs adopté par lui : [ὁ δῆ]μος Μ[άρκον] Ἀγρίππα[ν] Λε[υκίου] υἱὸν τρὶς ὕ[πα]τον, τὸν [ἑ]α[υτ]οῦ ε[ὐ]εργέτη[ν]. Cf., en l'honneur de la maison d'Auguste, C. I. G. 1299, 1300, 1302.

11. C. I. G. 313 (Athènes) : Ἰουλίαν θεὰν Σεβαστὴν Πρόνοιαν... etc. Il

amis[1] et jusqu'aux favoris[2] des empereurs. Les Grecs ne se contentent pas d'élever des temples, des statues, d'adresser des inscriptions honorifiques à leurs maîtres : cela pourrait à la rigueur passer pour la simple exagération d'un respect tout officiel[3]. Ce qui prouve mieux encore leur désir de flatter Rome, ce sont certaines épithètes qu'ils aiment à se décerner à eux-mêmes, sans se douter qu'elles leur faisaient peu d'honneur. Ils recherchent les titres de φιλορώμαιος[4], φιλόκαισαρ[5], φιλοσέβαστος[6], et l'on trouve ces mots aussi bien dans les inscriptions des îles de la mer Égée[7] que sur les bords du Bosphore Cimmérien[8]. Cet amour était-il sincère? L'excès même des protestations en fait douter; elles prouvent du moins que le Romain avait su obliger le Grec au simulacre de l'affection; quand on ne peut pas se faire aimer, il est toujours bon d'amener autrui à avoir l'air de vous chérir : c'est une façon

s'agit de Julia Augusta, la mère de l'empereur Tibère. — L'inscription 381 est une dédicace adressée à un prêtre d'Antonia Augusta, mère de Germanicus et de Claude : Τιβέριον Κλαύδιον Νούιον... καὶ ἀρχιερέα Ἀντωνίας Σεβαστῆς, φιλοκαίσαρα καὶ φιλόπατριν, ἀρετῆς ἕνεκεν.

1. C. I. G. 2969 a b et 2970 a b (Ephèse) : Φαδίλλαν θυγατέρα M. Αὐρηλίου Ἀντωνείνου Καίσαρος Σεβαστοῦ. — C. I. G. 366 (Athènes) : ὁ δῆμος Πόπλιον Οὐήδιον Ποπλίου υἱὸν Πολλίωνα. Il s'agit de P. Védius Pollio, ami d'Auguste, Tac. Ann. I, 10 (I, 6, 37). — Cf. C. I. G. 370 b.

2. Antinoüs, par exemple, cf. Hertzberg, Röm. Griech., II, 347. Un poète de Crète écrit une Antinoïde. Voir aussi Gregorovius, Hadrian, 404.

3. On sait, en effet, que le culte des empereurs n'était pas une habitude existant exclusivement chez les Grecs, mais d'institution purement romaine.

4. C. I. G. 357 (Athènes) : Βασιλέα Ἀριοβαρζάνην Φιλοπάτορα, τὸν ἐκ βασιλέως Ἀριοβαρζάνου Φιλορωμαίου... — Cf. 358 : ὁ δῆμος βασιλέα Ἀριοβαρζάνην Εὐσεβῆ Φιλορώμαιον... (il s'agit d'Ariobarzane Ier et d'Ariobarzane III, rois de Cappadoce, Ier siècle A. C.). — Cf. 2108 f et 2124 (note 8 de cette page).

5. C. I. G., 1349 (Sparte) : Ἡ πόλις Τιβ. Κλα[ύδιον] Ἀριστοτέλ[η] φιλοκαίσαρα, καὶ φιλόπατριν... — Cf. 1369, 2975, 2108 f et 2124.

6. Voir la note suivante.

7. C. I. G. 2464 (Théra) : Ἀγαθῇ τύχῃ, ἡ βουλὴ καὶ ὁ δῆμος ὁ Θηραίων Τ. Φλ. Κλειτοσθένην Ἰουλιανὸν φιλοσέβαστον, Ἀσιάρχην ναῶν τῶν ἐν Ἐφέσῳ, τὸν ἀπὸ προγόνων εὐεργέτην τῆς πατρίδος.

8. C. I. G. 2108 f (Sarmatie) : Τιβέριος Ἰούλιος βασιλεὺς Ῥοιμητάλκης φιλόκαισαρ καὶ φιλορώμαιος... etc. (vers 133 A. D.). Cf. C. I. G. 2124 : Ἀγαθῇ τύχῃ τὸν ἀπὸ προγόνων βασιλεύοντα βασιλέα βασιλέων μέγαν Τιβέριον Ἰούλιον Σαυρομάτην, φιλοκαίσαρα καὶ φιλορώμαιον... etc.

d'entretenir les relations. Les Grecs, sans doute, n'étaient pas les seuls à user de ces louanges. Pour ne citer ici que l'exemple du plus honnête et du plus droit des Romains, nous n'oublions pas les hyperboles de Quintilien à l'adresse de Domitien[1], et la tristesse de Tacite sur l'abaissement de Rome[2] est dans toutes les mémoires. Mais cette flatterie n'aurait pas pu prendre chez les Romains la seule forme qui nous intéresse ici : elle ne les aurait pas poussés à apprendre le latin, puisque c'était leur propre langue. Chez les Grecs, au contraire, les sentiments que nous venons de décrire auraient dû avoir pour résultat, à côté du culte des vainqueurs, le culte de la langue du conquérant (Egger, Hist. anc. 273 in f.). Il est d'ailleurs des faits qui témoignent ou d'une admiration vraiment sincère ou d'une entente presque cordiale. Est-ce par flatterie que la reine Zénobie voulait faire de ses fils deux véritables Romains[3]? Était-il dicté par le calcul, cet accord touchant des Grecs et des Romains, pour élever à frais communs un monument à un fonctionnaire aimé[4]? On a peine à le croire : il semble au contraire que l'on distingue, au milieu des mirages décevants de la flagornerie officielle, la forme indécise d'un je ne sais quoi qui pourrait bien être le sentiment romain[5].

1. Quint. Inst. Or. X, 1, 92 ; IV, Pr. 5.
2. Tac. Ann. XVI, 16 ; cf. ibid. patientia servilis (II, 142, 13).
3. Hist. Aug. XXIIII, Trebell. Poll. Tyr. trig. 27, 1 (II, 124, 10) : Odenatus moriens duos paruulos reliquid, Herennianum et fratrem eius Timolaum, quorum nomine Zenobia usurpato sibi imperio diutius quam feminam decuit rem p. optinuit paruulos Romani imperatoris habitu praeferens... Cf. id. 30, 20 (II, 127, 22) : filios Latine loqui iusserat, ita ut Graece uel difficile uel raro loquerentur. ipsa Latini sermonis non usque quaque gnara, sed ut loqueretur pudore cohibito. — Sur l'un des deux fils, Timolaus, devenu grammairien et orateur romain, cf. id. 28 (II, 124, 24) : tanti fuit ardoris ad studia Romana, ut breui consecutus, quae insinuauerat grammaticus, esse dicatur, potuisse quin etiam summum Latinorum rhetorem facere. — Les médailles donnent à côté du nom de Zénobie, un nom romain, Septimia. Voir Pauly, à ce mot. Sur Zénobie, voir plus loin. Cf. Gibbon, II, 226 (ch. XI).
4. W. Dittenberger, Inschriften aus Olympia, Archaeol. Zeit. 1877, p. 38, N. 38 (Olympie) : Ἡ πόλις ἡ τῶν Ἠλείων καὶ Ῥωμ[αῖοι] οἱ ἐνγαροῦντες Πόπλιον Ἄλφ[ιον] Π[τ]μον, πρεσβευ[τ]ὴν καὶ ἀντιστ[ράτ]ηγον, Διὶ Ὀλυμπ[ί]ῳ.
5. Je crois devoir ici atténuer beaucoup l'expression. Les Grecs, en

Une pénétration plus positive que celle des idées, est celle des mœurs : celles des Romains ne sont pas sans avoir commencé à s'implanter en Grèce. Nous ne parlons pas des colonies, où le fait est tout naturel[1]. Nous ne voulons pas non plus exagérer l'extension des modes romaines, ni alléguer ce fait, qu'au temps de Libanius les décurions portent la toge[2]. Le passage même de l'écrivain montre que la toge n'était qu'une exception, et que le pallium était le vêtement ordinaire des simples citoyens. En réalité peu des coutumes romaines entrent en Orient ; mais encore, y en a-t-il. On connaît la vieille institution latine de la clientèle, et l'on sait que des particuliers ou même des villes avaient à Rome leur patron : des inscriptions nous montrent que cet usage s'est étendu à certaines contrées helléniques, et a fait entrer un mot avec lui dans la langue grecque. Pour désigner un patron, on trouve bien en effet le terme grec qui est la traduction exacte du mot patronus[3] ; mais l'on rencontre aussi une forme simplement grécisée du terme latin[4]. Il est un autre usage également tout romain qui s'implanta très vite en Grèce : c'est celui de tous les spectacles qui amusaient à Rome la

---

effet, ont avant tout le sentiment grec (voir plus loin, chap. VI de ce travail). La souplesse de leur caractère concilie pourtant cette contradiction apparente.

1. Corinthe, par exemple, semble avoir eu au milieu de la Grèce le caractère d'une ville étrangère (Budinszky, 231). Il est vrai qu'elle s'est bien vite hellénisée de nouveau. Dion Chrysost. Emp., Orat. XXXVII Cor., 26 (p. 528 = R. 114 II ; D. II, 300, 14), parlant d'un personnage romain qui s'hellénise, dit de lui aux Corinthiens : « ... παρ' ὑμῖν μὲν, ὅτι Ῥωμαῖος ὢν ἀφηλληνίσθη, ὥσπερ ἡ πατρὶς ἡ ὑμετέρα ».

2. Liban, II, 142, 6 : ἐσθῆτα ὁ λειτουργῶν ἥνπερ ὁ ῥωμαῖος, φορεῖ, δόντων ῥωμαίων, ὅπως μηδὲν ὑβριστικὸν περὶ τὸ σῶμα τὸ τοιοῦτο γίγνηται. ἀλλ' ὁ θαυμάσιος οὗτος καταγελᾷ μὲν τῶν λαβόντων, καταγελᾷ δὲ τῶν δεδωκότων. οὐκ ἐᾷ δὲ τὴν ἐσθῆτα δύνασθαι τοσοῦτον, ὁπόσον ἔχει παρὰ τοῦ νόμου (le fait se passe à Antioche). La citation prouve ou moins : 1º Que le port de la toge par les décurions était ordinaire et légal (παρὰ τοῦ νόμου) ; 2º Que le vêtement romain imposait en général le respect aux populations grecques (ὅπως μηδὲν ὑβριστικόν).

3. C'est le mot προστάτης : C. I. G. 378 (Athènes) : τὸν λαμπρότατον ὑπατικὸν καὶ ἐπώνυμον ἄρχοντα Μ. Οὔλπ. Εὐβίοτον..... ἱερεὺς πατρῴου Ἀπόλλωνος Πόπλιος Αἴλ. Σήνων Βερενικίδης τὸν κοινὸν εὐεργέτην καὶ ἑαυτοῦ προστάτην.

4. C. I. G. 2565 (Crète) : Ἀθαναίᾳ Πολιάδι χαριστήριον ὑπὲρ τῆς τοῦ πάτρωνος σωτηρίας. — Cf. C. I. G. 2583, l. 13 : Τ. Φ(λ). Χαρματίων τὸν ἑαυτοῦ πάτρωνα.

populace de l'empire. Les mimes et les gladiateurs sont introduits : ils font fortune[1]. Les Corinthiens les acceptent, comme de raison, les premiers ; les Athéniens imitent les Corinthiens[2], et si Dion Chrysostome engage les Rhodiens à ne pas faire de même, c'est qu'ils sont bien près de glisser sur la pente où sont entraînés leurs congénères. En somme, la Grèce résiste à l'invasion des mœurs des conquérants ; mais celles-ci remportent quelques succès partiels. La digue n'est pas renversée, mais elle cède sur certains points. Qu'est-ce donc qui empêche le courant romain de se répandre et d'entraîner avec lui la langue latine?

Si l'on considère non plus les véhicules de la langue, mais la langue proprement dite, on constate les mêmes commencements de mélange, et pour ainsi dire les mêmes amorces, aussi bien chez les lettrés que dans les masses. Les écrivains grecs n'ont pas vécu tout à fait à l'écart de la littérature latine : les premiers qui en aient eu une connaissance sérieuse sont naturellement les historiens. Le temps n'était plus où la Grèce avait son histoire propre et indépendante : celle-là avait été racontée par Hérodote, Thucydide, Xénophon, pour ne citer que les plus connus : la matière qui restait à leurs successeurs était toute différente. Les destinées de l'Hellade devenaient intimement liées à celles de Rome ; pour bien parler des Grecs, il fallait donc recourir aux sources romaines, sous peine d'être inexact et incomplet. Qu'était-ce lorsqu'on entreprenait l'histoire même des vainqueurs! Polybe lit les historiens latins[3]. Son séjour de dix-sept ans à Rome, son amitié avec de grands personnages[4] lui ont appris la langue : il en profite pour lire, outre les textes courants[5],

---

1. Weber, Lat. Gr. I, 5.
2. Dion Chrysost. Emp., Or. XXXI, Rhod. 121 (p. 401 = R. I, 630 ; D. I, 385, 25) : νῦν δὲ οὐδέν ἐστιν, ἐφ' ὅτῳ τῶν ἐκεῖ γιγνομένων οὐκ ἂν αἰσχυνθείη τις, οἷον εὐθὺς τὰ περὶ τοὺς μονομάχους οὕτω σφόδρα ἐζηλώκασι Κορινθίους, μᾶλλον δὲ ὑπερβεβλήκασι τῇ κακοδαιμονίᾳ κἀκείνους καὶ τοὺς ἄλλους ἅπαντας, ὥστε οἱ Κορίνθιοι μὲν ἔξω τῆς πόλεως θεωροῦσιν ἐν χαράδρᾳ τινί, πλῆθος μὲν δυναμένῳ δέξασθαι τόπῳ, ῥυπαρῷ δὲ ἄλλως καὶ ὅπου μηδεὶς ἂν μηδὲ θάψειε μηδένα τῶν ἐλευθέρων, Ἀθηναῖοι δὲ ἐν τῷ θεάτρῳ θεῶνται τὴν καλὴν ταύτην θέαν ὑπ' αὐτὴν τὴν ἀκρόπολιν, οὗ τὸν Διόνυσον ἐπὶ τὴν ὀρχήστραν τιθέασιν.
3. Voir Weber, Lat. Gr. I, 8, 9.
4. Notamment avec Scipion Émilien.
5. Par exemple, en dehors même des historiens, les discours des grands personnages : Weber, Lat. Gr. I, 35.

des pièces plus difficiles à comprendre. Il traduit en grec jusqu'à d'anciens traités, et s'efforce, comme il dit lui-même, d'y mettre la plus grande exactitude[1]. Les originaux latins nous manquent, mais quelques détails du texte même de Polybe nous montrent que la leçon grecque est le calque fidèle des morceaux primitifs[2]. Denys d'Halicarnasse nous dit lui-même qu'il a appris le latin et lu les historiens romains : et de fait il a imité quelques passages d'écrivains latins[3] ; il s'est même permis de faire des considérations sur la nature d'une langue qu'il croyait savoir[4]. Strabon ne semble pas ignorer le latin[5], et Plutarque reconnaît sur ses vieux jours la nécessité de l'apprendre[6]. Appien d'Alexandrie a

1. Il nous conserve les premiers traités des Romains et des Carthaginois, Pol. B. W., III, 22, 1 sqq. (= Pol. H² 222, 22 ; 223, 5) : Γίνονται τοιγαροῦν συνθῆκαι Ῥωμαίοις καὶ Καρχηδονίοις πρῶται κατὰ Λεύκιον Ἰούνιον Βροῦτον καὶ Μάρκον Ὡράτιον, ... ἃς καθ' ὅσον ἦν δυνατὸν ἀκριβέστατα διερμηνεύσαντες ἡμεῖς ὑπογεγράφαμεν· τηλικαύτη γὰρ ἡ διαφορὰ γέγονε τῆς διαλέκτου καὶ παρὰ Ῥωμαίοις τῆς νῦν πρὸς τὴν ἀρχαίαν ὥστε τοὺς συνετωτάτους ἔνια μόλις ἐξ ἐπιστάσεως διευκρινεῖν. εἰσὶ δ' αἱ συνθῆκαι τοιαίδε τινές... Il a pu voir lui-même ces traités, gravés sur des tables d'airain, Pol. H² III, 26, 1 (227, 11).
2. Weber, Lat. Gr. I, 35, signale dans le premier traité les expressions ἐπέκεινα (= ultra), δημοσίᾳ πίστει ὀφειλέσθω (= publica fide debetur) et ἀκέραιον (= sine noxa). — Signalons aussi un traité entre les Romains et les Étoliens, traduit par Polybe, et remis en latin d'après cette traduction par Tite Live (Pol. D. XXII, 13 (15), 1 sqq. et Liv. XXXVIII, 11, 1 sqq.) Voir Weber, Lat. Gr. I, 36.
3. Dion. Halic. Antiq. rom., I, 7, 21 : ἐγὼ καταπλεύσας εἰς Ἰταλίαν .... διάλεκτόν τε τὴν Ῥωμαϊκὴν ἐκμαθὼν καὶ γραμμάτων [τῶν] ἐπιχωρίων λαβὼν ἐπιστήμην ... καὶ τὰ μὲν παρὰ τῶν λογιωτάτων ἀνδρῶν, οἷς εἰς ὁμιλίαν ἦλθον, διδαχῇ παραλαβών, τὰ δ' ἐκ τῶν ἱστοριῶν ἀναλεξάμενος, ἃς οἱ πρὸς αὐτῶν ἐπαινούμενοι Ῥωμαίων συνέγραψαν Πόρκιός τε Κάτων καὶ Φάβιος Μάξιμος καὶ Οὐαλέριος [ὁ] Ἀντιεὺς καὶ Λικίνιος Μάκερ Αἴλιοί τε καὶ Γέλλιοι καὶ Καλπούρνιοι καὶ ἕτεροι συχνοὶ πρὸς τούτοις ἄνδρες οὐκ ἀφανεῖς ... Sur les passages qu'il traduit, cf. Weber, Lat. Gr. I, 41 sqq.
4. Dion. Halic. Antiq. rom. I, 90, 1 (I, 151, 8). Les traductions de Denys sont fort peu exactes.
5. Il a des amis romains et il cite César ; Weber, Lat. Gr., I, 10.
6. Plut. Dem. 2 (IV, 210, 9) : ὀψέ ποτε καὶ πόρρω τῆς ἡλικίας ἠρξάμεθα Ῥωμαϊκοῖς γράμμασιν ἐντυγχάνειν. Voir la suite (IV, 210, 11-20). Cf. Plut. Oth. XIV (V, 226, 19 ; la conversation n'avait pas nécessairement lieu en latin) et Oth. XVIII (V, 230, 9). Songer surtout aux Quaest. rom. (Plut. Mor. D. II, 250-321), où Plutarque s'attache à donner l'explication de plusieurs termes latins, appartenant à la vie privée, cf. φαινέστραν (Quaest. rom. 36, p. 273 B (II, 276, 26) aussi bien qu'au langage officiel (cf. ῥήξ, Quaest. rom. 63, p. 279c (II, 289, 11), etc., et au traité De

passé à Rome avant d'être nommé gouverneur d'Egypte[1] : il traduit entre autres textes une liste de proscription, προγραφή[2], et un vers de Pacuvius[3]. Arrien écrit à l'empereur des lettres rédigées en latin[4] et Dion Cassius, qui a d'ailleurs commandé dans des provinces où l'on parlait la langue des Romains, nous laisse entendre qu'il la sait[5]. Signalons aussi les tables d'Hermogène, sorte de chronologie comparée des histoires de Rome et de l'Orient[6], et constatons enfin l'apparition d'un traducteur proprement dit : le sophiste Zénobius, qui réside du reste à Rome, et donne, au temps d'Hadrien, une version grecque des ouvrages de Salluste[7]. Outre les historiens, d'autres lettrés parlent latin. Nous ne reviendrons pas sur les jurisconsultes d'origine hellénique[8] : mais à côté d'eux fleu-

---

fort. Roman. (Plut. Mor. D. III, 383 suiv.) Cf. Suidas, s. v. Πλούταρχος, II, 2, 315, 8; Lagus, Plutarch. Cat., p. 12 sqq.; sur Lucien, voir Luc., Culp. in salut. XIII.

1 Appien Procem. 15 (I, 14, 16): Ἀππιανὸς Ἀλεξανδρεύς, ἐς τὰ πρῶτα ἥκων ἐν τῇ πατρίδι, καὶ δίκαις ἐν Ῥώμῃ συναγορεύσας ἐπὶ τῶν βασιλέων, μέχρι με σφῶν ἐπιτροπεύειν ἠξίωσαν.

2. Appien Bell. Civ. IV, 8-11 (II, 938, 12 sqq.), et il ajoute (II, 941, 15): « ὧδε μὲν εἶχεν ἡ προγραφὴ τῶν τριῶν ἀνδρῶν, ὅσον ἐξ Ἑλλάδα γλῶσσαν ἀπὸ Λατίνης μεταβαλεῖν. »

3. Appien, Bell. Civil. II, 146 (II, 830, 11) : ἐμὲ δὲ καὶ τούςδε περισῶσαι τοὺς κτενοῦντάς με. Cf. Pacuvius, Men' servasse ut essent qui me perderent, Ribbeck, Trag. rom., 82 (XV); voir Weber, Lat. gr. I, 49.

4. Arr. Peripl. Pont. Eux. VI, 2 : ἥντινα δὲ ὑπὲρ αὐτῶν τὴν γνώμην ἔσχον, ἐν τοῖς Ῥωμαϊκοῖς γράμμασιν γέγραπται. Cf. X, 1 : ὧν δὲ ἕνεκα καὶ ὅσα ἐνταῦθα ἐπράξαμεν, δηλώσει σοι τὰ Ῥωμαϊκὰ γράμματα.

5. Dion. Cass. (D.) XLIX, 36, 4 : l'Afrique, la Dalmatie, la Pannonie. — Voir LV, 3, 4-5, sa remarque sur le mot auctoritas, qu'il nous dit ne pas pouvoir se traduire en grec. Cf. aussi LXXIII, 12, 1 suiv. Cela ressort de ses fonctions et de sa vie mêmes.

6. C. I. G. 3311 : πίναξ Ῥωμαίων καὶ Ζμυρναίων διαδοχὴ κατὰ χρόνους Cf. la note de Boeckh.

7. Suid. I, 2, 722, s. v. Ζηνόβιος : Ζηνόβιος, σοφιστής, παιδεύσας ἐν Ῥώμῃ ἐπὶ Ἀδριανοῦ. Καίσαρος. ἔγραψεν... Μετάφρασιν Ἑλληνικῶς τῶν Ἱστοριῶν Σαλουστίου τοῦ Ῥωμαϊκοῦ ἱστορικοῦ καὶ τῶν καλουμένων αὐτοῦ Βελῶν.

8. Voir p. 98 et 99. Ils rentrent dans la catégorie des écrivains tout à fait romanisés. Signalons aussi, à des époques et dans des genres différents, Pompeius Lenaeus, Athénien, affranchi de Pompée, traducteur des ouvrages de médecine grecs, que celui-ci avait rapportés d'Asie après son expédition contre Mithridate (Suet. Gramm. XV (264, 1-13); Plin. H. N. XXV, 1 (3), 5 — et Evhodos le Rhodien qui sous Néron écrit en latin dans le genre épique. Cf. Suid. (I, 2, 626, 16), s. v.

rissent les rhéteurs et les grammairiens grecs. Il en est qui se latinisent complètement, et c'est là pour le latin une victoire positive ; il en est qui se contentent de connaître et de traduire, et cela favorise singulièrement la pénétration des deux langues : dans les deux cas, l'influence du latin ne peut qu'y gagner. Dans la première classe, plaçons Q. Caecilius, cet affranchi d'Atticus, d'origine grecque, dont l'école, ouverte à Rome, se signale par des innovations[1] et beaucoup plus tard, ce fils de Zénobie dont nous avons déjà parlé, le grammairien et rhéteur Timolaüs[2]. Dans l'intervalle il y en eut certainement d'autres, et les inscriptions nous donnent parfois à côté d'un nom grec, la mention γραμματικὸς Ῥωμαϊκός[3]. Dans la seconde classe, signalons un certain Apion Plistonices, qui écrit vers le Ier siècle de notre ère un livre sur la langue latine[4], et gardons la place d'honneur aux écrits connus sous le nom de Dosithée[5] ; ce sont spécialement des exercices de traduction d'une des deux langues dans l'autre[6].

Εὔοδος : Εὔοδος, Ῥόδιος, ἐποποιός, γεγονὼς ἐπὶ Νέρωνος, ὁ θαυμαζόμενος εἰς Ῥωμαϊκὴν ποίησιν.

1. Suet. Gr. XVI (264, 14) : Q. Caecilius Epirota, Tusculi natus, libertus Attici equitis Romani, ad quem sunt Ciceronis epistolae... scholam aperuit ;... Primus dicitur Latine ex tempore disputasse, primusque Virgilium et alios poetas novos praelegere coepisse...
2. Voir p. 106, note 3.
3. C. I. G. 3513 (Lydie, Thyatire)... Οὐαλερίῳ Οὐαλερίου, γραμματικῷ Ῥωμαϊκῷ... Cf. C. I. L. III, 1, 406 (Marseille) Ἀθηνάδης Διοσκουρίδου γραμματικὸς Ῥωμαϊκός.
4. Apion Plistonices (vulgo Alexandrinus), ayant habité longtemps Rome, écrit vers 30 A. D. un livre περὶ Ῥωμαϊκῆς διαλέκτου. Cf. Weber, Lat. gr. I, 12, et Nicolai, 345-346. Sur les grammairiens grecs qui ont fait leurs études à Rome, Didyme, l'ami de Varron (teste Varrone et Didymo, Prisc. Instit. I, 19, t. II, 15, 4), Philoxène d'Alexandrie, qui professa à Rome, Aristonikos, Héraklides, Théon, Tryphon, Séleucus, etc. ; voir Nicolai, 331-345. Tous ces grammairiens, ainsi que le plus illustre d'entre eux, Hérodien, étaient, il est vrai, les porteurs de l'esprit grec à Rome ; Nicolai, 347-367.
5. Cf. Krumbacher, De codd. Pseudodosith., 2. Ces interpretamenta, ainsi que ceux de J. Pollux, appartiennent environ au IVe siècle, Krumbacher, ib. Ils sont un témoignage de l'extension du latin à l'époque de Constantin.
6. Dosith. interpret., Böck., 40. Au commencement de la Disp. for., écrite dans les deux langues, il nous indique l'utilité du livre : πολλὰ μέντοι *[καὶ] ποικίλα, ἃ εἰς ἑρμηνείαν μεταφράζεσθαι οὐ δύναται** οὔτε ἀπὸ Ἑλληνικοῦ εἰς Ῥωμαϊκὴν διάλεκτον, οὔτε ἀπὸ Ῥωμαϊκῆς εἰς τὸ Ἑλληνικόν....

L'auteur donne soit des textes suivis accompagnés de leur interprétation littérale[1], soit des exemples comparés de conversation quotidienne[2], il veut qu'on les lise et qu'on les apprenne par cœur : cela est nécessaire, si l'on désire parler correctement les deux langues[3]. Cet ouvrage, destiné surtout aux Grecs, devait contribuer à leur enseigner l'idiome qu'ils ignoraient, et favoriser plus encore que tous les autres l'extension du latin[4].

Ces exemples de lettrés et d'éducateurs permettent sans doute de faire quelques présomptions au sujet de la classe éclairée : ils ne disent rien sur la classe inférieure, celle qui n'écrit jamais les livres et ne les lit que rarement, celle qui néanmoins nous intéresse le plus ici, puisqu'elle est de beaucoup la plus nombreuse. Le peuple parlait-il la langue latine, commençait-il à la savoir, l'ignorait-il tout à fait? Nous ne pouvons malheureusement pas assister aux conversations que tenaient entre eux les Grecs de la période romaine : mais à défaut du témoignage oral, nous en possédons un qui s'en rapproche beaucoup et qui en est comme le symbole ; nous pouvons interroger les peuples disparus quand leurs inscriptions sont là pour nous répondre : celles des Grecs sont loin de prouver que la conquête du latin est chose faite : mais elles montrent que l'œuvre est commencée.

Que l'on trouve en Orient sur des inscriptions latines des noms propres latins, cela n'indique pas absolument qu'il y ait extension de la langue des Romains : le fait dénote simplement, ce que nous savons d'ailleurs, l'intrusion d'une population nouvelle qui se juxtapose à la race primitive. L'hellénisation de certains noms romains prouve déjà un peu plus : elle montre que des gens parlant grec ont pris au latin ses noms propres, ce qui est un acheminement à l'emprunt des

---

τούτου τοῦ πράγματος εὑρεθήσεται *[βοήθημα]* μεθόδῳ. Cf. Weber, Lat. gr. I, 50.

1. Par exemple des pensées et des lettres d'Hadrien; Dosith. interpret., Böck., Adr. sent.
2. Καθημερινὴ συναναστροφή (Cotid. convers.)
3. Dosith. interpret., Böck , Adr. sent. § 1, in f. p. 3 (cf. Dirksen, Fremd. Spr. bei d. R., 43) : « necessario sunt legenda et memoriae tradenda, si tamen volumus Latine loqui vel Graece sine vitio. »
4. Egger, Hist. anc., 269, fait remarquer que les traductions grecques faites sur le latin ont en général un caractère d'utilité positive.

noms communs[1]. Philostrate signale le fait, et le blâme par la bouche d'Apollonius de Tyane[2]. Au lieu de rechercher les noms des grands hommes de la Grèce, les Grecs veulent s'appeler comme les Lucullus ou les Fabricius : à ces noms illustres, Apollonius préférait n'importe quel autre d'origine grecque, fût-il ridicule ou démodé[3]. L'abus de ces emprunts est tel que Claude est obligé de défendre aux Grecs d'usurper les nomina gentilicia[4]; au reste, les noms latins que l'on rencontre dans les inscriptions grecques ne peuvent se compter. Un troisième fait plus caractéristique encore que les emprunts purs et simples, est l'existence de ces noms hybrides à forme demi-grecque et demi-latine qui nous permettent de toucher du doigt un commencement de fusion des deux langues. Certes un tel mélange est tout superficiel, mais pourquoi n'en induirait-on pas la possibilité d'une union plus intime[5]? De tels noms se rencontrent partout, aussi bien dans le Péloponèse au IIe siècle A. D.[6] que dans le royaume de

---

1. L'existence de noms romains à forme grecque pourrait tout simplement provenir de l'hellénisation de certains colons romains. Voir p. 102. En fait il est certain que l'on a bien plus souvent affaire à des Grecs. Perrot, Gaulois en Galatie, 184, remarque que des personnages, signalés comme descendants des anciens rois et des anciens tétrarques, portent des noms romains. Cf. d'ailleurs le témoignage de Philostrate, ci-dessous.

2. Philostr. Epist. Apoll. 77, p. 407 (I, 365, 14) : ἀλλ' ὑμῶν γε οὐδὲ τὰ ὀνόματα μένει τοῖς πολλοῖς, ἀλλ' ὑπὸ τῆς νέας ταύτης εὐδαιμονίας (dont les Romains sont la cause) ἀπολωλέκατε τὰ τῶν προγόνων σύμβολα. (Voir tout le paragraphe.)

3. C'est probablement avec cette pensée qu'Apollonius cite le nom de Mimnerme (Ibid. I, 325, 20.) — Cf. Philostr. Vit. Apoll. IV, 5, p. 143 (I, 127, 13 sqq.) : Ἀφικνουμένῳ δὲ αὐτῷ ἐς τὴν Σμύρναν προσαπήντων μὲν οἱ Ἴωνες, καὶ γὰρ ἔτυχον Πανιώνια θύοντες, ἀναγνοὺς δὲ καὶ ψήφισμα Ἰωνικόν, ἐν ᾧ ἐδέοντο αὐτοῦ κοινωνῆσαί σφισι τοῦ ξυλλόγου, καὶ ὀνόματι προστυχὼν ἥκιστα Ἰωνικῷ, Λούκουλλος γάρ τις ἐπεγέγραπτο τῇ γνώμῃ, πέμπει ἐπιστολὴν ἐς τὸ κοινὸν αὐτῶν ἐπίπληξιν ποιούμενος περὶ τοῦ βαρβαρισμοῦ τούτου· καὶ γὰρ δὴ καὶ Φαβρίκιον καὶ τοιούτους ἑτέρους ἐν τοῖς ἐψηφισμένοις εὗρεν.

4. Suet. Cl. 25 (160, 34) : Peregrinae conditionis homines vetuit usurpare Romana nomina dum taxat gentilicia.

5. Cf. surtout Letronne, I. Ae., II, p. 341, N. CCCXXXVII: un certain Χαρείσιος épouse une Fulvia, d'où son nom de Λούχιος Φουνεισουλανός Χαρείσιος etc., cf. Letronne, ibid., et l'inscription suivante, ibid.

6. Budinszky, 238, signale en particulier ceux que l'on trouve à Sparte au IIe siècle de notre ère.

Études néo-grecques.

Palmyre au iv[e][1]. A Athènes relevons le nom d'un Φλ. Στρατόλαος qui est γυμνασιάρχης sous l'archontat d'un Κλαύδιος Ἄτταλος[2]. Ou bien c'est le prénom Λούκιος qui est accouplé au nom grec Ὕαλος[3]. Un éponyme s'appelle Οὐιδούλλιος Ἵππαρχος[4]; une femme se nomme Κλαυδία Ἀριστονίκη et elle est fille d'une Κλαυδία Δαμοκράτα[5]. En dehors d'Athènes, les noms de ce genre sont également fréquents. Signalons parmi les hommes le Bithynien Aelius Aristide[6] ou encore ce Τ. Φλ. Κλειτοσθένης Ἰουλιανός, dont on trouve le nom dans l'île de Théra[7], et parmi les femmes une Φλαβία Λαΐς de Mégare[8], une Πομπηΐα Εὐτύχις de Nicopolis[9], une Ἀτελλία Χαρίτιον de Smyrne[10]. Les Grecs, quand ils n'adoptaient pas des noms tout romains, aimaient évidemment à ajouter aux leurs des compléments de forme plus ou moins latine[11]. Il est curieux de voir qu'ils y mettaient assez de maladresse, et avaient fort peu souci de la différence entre le praenomen, le nomen et le cognomen: un exemple typique est celui de Μ. Αὐρ. Φιλητος, qui croit nécessaire de s'appeler encore Κοίντος, sans se douter qu'il possède ainsi deux prénoms au lieu d'un seul[12].

1. Comme l'indiquent les monnaies, Zénobie avait adjoint à son nom le nom romain de Septimia. Voir Pauly au mot Zenobia; cf. Σεπτιμια Ζηνοβια Σεβαστη sur des médailles, ibid.
2. C. I. G. 274, l. 2 : Ἐπὶ Κλαυδίου Ἀττάλου ἄρχοντος... et l. 10, ἐγυμνασιάρχησε τὸν ἐνιαυτὸν τοὺς ἐφήβους Φλ. Στρατόλαος Φυλάσιος (Φλ. = Flauius).
3. C. I. G. 286 : Λούκιος Ὕαλος.
4. C. I. G. 376 : Οὐιδούλλιον Ἵππαρχον Μαραθώνιον, τὸν ἐπώνυμον τῆς πόλεως.
5. C. I. G. 436 : Κλαυδία Ἀριστονίκη Τιβερίου Κλαυδίου Δαδούχου καὶ Κλαυδίας Δαμοκράτας θυγάτηρ.
6. Philostr. Vit. Soph. II, 9, I, p. 581 (II, 86, 22); cf. Philostr. Ol., p. 581 n. IX, § 1 et 3; Philostr. Soph. K. p. 339, ix.
7. C. I. G. 2464, voir p. 105 de ce travail, note 7.
8. C. I. G. 1059, Φλαβίαν Λαΐδα, Τ. Φλαβίου Μαξίμου γυναῖκα, θυγατέρα δὲ Γ. Κουρτίου Πρόκλου, καὶ Φλαβίαν Ἀπολλωνίαν, θυγατέρα Μαξίμου καὶ Λαΐδος. Cf. Gruter, DLXXXVII, N. 10: Claudia Tryphera.
9. C. I. G. 1817: Πομπηία, Μ. Πομπηίου Λύκου θυγάτηρ, Εὐτύχις, ἐτῶν ιε΄, χαῖρε.
10. C. I. G. 3395, Boeckh remarque que le mot Χαρίτιον doit être un nom tout à fait indigène.
11. Une coutume du même genre existait apparemment chez les Juifs eux-mêmes. Le nom de saint Paul est peut-être un nom hébreu (Saül) latinisé. Voir Renan, Orig. III, 18-19.
12. C. I. G. 2912 (Magnésie de Méandre). L'inscription contient

Le mélange de noms propres tirés de deux langues différentes, pour désigner une même personne, ne prouve pas le moins du monde, il est vrai, que le titulaire les sache l'une et l'autre : les noms hybrides des Grecs montrent du moins qu'ils ont quelque tendance à se servir des mots latins. Ils commencent par adopter et s'assimiler les noms propres; pourquoi le vocabulaire commun ne suivrait-il pas?

Cette invasion, qui semble possible, n'est point faite, et loin de là, mais elle est commencée. Les inscriptions officielles, nous l'avons vu[1], ne prouvent en rien que le latin soit devenu la langue ordinaire des Grecs. Si les inscriptions latines d'ordre privé étaient très nombreuses en Orient, on pourrait en tirer des conclusions plus positives; mais elles sont rares, et l'on peut supposer qu'elles proviennent simplement des colons romains installés dans les contrées helléniques, surtout si l'on compare leur faible minorité au nombre infini d'inscriptions grecques de toute époque. Mais ce qui dénote à coup sûr un commencement de latinisation populaire, ce sont les inscriptions bilingues d'ordre privé, dont le nombre est d'ailleurs respectable.

Trouver sur une même pierre deux inscriptions, l'une grecque, l'autre latine, chacune d'elles étant la traduction ou le commentaire de l'autre, et savoir qu'elles ne sont ni l'œuvre d'un vainqueur désireux d'imposer sa langue, ni celle d'un vaincu désireux de flatter son vainqueur[2], mais qu'elles ont été rédigées et gravées dans une intention aussi particulière que désintéressée, à coup sûr c'est là un fait digne de réflexion. Prenons un exemple; une épitaphe se trouve être

---

d'autres noms de Grecs s'appellent également Κ(οίντος) Μ(άρκος) Αὐρ(ήλιος). — Soit par vanité, soit par flatterie, soit par reconnaissance, les Grecs recherchaient volontiers les noms des empereurs.

1. Le fait qu'elles sont d'ordinaire bilingues tendrait plutôt à prouver le contraire, voir chap. II. p. 96-97 de ce travail.

2. Parmi les inscriptions bilingues de ce genre, signalons C. I. G. 2971 (Éphèse). L'affranchi Hélicon (vers 198 A. D.) fait une allusion flatteuse à la cruelle expédition de Septime Sévère contre les Parthes. Cf. 3179 (Smyrne), 3612 (Ilion). — Certaines inscriptions bilingues d'Egypte, qui n'ont pas d'ailleurs de caractère officiel, sont dictées par des fonctionnaires: elles ne prouvent donc rien, sinon peut-être que ces fonctionnaires romains savent écrire des vers grecs (voir C. I. G. 4720, 4735, cette dernière, sur la cuisse gauche de Memnon).

bilingue; le mort est un Grec[1] : à quoi bon les deux inscriptions ? On s'adresse au défunt à la fois en latin et en grec : on suppose donc qu'il entend les deux langues, et cela ne s'explique que s'il les comprenait durant sa vie l'une et l'autre. L'épitaphe, dira-t-on, n'est pas toujours une invocation directe au mort, et cette invocation elle-même n'est après tout qu'un symbole : l'inscription sert simplement à honorer le défunt, et à le rappeler aux vivants. Mais les vivants, pour un mort, ce sont ses parents, ses amis, ses connaissances, et si l'inscription bilingue est faite pour eux, c'est donc qu'ils parlent en partie latin et en partie grec, à moins toutefois qu'ils ne soient tous instruits dans les deux langues. L'épitaphe, alléguera-t-on encore, est gravée pour être lue du passant quel qu'il soit, et dans une contrée de l'empire, ce passant peut toujours être un Romain. Mais le Grec se soucierait-il d'éveiller du fond de son tombeau l'attention du Romain, si ce Romain ne vivait pas avec lui et de la même vie que lui ? De quelque façon que l'on interprète l'inscription bilingue, la solution est la même : le mort parlait le latin, ou il était bien près de le savoir, entouré qu'il était de gens dont c'était la langue, et qui n'étaient pas pour lui des étrangers[2]. Notons enfin un phénomène curieux prouvant que certains Grecs, dont les caractères romains étaient inconnus, entendaient des mots latins, les comprenaient, les écrivaient même en lettres

1. Lorsque ces inscriptions bilingues sont faites en l'honneur de Romains installés en pays grec, l'on peut croire que la partie latine est seulement destinée à rappeler l'origine du défunt: voir C. I. G. (Lydie, Thyatira) 3513. — Les exemples donnés ci-dessous, n. 2, montrent que le défunt est quelquefois un Grec.

2. Je cite quelques-unes de ces inscriptions bilingues : C. I. L. III, 1, 330 (Pont). Un nommé Socrate (celui-ci est évidemment un Grec) s'élève durant sa vie un monument pour sa femme et pour lui. — C. I. G. 2347f (île de Syra) L. P. Cladi. Λεύκιε Ποστούμιε Κλάδε χαῖρε. — C. I. G. 2407 (Paros) L. Eroti Labienano et suis o(mnibus [Λ] Ἔρ[ω]τι Λαβηναν[ῷ] κα[ὶ] πᾶσι τοῖς ἑαυτοῦ (Eros est un nom très grec, mais comme il est passé de bonne heure en latin, il est difficile de rien affirmer). — C. I. G. 3309 (voir p. 114, note 10 de ce travail). — C. I. G. 3689 (Isthme de Cyzique) : et [L.] Corneli et M. Corneli ... Ὑπό[μνη]μα Λευκίου Κορνηλίου Σπόρ[ου]... etc. — C. I. G. 3738 (Cii, Bithynie) Dis manibus Flaviae Soph[a]e ... [Φλ]αβία Σοφὴ γυνὴ... (Sopha ne peut être que le nom d'une Grecque.) — Un raisonnement du même genre pourrait se faire à propos des dédicaces bilingues. Cf. C. I. G. 2959 (Ephèse), par exemple.

grecques. Sur une inscription de Teos (Lydie), le mot verna se trouve écrit βέρνα¹ ; signalons de même ailleurs le mélange de caractères grecs et de caractères latins² ou encore la qualification toute latine de βενὲ μέρεντι³. Tous ces faits montrent bien que la population grecque n'est pas restée absolument réfractaire à la contagion du latin. Ils sont très rares, convenons en, mais encore existent-ils. Pourquoi ne se généraliseraient-ils pas? Grâce aux quelques points déjà touchés, pourquoi la contagion du latin ne se répandrait-elle pas de proche en proche dans l'avenir? A priori, la chose semble toute naturelle ; un point unique doit nous étonner, c'est qu'elle ne se soit pas encore produite, et cette lenteur seule peut nous surprendre.

Si, nous plaçant à l'époque de Constantin, nous regardons en arrière et considérons les efforts du latin, nous voyons qu'ils ont été très grands ; si nous jetons les yeux sur les résultats, nous pouvons remarquer leur exiguité relative, mais nous n'avons pas le droit de nier leur réalité. D'une part, le contact militaire et le contact officiel ont été aussi intimes que possible ; d'autre part la contagion a commencé. Que le latin renonce à la lutte : il est déjà sûr de ne pas laisser le grec intact ; qu'il la continue : il a encore des chances de victoire. Il semble qu'il y ait, en dehors même de la pénétration des deux langues, une sorte d'équilibre qui se soit établi entre elles. Les écrivains les considèrent comme étant sur le même pied. Chez les latins, l'expression utraque lingua devient courante⁴. Aulu-Gelle l'emploie pour juger un sophiste⁵, Quintilien pour exprimer ses vœux d'éducateur⁶. Suétone s'en sert pour désigner les lectures que l'on peut faire⁷, Tertullien

---

1. C. I. G. 3095 Ἀλέξανδρε βέρνα χρ[η]στὲ χαῖρε.
2. C. I. G. 5125 (Nubie) ; voir la note de Boeckh.
3. C. I. G. 3563b (Cyrénaïque) βενὲ μέρα[ντι. La restitution n'est pas douteuse : car la même expression se trouve en caractères grecs dans d'autres inscriptions (notamment 6713 sqq., voir chap. VI, p. 155, n. 3).
4. On la trouve déjà dans Cic. de Off. I, 1, 1 : ut par sis in utriusque orationis facultate. Cf. Hor. Carm. III, 8, 5 : Docte sermones utriusque linguae.
5. Gell. Noct. Att. XVII, 5, 3 (II, 320, 26) : rhetoricus quidam sophista, utriusque linguae callens.
6. Quint. Inst. Or. I, 1. 14 : ita fiet ut, cum aequali cura linguam utramque tueri coeperimus, neutra alteri officiat.
7. Suet. Aug. 89 (77, 20) : In evolvendis utriusque linguae auctoribus

pour indiquer celles qu'il a faites[1]. Les Grecs disent de même ἡ ἑκατέρα γλῶττα, lorsqu'ils parlent des deux langues[2], ἡ ἑτέρα γλῶττα, quand il s'agit du latin[3]. Aux yeux de tous, il n'y a au monde que deux langues, mais il en existe deux. Nous autres modernes nous trouvons que c'est peu : étant donné l'esprit exclusif des anciens[4], cette dualité prouve beaucoup. Elle montre qu'il y a à la fois pénétration et équilibre des deux langues ; pénétration, puisque aucune des deux races ne considère le parler de l'autre comme un dialecte barbare[5], équilibre, puisque des deux côtés une expression courante met les deux idiomes sur le même pied[6]. Que le latin maintienne seulement ses efforts : la pénétration s'accentuera d'elle-même ; qu'il les redouble : l'équilibre se trouvera rompu en sa faveur, — à moins toutefois que la langue

---

nihil aeque sectabatur, quam praecepta et exempla publice vel privatim salubria. Cf. surtout Suet. Claud. 42 (168, 8-17) : cum utroque ... sermone nostro sis paratus (168, 10).

1. Tertull. O. Adv. Praxean, c. III (II, 656) : At ego, si quid utriusque linguae praecerpsi, monarchiam nihil aliud significare scio quam singulare et unicum imperium. Cf. Plin. H. N. XII, 1 (5), 11 ; Stat. Silv. V, 3, 90 : gemina ... lingua ; Muratori, I.V., p. CCCXCIV, N. 2 : utrisque litteris erudito (394 A. D., c'est-à-dire après Constantin). Cf. Gibbon, I, 80, ch. II.

2. Plut. Lucull., 1 (II, 496, 2) : Ὁ δὲ Λούκουλλος ἤσκητο καὶ λέγειν ἱκανῶς ἑκατέραν γλῶτταν...

3. Philostr. Vit. Soph. II, 10, v, p. 589 (II, 93, 27) : ἐξανίσταντο.., οὐχ οἱ τὰ τῶν Ἑλλήνων σπουδάζοντες μόνον, ἀλλὰ καὶ ὁπόσοι τὴν ἑτέραν γλῶτταν ἐπαιδεύοντο ἐν τῇ Ῥώμῃ...

4. Aux yeux d'un ancien est, en effet, barbare toute langue qui n'est pas la langue maternelle. Cf. Hor. Or[4]., note à O. III, 8, 5 (I, fasc. 3, p. 390) : « Alias linguas cum tamquam barbaras aspernarentur Romani, saepe ita loquebantur, ac si duae dumtaxat hominum essent linguae. » et ibid. les renvois. Cf. cependant Plaut. Trin. 19 : Philemo scripsit : Plautus uortit barbare. Sur les barbari au m. à. cf. G. Paris, Romania, 3, n. 1.

5. Nous ne parlons ici que des gens capables de connaître et d'apprécier l'état respectif des deux langues. Certains Grecs en effet se renfermaient systématiquement dans leur fierté d'Hellènes (voir chap. VI, p. 144) : ceux-là ne pouvaient être des juges impartiaux.

6. Bien que les situations des deux langues soient différentes, leurs avantages paraissent se balancer. Et même, à en croire Plutarque, ceux du latin l'emporteraient : Plut. Mor. W. Quaest. Plat. X, 3, 1010 D (V, 1, 112) : Ὡς δοκεῖ μοι περὶ Ῥωμαίων λέγειν, ὧν μὲν λόγῳ νῦν ὁμοῦ τι πάντες ἄνθρωποι χρῶνται. Cf. Rossignol, Virg. et Const., 190.

adverse ne le rétablisse aussitôt, prête à son tour à le renverser à son profit.

IV.

DE CONSTANTIN A JUSTINIEN.

Cet effort suprême, qui doit apparemment lui donner la victoire, le latin le tente à l'époque de Constantin : l'initiative vient d'en haut, et elle est partout le signal d'une extension nouvelle de la langue.

Une bien jolie légende est rapportée par Codinus sur la fondation de Constantinople. Un beau jour, l'empereur fait dérober les anneaux des sénateurs romains, et envoie leurs propriétaires guerroyer contre le roi des Perses[1]. Pendant ce temps, des architectes prennent à Rome le plan exact de leurs maisons; on en rebâtit de toutes semblables à Byzance, et en un clin d'œil, une Rome nouvelle, pareille à l'ancienne, s'élève sur les bords du Bosphore[2]. Les femmes, les enfants, les « familiae » des sénateurs sont transportés dans ces demeures improvisées. Les seigneurs reviennent, et l'empereur les rend à leurs foyers deux mois plus tôt qu'ils ne pensaient[3]. La ressemblance est parfaite, si parfaite qu'ils croient rêver[4].

---

1. Codin, 20, 6 : θέλων δὲ ὁ μέγας Κωνσταντῖνος οἰκῆσαι τὴν πόλιν αὐτοῦ, μάλιστα δὲ τοὺς Ῥωμαίους εἰς τὸ Βυζάντιον, ἔλαβεν ἐξ αὐτῶν λαθραίως τὰ δακτυλίδια αὐτῶν ἑνὸς ἑκάστου ἰδίως, καὶ ἀπέστειλεν αὐτοὺς εἰς τὸν τῶν Περσῶν βασιλέα, ὅστις ἐκαλεῖτο Σάβαρος...

2. Id., 20, 15 : ὁ δὲ μέγας Κωνσταντῖνος ἀποστείλας εἰς Ῥώμην ἀνελάβετο τὰς γυναῖκας αὐτῶν καὶ τὰ τέκνα καὶ τὰς φαμιλίας. ὥρισε δὲ καὶ κτίστας μηχανικούς, ἵνα ἴδωσι τοὺς οἴκους αὐτῶν καὶ τοὺς τόπους ἑνὸς ἑκάστου, ποῦ τε κεῖνται καὶ ὅπως, ἑτέρας ἐπὶ τοὺς αἰγιαλοὺς τῆς θαλάσσης, ἄλλας ἐπὶ τοὺς ἠπείρους [à maintenir, voir N. C. ibid.: exemple inverse de celui de ὁδή, Essais I, 221], καὶ τὰ σχήματα τῶν κτισμάτων, καὶ τὰς ἀνόδους οἷαι ἦσαν κογχλιώδεις. καὶ λαβόντες τὰς φαμιλίας τῶν συγκλητικῶν ἀνῆλθον ἐπὶ τὸ Βυζάντιον, καὶ ἔκτισαν ὅμοια ἕκαστα, καὶ ἐκάθισαν ἐντὸς αὐτῶν τὰς φαμιλίας τούτων.

3. Id., 21. 6: οἱ δὲ ἔφησαν μὴ κατελθεῖν μέχρι δύο μηνῶν· ὁ δὲ βασιλεὺς ἔφη· « ἀπόψε ἔχω δοῦναι ὑμῖν τὰς οἰκίας ὑμῶν ».

4. Id., 21, 10 : ὡς γοῦν εἶδον τοὺς πυλεῶνας καὶ τὰς αὐλὰς καὶ τὰς ἀνόδους ὁμοίας ταῖς ἐν τῇ Ῥώμῃ καὶ τὰ μέτρα καὶ τὰ σχήματα καὶ τὰ ὕψη καὶ τὴν ἀπόβλεψιν τῶν θυρίδων, ἔδοξαν εἶναι ἐκ φαντασίας εἰς τὴν Ῥώμην. εὑρόντες δὲ καὶ τὰς φαμιλίας αὐτῶν ἐξεπλάγησαν.

Tout ceci est trop romanesque pour être de l'histoire ; la légende montre du moins quelle était l'intention de l'empereur : il voulait faire de Byzance une nouvelle Rome. C'est ce que prouvent aussi un récit plus vraisemblable de Théophanes[1] et surtout une expression tout à fait précise de Zosime[2]. Au moment où Constantinople devenait le siège du gouvernement, il ne se fondait pas un nouvel empire : c'était l'empire romain qui changeait de capitale[3]. Constantin ne faisait que réaliser une idée qui avait déjà été celle de son ancêtre Jules[4] : au lieu d'Alexandria Troas, il avait choisi Byzance, voilà toute la différence ; ce n'était point là rompre avec la tradition des Césars. L'idée romaine ne souffrait en rien de ce déplacement[5] et l'Orient n'y pouvait trouver qu'une cause nouvelle de latinisation. Si la langue des Romains avait pu se répandre à la surface des pays grecs, lorsque le siège de l'empire était à Rome, qu'était-ce quand le foyer de romanisation se transportait au milieu d'eux ! La distance devenait moindre, les intermédiaires disparaissaient, l'action centrale se communiquait sans s'affaiblir.

De ce déplacement du centre résulte un redoublement des contacts étudiés, et aussi comme un regain des contagions

---

1. Theoph., 23, 27 : ἦν [= Κωνσταντινούπολιν] καὶ φιλοτίμως δειμάμενος οἴκοις περιφανέσιν, τοὺς ἀπὸ Ῥώμης ἀξιολόγους μετῴκισεν, καὶ ἐξ ἄλλων τόπων κατὰ γένος ἐπιλεξάμενος καὶ οἴκους μεγάλους αὐτοῖς χαρισάμενος οἰκῆσαι τὴν πόλιν πεποίηκεν.

2. Zos. II, c. 30 (Zos. M. 87, 2) : πόλιν ἀντίρροπον τῆς Ῥώμης ἐζήτει.

3. Constantinople était appelée Roma ou Νέα Ῥώμη ; les villages d'alentour avaient des noms latins. Weber, Lat. gr. I, 19.

4. Suet. Div. Jul. 79 (32, 22) : Quin etiam varia fama percrebuit, migraturum Alexandream vel Ilium, translatis simul opibus imperii... Sur le plan grandiose de J. César, voir Mommsen, Röm. Gesch., l. V, ch. xi (III, 527-529), p. 527 : Die Provinzen als solche sollten allmählig untergehen, um der verjüngten hellenisch-italischen Nation eine neue und geräumigere Heimath zu bereiten ; p. 529 : Der Gedanke eines italisch-hellenischen Reiches mit zweien Sprachen und einer einheitlichen Nationalität ; cf. 530-531 (Mommsen, Hist. rom. VIII, 162-167). Sur la fondation même de CP., cf. Gibbon III, 303, et l'appréciation de Burckhardt, Const. d. gr., 410. — Sur la population de CP., Gibbon III, 331 suiv.

5. Plus tard encore, Charlemagne sera considéré par les Grecs comme un rebelle qui s'empare de ce qui appartient de droit à l'empereur d'Orient. Cf. Neumann, Geschichtschr. i. xii. Jahrh., 1-16 et 99 suiv.

signalées. On ne s'attend guère, il est vrai, à trouver encore à cette époque une influence militaire. La conquête proprement dite est oubliée, les dernières colonies sont fondées ; légionnaires ou vétérans ne peuvent plus être considérés comme un sang nouveau infusé à un organisme étranger : ils font corps avec les populations au milieu desquelles ils habitent. Et pourtant, Constantin ne semble-t-il pas ressusciter la romanisation par voie militaire? Eusèbe nous dit qu'il faisait apprendre du latin à ses soldats[1]. Il voulait donc latiniser la partie de la population qu'il avait le plus sous la main, c'est-à-dire l'armée. Les légions avaient été pour les Romains l'un des moyens d'imposer leur langue ; cet instrument s'était émoussé dans son œuvre : l'empereur de la nouvelle Rome aurait voulu lui rendre sa puissance primitive.

C'est surtout comme langue officielle que le latin prend avec Constantin un nouvel essor. Depuis l'avènement de l'empire, le gouvernement romain avait dû sans nul doute rabattre de ses prétentions, et accepter le grec là où l'idéal eût été de n'employer que le latin ; mais, sur ce terrain, la langue des vainqueurs n'avait pas cessé d'être la plus forte, et en dépit des concessions qu'elle devait faire, elle maintenait ses privilèges. Le transport à Byzance d'une cour parlant latin[2], d'une aristocratie imbue des idées romaines, toutes deux dirigées et dominées par un souverain plein de confiance dans la tradition impériale, devait tendre à romaniser davantage encore tous les ressorts administratifs[3].

Aussi, nous le voyons, non seulement l'empereur se sert personnellement du latin dans ses lettres, dans les paroles qu'il prononce au sénat ou dans les conciles[4] : mais autour

---

1. Euseb. V. C. IV, 19, in f.: Καὶ τῆς εὐχῆς δὲ τοῖς στρατιωτικοῖς ἅπασι διδάσκαλος ἦν αὐτός, Ῥωμαίᾳ γλώττῃ τοὺς πάντας ὧδε λέγειν ἐγκελευσάμενος. Suit (IV, 20) la traduction grecque de la prière. Lors même que l'intention prêtée par nous à Constantin paraîtrait hypothétique, le fait serait au moins une preuve de la latinisation par voie religieuse (cf. p. 127, plus loin). Le commandement dans l'armée se faisait en latin. Hertzberg, Gesch. Griech., I; 145.

2. Hertzberg. Gesch. Griech., I, 145. Cf. G. Paris, Romania, 14.

3. Cette situation devait durer sous les successeurs de Constantin. (Voir en particulier sur son successeur Constance II, Weber, Lat. gr. I, 21.) N'oublions pourtant pas la réaction d'hellénisme qui se produit à la cour avec Julien.

4. Constantin ne se servait que du latin et donnait fort peu de chose

de lui tout se fait dans cette langue. Les magistrats l'emploient, et l'apprendre est devenu pour les Grecs un moyen de parvenir aux fonctions publiques. C'est là au moins l'avis de Libanius : « Le latin, nous dit-il, est plus puissant que le grec, il amène avec lui pouvoirs et richesses ; quant au grec, il ne sert à rien, et ceux qui s'en occupent sont réduits à ne l'étudier que pour lui-même[1] ». Le latin est en honneur : c'est une raison pour qu'il y reste. On l'apprend en proportion des avantages qu'il offre ; il arrive dès lors que « l'on cultive moins les lettres grecques que les lettres latines[2] ». L'effet suit la cause. L'élève de Libanius, saint Jean Chrysostome, laisse de même entendre qu'il faut savoir le latin pour conquérir une situation brillante auprès de l'empereur, et qu'à cette condition l'on peut diriger sa maison en maître[3]. Lydus, écrivain postérieur aux précédents, mais parlant d'un temps qui n'est pas encore le sien, signale l'usage ordinaire du latin chez les préfets et autres magistrats[4]. Dans le principe, dit-il encore de certains fonctionnaires, ils avaient à cœur d'exceller dans la langue latine ; car des nécessités

---

à traduire aux Magistri Epistolarum Graecarum (sur cette fonction, voir chap. vi, 149, n. 1). Au concile de Nicée (325), il parle latin devant des évêques grecs (Euseb. V. C. III, 13, 1 ; cf. Euseb. Comm. p. 508-509 ; Weber, Lat. gr. II, 1). — Sur l'emploi du latin dans les consistoires des empereurs, id., ibid.

1. Liban. 133, 16 : τοὺς γὰρ δὴ λόγους (=literas latinas) τῶν λόγων (= literis graecis) γενέσθαι δυνατωτέρους· καὶ εἶναι μετ' ἐκείνων (τῶν ῥωμαϊκῶν λόγων R.) δυνάμεις τε καὶ πλούτους· ἐν δὲ τοῖς, (ἑλληνικοῖς λόγοις R.) πλὴν αὐτῶν, οὐδέν (praeter illam dulcedinem, quae ex ipsis percipitur R.).

2. Liban. I, 142, 21 : ἀλλὰ τά γε τῶν ἡμετέρων λόγων νῦν πλέον ἢ πρότερον ἥττηται τῶν ἑτέρων (minus ... coluntur, quam ... latinae R.). Voir tout le passage I, 143, 1-7.

3. Chrysost. Adv. oppugn. vit. mon. III, 5, p. 357 : Πάλιν ἕτερος, ὁ δεῖνα, φησί, τὴν Ἰταλῶν γλῶσσαν ἐκπαιδευθείς, ἐν τοῖς βασιλείοις ἐστὶ λαμπρός, καὶ πάντα ἄγει καὶ φέρει τὰ ἔνδον. Cf. id. III, 12, p. 368 : Νέος τις κομιδῇ πλούσιος ὢν ἐπεδήμησέ ποτε τῇ πόλει τῇ ἡμετέρᾳ κατὰ λόγων παίδευσιν ἑκατέραν, τήν τε Ἰταλῶν τήν τε Ἑλλήνων.

4. Lyd. 261, 22 : Νόμος ἀρχαῖος ἦν πάντα μὲν τὰ ὁπωσοῦν πραττόμενα παρὰ τοῖς ἐπάρχοις, τάχα δὲ καὶ ταῖς ἄλλαις τῶν ἀρχῶν, τοῖς Ἰταλῶν ἐκφωνῆσθαι ῥήμασιν· οὗ παραβαθέντος, ὡς εἴρηται (οὐ γὰρ ἄλλως) τὰ τῆς ἐλαττώσεως προύβαινε. Τὰ δὲ περὶ τὴν Εὐρώπην πραττόμενα πάντα τὴν ἀρχαιότητα διεφύλαξεν ἐξ ἀνάγκης διὰ τὸ τοὺς αὐτῆς οἰκήτορας, καίπερ Ἕλληνας ἐκ τοῦ πλείονος ὄντας, τῇ τῶν Ἰταλῶν φθέγγεσθαι φωνῇ, καὶ μάλιστα τοὺς δημοσιεύοντας. Ταῦτα μετέβαλεν ὁ Καππαδόκης (il s'agit de Jean de Césarée).

leur en imposaient l'usage¹. N'oublions pas ici qu'il faut arriver à Tibère (578), pour trouver le premier empereur d'origine grecque à Constantinople². Et lui-même porte un nom latin.

Le latin reste surtout nécessaire à ceux qui s'occupent de droit. Il faut sans doute accorder que la langue juridique n'est plus exclusivement latine; il semble même qu'il y ait quelque tendance vers l'hellénisation des textes de lois. Constantin est forcé d'émettre des constitutions bilingues, et cela devient fréquent chez ses successeurs³. Remarquons bien toutefois que les sentences en langue grecque ne seront pas autorisées avant Arcadius⁴, que les testaments continueront jusqu'à Théodose II à n'avoir de valeur qu'en latin⁵, enfin que le code de cet empereur se trouvera rédigé dans l'ancienne langue du droit romain⁶. Par conséquent, au ivᵉ et au vᵉ siècles de notre ère, le latin reste la langue juridique principale. Il règne en souverain dans les tribunaux: seulement, comme tout despote qui s'impose à des sujets insoumis, il est obligé à des concessions qu'il laisse attendre le plus longtemps possible. La situation, dira-t-on, était la même avant Constantin; l'effort du grand empereur n'a-t-il donc point ici d'effet? Tout au contraire: le transfert du siège impérial à Constantinople n'était pas en soi une raison pour accroître le rôle du latin dans le droit, mais il devait étendre l'étude du droit chez les Grecs. Jadis la loi venait de Rome, à présent elle venait de Byzance, et Byzance était tout près. Il suffisait parfois de la bien connaître pour arriver aux honneurs, et ces honneurs, les Grecs les avaient sous les yeux. L'idée de faire du droit leur venait tout naturellement; ils s'y adonnaient volontiers, ils négligeaient l'éloquence pour

---

1. Id., 220, 8: Πάντες μὲν ἀνέκαθεν οἱ παρὰ τῇ ποτὲ πρώτῃ τῶν ἀρχῶν βοηθοῦντες τοῖς τρέχουσι σκρινίοις [διὰ πολλῆς] ἐξέλαμπον παιδείας, περὶ δὲ τὴν Ῥωμαίων φωνὴν τὸ πλέον ἔχειν ἐσπουδαζον· χρειώδης γὰρ ἦν αὐτοῖς κατὰ τἀναγκαῖον.

2. Krumbacher, p. 3.

3. Weber, Lat. gr. II, 1; I, 19. En particulier, les constitutions de Julien sont presque toutes en grec.

4. Cod. Just. VII, 45, 12: IMPP. ARCADIVS ET HONORIVS AA. IVLIANO PROCONSVLI AFRICAE. Iudices tam Latina quam Graeca lingua sententias proferre possunt.

5. Voir Bethmann-Hollweg, Civilprozess, III, 197.

6. Weber, Lat. gr. I, 20.

la science juridique[1] et cela les obligeait à apprendre le latin. La langue des Romains n'y perdait rien, comme on voit. Seulement, n'oublions pas que si le domaine du droit s'élargit, il continue aussi à s'ouvrir à la langue grecque[2]. Le latin fait des progrès, mais l'idiome rival essaye, dans sa résistance, de se montrer à sa hauteur, et l'oblige aux concessions qu'il voudrait refuser. La lutte n'est donc pas terminée; une grave question reste en suspens : les traductions des textes de lois deviendront-elles la règle, ou resteront-elles l'exception? D'une part, ce serait la défaite du latin comme langue juridique, d'autre part ce serait son triomphe définitif. En tout cas, un résultat est sûrement acquis au latin : si grecque que devienne la langue du droit, il l'aura pénétrée avant de lui céder la place[3].

Sortons du domaine officiel du latin; trouvons-nous ailleurs le même progrès? Il faut encore ici distinguer les lettrés et le peuple. Les lettrés, en dehors même de la nécessité professionnelle[4] où sont quelques-uns d'entre eux de connaître le grec, semblent le cultiver beaucoup pour lui-même. Le meilleur témoignage en est la traduction d'une églogue de Virgile, écrite vers l'époque de Constantin. Elle se trouve insérée dans un discours de l'empereur, mis en grec par Eusèbe[5].

---

1. Ce fait frappe Libanius et provoque son indignation. Liban. I, 184, 20 : καρποὶ δ' ἑτέρωθεν ἀπὸ τῆς Ἰταλῶν φωνῆς, ὦ δέσποινα Ἀθηνᾶ, καὶ τῶν νόμων, etc. Remarquons qu'à ses yeux l'étude du droit et celle du latin semblent inséparables.

2. Déjà en 425 l'enseignement se faisait presque à parts égales. Cod. Just. XI, XVIIII (XVIII), 2 : Habeat igitur auditorium specialiter nostrum in his primum, quos Romanae eloquentiae doctrina commendat, oratores quidem tres numero, decem uero grammaticos : in his etiam, qui facundia Graecitatis pollere noscuntur, quinque numero sint sophistae et grammatici aeque decem... 4 Vnum igitur adiungi ceteris uolumus, qui philosophiae arcana rimetur, duo quoque, qui iuris ac legum uoluntates pandant (Edit de Théodose et Valentinien). Mais le fait que le latin n'était pas dans une situation inférieure est déjà par lui-même très significatif.

3. Certains mots et certaines locutions, ne trouvant pas d'équivalents dans le grec, s'y introduisent nécessairement. Voir notre chap. V, p. 142 et tout le lexique de Théophile.

4. Il en est qui sont en même temps fonctionnaires, jurisconsultes ou ecclésiastiques. (Sur ces derniers voir, ci-dessous, p. 127 sqq.)

5. Euseb. Const. S. C. 19, 4 : Σικελίδες Μοῦσαι, μεγάλην φάτιν ὑμνήσωμεν ... etc. Cf. Virg. R. Buc. IV, 1 : Sicelides musae, paulo maiora

Quel en est l'auteur? Constantin avait l'habitude de composer tous ses discours en latin, et de les faire traduire par des interprètes, lorsque besoin était[1] : il n'aurait pas pris la peine de faire une exception en faveur d'un poème. Il est probable que celui qui a cité est en même temps celui qui a écrit, et qu'il faut attribuer les vers grecs à Eusèbe[2]. Il est intéressant de trouver, peu d'années après l'avènement de Constantin, la traduction d'un fragment de poésie latine. Jusqu'alors on avait lu et traduit les prosateurs, surtout ceux dont les œuvres pouvaient présenter quelque utilité pratique[3] : on en venait aux poètes. En dehors même du discours de Constantin et du fragment bucolique qui s'y trouve, Eusèbe nous a donné plusieurs traductions de passages latins[4]. Beaucoup de ses contemporains et des écrivains un peu postérieurs font comme lui : Thémistius met en grec une lettre de Constance au sénat[5]. Apsyrtus donne sans le dire des passages entiers de Varron[6], Eumélus connait Columelle[7]; enfin Zosime donne de nombreuses traductions de détail[8]. Plus intéressant pour nous est Paeanius, qui publie une traduction suivie de l'histoire romaine d'Eutrope, et qui fait pour l'abréviateur de T. Live

canamus ! — Voir sur cette traduction, Rossignol, Virg. et Const., 96 suiv. La traduction est très libre (ibid. 169, 173, 184 187 suiv.). L'œuvre semble dénaturée à dessein, dans un but chrétien, p. 188.

1. Euseb. Vit. Const. IV, 32 ; cf. Euseb. Comm. p. 551.
2. C'est l'avis de M. Rossignol (Virg. et Const.,351). Weber, Lat. gr. I, 54, hésite.
3. Si la traduction de l'Eglogue est simplement faite dans une intention chrétienne, c'est encore là un but pratique. Le fait de connaître et de traduire un poète est quand même à noter. Signalons aussi un certain Ἀρριανός, d'époque douteuse, traducteur des Géorgiques et cité par Suidas I, 1, 713, 7, s. v. Ἀρριανός, ἐποποιός, μετάφρασιν τῶν Γεωργικῶν τοῦ Βεργιλλίου ἐπικῶς ποιήσας.
4. Passages de Tertullien, édits de Gallien, de Galérius, constitutions de Licinius, prières de Constantin ... etc. Weber, Lat. gr. I, 21, 51, 52.
5. Weber, Lat. gr. II, 2. Il se peut toutefois que Thémistius n'ait fait que nous conserver cette traduction.
6. Weber, Lat. gr. II, 9. Mais quand il cite d'après lui (ou d'après une traduction faite par un autre) des noms latins de maladies, il les écrit mal : σουπέριον pour σουσπίριον (suspirium); φλιμέλια pour φλέμινα (flemina); σουφράγενα pour σουφράγινα (suffraginum), etc. Celui-ci peut être phonétique.
7. Id., ibid.
8. Id., II, 31.

ce que Zénobius avait fait pour Salluste[1]. Il convient enfin de signaler, à côté de ces écrivains qui restent avant tout des auteurs grecs, des hommes qui en dépit de leur origine hellénique se sont laissés gagner à la littérature latine et y ont pris une place parfois honorable, témoin Claudien et Ammien Marcellin[2] Le nom de Sosipater Charisius et quelques mots de sa préface indiquent que ce grammairien latin sortait de race grecque[3]; il en était probablement de même de Diomède; quant à Macrobe, il nous dit qu'il a vu le jour sous un ciel étranger[4]: il nous laisse ailleurs entendre qu'il sait très bien le grec[5]; enfin il semble désirer que nous trouvions quelque symétrie entre son cas et celui d'Albinus. Or, Macrobe a écrit en latin et Albinus en grec; mais Albinus était romain, c'est donc que Macrobe était grec[6].

Tous ces noms prouveraient simplement que la situation

---

1. Cf. Eutr. p. 529 : Παιανίου μετάφρασις εἰς τὴν τοῦ Εὐτροπίου ῥωμαϊκὴν ἱστορίαν. Voir p. 133 de ce travail. — Suidas (II, 1, 66, 10, s. v. Καπίτων) cite un certain Capiton comme traducteur d'Eutrope. Λύκιος, ἱστορικός. οὗτος ἔγραψεν Ἰσαυρικά, βιβλία ή. Μετάφρασιν τῆς ἐπιτομῆς Εὐτροπίου, Ῥωμαϊστὶ ἐπιτεμόντος Λίβιον τὸν Ῥωμαῖον, καὶ περὶ Λυκίας καὶ Παμφυλίας. Il est possible que Paeanius et ce Capiton ne fassent qu'une seule et même personne. Voir à ce sujet une longue discussion, Eutr. V. p. 529, n. 1. Cf. cependant Nicolai, III, 41.

2. Claudien est d'Alexandrie, et Ammien-Marcellin d'Antioche, Amm. Marc. XXXI. 16, 9 (II, 277, 1 sqq.). Ce sont le dernier prosateur et le dernier poète latins de quelque mérite (Budinszky, p. 242). Cf. Teuffel, § 439, 1 et § 429.

3. Charis. Inst. gr. (I, 1, 1. 11-2, 1) : Etudie mon livre, dit-il à son fils (filio karissimo) « ut quod originalis patriae natura denegavit virtute animi adfectasse videaris. valeas vigeas. », etc.

4. Macr. Sat. Praef. 11 : nisi sicubi nos sub alio ortos caelo Latinae linguae uena non adiuuet... Mais cf. Teuffel, § 444, 2.

5. Macr. Sat. Praef. 2 : ... sed ago ut ego quoque tibi legerim, et quidquid mihi, vel te iam in lucem edito vel antequam nascereris, in diuersis seu Graecae seu Romanae linguae uoluminibus elaboratum est, id totum sit tibi scientiae supellex...

6. Macr. Sat. Praef. 13 sqq.: sed ne ego incautus sum, qui uenustatem reprehensionis incurri a M. quondam Catone profectae in A. ALBINVM qui cum L. Lucullo consul fuit. is Albinus RES ROMANAS ORATIONE GRAECA scriptitauit in eius HISTORIAE PRIMO scriptum est ad hanc sententiam neminem succensere sibi conuenire, siquid in illis libris parum composite aut minus eleganter scriptum foret. nam sum inquit homo Romanus natus in Latio et eloquium Graecum a nobis alienissimum est. Cf. Gell. XI, 8, 1-5.

des auteurs grecs, par rapport à la langue latine, est restée la même après Constantin qu'avant lui : il faut en ajouter d'autres, ceux des écrivains ecclésiastiques ; beaucoup d'entre eux savent le latin, et leur nombre fait pencher la balance. L'influence du christianisme sur l'extension du latin s'est exercée en deux sens directement opposés, suivant l'époque où on la considère. Beaucoup plus grec que romain dans ses origines, il ne pouvait lors de son éclosion contribuer à latiniser les peuples[1]. Bien qu'il eût son siège dans la capitale de l'empire, il restait profondément hellénique, isolé qu'il était par les persécutions des empereurs. Avec Constantin et l'édit de Milan (313), la situation se retourne : le culte persécuté se change en religion officielle ; l'église de Rome devient romaine, sa langue reconnue est désormais la langue latine. Dès lors surgit une nouvelle classe d'hommes qui doivent la comprendre et la traduire. Nous avons cité Eusèbe : sa traduction d'une églogue de Virgile peut déjà être considérée comme une œuvre de propagande religieuse[2]. Les continuateurs de son histoire ecclésiastique, Socrate[3] et Théodoret[4] savent aussi le latin. A cette époque les plus hauts prélats d'Orient l'ont appris : Dorothée, évêque de Tyr, est très versé dans le latin[5] comme dans le grec, et laisse des ouvrages écrits dans les deux langues. Sophronius, l'ami de saint Jérôme, traduit en grec élégant plusieurs de ses opuscules[6]. L'instruction latine de saint Athanase d'Alexandrie nous est attestée par une curieuse anecdote[7] : il comprenait

---

1. Voir notre chap. VI, p. 156.
2. V. p. 124, n. 5.
3. Weber, Lat. gr. I, 21 et II, 6: Il consulte Rufinus (qui est lui-même un traducteur latin d'Eusèbe).
4. Id., II, 25.
5. Theoph. 24, 20 : τότε καὶ Δωρόθεος, ἐπίσκοπος Τύρου, ὁ ἐπὶ Διοκλητιανοῦ πολλὰ κακοπαθήσας καὶ ἐξορίας καὶ βάσανα ὑπομείνας, ἤκμαζεν, πλεῖστα συγγράμματα καταλιπὼν Ῥωμαϊκὰ καὶ Ἑλληνικά, ὡς ἀμφοτέρων γλωσσῶν ἐμπειρότατος καὶ πολυΐστωρ τὸ (εὐφυΐαν γενόμενος.
6. Weber, Lat. gr. I, 21; II, 11, 12. Hieron. V. I., c. 134 (65, 14): Sophronius, vir adprime eruditus... composuit..., « de virginitate » quoque ad Eustachium et vitam Hilarionis monachi; opuscula mea in graecum sermonem elegantissime transtulit, psalterium quoque et prophetas, quos nos de hebraeo vertimus in latinum.
7. Apophth. Patr. 161 C suiv. : Διηγήσατο ὁ ἅγιος Ἐπιφάνιος ὁ ἐπίσκοπος, ὅτι ἐπὶ τοῦ μακαρίου Ἀθανασίου τοῦ μεγάλου, κορῶναι περιπτάμεναι τὸ τοῦ

apparemment fort bien la langue des Romains, puisqu'il l'expliquait lors même que c'étaient des corneilles qui la parlaient. A ses yeux, d'ailleurs, l'impiété et l'ignorance du latin sont deux défauts qui vont de pair[1], et voulant s'assurer de n'y point tomber, il confond l'hérésie par des traductions[2]. Un autre adversaire acharné d'Arius, saint Epiphane, évêque dans l'île de Chypre, cultive aussi la langue latine[3]. La science de ces dignitaires de l'Église imposait à la foule, et parce qu'ils connaissaient le latin, on se figurait qu'ils n'ignoraient rien. Saint Arsène interroge un vieil Egyptien, cela étonne de la part d'un homme instruit dans les deux langues; on s'informe: « Je n'ai pas encore appris l'alphabet de ce paysan », répond le prélat, avec une modestie et un sens touchants[4]. Il faut dire aussi que l'alphabet romain était bien près d'être ignoré de certains évêques. Une scène du concile d'Ephèse (431) en est la preuve. Les prélats sont réunis ; on introduit dans l'assemblée deux légats d'Occident; la lettre dont ils sont porteurs est lue en latin: immédiatement tous les évêques en réclament la traduction grecque. Le fait était prévu, et les précautions avaient été prises : « Comme il y a beaucoup de nos saints frères et évêques qui ignorent le latin, nous avons aussi apporté une version grecque de la

---

Σεράπιδος ἱερόν, ἔκραζον ἀπαύστως, Κρᾶς, Κρᾶς. Καὶ προστάντες ἐπὶ τὸν μακάριον Ἀθανάσιον οἱ Ἕλληνες, ἔκραξαν· Κακόγηρε, εἰπὲ ἡμῖν τί κράζουσιν αἱ κορῶναι. Καὶ ἀποκριθεὶς εἶπεν· Αἱ κορῶναι κράζουσι, Κρᾶς Κρᾶς· τὸ δὲ Κρᾶς τῇ Αὐσωνίων φωνῇ αὔριόν ἐστι· καὶ προσετίθει, ὅτι Αὔριον ὄψεσθε τὴν δόξαν τοῦ Θεοῦ. Καὶ ἑξῆς ἠγγέλθη ὁ θάνατος τοῦ Ἰουλιανοῦ βασιλέως. Καὶ τούτου γενομένου, συνδραμόντες κατέκραζον τοῦ Σεράπιδος, λέγοντες· Ἐὰν οὐκ ἤθελες αὐτόν, τί ἐλάμβανες τὰ αὐτοῦ;

1. Athan. I, 784 C (Hist. Arian. 75). Il parle d'un certain Auxentius qui ne mérite pas le siège d'évêque qu'on lui accorde : ἄνθρωπον μήπω τὴν Ῥωμαϊκὴν εἰδότα γλῶτταν, ἢ μόνον ἀσεβεῖν.

2. Weber, Lat. gr. II, 3 : Il traduit par exemple du fond des déserts de Thèbes, des livres de Lucifer, évêque de Sardaigne, dirigés contre Arien.

3. Weber, Lat. gr. I, 20.

4. Apophth. Patr. 89 A : Ἐρωτῶντός ποτε τοῦ ἀββᾶ Ἀρσενίου τινὰ γέροντα Αἰγύπτιον περὶ ἰδίων λογισμῶν, ἕτερος ἰδὼν αὐτὸν εἶπεν. Ἀββᾶ Ἀρσένιε, πῶς τοσαύτην παίδευσιν Ῥωμαϊκὴν καὶ Ἑλληνικὴν ἐπιστάμενος, τοῦτον τὸν ἀγροῖκον περὶ τῶν σῶν λογισμῶν ἐρωτᾷς; Ὁ δὲ εἶπε πρὸς αὐτόν· Τὴν μὲν Ῥωμαϊκὴν καὶ Ἑλληνικὴν ἐπίσταμαι παίδευσιν· τὸν δὲ ἀλφάβητον τοῦ ἀγροίκου τούτου οὔπω μεμάθηκα.

lettre[1]. » On la lit, et satisfaction est donnée à tous. Ce fait montre sans doute que le latin n'était pas la langue universelle des églises d'Orient : mais il indique aussi que le latin était la langue ordinaire de toutes les communications papales ; il montre en même temps qu'on ne se contentait pas d'en lire aux assemblées les traductions. Les anciens Romains avaient tenu à prononcer devant les Grecs vaincus des proclamations latines auxquelles ils n'entendaient mot : l'attitude de l'église de Rome fait penser à la leur. Une différence pourtant, c'est qu'une partie du haut clergé d'Orient comprenait déjà le latin ; pour l'église d'Occident il n'y avait donc pas d'œuvre à commencer : il n'y avait qu'une tâche à poursuivre[2].

Lettrés et prélats, auteurs profanes et écrivains de l'Église, ce n'est point là la masse ; constatons-nous chez elle le même effort de la langue latine après Constantin ? Remarquons d'abord que la classe éclairée ne se restreint pas à ceux qui écrivent ou à ceux qui prêchent : elle enveloppe une nombreuse catégorie de personnes qui sans être précisément lettrées ont fréquenté les écoles. Or, les écoles latines d'Orient, assez peu prospères avant le IVe siècle, semblent s'épanouir avec lui. Au temps de Dioclétien, Lactance envoyé comme professeur à Nicomédie par ordre supérieur avait été réduit à quitter sa chaire, faute d'élèves[3]. Les mécontentements de Libanius[4] nous montrent qu'un siècle plus

---

1. Mansi Ampl. Coll. IV, 1284 B : ἐπειδὴ πολλοί εἰσι τῶν ἁγίων ἀδελφῶν καὶ ἐπισκόπων ἡμῶν, οἵ τινες Ῥωμαϊστὶ ἀγνοοῦσι, διάτι [l. διὰ] τοῦτο καὶ Ἑλληνιστὶ ἡ προκομισθεῖσα ἐπιστολὴ μεταβέβληται. Cf. ibid. 1281 E : Πάντες οἱ εὐλαβέστατοι ἐπίσκοποι ᾐτησαν ἑρμηνευθῆναι τὴν ἐπιστολὴν καὶ ἀναγνωσθῆναι (lettre du πάπα Κελεστίνου).

2. On trouve trace de cette influence religieuse dans la langue : le mot βασκαντίβοι (= vacantivi = les prélats qui n'ont point de diocèse) est employé par Synésius qui le traite d'ailleurs de barbarisme : Synes. 1428 C : Περινοστοῦσί τινες βασκαντίβοι παρ' ἡμῖν. Ἀνέξῃ γάρ μου μικρὸν ὑποβαρβαρίσαντος, ἵνα διὰ τῆς συνηθεστέρας τῇ πολιτείᾳ φωνῆς τὴν ἐνίων κακίαν ἐμφαντικώτερον παραστήσαιμι. Οὗτοι καθέδραν μὲν ἀποδεδειγμένην ἔχειν οὐ βούλονται... Cf. D. C. I, 169 s. v. βακάντιβος et Synes. 1428 C, note.

3. Hieron. V. I., 80 (50, 5). Firmianus, qui et Lactantius, Arnobii discipulus, sub Diocletiano principe accitus..., Nicomediae rhetoricam docuit ac penuria discipulorum ob graecam videlicet civitatem ad scribendum se contulit.

4. Liban. I, 133, 14 suiv. (Voir p. 122 de ce travail, n. 1).

Etudes néo-grecques.

tard ses rivaux ne manquaient pas de disciples. Le sophiste va jusqu'à craindre qu'une loi impériale ne supprime l'enseignement du grec[1]. On sait que l'éducation latine n'était pas le privilège de quelques ambitieux ou de quelques délicats : elle était couramment donnée. On commençait par apprendre ses lettres, après quoi l'on se mettait immédiatement au latin ; c'était la règle, et Macarius, voulant étayer un raisonnement par un exemple solide, n'en trouve pas de meilleur que celui-là[2].

Quant à la latinisation du menu peuple si lente jusqu'à présent, elle paraît s'accélérer un peu sous l'influence d'une cour moins lointaine. Nous n'avons pas, il est vrai, de textes bien précis à ce sujet. Une phrase de Liudprand mise dans la bouche des Grecs semble indiquer que la partie la plus basse de la population romaine n'a pas suivi la cour à Constantinople[3]. Mais cette parole a le caractère d'une injure, et toutes les injures ne sont pas des vérités. Et puis, Codinus[4] ne parle-t-il pas des « familiae » des sénateurs ? L'on connaît le mot, et tout ce qu'il comprend. Constantin n'a voulu transporter à Byzance que l'aristocratie romaine ; mais celle-ci a dû amener avec elle toute une foule de subalternes et de domestiques, comme en traînent derrière elles toutes les grandes maisons qui se déplacent. Il est certain aussi qu'un

---

1. Liban. I, 143, 1 : ὥσθ' ἡμῖν καὶ φόβον ὑπὲρ αὐτῶν γενέσθαι, μὴ ἐκκοπῶσιν ὅλως, νόμου τοῦτο ποιοῦντος. γράμματα μὲν οὖν καὶ νόμος τοῦτο οὐκ ἔπραττεν. ἡ τιμὴ δὲ, καὶ τὸ τῶν τὴν Ἰταλὴν [γλῶτταν] ἐπισταμένων γενέσθαι τὸ δύνασθαι.

2. Macar. Homil. XV, 42 (604 C); il veut montrer que l'on arrive peu à peu à la perfection : Ὁ θέλων μαθεῖν γράμματα ἀπέρχεται καὶ μανθάνει τὰ σημεῖα, καὶ ὅταν γένηται ἐκεῖ πρῶτος, ἀπέρχεται εἰς τὴν σχολὴν τῶν Ῥωμαϊκῶν, καὶ ἔστιν ὅλων ἔσχατος. Πάλιν ἐκεῖ ὅταν γένηται πρῶτος, ἀπέρχεται πρὸς τὴν σχολὴν τῶν γραμμάτων, καὶ ἔστι πάλιν ἐκεῖ ἔσχατος, ἀρχάριος.

3. Liudpr. Leg. 51, p. 358: Papa Romanus ... litteras nostro sanctissimo imperatori, se dignas, illoque indignas, misit, Graecorum illum, et non Romanorum imperatorem vocans... sed papa fatuus, insulsus, ignorat Constantinum sanctum imperialia sceptra huc transvexisse, senatum omnem cunctamque Romanam militiam, Romae vero vilia mancipia, piscatores scilicet, cupediarios, aucupes, nothos, plebeios, servos, tantummodo dimisisse... (Liudprand réplique:) Sed papa, inquam, simplicitate clarus, ad laudem hoc imperatoris, non ad contumeliam scribere putavit ... sed quia linguam, mores vestesque mutastis, putavit sanctissimus papa, ita vobis displicere Romanorum nomen, sicut et vestem.

4. Voir p. 119, n. 2.

mouvement spontané de population a suivi le transfert officiel ; lorsque les petits voient partir les grands, ils se figurent que pour eux aussi le bonheur est au loin, et que les terres inconnues sont à tous un pays de fortune. Constantinople s'est donc peuplé de Romains [1]. Mais l'influence populaire du latin en est-elle sortie pour s'exercer dans toutes les contrées grecques? Une étude approfondie des inscriptions datées serait à faire. Il est probable que l'on observerait en maint endroit un regain de latin. Pour ne parler que de la Syrie, on a constaté que les documents épigraphiques de langue latine y sont plus nombreux au IV° siècle qu'aux précédents [2]. Il est toutefois certain que l'usage du latin ne se généralisait pas encore; saint Athanase, interprétant le cri des corneilles, est obligé de traduire aux habitants d'Alexandrie le mot qu'il a entendu [3], et, — fait d'une portée plus générale, — saint Jérôme peut écrire vers le même temps que le grec est la langue de tout l'Orient [4].

Ainsi ce dernier effort, qui devait rompre l'équilibre des deux langues, le latin l'a tenté : l'équilibre ne s'est pas trouvé renversé. Le grec sans doute a encore reculé, mais bien lentement, et nous sommes loin de ce refoulement définitif, de cet anéantissement complet auquel on eût pu s'attendre. Peut-être suffit-il de prendre patience ; les triomphes attendus sont souvent les plus éclatants : celui du latin est si bien préparé qu'il doit être de ceux-là! L'heure de la victoire approche sans doute. — Point du tout, car celle de la retraite est venue.

V.

L'OUBLI DU LATIN A PARTIR DE JUSTINIEN.

Ce qui signale le mieux la défaite du latin en Orient, c'est

---

1. Voir p. 120, note 3.
2. Renan, Phénicie, 191, 363. Cf. 861ᵃ. Sur l'influence latine sous les empereurs à Byblos, p. 164 (Inscr. bilingue funéraire latine et grecque). Ne pas confondre ces inscriptions avec celles du XII° siècle (croisés), p. 114, ni avec celles des II° et III° siècles A. D.
3. Voir p. 127, note 7. Remarquer les mots : τὸ δὲ κρᾶς τῇ Αὐσωνίων φωνῇ αὔριόν ἐστι.
4. Sermone Graeco, quo omnis Oriens loquitur Hieron. Comm. in Epist. ad Gal. II, 3, 357 A.

son abandon comme langue juridique dans l'empire de Constantinople, abandon qui se marque très nettement sous Justinien. Le droit avait été dans les contrées grecques le principal auxiliaire du latin : il le perd, et sa victoire n'est plus même possible. Il recule, et ses huit siècles d'efforts aboutissent à l'oubli. Le grec reparaît-il indemne, et la dépense d'énergie a-t-elle été perte pure? Loin de là. L'influence du latin sur la langue grecque est un fait que nous avons pu constater[1] : il nous avait amenés à croire à la possibilité d'une conquête; nous nous étions trompés, mais le fait subsiste. Rien même n'empêche que la pénétration des deux langues ne se continue après que l'une d'elles a cédé : c'est ainsi qu'une armée vaincue trouve quelque menue compensation dans le butin qu'elle emporte et dans les prisonniers qu'elle a faits.

Constantin et ses successeurs directs avaient déjà sans doute promulgué des lois rédigées en grec, mais elles avaient gardé un caractère d'exception vis-à-vis de l'usage des constitutions latines. A partir de Justinien, les empereurs sont obligés de se rendre à l'évidence; la langue grecque est restée la langue principale de l'empire d'Orient : il est contradictoire d'y perpétuer la tradition d'un droit latin. Justinien donne l'exemple[2] et, dès son successeur Justinien II, le nombre des novelles grecques l'emporte décidément. Il y a mieux; on ne se contente pas de changer le présent : l'on touche au passé, et du VIe au IXe siècle on voit éclore plusieurs traducteurs de textes juridiques anciens. Nous diviserons leurs œuvres en quatre genres[3]. Ces traductions peuvent être littérales (κατὰ πόδα ou κατὰ πόδας). Les exemples en sont nombreux ; signalons celles des novelles de Justinien qui sont

---

1. Voir plus loin, p. 142. quelle a été au juste cette influence. Songer surtout au nom de Ῥωμαῖοι et de Ῥωμανία, G. Paris, Romania, 14.

2. Weber, Lat. gr. II, 35. Cf. Blastaris, Synt., Praef., t. II [p. 16 E de la Praef.], C. De politicis etiam legibus etc. Ἰουστινιανός ... ἔτι καὶ πρὸς τὴν ἑλληνικὴν τά τε τῶν κωδίκων καὶ τὰ τῶν διγέστων μεταβέβληκε φράσιν. Voir tout le passage. Le passage capital est celui de la Nov. VII, 1 : διόπερ αὐτὴν καὶ προὐθήκαμεν (τὴν διάταξιν), καὶ οὐ τῇ πατρίῳ φωνῇ τὸν νόμον συνεγράψαμεν, ἀλλὰ ταύτῃ δὴ τῇ κοινῇ τε καὶ Ἑλλάδι, ὥστε ἅπασιν αὐτὸν εἶναι γνώριμον διὰ τὸ πρόχειρον τῆς ἑρμηνείας. L'expression πάτριος φωνή est à noter. De même Just. Const. XXXVIII Pr. ἡ μὲν γὰρ πάτριος ἡμῶν φωνή praefectos vigilum αὐτοὺς ἐκάλεσε.

3. J'emprunte cette classification à Weber, Lat. gr. II, 35 sqq.

bilingues, et dont la rédaction est due le plus souvent à Tribonien[1]. On en trouve aussi au ix° siècle dans les Basiliques, et la version du code donnée par Thalelaeus est de ce genre[2]. Mais la multitude des lois était infinie, et ces traductions littérales étaient trop longues pour être propres à l'enseignement du droit; de là les traductions abrégées (κατ' ἐπιτομήν) qui comprennent, entre autres écrits, un code grec d'Anatolius magister[3], un « index » de Thalelaeus[4], un abrégé d'Athanasios Emisenus[5]. D'autre part, pourtant, certains textes anciens offraient des difficultés qu'il était bon d'élucider; de là, les paraphrases ou encore les traductions εἰς τὸ πλάτος; de ce genre est l'ouvrage de Théophile. Ces traductions des textes de lois sont très propres à les vulgariser et c'était là le sentiment dont s'inspirait Théophile[6]; mais remarquons qu'il n'ose pas lui-même toucher à certains mots et à certaines formules, et qu'il les transcrit dans son texte grec en caractères romains[7]. Classons dans la même catégorie les παραγραφαί de Thalelaeus, et aussi plusieurs glossaires destinés à donner le sens de termes et formules de droit empruntés comme de raison au latin[8]. La paraphrase, évitant de tomber dans les obscurités de l'épitome, exagérait les inconvénients de la traduction littérale : de là un compromis, la μέση τάξις qui n'est ni un abrégé ni une paraphrase, mais

---

1. Id., II, 44.
2. Weber, Lat. gr. II, 38.
3. Id., II, 46. Remarquons que l'habitude de rédiger des « indices » a donné naissance à un mot nouveau, le verbe ἰνδικεύειν.
4. Id., II, 39.
5. Id., II, 60-61. Dans son Epitome des Novelles de Justinien, les termes de droit sont pris au latin et mêlés au texte grec.
6. Theoph. R., III, 7, § 3 : Διάταξις δὲ γέγονε τοῦ ἡμετέρου βασιλέως, ἣν διὰ τὸ πᾶσιν εἶναι πρόδηλον, ἐξεφώνησεν ἑλληνιστί, πολλῆς φροντίσας τῆς συντομίας. Cf. la n. de R. ibid.
7. Weber, Lat. gr. III, 12, par exemple, la formule quia manu capiuntur, Theoph. F. I, 3, § 3 (19, 8); cf. surtout Theoph. R. III, 15, § 1 (624). Le vieux vocabulaire latin persistait toujours.
8. Weber. Lat. gr. III, 14 sqq., en cite plusieurs et en donne des extraits. Voici les premiers mots de l'un d'entre eux : Fabricius-Harles, VI, 232 : Adet (mis pour habet) ἔχει. — Ad praetium participandum, ἀδ πραιτίουμ παρτικιπάνδουμ, ἑαυτὸν ἠνέσχετο προαθῆναι. Aediles ἀεδίλες οἱ ναοί. — Aditeuei (= adit) ἀδιτεύει, ὑπεισέρχεται. — Alumnus ἀλοῦμνος, θρεπτός... etc. Lui-même croit de bonne foi que aditeuei est la forme latine (Cf. ibid. 231-233).

qui tient de l'un et de l'autre, puisqu'elle laisse le superflu, garde le nécessaire et explique l'indispensable. De ce genre sont certaines traductions de Dorothée et d'Isidore, tous deux « antecessores » l'un à Constantinople, l'autre à Béryte[1].

Cette multitude de traductions prouve deux choses : la première, qu'elles sont nécessaires, c'est-à-dire que le latin est destiné à disparaître comme langue juridique ; la deuxième, qu'il y a des gens pour les faire, c'est-à-dire que le latin n'est pas encore oublié de tous. Il semble en outre que l'idiome romain, mourant en Orient comme langue du droit[2], fasse un dernier effort et veuille exercer une sorte d'influence posthume. Rien en effet ne favorise autant l'intrusion du latin que ces ouvrages mêmes qui en marquent le recul. Ils font passer en grec une foule de mots, mais qu'on ne s'y trompe pas : ce n'est là qu'un feu de paille, et le latin ne renaîtra pas de ses cendres. Quand les Grecs auront une loi écrite dans leur langue, les vieux textes qui lui servent de modèles passeront du domaine de l'usage à celui de l'érudition. Au IXe siècle, le droit gréco-romain se trouvera constitué[3], peu original sans doute et tout imprégné de latin, mais libre aussi de la tutelle qui présidait à ses débuts.

A cet oubli du latin dans le droit correspond un recul de cette langue dans tout l'ensemble de la vie officielle. Déjà au temps de Justinien, Lydus semble déplorer l'emploi du grec chez les fonctionnaires[4]; à ses yeux la fortune des Romains et celle de leur langue sont inséparables; une antique prédiction le disait bien, et l'oracle s'est réalisé[5]. La réaction

---

1. Weber, Lat. gr. II, 62-64.
2. Pour Ravenne, cf. Diehl, Ex. de Ravenne, 247; Savigny, Röm. Rechtsg., I², 340, d; ibid. 396, 182 suiv.
3. Après l'apparition des Basiliques, sous l'empereur Léon (886-912). Les formules y sont presque toujours traduites, mais on lit encore dans le recueil des mots latins : ὁπορτέϐιτ, μουνούς... etc. Voir Weber, Lat. gr. III, 42.
4. Voir p. 122, n. 4, Lydus continue ainsi (262, 6) : ταῦτα μετέϐαλεν ὁ Καππαδόκης] εἰς γραώδη τινὰ καὶ χαμαίζηλον ἀπαγγελίαν, οὐχ ὡς σαφηνείας φροντίζων, ἀλλ' ὅπως πρόχειρα ὄντα καὶ κοινὰ μηδεμίαν ἐμποιῇ δυσχέρειαν τοῖς κατὰ σκοπὸν αὐτοῦ πληροῦν τὰ μηδαμόθεν αὐτοῖς ἀνήκοντα τολμῶσι... (262, 20) : καὶ νόμος ἐκράτησεν ἐξ ἐκείνου, καὶ πάντες ὡς ἔτυχε καὶ γράφουσι καὶ πληροῦσι καὶ ἀπολύουσι τὰ παντελῶς αὐτοῖς ἀγνοούμενα. Cf. Lyd. 220, 8. (Voir p. 123, n. 1, de ce travail.)
5. Lyd. 177, 20 : Ἐκεῖνος γὰρ (ὁ Φωντήιος), στίχους δοθέντας τινὰς δῆθεν

du grec se fait encore mieux sentir sous Héraclius, et le changement qu'il introduit dans les monnaies en est une preuve. Déjà sous l'empereur Anastase[1] on s'était servi de lettres grecques pour indiquer la valeur des pièces; avec Héraclius apparaît la légende grecque, Ἐν τούτῳ νίκα qui figure tout d'abord sur le cuivre. Cet empereur représente d'ailleurs une nouvelle famille de Césars, dont les tendances sont particulièrement helléniques[2]. La réaction ne fait que s'accentuer au VIII[o 3] et surtout au IXe siècle, époque où l'on trouve des légendes grecques sur le revers des différentes médailles. Le latin paraît à ce moment n'être plus le moins du monde l'idiome de la cour ni celui des fonctionnaires. Et pourtant, si oubliée qu'elle soit, cette langue qui a été parlée pendant tant d'années à la cour impériale, y laisse nécessairement des traces. Au VIIIe ou au commencement du IXe siècle, des empereurs byzantins inscrivent encore au bas de certains actes le mot latin « lēgimus », et cette expression se retrouve dans une lettre adressée par l'un d'eux au roi de France[4]. On trouve aussi des vestiges de l'ancienne langue sur cer-

Ῥωμύλῳ ποτὲ πατρίοις ῥήμασιν ἀναφέρει, τοὺς ἀναφανδὸν προλέγοντας τότε Ῥωμαίους τὴν τύχην ἀπολείψειν, ὅταν αὐτοὶ τῆς πατρίου φωνῆς ἐπιλάθωνται... (178, 2:) πέρας δὲ μᾶλλον ἔσχε τὰ τοιαῦτα μαντεύματα· Κύρου γάρ τινος Αἰγυπτίου... παραθῆναι θαρρήσαντος τὴν παλαιὰν συνήθειαν καὶ τὰς ψήφους Ἑλλάδι φωνῇ προσενεγκόντος, σὺν τῇ Ῥωμαίων φωνῇ καὶ τὴν τύχην ἀπέβαλεν ἡ ἀρχή.

1. 491-518 A. D. Pour tous ces renseignements sur les monnaies, voir Krumbacher, p. 3; sur les sceaux à légende bilingue, cf. Schlumberger, Sigill. byz., 73 sqq.
2. Const. Them. 12, 18 (il s'agit d'Héraclius): οἱ ἀπ' ἐκείνου κρατήσαντες... καὶ ἑλληνίζοντες καὶ τὴν πάτριον καὶ Ῥωμαϊκὴν γλῶτταν ἀποβαλόντες. λογγίνους γὰρ ἔλεγον τοὺς χιλιάρχους, καὶ κεντουρίωνας τοὺς ἑκατοντάρχους, καὶ κόμητας τοὺς νῦν στρατηγούς. αὐτὸ γὰρ τὸ ὄνομα τοῦ θέματος Ἑλληνικόν ἐστι καὶ οὐ Ῥωμαϊκόν, ἀπὸ τῆς θέσεως ὀνομαζόμενον.
3. Schlumberger, Sigill. byz., 73. Au VIIIe siècle apparaissent les noms de Βασιλεύς ou Δεσπότης à la place du titre Augustus. Cf. sur Constantin Copronyme, Zambélios, Ἄσματα δημοτικά, Corfou, 1852, p. 346. — La perte de l'exarchat en 752 a dû d'ailleurs accélérer l'hellénisation.
4. Ce lēgimus est reproduit dans Wattenbach[2], Pl. XIV-XV (= Archives nationales, K 7, n° 217[3]; cf. Tardif, Monum. histor., p. 75, n° 102). P. 6, col. 2, Wattenbach[2]: Graeci imperatoris epistola, saeculi ut videtur octavi, quae Constantini V. ad Pippinum regem esse a multis creditur, ab aliis ineunti saeculo nono tribuitur (voir Tardif, loc. cit.). — Gardthausen, 367, cite des legimus de bulles papales, empruntées à la chancellerie impériale de CP.

taines monnaies jusqu'à la fin du xie siècle[1]. C'est, on peut le dire, la dernière idée qu'abandonnera Byzance : elle tient au latin, par les raisons politiques les plus profondes ; l'usage du latin lui confère un droit sur l'Occident auquel elle n'a jamais renoncé[2].

Le fait sans contredit le plus curieux est la persistance du latin dans certaines formules et prières du cérémonial officiel. Constantin Porphyrogénète nous en a conservé plusieurs : il les écrit en caractères grecs, et a soin de les traduire toutes, ce qui prouve bien qu'elles n'étaient pas comprises[3]. Ce n'était pas seulement dans des occasions extraordinaires qu'on les chantait, c'était à tout propos[4]. L'empereur se met-il à table[5], cinq chantres font entendre un « Conservet Deus imperium vestrum[6] ». Boit-il, on lui entonne un « Bibite imperatores, in multos annos ». Quand on verse de l'eau dans le vin, c'est le tour d'un « In gaudio prandete Domini[7] », et lorsque le repas est fini, que l'empereur a jeté sa serviette sur la table et que ses commensaux se sont levés, les cinq voix les accompagnent de leur « Bono domino semper[8] ». Ce ne sont là à coup sûr que des formules inertes, figées au milieu d'un cérémonial suranné[9] ; mais la langue grecque, à

---

1. Schlumberger, Sigill. byz., 73. Sous la dynastie macédonienne (867-1057) on lit encore l'inscription : Jesus Christus rex regnantium. — Sous les Comnène la grécisation est complète (renaissance des lettres anciennes; le Spanéas en est un échantillon).

2. Krumbacher, 2.

3. Const. Cerim. 369, 6 Κεφ. οδ'. (Titre :) Τὰ ὑπὸ τῶν καγκελλαρίων τοῦ κοαίστωρος ἐν ταῖς προελεύσεσι τῶν δεσποτῶν ἐν τῇ μεγάλῃ ἐκκλησίᾳ Ῥωμαιστὶ ᾀδόμενα. Suivent des formules usitées dans les grandes fêtes.

4. Ibid. 370, 14 Κεφ. οε' : Ἔκθεσις τῶν λεγομένων ὑπὸ τῶν βουκαλίων ἐπὶ τῆς τραπέζης τῶν ιθ' ἀκουβίτων.

5. Ibid. 370, 20 : Λέγουσιν οἱ πέντε βουκάλιοι· « κονσέρβετ Δέους ἠμπέριουμ βέστρουμ ».

6. Ibid. 371, 7 : Κατὰ δὲ κερασίαν πιόντος τοῦ βασιλέως, λέγουσιν οἱ βουκάλιοι « βήβητε, Δόμηνι ἠμπεράτορες, ἠν μούλτος ἄννος· Δέους ὀμνήποτενς πρέστεθ ».

7. Ibid. 371, 14 : εἰς τὸ κράμμα (lis. κρᾶμα) λέγει ὁ α'· « ἠν γαυδίῳ πρανδεῖτε, Δόμηνι ».

8. Ibid. 371, 19 : Τοῦ δὲ βασιλέως ἀποτιθεμένου τὸ μανδήλιον αὐτοῦ ἐπὶ τῆς τραπέζης, καὶ τῶν φίλων ἀνισταμένων, λέγουσιν οἱ ε'. « βόνῳ Δόμνῳ σέμπερ ».

9. Si l'interprétation de C. Müller, Altgerm. Weihnachtssp., 442-460 (surtout p. 451-455) au sujet des γοτθικά Const. Cerim. 382, 12 (καὶ λέγουσιν ἄμφω τὰ Γοτθικά, ἅτινά εἰσι ταῦτα, etc.) est juste, et s'il n'en faut y voir que du latin, ce qui paraît très probable, la conclusion à en tirer,

force de les garder dans son sein, finira peut-être par s'en assimiler quelques parcelles[1]. Rapprochons de ces mots latins une idée qui, elle aussi, semble s'être figée dans le cerveau des empereurs byzantins : ils ont continué à s'appeler des empereurs romains et à vouloir être considérés comme tels : témoins la colère de l'empereur Nicéphore Phocas[2] contre le pape qui s'est permis de l'appeler empereur des Grecs[3]. Que cette prétention ne nous trompe pas : comme réplique très bien Liudprand, la langue, les mœurs, les vêtements de ce peuple sont helléniques, et ces Romains de tradition sont redevenus des Grecs.

L'oubli du latin comme langue littéraire accompagne tout naturellement cette disparition. Lui non plus, il ne se fait pas brusquement. Tant que les traductions juridiques étaient encouragées, le latin ne pouvait pas être abandonné ; en dehors même des écrivains exclusivement juristes, citons l'historien Procope qui appelle les choses romaines par leur nom latin[4]. Jean Malalas (vi[e] siècle) qui interprète certains mots romains[5] et surtout l'écrivain Lydus qui, non content d'en employer beaucoup, s'occupe parfois de leur étymologie[6]. Quand on passe à Georges le Syncelle et à Theophane (ixe siècle), on

---

c'est que Const. Porph. ne savait plus reconnaître dans les formules traditionnelles le latin qui ne s'affichait pas, comme dans les formules ci-dessus. Le passage 371, 19 (n. 8 ci-dessus) est lui-même accompagné, comme tous les autres, de sa traduction : 371, 22 : ὅ ἐστι μεθερμηνευόμενον. « τῷ καλῷ Κυρίῳ ἡ τιμὴ πάντοτε ».

1. Voir p. 142.
2. Voir p. 130, n. 3 de ce travail. Les Grecs se plaignent de la lettre du pape, et Liudprand répond que le pape n'a pas voulu les blesser. Notons le « quia linguam, mores, vestesque mutastis ».
3. Sur les causes purement politiques du maintien du latin, comme langue, voir p. 136.
4. Weber, Lat. gr. II, 31. Citons, par exemple, les mots : Janus, penates, quaestor, patrimonium, a secretis, centuriae, milites, limitanei, optiones, foederati ... etc.
5. Weber, Lat. gr. II, 32, par exemple, le mot imperator : ἰμπεράτωρ, ὅπερ ἐστὶν αὐτοκράτωρ Malal. 225, 15. Wagener, Lat. bei Mal. 92-93, prouve en somme que Malalas comprenait le latin et ces conclusions confirment l'hypothèse émise par M. Psichari (Hermoniacos[2], 29, n. 1), d'après laquelle Mal. n'aurait eu connaissance de certaines particularités de la mythologie grecque que par le canal *latin* de Dictys de Crète.
6. Voir toute une liste de mots, Weber, Lat. gr. II, 32.

constate déjà une ignorance plus marquée[1], et lorsqu'on arrive à Suidas (x° siècle[2]), on remarque chez lui une foule d'erreurs et de commentaires ridicules, aussi bien à propos des mots latins qu'au sujet des écrivains romains[3]. L'auteur de l'Etymologicon Magnum[4] semble ne parler du latin que d'après des ouvrages grecs, et au siècle suivant[5], c'est là peut-être aussi le cas de Cedrénus, expliquant des légendes de monnaies[6]. Au XII° siècle, la négligence du latin est complète; l'oubli paraît définitif[7]. Pourtant deux cents ans plus tard, nous rencontrons un lettré, Planude, qui aime beaucoup le latin, traduit les poètes tantôt en vers, tantôt en prose[8]. Mais notons que si cet écrivain s'occupe de matières profanes, en réalité c'est un moine; or les moines n'ont-ils pas conservé pendant tout le moyen âge le privilège de l'érudition? Remarquons de plus que si la langue latine pouvait en Orient se maintenir quelque part encore, c'était dans l'église qu'elle avait le plus de chances de rester.

Nous l'avons vu, en effet, depuis Constantin ce n'est pas seulement la pression juridique et administrative qui tend à romaniser les pays grecs, c'est bien un peu aussi la pression religieuse. On a remarqué que la première s'était décidée à renoncer à son œuvre; l'autre pouvait difficilement l'imiter. Il ne dépendait que de l'empereur d'administrer et de juger en grec : il n'était pas seul à avoir la main sur les églises de ses sujets. Le pape était un évêque tout puissant, et le pape

---

1. Georges le Syncelle écorche en particulier les mots qu'il cite : il transcrit Lepidum en Ἐλπίδιον (Ἐλπιδίου κατασχεθέντος, 589, 3); cf. Ἐλπίδιος μοναχός, Mansi, VII, 73 C; sur Théophane et sur lui, Weber, Lat. gr. III, 31.

2. Krumbacher, 261.

3. Weber, Lat. gr., III, 49.

4. X° siècle (Krumbacher, 272); Weber, Lat. gr. III, 49.

5. Ou au commencement du XII°, Krumbacher, 140.

6. Cedren. I, 563, 14 : ὅτι τὰ ἐν τοῖς νιχαρίοις τοῦ νομίσματος ὑποκείμενα Ῥωμαϊκὰ γράμματα δηλοῦσι ταῦτα, τὸ κ, κιβιτάτες, τὸ ο ὄμνις, τὸ ν νόστραι, το ο ὀβέδιαντ, τὸ β βενερατιόνι ... etc.

7. Weber, Lat. gr. IV, 5-7.

8. Voir Weber, ibid., IV, 23 sqq. Sur Planude, cf. Krumbacher, 248. Démétrios Kydones, au XIV° siècle, étudie également le latin à Milan et traduit Thomas d'Aquin (Krumbacher, 205). Mais Planude aussi bien que Kydones sont moins les continuateurs de la tradition latine que les précurseurs de la Renaissance (Krumbacher, 248).

habitait Rome. Mais son influence romanisante était-elle considérable? Pouvait-elle remplacer dans l'empire d'Orient l'influence officielle et donner au latin sa revanche? Non certes; elle était de nature à favoriser la pénétration des deux langues, voilà tout. C'est qu'en effet, bien avant le grand schisme, les églises grecques tendent à se séparer de Rome: des démêlés fréquents éclatent et préparent la scission définitive[1]. La cour pontificale ne réussit plus à maintenir en Orient sa puissance; comment pourrait-elle imposer sa langue? La pression religieuse est réelle, mais ne saurait être victorieuse.

Weber constate que parmi les théologiens grecs du vi⁰ siècle, il y en a fort peu qui sachent le latin[2]. Pourtant les actes du concile de 553 sont rédigés dans cette langue[3]. Mais est-ce une raison pour croire qu'elle fût aussi celle des débats? En pratique, et bien que le latin fût la langue reconnue de toute l'Église, les prélats devaient discuter en grec[4]. Ce qui prouve leur ignorance croissante en latin, c'est qu'au vii⁰ siècle, après un concile tenu à Rome, celui de Latran (649), l'on juge nécessaire de traduire les actes en grec[5]. En 680, à Constantinople, les prélats réunis reçoivent communication d'un texte latin; on épilogue à ce sujet, et c'est toute une affaire; il semble que ce soit un véritable bonheur que de trouver un prêtre qui puisse en prendre connaissance[6]. Cependant, tant que la scission avec Rome n'est pas consommée, l'influence du latin s'exerce encore. Sans insister sur l'autorité qu'ont

---

1. Le titre de patriarche œcuménique, en 586, avait amené déjà quelques froissements. Hertzberg, Gesch. Griechenl. I, 145.

2. Weber, Lat. gr. III, 16.

3. Coleti VI, p. 15 sqq.

4. Même avant Justinien des concessions avaient dû être faites. Cf. p. 128 de ce travail (concile d'Éphèse).

5. Il est vrai que les matières traitées avaient été graves: c'était l'Hérésie des Monothélites. Coleti VII, 78 B-376 D; cf. Weber, Lat. gr. III, 21.

6. Coleti VII, 1017 A: ἐνέπεσε δὲ αὐτοῖς καὶ ἄλλο Ῥωμαϊκὸν βιβλίον τῆς πέμπτης συνόδου, ὅπερ εἶπον ἀγοράσαι παρὰ τῆς γενομένης γυναικὸς Ἰννοκεντίου τοῦ πατρικίου εἰς νομίσματα ἕξ. τὸ δὲ περὶ τοῦ τοιούτου Ῥωμαϊκοῦ βιβλίου κεφάλαιον ἀσφαλῶς ἐπίσταται καὶ Κωσταντῖνος ὁ θεοφιλέστατος πρεσβύτερος τῆς ἐνταῦθα ἁγιωτάτης μεγάλης ἐκκλησίας, καὶ γραμματικὸς Ῥωμαϊκός. et l'on prie ce Constantinus d'enseigner à un diacre la façon d'écrire les caractères romains (1017 D): καὶ ὑπόδειξον αὐτῷ, πῶς ὀφείλει γράψαι τὰ Ῥωμαϊκὰ γράμματα.

encore aux yeux des dignitaires de l'église grecque les pères de l'église latine[1], rappelons l'existence d'une correspondance fréquente, sinon suivie, entre la cour pontificale et les prélats d'Orient. Ce commerce épistolaire est tout latin, au moins en ce qui concerne le pape et les évêques de Rome[2]. Lorsque les lettres d'Occident arrivaient, il fallait les entendre dans le texte. Comme d'ailleurs tous ne les comprenaient pas, il fallait qu'elles fussent traduites, et dès lors naissaient et se lisaient une foule d'écrits grecs pénétrés de latin ; les influences du latin sur le grec accompagnaient ainsi naturellement les relations des églises d'Orient avec la cour de Rome.

Mais ces influences devinrent vite intermittentes comme les relations elles-mêmes. Déjà au VIIIe siècle les communications sont deux fois interrompues[3]. Le respect du clergé grec à l'égard du latin s'en ressent. Une lettre du pape Hadrien Ier est envoyée au second concile de Nicée (787). On n'en lit même plus le texte : on se contente de la traduction[4]. Mais c'était là rompre avec la coutume : elle semble se renouer d'elle-même, et en 869 une lettre d'Hadrien II est lue à Constantinople dans les deux langues[5]. Il est vrai que les prélats grecs avaient eu peur : ils s'étaient permis de modifier, en les traduisant, des textes qu'on leur envoyait et le pape Nicolas Ier avait dirigé sur eux, en latin d'ailleurs, les foudres de l'anathème[6]. Mais les pontifes de Rome ont beau faire, ils n'empêchent ni la rupture des églises, ni l'oubli du latin. En

---

1. Weber, Lat. gr. III, 19 : Anastase, évêque d'Antioche, vers la fin du VIe siècle, traduit en grec un livre de Grégoire le Grand.

2. En 498, les évêques avaient même répondu en latin au pape Symmaque. Coleti V, 433 D sqq. (Epistola orientalium Episcoporum ad Symmachum).

3. Avant 712 et après 726 (à propos du culte des images). Weber, Lat. gr. III, 28-29.

4. Id. III, 33 ; Coleti VIII, 745 B : Ἑρμηνεία γραμμάτων Ῥωμαϊκῶν Ἁδριανοῦ τοῦ ἁγιωτάτου πάπα τῆς πρεσβυτέρας Ῥώμης.

5. Coleti X, 489 E : Marinus ... diacenus sanctae Romanorum ecclesiae, epistolam Latine legit magna voce in audientiam omnium, in Graecum eam eloquium transferente Damiano venerabilissimo regio clerico et interprete.

6. Coleti IX, p. 1345 B suiv. : Quisquis etiam interpretatus eam fuerit, et ex ea quidquam mutaverit, vel subtraxerit, aut super addiderit, praeter illud quod idioma Graecae dictionis exigit, vel interpretantis scientia intelligendi non tribuit, anathema sit.

l'an 1053, Pierre, évêque d'Antioche, ne peut trouver dans sa ville un homme qui puisse convenablement traduire une lettre du pape : il est réduit à la faire copier par le Franc même qui l'a apportée, et à l'envoyer au patriarche de Constantinople, Michel Cérulaire[1]. Ce symptôme de l'oubli du latin dans l'Église est caractéristique ; le fait précède la consommation du grand schisme d'Orient ; au moment où les relations se rompent, les langues sont déjà redevenues à peu près indépendantes. Photius (820-891) n'a déjà plus besoin de savoir le latin[2]. Dans la suite, il y aura encore quelques rapports entre les deux églises ; mais l'influence de l'une sur l'autre sera bien moindre, puisqu'elles se seront reconnues étrangères l'une à l'autre[3]. Avec le XI° siècle, la pression religieuse du latin peut donc être considérée comme terminée. Elle a duré plus longtemps que la pression officielle : désormais la langue grecque peut se dire victorieuse dans la lutte ; elle a triomphé des étreintes de sa rivale.

Est-ce à dire que dans le sein même du grec l'œuvre du latin soit terminée ? Nous avons observé la lutte des deux idiomes, nous l'avons suivie des yeux jusqu'à victoire complète ; mais chemin faisant nous avons constaté que le latin laissait des traces dans le grec, qu'il y déposait des germes. Ces vestiges sont toujours là, ces germes ne demandent qu'à vivre et prospèrent encore dans les nombreux suffixes que le grec s'est complètement assimilés[4]. Il resterait à les étudier et à les suivre dans leur histoire. Nous remarquerons seule-

---

1. Mich. Cerul. Epist. 813 C (Epist. Petr. IV, 24) : Ἀπέστειλα καὶ τὸ ἴσον τῆς πρὸς ἐμὲ σταλείσης ἀντιγραφῆς τοῦ μακαρίτου πάπα. Ῥωμαϊκοῖς ἐνσεσημασμένον γράμμασιν. Οὐ γὰρ ἠδυνήθημέν τινα εὑρεῖν δυνάμενον πρὸς ἀκρίβειαν εἰς τὴν Ἑλλάδα ταύτην μεταμεῖψαι φωνήν. Καὶ διὰ ταῦτα τὸν ταύτην διακομίσαντα Φράγγον, ἔμπειρον ὄντα γραμμάτων Ῥωμαϊκῶν, ἔπεισα ταύτην μεταγράψαι. Σὸν οὖν ἐστι τοῦ λοιποῦ ταύτην ἀσφαλῶς διερμηνεῦσαι καὶ γνωσθῆναι τέλεον ἐξ αὐτῆς ἃ καὶ πρὸς ἡμᾶς ὁ δηλωθεὶς πάπας, ἡμετέραν συστατικὴν δεξάμενος γραφήν, ἀντέγραψεν. Cf. Mich. Cerul., Edictum synodale, 741 B : εἶτα τῶν τὴν Ἰταλίδα γλῶτταν εἰς τὴν Ἑλλάδα μεταβάλλειν εἰδότων προκαλεσαμένη τινάς [ἡ μετριότης ἡμῶν]. Les noms de ces métaphrastes attitrés, à la suite.

2. Krumbacher, 224.

3. Dans les discussions du concile de Florence (1488), où prélats grecs et romains se trouvèrent réunis, chaque peuple se servira de sa langue et l'entente aura lieu au moyen d'interprètes. Voir Coleti XVIII, p. 540 E sqq.

4. Sophoclis, 25, 36-37.

ment que l'influence du latin sur le grec devait, comme toutes celles qui ne sont pas profondes, être surtout lexicologique[1]. Quelle que fût la résistance du grec, un contact aussi long, aussi pressant, aussi intime parfois, ne pouvait qu'enrichir son vocabulaire. Peut-on classer les néologismes ainsi introduits ? Les études de détail précèdent d'ordinaire les classifications ; mais pour guider ces études mêmes, il est bon d'oser des hypothèses. Nous supposerons donc que le latin s'est mêlé au grec, partout où le contact a été sérieux. Or nous avons observé :

1° Un contact militaire qui s'est exercé surtout dans les premiers siècles qui suivent la conquête ;

2° Un contact officiel et particulièrement juridique, qui se produit surtout depuis la conquête jusqu'à Justinien, avec un progrès marqué à l'époque de Constantin ;

3° Une pression religieuse commençant seulement au temps de Constantin ;

4° Une pénétration littéraire de toute époque[2] ;

5° Une pénétration populaire que l'on devine plus souvent qu'on ne la constate, et qui se prouverait surtout par ses résultats actuels.

Il y a donc à étudier les termes militaires[3], administratifs[4]

---

1. Car, à tout prendre, l'intrusion des suffixes est elle-même purement lexicologique, puisque ceux-ci ne pénètrent tout d'abord qu'avec les mots isolés. S'il fallait expliquer par le latin -ις pour -ιος et -ιν pour -ιον dans Ἰούλις ou παιδίν, ce ne serait encore là aussi qu'une influence exercée sur le seul vocabulaire. Cf. Rossi, Rom. Sott. II, 67, des exemples de ces formes.

2. « Andrerseits war die Durchdringung des latinischen und des hellenischen Wesens, man möchte sagen so alt wie Rom. » Mommsen, Röm. Gesch. III, 528 (= Hist. rom. VIII, 163-164).

3. Voir Rigalt. Gloss. milit. ; j'y note les mots Δούξ (54), Κάστρον (79), Κόμης (90), Κουμπάνια (105) = φρατρία (206), Μανδάτα (111), cf. Μανδάτωρας... εἰδότας ῥωμαϊστὶ καὶ περσιστί, ἐὰν ἀπαντᾷ καὶ ἑλληνιστί (113), Νοβίσκουμ, vociferatio militaris (126), Ὀπτίματοι (129), Ὄρδινον, ordo (131), Σίγνον (170), Σιλέντιον (172), Τέντα (187), Φαμιλιαρικά dicuntur ea quae militibus dantur ad familiam alendam (197), Φόσσα (205), etc.

4. Dans cette catégorie et, en partie, dans la précédente, rentreraient les termes tels que στράτα (chaussée), ῥοῦγα (rue) et σπίτι (maison) ou πόρτα (porte), qui sont les résultats de l'administration romaine, que celle-ci s'exerce sur les voies et routes publiques ou sur l'architecture (voir p. 119, n. 1).

et juridiques[1], les mots d'origine religieuse[2], littéraire ou populaire[3] qui sont entrés du latin dans la langue grecque; on pouvait faire ainsi leur histoire et voir ce qu'ils sont devenus dans la langue moderne, où ils représentent, par rapport aux emprunts faits à toutes les autres langues, l'élément le plus considérable et le plus persistant[4].

VI.

CAUSES DE LA RÉSISTANCE DU GREC.

Mais ce résultat, si réel qu'il puisse être, est-il bien celui qu'on attendait? Ne paraît-il pas bien mince, si on le compare à l'influence que le latin a exercée sur celles des autres langues qu'il a touchées? Et pourtant nous avons constaté des efforts sérieux, suivis et énergiques : ce n'est donc pas du côté des Romains qu'il faut chercher les causes de cet insuccès linguistique[5]. Leur langue n'a pas manqué de vigueur dans l'attaque : c'est celle des Grecs qui en a montré plus encore dans la résistance.

On peut sans doute objecter quelques défaillances des Romains. Souvent ce sont là des maladresses tenant à des circonstances fortuites, ou même au caractère des vainqueurs[6].

---

1. Voir le Lexique de Théophile.
2. Voir page 129, note 2, sur le mot βακαντίβοι.
3. Peut-être faudrait-il étudier à part la destinée qu'ont eue les nombreux noms propres latins entrés dans le grec à l'époque romaine. Cf. Σερούιος, Lex. de Théoph.
4. Voir Elem. lat. en ng. (Ἑστία, 1891, t. II, 49-52, 65-68).
5. Parmi les causes sans valeur, on a invoqué celle-ci, que les vaincus étaient supérieurs en nombre aux vainqueurs (cf. D. C. Pr. XV, in f., p. xj). Mais n'en était-il pas de même dans tous les autres pays conquis? En Gaule en particulier, le latin n'a-t-il pas triomphé d'abord d'une population de Gaulois, puis d'une population de Francs?
6. Parmi ces maladresses, signalons la brutalité romaine et en particulier celle des légionnaires. Voir C. I. G. 4668 f. ... κακὸν γένος· [Βρ]οῦτος στρατιώτης ἔγραψα Πανέμ[ου] ζ et au même endroit l'inscription latine : Cessent Syri ante latinos Romanos. L'injure κακὸν γένος s'adresse probablement aux Syriens. Cf. Hertzberg, Röm. Griechenl., II, 155, l'anecdote d'un jardinier maltraité par un légionnaire. Le jardinier ne comprend pas le latin.

Mais le hasard était partout le même, et le génie romain aussi : pourquoi ces fautes auraient-elles eu des conséquences plus graves sur une frontière plutôt que sur les autres? On allègue des concessions exceptionnelles faites aux Grecs : nous avons vu qu'il y en avait d'utiles : il y en avait aussi de nécessaires[1], et c'était justement la résistance du peuple grec à la romanisation qui y obligeait les Romains. Quant aux caprices des empereurs qui paraissent les plus inexplicables, une même raison les explique tous, le prestige qu'exerçait la Grèce sur l'imagination romaine. Sans donc tout à fait nier les faiblesses des vainqueurs dans leur œuvre, tournons les yeux vers les vaincus : s'ils n'ont pas parlé latin, ils le doivent à leurs qualités propres et aussi à celles de leur langue : c'est là ce qui leur a permis de lutter chez eux avec succès, de faire au loin des diversions, de trouver enfin des auxilaires.

Parmi les traits qui caractérisent le grec ancien, signalons surtout sa fierté : elle pouvait être en maintes occasions un défaut : pour la résistance au latin, c'était une arme. Un peuple amoureux comme celui-là de sa gloire passée[2], devait difficilement se résigner à délaisser sa propre langue pour adopter celle d'une race étrangère. Et quelle race? Des gens que la plupart n'aimaient pas, que beaucoup méprisaient[3], que certains même affectaient de ne pas connaître. Apollonius Dyscole n'a pas le moindre souci des travaux des Romains[4]; leur langue n'existe pas pour lui; dans certaines écoles, on enseigne que les dieux parlent grec ou un langage fort appro-

---

1. Les concessions faites aux Rhodiens étaient un moyen de les maintenir dans l'obéissance, Tac. Ann. XII, 58 (II, 42, 15) : reddita Rhodiis libertas, adempta saepe aut firmata, prout bellis externis meruerant aut domi seditione deliquerant.

2. Plin. H. N. III, 5 (6), 42 ... Ipsi de ea (il s'agit de la grande Grèce) iudicavere Grai, genus in gloriam suam effusissimum... — Cf. Tac. Ann. II, 88 (I, 68, 27) : caniturque adhuc barbaras aput gentes [Arminius], Graecorum annalibus ignotus, qui sua tantum mirantur...

3. Winkelmann, Philol. Skizz., 554; Quatremère, Copte, 408; Budinszky, 236. C'est un fait caractéristique que le parasite même de Lucien sait à peine parler latin : καὶ ἐν τοσούτῳ πλήθει Ῥωμαϊκῷ μόνος ξενίζων τῷ τρίβωνι καὶ πονηρῶς τὴν Ῥωμαίων φωνὴν βαρβαρίζων, Luc. Merc. Cond. XXIV.

4. Egger, Apoll. Dysc. 49 sqq. Sur Didyme, voir Suidas (s. v. Τράγκυλλος) II, 2, 1190, 16.

chant[1] : dès lors, pourquoi les hommes se donneraient-ils la peine d'en savoir un autre? En fait, comme nous l'avons vu, les Grecs apprirent souvent l'idiome romain : mais ils ne s'y attachèrent point. Ils s'y exercèrent plutôt par utilité que par goût et ils continuèrent à préférer la langue de leurs pères. La facilité[2] avec laquelle ils s'adonnaient au latin égalait l'indifférence qu'ils professaient à son égard.

Cette fierté aurait-elle pu suffire à empêcher le Grec d'adopter la langue de ses vainqueurs, si elle avait la vanité sans relief d'un peuple ordinaire? Evidemment non. Les Romains n'étaient pas une race banale; ils avaient peut-être autant d'orgueil que les Grecs : ils durent pourtant céder. On connaît les brutalités des légionnaires, les duretés de certains empereurs, le dédain même de quelques lettrés à l'égard des vaincus[3], enfin la confiance illimitée qu'avait tout Romain dans la tradition latine. Cet orgueil patriotique dont toute l'histoire de Rome est remplie a dû renoncer à fléchir la fierté hellénique; il s'est laissé entamer par le prestige de la Grèce, et Rome à demi-hellénisée a été contrainte d'avouer sa défaite[4]. C'est que l'orgueil grec, moins lourd peut-être et moins entier que l'orgueil romain, avait une force de vie que celui-ci ne possédait pas. Les éléments en étaient plus riches, la forme en était plus souple.

Le passé de Rome sans doute avait été brillant, et la gloire de l'empire ne le cédait à celle d'aucun peuple : mais si la Grèce était déchue, n'avait-elle pas eu elle aussi ses heures d'héroïsme? A Zama ne pouvait-elle opposer Marathon ou

---

1. Id., p. 52. Cf. Volum. Hercul. VI, p. 77, col. xiv, l. 6 (de Philodème) : Και νη Δια γε την Ἑλληνιδα νομιστεον εχειν αυτους διαλεκτον [sc. τοὺς θεόυς].

2. L'exemple de Mithridate prouve entre mille l'aptitude des Orientaux à apprendre les langues étrangères. Quint. Inst. Or. XI, 2, 50 : uel Mithridates, cui duas et uiginti linguas, quot nationibus imperabat, traditur notas fuisse...

3. Cic. Phil. V, 5, §§ 12-15. Cf. Juv. W. III, 60 sqq. (et n. au v. 61-62); VI, 185 sqq.; XI, 145. Sen. Contr. I Praef. 6 : insolenti Graeciae; I, 6, 12 : Glyconis valde levis et graeca sententia; X, 33, 23 Latinam linguam facultatis non minus habere, licentiae minus.

4. Hor. Epist. II, 1, 156 : Graecia capta ferum uictorem cepit et artis intulit agresti Latio... Il faut dire cependant que cette influence littéraire s'était exercée bien avant la réduction de la Grèce en province romaine.

Etudes néo-grecques.

Salamine, et Léonidas ou Thémistocle faisaient-ils mauvaise figure à côté des Scipions ou de Paul-Emile? Les victoires de la Grèce ne dépassaient-elles pas en importance historique toutes celles des Romains? Mais la gloire militaire n'était rien à côté du reste. Rome n'avait guère à son acquit que les triomphes de la force, la Grèce avait remporté ceux du génie. La nation conquérante n'avait pas d'artiste à opposer à Phidias ou à Praxitèle, et sa littérature tard venue n'était souvent qu'un reflet des chefs-d'œuvre de l'esprit grec. Que d'ouvrages admirables, au contraire, avait produits la Grèce, et comme elle avait le droit d'en être fière! Quand l'orgueil repose sur la réalité présente, il peut s'évanouir avec elle: mais s'il est entretenu par des visions sans cesse évoquées du passé, rien ne le brise. Le Grec vit avec les choses, il s'y plie même on ne peut mieux, mais à toutes il mêle son rêve, et ce rêve ne finit jamais.

Et puis quel aimable orgueil, léger, enfantin[1] et presque inconscient[2]! Quelle différence avec l'orgueil romain grave, mûr et réfléchi! S'ils se fussent ressemblé, leur choc eût brisé l'un des deux. Heureusement pour lui, celui des Grecs n'était pas tout d'une pièce. A la fois ondoyant et tenace, il cédait, s'abaissait, disparaissait même sous la main du vainqueur. Le Romain, à qui le Grec prodiguait son adulation, pouvait le croire gagné à la cause latine; le vaincu même, à force de donner l'illusion, la partageait parfois: il finissait par respecter et par admirer Rome, il n'en devenait pas plus romain. Le Grec prosterné prenait sa revanche; il gardait ses mœurs et sa langue et tout ce qui lui tenait au cœur: du sein des humiliations de toute sorte, son orgueil national ne sortait qu'un peu plus assoupli[3].

1. Renan, Orig. II, 338: « Plutarque, dans sa petite ville de Béotie, vécut de l'hellénisme, tranquille, heureux, content comme un enfant, avec la conscience religieuse la plus calme... Mais il n'y avait que l'esprit grec qui fût capable d'une sérénité si enfantine. »
2. Holleaux, Néron, 527: « Les Grecs, quand il s'agit des choses de la patrie, ont toujours eu le don merveilleux de l'illusion facile et tenace... »
3. Cette souplesse qui permettait à l'orgueil hellénique de fuir sous la pression romaine sans se laisser écraser par elle, le Grec la montrait partout; elle explique en partie le rôle important qu'ont joué les Grecs à Rome. Renan, Orig. III, 206, compare le Graeculus de l'époque romaine à l'Italien du XVIe et du XVIIe siècles.

Le caractère des Grecs explique d'une façon générale leur résistance à la romanisation : les qualités de leur langue expliquent plus directement son maintien. On a cru qu'il était possible de fixer le langage, et l'on a eu tort ; mais si le changement des idiomes ne s'arrête pas, il se ralentit parfois, et cette fixité relative, c'est d'ordinaire la littérature qui la produit[1]. Les chefs-d'œuvre conservés par l'écriture ne sauraient donner aux langues une éternelle immobilité : ils peuvent en retarder l'évolution[2]. Nous avons vu combien les Grecs étaient fiers de leurs écrivains : notons ici combien leur langue en était forte. Les productions littéraires de leur idiome étaient pour lui comme des citadelles : elles contribuaient à le défendre. Défense insignifiante, dira-t-on, puisqu'elle ne protège que le parler des gens éclairés, de ceux qui lisent : mais le langage des lettrés, ne devient-il pas, dans bien des cas, celui des ignorants, et lorsque les grands ont certaines façons de dire les choses, ne trouvent-ils pas chez les petits des imitateurs gauches, mais toujours nombreux ? Par cela seul qu'ils étudient les chefs-d'œuvre, n'entretiennent-ils pas chez le peuple le sentiment de la gloire passée ?

La langue du peuple avait surtout ceci pour elle, qu'elle était toujours la langue grecque, la fille de l'ancienne langue ; elle possédait une autre force que celle qui lui venait d'en haut : elle avait pour elle sa vivacité, son harmonie, elle avait surtout sa souplesse. On sait avec quelle facilité le Grec, contemporain de Juvénal, se pliait à tous les emplois, supplantant le Romain grâce à ses qualités d'insinuation et à son savoir-faire. L'idiome grec, avec sa facilité à entrer dans toutes les nuances de la pensée, se trouvait dans la même situation vis-à-vis de la raideur du latin. On se figure aisément l'attitude des premiers Romains, légionnaires ou colons, essayant de parler leur langue au milieu des populations helléniques ; leur parler devait sembler lent, gauche et barbare, tandis qu'eux-mêmes étaient à la fois

---

1. On a remarqué que certains dialectes de peuplades sauvages se modifiaient du tout au tout au bout de quelques générations. — Cf. Quest. d'hist. et de ling., p. 473 sqq.

2. De ce fait, par exemple, que le français *vulgaire* a été écrit au moyen âge et fixé au xviie siècle, il résulte aujourd'hui cet autre fait que la langue populaire elle-même ne développe pas ses formes librement et emploie toujours les formes littéraires ; ibid. p. 474 sqq.

émerveillés et étourdis par la volubilité de leurs nouveaux sujets[1]. Parler bien était déjà pour les Grecs un avantage, parler beaucoup en était un autre; sur ce terrain, la victoire était pour eux.

D'autres succès d'ailleurs annonçaient et assuraient celui-ci. Bien avant le moment où dans tout l'Occident le latin devait s'étendre, le grec avait joué en Orient un rôle identique. Je ne parle pas des dialectes grecs d'Asie au temps d'Homère ou d'Hérodote: l'analogie ne serait pas parfaite. Mais depuis Alexandre, les divers dialectes avaient successivement disparu[2] et la κοινή s'était répandue dans tout l'Orient. Depuis l'Euphrate[3] jusqu'au Nil et l'Adriatique, la langue commune était devenue l'instrument de toutes les relations. Sans doute elle n'avait pas remplacé absolument tous les idiomes locaux[4], mais elle était la langue courante. Dès lors, outre que l'extension d'une langue fait toujours sa force, quelle difficulté pour le latin à supplanter celle-ci! Il eût pu venir à bout des dialectes barbares ou grecs restés isolés: la κοινή, les enveloppant et les baignant tous pour ainsi dire, formait autour d'eux une sorte de ceinture protectrice. L'action du

---

1. Cf. Val. Max. II, 2, § 2 (65, 15): ipsa linguae uolubilitate (cf. p. 97, ci-dessus).

2. Voir Pernot, Inscr. de Paros. Paus. IV, 27, 11, signale la persistance du grec dialectal en Messénie: οὔτε τὴν διάλεκτον τὴν Δωρίδα μετεδιδάχθησαν, ἀλλὰ καὶ ἐς ἡμᾶς ἔτι τὸ ἀκριβὲς αὐτῆς Πελοποννησίων μάλιστα ἐφύλασσον. Mais on sait, d'autre part, que Pausanias est une autorité insuffisante; cf. Christ, 576. Cf. Philostr. Vit. Soph. II, 1, vii, p. 553 (II, 62, 5), sur la persistance du dialecte attique dans l'intérieur: ἡ μεσογεία δὲ ἄμικτος βαρβάροις οὖσα ὑγιαίνει αὐτοῖς ἡ φωνὴ καὶ ἡ γλῶττα τὴν ἄκραν Ἀτθίδα ἀποψάλλει.

3. Renan, L. S., 296, donne cette limite. Cf. d'autre part, ibid., 301 et 301, n. 3. — Cf. Budinszky, p. 232, 233 et 233, n. 10.

4. Au temps de saint Paul, il en subsiste encore, notamment en Lycaonie. N. T. Act. 14, 11 (οἵ τε ὄχλοι ἰδόντες ὃ ἐποίησεν Παῦλος ἐπῆραν τὴν φωνὴν αὐτῶν Λυκαονιστὶ λέγοντες), cf. Kiepert, Handbuch, p. 128, n. 3, § 122. Il en est de même en Cappadoce, Paphlagonie, Pisidie, à Solymes. Le Lydien a disparu. En Mysie et Bithynie on ne parle plus que le grec (v. Renan, Orig. III, 23, n. 3). A Antioche un groupe parle encore syriaque (Renan. Orig. V, 156). Cf. sur ces régions les passages de Kiepert, Handbuch, cités p. 86, n. 2 ci-dessus. Sur le Galate, voir Perrot, Gaulois en Galatie, 179, 192. — Les Juifs se montrent en particulier très réfractaires au grec et les Romains sont obligés de se servir avec eux d'interprètes hébreux, cf. Joseph. Bell. jud. VI, 2, 1 (Bekker VI, 79, 25-30; 80, 4-6); VI, 6, 2 (B. VI, 106, 30); V, 9, 2 (B. V, 43, 23-25).

latin en Orient cessa donc de pouvoir être comparée avec son rôle en Occident. Là-bas le champ lui était ouvert ; ici la place était déjà prise, et il fallait engager une lutte où le grec avait, entre autres avantages, celui du premier conquérant.

Ainsi la langue grecque, protégée par le caractère de ceux qui la parlaient, forte aussi de ses propres qualités, était en dépit des apparences dans d'excellentes conditions pour résister à l'invasion du latin. On s'explique dès lors sa persistance, malgré les assauts qu'elle eut à subir. Le contact militaire fut de longue durée ; les légions et les vétérans latinisèrent un peu la Grèce : ils se firent plus encore helléniser par elle. La pression officielle fut énergique, quelquefois même habile : mais elle rencontra l'orgueil hellénique, qui, pour être très souple, n'en était que plus vivace ; ce fut Rome qui dut céder, et la couche de latin qu'elle étendit en Orient resta superficielle. Même dans le domaine officiel, elle dut faire des concessions ; les décrets bilingues que nous avons signalés en sont une preuve, l'existence d'un secrétaire des lettres grecques auprès des empereurs en est une autre[1]. Ce rôle du grec resta longtemps au deuxième plan, grâce à la volonté et à l'énergie des Romains : il devait revenir au premier dès que les empereurs renonceraient à prétendre

---

1. Sur les secrétaires grecs (ab epistolis Graecis) opposés aux secrétaires latins (ab epistolis Latinis), voir Egger, Hist. anc., 220 suiv. Tels furent Burrhus sous Néron (Joseph. N. Ant. jud. XX, 8, 9 (IV, 307, 12) : καὶ τῶν ἐν Καισαρείᾳ δὲ οἱ πρῶτοι Σύρων Βήρυλλον (voir N. C.), παιδαγωγὸς δ'ἦν οὗτος τοῦ Νέρωνος τάξιν τὴν ἐπὶ τῶν Ἑλληνικῶν ἐπιστολῶν πεπιστευμένος), Antipater d'Hiérapolis sous Septime Sévère (Philostr. Vit. Soph. II, 24, 1, p. 607 (II, 109, 4) : ταῖς βασιλείοις ἐπιστολαῖς ἐπιταχθείς) et probablement Aspasius de Ravenne sous Alexandre Sévère, Philostr. Vit. Soph. II, 33 (λγ'), III, p. 628 (II, 126, 21) : παρελθὼν ἐς βασιλείους ἐπιστολάς), un certain T. Aurelius Egatheus, imp. Antonini Aug. lib. a codicillis, signalé par une inscription Orelli, I. L. 5009. Cf. ibid. 2902 Eschinis ... ab codicillis. Cf. Gruter, D LXXXVII, N. 1 et 2 deux ab epistulis graecis. La mère de Caracalla s'occupa de la correspondance aussi bien grecque que latine. Dion Cass. (D.) LXXVII, 18, 2 : καὶ τὴν τῶν βιβλίων τῶν τε ἐπιστολῶν ἑκατέρων.., διοίκησιν αὐτῇ ἐπιτρέψας. Plus tard les secrétaires des lettres grecques eurent la tâche de traduire d'anciennes pièces officielles : Budinszky, 238. Not. Dign. Or. c. XIX, 12 (p. 44 = Not. Dign. Boeck. I, 50) : Magister epistolarum graecarum eas epistolas, quae graece solent emitti, aut ipse dictat aut latine dictatas transfert in graecum.

imposer leur langue à des peuples qui ne voulaient pas l'accepter.

Dans la masse, en effet, le grec est toujours resté la langue dominante. En étudiant l'influence du latin, nous avons constaté bien des commencements de romanisation populaire : mais l'on a pu deviner que la part de l'hellénisme ne cessait jamais d'être en Orient la plus grande. Nous avons cru démêler chez ces populations une sorte de sentiment romain ; mais ce serait mal connaître le Grec que de le croire incapable de posséder à la fois un peu d'orgueil romain et beaucoup de vanité hellénique. Ces gens chimériques et prompts à l'illusion avaient l'avantage de n'être pas des logiciens et l'esprit de suite leur faisait parfois défaut. Bien que Grecs avant tout, ils consentaient à être citoyens de Rome, et tant que Rome ne portait pas directement atteinte aux traditions helléniques, ils n'y voyaient pas de contradiction[1] ! Nous avons aussi noté quelque introduction de mœurs romaines en Orient, mais à côté que d'usages restaient grecs[2] ! S'il y avait des colonies, un grand nombre de villes restaient libres et s'administraient elles-mêmes. Les jeux publics[3] florissaient encore à côté des combats de gladiateurs, et le paganisme grec lui-même restait cher aux habitants de l'Hellade[4]. Enfin les mélanges proprement dits que nous avons constatés entre les deux langues, n'étaient pas non plus destinés à se généraliser. Les Grecs empruntaient au latin une foule de noms propres ; mais c'était là souvent flatterie ou vanité de sujets romains, et nous avons vu que ni l'un ni l'autre de ces sentiments n'était incompatible avec l'attachement aux traditions helléniques. Pour ce qui est de la conversation courante, l'infériorité[5]

---

1. Nous supposons que l'adulation des Grecs était sincère : en réalité, elle devait être quelquefois hypocrite et calculée, — moins souvent pourtant qu'on ne pourrait le croire.

2. Hertzberg, Röm. Griechenl., I, 509, signale l'existence de stratèges, attestée très tard en Thessalie par des médailles.

4. Les Panhellénies sont rétablies, par un empereur romain il est vrai (Hadrien). Voir C. I. G. 351 et 1058, où sont nommés des Panhellènes.

4. Petit de Julleville, Histoire de la Grèce sous la domination romaine, p. 400. — Les Grecs tenaient à toutes leurs anciennes traditions, voir Hertzberg, Röm. Griechenl., II, 374, sur les Athéniens qui se prétendaient encore issus des plus antiques familles.

5. V. p. 97, n. 5, le texte de Valère-Maxime.

marquée où se trouvait le latin devait empêcher sa victoire. Quelque mélange se produisait, sans doute; mais il y avait là tout aussi bien hellénisation des Romains[1] que romanisation des Grecs. Et puis deux langues dont le contact est aussi intime et aussi prolongé se pénètrent nécessairement un peu. Ici la pénétration s'est vite arrêtée; quelques résultats partiels s'obtiennent, mais ils ne sont pas l'occasion de nouveaux progrès. Les germes déposés restent, mais leur propagation ne se continue pas au point d'envahir tout l'organisme attaqué[2].

Non contents de se défendre, les Grecs, par une tactique inconsciente, portaient jusque chez leurs ennemis cette guerre d'idiomes, et, triomphant en Occident grâce aux qualités qui les protégeaient chez eux, ils assuraient le maintien de leur langue par l'extension même qu'ils lui donnaient. Le prestige que la Grèce exerça sur l'imagination romaine fut de bonne heure énorme. Qu'il suffise de rappeler le « Graecia capta[3] » et le « Grais ingenium[4] » d'Horace, ainsi que la lettre où Pline le Jeune fait à son ami Maximus un pompeux éloge de la contrée qu'il va gouverner[5]. Ce prestige eut sur l'extension du grec une influence positive. Tous les Romains surent cette langue ou prétendirent la savoir[6]. A l'époque de Quintilien,

---

1. La colonie de Corinthe, par exemple, s'hellénise très vite: Dion Chrysost. Emp. Or. XXXVII Cor., 26 (p. 528 = 114 R. II; D. II, 300, 14) : παρ' ὑμῖν μὲν, ὅτι Ῥωμαῖος ὢν ἀφηλληνίσθη, ὥσπερ ἡ πατρὶς ἡ ὑμετέρα...

2. A propos de la résistance populaire, signalons avec Egger (Hist. anc., 264) la distinction que font les Astypaléens en l'an 648 de Rome (6 A. C.) entre un sénatus-consulte qu'ils traduisent en grec vulgaire, et un décret honorifique décerné à l'un des leurs, qu'ils rédigent en vieux dorien.

3. Voir p. 145, n. 4.

4. Hor. de arte poet. 323 : Grais ingenium, Grais dedit ore rotundo Musa loqui, praeter laudem nullius auaris. Romani pueri longis rationibus assem discunt in partis centum diducere...

5. Plin. Ep. VIII, xxiiii, 2 (232, 21): cogita te missum in provinciam Achaiam ... reverere conditores deos et numina deorum, reverere gloriam veterem et hanc ipsam senectutem... habe ante oculos hanc esse terram quae nobis miserit iura, quae leges non victis, sed petentibus dederit... Cf. Ep. VII, 4, 2 (182, 14, 17) : quattuordecim natus annos graecam tragoediam scripsi; ib. 3, elegos à lui tout seul ne suffit pas à dire que Pline a fait des distiques latins; il faut qu'il ajoute : *latinos*. Sur l'admiration que l'on témoigne dès le IIᵉ siècle A. C. aux philosophes grecs, Gell. Noct. att. VI (VII), 14, 8 (I, 361, 21 suiv.); cf. p. 94, 1, de ce travail.

6. Nous ne parlons pas spécialement des écrivains latins sachant le

l'éducation grecque des jeunes Romains est devenue plus importante que leur éducation latine et le rhéteur a la prétention de rétablir l'équilibre entre elles[1]. Une foule de grammairiens grecs sont installés à Rome[2]; on ne se contente pas de l'instruction qu'ils donnent, et les jeunes gens de haute famille vont à Athènes se perfectionner dans l'étude du grec[3]. Tous les Romains se piquent d'hellénisme : Cicéron n'a pas comme Atticus une maison de campagne en Epire ; il se console en s'en faisant envoyer le plan (τοποθεσία[4]). D'autres s'amusent à composer de petits vers grecs : cela devient une manie au temps de Pline le Jeune[5]. Les termes helléniques émaillent les écrits de Cicéron : Juvénal en met jusque dans la bouche des femmes[6]. Les empereurs se laissent atteindre par la contagion. Nous avons vu combien Claude désirait en toutes choses maintenir la tradition romaine : cela ne l'empêche pas d'aimer personnellement le grec, d'écrire dans cette langue[7], et dans la série des Césars il n'est pas seul à

---

grec, c'était leur cas à presque tous et de tout temps. Sur Albinus choisissant cette langue pour écrire son ouvrage, voir p. 126, note 6.

1. Quint. Inst. Or. I, 1, 13 : non tamen hoc adeo superstitiose fieri uelim, ut diu tantum graece loquatur aut discat, sicut plerisque moris est... (il s'agit de l'enfant : puer).

2. Cf. Mommsen, Röm. Gesch., III, 528 (= Hist. rom. VIII, 163-164) : Wohin der römische Legionar kam, dahin folgte der griechische Schulmeister, in seiner Art nicht minder ein Eroberer, ihm nach. Le *Schulmeister* attaquait le légionnaire dans sa capitale. Voir les inscriptions Gruter, p. DCXXV, 8 (un Terentius est désigné comme litteratus graecis et latinis) ; Reinesius, 681, N. XCVI : Valerius [Sat]urnus ...educatus literis graecis quam et latinis (la même inscr. dans Fabretti, p. 391, N. 258) ; Muratori, I. V., DCCIII, N. 1 ; cf. Waltz, Rhet. Graec. V, 8, 13, 23 suiv. (cf. VI, 21, 12), sur Hermogène de Tarse enseignant à Rome... etc.

3. Strab. IV (δ), 1, 5 (I, 246, 12) parle de la εἰς Ἀθήνας ἀποδημία.

4. Cic. ad Att. I, 16, 18 (II, 28-29) : Velim ad me scribas, cuiusmodi sit Ἀμαλθεῖον tuum ... etc.

5. Plin. Ep. IIII, 3, 5 (91, 21) : hominemne Romanum tam graece loqui?... invideo Graecis, quod illorum lingua scribere maluisti. (Il félicite un ami de ses graeca epigrammata et autres vers). Voir pour Pline lui-même, ci-dessus p. 151, n. 5. Cf. Vossius W. Histor. gr. I, 22 : Publius Rutilius Rufus ... Hic, licet homo esset Romanus, tamen inter historicos Graecos etiam nomen profitetur suum.

6. Juv. W. VI, 184 sqq. Voir surtout VI, 195 et la n. aux v. 186, 188.

7. Suet. Cl. 42 (168, 8-17), 43 (168, 32).

montrer ces goûts d'hellénisme[1]. Un exemple illustre est celui de Marc-Aurèle[2].

Ce n'était pas seulement le prestige de la Grèce qui portait les Romains à s'helléniser, c'était aussi la présence des Grecs et comme leur infiltration à travers tous les pores de l'empire. On sait qu'avant l'extension des conquêtes romaines, ils formaient déjà une bonne partie de la population italienne. Ceux-là se romanisèrent ensuite en partie[3], mais les causes mêmes qui favorisèrent plus tard la résistance du grec en Orient, maintinrent au cœur même de l'empire de nombreux foyers d'hellénisation. Les Crotoniates ne veulent pas abandonner leurs mœurs, leurs lois, ni leur langue, et préfèrent la déportation à l'oubli de leurs traditions[4]; les habitants de Poestum ont été forcés de se romaniser; mais au prix de quels regrets! Ils ne parviennent pas à oublier ce qu'ils ont perdu, et dans des fêtes qui se terminèrent toujours par des pleurs, ils essayent en vain de se donner l'illusion du passé[5]. Naples n'est pas encore barbarisée au temps de Strabon, et

---

1. Néron compose probablement lui-même son discours aux Grecs : Holleaux, Néron, 522-523; Domitien veut être considéré comme un fils d'Athéné, Hertzberg, Röm. Griechenl., II, 137; Hadrien fonde l'Athenaeum, Bernhardy, Röm. Litt. 87 et 90, n. 64, et fait des vers grecs, Gregorovius, Hadrian, 366. Sur la prépondérance du grec à l'époque d'Hadrien, voir ibid. 310. Aurélien écrit à Zénobie en grec (Egger, Hist. anc. 254) ... etc.

2. Renan, Orig. VII. 11 : « il pensait en cette langue »; 46 : « il négligea le latin, cessa d'encourager le soin d'écrire en cette langue »; 257 sqq. τὰ εἰς ἑαυτόν.

3. Sur les habitants de Cumes, voir Liv. XL, 43, 1. Cf. Lyd. 261, 22 : Νόμος ἀρχαῖος ἦν πάντα μὲν τὰ ὁπωσοῦν πραττόμενα παρὰ τοῖς ἐπάρχοις... τοῖς Ἰταλῶν ἐκφωνεῖσθαι ῥήμασιν... τὰ δὲ περὶ τὴν Εὐρώπην πραττόμενα πάντα τὴν ἀρχαιότητα διεφύλαξεν ἐξ ἀνάγκης διὰ τὸ τοὺς αὐτῆς οἰκήτορας, καίπερ Ἕλληνας ἐκ τοῦ πλείονος ὄντας, τῇ τῶν Ἰταλῶν φθέγγεσθαι φωνῇ, καὶ μάλιστα τοὺς δημοσιεύοντας.

4. Liv. XXIV, 3, 12 : Morituros se affirmabant citius, quam immixti Bruttiis in alienos ritus, mores legesque ac mox linguam etiam verterentur.

5. Voir Egger, Hist. anc., 265. Athen. Dipnos. XIV, p. 632 A (III, 394, 17) citant Aristoxène : ... Ποσειδωνιάταις... οἷς συνέβη τὰ μὲν ἐξ ἀρχῆς Ἕλλησιν οὖσιν ἐκβεβαρβαρῶσθαι Τυρρηνοῖς [ἢ Ῥωμαίοις] γεγονόσι, καὶ τὴν τε φωνὴν μεταβεβληκέναι τά τε λοιπὰ τῶν ἐπιτηδευμάτων, ἄγειν δὲ μίαν τινὰ αὐτοὺς τῶν ἑορτῶν τῶν Ἑλληνικῶν ἔτι καὶ νῦν, ἐν ᾗ συνιόντες ἀναμιμνήσκονται τῶν ἀρχαίων ἐκείνων ὀνομάτων τε καὶ νομίμων καὶ ἀπολοφυράμενοι πρὸς ἀλλήλους καὶ ἀποδακρύσαντες ἀπέρχονται.

la langue officielle semble y être plutôt le grec[1]. Les inscriptions nous montrent d'ailleurs suffisamment la longue persistance du grec en Sicile et dans l'Italie méridionale[2].

Rome admiratrice de la Grèce et entourée de contrées grecques était naturellement ouverte aux populations helléniques. Elles ne se font pas faute d'en profiter, ni d'activer par leur présence l'œuvre commencée par le prestige de leur patrie. Dès le IIe siècle A. C., les Grecs affluent à Rome; ils y deviennent ouvriers, commerçants, devins, artistes, cuisiniers, danseurs de corde, jongleurs, barbiers, pédagogues[3]: ils sont propres à tous les métiers. Ils prennent dans la ville un pied si grand qu'on est obligé de les bannir à plusieurs reprises[4]; Juvénal nous fait part de la répugnance qu'ils lui inspirent[5]; ce mépris n'était pas universellement partagé, car les Grecs savaient s'insinuer dans les bonnes grâces des Romains : Cicéron défendait avec chaleur l'un de leurs poètes, Lucullus leur ouvrait une bibliothèque[6]: ils arrivaient à tout, même aux honneurs, tandis que « l'ancienne bourgeoisie romaine perdait chaque jour du terrain, noyée qu'elle était dans ce flot d'étrangers[7] ». Ils apprenaient le latin, dira-t-on; oui et assez facilement, mais ils n'oubliaient pas le grec. On a trouvé à Rome une foule d'inscriptions qu'ils ont laissées: les

---

1. Voir C. I. G. III, p. 717, les remarques de Boeckh.

2. En Sicile C. I. G. 5396 (près de Syracuse) inscription grecque précédée de D(iis) M(anibus). — 5404 (Syracuse) grecque avec le nom latin Σπῆς. — 5408 (Syracuse) bilingue. — 5474 (Géla): Ῥοδάνοις μ ἄννος — 5649 h (Catane) latine avec distiques grecs. — Dans la Grande Grèce: 5768 (Rhegium) D(iis) M(anibus) Fabia Sperata Sallustis A[g]athocles o cae rodios ἐ]ατοῖς ἐπόησαν. — 5783 (Brindes) bilingue. — 5794 Naples (id.). — Cf. 5821.

3. Voir Hertzberg, Röm. Griech., II, 53. Cf. C. I. G. 5921, 5922, sur un architecte phénicien.

4. On bannit notamment les astrologues, les mathématiciens, les philosophes; voyez à leur sujet Hertzberg, Röm. Griechenl., II, 491; cf. 197.

5. Juv. III, 60 sqq.; III, 77, omnia novit Graeculus esuriens; in caelum, iusseris, ibit. Lucien n'est pas moins dégoûté; cf. Luc. Merc. Cond. XVII: Μόνοις τοῖς Ἕλλησι τούτοις ἀνέῳκται ἡ Ῥωμαίων πόλις, etc., etc.; cf. XXIV, ib., etc.

6. Plut. Luc. 42 (II, 549, 24-30; 550, 2-3): ἑστία καὶ πρυτανεῖον Ἑλληνικὸν ὁ οἶκος ἦν αὐτοῦ τοῖς ἀφικνουμένοις εἰς Ῥώμην.

7. Renan, Orig. III, 98; « Rome était à la lettre une ville bilingue, » ibid.; cf. tout le passage.

unes sont bilingues[1], d'autres sont en grec, mais précédées d'initiales latines[2]; d'autres enfin présentent d'étranges compromis entre les deux sortes de caractères[3], ou même entre les deux grammaires[4].

C'est surtout à Rome que les Grecs affluaient, mais cela ne les empêchait pas de se répandre dans les autres régions de l'Occident. On trouve des inscriptions grecques, non seulement aux environs de Rome[5] et dans le nord de l'Italie[6], mais jusqu'en Espagne, en Bretagne, en Germanie[7]. C'est en Gaule surtout que le grec est florissant[8]: les populations asiatiques ne se contentent pas de se porter vers la ville de Marseille[9], dont les écoles grecques rivalisent avec celles d'Athènes: elles remontent le Rhône et la Saône et font le commerce avec les villes gauloises de la région. L'hellénisation de ces vallées est d'ailleurs favorisée par l'influence des églises de

---

1. C. I. G. 5880, 5885, 5886, 5896.
2. C. I. G. 6226, 6293 (grecques mais précédées de D(iis) M(anibus)).
3. Un nom propre en caractères grecs se trouve au milieu d'une ligne écrite en latin: 6613 D. M. Cornelia P(ublii) l(iberta) Ἡσ[υ]χία vixit a(nnos) LXIII. Ou bien c'est du grec qui est écrit en caractères latins: 5967: Agatho daemoni ... (le reste est latin). Ou bien le latin est écrit en caractères grecs: 6713: Οὔξωρ βενε μερεντι Φηκτ (= fecit); 6714: ουιρω (= viro); 6715: Ἀντίσθεια Πίστη φηκιτ μαρειτω (= marito) μεω δυλκισσιμω ετ φειλιαι Κλαυδεια Σαβεινα Καρισσιμε. Cf. 6716, 6717, 6718, 6719, 6720.
4. 5995: Τρωιλι (génitif latin d'un mot grec). — 6662: Ἑπταχωμάτους (désinence de nominatif latin).
5. C. I. G. 6343 (près de Tusculum).
6. C. I. G. 6754 (Vérone).
7. Celles-ci sont il est vrai peu nombreuses: Le corpus en donne 4 en Espagne, 6802 sqq., 2 en Bretagne, 6806 sqq., 3 en Germanie, 6808 sqq.
8. Justin. Hist. Phil. Epit. XLIII, 4, 2: adeoque magnus et hominibus et rebus inpositus est nitor, ut non Graeci in Galliam emigrasse, sed Gallia in Graeciam translata videretur.
9. Strab. IV (δ), 1, 5 (I, 246, 6), parlant de Marseille: Πάντες γὰρ οἱ χαρίεντες πρὸς τὸ λέγειν τρέπονται καὶ φιλοσοφεῖν, ὥσθ' ἡ πόλις μικρὸν μὲν πρότερον τοῖς βαρβάροις ἀνεῖτο παιδευτήριον, καὶ φιλέλληνας κατεσκεύαζε τοὺς Γαλάτας ὥστε καὶ τὰ συμβόλαια ἑλληνιστὶ γράφειν, ἐν δὲ τῷ παρόντι καὶ τοὺς γνωριμωτάτους Ῥωμαίων πέπεικεν ἀντὶ τῆς εἰς Ἀθήνας ἀποδημίας ἐκεῖσε φοιτᾶν φιλομαθεῖς ὄντας. Cf. Suet. Gr. VII: M. Antonius Gnipho, ingenuus in Gallia natus... nec minus Graece quam Latine doctus (260, 1, 12); voir Egger, Hist. anc. 259 suiv.

Lyon, Autun et Vienne qui restent en partie grecques jusqu'au III⁰ siècle de notre ère[1].

C'est qu'en effet la langue grecque n'était pas seule à lutter contre le latin : elle s'était gagné un auxiliaire puissant, le christianisme. La doctrine de Jésus était née en Judée, et ce pays, bien qu'entouré de contrées grecques, parlait une langue qui lui était propre. Mais les premiers apôtres de la religion nouvelle comprirent que le meilleur moyen de l'étendre était de la prêcher dans un idiome plus répandu[2]. La langue et la religion, unies dans une même propagande, se soutinrent l'une l'autre : le grec était l'arme du christianisme, puisqu'il en favorisait la prédication, et le christianisme était l'arme de la langue grecque, puisque ses progrès aidaient en même temps ceux de sa compagne. Sans l'unité linguistique de l'Orient, le prosélytisme eût été moins facile : sans la religion nouvelle, la contagion de la langue eût été moins sûre. Chose étrange : la Grèce proprement dite ne comprit pas tout ce qu'il y avait de fécond dans cette union : elle ne se laissa pas gagner au christianisme[3] et la Grèce asiatique se rpêta seule à la prédication nouvelle. Du moins, une bonne partie de la race hellénique, peut-être la plus souple et la plus insinuante, la plus cosmopolite en tout cas[4], était acquise à la religion de Jésus ; du moins aussi, le christianisme parlait un idiome qui n'était point sans doute le plus pur attique, mais qui, malgré ses incorrections, valait beaucoup mieux : à peu de chose près, c'était encore cette κοινή qui s'était avec Alexandre infiltrée dans tout l'Orient, et dont la puissance de vie était considérable.

Naturellement la religion nouvelle gagne d'abord en Occi-

---

1. Renan, Orig. VI, 470 sqq.; VII, 289, 290, 343; cf. Le Blant, I. G. N., 415 (II, 77); cf. Renan, Orig. VII, 343, n. 2.

2. Les apôtres galiléens, et saint Paul lui même, malgré sa culture exclusivement juive, apprennent le grec., Renan, Orig. II, 110, 111 : (« Le grec ... fut en quelque sorte imposé au christianisme »); cf. sur saint Paul, ibid., 167. — Pierre ne sait pas le grec, mais Marc lui sert de secrétaire, Renan, Orig. IV, 112. — Au II⁰ siècle, l'église de Jérusalem, tout à fait séparée du judaïsme, devient absolument hellénique (vers l'année 135 A. D.), Renan, Orig. VI, 262.

3. L'hellénisme constitué en religion fait, du II⁰ au IV⁰ siècle, une concurrence redoutable au christianisme. Renan, Orig. III, 201-202.

4. Renan, Orig. II, 374.

dent les points déjà hellénisés : elle arrive à Rome[1], pénètre les Grecs qui s'y trouvent et sert de renfort à leur langue. Elle avait déjà fait de grands progrès par elle-même : l'esprit de prosélytisme vient hâter la contagion. Durant deux siècles, tout se fait en grec dans l'église de Rome, la liturgie, la prédication, la propagande : jusqu'au milieu du IIIe siècle, les inscriptions sépulcrales des papes à la catacombe de Saint-Calliste sont en grec[2], et saint Corneille s'adressera encore aux églises dans cette langue[3]. D'autre part le christianisme, longtemps confiné dans Rome, finit par en sortir : les apôtres évangélisent l'Occident, mais en même temps ils l'hellénisent, et l'un des rameaux les plus florissants de cette chrétienté grecque est celui que nous avons rencontré dans la vallée du Rhône ; il s'étendra et fleurira longtemps encore, bien après le moment où l'église mère aura été latinisée[4]. L'église d'Afrique est la seule qui devienne rapidement latine, et encore elle semble hésiter avant de se distinguer de la sorte[5].

Ainsi donc, si au lieu d'étudier les efforts du latin, nous regardons la langue grecque et les moyens qu'elle avait de résister, nous voyons disparaître d'elle-même l'anomalie signalée ; le point d'interrogation que nous nous sommes si souvent posé trouve sa réponse. Pourquoi le latin a-t-il échoué en face du grec ? C'est que le grec avait une force de résistance supérieure à la force d'attaque. Fiers, et non sans

---

1. Rome était d'ailleurs, lors de l'éclosion du christianisme, le rendez-vous de tous les cultes orientaux. Renan, Orig. III, 97.

2. Pour tous ces détails, voir Renan, Orig. VII, 69-70, n. 1 et 454-455 ; 454, n. 2 ; Rossi, Rom. Sott., II, pp. 27, 49, 56, 59, 61, 67, 73 suiv. — On chante encore aujourd'hui Kyrie eleison imas, ischyros, athanatos, etc., à l'office du vendredi saint, Renan, Orig. VII, 455, n. 1. Cf. ibid., 69-70. Voyez des inscr. gr. chez Rossi, Bullett. Christ., 1865, 52, col. 1-2 suiv.

3. Eus. H. E. VI, 43, 3 : Ἦλθον δ' οὖν εἰς ἡμᾶς ἐπιστολαὶ Κορνηλίου Ῥωμαίων ἐπισκόπου καὶ ἄλλαι πάλιν Ῥωμαϊκῇ φωνῇ συντεταγμέναι. Suivent des extraits, 4, 5. Remarquer le sens de Ῥωμαϊκός. — Sur l'usage du grec dans l'Église romaine jusque vers le XIIe siècle, voir le curieux travail de Fabre, Chan. Benoit, 11-12. (Ibid. p. 24 et p. 30-33, la lecture du texte grec laisse beaucoup à désirer : ainsi anadedicte (ἀναδέδεικται) est rendu par ἀνεδεικνύσθη et aneoxan (= ἀνοῖξαν) par ἀνέῳξαν. P. 30 suiv. les formes du grec moyen n'ont pas été reconnues comme telles.)

4. Renan, Orig. VII, 343 ; cf. ibid. n. 2.

5. Renan, Orig. VII, 455 et n. 3-5, et 456, n. 1.

raison, d'eux-mêmes et de leur langue, les Hellènes ne voulaient ni devenir romains, ni parler latin. Loin de se laisser romaniser chez eux, ils allaient helléniser Rome, et les diversions lointaines, dans lesquelles la religion du Christ leur prêtait son concours, contribuaient avec le plus grand bonheur à leur défense. Leur langue fut sauvée; aguerrie par cette lutte, elle put ensuite supporter d'autres assauts, dont elle sortit toujours à son honneur : « Le latin, dit Egger[1], a passé sur les provinces grecques comme y ont passé plus tard le slave, l'italien, le français et le turc sans y prendre jamais racine. En s'obstinant à parler leur langue sous tant de maîtres successifs, les Grecs en ont assuré la perpétuité vivante. »

1. Hist. anc., 276.

LEXIQUE

DES

MOTS LATINS DANS THÉOPHILE

ET LES

NOVELLES DE JUSTINIEN

PAR C.-C. TRIANTAPHYLLIDÈS

(Docteur en droit; élève titulaire de l'Ecole des Hautes Etudes)

REMARQUES PRÉLIMINAIRES [1].

L'influence du latin sur le grec est demeurée purement lexicologique. La phonétique et la morphologie ne sont jamais entamées; la syntaxe l'est parfois, mais d'une façon passagère et superficielle. Les exemples de contamination syntaxique se trouvent surtout dans les sénatus-consultes. Or, M. Foucart a démontré irréfutablement que ces traductions étaient faites à Rome par des Romains; cf. Foucart, S. C. de Thisbé, 323-325, 355, 2, etc. On trouvera d'autres latinismes dans les sénatus-consultes suivants: Diehl et Cousin, Bull., IX, 454-457; Cousin et Deschamps, Bull., XI, 233-234; Doublet, Bull., XIII, 507, etc. Voici quelques échantillons tirés de Viereck, Sermo graecus, 13, 5 Περὶ ὧν

---

1. M. Triantaphyllidès, dans la première rédaction de ces Remarques préliminaires, avait soulevé plusieurs questions intéressantes. J'ai été amené à refondre complètement ce travail; je ne puis donc en laisser la responsabilité au premier auteur. Les §§ 2 et 3 sont entièrement de ma main, tant en ce qui concerne les recherches que les résultats. Dans le § 1 et dans ce Préambule, j'ai utilisé deux ou trois notes de M. Triantaphyllidès. Je lui dois en particulier les renseignements relatifs aux mss 1364, 1365, 1366 de la B. N., au ms. de Florence pour le Digeste, à la collation du Messanensis par Carion et à la critique de certains détails de l'éd. de Theoph. F. Le lexique même de Théophile a été rédigé par lui seul et il en a fait lui-même la revision, sur les indications que je lui avais données. La responsabilité lui en demeure. J'ai ajouté quelques notes par-ci par-là.

Θισβεῖς λόγους ἐποιήσαντο περὶ τῶν καθ' αὑτοὺς πραγμάτων (Quod Thisbaei verba fecerunt de rebus ad se pertinentibus), γραφομένῳ παρῆσαν, scribundo adfuerunt; cf. aussi C. I. G. 2562, 19 : Λευκίῳ Ἐπιδίῳ, Τιτίῳ Ἀκυλείνῳ ὑπάτοις; voir 2943, 5; C. I. G. 2460, 2462 (inscr. dor.) Κυρείνα = Quirina tribu (Egger, État actuel du grec, 8-9). La morphologie reste intacte; il ne faut pas faire entrer en ligne de compte des phénomènes comme C. I. G. 9829 [Ε]ὐψύχι, τέκνον Οὐαλέρι (voc.), L κδ ἡμερῶν μθ. κεῖσαι σὺν τῷ σῷ πατρὶ Οὐάλεντι τῷ μακαρίῳ, cf. Boeckh, ibid. : Titulus, ut videtur, christianus, homines Aegyptii. Les flexions latines n'ont laissé en néo-grec aucune trace. Les suff. lat., -ātus (= άτος), etc., etc., entrent en grec avec le mot même, p. ex., avec barbatus, d'où aujourd'hui encore βαρβάτος. De là, on détache la désinence qui s'ajoute à des mots grecs d'origine (voir plus loin, § 3, à ŏ lat.). Les désinences -ιος = -ις, -ιον = ιν (cf. ibid.) ne sauraient donc passer ni pour des exemples de contamination morphologique ni pour des exemples de contamination phonétique (chute de ο dans -ιος): c'est une pure question de vocabulaire.

Dans ces conditions, il était intéressant de faire le dépouillement complet de deux au moins des écrits juridiques du vi[e] s.[1], la Paraphrase connue sous le nom de Théophile et les Novelles de Justinien. Le droit, qui était romain à Byzance, a été un des principaux véhicules du latin en Grèce (cf. Lafoscade, Lat. en Gr., 142, 2°). D'autre part, l'auteur de la Paraphrase marque comme un arrêt dans ce développement. En l'an 535, Justinien veut définitivement adopter le grec comme langue juridique: Nov. VII, c. I, in f. (52, 32) : οὐ τῇ πατρίῳ φωνῇ τὸν νόμον συνεγράψαμεν, ἀλλὰ ταύτῃ δὴ τῇ κοινῇ τε καὶ ἑλλάδι, ὥστε ἅπασιν αὐτὸν εἶναι γνώριμον διὰ τὸ πρόχειρον τῆς ἑρμηνείας. Cf. Theoph. R. III, 7, § 3 : Ταῦτα μὲν τὸ παλαιόν. Διάταξις δὲ γέγονε τοῦ ἡμετέρου βασιλέως, ἣν διὰ τὸ πᾶσιν εἶναι πρόδηλον, ἐξεφώνησεν ἑλληνιστί, πολλῆς φροντίσας τῆς συντομίας.

Des lexiques juridiques ont été confectionnés soit par les byzantins, soit par les modernes. Le « Lexicon vocum latinarum in libris juris occurrentium (λεξικὸν κατὰ στοιχεῖον λατινικόν), B. N., Gr. 1357 A, fo. 286-292 ; Glossae nomicae ibid., fo. 293 a-295 b (ces derniers feuillets du xve s., cf. Omont,

---

1. Cf. Zachariä, Gesch. d. gr. röm. R., 4-9.

Invent. II, 24), est un des plus importants dans l'espèce; on en trouve plusieurs autres mentionnés dans Omont, Invent. II, 24 suiv.; Gr. 1374, fo. 441 b, Expositio vocum latinarum quae in libris juris occurrunt; de même Gr. 1375, fo. 358; Gr. 1385 A, fo. 377 b; Gr. 1386, fo. 307; Gr. 1388, fo. 257 b: Gr. 1339, fo. 233 b, Vocum latinarum interpretatio; Gr. 1351, fo. 430 et 430 b; Gr. 1259, fo. 313: Explicatio vocum latinarum quae in libris juris canonici occurrunt (par ordre alphabétique; Omont, Invent. I, 279, etc.); J. G. R., II, 267, Glossae graeco-latinae dans le Vatic. 2075 sive Basil. 114[1]. Ces lexiques mériteraient une étude comparée, très instructive pour l'étude du latin et l'histoire du droit (voir ci-dessous, §§ 2 et 3).

Parmi les modernes, Du Cange a utilisé, entre tant d'autres mss, des gloses juridiques (D. C. II, Ind. Auct., 36). Sophoclis semble avoir exclusivement consulté, pour la Paraphrase de Théophile, le glossaire très incomplet de Reitz (Theoph. R. II, 1247-1301). De cette façon, plusieurs termes sont omis : ἀλιμέντα, ἀκτίων, ἀρδιτραρία, νεκεσσάριος, sont absents dans Reitz et S., qui ne prend pas tout dans R., p. ex., ἀλουτίων etc.; d'autres sont cités d'après des auteurs différents, p. ex. ἄλδος (d'après Mal.; cf. S., s. v.). Voyez aussi Rigalt. à notre Ind. bibl.; il s'y trouve quelques termes juridiques. Signalons aussi Bury, Lat. Rom. Emp., II, 167-174: The language of the Romaioi in the sixth century, avec plusieurs mots de droit (p. 170), et, dans un autre ordre d'idées, S. Reinach, Ep. gr., 523-538, le lexique politique des inscriptions pour l'équivalence des titres grecs et romains (cf. ibid., p. 520-523).

§ 1.

VALEUR HISTORIQUE DE LA PARAPHRASE AU POINT DE VUE DU VOCABULAIRE LATIN.

La première question qui se pose au sujet de la Paraphrase de Théophile[2] est de savoir jusqu'à quel point les mots latins qui se lisent dans ce texte étaient entrés dans l'usage.

---

1. Voir l'Ind. alphab. d'Omont, Invent., t. IV (à paraître), à l'article Glossa (Gl. nom., jurid.).
2. Cf. Theoph. F., VIII-XV. Nous continuons à désigner l'auteur de

Études néo-grecques.

On peut répondre tout de suite que, le droit étant tout romain à Byzance, le vocabulaire technique, parmi les juristes, était tout aussi vivant, en quelque sorte, que peuvent l'être aujourd'hui, entre géologues ou physiologistes, des termes comme *éocène* et *myocène,* ou *lécithe* et *homolécithe*. Les médecins qui ne désignent jamais une maladie par son nom vulgaire ne croient pas parler comme les livres : c'est là, chez eux, le langage naturel. L'auteur des Fr. Sin. (ci-dessous, § 2), quand il transcrit des phrases entières en latin, se sert — en matière de droit — de la langue de son temps.

Il est certain toutefois que, même parmi les juristes, les phrases latines ne pouvaient avoir d'autre valeur que celle d'une citation. A cet égard, il faut distinguer, dans Théophile et dans les Novelles, entre les noms des actions, indéclinés, et les termes juridiques munis d'une désinence grecque. Ces derniers seuls pouvaient être tenus pour grecs dans le sentiment des sujets parlants. Cf. Theoph. II, 1, § 7 : Ἀδέσποτα δέ ἐστι τὰ σάκρα καὶ τὰ ῥελιγίωσα καὶ τὰ σάνκτα. ὅπερ γὰρ diuini juris ἐστί, τοῦτο ὑπ' οὐδενὸς τελεῖ δεσποτείαν. Diuini juris, dans ce texte, est une pure locution : on la gardait par exactitude et par respect (ci-dessous, § 2). Cf. Theoph. F., III, 1, Pr. (255, 11) ἡ γὰρ non iure ciuili facta ἐστί. Au contraire, une expression telle que σοῦος, terme nécessaire et caractéristique, pouvait être courant parmi les juristes et ne se distinguait pas pour eux du contexte grec : Nov. XVIII, 11, in f. (138, 2) : ἔστω καὶ ἡ γυνὴ γνησία καὶ οἱ παῖδες ὑπεξούσιοι καὶ σοῦοι (leçon de L; M suoι); ci-dessous, § 2); cf. aussi Theoph. F., I, 9, § 2 (38, 16), τὸ iurisgéntion. Le grec ici n'offrait pas d'expression équivalente. Σοῦος aurait pu entrer dans la langue : diuini iuris ne l'aurait jamais pu. Βόνα φίδε (Lex., s. v.) est adverbe.

Théophile ne nous fournit pas toujours le critérium nécessaire pour reconnaître ce qui se disait de ce qui ne se disait pas de son temps autour de lui. Theoph F., II, 6, § 3 (288, 3) ὁ θεῖος πρὸς πατρὸς ῥωμαϊστὶ λέγεται « patruus », τουτέστιν ὁ τεῦ πατρὸς ἀδελφός, ὅστις ἑλληνιστὶ λέγεται « πατρῷος »· ὁ δὲ πρὸς μητρὸς

---

la Paraphrase sous le nom de Théophile, pour plus de commodité. Ces quatre livres ne sont certainement pas du célèbre jurisconsulte ; il y a des preuves du contraire (Theoph. F., x) et aucune preuve affirmative (ib. p. ix). Mais l'ouvrage est bien de l'époque de Justinien (ib. viii-ix) et, au point de vue historique qui nous préoccupe ici, c'est l'essentiel. — L'opinion opposée sur la question dans Mortreuil, Dr. byz., I, 274.

θεῖος καλεῖται « auunculus », τουτέστι τῆς μητρὸς ἀδελφός. ὃς παρ' Ἕλλησι καλεῖται κυρίως « μητρῷος »· κοινῶς δὲ πᾶς θεῖος λέγεται. ἡ πρὸς πατρὸς θεία λέγεται « amita » τουτέστι τοῦ πατρὸς ἀδελφή, ἡ δὲ πρὸς μητρὸς « matertera » τουτέστι τῆς μητρὸς ἀδελφή· ἑκατέρα δὲ θεία προσαγορεύεται, ἤγουν παρά τισι τηθίς. On croirait d'après cela que tous les mots latins de ce passage n'étaient pas entrés dans la langue parlée. Or, *amita* est resté jusqu'à nos jours (ci-dessous, § 3, in f.). C'est que Théophile, s'adressant ici à un milieu spécial, n'explique le mot que pour sa valeur juridique. Ailleurs (Theoph. F., I, 16, § 5), il se sert couramment de tous ces termes.

Les termes de droit, comme on le suppose à priori, n'étaient pas réservés à l'enceinte du tribunal ni au cabinet des juristes. Cf. Nov. XIII, 1 (100, 23 sqq.): διὰ τοῦτο ᾠήθημεν αὐτοὺς praetoras plebis δεῖν ὀνομάσαι; mais voilà une morphologie (gén. *plebis*) que le peuple ne pouvait guère accepter; aussi lisons-nous dans la même Nov. XIII, 1 (100, 29): καὶ τῇ μὲν ἡμετέρᾳ φωνῇ (= en lat.) praetores plebis προσαγορευέσθωσαν, τῇ δὲ ἑλλάδι ταύτῃ καὶ κοινῇ πραίτωρες δήμων. Πραίτωρ, étant très admissible, ne faisait point difficulté; de même Nov. XVII, 8 (122, 13), τῶν ζυγοκεφάλων ἢ ἰούγον ἢ ἰουλίων ἢ ὁπωσδήποτε ἂν αὐτὰ κατὰ χώραν καλοῖεν. Theoph. F., I, 2, § 4 (13, 23) τὰ μὲν ὑπ' αὐτοῦ τεθέντα κοινῷ ὀνόματι κέκληται constitutiones. Voir ibid. (11, 24) τὸ δὲ παρ' αὐτοῦ νομοθετούμενον ὀνόματι γενικῷ κέκληται constitutíon, τουτέστιν ἡ διάταξις ἢ διατύπωσις; cf. ci-dessous.

D'autres fois, au contraire, nous voyons le mot lat. reculer devant son synonyme grec: Nov. XV, Pr. (109, 17) τοιγαροῦν καὶ διὰ τοῦτο τῇ πατρίῳ φωνῇ δεφένσωρας αὐτοὺς καλοῦμεν (= τοὺς ἐκδίκους) ... Νῦν δὲ δὴ τοῦτο τὸ τῶν ἐκδίκων πολὺ δὴ πεπατημένον ἐστὶν ἐν πολλοῖς τῆς ἡμετέρας πολιτείας μέρεσι καὶ οὕτω καταπεφρονημένον, etc. Il semblerait même que ce terme était ancien en grec, ibid. (109, 12): ἄλλοις μὲν γὰρ ἄλλα δέδοται παρὰ τῆς παλαιότητος ὀνόματα σημαντικὰ σαφῶς τῶν πραγμάτων, τουτὶ δὲ τὸ τῶν ἐκδίκων καθαρῶς ἀποφαίνει τὸ τὴν ἀρχαιότητά τινας ἐπιστῆσαι τοῖς πράγμασιν. Mais, en général, la chancellerie impériale maintenait soigneusement les termes latins et témoignait d'une certaine mauvaise humeur contre leur substitution par des mots grecs, Nov. XIII, Pr. (99, 19): Τὸ τῶν λαμπροτάτων τῆς ἀγρυπνίας ἀρχόντων ὄνομα, σεμνόν τε καὶ τοῖς πάλαι Ῥωμαίοις γνωριμώτατον ὄν, οὐκ ἴσμεν ὅπως εἰς ἀλλοίαν μετέστη προσηγορίαν καὶ τάξιν· ἡ μὲν γὰρ πάτριος ἡμῶν φωνὴ praefectos vigilum αὐτοὺς ἐκάλεσε ... ἡ δέ γε Ἑλλήνων φωνὴ οὐκ ἴσμεν ὅθεν ἐπάρχους αὐτοὺς ἐκάλεσε τῶν νυκτῶν, ὥςπερ ἀναγκαῖον ὂν ἡλίου μὲν ὡς ἔοικε δύνοντος ἐξανίστασθαι τὴν ἀρχήν, παύεσθαι δὲ ἀνίσχοντος. τί γὰρ ἂν εἴη, διότι τὸ τῶν νυκτῶν προσέθηκεν ὄνομα, etc., etc.

Tous ces passages prouvent à quel point, sous une forme ou sous une autre, les termes de droit étaient devenus usuels dans l'Empire d'Orient. Plusieurs d'entre eux étaient entrés dans la langue bien avant le VIe s. Sans parler du N. T. (πραιτώριον, Matth. XXVII, 27), de Plutarque (voir ci-dessous, § 3), nous les trouvons un peu partout: Ignat. Ep. ad Pol. 6 (1er s. A. D.): τὰ δεπόσιτα ὑμῶν, τὰ ἔργα ὑμῶν, ἵνα τὰ ἄκκεπτα ὑμῶν ἄξια νομίζησθε; Kaibel, I. G. 830, 20 (147 A. D.) ἄκτων; Jul. Ep. 25, p. 513, 8 βρέδια; 513, 7 τὰ βρέδια τὰ καθ' ὑμῶν ἐν τοῖς ἐμοῖς σκρινίοις ἀποκείμενα; Ep. 43, p. 547, 20 τὰ κτήματα τοῖς ἡμετέροις προστεθῆναι πριβάτοις (361-363 A. D.). Théophile et Justinien, quand ils se servaient de ces divers termes, n'innovaient donc pas autant peut-être qu'ils le croyaient eux-mêmes.

Un critérium plus sûr est celui qui nous est fourni par le traitement populaire des mots latins. La langue du droit ne nous représente pas toujours la forme du lat. classique; elle donne souvent le lat. vulgaire. Ces cas ont été étudiés au § 3 ci-dessous. Il est certain qu'un mot tel que ἴδικτον (ibid.), par le sens non moins que par la forme, devait être également usité au tribunal et dans la rue. Que ce terme ait ensuite disparu de la langue et ne se retrouve plus aujourd'hui, cela est dénué d'importance et n'a pas de poids dans la question: le mot a disparu avec la chose. Il en est ainsi de plusieurs termes médiévaux. A un moment où μέση désignait une des principales rues de Byzance (Paspatis, Βυζ. ἀνάκτ., 109), il était tout naturel que ὁδός subît l'analogie et devînt ὁδή (Essais I, 221), et il n'est pas moins naturel que ce mot ne se retrouve plus de nos jours[1].

Les termes extra-juridiques qui se lisent dans Théophile méritent aussi une grande considération. A une époque où les mots latins couraient dans la langue familière, les jurisconsultes ne se faisaient pas scrupule de puiser dans le vocabulaire usuel, pour la plus grande clarté des cas de droit qu'ils exposaient à leurs lecteurs. Au lieu de ἅμαξα (Theoph. II,

---

1. Mittelgr. 152, III, Chatzidakis a dit à ce sujet beaucoup de choses vagues et incohérentes. Mais il ne convient pas de discuter ces théories dans des livres sérieux.

20, § 17), Théophile dira donc volontiers (Theoph. F., II, 1, § 48, 118, 22) καροῦχαν = carruca (déjà V. T. Is. LXVI, 20; cf. Plin. H. N. XXXIII, 11, 40; voir ci-dessous, § 3 in f.); de même μουλίων, mulio (Basil. IV, 361 C) pour ἀστραποδηλάτης, μοῦλα, mula, pour ἡμίονος (Theoph. IV, 3, § 8). Les autres mots de cette catégorie sont βήσσαλον, *brique* (bessalis, cf. S., s. v. βήσσαλον); μισσώριον (missorium, cf. mensorium Du Cange V, 344; μισσούρια Const. Cerim. 582, 17; μισούριν Prodr. VI, 124, d'après le Gr. 382); κολλούριον = collyrium (?) = pg. κολλύριον (avec ου N. T., Apoc. III, 18, passage d'après lequel il faut restituer cette forme dans Théophile; voir aussi S.). Plusieurs des mots employés par Théophile se retrouvent en grec moderne; on en verra la liste à la fin du lexique. Cette persistance est caractéristique. Cependant, on ne peut en conclure sûrement que du temps même de Théophile ces mots fussent déjà usuels; un mot, mis en circulation par les livres, peut devenir populaire par la suite. Et la langue du droit a certainement contribué à enrichir le vocabulaire courant (voir § 3, ci-dessous, et Lex. in f.).

Tous les mots fléchis — les seuls qui figurent dans le Lex. — méritent considération. Ils pouvaient être usités, soit dans un plus grand cercle, soit dans le cercle spécial des juristes. Les verbes surtout, ἐξκουσεύω, σουγγερεύω, τρακταΐζω, κομμιτεύω, πακτεύω (= πάκτον ποιῶ) et particulièrement μανδατορεύω, κουρατορεύω témoignent par leurs flexions mêmes de l'emploi qu'on en faisait. Les formes telles que ἀβστινκτεύω, où la combinaison βσ, βστ ne peut être populaire, ne prouvent pas absolument que ce verbe ait été purement livresque et qu'il n'ait jamais été prononcé par des lèvres humaines. Quintilien a déjà fait la remarque que l'écriture ne rendait pas toujours la prononciation : Quint. Inst. Orat. I, 7, 7 : cum dico *obtinuit*, secundam enim *b* litteram ratio poscit, aures magis audiunt *p*[1].

Il faut, en terminant, signaler chez Théophile la tendance réactionnaire contre le latin et la préférence souvent accordée au mot grec. Le seul fait de la version κατὰ πόδας (Lafoscade,

---

[1]. Mittelgr. 134, Chatzidakis, faisant le procès aux textes médiévaux, blâme dans l'Erophile les graphies ἐκδύνεσαι, ἐκδέχεται, et, p. 135, τακτικά au lieu de ταχτικά. C'est parler pour ne rien dire. Voir ci-dessous, § 3, 1 lat. — Le groupe graphique κτ pour χτ a été expliqué Essais, II, XCIII, que Chatzidakis ignore.

Lat. en Gr., 132) témoigne déjà de l'oubli du latin. A côté de l'usage presque constant (voir Lex.) des mots juridiques de cette langue, il y a aussi quelques infidélités à relever ; ainsi, Theoph. I, 10, tout le long du titre (p. 39-48), il dit γάμος etc. ; *de nuptiis* figure en rubrique seulement, cf. I, 9, § 1 : Ὁ δὲ γάμος εἴρηται ῥωμαϊκῇ διαλέκτῳ nuptiae ἤτοι matrimonium. Le mot γάμος était tellement connu, qu'il a bien fallu lui sacrifier nuptiae et matrimonium. Theoph. III, 23, il n'est question que de πρᾶσις et ἀγορασία ; en revanche, il dira, ib. Pr., ἡ ex vendito, ἡ ex empto. Il expliquera le mot lat., ibid. § 3, et préparera la voie au grec : κουστωδία δέ ἐστιν, ἡ ἀκριβεστάτη καὶ ὑπερβάλλουσα παραφυλακή. Theoph. I, 2, est particulièrement intéressant à étudier à cet égard[1]. Avec ses devanciers, il citera aussi des vers d'Homère, H, 472 (Theoph. R. III, 23, § 2 ; voir R. ibid.).

Ailleurs, craignant peut-être que le mot grec ne fasse naître une confusion dans l'esprit, il se servira du synonyme latin ; p. ex., Theoph. II, 4 (p. 124-127) οὐσούφρουκτος revient sans cesse ; c'est que l'équivalent grec n'est pas bien net ; cf. ibid. Pr. (Theoph. F. 124, 16) : usufrúctos δέ ἐστι δίκαιόν τι ὃ ποιεῖ μὲ κατὰ τῶν ἀλλοτρίων πραγμάτων ἔχειν χρῆσιν καὶ ἐπικαρπίαν.

Enfin, il emploie concurremment les deux langues. A côté de κοντράκτον, on trouve συνάλλαγμα à peu près à tous les passages (voir Lex.) ; le terme grec ne l'a pas encore emporté ici sur le terme latin, à cause sans doute du sens spécial et tout précis qu'avait encore contractum en matière juridique (Ulpien dans les Instit. II, 14, 7), et bien qu'il fût très ancien en grec (Arist. Polit. IV, 13 (16), 1 τῶν ἰδίων συναλλαγμάτων ; Eth. Nicom. V, 7, 1131 b, = p. 308, 25 ; 309, 3, etc.)

Entre Théophile et les Novelles, il y a à constater un progrès de la part du grec. Théophile n'emploie jamais que ληγάτον ; ce mot alterne, au contraire, avec πρεσβεῖον Nov. I (p. 1-10, 6), où celui-ci l'emporte déjà sur ληγάτον (Nov. I, 1, p. 3, 30 ; 2, p. 7, 26[2]), qui ne reparaît plus Nov. XXII, 23 et 41. La même préférence est accordée à διαθέμενος Nov. I, 2 (2, 18), 1 (4, 9) sur τεστάτωρ. Nov. XVIII, titre (127, 20) ; cette Nov.,

---

1. Voyez aussi le Lex. jurid., B. N., Gr. 1357 A, fo 286 b, 3 ἀλοῦμνος : θρεπτός ; fo 291 b, 9-10 du bas φάκτον· ποίησίς, etc., etc.

2. Mais ληγατάριος, qui n'a pas d'équivalent, se rencontre à chaque ligne dans la même Novelle. Cf. ci-dessous, § 3, *e* lat.

qui traite de dispositions testamentaires, n'emploie plus ce mot dans le texte. Concurremment à οὐσούφρουκτον Nov. XVIII, 3 (129, 25), les Nov. ne craignent pas de dire τὴν χρῆσιν καὶ τὴν ἐπικαρπίαν (ib. p. 129, 36), et même τὴν χρῆσίν τε καὶ ἐπικαρπίαν Nov. XXII, 23 (165, 1), sans que οὐσούφρουκτος ait précédé.

Ainsi, quelle que fût la prédilection de Justinien pour la πάτριος φωνή (ci-dessus), le grec envahissait la jurisprudence et, même sur ce terrain, le latin n'a pas pu remporter une franche victoire.

§ 2.

TRANSCRIPTION DES MOTS LATINS DANS LES TEXTES JURIDIQUES.

La question de la transcription du vocabulaire gréco-latin des auteurs juridiques n'a pas encore trouvé jusqu'ici une solution satisfaisante. Il ne semble même pas que la question ait été posée. Elle est pourtant du plus haut intérêt, tant au point de vue de l'histoire du droit qu'au point de vue, plus voisin de nos études, de l'histoire du latin en Orient. Nous allons l'examiner dans ce paragraphe.

Il y a, au point de vue orthographique, la plus grande divergence entre les mss. Le Messanensis et les deux Laurentiani (Theoph. F., XVI) gardent pour les mots grecs des caractères latins. D'autre part[1], le Gr. 1364 (B. N.) suit une orthographe mixte, avec une tendance marquée à l'orthographe latine. Le Gr. 1366 (B. N.) est également mixte, mais il accuse plutôt une tendance à l'orthographe grecque, qui paraît définitivement adoptée, sauf pourtant quelques exceptions, pour le l. IV (fol. 262 sqq.). Dans le Gr. 1365 (B. N.), l'orthographe latine domine, à part quelques cas, dans les deux premiers livres; mais les terminaisons sont en lettres grecques. Une seconde main transcrit en grec, entre les lignes, tous les termes latins. L'orthographe grecque est rétablie dans les livres III et IV; mais ce ms. se présente dans des conditions particulières; il appartient à deux siècles différents; les 151 premiers folios sont du XIIIe s., et les

---

1. Les trois mss Gr. 1364, 1365 et 1366 ont été vus par M. Triantaphyllidès, à qui je dois ces renseignements.

autres 80 fol. (152-230 sont du XIV⁰. Le copiste de cette seconde partie ignorait le latin; car il a laissé des blancs partout où il y avait des caractères latins dans l'original; ces blancs ont été remplis par un lecteur ou le possesseur lui-même du ms. pour le III⁰ livre; mais les lacunes du livre IV subsistent. Les mss de Théoph. de la B. N. n'ont pas grande importance pour la question qui va nous occuper. Notons toutefois dès maintenant qu'il n'y a pas de ms. de Théophile sans caractères latins : leur absence aux fol. 152 suiv. de Gr. 1365 prouve précisément qu'ils existaient dans l'original. Voir aussi Theoph. F., XVI : latinae uoces immo et litterae in iis codicibus seruatae sunt, cum in ceteris graecis cesserint.

Conformément à la tradition paléographique, on lit donc et on imprime tantôt depórtatoi Theoph. F., I, 22, § 1 (81, 22), adrogationa (ibid.), capitis deminutíona ibid. § 4 (82, 9), tantôt κουρατορεύονται Theoph. F., I, 23, Pr. (83, 2, 10), κουράτορες (l. 13), κουράτωρ (l. 14, 17), κουράτορα (l. 16), en regard de confirmateúetai Theoph. F., I, 23, Pr. (83, 16), curatíonos (ibid., l. 8), praétoros (ibid, l. 15), tantôt enfin capitis deminutíων Theoph. F., I, 22, § 1 (82, 4; ibid. § 3, p. 82, 9-10 capitis deminutíona, deminutíoni l. 12), adgnaticή, Atilianή, iuliotitianή (I, 23, Pr., ll. 4, 6), excusateuóντων, ibid., § 5 (84, 16), áctωr, procurátωρ ibid., § 6 (84, 22, 25), suspécτων II, 1, Pr. (96, 13), à côté de excusatíonas ibid. (l. 12), souvent, on le voit, dans la même page et pour les mêmes mots ou les mêmes formes : ληγατρίοις δὲ καὶ fideicommissaríois II, 10, § 11 (160, 21), religiósῳ II, 9, § 6 (153, 14) et τὰ religiosa II, 1, § 7 (98, 15), usucapiteúei II, 9, § 4 (151, 14), suggereúontos I, 5, § 4 (24, 24) et II, 9, § 5 (152, 17) traditeuθέντος etc., etc. Il est inutile de relever ici tous les cas; il faudrait transcrire en entier l'édition de Ferrini. On a déjà vu qu'il y avait trois systèmes en présence: ou bien les mots latins sont écrits en latin; ou bien ils sont écrits en grec; ou bien les deux alphabets sont mêlés. M. Ferrini dit dans sa Préface (p. XVI) qu'il n'a pas osé changer la leçon des mss, même quand elle lui paraissait inconséquente. L'éditeur se conforme, en effet, à la leçon des mss les plus anciens (p. XVI), qui sont naturellement les mss à caractères latins, puisque l'usage du latin, on le sait, va se perdant en Orient, et qu'après l'empereur Maurice cette langue disparaît du droit (cf. Basilic. VI, 7; Anecd. Z., p. LI et les renvois).

Il serait important de savoir quelles étaient à cet égard les habitudes orthographiques au VIᵉ s., et si, par exemple, les auteurs ou les copistes suivaient les trois systèmes à la fois, si, entre autres, ils mêlaient dans un seul mot les caractères grecs aux caractères latins. A priori, cela paraît peu probable. Mais il s'agit de bien circonscrire les limites du débat et d'abord d'en marquer le caractère. Par exemple, de ce fait que les mots latins, verbes, substantifs ou adjectifs, étaient déclinés ou conjugués à l'aide de flexions purement grecques et devaient être, par conséquent, sentis comme mots grecs par ceux qui s'en servaient, et qu'ils faisaient par cela même partie de la langue, il ne faudrait pas conclure que les mots fléchis ne pouvaient pas s'accommoder d'une orthographe latine. Il est nécessaire avant tout de distinguer entre les époques. Nous avons vu plus haut confirmateύetai : ce verbe, au moment où il est formé pour la première fois par un juriste, n'a pas encore ses *lettres* de naturalisation; s'il parvient à franchir le cercle des mots techniques, il peut, à l'user, entrer dans la langue et devenir, même graphiquement, κομφιρμα-τεύεται. La formule *pro herede gerere* donne προερεδεγεριτεύειν; ce verbe ne cesse pas pour cela, en quelque sorte, d'être latin; il peut s'employer dans un sens tout à fait topique, par défaut d'équivalent grec; dans ce cas, nous verrons tout à l'heure que les caractères latins paraissent être de rigueur. Ainsi les caractères latins peuvent être un indice chronologique servant à déterminer le moment de l'introduction du mot latin, et pouvant plus tard nous renseigner sur le plus ou moins d'extension dans l'emploi de ce mot.

Il faut, d'autre part, écarter du débat tous les textes non juridiques. Ainsi nous savons qu'antérieurement au VIᵉ s., nombre de documents épigraphiques nous présentent les mots de notre Lexique avec l'orthographe grecque (cf. ἄκκεπτα, ci-dessous, p. 164[1]). D'une façon générale, tous les auteurs grecs, ceux-là mêmes chez lesquels les emprunts se constatent avec la plus grande abondance, Alexandre de Tralles, Dioscorides, Galien et tous les autres ne se servent jamais que de l'alphabet grec, et c'est, en effet, le système que les écrivains grecs ont pratiqué de tout temps, à notre connaissance, p. ex.

---

1. Voir déjà Dig. II, 142, 32 βεστιαρίου.

Plutarque, dans les Questions romaines (Lafoscade, Lat. en Gr., 101), etc. etc. Le témoignage des inscriptions n'est pas moins affirmatif. Nous voyons même fréquemment du latin non décliné écrit en lettres grecques, cf. Lafoscade, l. l., 117, 1, 3 (βενὲ μερέντι); C. I. G. 3548, 4 (t. II, p. 862) φράτρεμ ἀρουᾶλεμ (Pergame, 93 A. D.); 4340, 4 (t. III, 170) Ἰουλία σάγκτα (en grec nous aurions σάγκτη); 9836 Τόπος Φιλήμονις etc. etc.; voir Kaibel, I. G., Ind., p. 772 Latini scripti litteris Graecis etc. Mais tous ces exemples ne prouvent pas que Théophile et les Novelles aient tout écrit en grec. Inversement, il y a des inscriptions grecques en caractères latins; voir les numéros dans Kaibel, I.G., Ind., 772 Graeci scripti litteris latinis etc. Ces inscriptions ne prouvent pas davantage que Théophile et les Novelles aient tout écrit en latin. Enfin, C. I. L., t. III, Suppl., nous avons une série de cas où des lapicides ignorants mêlent des lettres grecques aux mots latins des inscriptions; cf. 6768; 6772 (K = C); 6866; 6887 (Δ = D); 6936 (Є = E); 6969 (bb = BB); 6984 (V = Y); 6997; 6998, etc., etc. Il n'y a aucune conclusion à en tirer pour les textes qui nous occupent[1].

Dans ces inscriptions mêmes, le N. 7086 qui porte un caractère particulièrement officiel, distingue d'ailleurs les deux alphabets et écrit le latin en latin et le grec en grec. Mais il faut encore ici laisser hors de cause les inscriptions aussi bien que les édits impériaux destinés aux provinces (Ed. Anast., cf. p. 134; voir ci-dessous; Ed. Praef. Praet). Il s'agit, en ce moment, d'un domaine tout à fait spécial, de traités juridiques, et tous les autres documents n'ont dans la question qu'une valeur approximative. Voyons donc de quelle façon se comportent les mss. dans la littérature juridique[2]. Et d'abord, y a-t-il des ouvrages écrits tout en grec, sans mélange de latin? En voici une liste, avec l'indication à côté de la date du ms. et de la rédaction même.

J. G. R., I, ms. du XVe s. (p. III), réd. du XI° s. (cf. p. 157:

---

1. Il faut écarter aussi pour les mêmes raisons les fragments grammaticaux tels que celui qui se trouve chez Wessely, P. P. et L., p. 218-221; Pap. Lup. IV bis, 125 suiv.; voyez aussi Egger, Hist. anc., 451 suiv. Le premier seul paraît offrir quelque mélange ou plutôt quelques mauvaises lectures telles que BhMa = BHMA, p. 221.

2. Pour les sources et les documents, voir Zachariä, Gesch. d. Gr. röm. R., 3 sqq.; Mortreuil, Droit byz. I, 7-186.

ὁ τίτλος τῶν ἰνστιτούτων); J. G. R., II, Syn., réd. et ms. du XIIIᵉ s. (p. 3); ce ms. sert de base à tous les autres (p. 8); J. G. R., II, Ep., ms. du XIᵉ s. (p. 267), réd. Xᵒ s. (p. 273); J. G. R., IV, Ecl., réd. IXᵉ s. (p. 4); le Gr. 1384 (B. N.), sur lequel repose l'édition, est du XIIᵉ s. (cf. Omont, Invent. II) et le Vindob. du XIVᵉ (J. G. R., IV, p. 5); J. G. R., IV, Ecl. Pr., ms. XIIᵒ s. (c'est le Gr. 1384, voir J. G. R., IV, Ecl. ci-dessus); cf. la liste des mss, p. 51; réd. entre le Xᵒ et le XIIᵉ s., cf. p. 53; J. G. R., IV, Ep., Gr. 1383, B. N. du XIIᵉ s., voir Omont, Invent. II, p. 33; cf. J. G. R., IV, Ep. 173 et aussi 178; réd. entre le Xᵉ et le XIIᵒ s., cf. p. 177; J. G. R., V; ms. XIᵉ s. (cf. p. VI et p. X-XI); réd. Xᵉ (cf. p. IX); J. G. R., VI, ms. XIVᵉ s., cf. p. VI et VII, réd. XIIIᵒ s. fin et XIVᵉ commᵉⁿᵗ: Proch., Coisl. 209, du IXᵒ s. (p. 2), réd. VIIIᵉ s. (p. XLII); Anecd. Z., App. Ecl., ms. XIIᵉ s. (cf. Omont, Invent. II), réd. VIII-IXᵒ s. (p. 176); Basilic. t. II, p. 742-754 (Paratitles des Basil. I-XIII), réd. XIIᵒ s. milieu (cf. p. IX); naturellement Const. Hermon. (XVᵒ s.).

De cette courte statistique il résulte que les écrits postérieurs au XIIIᵉ s. sont tout entiers en grec.

Il faut, nous l'avons vu, exclure de cette statistique les édits impériaux et autres, destinés aux provinces, tels que: Ed. Anast. (491 à 518), Ed. Praef. Praet[1]. (voyez l'Index bibliographique); ils ne connaissent que les caractères grecs, et, comme ce sont des monuments épigraphiques, ils ont une grande importance pour la transcription grecque des mots latins. Mais ici, ils ne sauraient entrer en ligne de compte : les conditions de publicité et de rédaction sont tout à fait différentes pour des édits et pour des traités de jurisprudence. Nous n'avons à nous occuper que de ces derniers. Voici maintenant la liste de ceux qui présentent le même caractère de mélange alphabétique que la Paraphrase de Théophile.

Anecd. Z., Brev. Nov., ms. du XIᵒ s. (p. XX), qui sert de base à l'édition (p. LV; autre ms. du XIIᵒ s., p. XXI); réd. VIᵉ s. fin, p. LI; voir, d'une part, II, 2 in capita, 3 de inofficioso; XXII, 43 Legatorum servandorum; XXX, 2 magistorsin; LXXX, 1 Quaestori, n. 3; CVIII, 1 mortis causa; CXII, 8 contumax; d'autre part, I, 1 τεστάτορος, λεγαταρίοις,

---

1. Cf. également Haenel, C. L., p. 175 (Edit de Dioclétien sur les prix).

ἀδιτεῦσκι, φίσκου, ἰμ.δέντου; CXVII, 5 ἰλλουστρίων; CXXXIV, 13 λαργιτιῶσι; et enfin I, 1 fidicomissarίοις, testator*ος*, fiscος : XLIII, 1 excusateυέσθωσαν; XLI, 1 ἔχοντα exercitu; CLXII, 1 ἐtradiτεύθη ex lege, etc., etc.; Anecd. Z., Reg. Inst., ms. xii° s., réd. vi° s., cf. p. 169; I, 1 Tryphoninu; IV, 14 In pari causa melior est possidentis condicio; I, 7 φαμιλίαν; I, 2 manumissi*ον*; II, 11 usucapi*ονα*; II, 23, n. δεminstratίoni, etc., etc.; Anecd. Z., Steph. Cod., ms. x° ou xi° s. (cf. Proch., 329), réd. vi° s. (p. 180); c. 29 testatori; c. 18 μαγίστρῳ τῶν κίνσων; c. 18 testator*ος*: p. 183 proheredegeritεύσας, etc., etc.; Anecd. Z., An. Ep. Nov., ms. x° ou xi° s. (cf. Anecd. Z., Steph. Cod., ci-dessus), réd. vi° s. (p. 207); p. 447 repudia; 366 φαμηλία; 354 adgnaticῶν, etc., etc.; Anecd. Z. Ed. Praef. Praet., ms. de 1349 A. D., réd. vi° s. fin (p. 263); les suscriptions seules sont en latin, cf. IV, V, VI, XV iudicatum solvi, XXV peculi*ου*; XXXII commonitorία, etc. etc.; Anecd. H., I, Ath. Nov., ms. xi° s. (p. lvi), réd. vi° s. fin (Zachariä, Gesch. d. Gr. Röm. R., 7 sqq.)[1]; p. 19 super numerum; p. 18, n. 14 Multis et variis modis, mutilé en grec dans le ms.; cf. 160, n. 27; p. 38 Quod medicamenta morbis; 59 compromissarius; 170 omni in infinitum (sic Cod.); p. 11 cautiona; p. 34 ἐξτρκορδιναρίοις, 60 σπεκτκβίλιος; p. 36 Φαλκίδιον; 84 calumνίας; 98 Ρεπετιτεύειν; 99, n. ἐν caritate, etc., etc.; Anecd. H., I, Incert. fr., d'après le Bodl. 3399 (cf. Anecd. Z., Steph. Cod., ci-dessus, et Proch. 329, x° ou xi° s.); 265 δε inofficioso; 266 ut legatorum; 267, n. 38 ἀδιτίονος; Anecd. H., I, Theod. Hermop., réd. vi° s. (Zachariä, Gesch. d. Gr. Röm. R., 8) et de sources diverses (p. 202); p. 228 aquae et ignis interdictionos; 253 in stirpes; 255 in capita; 224 φιδεικομισσάριος, ἀδιτεῦσκι; 225 ἰνδέντου, etc., etc.; Nov. Just., pas de ms. antérieur au xi° s. (cf. la notice en tête du volume, t. III, fasc. I); les trois systèmes y sont abondamment représentés: Nov. I, 1 φιδεϊκομμισσαρίοις (cf. ibid. v. l.), ibid. fideicommissων; Nov. XIII, 1 praetores; Nov. VI, ep. 2 praetoriων; Nov. VIII, 6 sportulων; voir, plus loin, le relevé analytique des formes.

De cette nouvelle statistique il résulte que les écrits juridiques du vi° et même de la fin du vi° s., quelque récents

---

[1]. Il y a ibid. (Anecd. H., I, xi sqq.) quelques pages à lire sur des phénomènes morphologiques ou phonétiques intéressants qui se rencontrent dans ce texte, περιῆλθαν, etc., etc.

que soient les mss (cf. Anecd. Z., Ed. Praef. Praet., ci-dessus), connaissent le double emploi de l'alphabet latin et de l'alphabet grec. Des traités qui, au premier abord paraissent faire exception, rentrent dans la règle: ainsi Anecd. H., II, de pec. tract.; le plus ancien ms. est du xiii° s. (p. lxx); la réd. n'est que du xii° s. (p. lxx-lxxi); mais les sources remontent au temps de Justinien (p. lxx); aussi lit-on, p. 257 quasi (bis) et canstrensio, p. 257, n. 76 Cod.; Anecd. H., II, Coll. XXV capit, ms. xiv° s. (voir p. 145 aux N. C.), réd. du x° s. (p. lxvi); mais la première rédaction remonte aux temps de Justinien (Zachariä, Gesch. d. Gr. Röm. R., p. 6); par conséquent, on a juridico, p. 174 et les suscriptions, cf. 180 ἐπ Παυλίνω; le scribe, d'ailleurs, ne comprend plus le latin, cf. p. 147, n. 77; p. 174, n. 55; p. 180, n. 197; le grec domine dans ce ms.; J. G. R., VII, Epit. Leg., réd. du x° s. (cf. J. G. R., II, 273), mais l'ouvrage est fait d'après les Inst., le Dig., le Cod. Just., les Nov., etc., etc. (p. 200 sqq.); on lira donc: p. 37 de inofficiosis dotibus; p. 44 (leçon de F, p. v), ἴντερ βίβος; 45 μόρτις καῦσα; 58 ἴυριτος; 59 δινοφρικιόσο; 103 ἐξκουσατεῦσαι; 180 τῇ δὲ ἐξιδένδουμ.; 198 ἐξ βένδιτο, νοῦδου πάκτου, et aussi: 44 ἡ in factum ἀγωγή; 101 ἐν τῇ διαθήκῃ cum libertate; 181 τῇ servi corrupti ἐνάγεται; 196 infans τουτέστιν ἐπταετής; cf., en revanche, Const. Harmen. VI, 6, 7, p. 754 ὁ ἥμωας τουτέστιν ὁ ἐπταετής.

Les Basiliques nous fournissent une confirmation de ce résultat. Il n'y a pas de ms. antérieur au xi° s. (cf. Basilic. VI, p. 159, 162, 164, 165, 168 sqq.); les Basiliques elles-mêmes, on le sait (Zachariä, Gesch. d. Gr. Röm. R., 15), sont du ix° s. Or, le texte même des Basiliques est écrit tout en grec (Basilic. XIII, 2, 12 δεπόσιτι χώρα, etc., etc.). Mais le latin se retrouve encore dans les scholies, quand celles-ci remontent aux juristes du temps de Justinien, cités après le texte. Ce fait est d'accord avec ce que nous savons de l'histoire du droit: c'est que les ἐξελληνισμοί de l'empereur Basile (Zachariä, Gesch. d. Gr. Röm. R., 14) s'étendaient à l'écriture aussi bien qu'à la rédaction. L'alphabet lui-même devenait tout grec.

Mais l'état même de la tradition paléographique témoigne que le vi° s. usait de l'alphabet latin. Car, où donc les mss auraient-ils pris ces caractères, si ce n'est dans les écrits mêmes qu'ils nous ont conservés? Nous avons vu que dans les traités postérieurs au VIIIᵉ s., il n'y avait plus trace de latin. C'est donc que le latin n'est pas du fait des copistes, mais remonte aux auteurs mêmes.

Reste maintenant à se demander, et c'est là le cœur de la question, si les copistes nous ont exactement conservé la leçon des originaux du VIᵉ s. En d'autres termes, comment devrait procéder une édition critique de Théophile ou de tout autre jurisconsulte contemporain, pour retrouver l'archétype? L'archétype mêlait-il indistinctement, d'un mot à un autre, et souvent dans le corps d'un seul mot, les caractères grecs et les caractères latins? La première réponse à faire à cette question, c'est que rien absolument ne nous prouve le mélange ainsi compris, puisque tous les mss sont postérieurs et relativement récents. En second lieu, il est inadmissible qu'au VIᵉ s. on ait jamais écrit Cωnstantίνουπόλεως Nov. II, 5 (p. 18, 4), v. l. de M; cette leçon n'est pas admise par l'éditeur dans le texte; mais elle n'est guère, au fond, plus invraisemblable que toutes les autres leçons adoptées soit par les éditeurs précédemment cités, soit par les éditeurs des Novelles.

Un document contemporain ou, tout au moins, antérieur au VIIIᵉ s., pourrait seul nous renseigner à cet égard. Il y a deux documents, à notre connaissance, que nous pouvons ranger dans cette catégorie; il convient de les étudier à cette place.

Le premier est de beaucoup le plus important: c'est le fr. de droit romain, publié deux fois par M. Dareste (Fr. Sin.[1], Fr. Sin.[2]) et sept fois après lui. Ces éditions ont toutes pour base une copie faite par M. Grégoire Bernardakis sur un papyrus qui se trouve au couvent du Mont Sinaï (Fr. Sin.[2], 643); M. Bernardakis a imité la forme des lettres de l'original (cf. Ch. Graux, 121, n. 1); ce n'est donc pas un calque fidèle et le papyrus lui-même ne se présente pas dans les conditions de lisibilité désirable (voir ci-dessous). La rédaction se place entre 438 et 529 (Fr. Sin.[2], 644); d'après Huschke (Fr. Sin.[5]), elle serait antérieure à l'an 472 de notre ère (Fr. Sin.[6], 268). Ch. Graux (p. 122) croit le papyrus contemporain de la rédaction (Vᵉ s.); M. A. Jacob, que j'ai consulté spécialement, n'ose pas se prononcer sur une simple copie: le tracé des lettres n'y est pas assez facilement reconnaissable. Ce texte est un commentaire grec à Ulpien (Fr. Sin.[3], 623; Fr. Sin.[4], 28); il émane probablement d'un professeur de droit (Fr. Sin.[5], 816 ; Fr. Sin.[3], 624 ; Fr. Sin.[4], 30, 5 ; 31) ; on trouvera une liste des juristes cités par l'auteur du Fr., Fr. Sin.[3], 625 ; Fr. Sin.[4], 31-32. Ce texte se trouve donc entièrement dans les conditions requises. Malheureusement, les leçons doivent être discutées mot par mot et souvent lettre par lettre. M. R. Dareste, à qui je suis redevable de bien d'autres renseignements, a eu l'obligeance extrême de mettre entre mes mains la Copie de M. Bernardakis. Je l'ai sans cesse comparée aux différentes éditions qui en ont été faites. Je crois bien avoir consacré à ce ms. deux mois de travail assidu. J'ai donc eu le temps de peser chacune de mes assertions. Dans ce qui suit immédiatement, je ne m'occupe point des éditions postérieures aux Fr. Sin.[2], si ce n'est à un ou deux passages. J'en ferai plus loin l'analyse détaillée. Je me sers donc sans cesse de la Copie (= C.), des Fr. Sin.[2], et du travail de Ch. Graux. Les renvois sont toujours faits d'après les numéros des Fr. Sin.[2]. Relativement à la question qui nous occupe, voici les résultats auxquels mène l'étude de la Copie :

1° *Mots latins écrits en grec*. Il n'y a à ranger sous cette rubrique que le mot κῶδιξ et le mot τίτλος. Encore ceux-ci sont-ils toujours figurés par ce que Ch. Graux a appelé des *abréviations professionnelles* (Ch. Graux, 122) ; cf. Fr. Sin.[4], I (p. 5, l. 9 : TI et ibid. T) ; VIII (Fr. Sin.[4], III, 8, ll. 2, 6) ; IX (9, 2) ; IV (10, 10 bis, 12, 13 bis) ; IX bis (11, 3) ; VII (13, 14) ; XII (16, 5, 8) ; III (18, 9, 10) ; cette abréviation est indiquée, comme on le verra en se reportant aux différents passages ci-dessus, tantôt par un T, tantôt par un T surmonté d'un I (i ou ι), tantôt d'une simple apostrophe. Κῶδιξ, qui commence partout par un K et jamais par un C, est sûrement grec ; cf. I (= Fr. Sin.[4] 5, 9, 16) ; VIII (8, 2, 6) ; IV (10, 12) ; voir les abréviations reproduites — ainsi que toute la Copie — aux différents passages cités des Fr. Sin.[4]. Il faut ranger dans la même catégorie ὁ πάτρων IX bis (Fr. Sin.[4], VI, 12, 15) ; la C., qui est ici en minuscules (voir ci-dessous), donne τρων. Le mot πάτρων était passé en grec, aussi bien que κῶδιξ et τίτλος (ci-dessous § 3), indépendamment de la langue du droit.

Il faut, en revanche, excepter tous les autres mots qui figurent en grec dans les Fr. Sin.[2], ou avec mélange des deux alphabets. Fr. VI, il faut écrire titiuνόμου, au lieu de τιτίου, la

C. donne U et non OY; ibid. pour Atilia[nu], au lieu de 'Ατιλια-[νοῦ], voir plus loin : la C. porte L et non Λ; XIII, 1 [Ati]-lianos et non ['Ατι]λιανός; la C. a ANOS (voir ci-dessous), avec S et non C lunaire; VIII bis [στιπυλα]τίονα doit être également corrigé; la C. est en minuscules et on y lit ιονα, c.-à-d. dans les onciales de l'original IONA, par conséquent, tout aussi bien latin, surtout si l'on compare XI, 2 retentiona (non ρετεντίονα); la C. offre bien distinctement une R initiale (voir ci-dessous); XIV, 2 il faut rétablir latinos (non λατῖνος); L et S sur la C. (voir ci-dessous). Les deux endroits où on lit Hermog(eniano) κ(ώδικι) VIII bis (= Fr. Sin.⁴, p. 8, ll. 2, 6) ne laissent non plus aucun doute : il y a, sur la C., R, G, et M onciale latine[1]. Pour Italias (Fr. Sin.², XVI, 1, 2 'Ιταλίας) voyez plus loin; il faut écrire en latin comme la C., en minuscules à ce fragment. Les autres passages seront discutés ci-dessous, à propos des autres éditions. En effet, contrairement aux autres éditeurs, M. Dareste ne mêle pas les deux alphabets et n'écrit pas en grec les mots latins, en dehors des leçons que je viens de discuter. On peut donc se fier à ce texte, en tenant compte des observations du présent travail et en comparant la reproduction des Fr. Sin.⁴, pour certains passages[2]. Pour terminer ce paragraphe, mentionnons la graphie Θεοδ (= Θεοδοσιανοῦ κώδικος), Fr. Sin.² I, l. 4 etc. (= Fr. Sin.⁴, 5, 9) toujours en grec, comme le nom propre lui-même. Sur la forme particulière du Δ, voir Ch. Graux, 122; voir surtout Fr. Sin.⁷, l. 4; c'est bien une lettre grecque.

Les résultats de notre lecture et de celle de M. Dareste

---

1. La C. (cf. Fr. Sin.⁴, 8, ll. 2, 6) n'a pas d'H initiale. C'est là une influence du grec, cf. Dig. I, LVI* ΕΡΜΟΓΕΝΙΑΝΟΥ.

2. Comme on le verra plus loin, quelques leçons de M. Dareste devront être rejetées : IV, 2, ὁ Marc[ianus], VII, 1, ὁ Paulus; ibid. retentionim = Fr. Sin.⁴, 14 retentiona, cf. 13, 10 ; IX, poenam, C. poenan en minusc., très distinct (cf. Fr. Sin.⁴, 9, 10) et, d'après cela, culpan Fr. Sin.⁴, 18, cf. 17, 8 (Fr. Sin.², culpam); XII, 1 retentionem : la lecture des Fr. Sin.⁴ (16, 1) supprime ce mot, ainsi que XII 2 M[acedoniani], cf. Fr. Sin.⁴ 17 et 16, 14; XIII, 3 concession[arium], C. XCESSION = Fr. Sin.⁴ 26, 12 lu cessicion; XV Inst[itutionum]; C. INST cf. Fr. Sin.⁴ 20, 1; il vaut donc mieux lire d'après tout le reste Inst(itutionon); cf. ibid. 12 et 11, 3 diff(erenti)on. Au lieu de constitutionem XIV, 1, les Fr. Sin.⁴ XIX (p. 27) lisent κειμ(ένην): les lettres sont toutes grecques (cf. p. 26, 6).

sont conformes à ce que nous savons de l'histoire du droit: avant Justinien, le respect est tel pour la tradition romaine, qu'on n'ose rien changer, pas même les caractères.

2° *Mots latins fléchis en grec et toujours écrits en latin.* Il faut ranger ici tous les exemples du N° précédent (sauf τίτλος, κῶδιξ et Θεοδοσιανός), en plus: III, 2 aduentician[1] (cf. Fr. Sin.⁴, 18, 6; non -m) προῖκα; cf. XII, 2 aduenticias (Fr. Sin.⁴, 16, 7); VI potioras; VII, 1 compensatouetai (c'est ce que porte très distinctement la C.; voir ci-dessous: Fr. Sin.² compensat ἐν ἔτει); IX bis epacteusen (voir ci-dessous), τὸ pacton XI, 2; XI, 3 moras γενομ[ένης], cf. ci-dessous; XII pactu; XIV, 3 inqu*i*sitiona; II, τὰς latinas colonias (ci-dessous); I, 2 τῶν γάμων poenas; voyez encore VI latino ἐπιτροπεύσιμος (ci-dessous); cf. les mots latins aux fr. VII, VIII bis, IX, IX bis, X (testamentarion, postumois, ci-dessous), X, 5 dolon (voir Fr. Sin.⁴, XI, p. 17, 8 et p. 18), XI, 1, etc., etc. Au fr. XV bis, la lecture p[*raetori*]s n'est pas sûre; cf. Fr. Sin.⁴, XIV (21, 2); p(ro)cur(atoros) est beaucoup plus sûr et devrait alors rester dans la présente catégorie. Au fr. XVI, 2, on lit p[*raeto*]r; de même Fr. Sin.⁴, XIV (21, 16); cela est plus que douteux; la C. est ici en minuscules (voir la reproduction en onciales, Fr. Sin.⁴, l. l.) et porte bien pre; mais il n'est pas sûr qu'il faille lire praetor.

3° *Mots latins fléchis en latin dans un contexte grec.* Les termes latins s'emploient tels quels et sont écrits en latin: II, 2 δύναται usucapere (C.: UC, cf. Ch. Graux, 123); peut-être, ibid., Latino ἐπιτροπεύσιμος, voir ci-dessous; peut-être aussi VIII bis (Fr. Sin.⁴, III, 8, 9-10) ἡ e[man]cipata θυγάτηρ; Fr. Sin.⁴, XIII (p. 20, 15) β(ιβλίῳ) α' reg(ularum)? Fr. Sin.⁴, XVIII (p. 25, 5-6) legis δεκτικός; ibid. p. 8, l. 8, les Fr. Sin.⁴ lisent repud[ιον] = Fr. Sin.² VIII bis repud*io*; la C. donne, en minuscules, repud(io); il ne faudrait pas en tout cas écrire io en caractères grecs; l'i de la C. n'a pas de point; mais cela ne signifie rien; elle reproduit ici l'onciale en petit; or, l'I est commun aux deux alphabets, voir ci-dessus. Fr. Sin.² IX (= Fr. Sin.⁴, IV, 9, 6-7), la C. donne très distinctement, en effet, repudio λυει(ν) τον γαμον (en minuscules; i comme ci-dessus). Il est vrai que repudio pourrait être aussi bien un

---

1. Mes italiques marquent l'abréviation résolue.

dat. gr. ῥεπουδίῳ écrit en latin. Tous les mots de cette catégorie sont en caractères latins.

4° *Citations ou locutions latines*. Les unes et les autres naturellement toujours en latin ; cf. XIV, 2 (Fr. Sin.⁴, XVII, 24, 5) nam Latinus e lege Atilia tutor dari n(on) p(otest). A ranger sous la même rubrique les titres des livres II, 1 ἐν τῷ de tutelis etc. ; les noms d'actions XI, 2 (= Fr. Sin.⁴, IX, 14, 8) τὴν ob r(es) donatas ; les locutions VIII (= Fr. Sin.⁴, II, 7, 12) *contra* (Fr. Sin.⁴ contra) bonos mor(es) ; à cette place, l'*r* de mores est formé sur la C. exactement de la même façon que l'*r* de responson (voir ci-dessous) ; or, c'est bien *r* et pas ρ qu'il faut lire : le petit retour vertical de la panse du *p* qui caractérise *r* n'a pas été déchiffré ou est effacé sur le papyrus ; XIV, 4 aliis q*u*oque modis, cf. Fr. Sin.⁴, 24, 10 ; la C. donne une première barre \ (comme dans la reproduction des Fr. Sin.⁴), puis deux lettres qui ressemblent à une L et à un I, enfin un C (= S cf. ci-dessous) ; quoque est abrégé en deux q : qq surmontés d'une barre horizontale ; modis est très distinct ; voir aussi VII, 2 ubi non sunt corpora (cf. Fr. Sin.⁴, 13, 1. 15), etc., etc.

Je parlerai plus loin du C lunaire faisant fonction d'S en latin. Je ne veux mentionner ici que l'abréviation, fréquente dans ce ms., CAB fr. I (= Fr. Sin.⁴, 5, 12), etc. On n'est pas d'accord sur le nom que ces lettres représentent : Sabinus Fr. Sin.², p. 645, § 3 du texte, Sabatius, nom de l'auteur d'après Fr. Sin.³, 624 ; cf. Fr. Sin.⁴, 30, 5. Si c'est le nom du scholiaste, il peut l'avoir écrit en grec, et il semble bien que l'auteur soit grec lui-même (cf. ci-dessous) : le seul fait qu'il rédige son commentaire en grec en serait déjà une preuve. Je discute ici cette forme, parce que Ch. Graux l'a comprise dans la liste de ses abréviations (p. 123) ; d'après cette liste, il résulterait que les caractères grecs et latins se trouveraient mêlés deux ou trois fois : ce serait le cas pour M, pour P (= R) et pour C (= S). Je ne veux pas réfuter une à une à cette place les différentes lectures de Ch. Graux ; son talent était ici mal servi par les circonstances ; une copie simplement imitée à la main ne permet guère de tirer des conclusions au point de vue de la forme et de la mesure des lettres (p. 122). Ch. Graux ne savait pas davantage à ce moment l'intérêt particulier qu'il pouvait y avoir à discerner les deux alphabets l'un de l'autre ; son attention n'était donc pas attirée de ce côté. Il est certain d'autre part qu'à deux ou trois passages Ch. Graux s'est trompé ; ainsi, p. 123, TMTAPION doit être lu aujourd'hui TMTRION ; la copie donne un *r* ; seulement, elle est en minuscules à ce fr., et Bernardakis a formé ici son p avec un petit appendice caudal, après la panse supérieure, qui représente précisément le second jambage de l'R onciale (voir ci-dessous). Là où Ch. Graux voit πευραμ. (cf. p. 123, avec μ grec), nous avons dit qu'il fallait lire autrement (ci-dessus, p. 177). Le fr. XV bis, où Ch. Graux donne ΕΠΙΤΡ^{o}Ρ^o = ἐπιτρόπων (p. 123), c.-à-d. avec P tantôt pour ρ, tantôt pour p, est en minuscules sur la Copie ; ce sont deux ρ surmontés chacun d'un petit o et frôlés à leur extrémité par une barre inclinée de bas en haut, qui expire juste à leur pied ; voir la reproduction approximative Fr. Sin.⁴ 21, 6 ; au même fr. (l. 7 ibid.) on a επιτρ, toujours avec le petit o au-dessus du ρ = ἐπιτρόπου ; ib., l. 2 (= ἐπίτροπον), la même graphie se répète. De ce double ρ du premier exemple nous ne pouvons pas tirer *r* et *p*, c.-à-d. ρ et p. Les autres lectures de Ch. Graux se trouvent discutées dans le cours même de tout ce commentaire. Je n'ai pas cru devoir renvoyer chaque fois expressément à la courte notice de Ch. Graux. Ce qu'il faut retenir de toutes les explications qui précèdent, c'est l'emploi constant de l'alphabet latin pour les termes juridiques spéciaux, qui sont latins d'origine. Avant Justinien, le respect qui s'attachait à la lettre même du droit était encore plus grand. On ne touchait ni aux textes des lois ni aux expressions consacrées, pas même dans l'orthographe.

Ces résultats, dont je garantis expressément l'exactitude, ont été obtenus, comme je l'ai dit plus haut, sur la seconde édition de M. Dareste (Fr. Sin.²), collationnée avec la copie de M. Grégoire Bernardakis, dont une reproduction fac-similée serait tout à fait désirable. Je me suis aussi aidé, comme on a vu, des quelques notes de Ch. Graux. Je n'ai pas cru devoir jusqu'ici discuter à chaque mot les autres éditions. Elles sont toutes fort insuffisantes. Huschke (Fr. Sin.⁵, 815) dit que les éditeurs postérieurs ont publié ces fragments avec beaucoup plus de soin que M. Dareste. Mais il se trompe assurément. J'analyse ici successivement quatre des éditions qui ont suivi ; on verra que pour le point spécial qui nous occupe il n'y a aucun fond à faire sur ces éditions.

J'observe d'abord qu'elles se rencontrent toutes sur un point : elles ignorent également les notes de Ch. Graux. Je passe maintenant au détail. Les fr. sont toujours cités, dans ce qui suit, d'après les numéros des Fr. Sin.², ci-dessus. J'indique, à côté, la page des éditions que je discute.

Fr. Sin.³ XII, p. 630, n. a, on lit : « Bernardakis bemerkt : ἐπὶ τοῦ παπύρου τούτου εἶναι ἐπικεκολλημένα γράμματα ἐκ τοῦ ἄλλου παπύρου· διὰ τοῦτο πολλαὶ ἀμφιβολίαι. » L'éditeur, Zachariä, croit ici que cette note se rapporte à tout le fr. ; aussi la place-t-il en tête. C'est une erreur. Dans la Copie, cette note tombe précisément sur le mot committeuθῆναι, l. 3, dont il importe justement de connaître l'orthographe exacte, cf. ci-dessus à Fr. Sin.⁶ ; les autres éditeurs ont suivi Zachariä. Un astérisque au-dessus du second T renvoie spécialement à la marge avec la mention (σημ.) et ces trois lettres sont surmontées du même astérisque. De plus, EUEHN sont soulignés, ce qui indique une lecture difficile (Fr. Sin.⁴, 3). La lettre A, qui suit, est séparée des cinq autres par un trait horizontal. — Fr. XI, p. 634, l. 9 (= p. 636) retentiovα n'a pas de raison d'être ; la copie porte distinctement RETENTIONA ; ibid., l. 7, on lit pactoν ; C. PACTON. — Fr. VII, l. 9 (p. 639), Z. écrit compensαὐεται sans indiquer que *om* dans *com* est figuré par une simple abréviation ; dans la reproduction en majuscules de la C., il relève cette abréviation, mais la fin du mot est transcrite ΕΥΕΤΑΙ. Ce Υ n'existe pas sur la C., qui porte un U fort lisible. — Fr. IX bis, l. 11 (p. 645 et 644), il y a EPAC-TEΥCEN, et en regard ἐπαctευσεν. Tout cela est entièrement arbitraire. La C., à ce fr., est en *minuscules* (voir ci-dessous) et donne fort clairement εpacteusen. Mais dans notre onciale E lat. et E grec ne sont guère distincts, voir Fr. Sin.⁷ ; cf. L. Delisle, Cab. des mss, Pl. I, II, III ; Chatelain, Pal. lat., Livr. V, Virgile, Pl. LXI, LXII, LXIII, LXIV, LXV. Donc, ε repose sur le néant. La minusc. indique *u* à la fin du mot ; la transcription par Υ est ainsi fausse de tous points. — Fr. XIV bis, l. 2 (p. 646), la reproduction en majuscules porte ATILIANOC. La C. n'a jamais eu qu'une S. — Fr. X, l. 2 (p. 648), dans testamentarion, la C. donne R (absolument net) ; Z. met là un P. — Ib. l. 4 (p. 648), la reprod. a PTUMOIC (= postumois, p. 649) ; la C., ici en minuscules, a ptumois. — Fr. XV bis et XVI (p. 652-653, ll. 10, 11), la graphie Italιϰϛ, et ITALIAC dans la reproduction n'ont aucune valeur : la C. écrit en minusc. italias. — Fr. VI, l. 4 (p. 654-655), au contraire, Z. se conforme au ms. et écrit potioras, C. POTIORAS.

Il faut se rappeler ici que, suivant la remarque déjà faite par Ch. Graux (121, 1), les fragments de la C. ont été transcrits par M. Bernardakis tantôt en onciales (Fr. I, II, III, IV, V, VI, VII, VIII, XI, XII, XIII, XIV, XIV bis), tantôt en minuscules (Fr. VIII bis, IX, IX bis, X, XV, XV bis, XVI) et que tous ces fragments sont reproduits en onciales (ou capitales) dans les Fr. Sin.[3] aussi bien que dans les Fr. Sin.[4], p. 5 sqq. Nous devons noter en outre ici, pour la première fois, que la minuscule de B. n'est pas la minuscule courante ; ses caractères répondent tantôt au grec, tantôt au latin ; quelquefois, les lettres de la minuscule sont de simples réductions de l'onciale du prototype ; p. ex., τ ne représente pas toujours la cursive moderne qui se lit dans προστιμ(ιω) Fr. IX, l. 12 ; ailleurs — et c'est la majorité des cas — c'est le τ des caractères d'imprimerie que B. adopte, ibid. l. 1 et passim ; la C. varie également entre ε et e, sans que l'original fasse la même distinction (voir ci-dessus et, plus loin, Fr. Sin.[7]). Il faut donc y regarder à deux fois avant de se décider.

M. P. Krüger (Fr. Sin.[4], 1-2) relève les inexactitudes des Fr. Sin[3].; il nous donne, p. 3 suiv., de précieux renseignements qu'il a demandés à M. B. lui-même, sur le sens de certains signes qu'on rencontre dans la C. Ainsi, les lettres soulignées témoignent d'une lecture particulièrement difficile (p. 3) et il résulte de tous ces renseignements que ce texte, en l'état actuel, doit être consulté avec la plus grande prudence. M. Krüger a eu la Copie entre les mains (p. 1), mais son édition ne laisse pas moins à désirer que celle des Fr. Sin.[3], même dans les conditions présentes. Elle est loin de reproduire exactement la C. et ses lectures sont tout aussi arbitraires en ce qui concerne les caractères grecs et latins. Je passe rapidement sur cette première édition de M. Krüger, pour m'occuper tout à l'heure avec plus de détail de la seconde édition due au même savant (Fr. Sin.[6]). En général, il y a ici moins de mélange dans l'emploi des caractères grecs et latins ; mais ce texte n'est pas plus sûr que le précédent. Fr. IX bis, l. 11 (p. 12), on lit toujours εραστευσεν, ce qui est d'autant plus singulier que l'auteur a cherché cette fois à s'entourer de toutes les précautions pour un bon établissement du texte. — Fr. VII, l. 9 (p. 14), toujours compensateυεται. — Fr. XII, l. 3 (p. 16), on a committeuθῆν[αι] et l'éditeur ne rapporte pas à ce mot la note marginale de Bern. (cf. ci-dessus à Fr. Sin.³). Observons ici que cette lecture non seulement est incertaine, mais qu'elle n'est même pas exigée par le sens; en effet, Fr. Sin.⁴, p. 17, ce mot ne figure pas dans la traduction latine; Huschke, Fr. Sin.⁵, p. 825, tente une restitution et cherche à traduire; mais ni la restitution ni la traduction ne sont adoptées par Krüger, Fr. Sin.⁶, p. 275, l. 16 sqq. — Fr. XIV, l. 8-9, on lit [χapitis deminuti]ona; on ne comprend pas pourquoi l'éd. adopte ici un χ initial dans une simple conjecture. — P. 30, Kr. parle de stichométrie, sans connaître ce que Ch. Graux a déjà remarqué à ce sujet (Ch. Graux, 125, de la stichométrie dans les livres de droit).

Je n'insiste pas sur l'édition de Huschke, qui nous présente un mélange des Fr. Sin.³ et des Fr. Sin.⁴. Il suit surtout les Fr. Sin.⁴ (p. 816). Voici quelques échantillons de ce texte; ils rentrent tantôt dans l'un, tantôt dans l'autre de ces deux systèmes. Fr. VII (p. 824), toujours compensatευεται, et, Fr. XII (p. 825) c(om)mitteuθῆν[αι]. — Fr. X (marqué X bis, p. 826), on a m(an)datoν (Fr. Sin.³, p. 639, x, 2 mandatον; Fr. Sin.⁴, p. 18 m(an)daton). Il faut remarquer que la copie porte ici une *m* onciale latine, reproduite en minuscules et présentant à peu près la forme d'un ω minusc. renversé, avec une barre au-dessus, indiquant une abréviation; à un blanc, d'environ une lettre d'intervalle, on lit daton que B. rature d'un trait à la plume pour écrire à la suite daιoN; ici le i (sans point dans la C.) est souligné; en tout cas, la minuscule reproduit une N onciale en plus petit. Rien n'autorise ν. — Fr. XV bis (Fr. 14, p. 829), on se demande pourquoi l'éd. écrit p(ro)cur(aturos) = Fr. Sin.⁴ (p. 21) p(ro)cur(atoros); la C. donne p (traversé de la barre d'abréviation) cu (le u surmonté d'une barre d'abréviation) p (avec l'appendice à la panse, indiquant R); rien donc ne justifie le *u* de la désinence. L'éditeur n'a pas de système arrêté; Fr. XV bis (p. 829, Fr. 14) il met Italiχς trois fois, et, Fr. X (830, Fr. 15), t(esta)m(en)tariων; mais, ibid., il écrit p(os)tumois, et, Fr. XIV (p. 833, Fr. 18) t(esta)m(en)tarian. Dans le premier cas, la C. porte (en minuscules) tmtarion; le t est figuré par le τ dont il a été question ci-dessus; *m* est le même que dans le mandaton de tout à l'heure; l'*r* est figurée comme dans pcur, ci-dessus; I est sans point, parce qu'il est en petit une reproduction de l'onciale (et non parce qu'il représente ι grec); enfin, il n'y a pas le moindre ω; le mot est donc abrégé en latin. Dans le second cas (= Fr. Sin.², XIII, et non XIV Huschke, Fr. Sin.⁵, p. 832), la C. est en onciales et donne avec les mêmes abréviations tmtauan, toujours avec une *m* onciale latine (voir ci-dessus, à Fr. Sin.⁷). Fr. Sin.⁴ (p. 25, l. 8) reproduit, en effet, par un U la lettre qui précède l'avant-dernier A. En examinant bien la C., je verrais plutôt dans la seconde barre de ce U, un I et dans le premier jambage la panse avec appendice caudal marquant une R; la barre de cette R n'aurait pas été lisible. A cette page, la C., l. 3, donne une R latine dont la seconde partie se rapproche assez de cette première partie de l'U, dans le mot recedeui, cf. Fr. Sin.⁴, p. 25, l. 3. Il n'y aurait donc que des caractères latins dans l'un et l'autre cas.

J'arrive maintenant aux Fr. Sin.⁶, dont je donne une analyse détaillée. Fr. I (p. 269, 20) on lit Gregoριανοῦ C. La C. porte ici CPEC (cf. Fr. Sin.⁴, p. 5, l. 16); le P est souligné et l'E surmonté d'une barre. Ailleurs la C. a G-EG, Fr. IV, l. 12 (= Fr. Sin.⁵, p. 10, l. 12) et, au même endroit (l. 12) REC, avec R souligné et barre au-dessus de l'E. L'éditeur écrit, au premier passage (p. 272, l. 19) G[r]egorianu, et, au second (272, l. 17) G]regorianon. Le C du premier CPEC n'a aucun sens pas plus en grec qu'en latin. Je crois donc que c'est une mauvaise lecture pour R dont l'appendice caudal est effacé et c'est ce que paraît indiquer la lettre soulignée. J'en dirai autant du C; un simple appendice vertical adhérent à la pointe du croissant inférieur qui termine le C le distingue du G, et ce G nous l'avons ainsi tracé au Fr. IV, l. 12 (ci-dessus; voir des exemples C. I. L., t. III, Suppl. 7151, l. 1 et passim). Il faut donc lire G et tout écrire en latin. L'éditeur varie ici sans aucune raison. La graphie pactu bien avérée (ci-dessus) veut Gregorianu, etc. — Fr. VIII bis (= III, 270, 35) je relève *r*epud::[ν], C. repud(io); sur la signification des parenthèses, cf. Fr. Sin.⁴, 4. — Fr. IV (= V, 271, 32), on lit tri*b*utaria; dans les v. l., Kr. indique lui-même la leçon du ms. trioutarioi; rien donc ne justifie le mélange, et ailleurs Fr. IX (= IV, 271, 18), Kr. lui-même adopte τῆς poenas. — Fr. IV (= V, 272, 25-26) ὁ Marcianus n'est pas admissible; la C. ne donne que marc (trait horizontal au-dessus du C), qu'il faut résoudre en Marcianus; de même, Fr. XV (= XIII, 278, 3), on ne voit pas d'où l'éditeur tire la leçon ὁ Florentinus; cf. Fr. Sin.⁴ (p. 20, l. 11), il y a orlor, qui reproduit ici assez exactement la copie, sauf qu'elle est en minuscules à ce fragment; il restitue, ibid. 278, 15 ὁ Paulus; cf. Fr. Sin.⁴ (20, 17), la C. porte o paul (trait horizontal au-dessus de aul); mais, ailleurs, Fr. X (= XI, 276, 24), le même éditeur résout en ὁ Paulos exactement la même abréviation, cf. Fr. Sin.⁴ 17, 9, et C. comme ci-dessus (toujours en minusc.). Egalement, Fr. III (= XII, 277, 13), il admet ὁ Paulos, cf. Fr. Sin.⁴ (18, 9) o PAULS. Nous n'avons pas, il est vrai, de passage où l'abréviation soit résolue dans la C.; Fr. VII (= VIII, 274, 14), il semble bien que o après Paul (cf. Fr. Sin.⁴, 13, 14) soit la moitié inférieure du B et signifie βιβλίῳ (cf. Fr. Sin.⁶, 274, 14); Fr. III (= XII, 277, 13), la C. ne porte que Pauls (cf. Fr. Sin.⁴, 18, 9); Fr. XV (= XIII, 278, 10) ὁ Modestinus est représenté dans la C. par MOD (Fr. Sin.⁴, 20, 15); de même Fr. VIII (= II, 270, 18) ὁ Παῦλος est une restitution du Paul de la C. (Fr. Sin.⁴, 7, 13); mais les graphies Piu Fr. IX bis (= VI, 273, 4; cf. Fr. Sin.⁴, 11, 4; C. piu minusc.), Latinos Fr. XIV (= XVII, 280, 17; cf. Fr. Sin.⁴, 24, 6; C. LATINOS très lisible), Atilianos Fr. XIV (= XVII, 280, 18; cf. Fr. Sin.⁴, 21, 6; C. ATILIANOS, très distinct), ces diverses graphies, toutes également sûres, rendent bien plus probable la désinence -ος aux noms latins précédés surtout de l'article. — Fr. IX bis (= VI, 273, 1), la C. porte ouen (u souligné); toutes les lettres sont ici en latin; mais Kr. n'hésite pas à écrire ουεν; on en cherche en vain la raison. — Fr. IX bis (= VI, 272, 28-273, 3; cf. Fr. Sin.⁴, p. 11), il m'est impossible de comprendre d'où l'éditeur peut bien avoir tiré son texte; je prie le lecteur de recourir à la reproduction en onciales à laquelle je viens de renvoyer. — Ib. (273, 10), on a encore ἐραστευσεν (voir ci-dessus); ibid., l. 14, on lit pacton; la C. est ici en minuscules: par-dessus l'*n* finale latine se lit aujourd'hui un ν grec; ce ν n'a d'ailleurs aucune valeur (de quelque main qu'il vienne), puisque l'onciale ne peut avoir que N de toutes les façons. — Ibid. (274, 6), compensateuεται, sans v. l.; j'ai déjà dit que la C. (cf. Fr. Sin.⁴, 13, 9) donne com en abrégé, puis pensateuetai en onc., avec l' et non U. — Ib., l. 7, Kr. imprime *retention*α; voir ibid. aux v. l., où Kr. indique comme leçon de la C.

χτρετχντωνιωχ (trait horizontal au-dessus de χ et du premier α); la C. donne ici XTRETANTΩNIΩ (cf. Fr. Sin.⁴, 13, 10 ; il y a, sur la C., un trait horizontal au-dessus du second a ; le premier et le second t, l'e, l'a et les deux dernières lettres sont soulignés); la lecture n'est donc pas sûre en elle-même, mais rien n'y autorise l'α final de Kr.; en tout cas, il n'y a à tirer de là que retentiona, les lettres τω etc., ne faisant pas partie du même mot; or, comme retentiona est sûr au Fr. XI (= IX, 275, 4), il faut ici aussi écrire de même. — Fr. XII (= X, 275, 12) pactu est adopté par l'éditeur ; c'est ce que donne la C. (cf. Fr. Sin.⁴, 16, 11). — Fr. X (= XI, 276, 11), Kr. écrit procuratoρα ; après l'abréviation de procuratora que j'ai analysée ci-dessus (p. 177), la C. a immédiatement après mo; Kr. imprime m et ς grec, mς ; je me refuse à comprendre ce mélange (Ch. Graux, 123, a lu procuratorem dans dans l'abréviation pcuram). — En revanche, Kr. écrit avec raison Fr. III (= XII, 277, 3, 6, 7) aduenticia et -an. — Fr. XV bis (= XIV, 278, 21) procuratoros n'est pas suivi de la leçon du ms. dans les v. l.; la C. donne pcur (trait horizontal au-dessus de ur et barre abréviatrice à la jambe du p; cf. Fr. Sin.⁴, 21, 2). — Fr. X (= XV, 279, 15), Kr. lit bien testamentarion (voir ci-dessus), cf. Fr. Sin.⁴, 22, 2, et, l. 18, postumois (= ptumois C.); le t minuscule a précisément sur la C. tout l'aspect d'une imitation en petit de l'onciale, cf. ci-dessus; s final est parfaitement distinct sur la C.; cela n'empêche pas la reproduction des Fr. Sin.⁴ de donner ici (p. 22, 4) ptumois par un C lunaire ! — Fr. II (= XVI, 279, 31), Kr. écrit latinas colonias, mais il n'indique pas la leçon du ms. qui est importante (voir ci-dessous). — Fr. XIV bis (= XVII, 280, 17-18) Latinos et Atilianos sont bons (cf. ci-dessus); les Fr. Sin.⁴ (p. 24, 6), reproduisent encore s très distinct sur la C., par le C grec. — Fr. XIV bis (= XVII, 280, 22), on lit cette fois-ci [kapitis deminuti]ona; voir ci-dessus; cf. Fr. Sin.⁴ (24, 8), qui reproduisent ici exactement Cla. — Fr. XIV (= XVII, 280, 21) inquisitiona est bon (cf. Fr. Sin⁴, 24, 8, avec l'abréviation ordinaire du qui). — Fr. XIII (= XVIII, 281, 1), à [Ati]lianos, l'éd. indique uanos comme leçon du ms. et c'est aussi ce qu'on retrouve Fr. Sin.⁴ (25, 2); ce U ne me paraît pas moins suspect que le précédent (p. 183); cf. aussi ci-dessous; je lirais presque LI ou TI. — Ibid. (281, 11), Kr. lit bien testamentarian (voir ci-dessus); mais, sur la même ligne, la cinquième lettre de ἐπιτροπευεται dans les v. 1. (de même Fr. Sin.⁴, 25, 8). n'est pas exactement rendue; il n'y a pas de barre transversale à la jambe du p; la barre est juste au-dessous, frôle la base et remonte légèrement en rasant le pied du p; c'est peut-être un simple soulignement. — Ibid. (13, 14, 16) [*Le*]gitimos, legitimo sont conformes. — Fr. XIV (= XIX, 281, 19), il est bien difficile de tirer [VI]pianos de la C., cf. Fr. Sin.⁴, 26, 1. — Fr. VI (= XX, 282, 1), on lit uenηγι; cf. Fr. Sin.⁴ (27, 1). Il n'est pas sûr que la première lettre soit réellement un U sur la Copie; la première barre a un léger prolongement vertical à gauche et de l'angle droit ainsi formé descend une barre au crayon plus pâle qui coupe l'angle en deux parties égales. Les ll. 1-2 sont d'ailleurs complètement désespérées; il n'y a rien à en tirer pour le moment. — Ibid., l. 4 excusa[*ti*]o*n*[*a*]s; cf. Fr. Sin.⁴ (27, 3). — Ibid., l. 5, potioras est juste ainsi que Titiu (sûr) l. 6, cf. Fr. Sin.⁴ (27, 5). — Ibid., 282, 9 *civis Romanus* est une conjecture, comme les italiques l'indiquent. En ce qui concerne La*t*ino, ibid. (l. 9), les Fr. Sin.⁴ (27, 6) donnent ΛΑUNO; remarquez, ibid., la forme du Λ, qui n'est pas la même que celle de l'L de Latinus Fr. XIV = Fr. Sin.⁴ XVII, p. 24, 5; la même différence s'observe sur la C.; dans Latino, ci-dessus, c'est bien un Λ grec; à l'examen, le U me paraît encore plus suspect à cet endroit; il est tracé à peu près de la même manière que tout à l'heure dans Atilianos; on pourrait presque lire TI; ce serait alors le seul cas embarrassant; car nous aurions ainsi un dat. ΛΑΤΙΝΟ; si le datif est latin, ce serait tout simplement du latin écrit en caractères grecs, comme nous en avons des exemples ailleurs (cf. Kaibel, I. G., 912, 5-6 κίνερες ἄρκα κόνδο; S. Reinach, Epigr. gr., 530. 3); si le datif est grec, nous aurions un mélange de caractères en ce sens que φ serait remplacé par ο; il est vrai que cet o lui-même peut être grec et tenir lieu de ω. En tout cas, U dans ce mot infirme complètement la valeur du uenηγι ci-dessus; d'ailleurs, rien n'est moins sûr que d'y voir un mélange d'alphabets, attendu qu'on ne sait pas encore ce que ces lettres veulent bien dire. — Ibid., l. 12, Atilia[*nu*] paraît certain; cf. Fr. Sin.⁴ (27, 8).

J'ai réservé pour cette place la mention des graphies ΤΑC LATINAC COLONIAC Fr. II, § 1 (= Fr. Sin.⁴, 23, l. 3); ΤΗC ADUTICIAC ΠΡΟΙΚΟC Fr. XII, § 2 (= Fr. Sin.⁴, 16,

l. 6); la C. ne laisse ici aucun doute sur le C lunaire grec remplissant les fonctions d'une s latine dans latinas, colonias et aduenticias. On serait donc tenté de croire au premier abord à un mélange des deux alphabets. Nous pourrions invoquer ici les C lunaires grecs qui précèdent et qui suivent dans les deux cas et conclure à un simple accident paléographique. Mais il vaut mieux admettre le mélange. Seulement, ce mélange *n'est pas particulier* aux textes juridiques et c'est ici le point important à noter ; cf. Cagnat, p. 21. Il me suffira de rappeler surtout l'abréviation paléographique bien connue : tpc (= tempus), où C est bien pour S ; M. Mommsen en a relevé également dans le Digeste de la Florentine II, 149, 8 HYACINTHOC; II, 252, 24 CREDITOREC; cf. II, p. xxxviii : quid quod interdum Graecum C = *s* et Latinum C = *c* inter se permutata reperiuntur, etc. Mais cela ne prouve pas absolument une origine grecque ; Hübner, p. LXVI, c. 1, cite des exemples « in titulis quibusdam graecissantibus Neapolitano, (CIL X 2442), et Siculo (CIL X 7072; cf. 7114) » ; l'inscr. CILIX, 6043, à laquelle il renvoie lui-même, est pourtant bien une inscription officielle qui n'a rien de grec ; elle a été recueillie sur la route trajane entre Brundisium et Beneventum, à 1 mille de Corato (Apulie) ; elle porte très distinctement NATVC. La permutation entre S et C tient probablement au caractère hybride de cette lettre qui répond à deux sons différents en grec et en latin. Nombreux exemples dans Chassant, 28, 64, 98; Omont, Abréviations, 130, c. 1, 3 ; 133, c. 2, 3 ; Prou, 49, 229 ; Wattenbach, Lat. Pal., 57.

En revanche, le mot responson, contrairement à la remarque de Ch. Graux (123), paraît être toujours en latin; le Fr. VIII (= Fr. Sin.⁴ II, p. 7, l. 13; de même C.) donne à la seconde lettre une S ; la première est un P barré ; mais l'appendice marquant R semble ici n'avoir pas été lu ou être effacé ; car, aux deux[1] autres passages où ce mot revient, nous avons toujours R; Fr. IX (= Fr. Sin.⁴ IV, 9, 3 RSO; R est souligné deux fois; cf. Fr. Sin.⁴, p. 3); Fr. X (= Fr. Sin.⁴ XI, 17, 9) REU; l'éd. écrit [res]*pon*(son), p. 18, et, Fr. Sin.⁶ (276, 25) [res]*ponson*. Je ne pense donc pas que le premier

---

1. Fr. IV (= Fr. Sin¹. V, p. 10, 12), où Ch. Graux semble avoir lu Responsorum dans REC (cf. Ch. Graux, p. 123), il faut lire Gregorianu, voir ci-dessus. Dans PSON, il lit responson, ibid.

exemple puisse aller contre les autres ou nous autoriser à croire à une exception, alors que tous les résultats acquis jusqu'ici concourent à nous montrer l'usage exclusif, dans chaque mot, de l'un ou de l'autre des deux alphabets. Pour affirmer le contraire, il faudrait au moins s'assurer que le papyrus porte bien un P et non un R. Cette dernière hypothèse est la plus probable.

De tous les travaux qu'a suscités la Copie de Bernardakis, le meilleur et le plus instructif est sans contredit celui de M. Lenel, dans les quelques pages des Fr. Sin.[7]. L'auteur s'appuyait ici sur une base solide. M. Gardthausen, se trouvant au Mont Sinaï, en 1880, avait été frappé par ce papyrus et, sans avoir connaissance des publications antérieures, avait pris le calque d'une des feuilles de ce papyrus (p. 233), qui se trouve reproduite à la fin du travail de M. Lenel. L'auteur, à l'aide de ce document — c'est le Fr. XI Fr. Sin.[2] (= Fr. Sin.[4] IX, p. 14-15) — peut signaler les lacunes des deux éditions antérieures Fr. Sin.[1] et Fr. Sin.[2] (voir Fr. Sin.[7], p. 234 suiv.). Il arrive à cette conclusion que la Copie elle-même n'est pas très sûre (p. 236). Pour se convaincre de la justesse de cette observation, on n'a qu'à comparer la reproduction de Gardthausen avec la reproduction de la Copie des Fr. Sin[7]. et Fr. Sin.[4]. M. Lenel remarque (p. 237) que l'on ne peut faire grand fond sur les publications entreprises dans ces conditions et exprime le vœu très naturel de voir fac-similer tout au moins la Copie. Ce qui serait, dit-il, encore plus important, c'est une collation sur les lieux. En effet, le fac-similé de la Copie entière ou une lecture nouvelle du papyrus sur place auraient évité aux éditeurs bien des labeurs et nous auraient à nous-même épargné la peine de discuter une à une les leçons d'un ms. qui n'offre pas toutes les garanties de sécurité désirable. Il s'agit au moins d'en tirer le meilleur parti possible, dans l'état actuel de nos connaissances. Ce qu'il est essentiel de noter, c'est que le fac-similé des Fr. Sin.[7] confirme de tous points les résultats acquis jusqu'à présent dans tout ce qui précède.

M. Lenel, le premier, a signalé l'intérêt qu'il pouvait y avoir, au point de vue de la constitution du texte, à la distinction exacte entre les caractères grecs et les caractères latins (p. 235). Il arrive à cette conclusion qu'il n'y a de lettres latines que dans les mots latins (ibid.), et que les désinences grécisées sont elles-mêmes écrites en latin (ibid.). Inversement, il n'y a pas de lettres grecques dans les mots latins (ibid.). Un seul mot du fr. donnerait à penser que ce dernier mélange a eu lieu, c'est bolumptaçia, l. 3. Mais M. Lenel ajoute (ibid., n. 1) : wofern nicht im MS. wirklich R stand und der kleine Strich, der das R vom P unterscheidet, nur unlesbar geworden ist. ». Le fac-similé nous apprend, en effet, avec quelle facilité P et R peuvent être confondus : la panse de ce prétendu P est à peine arrondie ; d'autre part, la petite barre caractéristique n'est presque pas sensible dans RETENTIONA l. 9 (cf. aussi ligne avant-dernière) : mais dans un calque[1] fidèle la lecture n'en est pas moins certaine. Nous voyons également par le fac-similé que le scribe fait une distinction suivie entre l'*m* onciale latine et le μ grec. Cette remarque est d'un certain poids ; l. 12, il a à écrire Mora : σημείωσαι ὅτι moras γενομένης, etc. Or, dans ces cinq mots, il y a quatre fois la même lettre (m, μ) à une très faible distance. Mais le scribe ne fait jamais la confusion et il écrit : Mora : σημ. ὅτι moras γενομ. ; il ne mêle pas davantage S latine et C lunaire Enfin PACTO[N], l. 7, est bien lisible ; cf. aussi retentiona ci-dessus. Il importe d'autant plus de noter ces particularités que le scribe est certainement grec de nationalité (Fr. Sin.[7], 235, 1).

Les résultats précédemment acquis se trouveront corroborés par l'examen d'un document, qui, s'il n'a pas la même importance chronologique, nous offre du moins des garanties bien supérieures. C'est la confirmation impériale du Digeste (Dig. XXXII*-LI*), d'après le ms. de Florence. Ce ms., que M. Triantaphyllidès est allé voir à Florence, est du VIIe s. d'après M. Mommsen (p. xxxx; voir cependant les réserves de M. Mommsen à cet égard, ibid.); de plus, M. Mommsen démontre irréfutablement que le ms. est d'une main grecque (p. XXXVIII-XXXX[2]). Ce document nous apprendra donc mieux que tout autre de quelle façon s'écrivaient, à l'époque qui nous occupe, les mots latins ou d'origine

---

1. Fr. Sin.[7], 233 durchgepaust.
2. Voyez, dans le même sens, γεναμενων (=γενομένων) F, Dig. I, XXXXVII*, 17 ; cf. XXXXVIIII*, 17 γεναμενον (=γενόμενον) F[1] ; cf. Dumont, Mél., 434 γενάμενος κτήτωρ (voir ibid., p. 493) ; συγνώμης F, Dig. I, 787, 17, mais II, 793, 23 συνοιτοι F ; ἐργαστερίων F, Dig. II, 577, 30 ; cf. cependant, toujours dans F, ἀργίσει (=ἀργήσει) II, 926, 29.

latine qui avaient passé dans la langue du droit. Voici la liste des mots en caractères grecs et des mots orthographiés en caractères latins[1].

1. *Mots latins écrits en grec :* μαγίστρῳ XXXIII*, 19; LI*, 8; -ου XXXVIIII*, 27, 33, 38; κυαιστόρων 19; πλατίου 19; ἤδικτον XXXV* 17; -ου XXXXVIIII*, 4; ληγάτων XXXVII* 2, 7 (bis); φιδεϊκομμίσσων 2, 7, 9; κοδικίλλων 3; Τρεβελλιανίου 14; καδούκων 16; πραιτόρων XXXVIIII*, 9; XXXXVII*, 4; Τριβωνιανοῦ XXXVIIII*, 27; XXXXI*, 22; -ος XXXXV*, 19; κόμητος XXXVIIII, 31; XXXXI*, 3; λαργιτιόνων XXXVIIII*, 31; σκρινίου 31; λιβέλλων 31; κυαιστωρίου 35; -ον XXXXI*, 1; πατρίκιον XXXXI*, 1, 2; ἀντικήνσορα 1; πραιτωρίων 7; LI*, 9; ἀντικήνσορσιν XXXXI*, 24; Ἰουλιανός XXXXVII*, 2; -ον 5; Ἀδριανός 4; πρατίτλων XXXXVIIII*, 1; (ἅπερ) σίγλας (καλοῦσιν) XXXXVIIII*, 11; καλκυδῶν XXXXVIIII*, 25; Ἰανουαρίων 26.

2. *Mots latins écrits en latin :* digesta προσηγορεύσαμεν XXXV*, 8; τὰ de iudiciis XXXV*, 14; τὰ de rebus, 14, 22; τῆς pigneraticias 16; aedilicion ἤδικτον 17; de tutelis 25; de testamentis XXXVII*, 5; Falcidiu 6, 9; τὸ καλούμενον Trebellianon δόγμα 10, 11; Tertullianiu δόγματος 26; Orfitianiu 27; τῶν interdicton τρόπον XXXVIIII*, 1; τὴν τῶν extraordinarion[2] ἐπωνυμίαν 12; τῶν Digeston συγγραφήν XXXXI*, 9; καλεῖν Instituta XXXXI*, 3; τοῦ τῶν Digeston βιβλίου XXXXVII*, 20; τὰ βιβλία, τά τε τῶν Instituton τά τε τῶν Digeston XXXXVIIII*, 24; la suscription tout entière, in f.: Data XVII kalendas Ianuarias domino nostro Iustiniano perpetuo Augusto III consule; l'Index des titres (p. LII*-LVI*) est aussi en latin, tandis que βιβλία ἐνενήκοντα (LII*, 6) est en grec; on lit de même (ibid., l. 10) quaestionon βιβλία τριάκοντα ἑπτά et ainsi de suite; mais aussi, tout en latin, de quaestione familiae βιβλίον ἕν (LIII*, 11) et: quaestionum publice tractatarum β. ἕν, 11; cf. LIV*, 32 sqq.; inversement: μέρος edictu βιβλία πέντε[3]. Dans le corps du Digeste, relevons

---

1. Le ms. de Florence commence p. XXXVII*, l. 26, au mot βιβλίῳ.

2. C'est, dans *tout* le Digeste, le seul exemple de mélange : F porte à cet endroit extraorΔinarion; je ne compte pas ΠΑΝΤΑΣ Fᵃᵒ (postérieur) Dig. I, 11, 12, ni ENAUC Dig II, 578, 23 (F¹) =ἀέναος.

3. Dig. I, 781 sqq. (=Dig., XXVII, 1. § 1 sqq.) conduit aux mêmes résultats: le titre (Excusationum libri VI) est toujours en latin (I, 781, 3, 4, 17; 782, 13, 33; 784, 18; 785, 23; 786, 14, 21; 787, 35; 788, 1); de même on cite en latin Ulpien (cf. 782, 8 Ulpianus; 782, 8-12; 28-32; 783, 40-41; 784, 15-17; 785, 7-10; 20-22; 786, 9-11; 14-16; 788, 29-32), Paul (783, 15-19; 784, 2-3; 784, 11-14; 786, 12-13), Sévère (785, 35; 787, 30-32), Adrien (788, 35-39); mais, en dehors de ces citations,

encore aux v. l. Ulpianos (F) I, 758, 23; δι' excusationos I, 758, 29 (dans le texte); incolas (= ἰνκολας) d'après F, II, 906, 41.

Ce texte donne lieu à plusieurs remarques : 1° les alphabets n'y sont pas mêlés ; 2° les mots courants sont en grec (μαγίστρῳ, παλατίου, κόμητος); 3° de même, les termes juridiques pris dans leur acception générale (ἤδικτον, φιδεϊκομμίσσων, même σίγλας, malgré le contexte); 4° le latin sert aux titres spéciaux (de rebus, de tutelis, quaestionon, etc.); 5° aux mots spécifiés expressément comme latins et ayant dans cette langue un sens consacré (digesta, etc.); 6° aux mentions précises d'une loi (Falcidiu, aedilicion); 7° aux suscriptions. Toutes les fois que le terme est en quelque sorte localisé, qu'il a une importance juridique spéciale et prégnante, il est écrit en latin.

Que si maintenant nous passons aux Nov. de Justinien, nous retrouvons encore, à travers les leçons divergentes et contradictoires des mss, cet ancien état des choses. Les Nov. étant munies d'un apparat critique excellent, la constatation est plus facile et plus instructive sur ce texte que sur les autres.

les noms propres sont toujours en grec : Ἑρέννιος Μοδεστῖνος Ἐγνατίῳ Δέξτρῳ (781, 4); Μάρκου (781, 13; 786, 36; -ος 788, 6); Σεβῆρος (781, 14; 787, 10; — ου 781, 24, 28; 782, 1, 6, 17, 23; 783, 32, 36; 784, 8; 785, 14, 34; 786, 1, 23; 787, 15, 18; 788, 2); Ἀντωνίνου (782, 6, 17, 23; 783, 4, 32, 36; 787, 18; -ον 783, 34; 785, 14; 786, 23; 787, 15; 788, 2; -ος 787, 10, 10): Οὐλπιανός 782, 6, 27; 785, 7; 786, 9, 46 Δομίτιος Οὐλπ.); Παῦλος (783. 15, 34; 784, 11; 786, 46); Πίου (783, 19; cf. 4 Εὐσεβοῦς etc.); Κομμόδου (783, 24; -ος 788, 6); Βῆρος (784, 10); Κερβίδιος Σκαίβολας (786, 46); Ἀδριανοῦ (788, 35). Les noms communs sont toujours aussi en grec: κουρατορίας (781, 5, 17, 21; 783, 2; 784, 3; 738, 25; -αν 782, 4; 787, 6;-ῶν 782, 5, 22;-ία 782. 5; — ίας acc. pl. 788, 28); κουράτωρ (782, 4; 785, 5, 39; 786, 7; 788, 6; -ορα 786, 2; 787, 33; -ορος 785, 15; -ορες 786, 17, 24, 26, 35; -όρων 787, 36); ὁρατίων (781, 14); κουρατορεύειν (781, 16); κουρατίονας (782, 2 bis); σαλαρίῳ, -ίου (783, 35); συνβετερανός (785, 2); λεγεωνάριος (785, 3); πριμιπιλάριοι (785, 16, 24; -ίου 17; -ιοι 17; -ιος 19); πριμίπιλον (785, 18, 37); κάλιγο (785, 23); πάτρωνος (786, 3; 787, 37); ἐξκουσατίονας (786, 25); ἰνκόλαν (787, 34); μιλίου (786, 28); μίλια (786, 32 (bis), 38, 39); μιλίων (786, 37, 40, 41, 42, 43; 787, 4); κουρατορευόμενοι (788, 8): κουρατορεύειν (788, 10); λιβραρίους, καλκουλάτορας (788, 10). Ce document a bien moins d'importance que le précédent; Modestinus déclare lui-même son intention d'écrire en grec un traité de jurisprudence (Dig. XXVII, 1, 1 ; p. 781, 6 sqq.).

Nov. XIII, Pr. (p. 99, 23): ἡ μὲν γὰρ πάτριος ἡμῶν φωνὴ praefectos vigilum αὐτοὺς ἐκάλεσε... ἡ δέ γε Ἑλλήνων φωνὴ οὐκ ἴσμεν ὅθεν ἐπάρχους αὐτοὺς ἐκάλεσε τῶν νυκτῶν: ici la distinction est nécessaire entre les deux langues et les deux alphabets. Ibid. l (p. 100, 21) Ἐπειδὴ δὲ τοὺς πάλαι Ῥωμαίους σφόδρα τὸ τοῦ πραίτωρος ἤρεσεν ὄνομα, διὰ τοῦτο ᾠήθημεν αὐτοὺς praetoras plebis δεῖν ὀνομάσαι, il faudrait écrire sans doute praetoras: on voit, en effet, comment la confusion a dû se faire chez les copistes; ibid. (p. 100, 26) les mss donnent praetωres M, πραίτωρες L; de même (100, 29), où on lit: καὶ τῇ μὲν ἡμετέρᾳ φωνῇ praetores plebis προσαγορευέσθωσαν, τῇ δὲ ἑλλάδι ταύτῃ καὶ κοινῇ πραίτωρες δήμων, les mss offrent praetωres plebis M, πραίτωρες πλέβις L (cf., de même que L, M à Nov. XVII, Pr. 118, 8 μανδάτα πρινκιπις αὐτὰ καλοῦντες). Or, ici, l'orthographe n'est pas douteuse : mais les copistes, habitués à l'usage fréquent de πραίτωρ, passé dans la langue, et, d'autre part, entraînés par la mention latine du mot, brouillent les deux alphabets. Les citations précises sont, bien entendu, en latin: Nov. XXII, 2 (148, 41 sqq.): κατὰ τὴν ἀρχαίαν καὶ πάτριον γλῶτταν οὑτωσί που λέγων· uti legassit quisque de sua re, ita ius esto (loi des XII tables); de même, pour les noms des actions et les titres spéciaux : Nov. XVIII, 7 (134, 7) οὓς δὴ τοῦ familiae erciscundae καλοῦσιν οἱ νόμοι δικαστάς M; mais quand ces noms eux-mêmes entrent dans le domaine courant, la forme et l'orthographe latines disparaissent du coup, cf. Nov. XX, 3 (142, 35) τῆς καλουμένης ὀρδιναρίας (tous les mss); c'est de cette façon qu'on lit si souvent en grec ἰνστιτούτοις Nov. XVIII, 9 (136, 4); Nov. XXI, 1 (145, 35) ἐν τοῖς ἡμετέροις ἐτάξαμεν ἰνστιτούτοις καὶ διγέστοις, etc.; d'autre part, Nov. XIX, Pr. (139, 17) ἡ τοῦ συνοικεσίου ῥεπουδίῳ διαλυθέντος; XX, titre (140, 28) Περὶ τῶν ὑπηρετουμένων ὀφφικίων ἐν τοῖς σάκροις τῶν ἐκκλήτων; ibid., p. 141, 20 σκρινίων, κοιαίστωρι, πραίτωρος 27, μοδεράτωρος 32; voir surtout toute la Notitia hiérarchique Nov. VIII (80, 24 — 88, 26). En revanche, quand le mot semble déjà dans l'usage céder la place à un synonyme grec, l'alphabet latin reparaît: Nov. VIII, 13 (77, 20) reuocatorias [ἤτοι ἀνακλήσεως], ce dernier étant une glose dans M; de même XVII, 10 (124, 8) εἰ sepestabilioi (s. v. περίβλεπτοι) M, εἰσπεκταβίλιοι L, εἰπερίβλεπτοι B. S'agit-il maintenant d'une prescription tout à fait topique, le latin revient, car il ne faut pas laisser de place au malentendu: Nov. VI, 9 (60, 22) ποινὴν ἐπικεῖσθαι quinquaginta librarum auri; cf., de même,

Nov. VIII, 13 (77, 6); Nov, VIII, 1 (79, 25); Nov. X, Pr. (93, 14) λιτρῶν decem; Nov. XII, 3 (96, 25 et 96, 29) quartae τῆς αὐτοῦ περιουσίας μοίρας, cf. ibid. v. 1.; XIV, Pr. (107, 41); Nov. XV, 6 (114, 10) quinque librarum auri M, les autres mss traduisent πέντκιλιτρᾶς χρυσοῦ (L du xive s.), etc. etc. Les locutions latines sont tout crûment en latin: Nov. XXII, 4 (150, 3) οἱ δὴ καὶ bona gratia καλοῦνται; cf. Nov. XXII, 7 (151, 7, 27); ou bien, plus tard, tout en grec: Nov. XXII, 4 (150, 3), L a βονα γρατία; cf. Nov. XXI, 7 (151, 7) : bona gratia s. v. καλῇ πίστει καὶ χάριτι M, ἀγαθῇ χάριτι B; ibid. (151, 27), βοναγρατία L¹, ἀγαθῇ χάριτι s. v. L², καλῇ χάριτι B.¹.

Y a-t-il maintenant des cas où le mot latin, décliné en grec, soit néanmoins écrit en lettres latines et nous fournisse ainsi l'équivalent du Falcidiu du Dig. (ci-dessus, 190)? Les mss nous mettent sur la voie d'une habitude de ce genre: Nov. I, 2 (6, 12), où il s'agit justement d'être précis dès le début, on a besoin d'employer le mot inventarium = ἰνδεντάριον. Voici ce que donne l'apparat critique: inbentarion (s. v. ἀπογραφή) M, inventárion L, ἰνβεντάριον (et sic infra) A, καταγραφή B. Le texte primitif portait probablement inventarion (cf. M et L qui, combinés, fournissent ici la véritable leçon). Un juriste philologue qui reprendrait, à ce point de vue spécial, tous les passages intéressants, reconnaîtrait facilement, au bout

---

1. Plus tard, nous l'avons vu (p. 169, ci-dessus), tout est en caractères grecs: cf. J. G. R., II, Syn., 215, ρεπούδιον; πεκούλιον 249; J. G. R., II, Ep., 270 ἴγκεστον; 271 οὐγγίας; 279 σέκτος ἀέλιος, ἰουρι βοναρίουμ; 307 μόστρωσον ἢ προδηγίωσον; 339 νεγοτιογεστόρουμ; 375 πουβλίκου δικαίου; J. G. R., IV. Ecl. Pr., 151 κονδικτίκιος; 157 πραίδας; J. G. R., IV, Ep., 287 πεκούλιον; J. G. R., V, 591 Οὔρβις ἡ πόλις λέγεται ἀπὸ τοῦ οὐρβάρε; 593 στιπένδιουμ (cf. 594); J.G.R., VII, 7 ἰνκέστου; 69 (F) φιδικομίσσω; 198 ἐξ βένδιτο etc. etc. Les Basiliques écrivent: μόρας δὲ γενομένης (Dig. I, 637, 4, v. l.) en regard des Fr. Sin. (ci-dessus). L'alphabet latin venait d'être supprimé de l'usage. C'est à ce fait qu'il faut attribuer certaines gaucheries de transcription: cf. NEPEΔITATIC dans les Basilic. (Dig. I, 186, 41), νερεδιταρίοις J. G. R., VII, 160; ἐξνερεδάτους Nov. I, 1. § 4 (4, 36 aux v. l.; cf. Wessely, P. P. et L., 221). On ne sait plus lire ni écrire le latin. On peut comparer à ce sujet deux mss de Théophile, le Gr. 1365 et le Gr. 1366; le fol. 195ᵇ du 1365 correspond au fol. 265ᵃ du 1366; or, la place des mots latins reste en blanc dans le 1365, tandis que le 1366 écrit en grec φούρτουμ ἔνιμ σινε ἀφέκτου etc.; de même 1365 fol. 196ᵇ = 1366, fol. 266ᵇ; 1365, fol. 202ᵃ = 1366, fol. 276ᵃ etc., etc.

Études néo-grecques.

d'un certain temps, à travers la tradition paléographique, quels sont les endroits où le mot latin, décliné à la grecque, s'écrivait d'abord en latin par la simple raison qu'il représentait un mot consacré, prégnant dans le contexte et auquel on changeait le moins possible. L'étude des suscriptions serait particulièrement utile et féconde. On sait qu'elles étaient en latin, et elles l'étaient, parce qu'elles donnaient en quelque sorte l'estampille officielle, le caractère sacré de la loi. Or, les suscriptions elles-mêmes présentent ce mélange : Nov. XVIII, Pr. (127, 25) Imp. Iustianianὸς (cf. L ἰουστινιανός); d'autres traduisent, cf. XVI, 1 (117, 9 v. l.). C'est là et dans les exemples tels que praetores plebis (ci-dessus, 192) que la confusion a dû prendre naissance. Il est à supposer, en effet, que les archétypes ne pouvaient guère présenter à la fois les systèmes entremêlés de nos éditions modernes, comme, par exemple, dans cette page de Z. de Lingenthal, Nov. Z., CXXVII (t. II, p. 151) φιδικομissarion, in rem, λεγάτων, fidecommissou, persecutiova fidecommissarios, p. 152 φιδικομμίσσου, φιδικόμμισσον et encore φιδικόμμισσα. C'est là l'œuvre des scribes postérieurs à Justinien. Il y a des moments où l'on reconnaît l'usage exclusif des caractères latins dans les termes consacrés : ainsi Nov. VIII, Pr. (65, 14) τῶν καλουμένων suffragiων; M porte sufragίων, L σουφραγίων; l'éditeur se décide pour suffragiων sans raison valable. Ici le terme est consacré, employé dans son acception la plus significative; la leçon de M ramènerait donc plutôt à suffragion; l'ι et l'ω ont paru plus commodes au scribe; au xi° s., la tradition primitive devait se perdre. La confusion a dû commencer par les mots techniques qui étaient à la fois des mots courants, comme praetor, πραίτωρ, et comme Constantinoupolis des suscriptions impériales. De là, ce système mixte qui s'est répandu dans tous les mss.

Il ne faut pas oublier que le respect pour le droit romain était grand et que le traduire n'a jamais paru tâche aisée; cf. Dig. XXVII, 1, 1 (781, 6) ἀφηγούμενος τὰ νόμιμα τῇ τῶν Ἑλλήνων φωνῇ, εἰ καὶ οἶδα δύσφραστα εἶναι αὐτὰ νομιζόμενα πρὸς τὰς τοιαύτας μεταβολάς. Le même respect s'attachait à la lettre. L'étude des Nov. nous ramènerait donc en somme aux conclusions du Digeste : on gardait les caractères latins pour les citations, les locutions latines, les indications précises de toutes sortes (voir les catégories ci-dessus, p. 191). Le même mot, d'après le contexte, était donc susceptible de deux orthographes, suivant qu'il était employé comme terme courant ou comme terme technique (p. e., fideicommisson, praetoros, suffragion).

En définitive, une double conclusion se dégage de l'étude de ces différents textes juridiques. 1° Le mélange des alphabets est postérieur à Justinien et n'existait pas à l'origine. 2° Les mots latins, à mesure qu'ils entrent dans l'usage, s'écrivent en grec. Ainsi, dans le Dig. et dans les Nov., il y a infiniment plus de caractères grecs que dans les Fr. Sin. Or, c'est précisément ici que la question paléographique touche à l'histoire du droit et à l'histoire même du latin en Orient. Bury, Lat. Rom. Emp. II, 167-174, a cherché à déterminer, en quelques pages excellentes et d'après le témoignage des auteurs, quels étaient les mots latins courants et quels étaient ceux que les écrivains introduisaient pour la première fois : ainsi il oppose Theophyl. VIII, 5, 10 ὃν σκρίβωνα εἴωθε τὰ πλήθη ἀποκαλεῖν (Bury, II, 171, 2) à Proc. I, 256 ῥαιφερενδάριον τῇ Λατίνων φωνῇ τὴν τιμὴν ταύτην καλοῦσι Ῥωμαῖοι (Bury, II, 170; voir sur Proc., p. 169), tandis que le même auteur emploie πατρίκιος (ibid.), sans aucune introduction. C'est là un critérium qui peut être souvent très utile. En y ajoutant les témoignages phonétiques et épigraphiques (voir ci-dessous, § 3), on serrera la question d'encore plus près. Mais il ne faut pas oublier les textes juridiques et la tradition des mss : un gros chapitre de l'histoire du latin en Orient est là. Nous verrons tout à l'heure que plusieurs mots latins sont entrés en grec par voie populaire dans le domaine même du droit; d'autres mots, au contraire, sont des mots livresques, calqués, fac-similés sur le latin des livres (cf. λεγάτος = legatus, c.-à-d. legatos, ci-dessous). C'est pourquoi il importe de faire la distinction, dans l'archétype si c'est possible, entre les mots latins écrits en latin et ceux qui sont écrits en grec : ceux-ci sont plus courants que ceux-là. Ainsi donc, la paléographie est intimement liée à nos études, puisqu'en somme, toute l'histoire du latin en Orient se réduit à savoir quels étaient les mots latins entrés dans l'usage. A ce point de vue, la question posée par l'Association scientifique du Danemark doit rester sans réponse,

---

1. Dans le lexique, l'alphabet grec a partout été adopté, pour plus de commodité ; les mots cités isolément peuvent à la rigueur être tous considérés comme faisant partie du vocabulaire commun.

parce qu'elle est posée d'une façon trop générale et sans une bonne entente du sujet[1]. On n'arrivera à des résultats satisfaisants que par des monographies, soit des auteurs séparément étudiés, soit des domaines différents, pris un à un, où cette action a pu s'exercer. Il ne faudra jamais perdre de vue dans ces travaux l'état moderne de la langue. D'autre part, de ce qu'un mot latin n'est plus usité aujourd'hui, il faudra bien se garder de conclure qu'il ne l'a jamais été. C'est ici que les renseignements indirects de la phonétique, de l'épigraphie, du latin vulgaire et des langues romanes seront du plus grand poids. La tradition paléographique des traités de droit et tout le domaine juridique apporteront à cette étude la contribution la plus large.

Il convient de dire ici quelques mots de l'édition de Théophile de M. Ferrini[2]. Elle a un défaut grave : elle manque de titres courants et la consultation en devient, par là même, singulièrement incommode et laborieuse ; il faut à chaque instant feuilleter tout l'ouvrage pour retrouver le commencement du livre ou du titre. Des fautes d'impression regrettables s'y laissent relever en grec presque à tout bout de champ[3].

D'autre part, la version latine, revue par l'éditeur (cf. Theoph. F., p. xxii), traduit souvent un texte grec absent,

---

1. Ap. Krumbacher, 2, n. 1 : « Stellung des Lateinischen als Sprache der Regierung und Verwaltung im oströmischen Reiche seit Konstantin dem Grossen bis zur Epoche, wo die lateinische Sprache vollständig durch die griechische ersetzt wurde, und über die Beziehungen, welche zwischen diesem Gebrauche des Lateinischen und der Litteratur und den Schulen bestehen ». L'auteur de ce formulé semble avoir oublié, entre autres, l'influence lexicologique qui est restée : il y a des parties du vocabulaire où le lat. n'a jamais été *remplacé* (ersetzt), même sur le terrain administratif, voir Lex. in f.

2. Les éditions antérieures n'ont pas grande valeur. Celle de Fabrot repose sur les trois mss de la B. N. (Gr. 1364, 1365, 1366) ; il fait dans les leçons un choix tout arbitraire. Reitz avoue naïvement que son travail s'appuie sur les deux éditions de Fabrot (Theoph. R., XII). On s'en aperçoit aisément, car il reproduit jusqu'aux fautes d'impression de Fabrot ; cf. entre autres, Theoph. R., p. 614, l. 2 δέσμος pour δεσμός que portent les trois mss de la B. N. (Note de Triantaphyllidès).

3. P. 13, l. 14 ἠναντιοῦται ; 40, 18 θέμιτος (=-ός) ; 53, 19 et 54, 13 πᾶθος ; 37, 28 ἔχρην (= ἐχρῆν) ; 57, 25 ἧττον ; 52, 5 ἐφ' ὅσον, — si toutefois ce sont là des fautes d'impression ; en voici de plus apparentes : 46, 3 κικωλύσθαι ; 45, 6 δετήν (= θετήν) ; 46, 7 γαθετή ; 47, 9 μεταξύ ; 47, 18 πλαπίου ; 47, 21 προῒξ, etc., etc.

d'après la collation de Triantaphyllidès. En voici trois exemples :

p. 209, 11	p. 209, 8
(Καὶ λέγομεν)¹ τὸν ληγατάριον βαρύνεσθαι τῇ ἀποδείξει· οὐ μὴν τόν κληρονόμον (ἀποδεικνύειν ἀναγκάζεσθαι)².	et uerius est legatario probationem incumbere, non autem heredem probare oportere.
p. 212, 6	p. 212, 4
οὐδὲ αὐτὸς (c.-à-d. ὁ ἀγρός, cf. l. 5) (οὐδὲ ἡ τούτου διατίμησις).	neque fundus ipse neque eius aestimatio.
p. 231, 11	p. 231, 9
(ἀνίσχυρος γὰρ ἡ ademptiων) ὥσπερ ἐπὶ προλαβόντος θεματισμοῦ ἡ translatiων.	inutilis enim ademptio est sicuti in superiore casu translatio.

Ce sont des omissions d'autant plus fâcheuses que l'éditeur donne la première place au Messanensis (Theoph. F., XVII).

La traduction latine présente des lacunes ou des inadvertances d'un nouveau genre.

Ainsi on lit, p. 116, l. 14 Theoph. F. (= Th. II, 1, 40) « εἰ μὲν δεσπότης traditeύsη μοι τὸ οἰκεῖον πρᾶγμα ἀπὸ δωρεᾶς ἢ προικὸς ἢ ἐξ ἄλλης (sic) ἐναλλαγῆς οἰασδήποτε αἰτίας, οἷον ἀπὸ permutatíonos... » Ἐναλλαγή est ici une simple interpolation ; cela est visible d'ailleurs sur l'exemplaire de Carion, comme l'a constaté Triantaphyllidès³. Or, dans la traduction latine ἐναλλαγή n'est pas traduit et cette omission a échappé à l'éditeur, cf. p. 116, 13 : « si dominus rem suam mihi tradat ex donatione seu dotis causa seu *ex alia quave ratione,* ueluti ex permutatione. » C'est donc que M. Ferrini n'a pas revu ou refait sa traduction avec l'attention qu'il nous annonce, cf. Theoph. F., p. XXII : uersionem quoque latinam e regione addidi, non ueterem illam Curtianam, neque eam quam Fabrotus emendauit aut Reitzius foedauit (M. F. le lui a rendu), set quae mihi potissimum probaretur.

---

1. Les mots en dehors des parenthèses ( ) manquent dans l'édition.

2. Les mots omis par M. Ferrini se lisent dans l'exemplaire de l'édition de Fabrot, collationné par Carion, et qui se trouve à la Bibl. roy. de Berlin, Gr. 28ᵃ, 28ᵇ, 40. Carion, n'ayant pas biffé ces passages, les avait donc vus dans le Messanensis (Triantaphyllidès).

3. Le Gr. 1366 (B. N.), donne ἐναλλαγή en marge. Fabrot et Reitz ne l'ont pas admis dans le texte, et ils ont eu raison, attendu que ἐναλλαγή c'est précisément permutatio. C'est donc une simple glose.

Mais la traduction omise de ἐναλλαγή, que l'éditeur prend pour un mot du texte, peut avoir une autre cause: Reitz ne le donne pas dans son Lexique et il est possible que M. F. ne traduise un mot grec que quand il l'a tout d'abord vérifié dans Reitz.

Enfin, dans sa Préface (p. xviii), l'éditeur déclare qu'il a pris pour base de son édition le Messanensis[1]. Triantaphyllidès a examiné sur place la collation de Carion et il a pu se convaincre que cette collation a été utilisée par Ferrini avec le plus grand éclectisme. Nous avons déjà signalé quelques omissions fâcheuses (ci-dessus, p. 197); l'éditeur a aussi négligé, entre autres, les leçons suivantes du Messanensis[2], que je donne avec les renvois à Theoph. F. :

Theoph. F., p. 211, 24 ὀφφίκιον (F. offîcion); 213, 3 libertatίωna (F., ibid., attribue libertationa, qu'il adopte, à M); 215, 1 φάκτου; 215, 21 ὀρδινάριος; 215, 23 ὀρδινάριον; 215, 30 πεκούλιον; 216, 13 πεκουλίου; 216, 16 πεκουλίῳ; 219, 21 ἐν προχείρῳ ὄντα καί ἐν ἑτοίμῳ (ces trois derniers omis par F.); 221, 23 ἀδριανός; 223, 15 superbus; 224, 14 Σείου; 224, 15 Πρίμου, etc.

Voilà donc une édition qui manque de l'exactitude et du sérieux nécessaires. C'est d'autant plus à déplorer que le Messanensis contient bon nombre de leçons intéressantes, précisément pour la question qui nous occupe, de la transcription grecque des mots latins; l'éditeur ne les a pas relevées; ainsi, Theoph. F., 209, 16, M donne: bupoτbεcὲς (= ὑποθήκης, c.-à-d. hypotheces); 210, 7 saerius (= saepius); 218, 24 bereditate (= hereditate); 220, 26 serbum (= servum); 213, 24 pῦros (= πούρως); 221, 16 elegitiona (= electiona), etc., etc. Il est évident que le scribe avait sous les yeux un prototype latin et l'on pourrait ainsi retrouver paléographiquement les leçons de l'original. Sur η=h, cf. Prou, 49; Wattenbach, Lat. Pal., 57.

Ce n'est pas que M. Ferrini suive partout un mauvais système : voici, p. ex., un passage où tous les mots latins, étant pris dans le sens juridique prégnant, devaient effective-

---

1. Ms. perdu, dont il n'existe que la collation de Carion (voir ci-dessus et Theoph. F., XVI).

2. J'abrège la liste qui est complète sur l'exemplaire de Triantaphyllidès.

ment être écrits en caractères latins : Theoph. F., 13, 7 τῷ lex τῶν ὡμολογημένων; ib., 8 τῶν νομοθετησάντων τὰ senatusconsulta; ib., 12 Orténsios; ib., 23 τὰ μὲν ὑπ' αὐτοῦ τεθέντα κοινῷ ὀνόματι κέκληται constitutiones.[1] τούτων δὲ αἱ μὲν εἰσὶ personáliai etc., etc. De même πάτρον! (écr. πάτρωνι) 296, 22 à côté de Papíu νόμου (296, 20) sont bons. Mais, à d'autres endroits, le grec est trop évidemment indiqué, p. ex., 211, 24 ὀφφίκιον, qui est employé ici comme mot du vocabulaire courant : ὀφφίκιον δέ ἐστι τοῦ δικαστοῦ, *c'est l'office du juge de...*, et c'est, en effet, la leçon de M (voir ci-dessus, 198). Il ne faut pas oublier que le mot est resté dans la langue (voir le Lex. in fine). La question serait à reprendre entièrement pour Théophile, — et l'édition aussi.

Pour les Nov. de Justinien, M. Triantaphyllidès s'est servi dans son Lex. de l'édition de Schoell (Nov. I à CXXXIV), et de celle de Zachariä (voir notre Index bibliographique) pour les autres Novelles; les renvois sont faits toujours d'après l'ordre de la vulgate et non d'après celui adopté par Zachariä Nov. Z., t. II, p. 431 etc.

§ 3.

ORTHOGRAPHE GRECQUE DES MOTS LATINS.

Il s'agit maintenant de savoir la façon dont doivent s'orthographier dans nos textes les mots latins écrits en grec. Ce travail, pour être complet, ne pourrait être entrepris que sur une classification rigoureuse des mss. D'autre part, il faudrait, pour l'exactitude historique, pouvoir se rendre compte de l'état linguistique aussi bien grec que latin au VIe s.; en d'autres termes, il faudrait déterminer au juste la valeur qu'avait le son latin au moment où il passait en grec. P. ex., ῥέγιος = rēgius Theoph. I, 2, § 6 (Theoph. F. 13, 22 νόμου ῥεγίου) doit-il rester, alors que ē latin est généralement rendu par η (cf. Φῆλιξ, C. I. G. 5858 b, etc., etc.; Dittenberger, Gr. Nam., 147) et que Plut. Quaest. rom. 63 II, 279 C (II, 289,11)

---

1. Immédiatement avant, 11, 25 κέκληται constitutiων est en contradiction avec la transcription signalée.

présente ῥῆγι¹? Faut-il ou ne faut-il pas corriger en ῥήγιος? Pour répondre à cette question et à tant d'autres du même genre, il faudrait pouvoir s'appuyer sur un tableau d'ensemble du grec au vi⁰ s. Ce serait toute une œuvre de reconstitution à tenter. Des difficultés nouvelles surgiraient ici : il importerait de savoir, parmi les mots de nos auteurs, quels sont ceux d'importation contemporaine, et quels sont ceux qui avaient déjà pénétré dans la langue antérieurement. L'orthographe varierait ainsi suivant l'époque d'emprunt (ci-dessous, 204). Enfin, le mot est-il entré en grec par les livres ou par voie populaire? La graphie ne serait pas la même dans les deux cas. Pour poser ces problèmes plutôt que pour les résoudre, nous soumettons ici quelques réflexions au lecteur, en les appuyant d'une série d'exemples; il n'est pas possible de traiter le sujet en entier; ce serait tout un livre à écrire. Les ouvrages actuellement à consulter sont: S. Reinach, Epigr. gr., 516, I — 520, III, résumé surtout d'après Dittenberger, Griech. Nam. (celui-ci est capital); Wanowski; ce dernier contient de nombreux renseignements; ce n'est guère cependant qu'une collection de faits, la plupart à contrôler, car ils ne reposent que sur d'anciennes éditions, notamment celles de Bonn. Il faut, d'autre part, tenir compte de Schuchardt, Körting, etc., etc. Les témoignages épigraphiques eux-mêmes (Dittenberger, Gr. Nam., 129) ont besoin d'être confirmés et souvent remplacés par les témoignages de pure phonétique; M. Dittenberger a peut-être un peu trop laissé de côté ce genre de considérations. Une comparaison du développement parallèle des deux langues serait très fructueuse; on ne peut toucher ici qu'à un ou deux points de cette double histoire, et c'est à la linguistique qu'il faudra recourir souvent pour discuter une orthographe. Les leçons comparées des mss fournissent aussi plus d'un éclaircissement. Enfin, il ne faut jamais oublier l'état moderne de la langue, qui est du plus grand intérêt, toutes les fois que la discussion porte sur un mot du vi⁰ s., encore d'usage aujourd'hui.

1. ē lat. On trouve de tout temps ē lat. transcrit par η: Βῆρος, ῥῆγι ci-dessus; Pol. H.², III, 106, 2 (322, 20) Ῥήγουλος; C. I. G. 8872, 4 (Lydie) ληγάτων; 3888, 6 (Phrygie) καστρῆσιν

---

1. Cf. Ῥηγῖνος Mal. 54, 7; Reginus Cic. Epist. ad Att. X, 12, 1. Voir ci-dessous.

(époque de Marc Aurèle); Ed. Anast., § 2 δηληγατίοσιν ; Mal. 33, 6 ῥῆγες; Dig. xxxv*, 17 et xxxxviiii* ἤδικτον ; xxxvii* 2, 7 (bis) ληγάτων (cf. ci-dessus, p. 190) ; Dig. XXVII, 1 sqq. (I, p. 781, 14) Σεθῆρος, etc., etc., Βῆρος, ibid., p. 784, 10, etc., etc.; Anecd. H., II, Jo. Sch., 218 ληγάτον; J. G. R., I, 202, 251 πρωτοασηκρῆτις ; 275 κηρουλάριος; VII, 197 δηλατίων; Lyd. 17, 8, 24 σηγμέντα; Nov. I, 1 (3, 20) ληγαταρίων, (3, 30) ληγάτοις et même plus tard Const. Harmen. ληγάτον V, XI(X), p. 694 et suiv.; cf. aussi Wanowski, 1-2.

D'autre part, ē lat. est rendu par ι gr.: Blass³, 37, n. 94 δινάρια (de 161 à 169 A. D.); C. I. G. 9449, 3 (518 A. D.) προτίκτωρ (cf. Schuchardt I, 333); Ed. Anast., § 10 μιτάτα (cf. 7 ἰνσπεσάτου = inspectio, voir p. 151); Nov. VIII, Ed. II (80, 12 et 19) ἰδίκτου; XLIX, 3 Ep. (293, 3) ἰδίκτων ; toujours ainsi dans les Nov. (voir au Lex.); J. G. R., II Ep., 279 ἴδικτον ; Rigalt., 33 βιξιλλατίωνες ; Wanowski, 1 μιτάτα, 2 βιστιάρια, etc.; Hesych. I, 521, 2001 [διφένσωρ· βασανιστής· κριτής]; voir une série d'exemples dans Schuchardt I, 226 sqq.: πριμικιρίους (Rav., vi ou viiᵉ s.) 317; μιτατώριον (Suid.), 324; δηλιγατίων (Zonaras), 323; σιμικίνθια (Hesych.), 326; Σεουιρ 327; Ἰγνάτιον, 334; Πορσίνα, 345; ἀνταμίνσιον (Suid.), 349; πρεσιντια (Rav. 591 A. D.), 353; ῥόμιξ[α] (Hesych.), 372; σιξ (Rav. viᵉ ou viiᵉ s.), 373; ουιδιξιλλάριος (C. I. G. 4093), 374; ιντριγρο (Rav. 591 A. D.), 387. Il ne faut pas ranger dans la même catégorie πρίγκιψ (Suid.), 355 ; κῶδιξ (Etym. M.), 355 ; ποντίφιξ (Suid.), 372 ; Οὐίνδιξ ou Βίνδιξ, Σῶριξ, Σίμπλιξ (Dittenberger, Griech. Nam., 145), ποντίφικα C. I. G. 4351, 3; 4154, 5 (200 A. D.); 4034, 14 (133 A. D.); 4033, 22 (133 A. D.), etc. M. Dittenberger a fait remarquer (ibid.)[1] que c'est là une désinence

---

[1]. « Hier liegt... die Absicht zu Grunde, dem Wort eine griechische Endung zu geben ». A peu près dans les mêmes termes, S. Reinach, Epigr. gr., 517. Il n'y a là aucune *intention* formelle ; le phénomène est inconscient. La même explication revient (Dittenberger, Griech. Nam., 148) à propos des formes Μαρτιάλης, Πρωδινκιάλης, Βιτάλης, Μερκουριάλης: « eine grammatische Ungestaltung der Endung zu dem Zwecke, dem Namen ein griechischeres Ansehen zu geben und ihn bequemer declinirbar zu machen. Dies geht auch daraus hervor, dass man zu demselben Zwecke noch ein anderes Auskunftsmittel anwendete, die Verwandlung von -ις in -ιος. So finden wir Νατάλιος » etc. Tout cela est inexact. Il n'y a aucune difficulté aux désinences -ις (cf. μάντις) ; le travail de Benseler. Nomin. in -is (1870) avait échappé à Dittenberger (1871). Ces noms s'acclimatent

analogique conforme à la déclinaison du grec; le pluriel κομμοῦνες (communēs) est également un pluriel d'analogie. La graphie par ι, au contraire, est conforme à la phonétique latine, au moment où ē se rapprochait du son i; Schuchardt, loc. cit., rapporte des exemples de ē = i à peu près dans toutes les positions (cf. 297 dicretum, dicessit; 333 ticta, etc. etc.; cf. d'ailleurs p. 460 sqq.; ajouter colligium, Dumont, Mél. 493). Ces phénomènes appartiennent au latin vulgaire et, par conséquent, δινάριον, qui embarrasse Blass à cause de η = ι (ci-dessus; Blass³, 37, n. 94), n'a rien à voir au grec. Il ne faut pas, d'autre part, se hâter de rejeter ces graphies sur l'iotacisme (Schuchardt, I, 226): δινάρια est certainement d'une époque où η ne s'était pas encore iotacisé (Blass³, 36 suiv.; voir aussi Essais II, 147).

Une troisième transcription, beaucoup plus embarrassante, est celle par ε; cf. C. I. G. 5051, 1 (147 A. D.) λεγᾶτος (Ethiopie; peut-être pas très sûr); C. I. G. 4858 b, 2 (t. III, p. 1218) μετάτωρ; C. I. G. 2941 (ap. Schuchardt, I, 365) χεσσιωνάριος; C. I. G. 9377 ῥέκτωρ; Ed. Anast., § 11 πραιφέκτου; Nov. XV, Pr. (109, 17) δεφένσορας (M); Mal. 319, 6 κομετάτου; J. G. R., I, 45, 1 σεκρετικῶν; Const. Cerim. 238, 3 σεκρέτου, etc., etc.; cet ε semble particulièrement persistant dans λεγᾶτον Nov. CXII, 1 (524, 23); J. G. R., I, 200; II, Syn., 138 suiv.; II, Ep. 285; IV, Ecl. 24; V, 217; VI, 279; VII, 110; de même Trinchera, XXIV (A. D. 1032), p. 26. Cette graphie paraît d'autant plus inexplicable que ē lat. n'a jamais eu le son ε et, par conséquent, n'a jamais pu être perçu comme tel. Mais, à y regarder de près, on finit par trouver la piste. On remarque que l'ε se manifeste d'abord dans λεγατάριος Dig. XXVI, 6, § 2 (758, 18); on voit ensuite qu'à tous les passages ci-dessus λεγατάριος figure dans le contexte ou dans le voisinage: Nov. CXII, 1 (524, 25); J. G. R., I, 205; II, Syn., 138; V, 453 λεγατεύεται, συλλεγαταρίῳ, λεγατάριος (constant); VI, 283 λεγατευθῇ; p. 307, § 39 λεγατεύοντος, λεγαταρίῳ, à côté de ληγάτου 279 et ληγατεύεται p. 283; VII, 110 ληγάτον, d'où ληγατάριος (ibid.), ληγατεύομεν (ibid.), ἐληγάτευσε (ibid.); Anecd. Z., Brev. Nov. I, 1

---

très facilement en Grèce. Les exemples comme Μαρτιάλης prouvent tout simplement qu'en Sicile les noms latins avaient suivi une autre analogie et ces analogies différentes montrent à leur tour qu'il n'y a là aucune préméditation de la part des sujets parlants.

λεγαταρίοις; ibid. App. Ecl., XII λεγαταρίων. Or, de ces deux termes, le premier, ληγᾶτον, était certainement le plus usité et n'a de syn. gr. (πρεσβεῖον) que dans les Nov. (voir Lex.); il s'est plus souvent écrit en grec qu'en latin; ληγατάριος paraît être plutôt un mot technique; il a, de plus, en grec, un synonyme déjà ancien κληρονόμος. Nous avons vu plus haut que les mots techniques s'écrivaient fréquemment en caractères latins : λεγατάριος a dû être fac-similé sur legatarios et a pu entraîner λεγᾶτον; l'ē se rendant par ε (cf. Τρεβελλιανίου, ci-dessus, = Trĕb., etc. etc.; J. G. R., II, Syn., 215 ρεπουδίου, 249 πεκούλιον etc. etc.), à ne regarder que la lettre, l'ē de legatarius s'est rendu de même d'après la majorité des cas où ε = elat., cf. τεστάτωρ = test. etc. Lems. B, qui semble en ceci conserver la bonne tradition, donne toujours ληγᾶτον Nov. CXII, 1 (524, 23, v. l.); Nov. I, 1 (3, 30) on a ληγάτοις et, par conséquent, ληγατάριος (l. 5) et ainsi de suite. On saisit presque dans les mss la façon dont ces transcriptions par la lettre ont dû prendre naissance. P. ex., le Gr. 1366 (B. N.) donne δελίκτον fo 262 b, δεπόσιτον fo 263 a, κρεδίτωρ fo 264 b, δεβίτωρ fo 267 b; or, ce ms. connaît les caractères latins : publicων fo 262 b etc. (cf. ci-dessus); d'autre part, dans le Gr. 1365 (B. N.), qui est de la même famille (ci-dessus, p. 167), une main contemporaine, à ce que pense M. Omont, écrit à l'encre rouge au-dessus des mots latins les mêmes mots en grec : fo 125 b fidicomissων, testatoros, coμericion, et, au-dessus φιδικομίσων, τεστάτορος, κομέρκιον; fo 126 a primω, acτωr etc. et, au-dessus, πρίμω, ἄκτωρ etc. etc. Toutes les graphies par ε doivent reposer de même sur le fait de l'orthographe latine. Les graphies par ε (= ē), antérieures au VIᵉ s., comme λεγᾶτος, ci-dessus (147 A. D.), s'expliquent par le grec : on note par un ε l'ē lat. comme l'η grec, cf. Blass[3], 35, n. 86 οἰκέσεως, δισκοειδές (= ης). Mais cette confusion ne pouvait plus avoir lieu au VIᵉ s. à C. P., où η était certainement devenu ι (Essais II, 147, σεμερον est égyptien). On ne peut donc motiver les ε des formes juridiques que par le calque du latin, comme nous venons de le faire. Dans le Lex., nous avons laissé ε partout où les mss portent des caractères latins, p. ex. δεβίτωρ. Le λεγᾶτον des Nov. (Nov. CXII, 1, p. 524, 23) prouve que l'archétype à cette place avait legaton.

En définitive, les mots présentant ē lat. ont pénétré en grec sous trois formes et à deux époques différentes : 1° à l'époque où ē lat. correspondait encore à η; dans ce cas, η, dans les mots latins, a subi le même sort que dans les mots grecs; il s'est iotacisé et c'est ainsi qu'encore aujourd'hui ρῆγας (= rex), mot tout à fait populaire (Essais II, 17, 1), désigne le roi du jeu de cartes, en regard de ρέγιος (voir au Lex.; ainsi dans les mss), qui est un mot fac-similé; 2° à l'époque où ē lat. ne correspondait plus qu'à ι grec; cette orthographe prouve que l'introduction du terme s'est faite par la parole et non par l'écriture; tel est le cas pour ἴδικτον, constant dans les Nov.; le fait n'a rien de surprenant, ce mot étant précisément d'usage journalier à l'époque et étant probablement venu à C. P. avec Constantin. Il serait donc de premier intérêt de retrouver la leçon des archétypes; enfin, la graphie par ε témoigne d'une introduction savante et, à ce point de vue, il n'y aurait pas moins d'importance à s'assurer de ces leçons[1]. La critique verbale touche ici à l'histoire même du droit gréco-romain. Il s'agit de distinguer les termes courants des termes purement livresques et d'avoir par là de nouveaux documents sur la civilisation byzantine. D'ailleurs, les formes avec ε (= ē lat.) peuvent tout aussi bien avoir passé des livres dans la vie; κρεδιτόροι, aujourd'hui usité à C. P., remonte probablement au latin; cf. κρεδίτωρ, ci-dessus et ibid. (= Gr. 1366) fo 264 b, κρεδίτορος fo 267 a, κρεδίτορα fo 267 b etc., très fréquent. Le mot savant peut même avoir survécu au détriment du mot populaire: c'est ce que donnerait à penser le λεγάτον dans Trincherà (ci-dessus, 202). La phonétique moderne fournit, en revanche, peu de renseignements sur les époques d'introduction avec η ou avec ι; comme η et ι ont le même son, depuis longtemps déjà, seule la leçon des mss peut établir le départ entre les mots qui ont pénétré en grec avec η et ceux qui y ont pénétré avec ι. Cette distinction est l'œuvre d'une édition critique des Nov. aussi bien que de Théophile; notre intention n'est pas de l'entreprendre, même pour le Lex. qui va suivre. Il faudrait à nouveau classifier les mss et refaire l'édition. Les éditeurs ont jusqu'ici entièrement laissé de côté ce point de vue et ne se sont pas préoccupés de ce qu'il pouvait y avoir là de fécond pour l'histoire même des idées. C'est pourquoi il était néces-

---

1. Dittenberger, Griech. Nam., 146, a tort de demander δηλίκια pour διλίκια (deliciae) etc.

saire d'indiquer tout au moins le problème et de poser le principe.

2. ĕ lat. Dittenberger, Griech. Nam., 145-146, a montré que ĕ devant voy. se rendait par ι, cf. λέντιον = lintĕum etc. Mais ce serait peut-être se hâter de conclure que de corriger sur ce précédent les cas analogues. Il faut ici encore prendre garde aux leçons des mss. Sur le phénomène lui-même en latin, cf. Seelmann, 187 et ci-dessous ; on sait d'autre part qu'il n'a rien que de très normal en ng. : νέος donne νίος, auj. νιός (Psichari, Prononc. gr., 263). De cette façon, βαλινιάρια (balnearia porta), Wanowski, 2, pouvait être favorisé par les deux phonétiques. Bien entendu, il faut distinguer entre les époques. En latin, e pouvait s'être réduit en i à un moment où rien de tel ne s'était encore manifesté en ng. Il importe donc sur ce point de suivre le développement des deux langues et c'est ici le lieu de se demander à quel moment le ι (jod) et l'e réduit apparaissent dans les textes populaires du moyen âge. Cette question a été traitée par Chatzidakis avec un manque absolu de critique ('Ἀθηνᾶ, I, 276 suiv.) et je laisserais dormir cette erreur avec tant d'autres, si je ne l'avais vue tout récemment adoptée par un linguiste en ces termes : "Ὅτι τὸ ἄτονον ι πρὸ φωνήεντος γίνεται σύμφωνον (ι), εἶνε γενικὸς τῆς νεοελληνικῆς νόμος· ἀλλ' ὅτι καὶ αἱ ἀρχαὶ τῆς μεταβολῆς ταύτης ἀνέρχονται μέχρι τῆς ἀρχαιότητος, ἡ δὲ προφορὰ εἶχε λάβει γενικὴν διάδοσιν ἤδη πολὺ πρὸ τοῦ δεκάτου αἰῶνος, κατέδειξεν ὁ κ. Χατζιδάκις διὰ πλουσιωτάτης ὕλης, etc. Thumb, Aeg. 104. M. Thumb n'a pas eu connaissance de ce qui a été dit à ce sujet dans les Essais, II, LXVII suiv.; il n'a pas su voir non plus par lui-même le vice initial du raisonnement de Chatzidakis.

Sans aucun souci des temps et des lieux, Chatzidakis accumule pendant de longues pages ('Ἀθ., I, 276-281) les phénomènes de toutes les époques et de tous les pays — Homère, le crétois, les papyrus égyptiens, le béotien, l'arcadien, Pindare, Sapho, Anacréon, le chypriote, le pamphylien, l'attique, l'éolien, le paphnien, le thessalien (j'en passe ; je n'ajoute rien) — pour prouver qu'au x° s., i et e devant voyelle étaient devenus consonnes tout comme de nos jours[1]. Du moment que dans la

---

1. Ibid., 281, l'exemple 'Ἀκουηλεγίας Const. Adm. 123, 5, [οἱ δὲ νῦν καλούμενοι Βενέτικοι ὑπῆρχον Φράγγοι ἀπὸ 'Ἀκ.] 9, n'a rien à voir ici ; le mot, d'ailleurs, est latin, cf. Schuchardt, II, 502 et ci-dessous.

grécité dialectale antérieure, on pouvait par-ci par-là découvrir quelques *jods*, nul doute que le phénomène ne fût accompli πολὺ πρὸ τοῦ 10 αἰῶνος (p. 281). La synizèse part des dialectes et pénètre dans la langue commune ; σὺν τῷ χρόνῳ προϊόντι ἡ συνίζησις ἐπέδιδεν. L'auteur est sans inquiétude à ce sujet (οὐδεμία ἄρα ὑπολείπεται ἀμφιβολία, p. 281) et il insiste, p. 282. Sa conclusion est donc que dans le Spaneas I, *io* et même *eo* ('Αθ. I, 276-277) a valeur de ιο. Cette conclusion, en contradiction avec les faits et la simple logique, étonnera aussitôt tout linguiste informé. Ce n'est pas ainsi que les phénomènes se passent dans la réalité. Un rapprochement avec des langues dont l'histoire est mieux connue le fera mieux comprendre.

Au xii° s., en France, on disait à la fois *apje* (j = ι, A. Darmesteter, Rel. scient. I, 176 ; fin du xi° s.), *peon* (= pedonem, Körting, p. 549, N. 5996), dans le Rom. d'Alex. (Godefroy, s. v. : chevaliers ne peons), *ancyens*, trisyll. (B. N., fr. 15001, fo 2 b, l. 14 du h. = Et. Paris, p. 539, Florim.; et passim), et *premier*, disyll. (ibid. fo 94 d, v. 2 du bas = ibid. p. 522; et passim). Aujourd'hui on dit *ache* (= apium), *pion* (= pion = peon), *ancien* disyll., *premier* toujours disyll. D'autre part, si nous remontons au lat., nous pouvons suivre, dans cette langue, aussi haut qu'en grec, l'histoire du *jod* (Corssen II, 768). Il paraît en tout cas certain que *i* était devenu consonne devant voyelle dès l'époque de Lucrèce. Sans parler ici de *aureus* etc. (Corssen II, 756), il suffit de rappeler *omnia* disyll. dans Lucrèce et dans Virgile (L. Muller, R. M., 256 suiv.; Corssen II, 753), *precantia* Verg. Aen. VII, 237, *consĭlium* Hor. O. III, 4, 40. Voir aussi pour la juste appréciation des phénomènes de ce genre, L. Vernier, Sen. it., à la p. 43 et passim. Corssen, dans son excellente étude sur la synizèse (II, 744-770 ; résumée, p. 766-767), est embarrassé par ce double traitement métrique de *i* dans princĭpium et princīpium (II, 754). Comme la première scansion est la plus usuelle et la plus classique (II, 754), il n'accorde à l'*i* de cette époque que la valeur d'un *i* réduit (ou Mittellaut, ibid.; 757; cf. 756 pour *e* dans aurea); c'est par cette nature mixte de l'*i* qu'il cherche à expliquer l'aptitude égale de ce son à rester voyelle et à devenir consonne (cf. II, 750)[1]. A cela on peut d'abord objecter que dans la plupart des cas la scan-

---

1. Cet état de l'*i* réduit sert aussi en néo-grec (Essais, II, LXXII, 1),

sion dactylique ne s'impose pas : ainsi, Verg. Ecl. III, 60 Ab Iove principium, on peut tout aussi bien lire princ**ī**pium. Ensuite, *i* réduit ne saurait guère former position et *omnia*, trochée, est bien attesté. Il faut remarquer que c'est là un mot courant. Dès lors, la situation en latin paraît être la même que dans le vers français jusqu'à ces derniers temps (Revue bleue, 1891, 721) : *million* et les mots en -*ion* comptent pour deux syllabes dans tous les recueils (= i-on). Il existe pourtant deux ou trois volumes de vers où *million* n'a plus que deux syllabes. Souvent, chez le même poète, *ancien* est disyll. et trisyll. Or, il se trouve que ce disyllabe *million* (et non milli-on), rare en poésie, et cet autre disyll. *ancien*, plus fréquent (cf. omnia), répondent seuls à la prononciation réelle. C'est que la poésie française reposait jusqu'ici sur la tradition. Virgile, qui n'innove pas davantage en fait de versification (L. Havet), scandait également d'après la lettre et non d'après l'oreille. Ce sont ces *négligences* qui nous donnent le véritable état du latin au siècle d'Auguste. Une preuve indirecte de l'existence du *jod* chez les poètes classiques se trouverait dans la rareté relative des groupes brevia oscula. Les deux brèves -ĭă etc. ne pouvaient se maintenir que par un artifice ; il fallait que l'on pût compter d'après l'œil ; du moment que *a* final disparaissait, il ne restait plus que le *jod*, brevĭ', où il n'y avait plus deux brèves.

Mais nul au monde n'a jamais songé à s'appuyer sur la synizèse du temps des Gracques (Corssen, II, 754), ni sur le i mod. dans pion, ancien, premier, pour soutenir qu'au XIIᵉ s. *i* était consonne dans *ancien*, ou que *peon* était une simple graphie, purement conventionnelle, et que les scribes ou les poètes, en l'adoptant, laissaient au lecteur le soin de rétablir ancien et pion. C'est exactement ce que soutient Chatzidakis ('Αθ. I, 276-277). Les formes βασιλεάν Span. I, 12, ἐξακεραιῶς ibid. 184 (= -έαν, -αίως) nous obligent bien ici à reconnaître de toutes façons un *e* réduit (Rousselot, Intr. p. 7 ; Brücke², 30 ; Sievers², 74 ; Essais II, LIV sqq.). Cela n'arrête pas Chatzidakis. Sur l'autorité d'un poème du XVIᵉ s. ('Αθ. I, 276), il déclare que βασιλεάν représente l'orthographe historique (!) et

---

à expliquer des phénomènes d'apparence contradictoire (N. G. I, 15. 2) ; cf. it. ingegno (Corssen, II, 757) et impero (Dante, Inf. II, t. 7, 20),

qu'il faut rétablir βασιλιάν (ou comme il écrit ailleurs gauchement, Vokal. 364, βασιγεάν ἐξακεραιῶς, 383 ἀκέραιος). Ce faux raisonnement se trouve encore répété ibid. p. 383: Die Wörter hat man natürlich plene geschrieben etc. Tout le monde ignorait jusqu'ici que βασιλεάν ou ἐξακεραιῶς représentassent l'orthographe historique. Ch. ne sait pas qu'en 1498, on lit νιότην Georg. Rhod. 466 dans les mss (Essais II, 255 ; cf. ibid. LXXIX) et dans le texte même de Wagner ou de Legrand. On faisait donc une différence suivant les époques. D'autre part, plusieurs raisons nous portent à croire que *e* réduit avait son pendant phonétique dans un *i* également réduit même au temps du Spanéas (Essais II, LXVIII) : 1° *i* voyelle reste dans la majorité des cas ; 2° *i* réduit y apparaît sûrement en syntaxe ; enfin (ibid. LXXII) le degré ζημιάν (= ζημίαν), où *i* compte encore pour une syllabe et où il est, à ce qu'il semble, un véritable Mittellaut (ci-dessus) nous apparaît dans une des versions du Spanéas ; 3° ce ne sont pas là les seuls témoignages à invoquer. Au lieu de citer Homère et Sapho, Chadzidakis eût dû connaître les seuls documents importants en l'espèce (cf. Essais, I, 23, Specim. vetust.; Krumbacher, 389-390). Il est évident que des vers *populaires* antérieurs au Spanéas sont plus décisifs et que, s'ils ne présentent pas de ι, les synizèses dialectales antérieures n'ont plus qu'une valeur égale à zéro. Ces textes vont contre la thèse de Chatzidakis; aussi ne les lisons-nous pas dans son étude. Theoph. I, 283, 19 suiv. (600 A. D.) παιδία, ἅγιε, κρανίου ont un ι plein ; de même Μαυρίκιος Theoph. I, 289, 29 (602 A. D.) ; ἔπιες Theoph. I, 296, 26 (608 A. D.); Theoph. contin. 72, 18 (820-829 A. D.), Σκιάνκν est sûrement de quatre syllabes (Krumbacher, 390); dans καὶ Νεοκαισάρειάν σοι δώσω (Theoph. Contin. 72, 20), je ne vois pas, à cause de la distribution métrique des accents, d'autre scansion possible que celle de l'*e* réduit dans Νεο- et de l'*i* (ει plein) dans -ειάν. Encore vaut-il mieux ici supprimer καὶ avec Krumbacher (p. 390) : toutes les voyelles gardent ainsi leur valeur entière et le rythme ne fait plus difficulté (au v. précédent, je laisserais ποιήσω, cf. Krumbacher, l. l.). Le distique populaire Ἴδε τὸ ἔαρ τὸ καλὸν (Essais, I, 168), xe s., ne manifeste pas non plus le moindre ι. Ces documents seuls nous donnent une base solide. Tout le reste est fantaisie ou érudition intempestive.

Chatzidakis, qui confond toujours les textes et les époques

(v. ci-dessus p. 205), change de tactique suivant la thèse qu'il soutient sur le moment; βασιλεύν le gêne; mais il rejette tout sur l'écriture, sans montrer d'ailleurs, même en ceci, grande suite dans les idées. A ce passage, il a besoin de ce sophisme pour appuyer sa thèse et soutenir que le grec moderne était bien formé avant le xe s. Ailleurs, au contraire, il veut établir que les textes médiévaux ne méritent aucune créance; aussi relève-t-il sévèrement les graphies κδ pour γδ (Mittelgr., 134), et va jusqu'à reprocher à l'Erophile de ne pas écrire ϲωθά, conformément à la phonétique crétoise (Mittelgr., 135). Donc, ici l'orthographe *historique* compte assez pour discréditer les textes; c'est à ce moment la thèse de Chatzidakis, et, pour donner à cette thèse quelque apparence de raison, il faut montrer qu'on ne peut faire aucun fonds sur ces textes et qu'ils sont bien loin de nous donner une image de la langue du temps, puisqu'ils écrivent le groupe κδ qui n'a jamais été prononcé en grec; l'Erophile, contrairement à Spanéas et contrairement aussi au texte du xvie s., tout à l'heure invoqué, l'*Erotocritos*, presque contemporain, ne laisse plus au lecteur le soin de rétablir γδ[1] à la lecture! Il est fastidieux d'insister sur de pareilles incohérences. Nous savions depuis longtemps que l'orthographe ne rendait pas toujours la prononciation; déjà Quintilien en avait fait la remarque pour *obtinuit* (voir ci-dessus, p. 165); après lui, Diez (Gr. rom. I, 279) l'a renouvelée; après Diez et après tout le monde, je l'ai spécialement répétée pour les textes médiévaux, Essais II, XCIII; LXX, 5°; LXXVII; XCVI. Si la graphie κδ condamne l'Erophile, tous les textes anciens sont condamnés du même coup; sur les inscriptions, même l'assimilation du κ devant sonore cesse à partir du i[er] s. A. D.: cela est dit dans Meisterhans[2], § 40, 4, p. 84, c.-à-d. au passage même qu'invoque Chatzidakis! Il faudrait donc décider de ce chef que ni les inscriptions de l'ère chrétienne ni les mss ne peuvent servir à la grammaire historique du néo-grec.

---

1. Cette affirmation est elle-même irréfléchie: il est faux de dire que κδ doive être partout remplacé par γδ. Aujourd'hui le mot ἀνέκδοτον (anecdote) est un mot savant; il est pourtant entré dans la langue familière, où il se prononce rarement ἀνέγδοτο (régulier); ce que j'ai entendu dans la majorité des cas, c'est distinctement ἀνέκδοτο, de même ἔκδοσις, etc.

Etudes néo-grecques.

Chatzidakis[1] n'a pas beaucoup mieux compris le *jod* moderne, et les renseignements qu'il donne à ce sujet ne méritent pas de créance (Vocal. 382, 1). On sait qu'en grec moderne, tout *e* et tout *i* se palatalisent devant *a, o, u* (οὐ) et se prononcent comme un *jod* (j allemand dans *ja, je*; français *iya* (ιჰα) pour *il y a*). C'est ce que j'avais dit jadis (Prononc. gr., 363 ; cf. Blass³, 12); c'est ce que je répète encore aujourd'hui. Il est évident qu'en s'exprimant ainsi, on parle pour des phonétistes qui ont quelque idée de ce qu'il faut entendre par loi phonétique. Il va de soi que les *dialectes* sont toujours exceptés ; je l'ai expressément indiqué ailleurs ; Lang. littér. 194 : « Ainsi, l'aphérèse n'est pas également pratiquée dans tous les pays grecs ; *e* ou *i*, devant *a, o, u*, ne devient pas *jod* dans chaque région ». Ibid., p. 206, au v. 13, j'ai fait mes réserves pour certains patois des îles Ioniennes, dont la zone reste à déterminer ; mais on peut conclure sûrement d'une observation de Solomos (ibid.), que certains dialectes, au moins, échappent au phénomène de la palatalisation. J'ai spécialement rangé dans cette catégorie le pyrgousain, Phonét. pat. 23 ; Observ. phonét., 308[2] ; *i* atone ou accentué y reste voyelle. Ce n'est pas seulement dans l'état actuel qu'il faut reconnaître cette différence de traitement entre la langue *commune* et les *dialectes* : les textes médiévaux témoignent des mêmes divergences et il faut souvent, dans la phonétique d'un auteur, démêler, à travers les influences de la κοινή du temps, la part des habitudes natives et propres au dialecte de l'auteur, en ce qui concerne le *jod* (voir Essais, II, LXXIX). Cette distinction doit être faite constamment en ng.; cf., dans le même sens, ibid., et LV où il est dit qu'en syntaxe *i* ne s'est pas encore développé en *jod*, même dans la langue commune. Voir aussi LXXI, LXXV ; Phonét. pat. 25, et, je

---

1. A cet endroit du mémoire (p. 210-219), des erreurs multiples de ce savant et son attitude injurieuse à mon égard m'obligent de m'occuper de certaines questions de détail, qui ne sont pas d'un grand intérêt pour les juristes.

2. Chatzidakis n'a pas eu connaissance de ces trois passages dans la note inconsidérée qu'il a dirigée contre moi, Vocal. 382, I. — Il faut ajouter que la règle posée, Prononc. gr. 363, vise les *reuchliniens* (voir le contexte): donc, même pris isolément, l'argument garde toute sa valeur, ainsi que celui de Blass³, 12. Les sophismes de Chatzidakis n'infirment en rien le raisonnement.

puis dire, passim. Il faut donc, après cela, ou être mal informé ou surtout être de mauvaise foi, pour écrire, à propos de la règle posée (Prononc. gr., 363), les lignes suivantes (Vocal. 382, 1) : « Das ist vollkommen falsch, nicht nur da sehr viele mundarten, z. b. die von Megara, Kephallenia, Mane, Pontos etc.[1], dies nicht oder selten thun, sondern da auch selbst im gewöhnlichen und allbekannten ngr. die sachen doch nicht so enifach sind, wie herr Ps. von Paris meint. So habe ich z. b. τίμjος [ex. cité Prononc. gr., 363], was er als beispiel anführt, nie gehört, sondern stets τίμιος, dreisilbig; das wort mag aber auch nicht echt volkstümlich sein; da aber herr Ps. das volksthümliche nicht zu erkennen weiss », etc. Chatzidakis renouvelle ailleurs cette même assertion : Ἀθ. I, 282, 1 : «...οὔτε τίμjος ἀπήγγειλέ ποτε Ἕλληνος στόμα... ἐντεῦθεν ὁ κ. Ψυχάρης εὑρίσκει εὐκολώτατον νὰ νομοθετῇ περὶ ὧν ἀγνοεῖ. ». Ainsi, après avoir cherché les origines du jod dans Homère et nous avoir appris qu'il s'était produit bien avant le xe s.[2], il en nie l'existence pour un mot où il se produit aujourd'hui *couramment*... M. Chatzidakis jouit d'une certaine réputation de linguiste auprès des personnes qui n'ont pas fait de ses livres l'étude minutieuse à laquelle j'ai malheureusement dû me livrer dernièrement. Il a, de plus, l'avantage de vivre en Grèce. Cela fait qu'on le croira de préférence, toutes les fois qu'il donne un renseignement sur une forme moderne et sa prononciation[3]. Le résultat de cette

---

1. Il est possible qu'il en soit ainsi. Mais pour le moment, je m'en tiens aux dialectes où j'ai pu, d'une façon ou d'une autre, m'assurer de la chose par moi-même. J'ai plusieurs raisons de suspecter l'oreille de Chatzidakis (une preuve ci-dessous) et je ne pense pas qu'il soit encore apte à nous renseigner sur les dialectes. Je crois le démontrer ailleurs.

2. Cette démonstration, je le rappelle expressément, était dirigée contre moi, cf. Ἀθ. I, 282 et Pronc. gr. 263, [3]. Il faut savoir que M. Chatzidakis ne se décide jamais que par des raisons personnelles ou plutôt de personnalités. — Après les explications que je viens de donner au sujet du *jod*, je recommande tout particulièrement aux spécialistes la lecture de la n. 1, Ἀθ. I, 282 : ils s'y feront une idée exacte des procédés et du style de Chatzidakis. Il ne faut plus qu'il y ait de doutes à cet égard.

3. Cf. Ἀθ. I, 273, 2. Chatzidakis montre dans cette note de l'inexpérience de phonétiste. Il ignore évidemment ou feint d'ignorer la valeur de la notation *w* (p. e. oui = wi) et la confond avec le son β (bi-labial; *w* est labio-dental); il écrit : οὐδέποτε μεταβάλλεται εἰς σύμφωνον β(w); en

confiance dont il est l'objet auprès des personnes, j'ose le dire, mal informées, sera d'enregistrer une série de notions fausses sur l'état actuel de la langue et, par conséquent, de paralyser la science. Je suis donc obligé de réfuter ses assertions une à une, partout où l'occasion s'en présente.

Voici maintenant ce qu'il faut penser des affirmations catégoriques de M. Chatzidakis relativement à τίμιος. Tout d'abord cette affirmation est singulière de la part d'un linguiste, à une époque où le traitement ιο = ιο est la règle, et où, par conséquent, la seule contiguïté des deux sons i et o peut amener la consonne (cf. Corssen, II, 769). Il faut songer aussi que τίμιο ψωμί, τίμια πράματα, τσή τίμιες σου (-στίς χαρές σου) sont des locutions *populaires* et, par suite, ont le ι ; il faut aussi se rappeler que τίμιος σταυρός (Wirth, Christl. Leg., p. 105, 27) se dit depuis des siècles et qu'il serait surprenant dans ces conditions que ι ne soit pas devenu ι dans ce mot. Enfin, le fém. τίμια (= τιμία) est *populaire* ; or τίμια ne peut être dû qu'à τίμιος (cf. l'accent), également connu du peuple, par conséquent. Voilà ce que la seule théorie suffit à établir. Elle est de tous points confirmée par les faits. Sklav. 142, document du XVIᵉ s. (Essais, I, 22), on lit τὰ τίμια ξύλα en deux syllabes. Voilà donc une *bouche grecque* qui a déjà connu cette prononciation. Mais je ne me contente point de cette preuve. J'ai fait prononcer à des Athéniens établis à Paris trois vers de l'Hec. d'Eurip. où se rencontrait le mot

d'autres termes, il ne distingue pas la consonne de la semi-voyelle. On sait, en effet, qu'en grec u devant voyelle ne devient plus consonne (Essais II, LXIX); en revanche il devient semi-voyelle dans cette position (S. Portius, XXXII). Je suis d'autant plus sûr de ce fait que je l'ai observé et noté avec la collaboration de l'abbé Rousselot chez un grec de Chio ; cette transcription figure actuellement dans Blas[3], 132. C'est à ce propos que Ch. écrit cette phrase mémorable : 'Αθ. I, 273, 2: « Ἐν τῇ μεταγραφῇ λοιπὸν ταύτῃ ἀναγινώσκονται διάφορα θαύματα, ὧν ἰδιαιτέρας σημειώσεως ἄξιον τὸ pwise = ποῦ εἶσαι! Οὐδέποτε ἐπίστευον ὅτι τὰ χονδροειδῆ σφάλματα τοῦ κ. Ψυχάρη θὰ ἐτύγχανον παρ' οἱουδήποτε ἀποδοχῆς τινος, ἀλλ' ἀτυχῶς οἱ ἐν Γερμανίᾳ περὶ τἆλλα σοφοὶ ἀγνοοῦσι τὴν καθ' ἡμᾶς Ἑλληνικήν, διὸ καὶ γίνονται θύματα τοῦ τυχόντος. » !! Ce langage intempérant ne mérite pas de commentaire. Je relève seulement une erreur de fait. Blass[3], 132, il est expressément mentionné qu'il s'agit d'un sujet spécial. Par conséquent, l'observation 'Αθ. I, 273, 2 ς κατὰ τὴν νεωτέραν δῆθεν τῶν Ἑλλήνων προφοράν » est fausse. Un principe élémentaire des études sur le langage est qu'il faut distinguer entre les sujets parlants, Phonét. pat., 23. 1 et passim.

τίμιος (Eurip. Hec. 625), sans attirer naturellement leur attention sur le point spécial de la recherche : τίμιος a été dit très distinctement. J'ai poussé l'enquête encore plus loin, afin de ne laisser à M. Chatzidakis aucune échappatoire. Je connaissais par moi-même ce jod dans τίμιος pour l'avoir maintes fois entendu, et je ne l'avais cité qu'en connaissance de cause. Mais je me suis informé à Athènes. M. G. Drossini m'a donné à ce sujet des renseignements positifs : on dit τίμιος à Athènes même ! Je suis en droit de retourner avec preuves à l'appui à M. Chatzidakis le reproche qu'il me fait à la légère dans le Vocal. 382, 1, in f. : « die allgemeine aussprache, die herr. Ps. nicht zu kennen scheint. » M. Chatzidakis ne sait pas plus observer les phénomènes phonétiques dans le passé que dans le présent.

Il faut naturellement mettre à part les mots de provenance savante. Il va de soi que le *jod* ne s'y fait pas toujours sentir. Cela a été dit, en propres termes chez Blass[3], 134 d ; cf. Quest. d'hist. et de ling., 481, 2 ; 491, 2 ; Lang. littér., 195. Dans ce dernier passage, il est question de doublets créés par voie savante : ainsi νέος subsiste à côté de νιός. Si l'on parcourt le Ταξίδι, on s'apercevra que j'ai mis un certain soin à me servir des formes en -ία de provenance savante: φαντασία, Ταξίδι, 2, ἡσυχία, 3, μονοτονία, 4, συγγραφέα, βιβλία, μνημεῖα, ἀρχαῖος 5, ἀπορίες, 6 ; j'ai même tenu à employer ὡραῖος (p. 138, 192, etc. etc.), bien que le peuple connaisse la forme ὡριός ; mais celle-ci, à ma connaissance, n'a pas pénétré dans la langue commune ; en revanche j'ai admis πανώριος (Ταξίδι, 94) : le mot a couleur populaire (cf. ibid.) et le concurrent savant, πανώραιος, n'est guère usité aujourd'hui, que je sache ; dans ce dernier cas, c'est donc la forme populaire qui s'impose. J'ai cru même, par instants, devoir aller plus loin dans la voie des emprunts savants et j'ai, de propos délibéré, fait usage de la forme χωρία, χωρίο (Ταξ., 5), pour dire *passage d'un auteur, d'un ms.*, à côté de χωριό, χωριά, χωριοῦ qui signifie partout *village*. Chatzidakis ne nous apprend donc absolument rien quand il vient nous objecter doctoralement que : « Ebenso sprechen wir stets die in der letzten zeit gibildeten oder durch die schriftsprache in die gewöhnliche rede wieder eingeführten wörter, z. b. πανεπιστήμιο, λογιστήριο, γυμνάσιο, ταμεῖο, γραφεῖο, πλοῖο, etc. » Vocal. 352, 1, in f. Seulement, le catalogue de ces formes est très incomplet, en regard de ce qu'on savait déjà (cf. Τζιτζί), et la manière dont les faits y sont présentés est fausse. Il convient ici de les redresser.

Il importe d'abord d'observer qu'il y a une prononciation savante même pour les mots populaires : ainsi on dira μάγειρας et μάγερας, Quest. d'hist. et de ling., 481, 2. M. G. Drossini, dans la lettre dont je parlais tout à l'heure, en fait très finement la remarque pour des cas encore plus délicats. Ainsi, d'après lui, les puristes diront fort bien, avec i voyelle, μπάμιες et même πιάνο = piano. Il est certain que cette prononciation n'entre pas en ligne de compte, puisque tout le monde dit μπάμιες et que la prononciation naturelle importe seule au phonétiste. Egalement πιάνο est la forme courante. M. G. Drossini m'apprend qu'il a reçu d'un provincial une lettre, dont le signataire lui demandait si sa fille, à l'école, apprendrait aussi le πχιάνο. Cette orthographe est précieuse ; elle nous montre ce qu'on soupçonnait déjà : après une sourde, le *jod* devient sourd, par assimilation régressive. Par exemple, le même homme n'aurait jamais écrit βχαίνω = βγαίνω, et c'est ainsi que moi-même j'ai pu recueillir la forme πχαίνω = πηγαίνω.

En ce qui concerne les mots récemment introduits par les savants, il faut distinguer. M. G. Drossini me note qu'il n'a jamais entendu prononcer προοίμιο, δοκίμιο. Ces exemples sont excellemment choisis. Il faut, en effet, parmi les mots savants, faire un départ entre ceux qui ne sont usités que dans un petit cercle — tels προοίμιο, δοκίμιο — et ceux qui sont entrés dans la circulation — tels πανεπιστήμιο, γυμνάσιο, mentionnés par Chatzidakis. Or, il se fait que πανεπιστήμιο et γυμνάσιο participent de la prononciation savante et populaire à la fois, suivant le *sujet parlant*. Ainsi moi-même, j'ai recueilli la forme πανεπιστήμιο, et, autour de moi, j'ai maintes fois entendu dire γυμνάσιο ; les familles grecques, à Paris, disent, en parlant du Lycée, τὸ λύκειο, avec un *i* réduit où j'ai cru bien souvent percevoir une consonne simple. On entend dire à Athènes λεωφορί (= λεωφορίον = omnibus). Ces mots, à l'user, rentrent progressivement de la sorte ou sont déjà rentrés dans la catégorie des mots, savants d'origine, qui présentent aujourd'hui le *jod* : ἐκκλησιά (le bâtiment, l'église, au propre), Παναγιά, la Sainte Vierge. Mais Chatzidakis, depuis qu'il s'est inféodé aux théories savantes — et peu scientifiques — sur la langue, ne sait plus reconnaître une forme puriste d'une forme populaire. Entre autres, il écrit 'Αθ. I, 481, à propos de οὐσία : ὅτι ἡ λέξις ὅλως λαϊκή οὐχὶ δὲ τῶν σχολείων ἢ τῆς ἐκκλησίας, δῆλον ἐκ τῆς σημασίας τῆς = νοστιμιὰ φαγητοῦ. Donc, le mot serait populaire parce qu'il a changé de sens! Chatzidakis ignore que les mots les plus savants sont eux-mêmes soumis à des variations sémasiologiques. Cf. A. Darmesteter, Vie des mots, 88 suiv., 114 suiv. et passim. On peut, en grec même, rapprocher ἀστεῖος : M. Chatzidakis, en personne, n'emploie certainement pas ce mot, qui est savant, dans son sens classique, quand il écrit 'Αθ. I, 496 : « σκολινός, τὸ ἀνῆκον εἰς τὴν σκόλην = ἑορτάσιμος, π. χ. σκολινὰ φορέματα, ἔπειτα κατ'ἀστεῖον εὐφημισμὸν σκολινός = ὁ χοῖρος [écr. εἶδος χοίρου, Phil., IV, 523] ». Il s'agit ici d'un mot de *patois* ! La *phonétique* seule, au contraire, montre que οὐσία, comme αἰτία (Vocal. 382, 1), sont savants. Mais, avec M. Chatzidakis, on est obligé, à chaque question de détail, de reprendre toutes les questions de méthode.

Dans la langue commune, les lois phonétiques sont constamment contrariées soit par le fait de la langue savante (voir ci-dessus), comme cela a lieu dans toutes les langues (cf. Quest. d'hist. et de ling., 446; 491, 1, in f.), soit surtout par les influences dialectales (Phonét. des pat., 22 suiv.). Je ne saurais trop insister sur ce dernier point. La langue commune se compose de sujets parlants de toutes provenances. Or, nous avons vu que le traitement -ια = -ιά était encore inconnu à certains dialectes. Cela fait qu'il n'y a pas d'*impossibilité* phonétique à l'existence de formes non contractes dans la langue commune. C'est pourquoi les mots savants en -ία, p. e., se maintiennent encore avec une certaine force. C'est pourquoi aussi les mots récemment introduits ne varient pas et gardent leur *i* voyelle. Au contraire, ces *exceptions* seraient impossibles si nous étions en présence d'une loi panhellène : ainsi je ne crois pas que nulle part, en Grèce, on perçoive le son χ^3, Brücke[2], 60, 64, c.-à-d. le χ purement vélaire[1]. Donc, tout χ^3, turc ou arabe, deviendra immédiatement χ^2 en ng. Mais tout -ία n'a pas besoin d'y devenir -ιά sur-le-champ.

Cet état de *diphonie* donne lieu à des formes contradictoires qui ne le sont qu'au premier coup d'œil. La forme normale, pour n'avoir pas été observée, n'en existe pas moins.

---

1. Le renseignement qui se trouve dans Brücke[2], l. l., relativement au ng., n'est donc pas exact.

C'est, par exemple, un fait notoire que la langue commune ne connaît pas d'autres formes que τυρί, σπειρί, γυρεύω, συγυρίζω, σειρά, πειράζει, μοιράζω, Ἠπειρώτης, Κέρκυρα, ὄνειρο, πονηρός; ceux qui emploient le vocabulaire savant diront toujours d'autre part αὐστηρός, ὑποστηρίξεις. Il y a là une anomalie évidente. Le devoir du phonétiste est de l'expliquer et non pas de s'appuyer sur ces exemples pour nier la loi générale et même pour ne pas l'affirmer. Ce sont aujourd'hui dans la science des principes courants. Or, il peut y avoir, dans la langue commune, des lois subsidiaires qui peuvent rendre compte de la présence de certains phénomènes, qui se trouvent dans des conditions particulières comme τυρί, πονηρός, et qui, par conséquent, échappent par là au traitement $i + r = er$. C'est à ce genre d'explications que M. H. Pernot, Inscr. Par., 49, 2, a cru devoir recourir. Il s'agit ici, bien entendu, de la langue commune. Mais, pour une raison ou pour une autre, les formes normales des mots qui gardent i devant r n'ont pu jusqu'ici conquérir leur droit de cité. Seulement, ces formes se rencontrent et confirment par là la règle d'une manière éclatante. Nous ne soupçonnons guère l'existence d'un e normal au lieu d'un i dans μεράζω (= μοιράζω), Ἠπερώτης (= Ἠπειρώτης), σερά (= σειρά), περάζει (= πειράζει), Κέρκερα (= Κέρκυρα), ἀφστερός (= αὐστηρός), ποστερίξεις (= ὑποστηρίξεις). Et cependant, j'ai recueilli toutes ces formes, cet hiver même, dans la bouche d'un Athénien, natif d'Athènes, venu à Paris pour s'y placer comme domestique et ne sachant pas un mot de français. Je garantis l'authenticité de ces formes : l'i était parfaitement distinct; mes questions n'étaient jamais directes; il se trouvait ainsi dans l'état d'inattention (Phonét. pat. 25) favorable à l'observation phonétique. Dans τυρί, qu'il a également eu l'occasion d'employer, j'ai cru entendre un son intermédiaire entre e et i; en regard de Ἠπερώτης, il a dit une fois ἀπὸ τὴν Ἤπειρο, parce qu'une minute auparavant, il avait dit τῆς Ἠπείρου. Dans ἀφστερός, j'ai saisi très nettement, avec l'e, un φ bi-labial, premier indice de l'assimilation probable[1]. Quant à γερεύω, je l'ai recueilli à Chio de mes propres oreilles (Pernot, Inscr. Par., 49, 2; ibid., ἔνερο.)

---

1. M. Pernot a reconnu chez des Grecs un ν interdental devant θ dans la prononciation savante τὸν θεό. C'est une observation importante. On se demande si ἀσθενής ne donne pas parfois ἀσσενής.

Après ces témoignages décisifs, je veux immédiatement mettre sous les yeux du lecteur ces quelques lignes de Chatzidakis, Ἀθ. I, 273, 2 : « Οὕτως ὁ κ. Blass εὐγνωμονεῖ τῷ κ. Ψυχάρει διδάξαντι (!) αὐτὸν τὴν νεωτέραν προφοράν, τ. ἔ.... ὅτι πᾶσα ἄτονος συλλαβὴ *ir* (ιρ, ηρ, υρ....) τρέπεται εἰς ερ, ἤτοι ὅτι λέγομεν σερὰ ἀντὶ σειρά, σεράδι ἀντὶ σειράδι, σερώνω, μερισμένος, μερίζει ἀντὶ μυρίζει, ξεράφι ἀντὶ ξυράφι[1], τερὶ ἀντὶ τυρί, συντερῶ ἀντὶ συντηρῶ = βλέπω, πονερὴ ἀντὶ πονηρή, γερίζω ἀντὶ γυρίζω, βούτερο κτλ. καὶ ἄλλα πολλὰ [??] ἔτι παραδοξότερα καὶ γελοιότερα. » Il est possible, en effet, que toutes ces formes se retrouvent avec *e*. Ce qui est certain, c'est que Chatzidakis n'a pas su observer.

Après cela, il ne faut pas accorder une attention très sérieuse aux règles énoncées par Chatzidakis, Vocal. 382, I, à propos du *jod :* « Allein die wörter χρεία, αἰτία, ἑαυτόν [origine savante pour les deux derniers et peut-être pour le premier, suivant le sens], τὸ κρύο, τὸ βασίλειο, τρία, τρίο, κρύο, συ(μ)-βούλιο, (ἀ)θεώρατος, θεοφοδούμενος [il oublie θεός !] etc. spricht doch *kein mensch* contrahiert aus. » Il est à prévoir que les expériences au sujet du groupe *ir = er* pourront être renouvelées avec le même succès pour tous les mots énumérés par Chatzidakis. J'en suis sûr au moins pour l'un d'eux. Lang. littér., p. 196, j'ai dit en effet : « un Chiote écrira τριά, à côté de la forme commune τρία, s'il est originaire d'un village où *i* devient *i* consonne devant voyelle, même après *r* précédé d'une consonne. » C'est que j'avais maintes fois recueilli cette prononciation à Chio. Chatzidakis aurait pu la trouver aussi dans Thumb, Aeg., 97, v. 44, où τριά est monosyllabe. Il y a mieux. Chatzidakis a été à même d'entendre cette forme de ses propres oreilles ! Il s'agit ici d'observations phonétiques ; je ne puis donc le lui démontrer, textes en mains. Mais la méthode philologique peut servir même à nous fournir des preuves aussi délicates. Syll. Kor., p. 8, je vois figurer à côté du nom de Paspatis, président, celui de Chatzidakis, secrétaire. Il est permis de supposer que le président et le secrétaire ont eu ensemble quelques conversations. J'ai beaucoup fréquenté moi-même feu Paspatis, qui était lié avec

---

1. Cf. S. Portius, 97, ξουράφι. C'est la forme commune. Par conséquent, nul n'a songé, excepté Chatzidakis, à chercher un traitement ξεράφι. Il est vrai que pour lui tout son peut devenir *e* devant *r* ; cf. Chatzidakis, Μελέτη, 46.

ma famille. Or, il était connu parmi ses amis pour sa prononciation τριά au lieu de τρία[1]. On se demande après cela comment Chatzidakis peut diriger des études d'investigation dialectale, but du syllogue Koray.

Jusqu'ici, tout nous confirme donc dans le bien fondé de notre assertion au sujet du traitement du *jod* moderne. Quand on parle d'une loi phonétique, on fait abstraction des phénomènes qui ne tombent pas sous le coup de cette loi; ceux-ci s'expliquent par des circonstances différentes et ne contredisent pas, en somme, la règle générale, puisqu'ils ne peuvent se produire qu'en vertu d'autres lois, ou qu'en d'autres termes tout effet a sa propre cause. Chatzidakis, à un moment où il ne faisait pas de polémique, l'entendait bien ainsi lui-même (Phonet. leg., 3, n. 1); dans cette brochure, il est constamment question d'une loi générale, γενικὸς φθογγολογικὸς νόμος (p. 4, 7; cf. 11, etc.), et d'une langue commune panhellène (τὰ χαρακτηριστικὰ γνωρίσματα τῆς καθολικῆς νέας ἑλληνικῆς γλώσσης, p. 3). A propos de ce même *jod*, M. Thumb ne s'explique pas autrement, cf. ci-dessus, p. 205. Enfin, Chatzidakis lui-même emploie ce langage, Ἀθ., I, 281 :

« ... τὸ i, τό τε μεταξὺ φωνηέντων ἀναπτυσσόμενον[2] καὶ τὸ ἐν τῇ συνιζήσει κατ' ἀρχὰς εἰς ἡμίφωνον τρεπόμενον, πολὺ πρὸ τοῦ 10 αἰῶνος μ.. Χ. κατέστη τέλειον σύμφωνον ἐν ἐκείναις ταῖς θέσεσιν, ἐν αἷς καὶ σήμερον παρ' ἡμῖν οὐδὲν ἴχνος φωνήεντος προφέρεται, ἤτοι μετὰ τὸ δ, ρ, κ, λ,

---

1. Toutes les fois que j'ai pu contrôler par moi-même les observations de Chatzidakis, je l'ai toujours trouvé en faute; cf., p. e., Pernot, Inscr. Par., 54. Le premier mot qu'on apprend à Pyrgi est celui des habitants Πυργούσης. Ch. ne l'a même pas entendu, cf. Pernot, l. l. Ce mot met aussitôt sur la voie et fait découvrir une série de phénomènes identiques. — A propos de ce dialecte, j'avais dit (Prononc. gr. 267, que le *traitement* de o et de ω à Pyrgi n'était pas le même : en effet) on a στόμμα (= στόμα) en regard de χόμα, στρόμα (= χῶ. στρῶ.) etc. Ch. (Mittelgr., 357, 1) a compris que je parlais de la *prononciation!* Aussi nous apprend-il qu'il a attentivement étudié ce dialecte, qu'il n'a pu y constater aucune différence de prononciation entre o et ω et que mon assertion repose « auf übereilter beobachtung ». — Ainsi, même une *étude attentive* ne l'a pas mis sur la voie; en revanche, il s'est hâté de faire des critiques qui retombent sur lui-même.

2. Cf. Krumbacher, Irrat. Spir., 368-369; il est évident que des phénomènes tels que δουλέβγω, *ippeugo*, restent distincts des phénomènes que nous étudions en ce moment. Le *jod* intervocalique hystérogène ne prouve nullement le traitement synchronique de e, i + voy. — ι, dans νιός ou λιώνω. Ὀλίος (= ὀλίγος) ne suppose pas non plus ὀλιός.

ν (ὀjό, κοντάρjα, κακιώνω, ἐλαιά, ἔνοια) » etc., etc. Seulement ce passage contient des inexactitudes nouvelles : d'abord une erreur historique (cf. ci-dessus, p. 205) ; en second lieu, quelques contradictions, puisque Chatzidakis cite des formes où ι ne devient pas *jod* après ρ et λ ; (p. 217) ; enfin, rien n'est plus faux que cette distinction ; ι devient ι après une consonne de tous les ordres : κι ἀπὸ, πιάνω, φτειάνω (φτ., ι sourd) ; χιόνι, ἀριόνι, θιός ; βιός, βιάζουμαι, διάβολος ; ζιάζω, σιάζω ; λιώνω, ταιριάζω ; μιά, νιός. Nous ne sortons pas en tout ceci d'une série de palinodies, fruit des polémiques personnelles.

Tel est l'état du *jod* mod. ; quant au grec moyen nous pouvons nous en tenir pour le moment à ce qui a été dit à ce sujet dans les Essais II, LXVIII suiv. : rien ne prouve que le Spanéas ait connu le *jod* ni par conséquent que le *jod* existât à cette époque, à Constantinople. Dans les mots latins nécessairement antérieurs au Spanéas, il sera donc plus juste d'attribuer e = ι à la seule phonétique latine.

La forme ὀψίκιον (= obsequium) dans les Nov. LXXVIII, 2 (leçon de LB ; M ὀὸsequïon) et chez Wanowski, 2, ne peut être due qu'au latin, cf. Schuchardt, I, 382 ; Ὀψεκουέντης Plut., Fort. Rom. 10, p. 322 F (II, 399, 13) garde l'ε. Ἀντικήνσωρ nous présente une simple confusion entre la préposition latine antĕ et la prép. gr. ἀντί, cf. Theoph. R., Gloss., s. v. ἀντί. Il est possible que la confusion analogue entre *in* et ἐν ait amené les formes ἐμπέριον et ἔμπετος (Wanowski, 4, 5), mais il est préférable de recourir au latin, cf. semplex, Schuchardt, II, 53 suiv. et surtout, p. 65 : en = in ; p. 66 ἐν = in, ενροδίκια (Rav. VIᵉ ou VIIᵉ s., A. D.), ενστορμεντις (Rav. VIᵉ s., fin), εστορμεντις (Rav. 591 A. D.), εντρο (Rav. VIᵉ ou VIIᵉ s. A. D.), 67. Ces exemples rentrent alors dans le paragraphe suivant.

3. ῑ lat. Dittenberger, Griech. Nam., p. 130 sqq., établit que, d'après le témoignage des inscriptions, il faut écrire (cf. p. 129) : Τεβέριος, Λέπεδον (135), Δομέτιος (136), Καπετώλιον (138), Ἀκέλιος, Ὀφέλλιος (141), Κορνέλιος, Φλαμένιος, λεγεών, κομετίῳ (142), μερμίλλωνι, Νουμεδικούς, Βετρούβιος, Μέντυρνα (143, cf. ibid.) ; de même κάρμενα, Νωβελίων, Σητέα, Οὐιμενάλιος, Τέκτνος (143), λέντιον, Βρεταννία, Βένδιξ (144), d'après les mss ; Dittenberger s'attache à démontrer que les scribes byzantins sont innocents de ces fautes (p. 134) et que ces phénomènes sont purement latins (144-145). Il aurait suffi de ren-

voyer à Schuchardt, II, 1-91, où les exemples abondent : μουβελε (Rav. VIᵉ ou VIIᵉ s. A. D.), 14; καρεσσεμε (269 A. D.), 17; κονστετουετ (Rav. 575 A. D.), 36; ρεγεονάριος (Hesych.), 41; ρεγεωνάρχαι (Suid.), ib.; συνκεκρουμ (Rav. VIᵉ ou VIIᵉ s.), 42; υειεντι (= vigenti, Rav. 591 A. D.), 56; βιγενται (Rav. 539 ou 546 A. D.), 68; Παυλενος (C. I. G. 5741), 70; Σατορνενος (Gruter, 1130, 8), 71; φελειε (269 A. D.), 76, etc. etc.[1]; les exemples latins sont naturellement en plus grand nombre (ibid., p. 1-91). La conclusion à tirer de ce fait pour nos auteurs, c'est qu'il est des cas où il faut nécessairement adopter l'ε. En premier lieu, nous devons garder toutes les formes où ε est attesté par ailleurs ; les écrits juridiques ne peuvent pas faire exception ; nous aurons donc Καπετώλιον, cf. Dittenberger, Griech. Nam., 138; Pol. II, 18, 2 (= Pol. H.², 134, 5; modifier d'après cela S. s. v. καπιτώλιον); III, 22, 1 (= Pol. H.², 223, 3); Diod. Sic. XIV, 115, 3-4; Strab. IV, 5, 3; pour Plut., voir Dittenberger, Griech. Nam., 139; Mal. 171, 9 etc. etc.; (cf. Schuchardt, II, 36 capete (Milan, 409 A. D.) et magnetudo, ibid., 33, 627 A. D.); de même ρεγεών, cf. Coleti IV, 1632 B, C, (Conc. Chalced., Vᵉ s.); cf. Schuchardt, II, 41, 39-40; λεγεών Dittenberger, Griech. Nam., 142; N. T. Matth. XXVI, 53 (λεγιώνων T.), cf. Schuchardt, II, 37-43; (λεγιῶνος C. I. G. 4033, 12 (Ancyre, IIᵉ s. A. D.?) est d'après la lettre); κωδίκελλος, cf. Const. Cerim., 238, 11, 15, 18 (κωδίκιλλος C. I. G. 4033, 11, Ancyre, IIᵉ s. A. D.?); Nov. VIII, 1 (67, 23); cf. Schuchardt, II, 52, codicellos (Rav. VIᵉ s. milieu A. D.; ibid., 52-53, exemples plus anciens). En second lieu, les considérations phonétiques et l'état actuel de la langue nous obligeront à adopter la forme avec ε là même où les mss ne la donnent pas. Famille se dit aujourd'hui φαμίλια et φαμελιά; le premier est une importation italienne récente, comme en témoigne l'accent; le second ne peut provenir que du latin, et ε ne peut être que latin, puisque *i* en grec serait resté ; en effet, on lit fameliai C. I. L., I, 166 (cf. Schuchardt, II, 15); Haenel, C. L., 180 φαμελιαρικῶν (A. D. 301); d'après cela, il faut corriger[2] les mss

---

1. Il faut mettre à part et ne plus compter ici Ερηνη, p. 89 : ερηνη, Ερηνην p. 90; ε peut être dû uniquement au grec, cf. Pernot, Inscr. Par., 49, n. 2, et, ci-dessus, 216.

2. Voir à la fin de ce travail. Les juristes peuvent aussi dans certains cas avoir pris *familia, pater familias* dans les livres. Il est alors évident qu'ils ne se conformaient pas à l'usage de la langue vivante :

de Théophile (voir au Lex.) et les autres, cf. J. G. R., V, 354; la graphie φαμηλίαν J. G. R., II, Ep. 269, est peut-être un souvenir de cet ancien état des choses. Puisque φαμελιά (= φαμελία avec ι + α = ι + α) persiste encore de nos jours, c'est que le mot latin est entré en grec sous cette forme. Sur ce modèle, il faudra rechercher dans les mss s'il n'y a pas lieu d'écrire souvent δεκεσίων, Theoph. III, 24, 1; III, 23, 1[1] (cf. Schuchardt, II, 29 meseratio; cf. ibid., 60), ρελεγίσσα (cf. Theoph. IV, 18, 9; Schuchardt, II, 12 oblegatione etc.) et même λέβελλος au lieu de λίβελλον (Anecd. Z., Brev. Nov., CXXXVII, 2), cf. Schuchardt, II, 77 leber; mais il faudra certainement y regarder à deux fois, avant de toucher à κάπιτα Ed. Anast., § 2, et III, 16 καπίτου, malgré capeta ci-dessus; à κιρκιτόρων ibid., § 8, malgré cercinus Schuchardt, II, 57-58; la langue moderne ne nous offre ici aucun critère, puisque ces mots ne s'y retrouvent pas; l'Ed. Anast., d'autre part, est d'un grand poids dans la question. Mais il y a le plus grand compte à tenir du vocabulaire actuellement en usage: ainsi βέργα repose sûrement sur le latin *vulgaire,* cf. Schuchardt, II, 58 vergultia etc. etc.; βεργία Const. Cerim. 381, 14; S. s. v.; Elem. lat. en ng., 67. On trouve ĭ = ε même devant voy.; cf. ἄτρεον Dumont, Mél., 493.

C'est ici le lieu de mentionner les formes telles que Δομνίκῳ (Nov. VI ep., 47, 34; Nov. VII, ep., 64, 2), Δομνῖνος (Mal. 142, 20), où ĭ disparaît. Ce phénomène est bien connu en latin, où il est ancien: domnicus Orelli, Inscr. II, 3201, 4; cf. aussi Schuchardt, II, 411; Domna était, on le sait, le surnom de la mère de Caracalla (ibid.); voir aussi C. I. G. 6467, 1 (Rome) et δόμνος C. I. G. 4111, 5 (Galatie); Δόμνα C. I. G. 2401 (Antiparos); 3989 c (Laodicée); 3989 d (ibid.); Δόμνα, Perrot, Galatie, p. 280, N. 149, 3. Un cas analogue, à relever pour le grec à cause de la sonore γ = κ devant μ, est Δέγμου C. I. G. 5202, 12 (à ajouter à la liste de Schuchardt, II, 408 (decmus) et à rapprocher de *degmo* ibid.). Le nom propre Δόμνα subsiste encore à C. P. (Triantaphyllidès[2]); le second n'a pas laissé de trace, à ma connaissance.

---

celle-ci ne pouvait pas connaître d'autre forme que φαμελία, c.-a-d. famelia.

1. Cf. Theoph.[2] I, 5, 4, δεκισίοσι = Theoph. F. p. 24, 21 decisiosi, decisio.

2. Mais il est peut-être simplement roumain: cf. Cihac, El. lat., 80.

4. ō lat. Le fait le plus intéressant est celui qui se présente dans l'orthographe des cas obliques de τεστάτωρ, κουράτωρ etc. Voir Varia, VII. Les Grecs, déclinant ces mots à la grecque, ne pouvaient guère faire sentir qu'un o au gén. etc. C'est ce dont témoignent les plus anciens documents: C. I. G. 4956 A, 23 (t. III, p. 442) στάτορας, 49 A. D.; Ed. Anast., § 8 κιρκιτόρων (en regard de προδατωρίας III, 20)[1]; Ed. Praef. Praet. § 2, p. 160; ἀντικήνσορα Dig. XXXXI*, 1 (cf. p. 190); Pol. H.² III, 87, 6 (301, 13) δικτάτορι (leçon du Vatic.). Plus tard, les mss écrivent πραίτωρος Anecd. H., I, Ath. Nov. 51, parce qu'ils confondent o et ω (ibid. p. XIV-XV; cf. χόρα, p. 125). A un moment où la prononciation grecque ne distingue plus entre o et ω, les grammairiens inventent de transcrire ō lat. par ω d'après la lettre. Cf. Theognoste, Cramer, A. O. II, 42, 4-12 (IX° s., Krumbacher, p. 278; Boiss. An. III, 328 (Egenolff, O. G. S., 25), etc.

Πάτρων, πάτρωνος, sur πώγων, -ωνος (Kühner³, I, 476, etc.) n'a jamais fait difficulté; πάτρωνα C. I. G. 2583, 1. 13; πάτρωναν, Perrot, Galatie, 129, n. au N. 817; πάτρονα C. I. G. 4037, 13 (Ancyre), postérieur à Dioclétien, est donc une faute. Cf. de même Kaibel, I. G. 830 στατίων, 1. 5; στατίωνος, ll. 10, 14, 25, 28, 39; στατίωνα, 12; στατίωνι, 17; στατίωνας, 35, 42; cf. στατιωναρίων, 22, 39; στατιωνάριοι, 32, 35 (174 A. D.).

On trouve ordinairement ō lat. transcrit par ω; C. I. G. 1813 b, 2 πραιτωρίας; C. I. G. 5898, 16 κως (146 A. D.); 9516, 1 Ὀνωρίου (398 A. D.), -ίῳ 9891, 5 (409 A. D.); 2018, 5 Κωστάντιος; 8788, 2 (C. P.) Κωνσταντίνου; mais aussi Ὀνορίου 9855, 8 (Florence), 417 A. D. (ibid. Ἰοάννου, Κοσταντίου, κῖτε, αὕτη = ἔτη, μῆ(νας) τρῖς); 6698, 10 κος; 9070, 1 Κοσταντῆνος; C. I. G. 2941, 3 γεσσιωνάριος; Kaibel, I. G. 830 (174 A. D.), 1. 40 κολωνία; Haenel, C. L., 178 (301 A. D.), μουλ[ι]ωνικῶν; 179 δορμιτώριον; δωνατρικι, Schuchardt, I, 453 (Rav., 560 A. D.); πατρωνικόν J. G. R., VII, 63; cf. les leçons de F ci-dessus (p. 190) et Καπετώλιον (p. 220). Mais des graphies μόστρωσον ἢ προδηγίωσον J. G. R., II, Ep. 307, il ne faudrait pas conclure qu'il y ait partout à corriger les formes λιτιγιόσα Anecd. H.,

---

M. Triantaphyllidès m'assure, en effet, qu'on recueille aussi ce nom à C. P. avec l'explosive: Domna; D lat. serait devenu δ, comme Δ pg.

1. Cf. ibid. III, 8, p. 142 βουκινάτορι, en regard de ἀγώνας III, 16 et § 2, p. 137; mais aussi ibid. παραμενώντων; δωδεκάτην, § 6, p. 138 et ibid. δοδεκάτην; § 12, p. 141 γενναιοτάτοις et ib. § 14, γενναιωτάτων. Partout ailleurs, les ω sont à leur place. Cf. Blass³, 35; Meisterhans², 19.

I, Ath. Nov. 71, ou ἀννόνων Nov. VIII, 2 (67, 30): ces ο peuvent tenir précisément à la transcription d'après la lettre (voir ci-dessus, p. 202 suiv.). Προδηγίωσον serait une transcription savante comme δικτάτωρος.

Les textes juridiques ne nous fournissent pas ici de rapprochements intéressants avec le latin vulgaire, cf. Schuchardt, II, 91 suiv. Rien d'équivalent dans notre littérature juridique à -ούριον (Wanowski, 10; Schuchardt, II, 104, 109; cf. 103), Φαδουρῖνος (Schuchardt, II, 104), φάμουσα (φάμουσον Gr. 1357 A, f. 295 b, l. 3 du haut; cf. ci-dessus, p. 160), Πομπωσιανός (Schuchardt, II, 106), μοῦλος, ἀδνούμιον (ib. 110), Νουμεντανός (ib. 111), Σεπτομούντιον (ib. 119), Κουρδούλων (ibid. 120), Φουρνικάλια, φούρναξ (ib. 122), Τουρκουάτος (ib. 122), Κουρσική, Φουρτουνάτου (ib. 123), φουρτοῦνα (ib. 124; cf. 123; voir ci-dessous), Πουστοῦμος (ib. 127), κουμούνιον (ib. 128), κούντρα (ib. 130), κουμπάρος (ib.), ῥουσάλια (ib. 140)[1]; il semble même que quelques exemples, pouvant rentrer dans cette catégorie, soient plutôt à écarter; ainsi Theoph. F. I, 5, § 4 (24, 20), on lit τριδουνιανοῦ, Nov. XXII, ep. (186, 41) τριδουνιανῷ (M); cependant F (cf. ci-dessus, p. 190) donne toujours Τριδωνιανός etc., malgré Tribuniano, Schuchardt, II, 106; cf. Τριδωνιανός (?) C. I. G. 3181 et 9758, 1. En grec comme en latin, il se peut que tribunus, τριδοῦνος (voir au Lex.), aient ici exercé leur analogie. Κόγχη (Const. Cerim., 7, 12; 22, 4; voir une série d'exemples dans S., s. v.), auj. κόχη, n'a jamais été influencé par son équivalent latin (cunchin, Schuchardt, II, 116); les κουμμενδάδις, κουμπερδες de Const. Cerim. (Schuchardt, II, 128, 129), peuvent aussi bien s'expliquer par le grec; de même les suivants: κουμμέρκι mod. (Const. Cerim. 697, 2), sans exemple latin (Schuchardt, II, 128; mais ἀκομμέρκευτα Anecd. H., II, Nov. Impp. Byz., 276); μισσουρία (Const. Cerim., 582, 17; cf. S. s. v. μισσούριον, ibid. μισούριν), voir missuria Schuchardt, II, 103 (Rav., 564 A. D.; ici pourtant les exemples latins abondent pour -uria = -oria), φουρτοῦνα (ci-dessus); φουσσάτο mod. (J. G. R., II, Syn., 251 φοσσάτῳ; Ed. Anast., § 8, p. 139, φοσσάτοις); le κούντρα de Schuchardt, II, 130 appartient sûrement au lat. En effet, o tonique ng. ne devient pas ου; cf.

---

1. Rien d'étonnant non plus à ce que patrunus (Schuchardt, II, 105; 520 A. D.) ne se retrouve pas en grec, le mot ayant changé de déclinaison.

S. Portius, 93, κουμπί = κομβίον en regard de κόμπος = κόμβος; Essais, I, 292, Rem. à la p. 194; Lang. littér., 204, v. 5 et p. 205. Donc σπούρτουλα (Anecd. Z., Brev. Nov., CXXIV, 6, leçon du ms.; Gr. 1357 A, 291 b, l. 6 du haut; voir ci-dessus, p. 160) ne peut être que latin (cf. Schuchardt, II, 123; à ajouter à la liste o + rt) et, par conséquent, doit être maintenu.

5. ŭ lat. Sur ŭ lat., représenté en grec par ο avant notre ère et par ου après le monument d'Ancyre, voir Dittenberger, Griech. Nam., 282 suiv.; 284 suiv.; mais voir, en revanche, Schuchardt, II, 149 suiv.; le phénomène est très régulier en lat. vulg. (cf. gobernator, p. 150) et ne se rencontre pas seulement dans le lat. archaïque (sur cette distinction, Schuchardt, II, 179); donc, des graphies telles que αννομερατους ib. 157 (Rav. vi° s. fin), ακτοάριος (cf. Schuchardt, II, 161 actuarius) peuvent d'autant mieux se retrouver en grec que dans le Dig. même on lit volt etc. (ibid. 180). Anast. Sin. 525 A donne encore Πολέϊος et Ἀπολέϊος. Dittenberger, Griech. Nam., 281 suiv., ne distingue pas toujours entre o libre et o entravé (p. 282 Ῥόβριος et Ῥοτίλιος; p. 285 Σολπίκιος et Ἰανίκολον); d'autre part, Αὔγουρ (p. 284) est probablement transcrit d'après la lettre, en regard de Αὔγορι, décliné (ibid.). Σατορνῖνος (p. 291) peut être dû au lat. vulg.

Sur ŭ = ε dans Βρεντέσιον, Νεμέριος, qui embarrassent Dittenberger (l. c., 297), voir Schuchardt, II, 208-209.

Le phénomène le plus remarquable est la chute de ŭ dans τίτλος, κουβούκλιν etc. etc. Ce phénomène n'a rien de grec; l'abandon de ου atone n'a été observé que dans les patois de nos jours; cf. κ'μπάνια = κουμπ.; ἀπαν' στό = ἀπάνου στό etc. etc. Ἑστία, 1892, N. 1, p. 1 suiv. Le fait est, au contraire, très commun au latin de toutes les époques. Dittenberger, Griech. Nam., 294, qui cite Λέντλος, Κάτλος, Τούσκλον, ajoute : « In der späteren Kaiserzeit scheint diese Synkope ganz abgekommen zu sein, wenigstens ist es auffallend, dass bei Dio Cassius keine Form der Art vorkommt »; D. Cass. ne connaît que Κάτουλος etc. En note, l'auteur fait remarquer que Plutarque et Appien n'emploient presque exclusivement que les formes syncopées. Il est à supposer que Dion Cassius suivait ici une graphie officielle, ce qui s'expliquerait par les dignités mêmes qu'il n'a cessé de remplir (voir Christ, p. 561); Plutarque et Appien se conformaient, au contraire, à l'usage.

On constate la syncope pour ŭ, dans les positions suivantes :
tablam, Schuchardt, II, 403 (239 A. D.), aedicla ib., (baclus,
404), anglus ib. 405, tumlum, cupla, titlum (143 A. D.) 405,
Sedlatus 424, teglarius, poplares ib.; cubiclárius 428, coaglávi
429, capitláres 429, commanuplári 430, cuplatóres, fistlatóri
431, etc. Or, la langue du droit ne dit jamais autrement que
τίτλος; bien mieux, cubiculum a pénétré sous la forme cu-
buc(u)lum, très normale en lat. vulg. (cf. Schuchardt, II, 228
acucula, 230 cubuculari, cubuccla etc.). Ces emprunts reposent donc sur la transmission orale et le fait mérite d'être
signalé pour la langue du droit (voir ci-dessus, p. 164). Voici
une liste très courte de ces noms : τίτλος déjà dans le N. T. Jo.
XIX, 19 ἔγραψεν δὲ καὶ τίτλον ὁ Πειλᾶτος (voir S. s. v. et aussi τιτλάριον
ib.); κουδούκλιν C. I. G. 6189 b, 3 (Rome); Macar. 597 C (IVᵉ
s.); Chron. Pasch. I, 578, 4 κουδουκλίῳ, d'après le Vatic., (cf.
p. 4, N. C.; la leçon κουβικουλίῳ donnée par S., s. v. κουβικούλιον,
est celle de l'éd. de Paris, cf. Chron. Pasch. I, p. 4, N. C.,
et, par conséquent, sans valeur paléographique); J. G. R.,
VII, 197 (κουδούκλειον) et ibid. βάκλοις; ῥῆγλα Haenel, C. L., 179
(301 A. D.); τάδλα Apocr. Apost. T., p. 135, Andr. et M. 3, in f.:
προσέδεναν τῇ χειρὶ αὐτοῦ τῇ δεξιᾷ τάδλαν; Lyd. 178, 22 τῶν
δ' ἐν ἡμῖν λεγομένων ταυλιῶν ἀντὶ τοῦ πτυχίων; φίδλας Mal. 33, 7;
βερνάκλοις, βάκλοις 186, 24; πανούκλα Elem. ng. en t. osm., s.
v. A côté de ces formes, on lit κορνικουλαρίῳ Haenel, C. L.,
235 (397 A. D.), ταδουλάριος C. I. G. 4037, 11-12 (Ancyre),
postérieur à Dioclétien; Anecd. H., I, Div. lect., 194; J. G.
R., IV, Ecl., 102; V, 209 etc.; Theoph. I, 181, 34, κουβι-
κουλάριον (dans le dialogue entre les Prasiniens et le Mandator); Const. Cerim. 8, 1 κουβικουλαρίου (en regard de κουδουκλείου
6, 4 etc. etc.); -ίων Mal. 95, 12, si bien qu'on a côte à côte J.
G. R., V, 611 περὶ ταδουλλαρίων et περὶ ταδλιζόντων, le dernier
populaire, le second savant d'origine. Il y a souvent double
forme pour le même substantif; ainsi, après κορνικουλαρίῳ (ci-
dessus), on trouve Κορνοκλαρίου Perrot, Galatie, p. 27, N. 13,
1-2, c.-à-d. κορνουκλάριος ibid. p. 239, N. 133, 8-9. Le mot
entre en grec deux fois par deux voies différentes.

La Nov. VIII, Not. adm., donne tout du long soit κουδου-
κλείῳ (80, 32), soit κουδουκλείου (81, 14), si bien qu'on ne peut
savoir si le nomin. était en -ιον ou en -ιν. D'autre part, le
Lex. ne présente pas de nom. masc. en -ις, βικάρις ou νοτάρις,
pas plus qu'on n'y rencontre χαρτουλάρις (cf. Nov. VIII, Not.

adm., 81, 30). L'absence de l'*o* dans ces formes paraît due au latin, non par voie phonétique, mais par simple emprunt lexicologique (cf. Schuchardt, Slawo-deutsches, 85) : en d'autres termes, il faut supposer que le mot latin entre en grec avec la désinence -is, et que cette désinence s'acclimate en Grèce et entraîne par analogie les autres substantifs, grecs d'origine. Les masc. sont inséparables des neutres : κῦρις est à κύριος ce que παιδίν est à παιδίον. N. G. I, 32, j'ai expliqué les formes φεγγάρι = φεγγάριο par doublets syntactiques : φεγγάριον φέγγει, d'où φεγγάριο φέγγει; alors, φεγγάριο ὡραῖο, puis φεγγάρι' ὡραῖο et enfin φεγγάρι φέγγει. En effet, on lit ποτήριο Dig. III, 705, 2985 et 3028. Nous aurions là le degré intermédiaire, qu'un texte relativement récent peut fort bien nous avoir conservé. Chatzidakis, qui n'a rien compris à cette citation, a écrit au sujet de mon explication des choses déplacées (Mittelgr., 109-110), celle-ci, par exemple (p. 113) : « So viel bleibt aber immer klar, dass die erklärung etc., die sprachgeschichte um fünfzehn jahrh. umkehrt. » C'est le ton habituel de l'auteur. Malheureusement le fond chez lui ne vaut pas mieux que la forme. Que les masculins en -ις et que les neutres en -ιν, en question, aient existé ou non du temps de la κοινή (ibid. 110), cela n'a rien à voir ici; ce n'est point par là que pèche mon interprétation. Les doublets syntactiques n'ont pas de limites chronologiques. Si Chatzidakis ne sait pas ce que sont les doublets, il n'a qu'à l'apprendre[1]. Le défaut de mon raisonnement tient à ce que le ν final n'avait pas encore disparu au XIIe s. et que les formes en -ιν abondent dans Prodrome même (cf. aujourd'hui Études Paris, Rom. de Florimont, 527 et déjà Essais, II, 177 suiv.[2]). En 1884 (date des N. G. I), nous

---

1. Mittelgr. 109 « Also wieder werden die doublets syntactiques zu hilfe gezogen » etc. Cf. Chatzidakis, Ἐβδ., 116, col. 3 : «ἔνθα οὐδὲ κόκκος ἀληθείας ὑπάρχει.» Ce sont là de sottes expressions.
2. Pap. Lup. IV bis, p. 126, on lit enari (οἰνάριν), eladi (ἐλάδιν), opxari (ὀψάριν), paucali (βαυκάλιν), pogoni (πωγώνιν), peristeri (περιστέριν), ospiti (ὁσπίτιν), axnari (ἀξινάριν). Mais ce document, dans l'espèce, n'a pas grande valeur. Il paraît être de provenance égyptienne (p. 125); il faut surtout relever les formes latines pane, binu, oleu, carne, pisce, etc., etc., toujours sans *m*, comme cela est de règle, Diez, Gr. Rom., I, 198-199. Au contraire, dans les mots grecs, le ν final apparaît de temps en temps : oxomin, lanbron, poterin, praston, cefalen, isticarin (στιχάριν, ib. p. 126, n. 3); piloton, sifrin, maloton, araficen. Ce sont

étions encore dans le chaos à ce sujet : c'était le temps où
Chatzidakis attribuait le ν de στόμαν à une influence savante
(cf. Chatzidakis, Fut. Inf. 240).1 Comme il lui en coûte de
rappeler cette erreur aujourd'hui démontrée, il combat mon
explication sous toute espèce de raisons, sans oser dire la
vraie. Du reste, il s'arrête court devant παιδίν == παιδίον, après
avoir annoncé avec prétention que les textes du Iᵉʳ au Xᵉ s.
nous donnaient « les degrés intermédiaires » (l. c. 107).
Voici maintenant l'explication que Chatzidakis a imaginée
pour les masc. en -ις. Cette explication est destinée à nous
apprendre de quelle façon on doit se servir des textes qu'aucun néo-grécisant n'avait utilisés avant l'auteur (Mittelgr.
106) : ce sera, nous dit-il, la « richtige erklärung » (p. 109).

Chatzidakis cite d'abord Benseler, Nom. in -is, p. 149 sqq.
et, comme il a mal lu ce travail¹, il semble ne pas se douter
que les nomin. lat. en -is sont antérieurs aux nomin. gr. en
-ις, ou, du moins, que c'est là le point essentiel ; ces nomin.
n'interviennent pas une seule fois dans son exposition. Aussi
écrit-il (p. 112) : « Die Sache erklärt sich wohl auf folgende
einfache² Weise : die Griechen hörten überall die Römer
einander rufen, *Juli, Gai, Antoni, Aureli, Petroni, Mari* etc.;
und von den vocativen konnten sie sich gewiss keinen anderen
nominativ denken und bilden als Ἰούλις, Πετρώνις [écr. Ἰοῦλις,
Πετρῶνις,] Αὐρήλις [écr. Αὐρῆλις], Μάρις etc. ganz nach dem
schema Ἀλκιβιάδη — Ἀλκιβιάδης, Εὔπολι-Εὔπολις » etc. Ibid. :
« So² finden wir die vocative Γαλάτι, Σπηράντι, Ἀπολλώνι,
Συμφόρι, Ἀκάκι, Γέροντι, Εὐάγρι, Μακάρι, Εὐστράτι, Εὐγένι, Κύρι
[écr. Ἀπολλῶνι, Κῦρι] » ; tous ces noms sont cités pêle-mêle
d'après Benseler, l. l., 154-176 ; de cette façon, ajoute-t-il,
cette désinence -ις, -ιν s'était établie en grec : « also ὁ Μάρις,
τὸν Μάριν, τοῦ Μάρι (cf. τοῦ ἀπηλιώτη, τοῦ πρεσβευτῇ [sic]), ὦ Μάρι
etc. war das gewöhnliche² schema »...

probablement là les formes vraiment grecques de l'époque (IV ou Vᵉ s. ?
cf. ibid. p. 125).

1. Est-ce parce qu'il est écrit en latin ? Voir S. Portius, LI, n. 1.
Cf. Jub. Ath., 125, l'étrange façon de citer Horace : τοῦ χαριεστάτου Ὁρατίου. Ce n'est point là le style d'un philologue familiarisé avec les
écrivains latins.

2. Cela est un critérium : ce qui pour Ch. est *simple*, c'est, en général, ce qu'il ne comprend pas ; voir un exemple frappant, déjà relevé
dans N. G. I, 11. Je prie le lecteur de recourir à ce passage.

Il est difficile, en si peu de lignes, d'accumuler un plus grand nombre de contre-sens historiques et linguistiques. 1° Les Grecs ne connaissaient pas les noms romains seulement au vocatif; ils les connaissaient aussi bien au nomin., et ce nomin. était déjà en -is ; cf. Tiberis, Flauis, Sertoris (Benseler, l. l., 152); 2° les Grecs eux-mêmes portaient des noms romains[1], cf. Dittenberger, Griech. Nam., 142; Ch. témoigne ainsi d'une ignorance radicale des inscriptions grecques de l'époque romaine ; il ne connaît pas Dittenberger, l. l.; cf. ci-dessus et Lafoscade, 102 ; les Grecs n'avaient nullement besoin d'entendre les Romains « überall einander rufen », pour apprendre les noms romains ; le voc. est ici hors de cause ; 3° le paradigme Μᾶρις, Μᾶριν, τοῦ Μᾶρι (!) est de pure fantaisie. Il serait impossible de le justifier épigraphiquement. Il n'y a pas un seul exemple d'un gén. Μᾶρι à l'époque où nous sommes, c.-à-d. du Ier au IIIe s. A. D. (Benseler, l. l., 153-155, 169-177 ; lui-même, Mittelgr., 111); Ch. a dû trouver Μᾶρι, gén. dans le Chron. Pasch. 543, 21 (cf. ci-dessous), et, comme il n'a pas le sens historique, il le croit contemporain de ces nom. en -ις; 4° le paradigme (fictif) Μᾶρις, Μᾶριν, Μᾶρι, ὦ Μᾶρι et le paradigme grec Εὐγένιος, Εὐγενίου, Εὐγένιον, Εὐγενίῳ, Εὐγένιε ne coïncident *sur aucun point*. Ch. a parlé d'analogie sans réflexion ; 5° le paradigme du nom propre Μᾶρις etc. ne rend absolument aucun compte de ce fait important que κύριος et ἅγιος présentent précisément cette désin. -ις, κύρις, ἅγις ; 6° le paradigme Μᾶρις etc. n'a rien à voir avec les désin. -arius, gr. -άριος, faisant -άρις, dans σιλεντιάριος etc., dont Ch. donne, p. 113, la nomenclature pure et simple, destinée à nous tromper sur le vide du fond ; la phrase (p. 113): « Wie -ις st. -ιος, so ist auch -αρις -αριν st. -αριος -αριον und -ιν st. -ιον nach italischer analogie (??!) entstanden » ne veut rien dire du tout ; 7° le parad. Μᾶρις etc. laisse en plan παιδίν, et cette prétendue explication sépare ces deux phénomènes connexes, -ις des masc. et -ιν des neutres. Rien n'est donc plus faux que toute cette exposition ; le contre-sens s'aggrave par le ton injurieux et doctoral, qui domine tout le morceau.

La vacuité de toute la démonstration éclate enfin dans ce fait remarquable que Μᾶρις n'a jamais été un nom latin ! Toutes

---

1. Le fait est mentionné, en passant, Jubil. Athen. 200 (voir ci-dessous, 233, 1). Ici aucune question de cette circonstance essentielle.

les fois qu'il est question d'un Marius romain, la forme Μάριος (-ιου etc. etc.) revient régulièrement : C. I. G. 2130, 31 Μαρίου; 2821, 3 Μάριον; 4009 c, 3 Μαρίου; 6855 d, A, 8 Μάριος, 27 Μάριον (= Kaibel, I. G. 1297); Kaibel, I. G. 1833, 3 Μάριος Βάσσος; 720, 1 M. Μάριος Ἐπίκτητος; 637, 3 Μαρίου Κριττίου; l'éditeur propose Μάρκου; le texte donne très distinctement ΜΑΡΙΟΥ; Dumont, Mél., p. 545 Μάριος; au N. 1800, Kaibel, I. G., on lit : θ(εοῖς) κ(ατα)χ(θονίοις). | Λάρις. Εὔ | καρπος | Καλλιόπη | τῇ συμβίῳ | μνήμης | χάριν. Kaibel ajoute : Λάρις gentile nomen mihi dubium; fortasse Μάρις i. e. Marius. Mais il fait, en tête, cette autre observation que l'inscription est très lisible; il n'y a donc pas ici confusion entre Λ et M. En dehors des inscriptions, tous les auteurs grecs, antérieurs au IVe s. A. D., et encore Jean d'Antioche, ne connaissent pas d'autre nom romain que Μάριος (voir la liste dans Pape, s. v. Μάριος : il cite Plutarque, Diodore de Sicile, Appien, Dion Cassius, Hérodien, Élien, Strabon, Polyaenos, Athénée, Memnon, Eunapios). Au contraire, Μάρις n'est jamais porté que par des personnages ecclésiastiques : Chrysost. (347-407 A. D.), Ep. LV (Patr. gr. 52, 2, 639), Ep. LXXXVI (ib. 653; il faut remarquer que tous les autres titulaires des épîtres ont toujours la forme -ιος, cf. Scholarios, Index, p. 175-178); Socr. (380-439) H. E., I, 8 (Patr. gr., 67, p. 64 A); III, 12 (ib. 412 A); Soz. (+ 446-450) H. E., I, 21 (ib. 921 B); Chron. Pasch. 543, 21 παρουσία ἐπισκόπων οδ΄, Μάρι, Ἀκακίου, Γεωργίου; Suidas (II, 699, 22); de même C. I. G. 9238, 1-2 Μάρις ἀρχιδιάκων; le Μάρις Σικελός du C. I. G. 9837 (= Benseler, Nom. in -is, 154) est un des nombreux Syriens venus en Italie (Renan, Orig. III, 113 suiv.); cette inscription est d'époque chrétienne, cf. C. I. G. 9837 la mention : Infra in anaglypho columba oleae ramum gestans. Μάρις est un nom syrien; S., s. v. μάρις, indique déjà le sens κύριος et donne l'origine hébraïque de ce mot; il renvoie au passage caractéristique de Philon, 522, 47 : ἐν κύκλῳ πλήθους ἐξήχει βοή τις ἄτοπος Μάριν ἀποκαλούντων. οὕτως δέ φασιν τὸν κύριον ὀνομάζεσθαι παρὰ Σύροις. De ce sens de κύριος, *mari* est devenu nom propre (cf. Meister, Herr, Lemaître, Μάϊστρος à C. P., Lex. Theoph., in f.), et il est attesté comme tel par nombre de documents; cf. Abba (= Père) Mari, Hist. Litt., XXVII, 648, 692, 693, 713; Assemani, B. O., II, 538 s. v. Mares (= Mari); Levy, Neuhebr. Wörterb., III, 233; l'apôtre qui convertit l'Assyrie et la Babylone au christianisme portait ce nom. La rédaction syriaque des actes de cet apôtre a été publiée par Mgr Abbeloos, à Bruxelles, en 1885, sous le titre : Acta Sancti Maris, Assyriae, Babyloniae ac Persidis saeculo I Apostoli syriace sive aramaice[1]. C'est aussi le nom d'évêques nestoriens ; cf. Guidi, Ostsyr. Bisch., 395, ll. 5 et 7 ; Castelli, p. 518, nous apprend que ce titre était interdit aux hérétiques ; voir aussi Payne Smith, fasc. VI 1997, s. v. ; Mari et Maris (Mares) y sont des noms d'hommes très fréquents ; cf. ibid. 1998.

Ce qui met aussitôt sur la voie, c'est l'impossibilité d'un génitif Μάρι (= Μαρίου) à l'époque où nous sommes. Le passage du Chron. Pasch. dissipe les derniers doutes. Il ne faudrait donc pas que Ch. rejetât la faute sur Benseler, qui a fait aussi figurer Μάρις parmi les noms romains (l. l., 154) ; ce nom, chez Benseler, est perdu dans une liste très nombreuse. Ch. est seul responsable du paradigme. Ce n'est d'ailleurs pas dans Benseler, c'est dans le Chron. Pasch. 543, 21 (cf. Jubil. Athen., 148) qu'il est allé chercher son Μάρι, et c'est à son propre manque de critique qu'il doit de l'y avoir trouvé.

C'est ici le lieu de dire un mot rapide de la question de méthode qu'implique cette erreur. Il n'y a pas un seul gén. en -ι d'un nom en -ιος = -ις ni dans le Chron. Pasch., ni dans Mal. Ce résultat a été obtenu par H. Pernot qui a bien voulu, sur mes indications, dépouiller ces auteurs à ce point de vue. Il n'a rien trouvé non plus dans Jo. Mosch. Il n'est pas douteux qu'en poursuivant cette statistique dans d'autres textes antérieurs au xe s., on ne constate la même absence d'un gén. en -ι. Comment se fait-il cependant que Chatzidakis n'hésite pas à supposer un gén. Μάρι à l'époque romaine ? Les noms grecs en -ις apparaissent dès le 1er s. A. D. (ci-dessous) : le paradigme que veut Chatzidakis aurait donc été usuel dès cette époque ! S'il ne recule pas devant une pareille hypothèse, cela tient à sa manière même d'envisager la grammaire historique : les textes médiévaux ne comptent pas pour lui.

Les textes médiévaux nous apprennent deux choses que je crois essentielles ; l'histoire du néo-grec ne peut être établie que par eux, et, si on les néglige, on tombe dans la confusion de toutes les époques et dans des erreurs innombrables. J'ai exposé cette doctrine dans les Essais, I, 160, notamment 171

---

1. Ce livre ne m'est pas accessible. Je dois ce renseignement à M. Rubens Duval, ainsi que celui qui va suivre.

suiv. et 182, 8°. Je me résume ici : 1° une forme devenue courante aujourd'hui peut apparaître dès une époque très haute (οἱ fém., p. ex., Essais I, 60 suiv.), sans que cette première apparition soit autre chose qu'un phénomène sporadique, et sans qu'on ait en rien le droit de conclure de ce fait que le phénomène s'est déjà généralisé au moment où il se laisse observer pour la première fois : rien n'est plus lent que la progression analogique dans le domaine du néo-grec, ce qui tient à la vitalité persistante de la langue ancienne ; 2° les textes médiévaux se suivent et ne se ressemblent pas ; le progrès des formes modernes coïncide de point en point avec le développement chronologique de ces textes. Or, les textes médiévaux ne nous montrent l'établissement complet de toutes les formes modernes qu'au XVIIᵉ s. : le grec *moderne* est un phénomène tout récent. En revanche, tous les documents antérieurs, d'un caractère populaire tant soit peu avéré, comme les vers de Théophanes (ci-dessus, p. 208), comme les papyrus mentionnés dans les Essais, I, 176 suiv. et 23 (Specim. vetust.), n'ont rien de *moderne*. Je m'en tiens donc plus que jamais aux périodes de développement que j'ai tracées dans les Essais, I, 176 ; tout ce que j'ai vu depuis n'a fait que confirmer ces premiers résultats. La contre-épreuve n'a pas manqué non plus ; les erreurs historiques de Chatzidakis ont fourni une confirmation décisive à la théorie.

L'étude des textes médiévaux n'a jamais porté bonheur à ce linguiste. Une première fois, il s'était trompé sur l'Andromikos (Essais, I, 218-219), qu'il attribuait au XIIᵉ s.; aujourd'hui il se trompe avec Μάρι. Chatzidakis appuie ce gén. sur un gén. (*libyen*) πρεσβευτῆ, de l'an 170 A. D. (Jubil. Ath., 147). Il ne lui en coûte rien de mettre Μάρι sur le même pied. Il cherchait tout à l'heure les origines du *jod* dans Homère ; il cherche maintenant les origines de l'analogie dans la déclinaison, chez Homère encore, chez Hésiode, en arcadien, en lesbien, en éolien, dans les papyrus, etc. etc. (Jubil. Ath., 147). Ces témoignages sont ici hors de place. Un seul importait, c'était celui de Prodrome, qui se tourne contre Chatzidakis. Il est remarquable, en effet, que dans Prodr. nous n'avons pas encore un seul gén. en -η de noms en -ις (Essais, II, 176-185 ; cf., au contraire, τζαγγάρου, Prodr. V, 45 !). Μακελλάρη (Prodr. VI, 336, 338) gén. se trouve dans le Gr. 1310, c.-à-d. précisément le seul ms. postérieur et suspect, cf. Essais, I, 106,

121, 122 ! Ainsi donc, le lesb. a beau avoir Θεόκλη, Hés. a beau nous offrir Κυπρογένη (Jub. Ath., 147); cela ne nous donne pas un gén. Μάρι, plus tôt que ne le permettent les textes médiévaux. Ce qui est frappant, c'est que les inscr. confirment à plein la statistique médiévale. J'en ai parcouru un grand nombre, plus même qu'il n'en figure à l'Ind. bibl.; nulle part de gén. κύρη. En revanche, on a parfois κύρι (ci-dessus, 234) et ce voc. est, à point, connu du bon Prodr. (= Essais, II, 177, 178). Μάρι du Chron. Pasch. n'a rien à voir ici, le gén. -ίου n'ayant jamais existé pour ce nom. Force sera donc à Chatzidakis de capituler devant les textes. Il faut absolument qu'il renonce à défendre par des inexactitudes nouvelles l'inexactitude première que Krumbacher signalait chez lui (Beiträge, 13) : « So konnte selbst Hatzidakis die behauptung wagen, das Neugriechische sei seit 1000 jahren fast unverändert geblieben. Göttinger gel. anz. 1882, 365 ». Il n'a cessé depuis d'aggraver encore cette faute initiale. Cf. Jubil. Ath., 121 et 172 (ci-dessous, p. 239). L'étude des textes médiévaux met ces assertions à néant. Pour affirmer pareille chose, il est indispensable de nous produire, pour une époque bien antérieure au XIIᵉ s. (πάντως πολὺ πρὸ τοῦ 1100 M. X.), un texte semblable à l'Erotokritos ou à l'Erophile, premiers documents où le grec moderne apparaisse avec les *caractères qu'il a aujourd'hui*. Sinon, il est bien entendu qu'on peut tout affirmer sans preuves. Je n'insisterais pas sur ces théories vides de fond, si je ne les trouvais encore adoptées par des linguistes qui débutent dans nos études ; cf. Thumb, Neugr. Sprachf., 48 : « Ueberzeugend(!) weisst H. den Mischcharakter der byzantinischen Sprache nach und folgert daraus konsequent, dass eine rein statistische Methode zu keinem Ziel führt, dass wir also qualitativ, nicht quantitativ die mittelalterlichen Sprachformen abzuschätzen haben ». Il faut, au contraire, faire la plus grande attention *à la quantité* ; Μάρι devient précisément suspect par la *rareté* du gén. -ι et par son *absence* dans le bon Prodr.; aussi le gén. Ἀναστάσι de Trinchera (Jub. Ath., 171), n'a-t-il guère qu'une valeur *numérique* ; sa *qualité* n'importe en rien ; il ne prouve pas que tous les gén. aient été dès lors en -ι. S'il le prouve, il faut que, conformément à leur principe, Thumb et Chatzidakis rétablissent Ἀκάκι et Γεῶργι, Chron. Pasch. 543, 21, à cause de Μάρι. ibid.,

Toute cette démonstration repose sur le néant. Une seule

réflexion juste se rencontre, Mittelgr., 110 : c'est que -ιος = -ις est impossible en grec et que la chute de l'*o* y serait phonétiquement inexplicable. Or, ce point de départ dans l'étude de ces phénomènes, Ch. l'a pris dans les N. G. I, 32, n. 2. Il a donc raison de dire, d'après ce travail : « Es muss vor allem hervorgehoben werden, dass der ausfall des *o* lautes nicht nach den lautgesetzen des griechischen stattgefunden haben kann. » Chatzidakis, Mittelgr., 110.

Les choses ont dû se passer autrement. Il faut partir de cette observation de Benseler que les noms lat. en -is (= -ius) sont de beaucoup antérieurs aux noms grecs en -ις (= -ιος); ceux-ci n'apparaissent pas avant le milieu du premier siècle de notre ère (Benseler, l. l., 149, 166, 169). Mais le lat. employait concurremment les nom. en -ius, qui n'avaient pas disparu ; les noms propres lat. entrent donc en Grèce sous deux formes[1], les deux également populaires et également portées par des Grecs, -ius et -is, c.-à-d. -ιος et -ις ; cf. Kaibel, I. G. 1483, 1-4 Αὐρ(ηλία) Ἀντιοχείη... Αὐρήλιος Εὐμενιανός (Rome, cf. ibid.); 1707, 1-3 Ἰουλίαν Πριμιτῖβαν... Αὐρή(λι)ος Ἀγαθοκλῆς (R.); 1445 Αὐρήλιος Ἀλέξανδρος Αὐρηλίῳ Κυρίλλῳ ἀδελφῷ (R.); 1878 M. Αὐρήλιος Ἀγησίλαος (R.); 738, 1 Μᾶρ(κος) Αὐρήλιος Ἀρτεμίδωρος Σεττηνός, ἀνὴρ παλαιστής (Naples), etc. etc.; d'autre part : 463, 1 Αὐρήλις Βιτάλης (Sicile); 931 Αὐρῆλις Θαρσίκις Μητροβίαι συνθί(ωι) γλυκυ(τάτηι) ; 844 Αὐρηλις Οσπιτιανος Ιολιος Σερηνος Ιολιε Ζοσκορουτι (cf. ib.) κουε βειξιτ αννις XVIII διης VI βενεν (sic) μερεντι ποσουηρο (Puteoli); -ius également en lat. 698 : Αυρηλιους υπετρατους Β(ετερανους) Κ(λασσις) Μ(ισενενσις) etc. ; 1962 ὦ δ' ἔθανεν Πούπλιος Μακεδών, ὃν ἐδέξατο Ῥώμη | δεξαμένη Ῥώμη ὦ δ' ἔλιπεν τὸ φάος... Μαρκία σύνβιος... ἐπέγραψα (R.) et 1404, 1-4 Ἀντωνίαι συνβίῳ... Ποῦπ(λ)ις; 758, 1 Ὀκτάουιος Καπράριος (ib. Ὀκταουίῳ Καπραρίῳ, ll. 1, 8; Καπράριον l. 10; Naples) et 1889, 2-9 Δύο τέκνοις Ὀκταβίῳ Ἑρμῆ... καὶ Ὀκταβίῳ Εὐκλᾶτι... ἐποίησεν Ὀ[κτά]βις Τρό-φιμ[ος ὁ]πατὴρ α[ὐτῶν]; cf. 1905, 2 Οὐαλέριος Πολέμων (R.); 299, 1-2 Ἰγνάτιος Μαριανός (Palerme), Ἰγνάτις, Benseler, l. l., 154; 721, 4-5 Τιτίῳ.., Φλαουίῳ (Naples); 1906, 1-4 Οὐαλερία Ὀλυμπίας, Οὐαλερίου Μενάνδρου θυγάτηρ, Ἀσιανὴ πόλεως Λαοδικείας (R.); 472 G. Domitei Peie salue. Κόντε Δομίτιε Εὐσεβῆ χαῖρε; encore

---

1. Cf. Jubil. Athen. 200 : Ἐκομίζοντο λοιπὸν εἰς Ἑλλάδα τὰ ὀνόματα ταῦτα ὑπὸ διπλοῦν τύπον. Ceci est écrit en 1888, à propos de toute autre chose. Il est impossible de passer plus étourdiment à côté des faits essentiels.

en 434 A. D., Φλάδιος 455, I, 1 et même Λιδεραλίου ib., 2;
pour Μάριος, voir ci-dessus (p. 229)[1]. Les désin. en -ius passaient donc en grec sous la forme -ιος, dont le souvenir était
constamment entretenu par les correspondants fém., ibid.,
1478, 2-9 M. Αὐρηλίῳ Σωκράτῃ ἰατρῷ ἀρίστῳ Αὐρηλία Εὐτυχία, συμβίῳ
γλυκυτάτῳ, μνίας χάριν; cf. aussi 2343 etc. etc.; mais ces fém.
n'excluaient pas les désin. en -ις: 496, 2 Πεσκέννις Καλάτυχος,
ἔζησεν ἔτη ογ΄, μ(ῆνα)ς γ΄. Πεσκεννία Γαμική τ(ῷ) ἀνδρί. Ces noms s'acclimataient en Grèce d'autant plus facilement que les nomin.
en -ις y étaient déjà connus : ὄφις, μάντις, πρύτανις, Πάρις, etc.

Chatzidakis, dont les notions épigraphiques sont fraîches
(voir Essais II, XVII, 1), ignorait ces nominatifs. L'histoire
n'a aucun besoin de ses vocatifs. Au paradigme imaginaire et
acritique Μάρις etc., il faut substituer celui-ci : Nomin.
Αὐρήλιος et Αὐρῆλις, gén. Αὐρηλίου, dat. Αὐρηλίῳ, acc. Αὐρήλιον
(et Αὐρῆλιν, rare, Benseler, l. l., 154; cf. ὄφιν, μάντιν, πρύτανιν etc.), voc. Αὐρήλιε (et Αὐρῆλι, rare, Benseler, ibid.; cf.
μάντι, πρύτανι etc.). L'accus. et le vocat. -ιν et -ι n'ont ici qu'une
importance secondaire. Chatzidakis n'a pas compris que,
partant de ces deux cas, l'analogie n'aurait pu donner que
Αὐρῆλις, Αὐρήλεως, Αὐρήλει, formes ignorées. Ce qui est essentiel, c'est qu'un seul gén. et un datif unique Αὐρηλίου, Αὐρηλίῳ,
servaient au double nomin. Αὐρήλιος et Αὐρῆλις, et aux acc. et voc.
ci-dessus; dès lors, les gén. grecs Εὐγενίου, Ἀπολλωνίου formaient
un nomin. Εὐγένις, Ἀπολλῶνις etc. (liste dans Benseler, l. l.,
154, 171), à côté de Εὐγένιος, Ἀπολλώνιος, à cause de la coïncidence avec le gén. -ίου de Αὐρηλίου, qui nous donne ainsi le
tertium comparationis nécessaire; l'accus. et le voc. (Εὐγένιν,
Ἀπολλῶνιν; Εὐγένι, Ἀπολλῶνι) suivaient à cause des doublets
Αὐρῆλιν, Αὐρῆλι. Mais ce qui fit prospérer ces doublets, c'est le
nom. -ις une fois acquis; l'acc. -ιν fit ainsi fortune parce qu'il
présentait plus facilement avec le nom. -ις le rapport qu'il y
avait déjà entre λόγο-ν et λόγο-ς. De sorte que les acc. -ιν et
les voc. -ι sont dus avant tout au nom. -ις. Il faut aussi observer que si, d'autre part, ces deux cas ainsi que le nomin. -ις
ne l'ont jamais emporté à eux tout seuls, de façon à créer le

---

1. Voyez encore Αὐρῆλις, Dumont, Mél., p. 316; Mordtmann, I. B.,
p. 58, XXVII, ll. 8, 10, etc. noms en -ιος; ibid. p. 62, XXXIX Ἀπολλῶνις; ib.
p. 59, XXX et p. 67, XLV Αὐρηλία; Wessely, G.O., p. 123, l. 9, κορνηλις; etc.
— Μάριος Ποτάμων. Duchesne-Bayet, N. 134, 8.

paradigme Αὐρήλεως sur μάντεως, cela tient d'abord à la rareté des formes -ιν et -ι, à cet autre fait encore que μάντις est un nom commun, puis enfin à ces deux causes essentielles : 1° emploi simultané de Αὐρήλιος et Αὐρῆλις au nomin.; 2° existence d'un gén. et d'un dat. uniques Αὐρηλίου, Αὐρηλίῳ. Du même coup se trouve démontré le contre-sens historique qu'il y a à imaginer des gén. Μάρι¹.

Le gén. commun aux deux paradigmes explique pourquoi les deux qualificatifs κύριος et ἅγιος ont pris cette même désinence -ις. Ch. écrit : « Nur diejenigen adjectiva, welche zu appellativen oder zu eigennamen geworden sind, d. h. welche ihre adjectivische Natur verloren haben, sind auch des o verlustig gegangen, cf. κῦρις [écr. κῦρις] = vater statt κύριος, ἅ(γ)ις = heiliger st. ἅγιος » etc. Les adj. πλούσιος, δίκαιος, ἐντόπιος sont aussi employés substantivement, cf. ὁ πλούσιος, οἱ πλούσιοι etc. On ne voit donc pas pourquoi ils ne sont pas devenus πλοῦσις etc. C'est, au contraire, parce que κύριος et ἅγιος accompagnaient toujours les noms propres qu'ils ont pu changer leur désinence. Comme on disait ἅγιος ou κύριος Θεοδόσις, on a dit, en partant toujours du gén. ἁγίου ou κυρίου Θεοδοσίου, ἅγις ou κῦρις Θεοδόσις. Κύριος est en effet un titre honorifique (D. C., s. v. κῦρ I, 765 et s. v. κῦρις); il va de pair avec le nom de la personne ou celui de la fonction; il suffit, pour s'en convaincre, d'ouvrir S. s. v. κῦρις : κῦρις Μελίφθογγος; κῦρις ὁ διάκονος Εὐλόγιος; ὁ κῦρις Σχμουῆλος etc. etc.; cf. Kaibel, I. G. 830, 5 (174 A. D.) τοῦ κυρίου ἡμῶν αὐτοκράτορος; 525, 5 ὁ κῦρις Ἀγάθων; Const. Admin. 87, 22 ὁ κῦρις Ῥωμανός; 88, 24 ὁ προρρηθεὶς κῦρις Ῥωμανός; 57, 10 ὁ κῦρις Ῥωμανός; 222, 1 τὸν κῦριν Ῥωμανόν (κῦρις 156, 11), etc. etc. etc. Les exemples de Straton (Benseler, op. cit., 176), que Ch. n'a pas vérifiés, doivent être mis à part; ils figurent en vers; cf. Anth. Palat. XII, 206, 5 et 213, 2 Κῦρι; 215, 2 Κῦρις (Benseler, l. l., Κῦρις; IIe s. A. D., cf. Christ, 527). Ch., ignorant à ce passage ce sens qualificatif et honorifique de κύριος, ne cite pour κῦρις (écr. κῦρις) que le sens de *père* (ci-dessus), parce qu'il croit sans doute que ce sens convient seul à sa démonstration; c'est

---

1. Il n'est pas sans intérêt de remarquer que, dans le paradigme Μάρις de Chatzidakis, le datif fait défaut. En effet, il n'y a plus de datif aujourd'hui. Chatzidakis, qui croit que le grec moderne est constitué dans son état actuel bien avant le Xe siècle, ne juge sans doute pas nécessaire de parler du datif à l'époque romaine.

là un accident sémasiologique postérieur, qui n'a rien à voir avec l'analogie ; cf. Greg. Naz. Ep. VIII (t. 37, 33 A): τὸν μὲν οὖν κύριον τὸν πατέρα ἡμῶν, d'où plus tard κύριος = πατήρ. — Ἄης ne s'emploie jamais aujourd'hui *substantivement;* cette forme ne se rencontre qu'en composition : ὁ ἄη (= ἄϊς = ἄγις = ἄγιος) Θανάσης (voir ci-dessous, 237, pour η = ι) ; « ἄ(γ)ις heiliger » comme dit Chatzidakis, Mittelgr., 110, est une assertion purement gratuite. Substantivement, on dira toujours ὁ ἄγιος.

Donc, l'analogie s'est attaquée à ces deux qualificatifs, précisément parce qu'ils étaient le plus fréquemment associés aux noms propres, et non parce qu'ils remplissaient fonction de noms communs. Il ne faudrait pas croire que tous les noms de fonctions ou de métier en -άριος = arius aient suivi. L'analogie n'est pas un phénomène absolu au même titre qu'un phénomène phonétique; elle demande du temps pour s'étendre, On cherche vainement à comprendre pourquoi Ch., l. c., 113, cite les vieux exemples ressassés de Lyd. σιλεντιάριος, φρουμεντάριος, κουβικουλάριος, σιμάριος etc. etc., pour prouver que -άριος est devenu -άρις. Les exemples de ces subst. sont rares à l'origine ; on a d'ordinaire σκρινιάριος Kaibel, I. G. 2263, 10, -ίῳ 5 (Etrurie), κονσιλιάριος ib. 2 ; βεστιαρίῳ 1686, 5 (R.) ; Αὐρήλιος Ἀγαθίας Σύρος μαρμαράριος (R.) ; δουκηνάριος 1347, 3 (R.) etc. etc.; cf. νοτάριος, καυαλλάριος Trinchera CXVI (1135), p. 155, νοταρίου, ibid. p. 155 et 156 ; καβαλλάριος CLIX (1159), 211 ; ταβουλάριος CXCII (1179), 253 ; ibid. νοταρίου 252 (bis) et 253 ; κηρκλαρίου CCIV (1181), 269 (ter) ; ibid. ταβουλαρίου et νοταρίου (it. p. 268) etc. Voir des exemples modernes dans Foy, 126 (ταβερνάρης, etc. et ibid. κυνηγάρης etc.). Assurément, M. Chatzidakis, qui croit que l'existence d'une forme analogique à une époque donnée prouve à la même époque la prédominance de cette forme (Jub. Ath., 148[1]), ne concevra jamais comment, sur le modèle de ῥητιάριν (Benseler, l. l., 154), tout -άριος n'est pas aussitôt devenu -άρις. Lui-même pourtant cite pêle-mêle ψωράρις, διφθεράρις, τριμιτάριος, πολτάριος, σχολάριος, σπαθάριος, κοιτωνάρια et

---

1. Ce passage est rédigé avec duplicité. Si le sens de toute la dissertation, ibid., n'est pas celui que je lui donne ici, il signifie alors que les gén. ταμία etc., *commençaient* seulement à se montrer au IIe s. A. D., cf. ἐπεκράτει σύγχυσις καὶ... ἡ ἐξομοίωσις ὁσημέραι ἐγίνετο. Dans ce cas, Ch. ne fait que se ranger à la doctrine des Essais qu'il copie, Essais, I, 227 et à toute page.

ajoute que ces formes « sind sehr gewöhnlich in der Byzantis », Mittelgr., 113.

Les mots ὑπνιάρις (Prodr. [IV, 613 a])[1] etc., περιβολάρις, κυνηγάρις etc., rapportés à la suite (Mittelgr., 113), appartiennent à une autre époque. Ces subst. font aujourd'hui leur gén. en -η, τοῦ περιβολάρη etc. Ce gén. est dû à la coïncidence phonétique des nomin. πολίτης, μακελλάρις. Or, πολίτης s'est décliné au gén. πολίτη (voir comment, Essais, I, 180-181). Il faut donc écrire par un η, puisque l'on suit aujourd'hui en tout l'orthographe *historique*. Chatzidakis, Jub. Athen., 182, a soutenu qu'il fallait écrire ἡ πόλι et, par conséquent, τοῦ Σκυλίτσι ! (p. 185), sous prétexte que l'orthographe πόλη etc. « ἐξαφανίζει πολλαχῶς τὸ ἔτυμον καὶ τὴν πρὸς τἀρχαῖα συγγένειαν ἢ ταυτότητα αὐτῶν, ὃ δὲν ἐπιτρέπεται. » Conformément à ce principe, Ch. aurait dû écrire Κῦρις, Ἀπολλῶνις, etc. ce qu'il ne fait ni Jub. Ath., 184, immédiatement après la règle posée, ni ci-dessus. Nous laissons cet érudit tomber d'accord avec lui-même, avant de donner des leçons d'orthographe.

Les gén. τοῦ κύρη, τοῦ μακελλάρη (Prodr. VI, 336, 338 = Gr. 1310, appartiennent à cette influence des noms en -ης. Et cette nouvelle analogie explique la forme κῦρ Λέων Theoph. Cont. 350) 23, par la chute interconsonantique de *i* atone (Prononc. gr. 264, n. 3[2]). Il n'y a donc pas là de traitement particulier affecté à une forme plus usitée (Hesseling, Inf., 40, 3). Le nom

---

1. Cité Mittelgr., 113, mais il y a δοχειάρην (sic) Prodr. IV, 526 et non δοχιάρις. (Chatz.) L'absence de renvois, ibid., vient de ce que ces formes sont cataloguées dans les Essais, II, 176 suiv. Quand on puise chez autrui, on nomme ses sources et on tâche de bien citer.

2. Les formes δάσκαλος (διδάσκαλος), βάζω (βιβάζω) y sont attribuées à ce phénomène. C'est un nouveau contre-sens historique que de comparer, pour l'explication de ces formes, les phénomènes pg. de dissimilation κέντρον = κένεντρον, ἀμφορεύς, ἀμφιφορεύς (Chatzidakis, Vokal. 386) et d'appeler (ibid.) G. Meyer[2], § 302, p. 293, à son secours. Tout le monde sait que la chute de l'*i* interconsonantique atone n'appartient pas au pg., qui n'a rien à voir ici. Par le fait, διδάσκαλος dans κωμῳδιδάσκαλος (= κωμῳδοδ.) reste, et cette forme est rapportée par G. Meyer[2], au passage même qu'invoque Chatzidakis. D'autre part, il est évident que dans δάσκαλος et βάζω, ces deux mots n'ont pas été traités *in abstracto*, mais dans un contexte oral, tel que ὁ διδάσκαλος etc. Donc, soutenir comme l'a fait ailleurs le même linguiste que jamais Grec n'a prononcé à l'initiale δδάσκ., ce n'est pas présenter une objection : c'est se livrer à de purs sophismes.

propre au voc. ou au gén., précédé de κύρη, a entraîné la chute de l'*i*. Cf. aussi Prodr. V, 74 ; Jo. Mosch. 2949 C, etc.

Les neutres en -ιον = -ιν ne font plus maintenant difficulté. L'anologie a dû commencer par les noms féminins en -ιον = -ιν Ἐλευθέριν, Καλλίστιν (Benseler, l. l., 172, 174). En d'autres termes, Εὐγένιος et Ἐλευθέριον restent dans le même rapport : -ιν est à -ις, ce que -ιον était à -ιος : parce qu'on dit l'un, on dit l'autre. Le gén. était toujours commun aux deux genres. D'où le point de repaire analogique.

Cette explication paraît préférable à celle que j'ai longtemps cherchée dans une introduction de neutres latins en -im pour -ium. Il n'y a qu'un seul exemple de moi connu d'un subst. lat. de ce genre : Brindisim, Schuchardt, II, 206 et encore n'est-il pas tout à fait sûr (cf. ci-dessus, p. 224). On serait obligé, par conséquent, de rétablir d'après παλάτιν (Chron. Pasch. 587, 12), πραιτῶριν (Götz, Coll. Harl., p. 6, 14, § 9), et deux ou trois autres semblables, des formes lat. palatim (polotin, Schuchardt, I, 173 est une transcription du syriaque, ibid.), praetorim, etc., ce à quoi rien n'autorise et ce qui devient superflu. Ce traitement en lat. serait d'autant moins vraisemblable, que -ium aurait plutôt donné un ι, cf. Corssen, II, 753 et ci-dessus, p. 206.

Les substantifs ont suivi, mais, pour la raison exposée ci-dessus, *tous* n'ont pas suivi. Chatzidakis, qui ne comprend toujours rien à l'extension de l'analogie, cite lui-même, suivant les régions (p. 110-111) : κωλιό et κωλί, φορτιό et φορτί, φύλλι et φύλλι, σάλιο et σάλι, κτίριο et κτίρι, ἀγγεῖο et ἀγγεῖ. Voyez aussi θερί Thumb, Aeg. 124, en regard de θεριό, constant dans la langue commune. Qu'est-ce que cela prouve si ce n'est que l'analogie n'a pas encore passé son niveau sur tous les neutres ? Il en était de même au moyen âge ; on lit dans Prodr. I, 75 ἐνοίκιον et 46 ἱμάτιον ; mais 50, 60, 93 ἱμάτιν (de même Prodr. IV, 400) ; Prodr. II, 21 παλάτιον (παλάτιν, Chron. Pasch. 587, 12) ; 42 φρύγιον ; Prodr. III, 434, 441 μυστήριον (auj. μυστήριο) ; Prodr. IV, 333 (= Prodr. III, 333) εὐαγγέλιον ; Prodr. VI, 387 καταφύγιον ; VI, 9 κοσμοσωτήριον ; VI, 195 κρατσίον (v. l.)[1]. Il ressort de cette statistique que les neutres en -ιον ont été lents à subir l'analogie. Chatzidakis, que les

---

1. J'emprunte ces exemples à un lexique grammatical de Prodrome, fait par H. Pernot ; tous les autres neutres sont en -ιν dans cet auteur.

contradictions n'arrêtent pas, soutiendra d'un côté que les formes mixtes sont une preuve de macaronisme, et reconnaîtra d'autre part que l'analogie s'exerce encore de nos jours sur les neutres. Il faut bien s'entendre sur ce point. La coïncidence phonétique de deux cas n'entraîne nullement l'analogie de tout le paradigme. C'est pourquoi, en néo-grec, la phonétique et la morphologie ne marchent pas fatalement la main dans la main. Cela a été expliqué avec preuves à l'appui Essais I, 164 suiv. et mal compris depuis. Ainsi Thumb, Neugr., p. 9, écrit : « Diese lautliche Entwicklung (l'iotacisme) zog, unterstützt durch das allmächtige (le mot propre eût été, au contraire : allmählige) Wirken der sprachlichen Analogiebildungen eine durchgreifende Vereinfachung der Declination und Conjugation nach sich », et, en note, il donne les équations suivantes : νίκην = πίστιν, γλώσσας = ἐλπίδας, d'où póli, pólis, glóses, elpídes. Raisonner de la sorte, c'est peu comprendre à la grammaire historique. Car enfin, si l'identité des deux désinences doit forcément amener une nouvelle déclinaison, comment se fait-il qu'au lieu de dire póli, pólis (écr. πόλη, πόλης), on n'ait pas dit plutôt νίκις, νίκεως? C'est qu'il y a des raisons particulières à toute analogie; dès lors, les coïncidences phonétiques restent hors de jeu. De ce que Ἀπολλῶνις et κλέπτης coïncidèrent à un certain moment au nomin., il ne résulte en aucune façon que tout le paradigme ait suivi. Ce sont là des phénomènes postérieurs[1]. On voit également que malgré l'identité phonétique des génitifs -ίου, -ιοῦ, bien des neutres ont gardé ιο au nomin. Ce qui est certain, c'est que l'identité phonétique, si elle n'entraîne pas l'analogie, est du moins une condition sine qua non. Il ne faut donc plus commettre le contre-sens que ces neutres ont inspiré à M. Chatzidakis.

Le contre-sens est d'autant plus grave qu'il ne tombe pas sur ces neutres seuls, mais que, du même coup, toute la grammaire historique du néo-grec se trouve faussée. Chatzidakis

---

1. Il est bien douteux que les exemples de Ross, I. L., 185 Βασίλης (cf. ibid. p. 185-186), et Ross, I. G., II, 59 Σειμάκης rentrent dans cette catégorie. Il faut, en tout cas, écarter Ἀποδήμης Δευτερία C. I. G., 9572; cf. ibid.: Legendum videtur Ἀποδῆμης (i. e. Ἀπόδημις, Ἀποδήμιος) Δευτερία. Il est possible qu'il faille même lire Ἀποδημίς (cf. Dumont, Mél. 459 Ἀπολλωνίς) Δευτερία. Un exemple certain est Βαγγέλης, Dumont, Mél., 418 (basse époque); remarquer l'orthographe -ης.

a dit et répété sur tous les tons que le grec moderne, tel qu'il se parle aujourd'hui, était une langue formée bien avant le xᵉ s. Cf. Jubil. Athen, 172 : πολὺ πρὸ τοῦ Προδρόμου καὶ Σπανέα, ἤτοι πρὸ τοῦ 1000 μ. Χ. ἡ νεωτέρα Ἑλληνικὴ εἶχε προσλάβη [écr. -λάβει]τὸν δημώδη αὐτῆς εἴτε νεωτερικὸν τύπον. Ib., p. 121, il est plus catégorique : ἡ Ἑλληνικὴ γλῶσσα μεταβληθεῖσα ὡς πρὸς τοὺς φθόγγους, τὴν σύνταξιν καὶ πλοκὴν τοῦ λόγου, ὡς πρὸς τὸν θησαυρὸν τῶν λέξεων καὶ τὴν σημασίαν αὐτῶν, καὶ τέλος, ὡς πρὸς τοὺς τύπους προσέλαβε καθόλου εἰπεῖν πολὺ παλαιά, πάντως πολὺ πρὸ τοῦ 1100 Μ. Χ. ὃν σήμερον ἔχει χαρακτῆρα. Ces différentes expressions sont destinées à défendre tant bien que mal l'opinion erronée exprimée jadis dans les Gött. gel. Anz. 1882, 365 (= Chatzidakis, Tzakon., 365, à l'Ind. bibl.) et que voici : « Dies (voir ibid.) würde Deffner nicht gesagt haben, wenn er die geringste Einsicht in die Geschichte des ungemein conservativen Ngr. hätte, welches, ohne eine Literatur zu besitzen die diese Zähigkeit zu Stande bringen könnte, seit tausend Jahren fast unverändert bleibt » (cf. Krumbacher, Beiträge, 13 ; NG. II, 450, 1).

Il est au-dessus des forces de M. Chatzidakis de reconnaître qu'il s'est trompé. Il n'est sophismes qu'il n'imagine pour prouver qu'il avait raison. Mais les faits sont plus forts que toutes les subtilités. Aussi l'obstination qu'il a mise à défendre ce point de vue insoutenable l'a-t-elle conduit à deux autres erreurs qui suffisent à démolir toute la doctrine. C'est l'erreur qu'il a commise au sujet de l'Andronikos et celle qu'il commet aujourd'hui au sujet de Μάρις. Elles tiennent au fond même des idées de ce linguiste. En effet, il a toujours voulu prouver que les textes médiévaux étaient incapables de servir de base à une grammaire historique. La statistique que l'on fait des formes employées dans ces textes, pour montrer une progression constante, suivant les époques, dans l'emploi des formes modernes, ne mène à rien : cf. Jubil. Athen., 173 : στατιστικὴ ἐπὶ τοιούτων μνημείων ἀπαρίθμησις πάντων τῶν ἐν αὐτοῖς εἰς οὐδὲν ἀσφαλὲς δύναται ν'ἀγάγῃ συμπέρασμα. Cela est inexact : un résultat certain — συμπέρασμα ἀσφαλές — c'est que de cette même statistique il ressort que l'Andronikos est un texte sans valeur : or, Chatzidakis s'était appuyé sur ce texte, pour dire que le grec n'a pas changé (Essais, II, XVI) ; il n'a jamais franchement reconnu cette erreur ; il s'est contenté de ne plus citer ce document, mais ses idées n'en ont pas été plus en progrès depuis.

Au contraire, elles n'ont fait que s'exaspérer dans le même sens. Il faut absolument prouver que le grec moderne est bien antérieur au x° s. Alors, que faire? Rien ne coûte à ce savant, qui n'est pas apte à professer une opinion impersonnelle. Dans les articles de l'Ἀθήναιον (Athen. X), il avait établi, toujours dans une polémique, que le grec moderne reposait sur la κοινή et n'avait rien à voir aux anciens dialectes. En ce temps-là, Chatzidakis était parti en guerre contre Deffner. Aujourd'hui, c'est moi qu'il faut combattre. Le même homme revient aux vieux dialectes (ci-dessus, 231), et voici, exactement reproduite, la phrase où aboutit ce nouveau point de vue : Jubil. Athen., 147 : Ἡ δὲ ἐν ταῖς διαλέκτοις ἀναφαινομένη κατὰ πρῶτον αὕτη ὁμοιότης προβαίνει βραδύτερον καὶ καθίσταται κοινοτέρα. Voilà comment, pour contredire les Essais, Chatzidakis ne craint pas de se contredire lui-même.

La chronologie a toujours trompé Chatzidakis. Ainsi, à propos des mots savants tels que : γυμνάσιο, πανεπιστήμιο, πλοῖο, ἀτμόπλοιο (« nach volksetymologie von ἄτιμος st. ἀτμός » *sic*), λογιστήριο, γραφεῖο, ὑπουργεῖο, Mittelgr., 111, il observe : « Dadurch aber dass, wo in letzter zeit die lautgruppe ιο aufgekommen ist, der o- laut nicht verloren geht, wird nachgewiesen, dass das aufhören des verlusts desselben in ziemlich alte zeit zu verlegen ist. » Cela est aussi faux que tout le reste. On ne voit pas ce que le groupe ιο et le « aufhören des Verlusts » peuvent bien faire ici. Ces exemples ne prouvent absolument rien pour les limites chronologiques de l'analogie. L'analogie ne pouvait pas s'exercer sur ces mots, pour la raison *toute simple* que leur origine est savante et que, par conséquent, leur gén. est encore en -ίου : γυμνασίου, πανεπιστημίου, πλοίου etc. Or, entre ce paradigme et celui de παιδί, παιδιοῦ, il n'y a pas *un seul point de contact,* le pluriel étant naturellement écarté. Cette explication est tout aussi hors de place que les autres.

J'en ai dit assez, je crois, dans les quelques pages qui précèdent, pour montrer l'intérêt linguistique que présentent les textes juridiques; il est nécessaire, dans l'établissement de ces textes, de tenir compte du développement du latin autant que du développement historique du grec; une forme telle que κορατορεύομενος (voir, au Lex., s. v. κουρατορεύω) ne peut reposer que sur le latin, où ū = o dans la même position (Schuchardt, II, 181, cf. fedeiossore, p. 177, Rav., 591 A. D.). Les formes κοράτωρ, là où les mss les donnent, doivent donc être conservées et κορατορευόμενος, en tout cas, reste. La question maintenant est de savoir s'il faut, dans la constitution d'un texte de droit, rétablir la langue contemporaine des auteurs ou se contenter de la langue que l'auteur pratiquait pour son compte. Ce point est délicat. Κουρατορεύω et κορατορεύω sont également bons en grec; remettre partout κοράτωρ[1], sous le couvert de κορατορεύω qui en dérive, serait peut-être aller trop loin, car l'écrivain peut fort bien se servir de κουράτωρ et, par conséquent, de κουρατορεύω, sur la foi de la tradition, ou simplement parce qu'il transcrit d'après la lettre; δεκεσίων en regard de δηκισίων, est dans le même cas. Les mss seuls peuvent décider en pareille matière et leur témoignage importe autant à l'histoire du grec qu'à l'histoire même du droit.

Il est évident qu'il ne faut pas pousser ces principes à l'absurde. Chatzidakis, Mittelgr., 151, II, commence par expliquer que tout ce que rejettent les scholiastes et lexicographes doit être considéré « als echter und wahrer bestandtheil der volkssprache jener zeiten ». Et il continue: « Und wenn dieses material, welches so verworfen oder vor welchem gewarnt worden ist, heutzutage im täglichen gebrauche ist, so muss es auch durch alle jahrhunderte bekannt und beim volke gebräuchlich gewesen sein. » En voici un exemple (p. 152): « So sind z. b. seit der zeit August's bis heutzutage ἀτὸς, Ἄγουστος, τοῦτοι [!] etc. im täglichen gebrauch; allein die Byzantiner vor dem XI. Jahrhundert bieten nichts derartiges » etc. Par conséquent: « Wenn also die mittelalterlichen texte es nicht bieten, so bekunden sie dadurch nur ihre unglaubwürdigkeit und unzuverlässigkeit. » Tous les textes juridiques sont dans ce cas. Et cependant aucun éditeur ne s'avisera certainement de rétablir partout Ἄγουστος; aucun linguiste ne soutiendra d'autre part que c'était la prononciation courante à Byzance. Les raisons en sont accessibles à tout esprit. Le groupe βγ n'a rien de contraire en soi-même

---

1. Cf. κοράτορα; Trinchera CXXI (1139), p. 162; ici o ne peut être que latin.

à la phonétique néo-grecque (cf. βγάζω, ἀβγό etc.); par conséquent, les habitudes officielles pouvaient maintenir cette forme d'autant plus facilement. On disait donc simultanément Αὔγουστος et ἄγουστος (Ed. Anast., 137)[1], pour le nom propre et, par contamination, pour le nom de mois[2].

Je n'ai pas l'intention d'utiliser ici les notes que j'ai prises au sujet de l'orthographe ou de la phonétique des consonnes, pas plus que mes notes de morphologie. J'ai déjà touché à la morphologie au sujet de δικτάτωρ et des nomin. -ις et -ιν. Le consonantisme ne présente pas autant d'intérêt que les voyelles. J'en détache quelques courtes observations et, tout d'abord, sur *u* cons. dans Seruius; on sait que la transcription par ου est surtout de la période républicaine et que, sous les empereurs, β se répand de plus en plus, Dittenberger, Griech. Nam., 302-303 (le plus récent exemple de ου appartient à l'époque de Constantin, Φλαουικνοῦ et Ἀουίδιος, p, 304). Mais le nom propre Seruius se dit encore à C. P. (Triantaphyllidès) Σεροῦιος (= Σερούιος); l'accent fait difficulté (cf. Dittenberger, Griech. Nam., 306, 1); le mod. Σεροῦιος serait donc aujourd'hui le seul représentant de *u* cons. = u voy. : silŭae Hor. O. I, 23, 4. L'accent par là serait justifié. Le Gr. 1365 (B. N.), fo 283 b (= Theoph. l. IV, 6, § 7) porte sept fois σεροῦϊανή; Plut. Mor., Quaest. Rom. 74 (p. 281 D = II, 295, 4 et passim) a Σεροῦιος; il faudrait peut-être le laisser ainsi orthographié dans Théophile. — Un cas inverse, c.-à-d. un emprunt au lat. vulg., serait le mod. δεμέστιχος, sous-chantre (C. P., Triantaphyllidès); le χ, à la place du c latin, donnerait pour k = kh = h, le pendant du traitement observé par

---

1. Elém. ng. en t., s. v. Aghoustos.
2. Dans le même paragraphe, Mittelgr., 151, II, Ch. nous apprend ceci : « was die atticisten verwerfen oder der antiatticista empfiehlt, muss als diesen zeiten entsprechend betrachtet werden. » Ce principe qui, comme on sait, n'est pas nouveau, est subitement oublié par Ch. au tournant de la page (ibid. 155) : il ne veut pas que dans ῥάγα le premier α soit par attraction, parce qu'Hésych. cite la forme pg. ῥάξ (cf. Pernot, Inscr. Par., 48, 2). Après cela, on est quelque peu surpris de lire, Thumb, Neugr., p. 28, n. 37 : « Wie die Grammatiker, Lexikographen, Scholiasten (besonders die Atticisten und ihre Gegner) zur Erforschung der Κοινή verwertet werden können, hat Hatzidakis gezeigt, cf. K. Z. XXXI 151 f. » On vient de voir, dans cette note et dans le texte, au-dessus, tout ce que contient ce paragraphe instructif, auquel M. Thumb renvoie le lecteur.

Schuchardt pour d = dh = h (Schuchardt, III, 65-66); ε est dû soit au grec (Pernot, Inscr. Par., 49), soit à une parétymologie déjà latine (Schuchardt, III, 243); la première hypothèse est plus probable; Prodr. ne connaît encore que δομέστιχος Prodr. III, 60 = δομέστικος Prodr. IV, 60. Dans le même ordre d'idées, cf. καρούχα (cf. S., s. v. καρούχα), Haenel, C. L., 179 (301 A. D.); mais, ibid., 345 (431 A. D.) δομεστίκων. — En revanche ἀδνάτος serait un traitement grec comme ζεῦλα (= ζέδγλα), cf. S. Portius, 76; cf. ἔκτος, G. Meyer[2], § 269, p. 262. Il serait intéressant de vérifier si ἀδνατικῶν Anecd. H., II, Ind. Reg., 243 (ms. du XIe s., cf. p. LXVI) ne permet pas de rétablir ἀδνάτος au VIe s. Telle paraît devoir être la forme normale. Ce mot a une destinée singulière. La graphie adgn-, en lat., ne peut guère être que savante. Il semble donc qu'on ait d'abord transcrit d'après la lettre; la phonétique vivante a ensuite donné le groupe δν; voir le Lex., s. v. ἀδνατικός. Pour -νσ- voir ibid., s. v. καστρέσιος.

Je finis par une courte remarque sur t lat. devant i(e). On sait que, dans cette position, la langue commune a gardé le t (et le c), cf. σπίτι (et κελλί); Μούτιος (voir au Lex.) en regard de Μούκιος Nov. XXII, 43 (177, 18; tous les mss) serait donc latin; de même κονδικτίκιος et κονδικτίτιος, cf. Schuchardt, I, 162; plus tard on trouve même t = τζ Anecd. H., I, LX, ρεπετιτζίονα etc. etc. Enfin, t est tombé dans ἄμιτα = ἄμια, forme sous laquelle le mot est aujourd'hui connu. Cet abandon du t ne peut être ici dû qu'au lat.[1], Schuchardt, I, 130. Il y a eu des apports successifs du lat. en grec, à toutes les périodes de développement, et des emprunts réciproques. Le grec prend au lat. vulg. *amia*, et l'it., toujours par le canal du lat. vulg., prend au grec le mot *zio* (Diez[5], 317).

Les mêmes observations pourraient s'appliquer à l'accent; Sophoclis, p. 29, col. 2, a fait remarquer que le mot latin suivait l'analogie des noms grecs: christiánus donne χριστιανός (sur ἀληθινός) et Αὔγουστος, à cause de la finale brève, remplace Augústus[2]. D'après cela, il faudrait ἰνστρούμεντόν (S. s. v.).

---

1. J'ai recueilli à Pyrgi les formes κάω = κάτω etc.; mais ces phénonènes tiennent à la protonique.

2. Chatzidakis, ᾿Αθ. I, 253, cite: βέλλανος ἀντὶ βελλᾶνος = villanus [cf. βελλανός, Wanowski, 5; Schuchardt, II, 53] et κωλλήγας, collega, κώλλιας à Naxos. Il n'a rien compris à ce double phénomène, qui rentre dans la catégorie étudiée ici-même.

Cependant, on lit J. G. R., VII, 115 σοσιστρουμέντο ; Anecd. H., I, Ath. Nov., 145 λαξαμέντον (mais voir la leçon du ms.); Gr. 1357 A, fo 294 b, 1 ἰστρούμεντον en regard de ἰνδέντον, ibid., l. 17 du bas ; ἀρμαμέντον Theoph. I, 397, 3. Le grec a donc pu suivre quelquefois l'accent latin ; cela tient aux époques d'emprunt. L'étude comparée des divers mss donnerait le critérium.

Triantaphyllidès a écrit partout dans son Lex. ληγάτον et non ληγᾶτον etc. Cette orthographe se défend par cette considération qu'au vi° s. l'α était bref et que, par conséquent, malgré l'origine -ātus, α était susceptible de l'aigu. Triantaphyllidès raisonne ainsi par sentiment des difficultés présentes : en effet, il s'agit à la fois de simplifier l'orthographe et de conserver la tradition. Le circonflexe est surtout embarrassant ; on concilie les deux exigences en écrivant ποτήρι, par souvenir de ποτήριον, et νοτάρης, malgré -ārius, grâce à η. Celui-ci est le *seul* conforme à l'orthographe *historique* : il est inutile et même illogique d'écrire de façon différente πολίτης et κύρης, ψυχή et πόλη ; πόλι, au point de vue historique, est une pure monstruosité. Il n'y a donc aucun compte à tenir des sophismes orthographiques de Ch. (ci-dessus, 237) ; qu'il écrive -άρις ου -κύρις peu nous importe. Il importe seulement qu'il garde ses illogismes pour lui seul.

A l'époque romaine, il y aurait peut-être quelque intérêt philologique à écrire κῦρις et Ἀπολλῶνις. Ainsi serait faite, à première vue, pour les savants, la distinction entre les deux époques de la langue : celle des gén. κυρίου et des gén. κύρη.

Ce travail était imprimé et sur le point de recevoir le bon à tirer, quand mon libraire m'envoya la Einleitung in die neugriechische Grammatik, Leipzig, 1892. J'ai pu constater que les diverses erreurs que je viens de signaler s'y trouvent scrupuleusement reproduites. Le passage qui concerne Μάρις a passé sans changement du Vocal., 109 suiv., dans la Einleit., p. 314, suiv., sans aucune mention des deux lignes du Jubil. Athen. que j'ai rappelées ci-dessus, 233, 1. C'est donc bien l'explication du Vocal. qui contenait la dernière pensée de Chatzidakis. — Au sujet du *jod* (Vocal., 382, 1), il y a une petite modification ; cf. Einleit., 338 : cette fois Blass est aussi pris à partie (du reste, les mêmes incohérences y sont répétées). Mais, à propos de la transcription que j'ai donnée de ου = w (cf. Ἀθ. I, 273, 2), Chatzidakis, tout en se livrant aux mêmes critiques irréfléchies, a cru devoir exprimer son admiration pour le livre de Blass — c'est plus prudent — et il ajoute, Einl. 339 : « Auch hier wird Blass' schönes Buch durch Psicharis' falsche Lehre verunstaltet ». — Relativement au groupe ir = er, cette fois-ci Chatzidakis a découvert lui-même une forme βούτερον Einl. 333, dont il rangeait l'existence parmi les παράδοξα et les γελοῖα, Ἀθ. I, 273, 2. Nous n'en sommes pas à une inconséquence près. — Les prescriptions méthodiques édictées au sujet des atticistes (Mittelgr., 151, II) ont sauté telles quelles dans la Einl. 14, II. Cependant Chatzidakis s'est aperçu cette fois-ci que Théophane présentait ἀγούσταν : il avait dit (ci-dessus, 242) que les byzantins ne donnaient rien de ce genre. Félicitons-le de cette découverte. — En feuilletant le volume, j'aperçois, p. 236 suiv. une prétendue réponse aux quatre arguments précis que j'avais opposés à Chatzidakis dans mon article de la Berl. philol. Woch. (Psichari, Mittelgr.). Je ne m'arrêterai pas une seconde à ce verbiage. — Je ne dirai pas non plus un seul mot des passages où il est question, avec hauteur, de ma *kritiklosigkeit,* ni de cet autre où Chatzidakis déclare que je suis fou. Tel est le langage de cet homme. N'avait-il pas dit ailleurs : ἀπαξάπαντες ἔστρεψον τὸ πρόσωπον ἀπ'αὐτοῦ, ὡς ἀπὸ αἰσχροῦ τέρατος, ὡς ἀπὸ Μεδούσης (Ἀθ., I, 525) ? Ses manières intempérantes — et fortes de gaieté — n'ont pas beaucoup changé de la Ἀθηνᾶ à la Einleitung.

Ce gros livre est, en somme, rassurant. Il nous présente en tas toutes les contradictions et toutes les erreurs de son auteur. Il sera amusant d'y pêcher. Il faudra assurément dans cette pêche laisser de côté tout ce qui est pure mauvaise humeur. Ainsi, les pages 239 et suiv., ont un étrange aspect : elles font je ne sais quel effet de colère et presque de rage impuissante. A l'aide de plusieurs sophismes, dans le dédale desquels je renonce à m'égarer à sa suite, l'auteur arrive à démontrer que je bats en retraite, que je couvre même ma retraite (gedeckten Rückzug, 211) et finalement que je lui accorde tout ce qu'il exige de moi (p. 242). Ce sont là évidemment des *words*. Voici des faits. Chatzidakis, avant toute polémique, devra répondre aux critiques précises que j'ai formulées contre lui dans le cours de ce mémoire. Il a tout d'abord à se défendre ; il pourra, après cela, revenir aux invectives et songer à l'attaque. Je sais que toutes les fois qu'on met ce linguiste au pied du mur, il a l'habitude de sauter dessus et de vous y injurier à son aise. Ce jeu va cesser aujourd'hui même. Ce n'est pas que personnellement j'attache la moindre importance à l'aveu de ses erreurs. Ces satisfactions d'amour-propre me sont étrangères. Mais il y a trop longtemps que Chatzidakis trouble nos études par des personnalités malséantes et les théories qui en résultent. Il les débite d'un ton d'assurance qui peut faire illusion. Il importe donc essentiellement que le monde des travailleurs soit fixé à la fois sur la valeur des attaques de ce linguiste et sur le bien fondé de ses assertions. Je vais employer pour cela un moyen d'une extrême simplicité. Il faut savoir que l'exaspération de Chatzidakis contre moi et contre la statistique des auteurs médiévaux remonte au moment où, commençant à m'occuper des mêmes études, j'ai signalé, dans une controverse d'ailleurs purement scientifique, deux ou trois erreurs de ce savant, entre autres, Essais, I, 218. Si ce que j'affirme ici n'est pas exact, Chatzidakis peut le prouver sur place : il lui suffira seulement de dire qu'il ne s'est point trompé en prenant l'Andronikos pour un vieux texte (voir Essais, II, XVI), et en s'appuyant sur ce texte pour soutenir que le grec, comme il l'a toujours prétendu, n'a pas changé depuis des siècles (ci-dessus, p. 240). Logiquement, il devra démontrer aussi que ce n'est point par la seule *statistique* des textes médiévaux qu'on arrive à fixer la date de ce document inoffensif, et à le rejeter, comme limite extrême, tout au plus au XVII° siècle. Voici donc une situation bien claire : Chatzidakis s'est-il oui ou non trompé (Essais, I, 218) sur l'Andronikos, et la statistique établit-elle oui ou non l'âge de ce texte? Il n'y a à répondre que par un *oui* ou par un *non*. Si c'est *non*, il est certain que j'ai tort, que ma statistique n'a servi à rien, que Chatzidakis, guidé par l'amour désintéressé de la science, n'a eu, en m'attaquant, aucune raison personnelle de m'en vouloir.

Maintenant il faut, de nécessité absolue, couper court à tout sophisme nouveau. Chatzidakis, par suite d'animosités qui n'ont aucun caractère scientifique, donne à ses lecteurs des renseignements faux ; il est indispensable que ceux-ci en soient pertinemment informés. Et c'est lui-même que je veux mettre à présent dans l'obligation de les instruire à ce sujet.

Je reste donc hors de jeu, pour ainsi dire : c'est affaire entre eux et lui.

Je laisse intentionnellement ici de côté les passages où Chatzidakis, ayant à me citer, me fait dire ce que je n'ai jamais dit et induit ainsi son public en erreur. Je ne m'occupe pas davantage des explications, données par moi, que Chatzidakis reprend sous son nom, pour n'avoir pas à mentionner mes livres, etc., etc. Je garde ces menus faits en réserve. Je ne veux pas que cette page ressemble à un plaidoyer en ma propre faveur. Il s'agit d'intérêts plus généraux. On en a vu quelques exemples plus haut ; voici les cas que je vise en ce moment. Essais, II, 53, j'ai catalogué, d'après l'Erophile, les formes ἐχθρούμας, καρδιᾶμας, en ajoutant : « la disparition de -ς par assimilation avec μ suivant n'a rien d'anormal ». Chatzidakis, Mittelgr. 136 (= K. Z. XXXI) soutient que cette observation « kann nicht richtig sein, da wir von einer solchen assimilation in neugriechischen und speciell im kretischen nichts wissen ». La Zeitschrift de Kuhn est dans toutes les mains ; les romanistes s'intéressent aujourd'hui à nos études ; quelques-uns, enfin, savent que Chatzidakis est Crétois, et d'autres ont entendu dire beaucoup de bien de ses livres. Il n'est donc pas douteux que la remarque de Chatzidakis n'ait passé telle quelle de la Zeitschrift dans le carnet d'un linguiste. Celui-ci croira toujours que -sm- ne s'assimile pas en ng., et, s'il est étranger à nos études, ne se doutera jamais que l'assertion de Chatzidakis ne repose sur rien, sinon sur le besoin puéril de prendre en faute les Essais. En effet, Mor. Bov., p. 26, § 142, cite des exemples nombreux de *sm* = *mm* ; voir aussi Pio (Syra), 230, τὸ θάρρσιμου (= θάρρος) ; ceux qui ont lu G. Paris, Amuissement de l'*s* fr., savent d'autre part que ces sortes de phénomènes n'ont rien que de très naturel, en linguistique. Ils sont connus de tout temps, et on peut dire que c'est quand ils ne se produisent pas qu'on peut parler d'exception. Enfin, Chatzidakis renvoie lui-même, l. c., à son Vokal. 397, 1 (K. Z. xxx), où il nous apprend qu'il a constaté ce phénomène d'assimilation en Crète, mais seulement dans βοσκόμας en regard de βοσκόσμου. Tout cela est de la polémique pure et rien de plus. On a vu, p. 209, ci-dessus, que, dans son ardeur à nier l'importance des textes médiévaux, il va même parfois jusqu'à refuser tout crédit à l'Erophile. Or, c'est justement l'Erophile qui donne ἐχθρούμας, etc., et l'Erophile est un texte crétois. Pour tout esprit non prévenu, cela prouve que le phénomène d'assimilation *existe en Crète* et que nous *le savons* par l'Erophile. Ainsi, l'assertion de Chatzidakis contient une double inexactitude : ce phénomène est *connu en ng.* (Mor. Bov. ci-dessus), et il l'est également *en crétois*. L'inanité de cette affirmation se démontre jusqu'au bout : où y a-t-il aujourd'hui une étude du crétois moderne ? Chatzidakis connaît-il tous les patois de Crète, et, s'il les connaît, où a-t-il fait preuve de cette connaissance approfondie des parlers de son île natale ? Nulle part, que nous sachions. Par conséquent, rejeter le témoignage de l'Erophile, le nier ainsi ex cathedra, par la raison que lui, Chatzidakis, n'a pas encore été en état d'observer ce phénomène en Crète, c'est véritablement en prendre à l'aise avec son public.

Mais j'ai dit que le public devait en être informé par Chatzidakis lui-même. Ainsi, tout malentendu va cesser, sur ce point spécial comme sur les autres. Voici de quelle manière définitive. Je pose d'abord une série de questions ; Chatzidakis maintient-il, oui ou non, les affirmations ou les opinions suivantes :

L'assimilation du groupe σμ est-elle un phénomène inconnu en ng. ? Est-ce un phénomène inconnu en crétois, et de ce qu'il n'a pas été encore observé de nos jours, est-on en droit de l'ignorer dans l'Erophile ? — Remontons maintenant plus haut. P. 206, ci-dessus, la synizèse a-t-elle sa source dans les vieux dialectes grecs ? — P. 207, βασιλεάν est-il une orthographe *historique ?* Le témoignage d'un vers de l'Erotocritos permet-il de rien conclure au sujet des habitudes orthographiques de Spanéas ? Βασιλεάν présente-t-il un ι ou un e réduit, et sur quoi Chatzidakis se fonde-t-il pour y voir un ι ? — P. 211-212, est-il vrai que personne n'ait jamais dit τίμιος ? Cette prononciation est-elle inconnue à une bouche grecque ? — P. 211, 3 : Chatzidakis continue-t-il toujours à confondre la notation β et w et ai-je dit que ου ng. se changeait en consonne ? — P. 215 : οὐσία est-il populaire, parce qu'il a changé de sens ? L'emploi que fait l'auteur du mot ἀστεῖος est-il conforme à l'usage attique ? — P. 217, est-il exact qu'aucun homme n'ait jamais dit τριά ? En revanche, n'est-ce pas un fait avéré que la plupart du temps on prononce tantôt avec *i* réduit, tantôt avec *jod* plein, τριῶ χρονῶ,

— nouvelle forme que Chatzidakis n'a pas su observer autour de lui ? — Ib. Blass a-t-il jamais cité les formes σερά, σεράδι, σερώνω, etc., en renvoyant à mes livres ? Les formes σερά etc. (p. 216) doivent-elles être rangées parmi les παράδοξα et les γελοῖα ? Chatzidakis continue-t-il à mettre βούτερον dans la même catégorie (p. 246), comme il le faisait (cf. p. 217) ? — P. 213, 1 : σ intervocalique ne disparaît-il pas à Pyrgi ? Chatzidakis s'est-il, oui ou non, trompé sur ce que je dis du *traitement*, non de la *prononciation* ? — Enfin, Μάρις est-il un nom latin ? Appuie-t-il toujours Μάρι gén. sur πρεσβευτῇ ? L'absence du gén. en -ι dans le bon Prodr. est-elle ou non conforme à la tradition épigraphique ? Chatzidakis maintient-il le paradigme Μάρις, Μάρι, Μάριν, Μάρι ? Ce paradigme — ou tout autre — rend-il compte de Εὐγένιος devenant Εὐγένις et explique-t-il en quoi que ce soit les neutres en -ιν ? Finalement, y a-t-il un gén. en -ι de noms en -ιος, -ις, à l'époque romaine ? Chatzidakis persiste-t-il toujours, 1° dans son explication par le voc. Μάρι ; 2° dans son génitif Μάρι ?

Ce questionnaire suffit pour le moment. Chatzidakis a commis des fautes graves, soit dans les théories historiques et l'interprétation des phénomènes grammaticaux, soit dans les renseignements qu'il servait à ses lecteurs sur l'état actuel de la langue. Il leur doit des explications sur ces faux renseignements. Ces explications, je les exige de mon côté, ayant été mis en cause directement, et Chatzidakis ayant contesté la justesse des faits que je citais. Il faut donc qu'il apprenne ici que l'on n'attaque pas impunément des travailleurs sérieux et réfléchis ; quand on l'a fait, on doit payer jusqu'au bout de sa personne. On doit pouvoir répondre de ce que l'on a avancé. L'attitude de Chatzidakis, quoi qu'il fasse, renseignera suffisamment le public. J'examine les différentes hypothèses qui se présentent pour sa conduite ultérieure, en face du questionnaire que je viens de dresser.

1° Il persiste dans ses assertions et dans ses opinions. Soit un exemple. Il maintient le gén. Μάρι, latin, avec le paradigme Μάρις, etc., et il soutient toujours que personne ne prononce τίμιος. Dans ce cas, la démonstration est faite : Chatzidakis prouve qu'il n'a pas le sens historique et qu'il ne sait pas observer les phénomènes linguistiques *courants*, tels que τίμιος, phénomène de toute évidence. Or, c'est précisément ce que j'ai prétendu contre lui.

2° Il convient qu'il s'est trompé, soit, p. ex., que le paradigme Μάρις avec le gén. Μάρι sont insoutenables, et que τίμιος est une prononciation absolument grecque. Cela est parfait. Chatzidakis accorde au public tout ce qu'il est en droit d'exiger de lui. Il lui prouve que ses attaques contre moi étaient faites à la légère, et qu'il obéissait au seul besoin de polémiquer (voyez un aveu de ce genre, Abstammungsfr. des Neugr., 1).

3° Il se tait, ne répondant ni *oui* ni *non* aux questions qui viennent d'être posées. Dans cette troisième hypothèse, nous sommes encore renseignés. Chatzidakis déclare implicitement qu'il a tort sur tous les points ci-dessus, et je considère son silence sur chacun d'eux comme un acte de contrition forcée.

4° Il lui reste une ressource dernière ; c'est à celle-là qu'il aura infailliblement recours. Il prendra des chemins de traverse. C'est évidemment ce qu'il peut y avoir de plus avantageux, tant à mon point de vue qu'à celui du public. Il y a deux moyens de s'engager dans les chemins de traverse : il considère mon questionnaire comme nul et non avenu, prétend qu'il n'est point de sa dignité d'entrer dans de pareilles discussions, etc., etc., et se lance à corps perdu dans la critique du présent volume, accumule les invectives, signale les erreurs monstrueuses que j'ai commises, etc., etc. Dans ce cas, nous sommes édifiés comme il convient. Chatzidakis prouve qu'il n'a rien à répondre directement aux critiques dont il est l'objet, dans ce volume même et dans mon questionnaire. Quant à ses invectives, on a désormais appris la valeur qu'il faut y attacher ; et, en ce qui concerne ses critiques, et mes *erreurs*, il prépare lui-même les voies à un nouveau questionnaire du genre de celui qu'on vient de lire. Je crains du reste que son crédit auprès du public ne soit épuisé. Je vais même jusqu'à supposer que, par imitation de ma propre méthode, il confectionne un questionnaire analogue. Ce ne sera pas le premier emprunt qu'il m'aura fait. Quant au questionnaire lui-même, j'y répondrai infailliblement — oh ! pour sûr —, mais seulement après que satisfaction aura été accordée au public, et que Chatzidakis aura répondu aux questions que je lui pose.

Le second moyen de fuir est le suivant : je reprends mon exemple de τίμιος. Chatzidakis réplique : « Oui, certainement, on dit *aussi* τίμιος ; je le crois maintenant, parce que j'ai le témoignage de gens compétents, comme Drossinis ; mais la prononciation *savante* est bien τίμιος et la *plupart* disent ainsi. » Chatzidakis nous prouve encore une fois qu'il n'a pas su distinguer le savant du populaire, et ce fait reste toujours acquis qu'il n'a pas su observer les prononciations vivantes. Par conséquent, les témoignages qui viennent de *Paris*, au sujet de ces prononciations, sont plus dignes de foi que ceux que Chatzidakis nous communique d'Athènes. Et c'est ce qu'il est essentiel d'établir pour le bon ordre de nos études.

Je continue à prévoir sa défense. Dans plusieurs cas, il faut avouer que les chemins de traverse eux-mêmes sont difficiles à prendre : ainsi, que répondre à cette critique que Chatzidakis n'a pas su observer la chute du σ intervocalique à Pyrgi, où il était allé étudier le dialecte ? Et comment, après cela, se fiera-t-on à ce linguiste dans ses classifications dialectales ? Mais il est d'autres cas où les fuites sont possibles. Ainsi, à propos de Μάρις, il prétextera qu'il s'est trompé avec Benseler (cas prévu, ci-dessus, p. 230) ou avec Kaibel (cf. p. 229, qui n'a jamais imaginé pourtant un gén. Μάρι ni construit sur ce gén. une théorie, laquelle est propre au seul Chatzidakis. Ou bien, il rééditera encore ce qu'il écrivait dans la Ἐφημερίς, 1887, 41, p. 4, à propos de ma démonstration au sujet de l'Andronikos : Μόνον τώρα μετά τάς ἐργασίας τοῦ κ. Omont ὑπάρχει ἐλπίς νά ἐπέλθῃ φῶς τι εἰς τό ἀπελπιστικῶς πολλάκις δύσκολον τοῦτο ζήτημα. En d'autres termes, il veut dire que si nous arrivons à fixer l'âge de l'Andronikos et de quelques autres documents, cela n'est pas dû à la statistique (Dieu nous en préserve !), mais aux travaux de mon ami Omont. Des moyens de défense aussi piteux et une semblable *captatio benevolentiae* renseigneront le public mieux que ne pourront le faire toutes mes démonstrations, sur les procédés de ce linguiste. H. Omont, qui a d'autres travaux à son actif, ignorait totalement jusqu'ici qu'il se fût jamais occupé de la classification chronologique de nos auteurs médiévaux ! Donc, toute réponse, qui ne sera pas une réponse franche et directe, prouvera simplement au public l'impossibilité où se trouve Chatzidakis de se défendre, et l'étourderie avec laquelle il lance des accusations contre des ouvrages faits avec conscience et sérieux.

En somme, j'ai beau me retourner de tous côtés, je ne

vois pas d'issue possible pour Chatzidakis[1]. Il me semble que j'ai bien posé la question sur son véritable terrain. Il importe que le public soit renseigné tout le premier. Et il le sera maintenant par la seule attitude que prendra Chatzidakis, quelle qu'elle soit. Il est temps que ce débat cesse. Dans son dernier livre, il a passé toute mesure. Il est revenu à sa tactique habituelle : il a recommencé les invectives et les polémiques. Il faut que les unes et les autres finissent aussitôt recommencées. L'intérêt des études l'exige. On saura désormais que dans ses théories sur les auteurs médiévaux aussi bien que dans ses opinions sur le développement du néo-grec, Chatzidakis plaide *pro domo sua* et n'écoute que la polémique. On saura qu'il affirme péremptoirement, et se contredit lui-même un moment après (ci-dessus 246 et 217 ; cf. de même, pour σ intervocalique, ci-dessus, 54, et Vokal. 380, etc., etc.). C'est à lui maintenant à prouver le contraire, s'il le peut. Il faudra que, d'une façon ou d'une autre, il réponde et subisse, bon gré mal gré, l'interrogatoire auquel il m'oblige. Il est bien entendu que cette réponse devra être faite dans une langue intelligible, en allemand, par exemple, ou, si Chatzidakis le préfère, en français, comme j'ai jadis répondu en allemand même à une critique inconsidérée qu'il avait fait des Essais en cette langue. C'est surtout le public allemand que Chatzidakis a si faussement renseigné tant sur l'histoire du grec et les phénomènes modernes de prononciation dans la langue commune et les dialectes, que sur mes propres ouvrages, toujours sur un ton d'affirmation dogmatique ; il doit réparation à ce public. Il faut que celui-ci voie clairement qu'il a été trompé. La καθρεύουσα se prête trop facilement aux verbiages, aux sophismes et aux injures dans le genre des articles de l'Ἐφημερίς[2]. De toutes façons, le public sera fixé ; s'il ne reste à Chatzidakis d'autre ressource que de

---

[1]. Il est une cinquième hypothèse que je n'examine même pas une seconde : pour adopter ce parti, il faudrait trop d'esprit et de talent ; ce serait de faire son *mea culpa*.

[2]. La preuve de ce que j'avance est toute faite : que Chatzidakis essaye de traduire ces articles en entier et de les faire accepter à un public autre que celui des pédants, sophistes comme lui. Nous pouvons l'en défier tranquillement. C'est une impossible entreprise. Seule, la Ἑλλάς est à la hauteur de cette prose. Et s'il n'a pas d'autre refuge que ce périodique, — je le lui laisse.

rééditer ces tristes articles, nous saurons à quoi nous en tenir dès maintenant. Ainsi j'ai prévu ce cas extrême. Le public grec, d'ailleurs, qui, il s'en faut de beaucoup, n'est pas uniquement fait de maîtres d'école, ne manque pas de finesse. Il sait depuis longtemps à quels mobiles il convient d'attribuer toute cette polémique haineuse et malséante. Personne, en Grèce, ne se méprend sur les cas psychologiques de la nature de celui de Chatzidakis. On connaît son monde. A Athènes, où l'on paraît décidément avoir plus d'esprit qu'en Occident, on sait généralement ce que cela veut dire quand un savant s'acharne après celui qui lui a démontré ses erreurs. Le fait n'est pas nouveau. Et s'il reste encore des incrédules, si Chatzidakis veut à toute force échapper à la presse européenne, je ne serai pas, à l'occasion, moins catégorique en grec qu'en français. Il faut enfin que justice soit faite et que Chatzidakis soit forcé d'adopter une conduite nette. Dans ce cas, je crains bien que, contrairement aux habitudes qu'il me prête, il ne puisse même pas couvrir sa retraite. La déroute sera franche. Et il le faut.

LEXIQUE

A

ἀββᾶς, abbas, Nov. 123, c. 34. (Origine sémitique. cf. ci-dessus, p. 229; le mot semble lat. en gr).
ἀβιτατίων, habitatio, Th. II, 2, § 3. Syn. οἴκησις, ibid.
ἀβούνκουλος, Theoph. III, 6, § 3 (Theoph. F. 288, 6), auunculus, τουτέστι τῆς μητρὸς ἀδελφός, ὃς παρ' Ἕλλησι καλεῖται κυρίως μητρῴος.
ἀβσολουτίων, absolutio; ἀβσολουτίωνος ἀξιοῦται, Th. IV, 12, § 2; IV, 16, pr.; IV, 17, § 2.
ἀβσολουτώρια, absolutoria; πάντα τὰ δικαστήρια ἀβσολουτώριά ἐστι, Th. IV, 12, § 2.
ἀβστινατεύω, abstineo; ἀβστινατεύει ἑαυτόν, Th. II, 19, § 2; ἀβστινατεύσας, Th. II, 19, § 5; ἀβστινατεύσαντος, ibid. § 2; ἀβστινατεύειν, ibid. et Nov. 89, c. 3. Synon. ἀποστῆναι, Th. II, 19, § 5. Cf. ci-dessus, p. 165.
ἀβστινατίων, abstinatio, Th. II, 19, § 5; cf. la leçon: αὐστινατίων, ibid. Theoph. F. 203, 23.
ἀβϐεντικία. Τὴν adventiciαν, Nov. 91, c. 2; M donne ici en lat. aduentician (p. 456, 13). Voir ci-dessus, p. 177.
ἀδεμπτεύω (ademptus, ademptum), adimere, Th. II, 12, pr.; ἀδεμπτεύων, Th. II, 20, § 12; εἰ μὴ ἀδεμπτεύσω, Th. II, 20, § 20; ἀδεμπτευόμενον ἤγουν ἀφαιρούμενον, Th. II, 20, § 36; ἀδεμπτευθῇ, Th. II, 20, § 36; ἀδεμπτευθέν, Th. IV, 6, § 33.

ἀδεμπτίων, ademptio, Th. II, 20, § 36; II, 21.
ἀδιουδικατεύω (cf. adjudicatum = ἀδιουδικάτον), Th. IV, 6, § 20; ἀδιουδικάτευσε πρίμῳ, Th. IV, 17, § 4; ἀδιουδικατευέσθω, ἀδιουδικατευθῇ, ἀδιουδικατευθέν, Th. IV, 17, §§ 5 et 7.
ἀδιουδικατίων, adjudicatio, Th. IV, 17, § 7.
ἀδιτεύω (cf. aditus = ἄδιτος), adire; ἀδιτεῦσαι, Th. I, 20, § 1; II, 14, § 1; II, 19, § 4; II, 20, § 33; ἀδιτεύειν, ἀδιτεύσῃ, ἀδιτεύων, ἀδιτεύσας, Th. II, 14, § 1; ἀδιτεύσει, ἀδιτεῦσαι, Th. II, 15, §§ 1, 2, 4; ἠδίτευσε, Th. III, 11, § 1. Syn. προσίημι τὸν κλῆρον, Th. II, 19, § 7.
ἀδιτίων, aditio; ἅμα τῇ τοῦ κληρονόμου ἀ. Th. II, 20, § 2; πρὸ τῆς ἀ., μετὰ τὴν ἀ., Th. II, 20, § 20; II, 22, pr. et § 2; Nov. 1, c. 1, § 4.
ἀδνατικός, ή, όν, relatif à l'agnatio ou à l'agnat; τῇ ἀδνατικῇ (sc. ἐπιτροπῇ), Th. I, 16, § 7; ἀ. συγγένεια, ἀ. τάξις, ἀ. δίκαια, Th. III, 2, §§ 1, 2, 3, 4, 10; ἀ. δ., Nov. 118 Rubr. (p. 567, 3 ADGNATIKA; cf. ibid. v. l. ἀδνατικά etc.). Sur ces graphies adgnatus (ibid. l. 21 aux v. l. et Theoph. I, 15, §§ 1, 2, 3 etc.), ἀδγνάτος, voir ci-dessus, p. 244.
ἀδνατίων, agnatio, Th. III, 2, § 2; Nov. 1, c. 1, § 4. Syn. ἀῤῥενογονία, Th. III, 1, § 15. Voir ἀδνατικός.
ἄδνατος, ἀδνάτα, agnatus, agnat, Th. I, 10, § 1 (Theoph. F. 41, 20 adgnátos), § 2 (Theoph. F. 42, 21 adgnátan) etc. etc.; Nov. 115, 3, § 14. Voir ἀδνατικός.

ἀδοπτίων, adoptio, Th. I, 11, § 3. Syn. tantôt θέσις, tantôt υἱοθεσία, Th. I, 11 pr. etc.; le mot le plus usité est donc ἀδοπτίων.

ἀδρογατίων, adrogatio, Th. I, 11, §§ 1, 3; Th. II, 11, § 5; Th. III, 1, § 10 et III, 10, § 1.

ἀδρογάτωρ, adrogator. Th. I, 11, § 3; III, 10, §§ 2, 3.

ἀδσιγνατεύω (adsignatus); Th. III, 8 pr.; ὁ ἀδσιγνατευθείς, ibid. (Le groupe δσ n'est pas grec; si ce n'est pas un *Buchwort*, le mot a donc dû se dire ou bien ἀθσι- d'où ἄτσι- ou bien ἀΔσι-, avec le *d* latin; ἀδσιγνατεῦσαι, Th. III, 8 pr. et § 1.

ἀδσιγνατίων, adsignatio, Th. III, 8 pr. et III, 1, § 3.

αἰδίλες, aediles; ce mot rentre dans la catégorie 3, p. 177, ci-dessus. Cf., en effet, Th. I, 2, § 7 (Theoph. F. 15, 13) τοῖς aediles curules (v. l. αεδίλες κορούλες, aedilibus curulibus); il devait s'écrire en latin. Th. R. IV, 9, § 1 τοὺς αἰδίλες. Syn. ἀγορανόμοι, Th. I, 2, § 7.

αἰδιλιτία, aeditia, Th. III, 18, § 2 (Theoph. F. 333, 6) aediliciai ἐπερωτήσεις; IV, 9, § 1.

αἴλιος σέντιος (νόμος), lex Aelia Sentia, Th. I, 6 pr. (Theoph. F. 27, 5) et § 7 (33, 20 écrit: aélios séntios; ibid. (34, 4) aeliu sentiu.

ἀκκεπτιλατίων, acceptilatio, Th. II, 20, § 13; III, 29, § 1.

ἀκύλιος (Dittenberger, Gr. Nam., 300) νόμος, lex aquilia, Th. IV, 3 pr.; Th. IV, 3, §§ 2, 7; ὑπεύθυνος τῷ ἀκ., ibid., §§ 3, 4, 5; ὑποπεσεῖται τῷ ἀκ., ibid., § 4; ἔνοχος τῷ ἀκ., ibid., § 8; χώρα τῷ ἀκ., ibid., § 8. L'absence du substantif prouve que l'adjectif était usité.

ἀκυλιανή, aquiliana; ἐπερώτησις ἀκ., Th. III, 29, § 2.

ἀκτίων, actio; ἃς δίκας ἐκάλουν οἱ Ἀθηναῖοι, ἀκτίωνας καλοῦσιν οἱ Ρωμαῖοι, Th. IV, 6 pr.; Nov. 81 pr. Le terme employé généralement par Théophile et Justinien pour dire action, c'est le syn. grec: ἀγωγή, Th. IV, 6.

ἀκτουάριος, actuarius, Cod. I, tit. 4, l. 42, § 2; Nov. 117, 11.

(ἄκτους c.-à-d. actus, cité comme mot latin, Th. II, 3, pr. — Syn. ἐλασία, Th. II, 3 pr.)

ἄκτωρ, actor, agent, préposé, Th. I, 23, § 6; celui qui intente une action (ἐνάγων), Th. II, 1, § 28; III, 15, § 7; IV, 6, §§ 2, 14, 15, 39; Nov. 112, pr. Théophile préfère ἄκτωρ à διώκων, qui alterne avec le terme lat. chez Justinien. (Nov. 18, c. 8).

ἄλβον, album, Th. IV, 6, § 12.

ἀλιμέντα, alimenta, Th. I, 26, § 9 (ἀλιμέντα Gr. 1365; cf. Theoph. F. 94, 18), § 10.

ἀλλουβίων, alluvio; ἀλλουβίων δέ ἐστιν ἡ πρόσκλυσις ἢ ἡπρόσχωσις; Th. II, 1, § 20 (Theoph. F. 104, 14 alluuiων).

ἀλοῦμνος, ἀλούμνα, alumnus, Th. I, 6, § 5. Syn. ἀναθρεπτός, ή, ὁμογάλακτος, ibid. Le fém. est entré indépendamment du masc.

ἀλτερνατίων, alternatio, Th. IV, 6, § 33. Syn. ἐπαμφοτερισμός, ibid.

ἄμιτα, amita, tante, la sœur du père, Th. I, 10, § 4 et III, 6, § 3.

ἀμιτῖνος, cousin, le fils de la ἄμιτα, Th. III, 6, § 4.

ἀννάλια, fém. de ἀννάλιος, d'un an, ἀννάλιαι (ἀγωγαί), Th. IV, 12, pr.; ἀννάλιαν, ibid. (mais IV, 6, § 31 περσοναλίαι). Τὸ ἀννάλιον, ἀνναλίων πρεσβείων (legs), Cod. 1, tit. 3, l. 46, § 8.

ἀννῶναι, annonae; Th. II, 11, § 6 (Theoph. F. 165, 13) ἀννονῶν; Nov. 8, c. 2, pr. (67, 31) ἀννόνων. Syn. σιτήσεις, Nov. 8, c. 7.

ἀννωνέπαρχος; Cod. I, t. 4, l. 44, § 2.

ἀντικήνσωρ, antecessor, Th. pr.,

§ 3 (Theoph. F. 2, 14) ἀντικήνσορσιν. Cf. Theoph. R., t. II, 1252.
ἀρδιτραρία (ἀγωγή), arbitraria; Th. IV, 6, § 31, ἀρδιτράριαι (sic).
ἀρκάριος, arcarius, Nov. 147, c. 2.
ἀρμαμέντον, armamentum, Nov. 85, c. 3, pr. Ci-dessus, p. 245.
ἀρμάριον, armarium, Th. II, 1, §§ 25, 41. (Cf. ἀρμάριν Prodr. I, 216; Diez, 510; Körting, 65, N. 733).
αὔγουστος, augustus, Th. II, 12 pr., § 12 etc., et dans les Rubriques des Nov.: Αὐτοκράτωρ Ἰουστινιανὸς Αὔγουστος, constant. Voir ci-dessus, p. 242.
αὐγουσταλιανός, Ed. 13, c. 2.
αὐγουστάλιος, augustalis, Nov. 152 pr.; Ed. 11, c. 3.
αὐδιτώριον, auditorium αὐδ.σάκρον, Nov. 50 pr.
ἀφινιάνειον (δόγμα), S. C. Afinianum, Th. III, 1, § 14 (Theoph. F. 263, 28: Afiniánion).

B

βακάντια, vacantia, Th. III, 11, § 1, en lat. ibid. (Theoph. F. 312, 22 uacántia).
βακατίων, vacatio, Th. I, 25, § 2, (Theoph. F. 89, 3 uacationa).
βαλλιστάριος, ballistarius, Nov. 85, c. 2. Cf. O. Weise, 358 s. v. bal(l)ista etc. Le mot fait retour avec le suff. lat.
βαστέρνιον, basterna, petite litière (cf. Freund-Theil, I, 323, 1; O. Weise, 359; S. s. v. βαστέρνιον), Cod. VIII, t. 10, l. 12, § 4.
βέλλειος, Ἰούλειος Βέλλειος (νόμος), lex Julia Velleia, Th. II, 13, § 2 (Theoph. F. 173, 3 Ἰουλίῳ Βελλέῳ).
βελλειάνειος, βελλειάνειον δόγμα, S. C. Velleianum, Nov. 94, c. 2.
βενδιτίων, venditio; bonorum βενδιτίων, Th. III, 12 pr. (Theoph.

F. 315, 2 bonorum uenditiones).
βενεφικιάλιος, beneficialis, Nov. 13, c. 4.
βενεφίκιον, beneficium, Ed. 4, c. 1.
βέρσον, versum, Th. IV, 7, § 5.
βετεράνος (ou plutôt βετράνος), veteranus; Th. II, 11, § 3 (Theoph. F. 163, 25 et 28): uetránoi, τοὺς uetránus (= ους); Th. II, 12 pr. (Theoph. F. 166, 16 uetránois); Th. II, 10, § 9 (ibid. Theoph. F. 159, 1: uetránon; uetrános δέ ἐστιν ὁ στρατευσάμενος καὶ ἤδη τῆς στρατείας ἀφεθείς.) Uetranus est très fréquent en b. lat., cf. Schuchardt, II, 424; βετρανός, Wanowski, 16. L'apocope de ε n'est pas grecque. Admis avec raison par Ferrini dans le texte sous sa forme latine.
Βηρίνη, Verina, Nov. 3, c. 1, pr.
βία, via, Th. II, 3 pr. (ibid. définition); Th. IV, 15, § 6, βία est syn. de uis latin.
βικαρία, vicaria, Nov. 8, c. 1, pr.
βικαριανός, β. τάξις, cohors vicariana, Ed. 2, c. 1, § 1.
βικάριος vicarius; β. οἰκέτης, Th. II, 20, § 17; IV, 7, § 4, τὸν β. τῆς Ἀσιανῆς, Nov. 8, c. 2 pr.; Ed. 2, c. 1, § 1; Ed. 8, pr. et c. 1.
βικιναλία, vicinalis, Th. IV, 3, § 5.
βινδικατίων, vindicatio, Th. II, 20, § 2.
βίνδιξ, vindex; βίνδικα, Ed. 13, c. 14; -ες, Nov. 128, c. 5; -ας, Nov. 38 pr., cf. ci-dessus, p. 201.
βίτιον, vitium, Th. II, 6, § 3; Th. III, 18, § 1. Syn. ψόγος, Th. II, 6, § 3; πάθος, III, 19, § 13.
βοκόνιος (νόμος), lex voconia, Th. II, 22 pr. (Theoph. F. 233, 18, Vocónios).
βολουντάριος, voluntarius, Th. II, 14, § 1; II, 19, § 5.
(bona fide, Th. II, 1, §§ 31, 32; b. f. νεμόμεθα, Th. III, 28, § 1; ὁ b. f. ἀγοραστής, Th. IV, 1, § 15;

Études néo-grecques.

IV, 4, § 1 (Gr. 1365, B. N., βόνα φίδε). Cette locution semble avoir passé dans l'usage courant à l'état d'adverbe, car Théophile l'emploie sans la traduire et assez fréquemment.)
(bona gratia, Nov. 22, c. 4. Voir bona fide.)

βονιτάριος, Th. I, 5, § 4.

(βονόρουμ, bonorum. Ce mot se présente dans certains composés qui peuvent avoir été courants, tout au moins dans le langage technique : β. ποσσεσσίων, Th. II, 9, § 6 (Theoph. F. 153, 26 bonorum possessίων); β. ποσσέσσορα, Th. II, 20, § 13 (Theoph. F. 213, 7 bonorum posséssora).

βουλγάριος, ία, ιον, vulgaris, Th. II, 16 pr.; Th. II, 16, § 3.

βουλγαρίως, vulgariter, Th. II, 16 § 4.

βουλγαροπουπιλλαρία, vulgaris pupillaris; Th. II, 16 pr. et § 4.

βρεβιάτωρ, breviator, Nov. 105, c. 2, § 4.

βρέβιον, breve, rapport, Cod. I t. 4, l. 42, ½ 1; ἀργυροπρατικὰ (Cf. Nov. 4, c. 3) βρέδια (billets, reçus), Cod. IV, t. 21, l. 21, § 2. Sur ce sens de *breve*, en lat., voir Freund-Theil, I, 361, c. 1, in.; Du Cange, I, 743, c. 3, s. v. 1 Brevis.

Γ

γρατούιτος, gratuitus. Τὸ commodáton gratuiton Theoph. F. III, 14, § 2 (320, 30); Th. III, 26, § 13 τὸ μανδάτον ὀφείλει εἶναι γρ.

Δ

δαμνατίων, damnatio, Th. II, 20, § 2; III, 27, § 7.

δαμνάτος, damnatus, Nov. 12, c. 1.

δεβίτωρ, debitor, Th. II, 8, § 1 (Theoph. F. 144, 2 debítωr), § 2; Th. II, 8, § 2 (Theoph. F. 146, 8, debítωr); Th. III, 18, § 4; IV, 1, § 10 fréquent. Théophile se sert très rarement du Syn. χρεώστης, I, 2 pr.

δεδιτίκιος, dediticius, Nov. 78 pr.; Th. I, 5, § 3 (Theoph. F. 23, 21 deditícios, L¹ deditícius); III, 7, § 4.

δεκεσίων (decisio = δεκισίων); δεκισίοσι, Th. I, 5, § 4 (decisíosi Theoph. F. 24, 20); δεκεσίονος Th. III. 24, § 1.

δέκρετον, decretum, Th. I, 2, § 6 (Theoph. F. 11, 27 décreton); Nov. 7, c. 2, § 1 (δεκρέτων); Nov. 38, pr. 1 (δεκρέτου); Nov. 46, c. 2 (*il.*).

δέλικτον, delictum, Th. IV, 1 pr.; IV, 5, pr. (8 fois dans ce titre). Le Gr. 1365 accentue δελίκτον (IV, 5, Pr.). Syn. ἁμάρτημα, Th. IV, 1 pr.

δεμονστρατίων, demonstratio, Th. II, 20, § 25 (Theoph. F. 222, 11), cértan demonstrationa; § 30 (224, 9) demonstratíων δέ ἐστι δήλωσις πράγματος, ὃ ληγατεύεται.

δεπορτατεύομαι (cf. deportatus), Th. I, 16, § 5 (Theoph. F. 71, 20) deportateuθέντι.

δεπορτατίων, deportatio, Th. I, 12, § 1 (Theoph. F. 57, 1) deportatíων; IV, 18, § 9; Nov. 22, c. 13.

δεπόρτατος, deportatus, Th. I, 12, § 2 (Theoph. F. 57, 14) depórtatos.

δεπόσιτον, depositum, Th. I, 21 pr. (Theoph. F. 79, 20) depósiton; ἡ δεποσίτη ἀγωγή, Th. IV, 2, § 2.

δεπούτατος, deputatus, Nov. 85, c. 1, ἢ δεπούτατοι ἢ φαβρικήσιοι; οὓς ὁπλοποιοὺς καὶ δεπουτάτους καλοῦσι.

δεσιγνατεύομαι (cf. designatus),

δεσιγνατεύεσθαι (Theoph. F. 222, 6, designateúesthai) ήτοι ἀποδείκνυσθαι (ces deux mots aux v. l.); Th. II, 20, § 25.

δεφενδεύω, defendo, Th. II, 23, § 3 (Theoph. F. 240, 6) defendeúein; III, 12 pr. (315, 10) defendeúonta; IV, 4, § 2; δεφενδεῦσαι IV, 10, § 1; Theoph. I, 13, § 1; le Gr. 1365 porte defendeúontes. — Sur ce mot et son influence sur διαφεντεύω (d'où ἀφέντης) voir Schuchardt, I, 297; G. Meyer, Rom. W. im m. k. 51; Chatzidakis, Athen. X, 8-9; Essais, II, 116.

δεφενσίων, defensio, Th. IV, 11, § 5; Nov. 88, c. 1.

δεφένσωρ, defensor, Th. IV, 11, pr. et § 1; Nov. 15, pr. Syn. ἔκδικος, Th. I, 20, § 5.

δηληγατευόμενος (delegatus), Nov. 130, c. 5. Pour ce mot et les suivants, cf. Ed. Anast. § 2, p. 137, δηληγατίοσιν; d'où l'orthographe ici adoptée.

δηληγάτωρ, delegator, Nov. 130, c. 1 (650, 24); cf. la leçon précieuse de M διλιγάτορας (ci-dessus, p. 201); de même ibid., p. 651, 9.

δηληγατεύω (cf. delegatus), ἐδεληγάτευόν σοι τὸν ἐμὸν δεβίτορα, Th. III, 26, § 2.

δηνάριον, denarium (O. Immisch, 340), Th. III, 29, § 1. Ci-dessus, 202.

διγέστα, digesta, ἐν τοῖς Digéstois, Th. I, 10, § 11 (Theoph. F. 47, 13 Digéstois); Nov. 18, c. 9, voir ci-dessus, p. 190. Syn. πανδέκτης, cf. Dig. I, xxx*, 8 (Pr., § 1), ὅπερ βιβλίον digesta εἴτε πανδέκτην προσηγορεύσαμεν; Theoph. Const. conf., § 4 (Theoph. F. 3, 4): Μετὰ ταῦτα μὲν οὖν συντίθεται βιβλία τῶν Διγέστων ἤτοι πανδέκτων.

διλατωρία (παραγραφή), exceptio dilatoria, Th. IV, 13, §§ 8, 10, 11.

διλιγέντια, diligentia, Th. IV, 2, § 2.

διμινουτίων, voir κάπιτις.

δίρεκτος, διρέκτα, directus, directa, ἐλευθερίαν diréctan, Th. I, 14, § 1 (Theoph. F. 65, 12); δίρεκτος ἀκύλιος (ἀκουίλιος Reitz) Th. IV, 3, § 16 (quater); διρέκτα (ἀγωγή), Th. IV, 8, § 5.

διρέκτως, directe, Th. II, 23, § 2; II, 25, § 2.

δισκουσσίων, discussio, Nov. 147, c. 2.

δισκούσσωρ, discussor: Τοὺς δισκούσσορας, Cod. I, c. 4, l. 26, § 1.

δισπενσάτωρ, dispensator, Th. III, 26, § 10; ἐπέτρεψα αὐτῷ τὰ ἐμὰ δανείζειν χρήματα καὶ ἐποίησα αὐτὸν τὸν λεγόμενον δισπενσάτορα, Th. II, 9, § 4 (Theoph. F. 150, 16 dispensátora).

δομέστικος, domesticus, Nov. 30, c. 7; Nov. 107, pr.

Δομνῖκος, Domnicus, Nov. 6, ep. 2. Ci-dessus, p. 221.

δουκικός, ducicus, ducianus, Nov. 25, c. 1.

δούξ, δουκός, dux, Ed. 4, c. 2, § 2.

δοτάλιος, dotalis; τὸν δοτάλιον ἀγρόν, Th. II, 8 pr. Syn. προικῷος, Th. I, 10, § 13; προικιμαῖος, Th. IV, 6, § 29.

E

ἔβεντον, eventus, consilion κα éuenton, Th. I, 6, § 3 (Theoph. F. 29, 5, 8, 13, 15, etc.); Nov. 22, c. 28 (τοῦ καλουμένου eventu σκοπουμένου). Syn. ἀποτέλεσμα (ibid. M, p. 170, 15, v. l.).

ἔδικτον, voir ἴδικτον.

ἐλεκτίων, electio, Th. II, 20, § 23 (Theoph. F. 221, 16), electíona. Syn. ὀπτίων (optio), ἐπιλογή, ibid.

ἐμαγκιπατεύω (cf. emancipatus, ἐμαγκιπάτος); ἐμαγκιπατεύειν, Th. I, 10, § 2 (Theoph. F. 43, 4 emancipateúein); ποιεῖν ἐμαγκιπάτον, Th. I, 12, § 7; ἐμαγκιπατεύσαντος,

Th. I, 19 pr.; ἐμαγκιπατευθέντας, Th. I, 12, § 6; ἐμαγκιπατευθέντες, Th. IV, 7, § 7; III, 1, §§ 11, 13.

ἐμαγκιπατίων, emancipatio, Th. I, 10, § 2 (Theoph. F. 42, 19, 22 emancipationos); plusieurs fois aux titres 10-19, II, et III, 1, § 11; Nov. 81, pr. et c. 2; Nov. 118, c. 4.

ἐμαγκιπάτος, ἐμαγκιπάτα, emancipatus, emancipata, Th. I, 10, § 2 (Theoph. F. 42, 17 emancipátus (= ους); 43, 3 emancipátan): Th. I, 11, § 3; I, 12, § 8 (ἐμαγκίπατον P); IV, 6, § 12; IV, 6, § 38; III, 1, §§ 8, 9; IV, 7, § 7, à tous les cas et dans plusieurs autres passages de Théophile; Nov. 22, c. 19; Nov. 107 pr.

ἔμπτωρ, emptor, Th. III, 12, pr. (Theoph. F. 316, 6) bonorum émptωr.

ἐξάκτωρ, exactor; Nov. 128, c. 5. Syn. ἐκλήπτωρ, ibid.

ἐξερεδατεύω (cf. exheredatus = ἐξερεδάτος), Theoph. I, 11, § 3 (Theoph. F. 51, 24) exheredáteusen; Th. II, 13, § 2 (cf. Theoph. F. 172, 15), § 7 (cf. Theoph. F. 175, 19); Th. II, 25, § 2; ἐξερεδατεύονται, Th. II, 13, § 1 (cf. Theoph. F. 171, 18); ἐξερεδατεύεσθαι, Th. II, 13, § 1 (cf. Theoph. F. 171, 20); ἐξερεδατευέσθωσαν, Th. II, 13, 3 (cf. Theoph. F. 173, 14; ibid. 16); ἐξερεδάτευσα, Th. II, 18, § 4 (Theoph. F. 198, 27).

ἐξερεδατίων, exheredatio, Th. II, 18, pr.; II, 13, pr.; Nov. 1, c. 1, § 4; Nov. 115, c. 4, § 9.

ἐξερεδάτος, exheredatus, Th. II, 25, § 2; II, 13, § 2; II, 16, § 4; οὐδὲ κληρονόμους, οὐδὲ ἐξεεδάτους ἐποίησε, Th. II, 17, pr.; Théophile préfère ici ἐξερεδάτος à ἀπόκληρος, bien qu'il vienne de dire κληρονόμος. Nov. 1, c. 1, § 4. Syn. ἀπόκληρος, Th. I, 11, § 3.

ἐξέρκιτον, exercitus, ἐξερκίτου κοιαίστωρ, Nov. 41, Rubr. (p. 262, 9); Nov. 50, Rubr. (293, 17).

ἐξερκίτωρ νεώς, exercitor navis, Th. IV, 5, § 3; IV, 7, § 2.

ἐξερκιτωρία (ἀγωγή), exercitoria, Th. IV, 7, § 2.

ἐξκούσατα, excusata; ἐξκουσάτων χρήματα, Nov. 59, c. 2.

ἐξκουσατεύω (excusatus = ἐξκούσατος); ἐξκουσατεύει ἑαυτὸν ἐπιτροπῆς τε καὶ κουρατίωνος, Th. I, 25, pr.; ἐξκουσατευόντων, Th. I, 23, § 5; Cod. IV, t. 4, l. 4, § 20.

ἐξκουσατίων, excusatio, Th. I, 22, § 6; III, 3, § 6; ἐξκουσατίωνα, Th. I, 25, pr.

ἐξκουσεύω, excuso, Nov. 43, Rubr.; Nov. 59, c. 7.

ἐξπέδιτον, expeditum, ἐν τῷ ἐξπεδίτῳ, Th. II, 11, pr. (Theoph. F. 162, 6 expedítῳ); Th. II, 13, § 6; Nov. 117, c. 11.

ἐξπελλευτής (expello), percepteur des impôts, Nov. 128, c. 6; ἐξπελευστής, Cod. X, t. 19, l. 9.

ἐξτράνεος, extraneus, Th. II, 19, pr. et §§ 3, 5; II, 20, § 26. Syn. ἐξωτικός, ibid.

ἐξτραορδινάριον, extraordinarium, ἐ. δικαστήρια, Th. III, 12, pr.; Th. IV, 15, § 8.

ἐρεδιτάριος, ία, ον, hereditarius, οἰκίας ἐ., Th. II, 22, § 2 (Theoph. F. 235, 26 hereditarías); ἐ. πράγματα, Th. II, 22, § 2; ἐ. οἰκετῶν, Th. II, 22, § 2; ἐ. δεβίτορα, ἐ. κρεδίτορα, ἐ. κρεδίτορος, ἐ. δεβίτορος, Th. II, 23, §§ 3, 4, 5; ἐ. βάρη, Th. II, 23, § 6; ἐ. οἰκέτης, Th. III, 17, pr.; ἐ. πρᾶγμα, Th. IV, 17, § 4. Syn. κληρονομιαῖος, α, ον, Th. II, 22, § 2.

I

ΐδικτον, edictum, Th. I, 2, § 6 (Theoph. F. 12, 26) λέγεται δὲ édicton παρὰ τὸ edicere; I, 2, § 7 (Theoph. F. 14, 20-21 edictῳ); I, 24, § 1 (Theoph. F. 86, 16), *item;* Nov. 8, ed. 1; Nov. 49, ep.; Nov. 119 ep.; Nov. 112, c. 3.

ἰλλούστριος, illustris, τοῖς ἰλλουστρίοις καὶ τοῖς μείζοσι, Th. IV, 4, § 10; Nov. 13, c. 3; Nov. 117, c. 4 etc.; ἰλλουστρίας, Nov. 89, c. 2, § 1.

ἰνβεντάριος, inventarius, Th. II, 19, § 6; Nov. 1, c. 2, § 1; Nov. 115, c. 3.

ἰνδέβιτον, indebitum, Th. III, 14, § 1 (Theoph. F. 319, 17 indébiton); κονδικτικίῳ, Th. III, 27, § 6. Cf. δεβίτωρ, s. v.

ἰνιούρια, injuria, Th. IV, 4, pr.

ἴνκερτος, α, ον, incertus, a, um, ἰνκέρτα ἡ ἐναγωγή, Th. IV, 6, § 32; ἰνκέρτοις προσώποις, Th. II, 20, § 25.

ἴνκεστος, incestus, Nov. 12, c. 1 (ἴνκεστον).

ἰνκουϊσιτίων, inquisitio, κατὰ ἰνκουϊσιτίονα, Th. I, 20, § 3 (Theoph. F. 78, 2 inquisitiona).

ἰνποτέστατος, enfant in potestate, Th. IV, 7, Pr.

ἰνστιτοῦτα, Instituta, ci-dessus, p. 190, ἐν τοῖς ἡμετέροις ἰνστιτούτοις (très fréquent), Nov. 18, c. 9.

ἰνστιτουτίων, institutio, Th. III, 1; III, 7, § 3; IV, 6, Pr.

ἰνστιτοῦτος, institutus, Th. II, 15, § 4 (quater); II, 16, pr. Syn. ἔνστατος, Th. II, 15, § 4.

ἰνστροῦκτον (ou ἴνστρουκτον), instructum, ustensile de ferme, Nov. 128, c. 8 καὶ παντὸς ἄλλου ἰνστρούκτου καὶ ἰνστρουμέντου; voir ibid., p. 639, 25 aux v. l.

ἰνστροῦμεντον, instrumentum; ἰνστρούμεντον δὲ ἀγροῦ ἐστὶ πᾶν ὅπερ συντείνει εἰς γέννησιν καὶ συλλογὴν καὶ μετακομιδὴν καὶ παραφυλακὴν τῶν καρπῶν, Th. II, 20, § 17 (Theoph. F. 216, 5); Nov. 128, c. 8.

ντεντίων, intentio, Th. IV, 6, § 13;

IV, 6, §§ 13, 33; τὴν μὲν ἰντεντίωνα ἤτοι τὴν ἀρχὴν τῆς ἐναγωγῆς, IV, 10, § 11.

ἰντρόϊτος, introitus; introitῶν ὀνόματι, Nov. 130, c. 1 (651, 13).

ἰτερατίων, iteratio; τὰς ἰτερατίωνας, Nov. 78, pr. (voir ibid. aux v. l. 383, 30).

ἰντερδικτίων, interdictio, Nov. 22, 13 (154, 3 interdictiona).

ἰντέρδικτον, interdictum, Th. IV, 15, pr.; ἰντερδίκτων, ἰντερδίκτοις, ibid.; ἰντέρδικτα, Th. IV, 15, § 17.

ἰντερκεσσίων, intercessio, Nov. 61, c. 1, §§ 1, 2, 3.

(ἰντερβίβος, inter uiuos dans: ἡ interuiuos δωρεά, Th. II, 18, § 6; cf. Theoph. F. 199, 17, où un ms. donne intéruiuos et un autre ἰντ ; II, 20, § 20; cf. Theoph. F. 219, 8 εἰ δὲ inter uiuos αὐτὸν ἐλευθερώσω, et la leçon ἰντερβίβως; Nov. 22, c. 32 ἢ μόρτις καῦσα δωρεᾶς γενομένης ἢ καὶ inter vivos ἐν οἷς ἔξεστι καὶ δωρεῖσθαι, p. 172, 25.)

ἴνφας, infans, Th. I, 23, § 6. Syn. νήπιος, ibid.

ἰοῦγον, jugum, Nov. 17, c. 8; Nov. 128, c. 3. Syn. ζυγοκέφαλος, Nov. 17, c. 8.

ἰουδικιάλιαι (ἐπερωτήσεις), stipulationes judiciales, Th. III, 18, pr.

ἰούλιος (νόμος), lex Julia, Th. IV, 18, § 4; Nov. 22, c. 43; Nov. 130, c. 2 (637, 36) ἰουλίων.

ἰουνιανός, Th. I, 5, § 4 (Theoph. F. 24, 22) τοὺς δὲ latinus iunianús.

ἰούνιος (νόμος), lex Junia, Th. III, 7, § 4; Nov. 78, pr.

ἰουρίδικος, juridicus, Th. I, 20, § 5; Cod. I, t. 4, l. 30.

ἰουρισγέντιον, Th. I, 2, § 12 (Theoph. F. 17, 17) iurisgéntia (P ἰουρισγέντια, voir ibid. aux v. l.); I, 2, § 1 de même; ibid. (Theoph. F. 7, 15) iurisgentiois.

ἰουρισδικτίων, jurisdictio, διδόναι, Th. I, 20, § 4; εἰς ἰ. μετετράπη, Th. II, 23, § 1.

ιουρις κιϐίλε, Th. I, 2, § 1 (Theoph. F. 7, 16) ταῦτα δὲ καὶ iuris ciuile (cf. v. l. ἰουρις κιϐιλες) προσαγορεύεται; ce mot revient encore dans ce paragraphe, au sing.; § 12 on lit iurisciuilia (Theoph. F. 17, 19; cf. ibid. v. l.). Dans ce mot, comme dans ἰουρισγέντιον, le premier élément est dû à iuris consultus.

ἰουρις κονσοῦλτοι, Th. I, 2, § 9 (Theoph. F. 16, 25 en caractères lat.) οἵτινες καὶ iurisconsulti προσηγορεύθησαν.

ἰούρις ὀνοράριον, jus honorarium; Th. I, 2, § 7 (Theoph. F. 16, 9), iuris honorárion.

ἴρριτος, irritus; ἡ κάπιτις διμινουτίων ἴρριτον ποιεῖ τὴν διαθήκην, Th. II, 11, § 5 (Theoph. F. 165, 4. inriton). Τὸ ἴρριτον, la qualité de ἴρριτος, Th. II, 17, §§ 4, 5, 6. Le neutre, pris substantivement, prouverait que le mot était d'un certain usage.

K

καγγελλάριος, cancellarius, Nov. 161, c. 1 (cf. Ed. Anast. III, 6, κανκελλαρίῳ).

καδρουπλικατίων (sic Theoph R.: il faudrait κουα-; cf. Dittenberger, Griech. Nam., 299, κουάρτος. graphie plus récente que κοι-. cf. ibid.), quadruplicatio, Th. IV, 14, § 3.

καλάνδαι, calandae, κ. μαρτίαις, Th. III, 15, § 2; κ. ἰανουρίαις, Nov. 105, c. 1; κ. ἀπριλίων, Nov. 22, c. 46; κ. μαίαις, Cod. X, tit. 17, l. 13, § 5. Cf. le mod. καλαντάρι = calendarium, où D lat., protégé par ν, est resté.

καλιγάτος, caligatus, Nov. 74, 4.

καλούμνια, calumnia, Th. II, 23, § 12 (Theoph. F. 248, 6) calumnías ; IV, 16, § 1. Syn. συκοφαντία, ibid. — Nov. 49, Rubr. et c. 3, § 1.

καμπανός, campanus; κ. οἶνος, Th. IV, 6, § 33 (Gr. 1365, καμπάνιος).

κάμπος, campus (Martius), Th. IV, 9, § 4.

Καπετώλιον, Capitolium ou plutôt Capetolium, voir ci-dessus, p. 220; Theoph. III, 15, § 4; Cod. VIII, t. 10, l. 12, § 6.

κάπιτα c.-à-d. capita, dans in capita, division par tête (succession); locution adverbialement employée, Th. III, 1, 16 (Theoph. F. 267, 25 et 268, 7): οὐχὶ in capita ἀλλὰ in stirpem γίνεται ἡ διαίρεσις; Nov. 22, c. 46, § 2; 24, c. 6, § 1. Voir à Καπετώλιον, ci-dessus, p. 220.

καπιτατίων, capitatio, Nov. 8, c. 2, pr.; Nov. 24, c. 6, § 1. Syn. ἁ'κεφαλιτιόναι, Cod. X, t. 16, l. 1; οἱ κεφαλιτίονες, Cod. XII, t. 38, l. 19, § 3.

(κάπιτε et κάπιτις, seulement en composition, Th. I, 15, § 3 (Theoph. F. 70, 20) capitis deminutio sin; I, 16, pr. et §§ 1, 2, 3, 6; II, 17, § 4; III. 5, § 1 (Theoph. F. 285, 12) capite deminûton; ibid. (Theoph. F. 285, 4) capitis deminutiona etc. etc. Cf. Ed. An. III, 16, p. 142 καπίτου).

καροῦχα, carruca, voiture, Th. II, 1, § 48 (Theoph. F. 118, 22 εἶχες σὺ καροῦχαν, δι' ἧς ἠδυνάμην ἐγὼ τὴν ὁδὸν διανῦσαι).

κάσος, casus; εἰς τοιοῦτον περισταίη κάσον, Th. III, 19, § 2 (Theoph. F. 336, 11 cáson); Th. III, 19, § 21; IV, 8, § 6; part d'hérédité spéciale, Nov. 22, c. 45; Nov. 123, c. 40.

κασσίς, ίδος, cassis, Nov. 85, c. 4. Syn. περικεφαλαία, ibid. Aujourd'hui ἡ κασσίδα signifie la pelade (qui couvre plus particulièrement la tête): ἔχει κασσίδα, δὲ βλέπει τὴν κασσίδα του.

καστράτος, castratus. Th. I, 11, § 9 (voir ibid.).

καστρένσιος, castrensis, Nov. 22, 34 (173, 18) où M donne καυστρεσιων καὶ quasi καυστρεσίων, L ἰδιοκτίτων καὶ κουασικαστρένσι; Nov. 123, 19 (608, 26) où M donne encore καυστρενσίων; de même Th. II, 10, § 9 (159, 3) canstrénsion qui figure dans le texte est indiqué par les mss; leçon adoptée par l'éditeur, Th. II, 11, § 6 (165, 10, 17); II, 12, pr. (166, 13, 18, 25 canstrensíu peculiu etc. etc.). Cette graphie se rencontre ailleurs: J. G. R., VI, 92 καυστέρσιον πεκούλιον (p. 16 καστρίσιον); An. H., II, Pec. tract. 251, n. 54 καυστρίσια (ms. du XVIIᵉ s., cf. p. LXX); pareillement on trouve κονσουλαρίας, Nov. 8, c. 1 (67, 10). Ce dernier est d'après la lettre (sauf o pour ω). La graphie καυστρ. ne vaut rien; elle prouve l'embarras des scribes à rendre un ν qui n'était prononcé ni en grec ni en latin. On sait, en effet, que le groupe νσ est inconnu en grec (sauf à certains dialectes pg.), G. Meyer², § 273, p. 264 (ἀπόφανσις, φάνσις etc. sont des mots savants: rien ne dit d'ailleurs que le ν n'y était pas purement graphique). Cette loi est donc constante à toutes les époques: τούς, τίς, panhellènes, en regard de τονς, τανς etc. etc., en sont la meilleure illustration. Par suite de cette incompatibilité du ν avec les spirantes, dès que les aspirées pg. devinrent spirantes, le ν s'assimila (Ταξίδι. 176 suiv.). Pour ns lat. cf. castresis C. I. L. IV; 1646 et une série d'exemples dans Seelmann, 283; il servait simplement à marquer un ō ou un ē fermé. La bonne orthographe voudrait donc au moins καστρέσιος; Ed. Anast., § 11 (p. 140) καστρησιανούς; Kaibel, I.G. 455, III, 2 (434 A. D.) πῆσας; Gr. 1365, fo 290 a, 291 b: κομπεσσατίων (serait-ce un exemple d'assimilation? cf. ci-dessus); Gr. 1357 A, fo 290 b, l. 3 du bas: ῥεσπῶσα προυδεντίουμ; voir aussi Dittenberger, Gr. Nam., 307 sqq.; nombreux exemples, p. 309 (le maintien du ν qui embarrasse l'auteur, cf. ibid. p. 309: « so lassen sich dafür schwerlich Grunde auffinden » s'explique par les habitudes orthographiques). —
— Ce καστρήσιος désigne encore aujourd'hui un grade ecclésiastique. Ce n'est pas non plus un de ces mots où ē = ε, parce qu'ils ne sont entrés que par les livres (ci-dessus, p. 202 suiv.). La forme à garder est καστρήσιος.

κάστρα, castra, Th. II, 11, pr. et §§ 3, 4, 5; Nov. 128, c. 20 (cf. κάστρου Ed. Anast. § 7, p. 138.)

καῦσα, causa, Th. II, 20, § 30; IV, 17, § 3. Cf. μόρτις.

(καυσαρία, causaria, Th. II, 11, § 2 (Theoph. F. 163, 18) causaria missione. Syn. ἄφεσις, ibid., § 3).

καυτίων, cautio, Th. III, 18, § 1 (Theoph. F. 332, 2) cautiona.

κελλίον (cf. cella), Nov. 123, c. 36.

κεντηνάριος, centenarius, qui a une fortune de cent pièces d'or, Th. III, 7, § 3 (Theoph. F. 296. 18 centηnaríων M).

κεντουρία, centuria, Nov. 128, 1.

κέρτος, α, ον, certus, Th. III, 15, pr. (Theoph. F, 322, 7) cérton ἐστί; III, 23, § 2; III, 27, § 7; II, 20, § 25 (Theoph. F. 222, 11) cértan demonstrationa.

κῆνσος, census, Th. I, 5, § 4; Nov. 45, c. 1, § 4; Μάγιστρος κήνσων, Nov. 127, c. 2. Syn. ἀπογραφή, Nov. 168 Rubr.

κηνσουάλιος, censualis, Nov. 128, c. 13.

κλαυδιανόν (δόγμα), S. C. Claudianum, Th. III, 12, pr.

κλαύσουλα, clausula, Th. III, 15, § 7.

κογνατικός (cf. cognatus), κ. τάξις, Th. III, 2, § 4; κ. διαδοχή, Th. III, 4, pr.; Nov. 84, pr.; κ., δίκαια, Nov. 84, c. 1.

κογνατίων, cognatio, Th. I, 10, §2.

κογνάτος, cognatus, Th. I, 10. §§ 1, 2.

κοιαισίτωρ, quaesitor (juge instructeur); τὸ τοῦ quaesitoros ἐπιτίθεμεν ὄνομα, Nov. 80, c. 1 (391, 15).

κοιαίστωρ, quaestor; κοιαίστορος, Th. I, 5, § 4 (24, ll. 21 et 24); Th. II, 8, § 2; II, 23, § 12; Nov. 7, c. 9 (60, 22); Nov. 20, pr. (141, 4). Cf. Theophyl, I, 1, 3 (39, 10 suiv.): ὃς τὰ βασιλέως προστάγματα τῷ διατόρῳ τῆς εὐγλωττίας ἐμεγαληγόρει βασιλικῆς μεγαλοφροσύνης ἐπάξια. τοῦτον ἐπιχωρίῳ Ῥωμαῖοι φωνῇ ἀποκαλοῦσι κυαίστορα; pour le sens de Ῥωμαῖοι, comparez Theophyl., VIII, 5, 10 (293, 4) ὃν σκρίβωνα εἴωθε τὰ πλήθη ἀποκαλεῖν. avec Theophyl. VII, 3, 8 (= 250, 25) ὃν σκρίβωνα Ῥωμαῖοι κατονομάζουσιν.

κολωνός, colonus, Th. II, 1, § 36; IV, 6, § 31; IV, 6, § 7; Nov. 137, c. 34.

κόμης, κόμητος (κόμιτος Ed. Anast. Pr., p. 137: κόμετος, Ed. Praef. Praet., § 2, p. 160; voir ibid.; κομετι Magirus, G. P., p. 94, l. 5), comes; κόμητα, Nov. 8, c. 1, pr.; κόμητος, Nov. 8, Not. admin. (80, 30); Nov. 30, c. 7; κομήτων, Nov. 13, c. 3. Le η des cas obliques est grec.

κομιτιανὴ τάξις, comitianum officium, Nov. 8, c. 2, pr.; Nov. 27, c. 1; Nov. 30, c. 2.

κομμενταρήσιος, commentariensis, Nov. 13, c. 1, § 2; Ed. 13, c. 17.

κομμερκιάριος, commerciarius, Nov. Z., p. 293.

κομμέρκιον, commercium, Th. III, 19, § 2 (Theoph. F. 335, 8) commércion; II, 20, § 4.

κομμιτεύεται, committitur, Th. III, 17, § 2.

κομμονιτώριον, commonitorium, Nov. 31, c. 2; Nov. 128, c. 17; Ed. 12, c. 1.

κομμοδάτον, commodatum, Th. III, 14, § 2. Syn. χρῆσις, dont le sens ne se détachait pas avec assez de netteté; Th. III, 14, pr.

κομμοῦνες, communes, Th. III, 18, pr. et § 4.

κομπενσατεύω (Gr. 1365 κομπεσσατεύω; voir ci dessus καστρέσιος), cf. compensatus = κομπενσάτος, Th. IV, 6, § 30.

κομπενσατίων, compensatio, Th. III, 25, § 2; IV, 6, §§ 30, 39. Syn. ἀντέλλογος, Th. III, 25, § 2.

κομπλετίων, completio, Th. III, 23, pr. Cf. Const. Harmen., III, 3, § 2, κόμπλα.

κομπρωμισσάριος, compromissarius, Nov. 113, c. 1, § 1; Nov. 82, c. 1, § 1.

κομπρώμισσον, compromissum, Nov. 113, c. 1, § 1.

κομφεσσωρία, confessoria (actio), κομφεσσωρία ἀγωγή. Th. IV, 6, § 2 (ter).

κομφεσσωρίως, confessorie, affirmativement, Th. IV, 6, §§ 1-2 (11 fois).

κομφιρματεύω (cf. confirmatus, confirmatum), confirmer, Th. I, 13, § 5; ἐκομφιρμάτευσε, Th. II, 25, pr. et § 1; κομφιρματεύεται, Th. I, 23, § 1; κομφιρματευόμενος, Nov. 89, c. 14.

κομφιρματίων, confirmatio. Th. II, 25, § 1.

κόνβεντον, conventus (cf. ἔβεντον), Th. I, 6, § 4 (Theoph. F. 30, 28) καὶ τί ἐστι cónuenton; III, 12, pr. (Theoph. F. 314, 19), τὸν δὲ cónuenton (voir ibid.) etc.

κονβεντιονάλιαι (ἐπερωτήσεις), Th.

III, 18, pr. et § 3. Syn. ἐκ κοινῆς συναινέσεως, ibid., § 3.

κονδίκιον, conuicium, l'injure sur la place publique provoquant un rassemblement, Th. IV, 4, §§ 1, 3.

κονδεμνατίων, condemnatio, la partie finale de la formule (action), Th. IV, 10, § 2.

κονδικτίκιος (ci-dessus p. 244), condicticius Th. II, § 2 (Theoph. F. 145, 27); III, 14, pr. et § 1; IV, 1, § 18; IV, 6, §§ 14, 15; Nov. 168, c. 1, § 1.

κονσίλιον, consilium, Th. I, 6, § 3 (Theoph. F. 29, 5 consilion) etc.

κονσιστωριανός, consistorianus, Nov. 13, c. 3 (voir ibid. v. l.).

κονσιστώριον, Nov. 124, c. 1 (voir ibid. les v. l.).

κονσουλαρία, consularia, Nov. 8, c. 1, pr.

κονσουλτατίων, consultatio, Nov. 28, c. 8; Nov. 82, c. 4; Nov. 124, c. 1.

κονστιτουτίων, constitutio, Th. I, 2, § 6. Syn. διάταξις ibid.

κονσωβρῖνος, α, consobrinus, cousin, cousine, le fils, la fille de l'oncle, Th. III, 6, § 4 (Theoph. F. 288, 17) consobrinos, consobrina; προπριοκονσοβρῖνος, α, ibid. § 5. Voir aussi ἀμιτῖνος.

κοντινουατεύω (continuatus, etc.); κοντινουατεύεσθαι τὸν χρόνον, Th. II, 6, § 12 (cf. Theoph. F. 136, 26); κοντινουατεύεται ἡ δεσποτεία. Th. III, 1, § 3 (cf. Theoph. F. 257, 18).

κοντινοῦος, continuus, Th. III, 9, § 18.

κόντρακτον (κόντρακτον Gr. 1365 à Th. IV, 5, pr.), contractum; Th. III, 27, pr et §§ 3, 6; III, 28; III, 29, § 3; IV, 1, pr.; IV, 5 (7 fois); ἀπὸ κοντράκτου οὐκ ἔστιν ἔνοχος... οὔτε γὰρ συνάλλαγμα γέγονε, IV, 5, § 3.

κοντράριος, ία, ον, contrarius; κον- τράριαι (ἀγωγαί), Th. IV, 16, § 2; κ. ῥήμασι, Th. II, 21, pr.; κοντράριον ibid. (Theoph. F. 232, 5 contrárion).

κοντραταβούλας, contra tabulas, Th. II, 13, § 3 (Theoph. F. 173, 16 τὴν contra tabulas; voir ibid. aux v. l.), l'action dirigée contre un testament.

κονφουσίων, confusio, Th. II, 20, § 32. Syn. σύγχυσις, ibid.

κορνήλιος (νόμος), lex Cornelia, Th. IV, 4, § 8; IV, 18, §§ 5, 7.

κοορταλῖνος, cohortalis, Cod. I, t. 5, l. 12 τῶν καλουμένων κοορταλίνων.

κορρεκτωρία, correctoria, Nov. 8, c. 1, pr.

κουάρτος, quartus, Th. II, 15, pr. (Theoph. F. 183, 17) quartos, leçon de M; Th. IV, 1, §§ 1, 33.

κουάσι, quasi (voir καστρέσιος, ci-dessus), Th. III, 27, Pr. et § 3 remplacé souvent par le syn. ὡσανεί; voir Nov. 22, 34 (173, 18) aux v. l.

κουβικουλάριος, cubicularius, Nov. 43, pr.

κουβούκλειον, cubiculum, Nov. 8. Not. admin. (80, 32); ci-dessus, p. 225.

κουίντος (cf. Κούιντα, Dittenberger, Gr. Nam., 298 et ibid. 301 suiv.), quintus, Th. II, 14, § 6.

κουΐρῖνος, quirinus, Th. I, 2, § 2 (8, 4).

κουΐριται, quirites, Th. I, 2, § 2 (Theoph. F. 8, 4) iuris ciuile quiritium. Cf. Dittenberger, Gr. Nam., 300 (ibid., la graphie Κυίριται chez Dion Cassius ne peut guère avoir qu'une valeur officielle; cf. ci-dessus, p. 224); voir καδρουπλικατίων, s. v.; Th. I, 5, § 4 (Theoph. F. 25, 12) iure quiritium.

κοῦλπα, culpa; κούλπας ὀνόματι, κούλπας χάριν, Th. III, 25, § 9; δόλῳ ἢ κούλπᾳ, ὁ δόλος ἢ ἡ κοῦλπα, Th. IV, 3, § 14. Τὸν κούλπᾳ φονεύσαντα, ἀπὸ κούλπας ἔνοχος, Th. IV,

3, §§ 7, 8. Syn. ἀδίκημα, Th. IV, 4, pr.

κουρατίων, curatio, Th. I, 25, pr.; I, 25, § 1.

κουράτωρ, curator, Th. I, 20, § 5; I, 23, §§ 1, 2, 3, 4, 5; II, 8, § 2; Nov. 72, Rubr.; Nov. 117, c. 1.

κουρατορεία (formation grecque; ci-dessus, 242). Th. I, 25, § 5. Il est à remarquer que Th. emploie ici alternativement les syn. κουρατίων et κουρατορεία: αἱ γ΄ ἐπιτροπαὶ ἢ curationes (Theoph. F. 89, 19); de même Theoph. F. 89, 21; mais ib. 24 ἐπιτροπὴν ἢ κουρατορείαν.

κουρατορεύομαι (formation grecque), Th. I, 13, pr.; κουρατορευόμενος, Cod. IV, t. 21, l. 16, § 1 (ci-dessus, p. 242).

κουστωδία, custodia, Th. III, 23, § 3; ἀκριβεστάτη καὶ ὑπερβάλλουσα φυλακή, ibid. Cf. N. T. Matth. XXVII, 66, κουστωδία.

χρεδίτωρ, creditor. Th. I. 6, pr.; § 1 χρεδίτορσι; χρεδίτορες alterne avec δανεισταί Th. I, 6, § 3; en général, Théophile préfère χρεδίτωρ à δανειστής, IV, 1, § 6 etc.; IV, 1, § 14; IV, 6, § 40.

κωδίκελλος, codicillus ou plutôt codicellus (ci-dessus, p. 220), lettre conférant le titre de noblesse (le patriciat), Th. I, 10, § 4. — Codicille. Th. IV, 6, § 33; III, 25, pr.; II, 25, pr.; Nov. 8, c. 1, pr.; Nov. 70, pr.; Nov. 159, pr.

κῶδιξ, κώδικος, codex, Th. II, 10, § 10 (Theoph. F. 160, 20 códici); 28, § 27 (Theoph. F. 222, 27 item); mais le mot était depuis bien longtemps entré dans la langue (ci-dessus, p. 201) et s'écrit en grec. — Voir ce Lex. in f.

Λ

Λαβεών, Labeo, le jurisconsulte, Th. II, 25, pr. (Theoph. F. 252, 22, Labeών).

λαργίανειον (δόγμα), S. C. Largianum, Th. III, 7, § 4 (Theoph. F. 299, 7, Largiánion); Nov. 78, pr.

λαργιτιωναλικός, relatif aux λαργιτίωνες, Ed. 13, c. 11.

λαργιτίωνες, largitiones, Nov. 8, c. 7; Ed. 13, c. 11.

λαργιτιωναλικός, largitionalis (formation grecque), relatif aux largitiones; Ed. 13, c. 11, § 2.

λατερκουλήσιος, laterculensis (cf. καστρέσιος), Nov. 26, c. 5, § 1.

λατέρκουλον, laterculum, Nov. 8, c. 1, pr.; Nov. 24, c. 6.

λατινότης (formation grecque), latinitas, Nov. 78, pr.

λεγίτιμος, α, ον, legitimus, Th. I, 15, § 1 (Theoph. F. 69, 24, legitimoi); II, 17, Pr. (Theoph. F. 192, 7) legitimós; Th. III, 2, § 3 a (Theoph. F. 274, 25) legitiman, § 8 (Theoph. F. 278, 19); Th. III, 3, § 1 (Theoph. F. 279, 13); § 4 (Theoph. F. 281, 5); § 5 (Theoph. F. 281, 7) legitimes, gén.; Th. III, 4, § 2 (Theoph. F. 283, 21); le mot est toujours en latin. Par conséquent λεγ- ou ληγ- reste obscur. Nov. 22, c. 47, § 2; Nov. 81, c. 2; Nov. 84, pr.

λεκτικάριος, lecticarius, Nov. 47 Pr.

ληγατάριος, legatarius, Th. II, 10, § 11; Th. II, 20, §§ 2, 4, 6, 11, 12, 18, 20, 22, 23, 29, 31, 32, 33, 35, 36; Nov. 1, c. 1 etc. etc.; λεγατάριος (sic F, fo 364 b), Dig. XXVI, 6, l. 2, § 3. Συλληγατάριος, Th. II, 20, §§ 8, 23.

ληγατεύω (cf. legatum = ληγάτον), Th. II, 20, §§ 4, 22, 24, 26, 30, 34, 35, 36 (à ses différents temps);

ληγατεύομαι (de même), §§ 4, 5, 16, 20, 21, 25. Voir aussi IV, 6, §§ 2, 33.

ληγάτον, legatum, Th. II, 10, § 11; II, 25, pr.; II, 22; II, 23; III, 1₈,

§ 2 (Th. F. 332, 22, λεγάτον); Nov. 1, c. 1, etc. etc.; Nov. 112, c. 1. Syn. πρεσβεῖον, Nov. 1, c. 1, etc. etc.; Nov. 22, c. 23 et 41.

ληγάτος, legatus, Th. I, 26, § 1 (Theoph. F. 93, 8, τῷ λεγάτῳ).

λιβελλήσιος, libellensis, Nov. 20, c. 7 (144, 15).

λίβελλος, libellus, Nov. 25, c. 1; Nov. 119, c. 5.

λιβερατίων, liberatio, Th. II, 20, § 13 (ici M porte libertatίωna et non comme veut Ferrini (Theoph. F. 213, 2) libertationa; la leçon ou le mot libertatίων présente une contamination de libertas).

λίμιται, limites, Ed. 13, c. 11, § 1 τοῖς ἐκεῖσε λιμίταις, donc λιμίτης; cf. S. s. v. λίμιτον.

λιμιτάνεος, limitaneus, Nov. 103, c. 3, § 1.

λιτιγάτωρ, litigator, Th. IV, 16, § 2; Nov. 115, c. 2; Nov. 124, c. 2.

λιτιγίωσα, litigiosa. Nov. 112, pr.

Λούκιος, Lucius, Th. IV, 16, § 1.

λουκρατίβα, lucrativa, τῶν lucracrativων, Nov. 131, c. 5 (voir ibid. p. 656, 30 lucratiβων L, et locratiβων (ci-dessus, p. 242, 1) A).

M

μαγίστερ, magister; πρώτους καὶ δευτέρους μαγίστερας, Nov. 30, c. 2.

μαγιστριανός, magistrianus, Nov. 17, c. 4; Nov. 86, c. 9.

μάγιστρος, magister, Th. III, 12, Pr. (Theoph. F. 315, 18) ἐξ αὐτῶν ἕνα ὅστις ἐλέγετο mágistros, Th. IV, 7, § 2. Cf. Const. Cerim. 238, 19 μαγίστρου.

μαγιστρόκηνσος, magister census. Cod. I, t. 2, l. 17, § 2. Voir κῆνσος.

(mala fide, locution passée en grec, Th. II, 6, § 3 (Theoph. F. 132, 2). Voir *bona fide*, ci-dessus).

μανδάτον, mandatum, Th. I, 21, pr.; III, 26, § 6, 7; IV, 6, § 8; Ed. 9, c. 3. Μανδάτον, ordre, Nov. 112, c. 3, § 1 (voir ibid.); μανδάτα πρίγκιπις, Nov. 17, pr. = mandata principis.

μανδάτωρ, mandator, Nov. 136. pr.; Nov. IV, c. 1, pr.

μανδατορεύω, Nov. IV, c. 1, pr.

μανουμίσσωρ, manumissor, Th. III, 9, §§ 3, 4. Syn. ἐλευθερωτής, ibid.

μάππα, mappa, Nov. 105, c. 1 (502, 12).

ματέρτερα, matertera, Th. I, 10, § 5 (Theoph. F. 45, 5 matertéran); III, 6, § 3.

ματρικάριοι, matricarii, Nov. 13, 5.

μεμοριάλιος, memorialis, Cod. IV, t. 59.

μετάτα, μητάτα, voir μιτάτα.

μιλιαρήσιον, milliarensis, miliarisius; ἐν τοῖς μιλιαρησίοις; Nov. 105, c. 2, § 1 (503, 38 μιλλιαρησίοις L).

μίλιον, milium, Th. I, 25, § 17.

μινσώριον, mensorium, Th. II, 1, § 44 (Theoph. F. 117, 13); cf. ibid. aux v. l. μινσῶριν, μινσοῦριν; cf. Du Cange, V, 421 s. v. missurium; Freund-Theil, s. v. mensorium, II, 470.

μισσιβίλιον, missibile, Nov. 85, c. 4 (417, 32 τούς τε καλουμένους ζιβύννους ἤτοι μισσιβίλια).

μιτάτον, metatum (Ed. Anast. § 10, p. 139 μιτάτα), logement fourni par les habitants au soldat, Nov. 130, § 9; Cod. I, t. 4, l. 26, § 7. Ci-dessus, p. 201.

μοδεράτωρ, moderator, Nov. 20, pr.; Nov. 28, c. 2; Nov. 102, pr.; Ed. 4, c. 2.

μόρα, mora; τῆς moras, Cod. I, t. 3, l. 46, § 4 (ci-dessus, p. 177).

(μόρτις καῦσα, mortis causa, Nov. 22, c. 22; Nov. 87, Rubr., Pr.; Th. II, 8, § 1).

Μούκιος, Mucius, Nov. 22, c. 43 (cf. ibid.); Th. III, 25, § 2 (Reitz: Μούτιος), ci-dessus p. 244).

μοῦλα, mula, ζεῦγος μουλῶν, Th. IV, 3, § 10.

μουλίων, mulio (cocher), Th. IV, 3, § 8 (bis); τοῦ μουλίωνος, ibid.

N

νεγατωρία, negatoria (actio), Th. IV, 6, § 2.

νεγατωρίως, negatorie, Th. IV, 6, § 1-12 (13 fois).

νεκεσσάριος, ία, ον, necessarius, Th. II, 14, § 1 (Theoph. F. 177, 12) necessários; III, 9, Pr.; 27, § 3; IV, 6, § 37.

νεφάριος, nefarius, Nov. 12, c. 1.

νοβατεύω (cf. novatum, νοβάτον), Th. III, 29, § 2.

νοβατίων, novatio, Th. III, 26, § 2; 27, § 3.

νόξα, noxa, Th. IV, 8, §§ 1, 2, 3, 7; IV, 17, § 1.

νοξάλιος, ία, ον, noxalis (actio), Th. IV, 8, pr. et §§ 2, 3, 4, 5, 7; IV, 9, pr.; ὁ νοξάλιος ἀκύλιος, Th. IV, 9, pr.; νοξαλία, IV, 17, pr.

νοξία, noxia, Th. IV, 8, § 1.

νοτάριος, notarius, Nov. 8, Not. Adm.; Nov. 123, c. 3, etc., etc.

νοῦμμος, nummus, Th. I, 12, § 6: II, 8, § 2; IV, 1, § 11.

O

ὁμόκηνσος, Nov. 128, c. 6 (compris dans le même cens).

ὀνωράριος honorarius (obligation prétorienne), Th. III, 13, § 1 (Theoph. F. 318, 4 honorariai).

ὄπεραι, operae (cf. S. s. v.); ὁπέρας, Th. III, 28, § 1; Th. IV, 5, § 1.

Cf. ex operis δὲ suis, II, 3, § 4 (Theoph. F. 150, 20).

ὀπινίων, opinio, Th. I, 2, § 9 (Theoph. F. 16, 19 opiniona).

ὀπτίων, optio, Th. II, 20, § 23. Officier remplaçant le tribun, Nov. 130, c. 1 (651, 1 ὀπτίονας); Cod. I, t. 4, l. 42, § 2.

ὀρδινάριος, ία, ον, ordinarius, Th. II, 20, § 17; IV, 7, § 4; ὀρδινάριαι ἀγωγαί (sic), Th. IV, 18, pr.; Nov. 20, c. 2; Nov. 66, Pr.

ὀρκῖνος, orcinus; ὀρκῖνος ἀπελεύθερος (libéré par testament), Th. III, 11, § 1 (Theoph. F. 312, 10 ὥσπερ εἰ ὁ κληρονόμος οὕτως ἠδίτευσε, τουτέστιν orcinoi γίνονται ἀπελεύθεροι). Syn. χαρωνιακός, Th. II, 24, § 2.

ὀρναμέντον, ornamentum, Cod. X, t. 30, l. 30, § 4 (ib. ornamentum).

Ὀρφιτιάνειον δόγμα, S. C. Orfitianum, Th. III, 4, pr. (Theoph. F. 283, 9 Orfitiánion).

οὐγκία, uncia, Th. II, 13, pr.; II, 14, § 5; III, 17, § 3; Nov. 18, pr.; Nov. 66, pr.; seul terme pour désigner les 12es d'une succession; d'où le dérivé οὐγκιασμός (ci-dessous) et les composés: διούγκιον, Th. II, 14, § 5; τριούγκιον, Th. II, 14, § 5; II, 22, § 1; τετραούγκιον, Nov. 18, c. 2; Nov. 66, c. 1; ἑξαούγκιον, Th. II, 22, § 1; Nov. 2, Pr., § 1; Nov. 9, pr; Nov. 18, c. 1; ὀκταούγκιον, Nov. 18, c. 2; ἐννεαούγκιον, Th. II, 22, § 1; Nov. 18, c. 2; Nov. 101, c. 3, § 1; ἡμιούγκιον, Nov. 89, c. 12; διούγκιον, τριούγκιον, τετραούγκιον, Cod. VI, t. 4, l. 4, §§ 16 et 18.

οὐγκιασμός, division en onces (οὐγκίαι), Th. II, 14, § 5; Nov. 107, c. 1.

οὐρβανός, urbanus, le préteur urbain, Th. I, 2, § 7 (Theoph. F. 15, 21) ὁ praétωr ὁ urbanós; I, 20, pr.

οὖσος, usus, Th. II, 2, § 3; Th. IV, 2, § 2.

οὐσουάριος, usuarius, Th. II, 4, § 3.

ούσουκαπιτεύω, usucapere; ούσουκαπιτεύετο παρ' έμοῦ, Th. II, 6, pr.; -εύω, -εύσασι, -ευθέν, -εύσαντος, -καπίτευσεν, -εύσας, -ευκέναι, -εῦσαι, -καπίτευσα, Th. IV, 6, §§ 3 et 4; IV, 17, § 3.

οὐσουκαπίων, usucapio, Th. II, 6, pr. et § 1; IV, 6, § 3; IV, 17, § 3.

οὐσούφρουκτος, usufructus, Th. II, 9, §§ 1, 2; II, 4, § 2; II, 14, pr.; II, 20, § 9; IV, 2, § 2; IV, 6, § 2; Nov. 7, pr. et c. 4; Nov. 18, c. 2; Nov. 117, c. 1.

οὐτίλιος, ία, utilis, οὐτίλιος 'Ακύλιος, Th. IV, 3, § 16; ούτιλίαν ἀγωγήν, Th. IV, 15, § 8. Syn. Th. II, 23, § 4 (Theoph. F. 240, 26) utilias ἀγωγὰς, τουτέστι πλαστικάς.

οὐτιλίως, utiliter, Th. II, 23, § 4.

ὀφφίκιον, officium, Th. II, 20, §§ 9 et 20; IV, 4, § 10; IV, 17, §§ 4, 6 et pr.; Nov. 2, Adresse; Nov. 82, c. 1.

ὀψίκιον, obsequium, Nov. 78, c. 2.

Π

παγανικός (civil par opposition à militaire); π. διαθήκη, Th. II, 11, pr.; π. πεκούλιον, Th. II, 2, pr.

παγανός, paganus, Th. II, 11, §§ 3, 4; II, 14, § 5.

πακτεύω (cf. pactum = πάκτον); πακτεύει, Th. IV, 16, § 2; πακτεύσας, Th. IV, 6, § 7; εἴ τι πακτευθῇ, Th. III, 24, § 3.

πάκτον, pactum, Th. I, 8, § 2; III, 15, § 3; IV, 1, § 2; IV, 2, § 2.

(παλατῖνος, palatinus, Cod. X, t. 3, l. 7 (voir N. C., ibid.) τῇ σχολῇ τῶν παλατίνων).

παλάτιον, palatium, Nov. 8, c. 7; Nov. 80, c. 10.

(parentes λέγονται πάντες οἱ ἀνιόντες, Th. I, 12, pr., Theoph. F. 56, 14).

παρτιάριος, voir le suivant.

παρτιτιάριος, partiarius, Th. II, 23, § 5 ληγαταρίου partitiariu, voir Theoph. F. 241, 21 aux v. l.; II, 23, § 6 (Theoph. F. 242, 10). Syn., au premier passage, dans un des mss (cf. p. XXIII) ἡμισυμερίτου. Παρτιάριος est la leçon des éd.; voir Theoph. F. 241, 21.

παρτιτίων, partitio, Th. II, 23, § 5.

πατρίκιος, patricius, Th. I, 12, § 4; Nov. 1; Nov. 2 etc. dans les Adresses : Τῷ ἐνδοξοτάτῳ... πατρικίῳ.

πατρικιότης, patriciat, Th. I, 12, § 4.

πατριμώνιον, patrimonium, Nov. 69, c. 4; Nov. 102, c. 1; Ed. 4, c. 2, § 2.

(πατρούελος, patruelis, Th. III, 6, § 6; Theoph. F. 290, 5 ἀπὸ τῶν fratres patrueles; φράτρων πατρουέλων dans les éd.; voir ibid.)

πάτρων (patronus), Th. II, 19, § 1; III, 7, Pr.; III, 9, Pr.; IV, 4, § 9; IV, 6, § 12 (πάτρωσι); Cod. VI, t. 4, l. 4, § 14.

πατρωνικός, ή, όν (formation grecque); πατρωνική, Th. I, 23, pr.; π. δικαίων, π. διαδοχῶν, Th. III, 6, § 10; Nov. 1. c. 4; Nov. 78, pr.

πατρώνισσα, fém. de πάτρων, Th. III, 7, § 3. Cod. VI, t. 4, l. 4, § 14.

πέκουδα, voir πέκους.

πεκούλιον, peculium, Th. II, 9, § 1; II, 20, § 17; IV, 7, §§ 4, 5; Nov. 81, c. 1, § 1.

πεκουλιάριος (οἰκέτης), peculiaris, Th. IV, 7, § 4.

πέκους, pecus, Th. IV, 3 pr.; IV, 3, § 16, τὸ ἐμὸν πέκους; pl. πέκουδα, Th. IV, 3, § 1 (τῶν πεκούδων), § 13 (τοῖς πεκούδοις), § 14 (πεκούδων et τὸ pecus ib.).

περεγρῖνος, peregrinus, Th. I, 5, § 3; I, 12, § 1; II, 23, § 1; Nov. 78, c. 5.

περεμπτωρία, peremptoria; περπετοῦαι, αἵτινες καὶ περεμπτώριαι λέγονται, Th. IV, 13, §§ 8, 9, 10.

περσεκουτίων, persecutio (judiciaire), Nov. 39, pr.; Nov. 135, Pr·
περμουτατίων, permutatio, Th. II, 1, § 35; IV, 6, § 28.
περπετοῦος, α, perpetuus, Th. III, 15, § 3 (Theoph. F. 324, 4 perpetûa); IV, 12, pr.
περπετούως, adv. de περπετοῦος, Th. III, 24, § 3; IV, 12, pr.
περσεκουτίων, persecutio, Nov. 39, pr. et 135, pr.
περσωνάλιος, ία, personalis, Th. II, 1, § 29; IV, 1, § 14; IV, 6, §§ 2, 3, 14, 15; IV, 13, § 4; Nov. 4, c. 2, pr.; Nov. 136, c. 5.
πέρφεκτος, perfectus, Th. III, 19, § 18 (Theoph. F. 342, 10 pérfecton, et, l. 12, perfécta ἡ ἐπερώτησις).
πετιτεύω (cf. petitum), réclamer (en justice), Th. IV, 6, § 33; IV, 13, § 10; πλουσπετιτεύω, Th. IV, 13, § 10.
πετιτίων, petitio, Th. IV, § 33. — πλουσπετιτίων ibid.
πηγασιάνειον (δόγμα), S. C. pegasianum, Th. II, 23, § 6 (Theoph. F. 243, 22, 29).
πιγνορατιτία (ἀγωγή), actio pigneratitia, Th. III, 14, § 4 (Theoph. F. 321, 16, pigneraticίᾳ). Syn. ἐνεχυριτικῇ, ibid. aux v. l.
πλεβίσκιτον, plebiscitum, Th. I, 2, § 4 (Theoph. F. 9, 14 plebisciton) etc. etc.
πληναρία, plenaria, Nov. 128, c. 3; Ed. 13, c. 12.
πλους, voir πετιτεύω, πετιτίων.
ποινάλιος, ία, poenalis; ποιναλίαν, Th. IV, 3, § 9; IV, 12, § 1.
ποστλιμίνιον, postliminium, Th. I, 12, § 5 a; II, 12, § 4; III, 1, § 4.
ποστοῦμος, α, postumus, Th. I, 13, § 4 (Theoph. F. 64, 19 postûmoi δέ εἰσιν οἱ μετὰ τὴν ἡμετέραν τικτόμενοι τελευτήν), I, 14, § 5; III, 1, pr.; III, 9, pr.
ποσσεσσίων, voir βονόρουμ.
ποσσέσσωρ, voir βονόρουμ.
ποτέστας, Th. I, 11, pr. (Theoph. F. 49, 3 ἡ potestas), d'où le composé ἰνποτέστατος, Th. IV, 7, pr. (Gr. 1365, fo 296 a ἰνποτέστατος).
πούβλικος, α, ον, publicus, Th. II, 1, Pr. (Theoph. F. 97, 2 voir ibid.); III, 19, § 2 (Theoph. F. 335, 3 sácron ἢ religióson... ἢ públicon); ὁδοῦ πουβλίκας ἢ βικιναλίας ὑποκειμένης IV, 3, § 5; IV, 3, § 11 πούβλικον ἔγκλημα; πούβλικα δικαστήρια IV, 18, Pr.; Nov. 115, c. 4, § 5. Syn. δημόσια, Th. II, 1, pr.
πουβλικιανὴ (ἀγωγή), actio publiciana, Th. IV, 6, § 31.
πουπιλλάριος, ία, ον, pupillarius, Th. I, 24, § 1; II, 16, pr ; III, 27, § 2.
πουπιλλαρίως, pupillariter, Th. II, 16, § 33.
πούπιλλος, pupillus, Th. I, 11, § 3; II, 16, pr. Syn. νέος Th. I, 13, § 2; ὀρφανός I, 23, § 5.
πούρος, α, purus; ἐπερώτησις πούρα (sans condition), Th. II, 10, § 20; III, 15, § 3.
πούρως, pure, Th. II, 14, § 9; II, 25, § 2; II, 20, § 14.
πραϊουδικιαλία (ἀγωγή), actio praejudicialis, Th. IV, 6, § 13.
πραικεπτίων, praeceptio; πραικεπτίωνος ῥήματα, Th. II, 20, § 2; Nov. 115, c. 5.
πραιπόσιτος, praepositus, Nov. 30, c. 6; Ed. 11, c. 2.
πραιπόστερος, α, ον, praeposterus; πραιποστέρα, Th. III, 19, § 14 (Theoph. F. 340, 24 praepostéra etc. etc.); Theoph. F. 341, 14 τὸ praepósteron.
πραισεντάλιος, praesentalis, Ed. 13, § 2.
πραίσεντον, praesentum, Nov. 22, ep. (187, 1 πραισέντου).
πραιτεξτάτος, praetextatus, Th. IV, 4, § 1.
πραιτεριτεύω (cf. praeteritus = πραιτέριτος), Th. III, 7, § 3; πραιτεριτευθέντες, Th. II, 13, pr. et §§ 1, 2; III, 1, § 12.
πραιτέριτος, praeteritus, Th. II,

13, § 7; III, 9, pr. et § 3; Nov. 115, c. 3.

πραιτεριτίων, praeteritio, Th. II, 18, pr.; II, 13 pr. et § 6.

πραίτωρ, praetor, Th. I, 5, § 2; 2, § 7; 20, §§ 3, 4; IV, 4, pr. et §§ 7, 9; très fréquent; Nov. 13, c. 1, etc. etc.

πραιτωριανός, praetorianus; π. βῆμα, Nov. 70, c. 1.

πραιτώριον, praetorium, Nov. 7, ep.; fréquent dans les adresses en tête des Novelles; Th. I, 5, § 3. Cf. N. T. Jo. XVIII, 28 et 33.

πραιτώριος, ία, ον, praetorius, Th. I, 21, § 3; praetorian Th. II, 10, § 2 (Theoph. F. 156, 5); praetóriae... ἐπερωτήσεις Th. III, 18, § 2 (Theoph. F. 332, 8).

πραιφεκτωρία, praefectoria, Nov. 38, pr., c. 3; Nov. 70, pr.

πρεκάριος, ία, ον, precarius, Th. I, 14, § 1.

πριβάτον (πριουάτων Ed. Praef. Praet. § 2, p. 160; ci-dessus, p. 243), privatum, Th. IV, 3, § 11; Nov. 12, pr.; Nov. 102, c. 1; Ed. 4, c. 2, § 2.

πριγκιπαλία, principalis; -ία, -ίαν, -ίας, Th. II, 16, § 5 (Theoph. F. 190, 12, 14, 18 etc.).

(πρίγκιπις, voir μανδάτον.)

πρῖμος, primus, Th. I, 10, § 8; II, 20, § 11; IV, 4, § 1.

πριμικήριος, primicerius, Nov. 8, Not. adm.

προβατωρία, probatoria, Nov. 24, c. 1.

προδερέλικτον, proderelictum, Th. II, 1, § 47 (Theoph. F. 118, 6 proderélicton; ibid. v. l. προδερέλικτον).

προερεδεγεριτεύω, pro herede gerere, Th. II, 19, § 7 (Theoph. F. 205, 6 proheredegeriteúein). Ci-dessus, 169.

προϊβιτώριον ἰντέρδικτον, prohibitorium interdictum, Th. IV, 15, § 1.

προκουλιανοί, Proculiani, Th. II, 1, § 25 (107, 1 proculianῶν).

προκουράτωρ, procurator, Th. I, 6, § 5; II, 9, § 5; IV, 4, § 10; IV, 11, pr. et §§ 1, 3, 4 (fréquent).

προκουρατωρία, procuratoria; προκουρατώριαι παραγραφαί, Th. IV, 13, § 11.

προμητάτωρ, prometator, Nov. 130, c. 6 (653, 13); cf. cependant μιτάτον.

προμιττένδοι, promittendi, Th. III, 16, pr. (Theoph. F. 327, 5) promitténdων.

πρόξιμος, proximus, Th. I, 23, § 1; III, 2, § 5 (Theoph. F. 276, 24 où certains mss donnent πρώξιμος; M en latin); III, 19, § 9; IV, 1, § 18.

προπριεταρία, proprietaria, Th. II, 1, § 36 (Theoph. F. 113, 9 proprietarian); II, 14, pr.; II, 20, § 9; IV, 4, § 5.

προπριετάριος, proprietarius, Th. II, 1, § 9.

πρόπριος, proprius, Th. III, 6, § 5; προπριοκονσωβρῖνος, voir κονσωβρῖνος.

προτίκτωρ, protector (ci-dessus, p. 201); Ed. 8, c. 1 et c. 3, § 3.

P

ρεβερέντια, reverentia, Nov. 78, c. 3, pr. et c. 1.

ρεβοκατωρία (ἀγωγή), revocatoria (actio), Nov. 8, c. 13.

ρεγεών, regio, Cod. I, t. 4, 1. 44, § 2 (ci-dessus, p. 220).

ρέγιος, regius, Th. I, 2, § 6 (Theoph. F. 13, 32) νόμου ῥεγίου. Ci-dessus, 199.

ρεκαῦτον, recautum, Nov. 130, c. 1 et c. 2.

ρεληγατεύω (relegatus = ῥελήγατος), Th. I, 12, § 2 (Theoph. F. 57, 19) relegateuθῶσιν.

ῥελήγατος, relegatus, Th. I, 12, § 2 (Theoph. F. 57, 15) relégatos; IV, 18, § 4.

ῥελιγίωσον, religiosum, Th. II, 1, § 7; III, 19, § 2 (Theoph. F. 98, 15 religiosa); ῥελεγίωσα πράγματα, Th. IV, 18, § 9. Cf. ci-dessus, p. 221.

ῥέος, reus, Th. III, 18, § 1; III, 16, Pr. et § 2; III, 19, § 19); ῥέος = debitor, Th. III, 16, Pr. et § 2; III, 29, Pr.; IV, 6, § 33; IV, 15, § 4; Th. III, 16, pr. (Theoph. F. 327, 6 réoi stipulándoi; 327, 18 réoi promitténdoi).

ῥεπαρατίων, reparatio, Nov. 82, § 6.

ῥεπετιτεύω (cf. repetitum), Th. II, 7, § 1; II, 20, § 25; III, 20, § 1; IV, 6, § 34.

ῥεπετιτίων, repetitio, Th. III, 20, § 1.

ῥεπλικατίων, replicatio, Th. IV, 15, pr.

ῥεπουδιατεύω (cf. repudiatum), Th. II, 16, pr.; II, 17, § 2; II, 19, § 5; II, 20, § 8; III, 2, § 7; III, 1, § 7.

ῥεπουδιατίων, repudiatio, Th. II, 19, § 5; II, 22, pr. et § 5.

ῥεπούδιον, repudium, Th. I, 10, § 9; IV, 6, § 13; Nov. 19, pr.; Nov. 91, c. 1; Nov. 98, pr.

ῥέσκριπτον, rescriptum, Th. III, 11, § 2 (Theoph. F. 312, 25) réscripton. Syn. ἀντιγραφή, ibid., § 1.

ῥέσπονσον, responsum, Th. I, 2, § 9 (Theoph. F. 16, 18 résponson); I, 25, § 2. Syn. ἀπόκρισις, Th. I, 25, § 2. Voir ci-dessus καστρέσιος; o d'après la lettre.

ῥετεντίων, retentio, Th. IV, 6, § 37.

ῥεφερενδάριος, referendarius, Nov. 6, c. 3; Nov. 10 Rubr. περὶ τῶν ῥεφερενδαρίων; Nov. 113, Pr. et c. 1. Voir ci-dessus, p. 195.

ῥογεύω, rogo, Nov. 130, c. 1. Pour le sens très classique de proposer, p. ex., un magistrat au choix du peuple, voir Freund-Theil III, 127, B, *b* et *c*.

ῥοῦπτος, α, ον, ruptus, Th. II, 13, §§ 1, 2; II, 17, §§ 5, 6; ῥοῦπτα, τουτέστι ῥηγνυμένη, III, 1, pr. (Theoph. F. 255, 13 aux v. l.); IV, 3, § 13.

ῥωμανήσιον, romanensis, Cod. VIII, t. 10, l. 12, § 5. Voir καστρένσιος.

Σ

σαγκτίων, sanctio, Th. II, 1, § 10.

σάγκτον, sanctum, Th. II, 1, § 10.

σάκρον, sacrum, Th. II, 18; III, 19, 2; IV, 15, § 1; Nov. 20, Rubr.

σαλάριον, salarium; σαλάρια, Nov. 128, c. 16.

σαλβιάνειον (ἰντέρδικτον), interdictum Salvianum, Th. IV, 15, § 3.

σατισδατίων, satisdatio, Th. IV, 11, pr.

σέδετα, stations militaires; ἐν τοῖς λεγομένοις αὐτῶν σεδέτοις (Theoph. F. 162, 9), Th. II, 11, pr. Théophile oppose σέδετα à ἐξπέδιτον (longue discussion, Theoph. Reitz, I, p. 348, h); Cod. I, t. 4, l. 18. Voir sur ce mot Du Cange, VII, 396, c. 3, s. v. sedetum; D. C. II, 1343, s. v. σέδετον.

σεκουνδοκήριος, secundocerius, Cod. IV, t. 59.

σεκοῦνδος, secundus, Th. IV, 4, § 1.

σέλλα, sella; τῇ σέλλῃ τῇ ὑπατικῇ, Th. I, 2, § 7 (Theoph. F. 16, 8 sélly).

σενατουσκόνσουλτον, senatus consultum, Th. I, 2, § 5 (Theoph. F. 11, 7) τοῖς senatusconsúltois; cf. ibid. (9, 24) τὸ δὲ παρ' αὐτῶν νομοθετούμενον λέγεται ἰδικῷ ὀνόματι senatus consultum; ibid. (10, 13) ἐκλήθη senatus consultum. senatus γάρ ἐστιν ἡ σύγκλητος, consulere δὲ τὸ πρόνοιαν ποιεῖσθαι (cf. ibid. 10, 17); Th. III, 4 Rubr. (p. 283) De S. C. Orfitiano est en latin.

σεντέντια, sententia, Th. I, 2, § 8.

σερουϊανή (ἀγωγή), actio seruiana, Th. IV, 6, § 7. Ci-dessus, p. 243.

σεστέρτια, sestertia, Th. III, 7, § 2.

σιλεντιάριος, silentiarius, Nov. 53, c. 5.

σκάλα, scala, Nov. 159, pr. (Nov. Z., II, 368, σκαλῶν).

σκουτάριον, scutarium, ἀσπίς, Nov. 85, c. 4.

σκρίβας, scriba, Nov. 94, ep.

σκρινιάριος, scriniarius, Nov. 30, c. 6.

σκρίνιον, scrinium, Nov. 8, Not. adm., § 1; Nov. 20, pr.; Nov. 82, c. 7; Nov. 85, c. 3, pr. et § 1; Cod. I, t. 2, l. 25, § 3.

σκρίπτος, scriptus, Th. II, 10, § 10; II, 13, pr.; 14, § 5, 7; τῶν σκρίπτων (sans subst.); Th II, 18, § 1 etc.; II, 23, §§ 1, 5.

σοβρῖνος, α, sobrinus, Th. III, 6, § 5 (Theoph. F. 289, 23) próprios sobrînos καὶ propria sobrina.

σολέμνια, sollemnia, Nov. 128, c. 16; Cod. X, t. 30, l. 30, §§ 2, 5.

σόλιδοι, solidi; solidos quattuor, tres, Nov. VIII, Ed., c. 1.

σόλος, solus, dans la locution σόλος νεκεσσάριος Th. I, 6, § 1. Suit l'explication σόλος μὲν ἐπειδὴ etc.

σολουτίων, solutio, Th. III, 29, pr. σολουτίων alterne avec le syn. καταβολή (III, 29, pr. et § 1), mais Th. préfère le premier terme au second (ibid. § 1, in fine).

σουγγερεύω, suggero, Th. I, 5, § 4.

σουγγεστίων, suggestio, Th. I, 5, § 4 (Theoph. F. 24, 20 suggestiona; Tribuniano... suggerente, ibid. 24 b, 17; sur Tribun. voir ci-dessus, p. 223); Cod. IV, 59.

σουκκεσσίων, successio, Th. III, 2, § 7; III, 9, § 9.

σουμμάριος, summarius, Nov. 30, c. 1; Nov. 64, c. 1.

σοῦον, suum, neutre pris substantivement, la qualité de suus, suitas, Th. II, 19, § 2.

σοῦος, α, ον, suus; σοῦος κληρονόμος, Th. II, 13, pr.; σοῦος, σοῦου, σούῳ, σοῦον, σοῦοι, σοῦα, σούων (avec ou sans subst.), Th. II, 13, § 7; II, 16, pr.; III, 1, pr.; III, 1, §§ 1, 2, 3, 7, 8, 11; 6, § 12; 9 pr.; III, 9, pr.; Nov. 107, pr.; Nov. 18, c. 4; Nov. 18, c. 11.

σούσπεκτος, suspectus, Th. I, 26, pr. et § 1; III, 3, § 6. (Le Gr. 1365 écrit suspéctοι, suspéctος).

σουφφράγιον, suffragium, Nov. 8, pr. (p. 65, 14 τῶν καλουμένων suffragίων); Nov. 8, c. 1 (67, 13 suffragiov).

σπεκιάλιος, ία, specialis, Th. IV, 17, § 2.

σπεκταβίλιος, spectabilis, Nov. 20, c. 5 et 7.

σπόρτουλα, sportula, Th. IV, 6, §§ 24, 27; Nov. 8, c. 6; Nov. 80, c. 6.

σπούριος, spurius, Th. I, 10, § 12.

στατίων, statio, Nov. 45, c. 1.

στατοῦτον, statutum, Nov. 16, c. 1 (116, 20 τὸ καλούμενον στατοῦτον); Nov. 97, c. 4.

στιπενδιάριον, stipendiarium, Th. II, 1, § 40.

στιπουλάνδος, stipulandus, Th. III, 16, pr. (Theoph. F. 327, 5 περὶ ῥέων stipulándων; cf. ci-dessus, s. v. ῥέος.)

στιπουλάτον, stipulatum, Th. III, 15, pr. (Theoph. F. 322, 12 ex stipulatu); Nov. 162, c. 1, § 1.

στοῦπρον, stuprum, Th. IV, 18, § 4; Nov. 39, c. 2.

στρίκτος, α, ον, strictus, Th. IV, 6, § 30; IV, 13, § 13.

συλληγατάριος, collegatarius, Th. II, 20, § 8. Voir ληγατάριος.

σουβσιδιαρία, subsidiaria, (actio) Th. I, 24, § 4.

συγκουράτωρ, concurator, Th. I, 24, § 1.

Etudes néo-grecques.

σωλάριον, solarium (terrasse), Cod. VIII, t. 10, l. 12, § 5.

T

ταβελλίων, tabellio, Th. III, 23, pr.
ταβλίζω (cf. tabula = τάβλα) tabulis ludere, Nov. 123, c. 10 ἀπαγορεύομεν δὲ τοῖς ὁσιωτάτοις ἐπισκόποις... ταβλίζειν ἢ τῶν τοιαῦτα παιζόντων κοινωνοὺς ἢ θεωρητὰς γίνεσθαι (Nov. Z. II, p. 304). Ci-dessus, p. 225.
ταβουλάριος, tabularius, Th. I, 11, § 3 (Theoph. F. 51, 14 tabularίῳ); Nov. 44, pr.; Nov. 1, c. 6, § 1.
ταξαμεντον, taxamentum, Nov. 72, c. 6 (ci-dessus, p. 245).
ταξατίων, taxatio, Nov. 53, 1.
τεμποράλιος, ία, temporalis, Th. IV, 13, §§ 8, 10 (τεμποράλια, R.); τεμποραλίου πάκτου, ibid. §§ 10, 11.
τερτιοκήριος, tertiocerius (cf. πριμικήριος et σεκουνδοκήριος, ss. vv.), Cod. IV, t. 59.
τέρτιος, tertius, Th. IV, 4, § 1.
Τερτουλλιάνειον (δόγμα), S. C. Tertullianum, Th. III, 3, § 2; Nov. 22, c. 47, § 2.
τεσταμεντάριος, testamentarius, Th. I, 15, pr. (Theoph. F. 69, 3 testamentárion); I, 16, § 7 (Theoph. F. 72, 23) testamentarias; I, 13, § 3; II, 18, § 5 (Theoph. F. 199, 8) testamentárion ; Nov. 118, c. 5 (Nov. Z. II, p. 234). Syn. διαθηκάριος, v. l. ibid.
(τεσταμέντον, testamentum, Th. II, 10, pr. (Theoph. F. 154, 6) ἡ διαθήκη παρὰ Ῥωμαίοις λέγεται testamentum; § 6 (157, 10) testamentifactiona ; it., II, 14, § 2 (178, 15); § 3 (178, 27); II, 17, § 6 (195, 11); 19, § 4 (202, 12, 14, 18; 203, 2, 4, 10); τὴν ex testamento II,

20, § 6 (210, 4); § 9 (211, 21); mais ib. § 8 (211, 2) testátoros, et passim.)
τεσταμεντάτωρ, voir le suivant, in f.
τεστάτωρ, testator, Th. II, 10, §§ 3, 6, 9, 10; II, 11, § 5; II, 13, pr. et § 1; II, 14, pr. et §§ 1, 5, 6; II, 13, pr. et § 1; II, 14, pr. et §§ 1, 5, 6; II, 15, § 4; II, 16, pr.; II, 17, pr. et § 1; II, 17, §§ 2, 4; II, 19, § 4; II, 20, §§ 3, 4, 8, 14, 17, 22 (M τέστατωρ, vérifié par l'auteur du Lexique), 25, 32, 35, 36; II, 25, pr.; III, 1, pr. et § 7; Nov. 18, Rubr.; Nov. 119, c. 9; Nov. 159, pr. Théophile et Justinien emploient ce terme concurremment avec les syn. διατιθέμενος et διαθέμενος; mais Justinien affectionne le mot latin moins que Théophile; cf. ci-dessus, p. 166.—Τεσταμεντάτορος pour τεστάτορος, Th. I, 24, pr., dans le Gr. 1365, fo 62.
τίγνον, tignum, Th. II, 1, § 29 (Theoph. F. 109, 17) ἥτις λέγεται de tigno iuncto; ibid. l. 20 τῇ γὰρ τοῦ tignu προσηγορίᾳ ἅπασα ὕλη σημαίνεται.
τίτλος, titulus, Th. IV, 15, § 3; Nov. 22, c. 12 etc. Constant sous cette forme; ci-dessus, p. 225.
τραδιτεύω, τραδιτεύομαι (cf. traditus), Th. II, 1, § 40; IV, 5, § 21.
τραδιτίων, traditio, Th. II, 1, § 40; II, 20, § 36; III, 23, § 3; cf. II, 1, § 40 καὶ τί ἐστι traditíων; ἡ ἀπὸ χειρὸς εἰς χεῖρα μετάθεσις; IV, 6, §§ 6, 7.
τραϊεκτιτία, trajectitia, Nov. 106, pr. τὰ τοῖς θαλαττίοις ταῦτα δανείσματα, ἃ καλεῖν ὁ καθ' ἡμᾶς εἴωθε νόμος traiectitia.
τρακταΐζω, tracto, Th. I, 10, § 6; II, 1, § 34 (Theoph. F. 112, 22) καὶ ταῦτα μὲν τετρακταΐσται ὅσον ἐπὶ τῇ δεσποτείᾳ τῆς εἰκόνος; Th. II, 22, § 2 (235, 20) τρακταΐσωμεν δὲ τοῦτο

καὶ ἐκ τοῦ ἐναντίου, Th. IV, 1, § 16;
IV, 6, § 19; Ed. 5, c. 1.
τρακτευτής (cf. τρακτεύω), τρακτευτῆς
ρόρων, Nov. 28, pr.; Nov. 128,
c. 1.
τρακτεύω, tracto, Nov. 147, c. 1;
Ed. 4, c. 1. .
τρανσλατεύω (cf. translatum, Th.
II, 21, pr.; τρανσλατευόμενον ἤγουν
μεταφερόμενον, Th. II, 20, § 36.
τρανσλατίων, translatio, Th. II,
36, § 24.
Τρεβελλιάνειος, ον, Trebellianus,
Th. II, 23, § 6 (Theoph. F. 242,
26), Trebellianiu δόγματος; de
même, Nov. 1, c. 1; Τρεβελλειάνειος
φιδεϊκομμισσάριος, Th. IV, 12, pr.
τριβοῦνος. tribunus, Th. I, 2, § 4;
Nov. 8, Not. adm.; Nov. 22, c. 14.
Syn. δήμαρχος, Th. IV, 3, § 15.
τριβοῦτον, tributum, Th. II, 1,
§ 40 (= Theoph. F. 116, 2; voir
ibid.).
τριβουτώρια, tributoria, Th. II, 1,
§ 40 (Theoph. F. 116, 1) αἱ δὲ τοῦ
βασιλέως ἐπαρχίαι ὠνομάσθησαν tri-
butóriai; ibid. l. 5 (τὰ) tributória
etc.; IV, 7, § 3 tributoria (ἀγωγή).
Τριβωνιανός, Tribonianus, Nov.
22, ep. (186, 41) Τριβωνιανῷ; Th.
Pr. (Theoph. F. 2, 12) Τριβου-
νιανῷ; I, 5, § 4 (24, 20) τριβου-
νιανοῦ; cf. ci-dessus, s. v. σουγγεστίων.
τριπλικατίων, triplicatio, Th. IV,
14, § 3.
(τουτέλα, tutela, Th. I, 20. § 7
(Theoph. F. 79, 3) τὴν tutelae
(Reitz τουτέλας) πρὸς ἀπαίτησιν τῶν
λογισμῶν, l'actio tutelae).

Φ

φάβριξ, φάβρικος, fabrica (arsenal),
Nov. 85. c. 1 (415, 1) φάβριξι; c.

3 (416, 5) φάβριξιν, (416, 11) φα-
βρίκων; (416, 26) δημοσίαι φάβρικες.
φαβρικήσιος, fabricensis, Nov. 85,
c. 3.
φακτίων, factio, voir ci-dessus τεσταμέντον.
φάκτον, factum, Th. II, 20, § 16
(Theoph. F. 215, 1) δίχα factu
(M φάκτου, vérifié par l'auteur du
Lexique); III, 1, pr. (255, 8) ἢ
fáctῳ ἢ νόμῳ (cf. l. 11: ἡ γὰρ non
iure ciuili facta ἐστί; III, 14, pr.
(318, 14) ἀπὸ φάκτου; III, 15, § 7
(326, 10) φάκτον; III, 17, § 2; IV,
3, § 16 ὑποπίπτει τῇ in factum
(nom de l'action). Le mot était
courant.
φαλκίδιος, falcidius; φαλκίδιος νόμος et φαλκίδιος (simplement), Th.
17, § 3; II, 22, pr. (Theoph. F.
233, 25) ὁ νόμος Falcidios, etc.;
Nov. 1, pr. et c. 2 (6, 10; 7, 13,
22, 32, 39; voir ibid. aux v. l.).
φαμελία, familia (ou plutôt famelia, ci-dessus, p. 220), Th. I, 11,
§ 2 (Theoph. F. 50, 25) φαμιλίας;
10, § 8 (158, 13) ἐξ ἑνὸς οἴκου ἤτοι
μιᾶς familías; III, 1, § 7 (Theoph.
F. 260, 4) familiᾳ et § 13, etc. etc.
Nov. 159, pr. (Nov. Z., II, p. 367) τῆς
ἐμῆς φαμιλίας. — familiémptoros,
Th. II, 10, § 10 (153, 23; cf. 25).
φιδεϊκομμισσάριος, ία, ον, fidei-
commissarius, Th. II, 10, § 10;
II, 20, § 13; II, 23, §§ 1, 3, 4, 5,
6, 7, 9; II, 24, § 2; II, 25, § 2.
φιδεϊκόμμισσον, fideicommissum,
Th. II, 24, pr., §§ 1, 2; II, 14,
§ 10; II, 25, § 1; IV, 6, § 19; Nov.
1, c. 1.
φιδουκιάριος, ία, ον, fiduciarius;
φιδουκιάριος ἐπίτροπος, Th. I. 19
(Theoph. F. 75, 9 fiduciárioi);
ibid. ll. 11, 16, 21, 25; Theoph. F.
76, 3, 8; 75, 2 ἥτις λέγεται fidu-
ciaría.
φισκάλιος, ία, ον, fiscalis, Th. I,
25, § 1 (Theoph. F. 88, 18) fis-
cália πράγματα.

φίσκος, fiscus, Th. I, 25, § 1 (Theoph. F. 88, 22 fiscon, fiscῳ); Nov. 112, c. 2.

φισκοσυνήγορος, Cod. I, t. 33, l. 2.

φοιδεράτος, foederatus, Nov. 116, pr. (549, 27).

Φούριος (νόμος), lex Furia, Th. I, 7 (Theoph. F. 34, 8) ὁ Fúrios Caninios; II, 22, pr. etc.

φούρτιδον, furtivum, Th. IV, 1, § 6 Φούρτιδον δέ ἐστι οὐ μόνον τὸ νύκτωρ ἢ μεθ᾽ ἡμέραν λαμβανόμενον λάθρα etc. Quant à furtum, qui revient souvent au gén. lat. dans le nom de l'action (cf. IV, 1, § 7 τῇ furti κατέχεσθαι), il ne semble pas avoir passé en grec; ibid. § 4, les locutions conceptum furtum, oblatum furtum, sont purement citées et expliquées : conceptum furtum λέγεται etc. Le mot grec κλοπή présentant une synonymie complète, paraît avoir été le seul employé : § 2 λέγεται δέ αὕτη ἡ κλοπή furtum etc. Cf. aussi Nov. 8, c. 10 οὗ τὰ φώρια (73, 37) est également employé dans le sens de furtum, à côté de κλοπή (l. 28).

(φράτρες, cf. Th. III, 16, § 6 (Theoph. F. 290, 5) ἀπὸ τῶν fratres patrueles.)

X

χαρτουλάριος (cf. chartula), chartularius, Nov. 8, c. 7 (70, 5 χαρτουλαρίου); Nov. 85, c. 3 (416, 10 -ίων); cf. Nov. 117, c. 11 (561, 21) τοὺς cartularious et ibid., aux v. l., tus cartularius M.

REMARQUE GÉNÉRALE

La terminologie administrative et juridique devait disparaître à la chute de Constantinople; toutefois, elle a en partie survécu, grâce au Patriarchat, gardien fidèle des traditions byzantines; de cette façon les mots ἀββᾶς, βεστιάριος, δομέστικος, καστρήσιος, κελλίον (cellule de moine), νοτάριος, ὀφφικιάλιος, ὀφφίκιον, πριμικήριος, ῥεφερενδάριος etc. sont encore en usage. Πάτρων et κόμης sont aussi restés dans la langue des journaux; κώδικας (cf. O. Immisch, 355) et τίτλος sont communs.

Mais le peuple lui-même a gardé quelques-uns des termes qu'on a lus dans le Lexique : κουμμέρκι, *douane;* κουμμερκιάρης, *douanier;* μαντάτα, *nouvelles* (cf. μαντατουρεύω, *dénoncer, rapporter);* ὀφφίκιο, *grade* (πῆρε ὀφφίκιο) et οὐφφίκιο, φίκκιο Somavera, I, 302, 1. La forme moderne μάστορας est due à l'acc. μαγίστορα, μαίστορα, et, par monophthongaison (Essais, II, LX sqq.) μάστορα, du nom. μαγίστωρ (cf. μαίστωρ, G. Meyer, 284; μαίστορες Rambaud, Circ. fact. 93, etc., etc.); μάστρο (en composition : Μαστρογιάννης etc., etc.) se rattache de même à μάγιστρος (Lex., s. v.); μάγιστερ (Lex., s. v.; Rambaud, Const. Porph., 97) n'a rien laissé. Δομνῖκος, Μαΐστρος, Σερούιος et Ταβλάριος sont aussi demeurés à l'état de noms propres. A Mytilène et en Crète, on se sert encore de παχτώνω dans le sens de louer une terre ou un champ. L'étude des vieux auteurs et en particulier des juristes attirera l'attention sur bien d'autres latinismes dans les patois de nos jours.

Ces expressions ont une origine plus ou moins juridique; dans le vocabulaire général, il nous reste à relever les noms communs suivants: κασσίδα. *pelade* (voir s. v.; G. Meyer, 180 « lepröser Ausschlag auf dem Kofpe »); καστράτος, *châtré;* κάστρο, *forteresse* (avec le dimin. καστρί); κελλί. *cellule;* μουλάρι, *mulet* (cf. μοῦλα au Lex.); οὐγκία ou οὐγκιά (cf. Wessely, P. P. et L. IX, 238, 54 ογκιας; O. Keller, 104; O. Immisch, 269; Miklosich, Sl. Fremdw., 134, etc., etc.) est donné par Legrand (s. v. οὐγγία); παλάτι, *palais;* σέλλα, *selle;* σκάλα, *escalier;* probablement σοῦμμα, total d'une addition (σουμμάριος, au Lex.); σπόρτα, *corbeille* (σπόρτουλα au Lex.); ταβλί (ταβλίον Const. Cerim. 7, 3) et ταβλίζω (cf. ταβουλάριος au Lex.), jouer au trictrac (cf. ci-dessus, p. 225). Φαμελιά, en regard de φαμίλια (= ital. famiglia, comme le montrent l'*i* et l'accent), vient directement du lat., ci-dessus, p. 220. Voyez ibid., p. 245, sur ἄγουστος, αὔγουστος, et Ἄγουστος.

Paris, Mars, 1892.

Κελαηδῶ.

La dipthongue αι[1] est embarrassante dans κελαϊδῶ (= κελαδέω, κελαδῶ, pg.), *je chante* (en parlant des oiseaux). Je crois qu'on peut y voir une parétymologie populaire. Ce verbe se trouve naturellement associé au nom du rossignol, p. e., Jeann. 123, 20 δὲν κηλαιδεῖ τ' ἀηδόνι. Le rossignol, on le sait, joue un grand rôle dans les chansons populaires modernes. On a voulu trouver un sens à κελαδῶ ; on y a entendu le chant du rossignol. Donc, κελαηδῶ. Nous pouvons rapprocher l'expression jumelle ἀηδονολαλῶ, et penser surtout à ces deux vers de Dig. II, 1249, ἀηδονικὰ ἐτραγῴδει et, v. 1377, αἱ πέτραι ἀηδονοῦσαν, — une des jolies trouvaillles dont ce passage est plein.

Paris, 1890.

JOHN SCHMITT.

---

1. Ch. G. Meyer, Etym., 320.

LA THÉSÉIDE DE BOCCACE

ET

LA THÉSÉIDE GRECQUE

Par John SCHMITT

(D^r en philologie de l'Université de Munich)

I.

SOURCES DE LA THÉSÉIDE DE BOCCACE[1].

La gloire de Boccace est, pour la postérité, dans le Décaméron. Le style de ces contes, qui est d'une harmonie et d'une égalité parfaites, lui a valu le titre de fondateur de la prose italienne. Ses œuvres poétiques, très remarquables à plusieurs points de vue, sont depuis longtemps tombées dans un oubli injuste. Notre poète, qui se contenta de n'occuper que le troisième rang au Parnasse italien, a lui-même voulu reconnaître son infériorité à l'égard de Pétrarque, avec qui il était lié d'une amitié étroite. Les rapports intellectuels avec l'œuvre de Dante sont encore plus intimes : les idées, la conception poétique et même la forme purement matérielle qu'avaient créées le génie définitif de Dante, sont continuellement présentes à la pensée de notre poète. Laissons à Pétrarque,

---

1. Cette étude a pour base principale le livre de Körting, qui traite de la vie et des œuvres de Boccace avec beaucoup de profondeur et de largeur de vues. Ces qualités, unies à un style clair et précis, le recommandent à ceux qui voudront s'initier à l'histoire de la Renaissance italienne. Dans quelques questions, il est vrai, il ne m'a pas été possible de tomber d'accord avec l'auteur ; je me suis donc rangé à l'avis de M. Crescini qui, dans ses études capitales sur Boccace, a éclairci plusieurs points et soumis les résultats de M. Körting à une critique pénétrante. Le livre de M. Comparetti, qui présente une image si vive de la culture médiévale, a également donné beaucoup d'impulsion à la présente étude (Voir Ind. Bibl. à Körting, Boccaccio ; Crescini, Boccaccio ; Comparetti, Virg. nel m. e.).

dont l'esprit est trop individuel pour cultiver avec succès le genre épique, la gloire d'avoir surpassé Boccace dans la poésie lyrique. Notre poète peut faire valoir d'autres titres qui lui assurent, à côté de Pétrarque, une place d'honneur dans l'histoire de la littérature ; en écrivant la *Fiammetta* (Körting, Boccaccio, 547 suiv. ; Gaspary, II, 24 suiv.), il a composé le premier roman dans le sens moderne (Körting, Boccaccio, 549), et la *Théséide* commence la série des épopées romantiques qui ont eu une si brillante carrière en Italie.

Nous avons à nous occuper ici de la Théséide et de sa version en grec moyen, mais il est tout d'abord nécessaire de commencer par les origines de la Théséide même ; ce poème, qui renferme de grandes beautés et de grands défauts, porte l'empreinte de l'époque et du génie qui l'ont fait naître ; il ne faut jamais l'oublier, si on veut rendre justice à notre poète. Ce qui nous y frappe tout de suite, c'est le mélange du classique et du romantique, comme nous dirions aujourd'hui. Pour nous, qui avons appris à faire une distinction bien nette entre les deux genres, c'est là un défaut grave, surtout quand nous songeons que ces deux courants existaient l'un à côté de l'autre, sans se pénétrer, comme chez Boccace. L'idée de fondre ensemble ces deux éléments, dit M. Körting (Boccaccio, 502), était très heureuse ; elle favorisait la fusion de la poésie romantique du moyen âge avec l'esprit de la Renaissance ; c'est elle encore qui a empêché que la littérature italienne ne dégénérât en une grossière poésie populaire, ignorée complètement des lettrés, et d'autre part, qu'elle ne s'engourdît, tant pour la forme que pour le fond, dans l'imitation stérile de la poésie classique des érudits, laquelle, loin d'être accessible au peuple dans son ensemble, n'aurait pu être goûtée que des classes supérieures de la société. L'Arioste a su réunir ces deux extrêmes avec beaucoup d'art ; Boccace a jeté ensemble et pêle-mêle, les éléments disparates dont il se servait (neben... und durch einander). Pourtant nous devons lui savoir gré de l'avoir fait ; car, de la sorte, non seulement il a été le premier à donner l'exemple d'un genre qui, dans la suite, devait arriver à une grande perfection ; mais il a su de plus intéresser au même degré les hautes et les basses classes de la société, et, tout en écrivant pour Fiammetta, se concilier la faveur de toutes les femmes. La Renaissance n'aurait jamais rempli son but, si elle n'avait pénétré dans les masses populaires ; Boccace a le mérite d'avoir vulgarisé ce grand mouvement intellectuel.

Ce mélange d'éléments hétérogènes devait plaire aux contemporains ; on peut dire que de ce mélange sort la grandeur de la poésie italienne. Nous le retrouvons dans toutes les œuvres de Boccace, qui avait toujours soin de retremper son sujet, de quelque nature qu'il fût, aux sources de l'antiquité classique. Dans le *Filocolo*[1] les amours de Flore et de Blanchefior ont été reculées jusqu'aux premiers siècles de notre ère ; c'est pour le poète une occasion de faire intervenir les dieux et les déesses (voir l'analyse dans Gaspary, II, 3 suiv.). Dans l'*Ameto*, allégorie religieuse fort obscure, le héros est peint sous les traits d'un chasseur aux goûts grossiers et matériels qui se mêle à sept nymphes, symboles des sept vertus (Körting, Boccaccio, 520, 2). Une lumière divine apparaît et lui révèle Vénus, qui n'est pas la déesse de l'amour sensuel (le seul que connaît Ameto), mais celle du véritable et saint amour. Elle personnifie le mystère de la Trinité (Gaspary, II, 15-17). Dante lui-même, comme on sait, s'est largement servi des ressources mythologiques.

Boccace cherche partout à concilier l'art ancien avec l'esprit moderne, le paganisme avec les idées chrétiennes. Le moyen âge qui, dans ses premiers siècles, n'a pu exterminer la croyance aux anciens dieux, les a laissés subsister sous d'autres formes. On tâche de les accorder avec le christianisme et même à tirer parti d'eux ; ainsi l'interprétation allégorique les fait entrer, pour ainsi dire, au service de l'Église. Dans ces allégories théologiques, Boccace se montre un vrai élève du moyen âge ; mais la narration vive, l'imagination poétique, la forme et, surtout, l'emploi de la langue *vulgaire,* sont autant de témoignages des progrès accomplis par la pensée laïque ; il touche à la fois aux scolastiques et

---

1. Sur ce nom, cf. Körting. Boccaccio, 137, I ; 463, n. 1 ; Gaspary, dans Gröb. Zeitschr., III, 395-396. — Un contre-sens du même genre semble avoir été commis par Boccace dans l'explication qu'il donne du nom de Cimone « il che nella lor lingua sonava quanto nella nostra bestione» Decam. V, 1 (Boccaccio, III, 18). Rohde, Gr. Rom., 540, 3, renonce à comprendre. On dirait qu'il y a dans l'interprétation de Boccace comme un souvenir du mot κύων et une confusion semblable à celle que Gaspary, l. l., signale entre κόπος et χόλος. Sur le grec de Pétrarque, voir Nolhac, P. et l'hum., 365 suiv.

aux trouvères. L'*Amorosa Visione* (Gaspary, II, 18 suiv.) nous fait connaître les pérégrinations du poète conduit par la Sagesse (ou la Foi?) à travers des prés verdoyants, où il rencontre d'abord les savants et philosophes de l'antiquité, ensuite les poètes et enfin ceux qui ont été avides de gloire et de richesses. Finalement, il arrive non pas à l'endroit où son guide veut le conduire, mais au séjour de Fiammetta qui lui accorde un entretien amoureux. L'énumération des noms antiques dans ce poème est un trait caractéristique dont nous aurons à nous occuper à propos du catalogue des héros de la Théséide. La *Fiammetta* (ci-dessus, 280) dépeint le désespoir d'une jeune femme délaissée par son amant. Les passions sont rendues avec une finesse psychologique merveilleuse. Körting, Boccaccio, 549, est plein d'éloges pour ce roman qui est d'une si grande importance au point de vue de la littérature moderne. Cependant Boccace ne puise pas les traits les plus saillants dans son imagination, comme on le croyait autrefois ; il se met encore en communion avec l'antiquité classique : il prend pour modèle les Héroïdes d'Ovide, comme l'a prouvé M. Crescini (Boccaccio, 156 suiv.). Dans le *Filostrato* (Gaspary, II, 7 suiv.), les rôles changent : c'est ici une femme, Griseida (Chryséis), qui trompe son amant, Troilo. L'épisode se passe pendant la guerre de Troie !

Le *Ninfale Fiesolano* (Gaspary, II, 13) est une idylle, dont la scène est en Toscane, à l'endroit même où plus tard devait s'élever Fiésole. Plusieurs nymphes se sont vouées au culte de Diane en faisant vœu de chasteté. Affrico[1], qui observe leurs actions en secret, finit par devenir amoureux de Mensola. Pour s'approcher d'elle, il suit le conseil que lui donne Vénus, et se déguise en femme ; mais au bain il est reconnu : aussitôt les nymphes se mettent en fuite ; Mensola, retenue par Affrico, écoute pendant quelque temps ses propos amoureux, puis, craignant la colère de Diane, elle s'enfuit aussi. Cependant, elle reste fidèle au souvenir de son amant, qui, ne la retrouvant plus, se tue. Mensola quitte plus tard les nymphes pour accoucher du fruit de son amour. Diane la rencontre quand elle traverse un fleuve, et la transforme en onde fluviale. Les critiques sont unanimes à louer les beautés de cette idylle et croient généralement qu'elle a été imaginée par le poète,

---

1. Cf. Körting, Boccaccio, 628, 2.

qui évidemment y reproduit des souvenirs mythologiques plus ou moins transformés[1].

La Théséide traite aussi d'événements qui se passent dans l'ancienne Grèce, sans que pour cela le noyau de la fable principale soit ancien. En effet, Boccace a si bien pratiqué l'art de répandre la couleur antique sur cette fiction, qu'on la croyait, et que peut-être on la croit encore une imitation d'un roman grec des premiers siècles de notre ère. Il n'en est rien. Cette question a été traitée en détail par M. Crescini (Crescini, Boccaccio, 220 et 247, *Appunti sulle fonti della Teseide*). Les sources de Boccace sont, d'après M. Crescini, la Thébaïde de Stace, et probablement une version italienne du *Roman de Thèbes* (p. 234; cf. p. 238)[2], sans exclusion des traditions courantes au moyen âge sur l'antiquité (p. 223). Boccace touche à l'antiquité grecque par l'intermédiaire de la poésie latine (cf. 243, et surtout 238 suiv.); le poème est fortement pénétré d'habitudes féodales (cf. ibid. et p. 243-244; p. 245). La fable principale, les amours d'Arcite et de Palémon, semble être en partie de l'invention du poète et nous offrir aussi un reflet de quelque conte du temps (237). En somme, le poète puise un peu partout et modifie ses inspirations premières suivant sa propre imagination. Nous en donnerons nous-même plus loin un exemple. Il suffit de renvoyer pour le moment au remarquable travail de M. Crescini, qu'il faut avoir lu en entier. Voici maintenant le problème, tel qu'il avait été tout d'abord posé.

M. Ebert avait le premier émis l'hypothèse d'une origine grecque de la Théséide (Ebert, Tes., p. 94, sqq.), à propos du livre de Sandras, *Chaucer*. M. Sandras, avec beaucoup de raison, écarte l'hypothèse (p. 53, n. 1), entièrement erronée, d'une imitation par Boccace de la Théséide grecque, publiée en 1529 (p. 53 suiv.). Il ne pense pas davantage que Boccace ait connu un texte plus ancien; il faudrait supposer au moins, dit-il

---

1. Analyses détaillées de ces différents ouvrages dans Körting, Boccaccio, 463 suiv. (Filocopo), 508 (Ameto), 526 (Amorosa Visione), 547 (Fiammetta), 567 (Filostrato), 628 (Ninfale Fiesolano).

2. M. Crescini ne pouvait connaître encore que les extraits de ce roman donnés par Constans, Lég. d'OEd. (cf. Crescini, Boccaccio, 229, 5). Pour éclaircir cette question importante, il faudrait aujourd'hui établir un rapprochement direct, entre la Théséide et le texte que M. Constans vient de donner de ce roman.

(p. 54), une traduction latine, Boccace, en 1341, sachant fort peu de grec. Les ornements descriptifs du poème sont dus à Stace et à G. de Lorris (Roman de la Rose); la fable, telle qu'elle se présente, avec les couleurs que Boccace paraît lui avoir en partie conservées, se rattacherait au cycle gréco-romain (ibid.). « Je lui ferais une place, conclut l'auteur (p. 55), entre le *Roman de Thèbes* et celui de *Troie*. Au lieu de nous laisser aller aux conjectures, il est plus sage de former des vœux pour la découverte d'un texte qui nous dise que cette charmante fiction est née de notre sol. »

Cette conclusion irrite M. Ebert, qui reproche à M. Sandras son chauvinisme (Ebert, Tes., 96) : ce n'est pas, on l'a vu plus haut, le point de vue de M. Crescini. Voici d'ailleurs comment raisonne M. Ebert (p. 96 suiv.) : le caractère de la fable parle en faveur d'une origine grecque ; d'abord, la scène se passe en Grèce ; les rapports entre la fable et le mythe héroïque sont très intimes ; Arcite et Palémon, qui sont liés d'une étroite amitié, sont les derniers restes du sang thébain ; leur duel rappelle le combat entre Etéocle et Polynice; les allusions aux cycles de Troie et de Thèbes sont fréquentes et supposent une connaissance exacte du détail non seulement chez le poète, mais aussi chez le lecteur[1] (voir p. 96). La mythologie grecque joue partout un grand rôle, et toujours elle est directement liée avec la fable ; la catastrophe est l'œuvre des dieux ; l'apparition de la furie cause la mort d'Arcite, qui vient de remporter la victoire ; à sa vue horrible, le cheval se renverse et écrase le cavalier. Les dieux décident de l'issue d'une bataille ; il est important de savoir que dans tout le poème il n'y a pas une trace de christianisme ; le sentiment religieux n'est autre que celui des anciens Grecs. La Fortune (le destin) est la première puissance du monde ; les mœurs et coutumes sont entièrement grecques ; les oracles, les cérémonies funéraires, les sacrifices, accompagnés de jeux

---

1. Comme exemple, M. Ebert (op. laud. 97, 1) cite Tes. IX, 71, v. 4, Appresso una collana (Moutier : cintura), simigliante A quella per la qual si seppe il loco Dove Anfiarao era latitante, Lieta gli die', dicendo etc. Le collier ressemble à celui d'Amphiaraüs ; une pareille allusion ne peut donc provenir de Boccace : Diese Anspielung z. B. kann nicht das Werk Boccaccio's sein, dit M. Ebert (l. l.). C'est tout simplement une allusion au dirum monile d'Argia, Stat., Theb. II, 266. Voyez aussi Körting. Boccaccio, 610, n. 1.

athlétiques, le culte des dieux et des morts occupent plusieurs chants en entier, et sont peints avec des détails minutieux ; le duel même qui décide du sort des deux amants, ainsi que la procession triomphale, n'ont rien à voir avec un tournoi de l'Occident ; ce duel a tout l'air d'un combat dans le cirque (teatro), p. 98 ; les deux adversaires ne se battent pas corps à corps ; ils ne se rencontrent même pas dans la mêlée ; c'est la cohue de leurs compagnons qui détermine la victoire. Cette dernière circonstance pourra peut-être servir à fixer la date de l'original. N'y aurait-il pas à y voir un combat entre les factions du cirque de Constantinople (Sollte er nicht etwa auf die Kämpfe der Circusfaction Constantinopels hinweisen? p. 99). S'il en est ainsi, nous pourrions placer la rédaction vers la fin du ve s. Boccace lui-même fait allusion à une source grecque (!). Tes., 1, 2.

> E' m'è venuta voglia con pietosa
> Rima di scriver una storia antica,
> Tanto negli anni riposta e nascosa,
> Che *latino*[1] *autor* non par ne dica.

Donc, si aucun auteur latin n'en fait mention, l'histoire ne peut être que d'un auteur grec (99, 1 ; voyez, en revanche, Crescini, Boccaccio, 221). Bref, la source où a puisé Boccace est un roman grec écrit en prose. Le mot *storia* paraît indiquer une rédaction non métrique ; le poète se sert de cette expression (antichissima storia, Tes., p. 3) dans la lettre à Fiammetta ; par opposition, il dit (ibid.), en parlant de son œuvre, in latino volgare e in *rima*. L'ensemble de la composition, de même que le développement des parties considérées isolément, paraissent confirmer cette opinion. Ici M. Ebert (99, 3) cite un passage (Tes., V, 20), qui lui fait l'effet de n'être que de la prose versifiée. En même temps, continue-t-il, on y trouve les traits caractéristiques du roman grec, par exemple, l'amour dès la première rencontre, le *deus ex machina,* les présages, les déguisements, etc. L'idée fondamentale de l'ouvrage, le conflit entre l'amour et l'amitié, prouve également une origine grecque. A l'époque où il composait la Théséide, Boccace ne savait pas suffisamment le grec ; aussi M. Ebert

---

1. Avec le sens, à ce passage, de *latin* suivant Crescini, Boccaccio, 221, contrairement à Körting, Boccaccio, 620-621. Sur latin = italien, voir la note très nourrie de Crescini, F. B., 37, 1.

consent à ce que Boccace n'ait connu l'original grec qu'à travers une traduction latine (p. 100).

Quant à la description du temple de Mars (Tes., VII [29-39]), M. Ebert convient avec tout le monde (100, 2[1]) qu'elle est empruntée à Stace (Theb. [VII, 34-63]; cf. Crescini, Boccaccio, 242; Landau, Boccaccio, 76, 1; voir ib., 74, 1)[2]. Mais l'auteur en est encore à se demander si Boccace s'était servi directement du texte latin (p. 100, 2). Sa conclusion, en tout cas (ibid.), c'est qu'il est impossible d'admettre, avec M. Sandras, une origine française.

L'auteur est frappé cependant de certaines ressemblances que présente la Théséide avec le Roman de la Rose, cf. p. 100, 3 et surtout p. 101, 1. Ici son exposition faiblit et son idée n'est pas clairement exprimée. Il est difficile de croire, par exemple, d'après M. Ebert (p. 100), que Boccace ait copié dans le portrait d'Émilie, la dame Oyseuse du Roman de la Rose : « vieilleicht dann auch, dass es schwer fällt mit dem Verfasser (Sandras) zu glauben, Boccaccio habe bei dem Bilde der Emilia die Dame Oyseuse des Guillaume de Lorris, diese allegorische Figur des Romans von der Rose, copirt. » On se demande en vain où M. Ebert prend les raisons de ce scepticisme; car enfin la ressemblance est réelle, toutes les deux portent un habit vert, sont ornées d'une couronne, ont les cheveux blonds, le nez droit, la bouche petite, une fossette au menton, les sourcils voûtés et séparés d'un espace assez large ; on ne voit pas pourquoi Boccace n'aurait pas emprunté certains traits au Roman de la Rose (rapprochez Nolhac, P. et l'hum., 414 suiv.) Cf. Tes., XII, 55 :

La fronte sua era ampia e spazïosa, E bianca e piana e molto dilicata, Sotto la quale in volta tortuosa, Quasi di mezzo cerchio terminata, Eran due ciglia più che altra cosa Nerissime e sottil, nelle qua' lata Bianchezza si vedea lor dividendo, Nè 'l debito passavan sè estendendo, etc. Roman de la Rose, v. 537 (p. 36) une noble pucele Qui moult estoit et gente et bele. Cheveus ot blons cum uns bacins, La char plus tendre qu'uns pocins, Front reluisant, sorcis votis, Son entr'oil ne fu pas petis, Ains iert assez grans par mesure ; Le nés ot bien fait à droiture, etc. ... S'ot où menton, une fossete, etc. ; cf. Tes., XII, 60: Nel mezzo

---

1. Dans le même sens, Körting, Boccaccio, 627, 1.
2. Voir Taine, Litt. angl., I, 172 suiv.

ad esso [al mento] aveva un forellino Che più vezzosa assai ne la facea, etc. Les sourcils voûtés, séparés par un espace assez large, nous offrent une parenté remarquable entre les deux descriptions. Ebert (p. 100, 3) observe à ce propos que « Gewölbte Augenbrauen waren eine besondere Eigenthümlichkeit des *byzantinischen* Kunststils. » Déjà, dans l'espèce, cette observation ne s'appliquerait pas à la seule Théséide. Mais il est inexact de dire que les *sorcis votis* sont particuliers à l'art byzantin; Cimabue, qui conserva les traits du xiiiᵉ siècle, peignait les yeux en donnant à l'iris la forme elliptique et en rapprochant les sourcils. Giotto, tout en gardant ces traits, copie davantage la réalité; voyez Crowe et Cavalcaselle, t. I, p. 204, 243. Le portrait du poète ne représente au bout du compte que le type de son époque. Il resterait à faire encore bien des critiques de détail. Ceux qui auront lu le travail de M. Crescini s'étonneront aujourd'hui de certains arguments de M. Ebert.

M. Landau, qui s'est ensuite occupé de la question (Landau, Boccaccio, 70 suiv.), n'admet pas un original grec et accentue le caractère médiéval de notre poème (71 suiv.). Malgré les noms grecs que portent les héros, ce sont, d'après lui, de vrais chevaliers de la Table Ronde (73). Landau ajoute que si le bon Homère était venu à ressusciter, il se serait sans doute réjoui de retrouver tant de vieilles connaissances; seulement, il aurait été étonné du grand nombre de ménestrels et de jongleurs qui accompagnaient ses héros, et aurait peut-être demandé ce que signifiaient le coup de plat d'épée et les éperons d'or dans la cérémonie de la création des chevaliers (p. 73). M. Landau, dont le court chapitre consacré à la Théséide contient plusieurs observations intéressantes, a pressenti quelle pouvait être la seule solution admissible.

Enfin, M. Körting (Körting, Boccaccio, 620-628) reprend les arguments en faveur d'un original grec; il commence par dire que M. Ebert a déjà prouvé *d'une façon convaincante* (überzeugend nachgewiesen, 620), que la Théséide n'était autre chose que le remaniement d'un poème grec qu'il faut supposer avoir été traduit en latin. Ensuite, il reproduit, avec quelques modifications, les arguments de M. Ebert, sur lesquels nous n'avons pas à revenir. Il n'y a pas trace de mœurs féodales (p. 620, 1; cf. Crescini, Boccaccio, 244). Le scenario, les mœurs et coutumes, le sentiment religieux, les cérémonies, les sacrifices, les présages, la forme des noms propres (621 ; cf. 604, 2), enfin tout est grec ; la couleur antique est même rendue avec la fidélité d'un archéologue. L'allusion à l'immortalité de l'âme (Tes. XI, 1-3) peut s'expliquer par la philosophie platonicienne (p. 622); la conception de la vie après la mort est hellénique (ibid.); un poète chrétien ne l'aurait pas inventée ; il l'aurait encore moins empruntée à un poème français du moyen âge. Les sacrifices et présages rappellent ceux des Grecs, et non ceux des Romains. L'original pourrait être un roman en prose du *deuxième* siècle, parce que le roman et surtout le roman érotique florissaient sous le règne d'Adrien ; de plus, à cette époque, le christianisme n'avait pas encore pris un grand développement et le paganisme était resté à peu près intact (p. 625). Au ve siècle, date que suppose M. Ebert, l'influence chrétienne se serait manifestée davantage (!). Le mot *storia*[1] indique que le roman était en prose. Boccace a pu connaître son sujet non dans sa forme primitive, mais dans un remaniement soit byzantin, soit latin. Et dans ce cas, il faut remarquer que les romans byzantins, loin de se mettre d'accord avec les idées de la religion chrétienne devenue religion d'État, continuent longtemps à se complaire dans le monde mythologique (p. 626). Ne se pourrait-il pas qu'un poète byzantin ait remanié une Théséide antérieure, en conservant les couleurs mythologiques ? On pourrait aller même jusqu'à supposer que la Théséide est un produit direct de l'époque byzantine ; mais à cela on peut aussi objecter que la fable de notre poème est trop simple, en comparaison des fables byzantines qui sont bien plus compliquées, enchevêtrées et absurdes. Enfin, les littératures française et provençale n'ont jamais, à ce qu'on sait, traité la fable d'Arcite et de Palémon (623, 1).

L'argumentation de MM. Ebert et Körting nous fait voir

---

1. *Storia* paraît avoir un sens vague. Boccace dit dans la lettre à Fiammetta : ricordandomi che... io vi sentii vaga d'udire, e talvolta di leggere e una e altra *storia*, e *massimamente le amorose*,.. trovata una antichissima storia,... *in latino volgare e in rima... ho ridotta*. E ch' ella da me per voi sia compilata, due cose fra le altre il manifestano (Tes., p. 3). *Storie amorose* signifie, à mon avis, des romans en prose et en vers. Fiammetta avait donc lu les ouvrages précédents de Boccace et peut-être aussi des romans français.

d'une façon intéressante la facilité avec laquelle se propagent souvent les erreurs dans le domaine de l'histoire littéraire, par ceux-là mêmes qui prétendent combattre des erreurs anciennes [1]. Nous allons présenter ici, à la suite de M. Crescini, quelques objections aux théories de ces deux savants et contribuer, par cela même, à l'histoire des sources de la Théséide.

S'il y a tant de circonstances qui rappellent la Grèce ancienne, c'est tout simplement parce que le poète mettait partout à profit ses réminiscences classiques. Les lectures latines suffisaient abondamment à cet effet (Crescini, Boccaccio, 223). Boccace a même assez bien réussi à faire la peinture des temps héroïques de la Grèce. Je dis assez bien, parce que, malgré tout ce qui a été soutenu à ce propos, les idées médiévales et chrétiennes se retrouvent à chaque vers. La description que fait notre poète des mœurs anciennes est même très fidèle, quand il peut copier ou développer quelque passage d'un auteur ancien ; mais quand il est obligé d'avoir recours à son imagination, il ne parvient plus à se détacher de son époque. La Thébaïde de Stace a été dépouillée dans tous les sens, comme le démontre M. Crescini (Boccaccio, 241, 1 et passim)[2]. Faut-il s'étonner de la grande érudition mythologique d'un poète qui plus tard devait écrire la généalogie des dieux ? Mais, nous dit M. Körting (p. 623), à cette époque, les connaissances que possédait notre poète en ces

---

1. Cf. Körting, Boccaccio, 628 : Sandras' Buch... welches... freilich gerade in Bezug auf die hier in Betracht kommenden Fragen eine Reihe schwerer Irrthümer enthält.

2. Ainsi le XIe livre de la Théséide reproduit en grande partie le livre VI de la Thébaïde (Crescini, Boccaccio, 238 sqq.) ; l'exactitude archéologique des détails dans les cérémonies et jeux funéraires ne nous étonne plus. Il paraît avoir eu pour Stace une prédilection particulière ; il le cite souvent dans ses autres ouvrages (cf. Körting, Boccaccio, p. 392, qui renvoie à Hortis, 408 ; voir Hortis, ib., n. 1 ; cf. Constans, Lég. d'OEd., 132 suiv.; 145 suiv.; Teuffel, § 321, 6 ; Dante, Purg. XXI, t. 31 suiv.). — On s'est demandé pourquoi Boccace a intitulé son poème la *Théséide*, alors que Thésée ne joue pas le rôle principal (cf. Körting, Boccaccio. 616, 1). Je crois que cela tient à une raison purement extérieure ; *Théséide* est un titre correspondant à *Thébaïde* qu'il est destiné à rappeler. Peut-être le poète a-t-il voulu marquer par là la parenté des deux poèmes, puisque le sien est une continuation du cycle thébain.

matières étaient encore limitées. En est-il bien sûr? Boccace lui-même nous dit (Boccace, Geneal. deor., XV, 6, p. 390; cf. Crescini, Boccaccio, 243, 1) qu'étant à Naples, il étudiait avec plus d'ardeur que de discernement (avidus potius *quam intelligens*) un ouvrage aujourd'hui perdu de Paulus de Perugia [1], qui était une vaste encyclopédie mythologique et historique. Je crois qu'aucun poète n'a mêlé ensemble comme lui deux éléments aussi incompatibles que la mythologie et la vie familière. Chez lui, c'est presque devenu une manie, puisqu'il cherche même à jeter sur les événements de sa propre vie le voile mythologique. Ainsi, au lieu de dire : J'entrai au temple de Saint-Laurent, il écrira par périphrase : io entrai in un tempio da colui detto, che per salire alle case degl' Iddii immortali tale di sè tutto sostenne, quale Muzio di Porsenna in presenza della propria mano (Boccaccio, Ameto, p. 154; cf. Körting, Boccaccio, 151).

Quand Boccace vante l'ancienneté de son poème pour donner plus d'autorité à la fable, il suit l'exemple des trouvères et jongleurs du moyen âge qui voulaient donner à leurs fictions un plus grand caractère d'authenticité (Crescini, Boccaccio, 221, sqq). Il y revient encore dans le portrait d'Émilie (Tes. XII, 53): Era la giovinetta di persona Grande... E se il ver *l'antichità* ragiona, Ella era candidissima, etc. Mais, dans d'autres passages, il se contredit presque lui-même, en disant que la Théséide lui appartient en propre. En effet, voici ce que nous lisons, Tes. XII, 84 : Poichè [2] le Muse nude cominciaro Nel cospetto degli uomini ad andare, Già fur di quelli i qua' l'esercitaro Con bello stile in onesto parlare (Dante?), E altri in amoroso le operaro (Pétrarque?); mais personne n'avait encore songé à l'épopée :

---

1. Paulus Perusinus, ib.; cf. Baldelli, Boccacci, 253 ; Hortis, 494 suiv.; Körting, Boccaccio, 146, 2 ; Baldelli, Boccacci, 12.

2. Ce qui suit est (surtout Tes. XII, 85, v. 1-2) une allusion à Dante, de vulg. eloq., II, c. 2 (I, p. 55, l. 74) : « *Arma* vero nullum Italum adhuc invenio poetasse ». Dante vient de parler des trois genres de poésie (ib., p. 54, l. 46 suiv.). Cf. Chaucer, LIV, n. 9. — Le premier passage que nous venons de citer infirmerait plutôt l'interprétation que Crescini, Boccaccio, 221, donne à latino autor Tes. I, 2. Cela voudrait bien dire *italien*, Italum dans Dante. Cf. ci-dessus, p. 285, n. 1.

> Ma tu o libro, primo a lor cantare
> Di Marte fai gli affanni sostenuti,
> Nel *volgar Lazio* non mai più veduti.
> E perciò che tu primo col tuo legno (Tes., XII, 85)
> Seghi quest' onde non solcate mai
> Davanti a te da nessun altro ingegno,
> Benchè infimo sii, pure starai
> Forse tra gli altri d'alcun onor degno: etc [1].

Il me semble qu'un poète, qui ne fait qu'un remaniment d'un roman écrit dans une autre langue, ne s'exprimerait pas de la sorte ; il ne se vanterait pas d'avoir créé un nouveau genre ; il ne dirait pas à son livre : ta barque franchit les ondes qui n'ont jamais été sillonnées par un autre. Dante et Pétrarque, si c'est à eux qu'il fait allusion, n'ont pas eu de prédécesseurs dans l'antiquité ; le poète ici a l'air de se mettre sur le même pied ; cela revient bien à dire pour le moins qu'il n'est pas un simple traducteur. Boccace est autre chose. Dans son sonnet aux Muses, il s'écrie, trop modestement peut-être, que son poème se compose de mies tombées de la table des Muses (Tes., p. 433, 1er sonnet final) :

> I' ho ricolte della vostra mensa
> Alcune miche da quella cadute,
> E come seppi qui l'ho compilate :
>
> Le quai vi prego che voi le portiate
> Liete alla donna...

La Théséide, en effet, est une mosaïque en pierres de toutes les couleurs. Boccace n'a jamais été embarrassé dans son choix ; il prend tout ce qu'il trouve [2], il *compile* aussi bien qu'il peut.

---

1. Ces vers eux-mêmes ne sont qu'un écho des derniers vers de la Thébaïde (Theb. XII, 810) : la mention de l'œuvre de Virgile par Stace a suggéré à notre poète l'idée d'établir un rapport entre son poème et les œuvres de ses prédécesseurs.

2. Citons un exemple d'une imitation tirée par les cheveux (Theb. II, 641 — Tes. VIII, 83) : Arcite abat *Filon* d'un coup terrible ; celui-ci, revenu de son étourdissement, l'apostrophe en ces termes : va oltre, cavalier ardito, Col primo agurio della nostra gente, E cota' baci Emilia ti dea spesso, Qual tu m'hai dato : e giù ricadde adesso. Le vers de Stace, Theb. II, 641 « hos tibi complexus, haec dent » ait « oscula nati. » donne lieu à cette imitation grotesque.

En dehors de l'imitation de la Thébaïde, nous appelons l'attention sur une autre source qui peut-être n'a pas encore été appréciée dans toute son importance : c'est la Divina Commedia. On connaît le culte du poète pour Dante (Gaspary, 20 ; Körting, Boccaccio, 704 suiv.). On sait que Boccace continue à former la langue poétique créée par son grand prédécesseur, et qu'il lui emprunte souvent sa phraséologie ; il lui arrive même quelquefois de reproduire certains passages avec beaucoup de fidélité. Mais, en général, il ne faut pas chercher dans notre poète une copie servile de son grand modèle ; il élargit toujours la forme, parce qu'il se voit obligé de rendre la tercine par une octave, procédé qui souvent donne lieu à des périphrases, à travers lesquelles il est impossible de ne pas reconnaître la langue vigoureuse de Dante.

Je limiterais mes recherches à l'étude des rapports généraux entre ces deux poèmes, si M. Ebert et M. Körting n'avaient pas eu l'idée d'invoquer, à l'appui de leurs thèses, les passages relatifs au destin et à la vie après la mort (ci-dessus, p. 288). Le premier cite (Ebert, Tes., 98) les octaves VI, 1 ; VII, 1 ; V, 80 ; un poète, dit-il, qui croit à la puissance de la fortune gouvernant le monde, a évidemment ignoré le christianisme. Confrontons un de ces passages (VI, 1) avec Dante[1], Inf. VII, t. 23 sqq. — Tes. VI, 1 :

> L'*alta ministra* del mondo Fortuna
> Con volubile modo *permutando*
> Di questo in quello più volte ciascuna
> Cosa, togliendo e talora donando,
> Or mostrandosi chiara ed ora bruna,
> Secondo le parea e come e quando,
> Avea co' suoi effetti a' due Tebani
> Mostrato ciò che può ne' *ben mondani*.

Dante (l. l.) demande à Virgile :

> Questa Fortuna, di che tu mi tocche,
> Che è, che i *ben del mondo* ha sì tra branche?

Virgile répond que Dieu qui créa l'univers :

> Similemente agli splendor mondani
> Ordinò *general ministra* e duce,
> Che *permutasse* a tempo li ben vani,
>   Di gente in gente e d'uno in altro sangue,
> Oltre la difension de' senni umani, etc.

---

1. Voir Fauriel, Dante, 420 suiv.

Remarquons ici que dans la Divina Commedia chaque sphère est gouvernée par un ange ou une intelligence. La Fortune devient aussi une intelligence céleste (voir le commentaire de Fraticelli, Dante, Div. Comm., Par. VIII, t. 47, v. 139)¹.

Les idées platoniciennes, dont parlait M. Körting, trouvent évidemment leur explication dans la Divine Comédie. Nous lisons dans la Théséide qu'Arcite, après avoir prononcé le nom de sa bien-aimée pour la dernière fois, rend l'âme ; l'âme aussitôt s'envole au huitième ciel (XI, 1) :

> Finito Arcita colei nominando,
> La qual nel mondo più che altro amava,
> L'anima lieve se ne gì volando
> Ver la concavità del cielo ottava :
> Degli elementi i convessi lasciando,
> Quivi le stelle erratiche ammirava,
> L'ordine loro e la somma bellezza,
> Suoni ascoltando pien d'ogni dolcezza.

1. « Le facoltà naturali son talvolta combattute della Fortuna ; e la Fortuna è quell' intelligenza permutatrice de' beni del mondo, di che il Poeta canta nel VII dell' Inferno [Inf. VII, t. 21, v. 62 ; t. 23, v. 68]. » Cf. Blanc, Voc. Dant., p. 224. *Fortuna* et *Destino* ont la même signification chez Dante. Cf. Inf. XV, t. 16, v. 46 : Qual fortuna o destino Anzi l'ultimo di quaggiù ti mena? Inf. XXXII, t. 26, v. 76 : Se voler fu, o destino, o fortuna. Non so. Dans le même sens, Par. XII, t. 31, v. 92 ; XVI, t. 28, v. 84 ; XVII, t. 9, v. 26 ; XXVII, t. 49, v. 145. L'âme, après avoir quitté le corps, tombe *là dove* fortuna la balestra Inf. XIII, t. 33, v. 97 ; et aussi Inf. XXX, t. 5, v. 13 : E quando la fortuna volse in basso L'altezza de' Troian. M. Ebert aurait mieux fait de citer Tes. IX, 53, où Thésée dit avec quelques réserves : Noi siam guidati dal piacer de' fati, La cui potenza sempre mai si mosse Col giro eterno delli ciel creati : Dunque contra di lor l'umane posse In van s'affannano, etc. Mais ici encore nous retrouvons Dante ; cf. Inf. IX, t. 33, v. 97 : Che giova nelle fata dar di cozzo, et surtout Purg. XXX, t. 48, 142 : Alto fato di Dio sarebbe rotto, Se Lete si passasse, e tal vivanda Fosse gustata senza alcuno scotto Di pentimento etc. Chaucer, Canterb. t. (The Knightes tale, v. 805 = 1663), reproduit Dante et non Boccace. The destinee, *ministre general*, That executeth in the world over-al The purveiaunce, that God hath seyn biforn etc. De même (ibid. v. 636 = 1494) That al the orient laugheth of the lighte = Dante, Purg. I, t. 7, v. 20 : Faceva tutto rider l'oriente etc. — Voir sur Chaucer, Landau, Boccaccio, 78 ; Ebert, Tes., 101 suiv. ; Körting, Boccaccio, 627 ; Sandras, Chaucer, 50 suiv. ; Koch, Ch. et la Th. 367-400 ; Taine, Litt. ang., I, 171 suiv. ; 165 suiv. Bibliographie imparfaite dans Körting, Boccaccio, 592, 1.

> Quindi si volse in giù a rimirare
> Le cose abandonate, *e vide il poco*
> *Globo terreno*, a cui d'intorno il *mare*
> Girava e *l'aere*, e di sopra il *foco*,
> Ed ogni cosa da nulla stimare
> A rispetto del ciel; ma poi al loco
> Là dove aveva il suo corpo lasciato
> Gli occhi fermò alquanto rivoltato.
>
> E *seco rise* de' pianti dolenti
> Della turba lernea ; etc.

Ce passage est inspiré du Paradiso (XXII, t. 45, 133) :

> Col viso ritornai per tutte e quante
> Le sette spere, e vidi questo globo
> Tal ch' *io sorrisi* del suo vil sembiante.

Pourquoi l'âme d'Arcite, qui n'était pas chrétien, trouve-t-elle sa place dans le huitième ciel ? Notre poète s'oublie-t-il, après avoir fait craindre à l'amant d'Emilie les tourments de l'Enfer (*nell' eterna fornace*, Tes. X, 106), ou bien le courage lui fait-il défaut au dernier moment, quand il s'agit de condamner à des supplices épouvantables un héros dans lequel il nous avait fait voir un vrai modèle de chevalerie ? Les deux hypothèses sont possibles. Toujours est-il que ni l'*eterna fornace* ni le huitième ciel n'ont rien à voir à Platon. Selon le système de Ptolémée, alors en usage et reproduit dans le Paradiso (cf. Dante (Scartazzini), Par. II, t. 22, v. 64), le huitième ciel (*concavità ottava;* Dante, l. c., spera ottava; cf. Blanc, Voc. Dant., 353) est le ciel étoilé (voir ibid. « L'ottavo cielo è quello delle stelle. ») C'est de ce point élevé que Dante jette ses regards sur la partie de l'univers qu'il a laissée derrière lui, c'est à savoir : le globe terrestre (qui se compose des quatre éléments : la terre, l'eau, le feu et l'air) et les sept cieux : la Lune, Mercure, Vénus, le Soleil, Mars, Jupiter et Saturne. Boccace choisit donc pour l'âme d'Arcite le lieu même d'où Dante avait contemplé, en souriant, la figure mesquine de notre globe. Arcite éprouve les mêmes sentiments ; la vanité de ce monde, l'aveuglement des esprits qui suivent follement la fausse beauté provoquent son sourire. Il ne pense même plus à Emilie, à qui il avait dit en mourant qu'il n'éprouverait aucune joie, même quand il se trouverait, séparé d'Elle, dans la compagnie de Jupiter, Tes. X, 104: Ma se con Giove senza te mi stessi, Non credo che giammai gioia sentessi. Le souvenir de Dante fait changer d'avis au poète et à son héros.

Il ne serait pas sans intérêt de relever un à un, dans une analyse de notre poème, les passages imités de Dante. On comprendrait mieux ainsi l'influence immense exercée par lui sur Boccace, qui, à son tour, a trouvé d'illustres imitateurs et des annotateurs tels que le Tasse (Landau, Boccacio, 78). Il a fallu des productions vraiment classiques pour faire oublier la Théséide, qui, jusqu'à Bojardo et Pulci, faisait l'admiration de toute l'Italie (cf. Gaspary, II, 245).

Je me contente ici de citer quelques passages pour montrer de quelle nature sont les imitations de Boccace. Ainsi, la lettre à Fiammetta commence par une antithèse entre *le felicità trapassate* et *la miseria* (Tes. p. 1). Il faut se rappeler ici les vers célèbres de Dante, Inf. V, t. 41, v. 121 : Nessun maggior dolore, Che ricordarsi del tempo felice Nella miseria. Créon vaincu est peint sous les traits de Farinata degli Uberti; mais avec bien moins d'énergie, cf. Tes. II, 63; Inf. X, t. 25, v. 74; ce souvenir le poursuit encore dans la peinture de son *Erinni*, Tes. IX, 7, v. 2: Non mutò forma, nè cangiò sembiante. Ces échos dantesques[1] se retrouvent un peu partout; cf. Tes. VII, 24, rase D'ardir le fronti furo agli orgogliosi Fi' della Terra; Inf. VIII, t. 40, v. 118 le ciglia avea rase D'ogni baldanza; de même, l'exclamation de la Tes. I, 61, v. 3 : Ah vituperio della gente achiva ! fait immédiatement penser à Dante, Inf. XXXIII, t. 27, v. 79: Ahi Pisa, vituperio delle genti (cf. Landau, Boccaccio, 77). L'image du sanglier (Inf., t. 38, v. 112) le hante et il y revient à deux reprises, Tes. I, 38; Tes. VII, 119, cette dernière fois avec un grand bonheur d'expression, et préoccupé de Stace autant que de Dante ; car les réminiscences nombreuses vont et viennent dans l'esprit de notre poète qu'elles travaillent ; Le

---

1. Ces *échos* ne sont souvent aussi que certaines musiques de rythme, certaines coupes de vers restées dans la mémoire de Boccace. Cf. Tes. VII, 78, v. 4 da pietade offesa ; Inf. II, t. 15, v. 45 da viltate offesa; Tes. IX, 28, v. 8: (Poscia che l'ebbe) sì parlare udita; Inf. II, t. 22, v. 66: (Per quel ch' io ho di lui) nel Cielo udito. Boccace a dû souvent se réciter à lui-même les vers du Maître. — On se demande si les mêmes *échos* ne lui sont point venus parfois de quelque roman français ; cf. Tes. VI, 6, v. 2 Amistà (voir cependant Dict. it., I, 279, 1); Tes. VI, 21, v. 3: accompagnato da plusori (voir Dict. it., V, 810, 1).

setole levate, Tes. VII, 119, v. 3, ne sont pas d'un autre que de Stace : Theb. XI, 530 egit Ira sues, strictisque erexit pectora setis. Il a certaines obsessions. Dante a comparé d'une façon charmante, dans un passage connu de tout le monde, le courage qui se ranime aux fleurs qui se reprennent à vivre, Inf. II, t. 43, v. 127 : Quali i fioretti dal notturno gelo Chinati e chiusi, poi che il Sol gl' imbianca Si drizzan tutti aperti in loro stelo ; Tal mi fec' io, di mia virtute stanca. Boccace s'essaye une première fois à rendre cette jolie pensée, en y introduisant toutefois de légères modifications (Tes., V, 99, v. 4) ; la seconde, on dirait qu'il paraphrase mot pour mot : Qual i fioretti richiusi ne' prati Per lo notturno freddo, tutti quanti S'apron come dal sol son riscaldati, E 'l prato fanno co' più be' sembianti Rider fra le verdi erbe mescolati, Dimonstrandosi lieto a' riguardanti ; Tes. IX, 28. Il ne peut s'empêcher ici d'enjoliver par des longueurs et des effets de grâce la mélancolie sobre de son maître. Mais dans le Filostrato (II, l. XXX) la copie était littérale[1] : Quali i fioretti dal notturno gelo Chinati e chiusi, poi che 'l sol gl' imbianca, Tutti s'apron diritti in loro stelo ; Cotal si fe' di sua virtute stanca Troilo allora, e riguardando il cielo, Incominciò come persona franca (cf. Inf., t. 44, v. 132 ; E. Giudici, Lett. it., I, 311). On est quelque peu étonné de voir M. Körting (Boccaccio, 573, 1) faire compliment de ces vers à Boccace, sans voir qu'ils sont de Dante !

Pour peu qu'on soit familiarisé avec la Divine Comédie, on la retrouve à chaque coin de vers chez Boccace, dans l'expression aussi bien que dans la pensée. Nous avons vu que sa métaphysique même en était toute imprégnée (cf. Tes., X, 104, Inf. I, t. 39, v. 115, rapproché de Par. XX, t. 38, v. 112 suiv.). On pourrait multiplier ces exemples ; on ne pourrait s'empêcher, à chacun d'eux, de remarquer en somme combien les mêmes expressions, les mêmes images sont froides et ternes chez Boccace. Par endroits, Dante aussi s'inspire de Virgile ; dans l'attitude qu'il prête à Farinata degli Uberti, il peut avoir songé à Didon (Aen. VI, 469), qui elle-même agit comme l'Ajax d'Homère (λ, 563). Mais Dante

---

1. Ce fait viendrait confirmer l'opinion émise par Crescini, Boccaccio, 216, sur l'antériorité du *Filostrato* par rapport à la Théséide. Boccace commence par *copier* ; plus tard il paraphrase.

fait aussitôt oublier son modèle ; ses imitations n'en sont plus en quelque sorte, parce qu'il y met les passions de son âme et que ces passions ne sont imitées de personne. Boccace, au contraire, est obligé d'aller chercher des Furies pour leur prêter les sentiments que Dante met dans la bouche de ses héros vivants. E. Giudici (Lett. it., I, 311) a remarqué cette influence souveraine de Dante sur Boccace, qui introduit dans ses vers comme dans sa prose, des tercines entières de la Divine Comédie, et qui fut le premier, dit-il, à donner l'exemple en Italie de l'art de la mosaïque littéraire. Boccace regardait Dante avec une terreur religieuse ; pourtant il était le seul qui osât approcher du sanctuaire, pour y recevoir l'inspiration et le réconfort.

Cette source d'imitation est donc bien plus voisine que celle qu'on est allé chercher si loin, sans même connaître exactement l'époque du prétendu modèle de Boccace. Car enfin, il est difficile de confondre un roman italien du xive s. avec un roman grec que l'on fait voyager du iie au ve s. de notre ère et que l'on transporte même quelquefois en pleine époque byzantine. La Théséide, au contraire, ne peut être regardée que comme un produit savant de l'humanisme. Quelques circonstances extérieures ont pu aider au choix grec du sujet, mais il n'y a pas eu d'imitation directe. Les rapports entre l'Orient et l'Occident n'avaient jamais été abolis. A l'époque de Boccace, ils s'étaient même en quelque sorte accentués. Le poète lui-même avait pour ainsi dire touché à la Grèce (Gregorovius, St. Ath., II, 145). Il avait fait un assez long séjour à Naples[1] et ce fut un moment important dans sa vie (Crescini, Boccaccio, 50) ; aucune autre ville, à l'exception de Venise, n'entretenait des relations aussi suivies avec la Grèce ; les rois de la maison d'Anjou étaient suzerains de la principauté de Morée ; Catherine II de Valois, qui se faisait intituler impératrice de Constantinople, vivait à la cour du roi Robert (Körting, Boccaccio, 125 suiv.). Niccola Acciajuoli, qui possé-

---

1. Sur le double séjour de Boccace à Naples, ainsi que sur les circonstances politiques dont il est ici question, lire les intéressants chapitres de Körting, Boccaccio, 108-180. Sur Fiammetta, ibid., p. 152 suiv. ; 151, 2 ; Hortis, 2, n. 4 ; Crescini, Boccaccio, 134 ; 208 suiv. et passim, ainsi que sur le séjour à Naples (p. 86 suiv.) et sur toutes les questions touchées dans notre paragraphe.

dait de vastes domaines en Grèce, exerça une grande influence sur la reine Jeanne (Körting, Boccaccio, p. 123 suiv. ; p. 133 suiv. ; Gregorovius, St. Ath., II, 125 ; 143 ; 147 suiv. ; Cf. Nolhac, P. et l'hum., 52, sur N. Acciajuoli). Boccace était très lié avec lui ; il le félicite à propos de son retour de Grèce, en juin 1341 (Körting, Boccaccio, p. 165, cf. 161), l'année même où fut probablement composée la Théséide (p. 170, 3 ; mais voir Crescini, Boccaccio, 91 ; 216). Le séjour à Naples fit sur Boccace une grande impression ; ses œuvres s'en ressentirent. Loin de trouver dans ce poème un modèle byzantin, nous devons y chercher, au contraire, des allusions fréquentes à un nouvel ordre de choses créé par la conquête franque.

Ce n'est pas dans un original grec que Boccace aurait pris le *duché d'Athènes*, dont il affuble Thésée[1]. Le bon *duc* Thésée qui, poussé par l'esprit d'aventure, fait des guerres fantastiques, qui rassemble autour de lui ses barons, qui montre tant de courtoisie envers les dames et respecte scrupuleusement les lois d'amour, telles que les connaissait le moyen âge, qui préside aux tournois et crée des chevaliers, est la véritable image de ces grands feudataires qui, par droit de conquête, s'étaient établis en Grèce, où leurs descendants continuaient de vivre à l'époque de notre poète[2]. Ce Thésée-là n'a rien à faire avec le Thésée de l'antiquité. En somme, l'idée du « duchaume » d'Athènes[3], comme on disait alors, est un des fréquents anachronismes de Boccace. Chaucer continue cette erreur dans *The Knightes Tale* (ci-dessus), et Shakespeare, dans le Songe d'une nuit d'été, met en scène le bon duc Thésée. C'est un anachronisme devenu classique.

Le grand duel de la Théséide, où il ne peut y avoir le moindre peinture des scènes de factions au cirque de Constanti-

---

1. Voir Crescini, Boccaccio, 227, qui renvoie à ce sujet au Roman de Thèbes (ib., n. 1).
2. Cf. Hopf, I, Gr. Gesch., 395 suiv. ; 432 suiv.
3. Buchon, Nouv. Rech. hist., I, 77, 3. Cf. Chron. Mor., 2132 εἴ τις τὴν εἶχεν ἔκπαλαι δοῦκαν τὸν ὠνομάζαν. Guy de la Roche demande (ib. 2134) d'être aussi appelé δοῦκας. Ce mot, en grec, est, d'ailleurs, latin d'origine, cf. S. s. v. δούξ (= dux). A modifier, d'après cette observation, Crescini, F. B., 471, 1, où la plupart des mots cités sont d'origine *latine*. Il faut savoir aussi que Φῆλιξ (ib. 496-497) est un nom connu en Grèce depuis les temps romains, cf. Kaibel, I. G., Index ; Pape, s. v. Les arguments tirés de ce chef n'ont donc pas de valeur.

nople[1], nous présente un de ces nombreux anachronismes, assurément un des plus curieux à étudier. Nous y verrons comment Boccace aime à reculer les choses contemporaines dans la nuit des temps. Nous devons remarquer d'abord qu'un poète, doué d'une imagination féconde comme lui, n'a pas besoin de se tenir timidement à ses sources et qu'il peut lui arriver de jouer un peu avec la réalité. Ceci posé, il est intéressant de rechercher l'impulsion extérieure qui a pu donner naissance à une idée poétique chez Boccace. Souvent, les traits dont se compose un épisode ne sont pas entièrement imaginés par le poète ; il les emprunte à un fait réel, parfois difficile à reconnaître à travers les fictions dont le poète l'entoure et le développement qu'il lui donne. Dans l'espèce, je crois que l'idée de faire dépendre le sort des deux amants, Arcite et Palémon, de l'issue d'un grand duel, a pour cause première un événement dont la renommée doit être certainement parvenue à la connaissance de Boccace, pendant son séjour à Naples. Une analyse nous fera mieux saisir ce dont il s'agit (Tes., V, 1 suiv.).

Arcite, dont les chagrins d'amour ont changé les traits, peut revenir, sans être reconnu, à la cour de Thésée, dont il avait été banni. Il reprend du service sous le nom de Penteo[2]. Un jour il s'endort dans un bocage, où il se rend souvent pour pleurer et pour chanter des vers amoureux. Palémon, informé du retour de son ami et rival, trouve le moyen de sortir de prison sous un déguisement, et le surprend (Tes., V, 37 suiv.). Aucun des deux ne veut céder, et le duel paraît la seule solution possible[3] (Tes., V, 52 suiv.). Pendant qu'ils se battent, la présence inattendue d'Emilie, au lieu de les calmer,

---

1. Il suffit de lire Théoph. I, 181, 32-186, 2, dès les premiers mots (γέγονε δὲ ἡ ἀταξία τοῦ Νίκα τρόπῳ τοιούτῳ) et de comparer ce récit à celui de Boccace qui va suivre. Voir Rambaud, Circ. fact., 32, 39 suiv.

2. Penteo = Πενθεύς, à cause du deuil qu'il éprouve à être séparé d'Emilie. Cf. *li poures perdus* dans le Roman de Florimont, Et. Paris, 516.

3. Ce premier duel rappelle de loin le combat entre Polynice et Tydée (Stat. Theb. I, 401), qui, dans la suite, deviennent bons amis. Mais tandis que Boccace les fait combattre comme de vrais chevaliers, Stace ne leur fait échanger que de bons coups de poing. Ce n'est donc pas à proprement parler un duel ; cet épisode pourtant aurait pu suggérer au poète une idée première ; il transporte ensuite la scène dans le cadre et dans les mœurs de son temps. Remarquons à ce propos que sa fidélité

enflamme leur courage (Tes., V., 77 suiv.) Enfin, Thésée intervient et les sépare. Ayant appris la vérité, il leur pardonne et leur accorde la liberté. « Souvent, dit-il, poussé par l'amour, j'ai fait des folies ; je vous pardonne, parce que, plus d'une fois, on m'a aussi pardonné » Cependant il leur impose une condition (V, 97, 98):

> Ma per cessar da voi ogni quistione,
> Coll' arme indosso vi convien provare
> Nel modo che dirò : che Palemone
> Cento compagni farà di trovare
> Quali e' potrà a sua elezïone,
> E a te simile converrà di fare ;
> Poi a battaglia nel teatro nostro
> Sarete insieme col seguito vostro.
>
> Chi l'altra parte caccerà di fuore
> Per forza d'arme, marito le fia ;
> L'altro di lei privato dell' onore,
> E a quel giudicio converrà che stia
> Che la donna vorrà, al cui valore
> Commesso da quest' ora innanzi sia :
> E termine vi sia a ciò donato
> D'un anno intero : e così fu fermato.

Les deux amants acceptent avec empressement (Tes. V, 100) et commencent aussitôt leurs préparatifs ; ils envoient des messagers pour inviter leurs amis, les champions de la Grèce, à prendre part au combat ; ils se pourvoient, en peu de temps,

> D'armi lucenti e forti a ogni prova,
> E di *cavalli* feroci ed arditi (VI, 12).

En attendant, une compagnie de héros, comme on n'en a jamais vu se réunir, se rend à Athènes : celui qui ouvre la série est le roi Licurgo, vêtu de *noir* parce qu'il est en deuil per la morte di Ofelte (VI, 14). Viennent ensuite : Peleo (Tes. VI, 15 suiv.), encore dans l'ardeur de la jeunesse, *Cefal d'Eolo figliuol, Folco* (VI, 19), Telamone, Argeo, Epidaurio, Flegias di Pisa, Alcone et beaucoup d'autres nobles, Niso, Agamemnone, Menelao ; Castore et Polluce les suivaient ; sur leurs boucliers était représentée l'histoire de leur naissance (Tes. VI, 25). Puis viennent d'autres héros, *il giovane Nestor* (VI, 30), la cui

archéologique est si peu scrupuleuse (Körting, ci-dessus, p. 288), qu'il n'hésite pas à travestir même ce qu'il trouve d'*ancien* chez ses modèles.

etate Nelle vermiglie guance il primo fiore Mostrava ; il chevauchait leggiadro e bello (VI, 33) ; Evandro, avec un grand nombre de barons (VI, 35), Peritoo, ami de Thésée (VI, 41), Laerte, fils du duc de Naricia, Pigmaleone et le grand baron Sicheo, Che poi fu sposo dell' alta Didone (VI, 45), etc., etc. Citons encore Idas de Pise (VI, 52), connu seulement par la Theb. VI, 553 : prior omnibus Idas, nuper Olympiacis umbratus tempora ramis, prosilit ; excipiunt plausu Pisaea iuventus Eleaeque manus ; cf. ib. VII, 588. Beaucoup de gens viennent de Béotie (VI, 58), tant pour Arcite que pour Palémon : Perocchè lì ciascuno era possente, E ne' popoli avea *giurisdizione* ; chacun venait faire *servigio di sua suggezione* (ib. ; cf. Crescini, Boccaccio, 244). Cefiso (VI, 61) aurait envoyé Narciso, mais malheureusement il était déjà transformé en fleur, etc., etc. (Voir Crescini, Boccaccio, 243, n. 1). Thésée et son père Égée (VI, 65), avec qui il partage le trône (cf. Crescini, Boccaccio, 226), avaient assez à faire à souhaiter la bienvenue aux rois, ducs, princes et autres seigneurs de qualité qui venaient les voir. La reine Ippolita, accompagnée d'Émilie, leur fait bon accueil et ne néglige rien pour contenter ses hôtes (VI, 66).

Enfin, le jour fixé pour la bataille arrive (VII, 1). Thésée, nous dit-il lui-même, n'aurait jamais pensé que la querelle d'amour aurait pris des proportions telles qu'elle dût être maintenant vidée par le concours de tant de vaillants guerriers (VII, 4) ; quand il leur imposa ses conditions, il s'était imaginé qu'il n'y aurait d'autres combattants que les deux amants, chacun accompagné de ses *vassalli* (VII, 5). Mais puisque les deux jeunes Thébains ont voulu montrer leur puissance, en mettant en mouvement tous les rois de la Grèce avec leurs peuples, il était honoré de leur présence et se réjouissait de les voir. Puis il continue (VII, 7) :

> Ma tuttavia la cosa ad altro segno
> Vi prego che mandiate, com' diraggio :
> Qui non ha zuffa *per aquistar regno,*
> *O per pigliar perduto ereditaggio :*
> Qui non è tra costor mortale sdegno,
> Qui non si cerca di *comesso oltraggio*
> *Vendetta :* ma amore è la cagione,
> Com' è già detto, di cotal quistione.

> Dunque amorosa dee questa battaglia (VII, 8)
> Esser se ben discerno, e non odiosa...

Il répète les conditions qu'il a posées, et, pour prévenir des coups mortels, il établit l'ordre de la bataille (VII, 11 et 12):

> Poichè a tal fine qui siete adunati,
> Perchè vostra venuta in van non sia,
> Secondo che più son da voi amati
> Li due amanti, come ognun disia
> Cosi si tragga, e cento nominati
> Per parte siate, siccome la mia
> Sentenza die' il dì ch'io gli trovai
> D'affanno d'ira e d'amor pieni assai.
>
> E acciochè odio fra voi non nascesse,
> Le lance più nocive lascerete,
> Sol con le spade, o con mazze l'espresse
> Forze di voi contenti proverete;
> E le bipenni porti chi volesse,
> Ma altro no : di questo assai avete :
> E quegli, il bene a cui oprar vittoria
> Darà, s'avrà e la donna e la gloria.

Thésée, qui ne prend aucune part au combat, se réserve le rôle de juge impartial. Ensuite, Arcite et Palémon choisissent leurs champions (VII, 16 sqq.). Chacun de ces champions est chargé de nommer neuf des meilleurs guerriers pour compléter le nombre de cent (VII, 18 et 19). Thésée fait interdire, sous des peines graves, toute rupture de la paix (VII, 20). La veille, Arcite adresse ses prières à Mars (VII, 22 suiv.), Palémon à Vénus (VII, 42 suiv.), et Émilie à Diane (VII, 70). Le premier demande la victoire, le second se contente de la possession d'Émilie qui, à son tour, ne sait pas au juste ce qu'elle doit demander à la déesse, ni lequel de ses deux soupirants elle doit préférer[1]. Elle a bien raison d'ailleurs d'hésiter, puisque l'issue même du combat est tellement étrange. Arcite, qui doit remporter la victoire et mourir, devra consentir, en mourant, au mariage de Palémon et d'Émilie (voir ci-dessous).

Le matin, les deux Thébains, armés de toutes pièces, convoquent leurs compagnons dans un *temple* pour attribuer à chacun la place qu'il devra occuper dans la mêlée (VII, 95 suiv.). Bientôt tout est en mouvement; on conduit par les rues les beaux chevaux, richement ornés d'or et d'argent; les

---

1. Sur ce caractère d'Émilie, voir une juste appréciation de Landau, Boccaccio, 75.

nobles barons, vêtus d'habits de toutes couleurs, se rendaient au théâtre, dont le poète ne négligera pas de nous faire la description (VII, 108-110). Ils marchent en foule : Facendo un mormorio tumultuoso (VII, 98). Tout ce qui composait une cour princière se trouvait là (VII, 99) :

> L'aula grande d'alti cavalieri
> Tutta era piena, e di diversa gente :
> . . . .
> Girfalchi, astori, falconi, e sparvieri, etc.

Thésée fait d'abord des sacrifices au temple de Mars, puis il se rend au *Théâtre* pour conférer la dignité de chevalier à Arcite et Palémon (VII, 103) :

> E senza star, non con piccolo onore
> Cinse le spade alli due scudieri :
> E ad Arcita Polluce e Castore
> Calzar d'oro gli sproni e volentieri :
> E Diomede e Ulisse di cuore
> Calzargli a Palemone : e cavalieri
> Amendue furono allora novelli
> Gl' innamorati teban damigelli.

Avant que Thésée, qui préside au combat, donne le signal aux trompettes, Arcite s'approche de sa dame et lui adresse quelques strophes pleines de poésie (VII, 123-127), tandis que Palémon : Tacito sotto l'elmo ragionova, Quasi dea fosse quella damigella : (128). Ainsi les chevaliers du moyen âge adressaient leurs vœux à la Sainte Vierge et à la dame qu'ils aimaient. Thésée pèse encore une fois les conditions dans lesquelles les champions s'étaient engagés à combattre, et leur donne de nouveaux ordres (VII, 131, v. 6).

Après une longue exhortation d'Arcite aux siens (VII, 133-144), Thésée fait sonner le troisième coup (VIII, 1). Le premier choc fut terrible (VIII, 2 suiv.) ; maint vaillant cavalier vida les arçons, pour ne plus monter à cheval de son vivant (VIII, 7). Le récit du combat remplit le huitième livre tout entier ; mentionnons l'épisode d'Arcite qui, suivi d'Agamennone, Menelao, Polluce, Castore, Cromis, et il buon Nestore (VIII, 115), dirige une attaque violente contre Palémon, accompagné d'Ammetto, Almeone, Ancelado, Niso et Alimedone (VIII, 116). Décidément, Arcite n'aurait pas pu faire un meilleur choix, et aurait dû, par la force des choses, remporter une victoire éclatante ; mais il n'en est rien, puisque le poète ne le veut pas encore. Finalement Arcite est vainqueur, mais grâce à une circonstance bien futile (VIII, 120 suiv.) : le cheval de Cromis, qui se souvient tout d'un coup d'avoir autrefois mangé des hommes, saisit Palémon par le bras et le serre si fortement entre ses dents qu'il le fait tomber à terre. Les assistants parviennent à arracher le pauvre cavalier à la morsure de l'animal furieux, et Arcite est proclamé vainqueur.

Le poète, qui a besoin de faire disparaître de la scène l'un des deux amants, ne veut pas que Palémon périsse par les mains d'Arcite, son meilleur ami. De plus, il veut écarter de Palémon, le futur époux d'Émilie, le reproche déshonorant d'avoir été vaincu dans un combat à armes égales ; aussi attribue-t-il sa défaite à un accident. Pourtant ce dénoûment nous paraît bien grotesque. L'esprit malin de Boccace n'aurait-il pas imaginé ce trait pour tourner en ridicule les coutumes chevaleresques, comme fit plus tard Arioste avec tant de succès ?

On peut aussi, il est vrai, se contenter de remarquer, une fois de plus, que le poète se ressouvenait, mais toujours bien mal à propos, de ses classiques. C'est son procédé habituel, et qu'il va répéter tout à l'heure, quand, pour amener la mort d'Arcite, il ne lui faut rien moins qu'une furie, venue de l'Enfer pour effrayer le cheval du héros ; Landau, (Boccaccio, 76) fait observer qu'un tronc d'arbre aurait rendu le même service.

Émilie, dont le sort dépendait de l'issue du combat, avait jusqu'ici suivi le progrès de la bataille avec la plus grande indifférence ; mais, dès le moment où la victoire commence à pencher du côté d'Arcite, elle s'anime, et à la fin elle adore le vainqueur : Nè più di Palemon già le calea (VIII, 124). Est-ce parce que Diane a exaucé la prière de la jeune fille, quand elle lui demandait de lui donner pour époux : Colui a cui più col voler m'accosto, E che con più fermezza mi disia (VII, 85) ?[1].

---

[1]. Peut-être faut-il voir dans cette transformation subite un trait assez subtil lancé contre les femmes en général et Fiammetta en particulier. Arcite, qui doit la victoire au hasard et non à un courage supérieur, gagne l'affection de sa dame du seul fait d'avoir été favorisé par la fortune.

Au commencement du neuvième livre nous sommes encore au *théâtre*. Vénus et Mars avaient été spectateurs du combat (IX, 2). Mars avait tenu sa promesse en accordant à Arcite la victoire que celui-ci lui avait demandée (IX, 3); sur les instances de Vénus, il rend à la déesse la liberté de s'acquitter de sa propre promesse; il ne faut pas qu'elle ait été suppliée en vain : Or resta a me quella (l'orazione) di Palemone (IX, 3). Vénus, sans aucun retard, fait donc venir une Furie, *Erinni* (IX, 4), et lui fait connaître sa volonté. Cette furie est horrible à voir (IX, 5-8):

> Venne costei di ceraste crinita,
> E di verdi idre li suoi ornamenti
> Erano.

Son apparition fait trembler les cœurs et le théâtre (IX, 6) et : Li venti dier non osato romore, etc.

C'est alors qu'elle remplit la mission sombre dont elle est chargée (IX, 7):

> Ma già nel campo tosto se n'è andata,
> Là dove Arcita correva festante :
> E orribile com' era fu parata
> Al corrente destrier tosto davante,
> Il qual per ispavento in piè levossi,
> Ed indietro cader tutto lasciossi.
>
> Sotto il qual cadde il già contento Arcita,
> E il forte arcione gli premette il petto, etc., etc.

Arcite ne put guérir de sa chute et de sa blessure; Emilie, éplorée, le soigne (IX, 10); on appelle les médecins, et quand il revient à lui-même, on lui fait les honneurs de la victoire (IV, 14 suiv.). Vêtu de la robe triomphale et couronné de laurier, il s'assoit dans le char triomphal à côté d'Émilie (IX, 32); Cromis conduit les chevaux ; ses adversaires marchaient devant la voiture, à pied ; chacun était désarmé, non parce qu'il avait été obligé de déposer les armes, mais uniquement pour donner, à la prière de Palémon, une légère satisfaction au vainqueur mourant (IX, 34).

Nous terminons ici le récit du tournoi, ou du combat au cirque, si on préfère l'appeler ainsi ; il occupe une grande partie de la Théséide, c'est-à-dire 210 octaves (Tes. VII, 104-IX, 38). Le VIe chant, qui raconte les préparatifs et la venue à Athènes des rois de la Grèce, le VII°, qui contient les prières adressées aux dieux, enfin les derniers chants, qui continuent à s'occuper de la situation créée par le combat, se rattachent à cet important épisode, qui est le point culminant du poème. Le grand combat des cent contre cent est donc, pour ainsi dire, le noyau de la fable ; on ne saurait détacher cet épisode sans détruire la fable elle-même.

Maintenant, où Boccace a-t-il pu prendre l'idée d'un combat pareil? Certainement pas dans Hérodote (I, 82; cf. Körting, Boccaccio, 626, 1), où 300 Lacédémoniens se battent contre un nombre égal d'Argiens. Boccace ne connaît pas Hérodote (cf. Körting, Boccaccio, p. 382; ib. 379), qui du reste ne lui aurait fourni aucun détail, et où les circonstances extérieures sont naturellement toutes différentes ; le nombre des combattants ne concorde pas davantage. Je crois avoir trouvé l'idée première de ce duel dans un événement qui est resté célèbre, et dont on a dû parler encore pendant le séjour de notre poète à Naples. Charles d'Anjou, après avoir perdu la Sicile à la suite des vêpres siciliennes, provoqua en duel le roi Pierre d'Aragon, qui venait de se rendre maître de cette île[1]. Pour éviter une longue guerre, il fut convenu que Charles et Pierre, chacun de son côté, choisiraient *cent* parmi les meilleurs chevaliers ; ceux-ci devaient combattre corps à corps pour terminer la querelle. C'est à ce nombre de cent que j'attache la plus grande importance, parce que notre poète se laisse déterminer souvent par des raisons purement extérieures. Le combat qui devait se livrer à Bordeaux le 1er juin 1283, sous la présidence du bailli ou sénéchal du roi d'Angleterre, n'a pas eu lieu pour des raisons qui sont indifférentes. Mais le souvenir se perpétua et fit dire à Ferretus

---

[1]. Körting (Boccaccio, 626, n. 1), qui cite le passage d'Hérodote, ne pense pas à cet exemple, quand il dit que le moyen âge ne connaît pas de combats en masse, organisés pour vider une querelle, puisque l'honneur du chevalier exigeait que le combat fût personnel. M. Crescini objecte d'abord qu'entre Arcite et Palémon il y a eu duel, en réalité, puis il cite un autre exemple du même Charles d'Anjou qui entre dans la lice avec le comte d'Universa, et se bat avec lui, en présence de la reine de France, de la comtesse de Teti, qui en était la cause, et des dames les plus nobles, non en duel, mais dans un tournoi où prenait part la fleur de la chevalerie. (Crescini, Boccaccio, p. 245).

Vicentinus (Muratori, Rer. it., IX, 953 E sqq.): nec solum hoc tantorum virorum certamen Trinacriam ipsam fama replevit, sed vix totum orbem tantae dimicationis stupor invasit. C'est donc à ce duel, dont l'enjeu était la domination de la Sicile, que Boccace fait allusion, quand il fait dire à Thésée : Qui non ha zuffa per acquistar regno, O per pigliar perduto ereditaggio : … ma amore è la cagione (Tes. VII, 7).

Ramon Muntaner (p. 275, ch. 72 et suiv.), Bernard d'Esclot (p. 642, ch. C et suiv.), G. Villani (VII, LXXXVI, t. III, p. 157) et beaucoup d'autres nous parlent en détail de ce duel, pour lequel on avait fait de grands préparatifs. Peut-être y aurait-il plusieurs rapprochements à faire. Ainsi, Arcite et Palémon nomment l'un et l'autre dix hommes, dont chacun est autorisé à en choisir dix autres parmi ses compagnons ; de même, Charles et Pierre nomment une commission de douze chevaliers et leur donnent pleins pouvoirs pour faire les apprêts nécessaires, pour établir le lieu et fixer la date du combat : « eligerent locum *communem et* terminum statuerent competentem ad pugnam faciendam inter ipsum regem Petrum *et* centum de suis militibus : ac nos [Charles d'Anjou] *et* centum de militibus nostris » etc., Carbonell, Chron. Esp., fo LXXVIII a, l. 27. Plus loin : « In quo [loco] *praedicta* pugna fieri debet sic circum*datus et* bene clausus palis *et* clausuris alijs opportunis. Ita*que* nullus pedes : vel eques locum ipsum possit intrare vel exire nisi per portas » (ib. fo LXXIX a, l. 13 ; cf. Tes. VII, 108-109 : aveva due entrate… Per questa entrava là entro ogni gente, D' altronde nò, chè non vi aveva entrata).

Les extraits que nous venons de donner proviennent du diplôme relatif à ce duel ; Carbonell affirme avoir eu ce diplôme entre les mains[1]. Il n'est pas moins intéressant de savoir que parmi les garants de Charles d'Anjou, nous trouvons les noms de plusieurs chevaliers connus dans l'histoire de la Morée[2]. La Chronique de Morée elle-même dit à propos de Goffroy de Thornay et de Jehan Chauderon que *li rois eslut ces deux chevaliers et les mist au renc en la some des cent chevaliers qui devoient estre avec lui en la bataille* (Buchon, Nouv. Rech.

---

[1]. Cf. Buchon, Nouv. Rech. hist., I, 289, 3 ; Amari, Vespr. Sicil., I, 339, 1, donne une liste des ouvrages qui parlent de ce duel.
[2]. Voir Buchon, Nouv. Rech. hist., I, 289, 3.

hist., t. I, p. 289). On venait donc même de la Morée pour acquérir la gloire d'avoir combattu dans un duel aussi fameux.

Des champions, au nombre de 500, Catalans, Aragonais, Siciliens et Italiens, se mirent aux ordres du roi Pierre, pour qu'on pût atteindre, en tout cas, le nombre de cent ; même un fils du roi du Maroc se présenta. Charles fit faire à Paris cent armures d'une grande finesse ; les cent chevaliers se composaient de 60 Français et de 40 Provençaux. En France, l'événement commençait à prendre les proportions d'une guerre ; toute la noblesse était sur pied, et de toutes les parties du pays on affluait à Bordeaux. La lice, construite en bois et en fer et entourée de gradins, avait la forme d'un amphithéâtre[1] (cf. Tes., VII, 108-110). Il y a une certaine ressemblance entre ces dispositions et celles que fait prendre Thésée. Boccace, qui probablement avait assisté à des tournois, parle de *deux* portes, bien gardées par les gens de Thésée, afin que personne n'y entrât avec des armes (voir ci-dessus). En résumé, d'un côté, c'est la France et tout l'Occident, d'un autre côté, chez Boccace, c'est toute la Grèce, mises de part et d'autre en émoi par des événements célèbres qui se ressemblent de très près.

Mais notre poète pense à trop de choses à la fois : à la mythologie, aux combats héroïques de la Grèce, aux triomphes des vainqueurs qui se rendaient au Capitole (Tes. IX, 34) ; enfin aux tournois du moyen âge. Il n'a pu résister à la tentation de fournir ici une preuve éclatante de son érudition encyclopédique.

En somme, on l'a vu, ce duel est le meilleur argument à opposer à la thèse de MM. Ebert et Körting : la peinture même de ce combat a toutes les couleurs du temps et écarte définitivement la pensée d'un modèle grec. La Théséide de Boccace devra donc rejoindre les conclusions auxquelles aboutit, dans un autre cycle, le Rom. de Florimont (Et. Paris) : ce sont là des productions purement occidentales.

Il ne faut pas s'étonner d'ailleurs que le *sujet* de la Théséide soit ancien ; n'oublions pas que Boccace se vante d'avoir été le premier à chanter, dans un poème en langue vulgaire, les exploits de Mars (Tes. XII, 84), c'est-à-dire à

---

[1]. Pour tous les détails qui précèdent, voir Amari, Vespr. sicil., II, 21 suiv.

créer une *épopée*, genre qu'on n'avait plus revu depuis le temps des Romains. Or, pour faire revivre un nouveau genre, inconnu à la littérature vulgaire, il ne lui fut pas possible de concevoir son sujet par un effort de sa propre imagination, quelque féconde qu'elle fût; il fallait se rattacher d'une façon ou d'une autre à un modèle ancien, s'inspirer du caractère épique de ce modèle, en reproduire au besoin quelques parties et reprendre, en quelque sorte, le fil de la narration au point où l'avait laissée le prédécesseur : c'est exactement ce que fait Boccace, vis-à-vis de Stace surtout. La Thébaïde, qu'il aimait tant à étudier, se présentait d'elle-même comme le modèle qu'il cherchait. Nous avons vu que dans la Théséide il mêlait constamment aux inspirations antiques les préoccupations de son temps [1]. Et tel est, en effet, le double caractère de ce poème. Peut-être convient-il d'ajouter ici quelques détails encore à ce sujet et de découvrir, à côté des romans français, quelques sources nouvelles où puisa notre poète. Il résulte de l'introduction du Filostrato que la poésie provençale avait trouvé un asile hospitalier à Naples sous les rois de la maison d'Anjou; les mœurs de la Provence avaient pénétré dans la haute société : ainsi Boccace, qui y était bien vu, se souvient de la question qui lui fut posée à une cour d'amour : laquelle des trois choses est à préférer : voir la femme qu'on aime, parler d'elle seulement ou penser à elle (Filostr., Pr., p. 1-2). Pour son malheur, dit le poète, il avait soutenu la dernière thèse. Florio (ou Filocolo), que la tempête oblige à prendre terre à Parthenope (Naples), trouve, un jour en se promenant, une noble compagnie réunie dans un jardin. On est assis sur l'herbe, et on y tient une cour d'amour (cf. Crescini, Boccaccio, 75, surtout n. 4) ; Fiammetta, à qui on rend les honneurs de reine, doit prononcer la sentence sur les questions d'amour qu'on discute autour d'elle (Filocolo, II, p. 30, l. IV ; Körting, Boccaccio, p. 137). Les questions sont nombreuses et ressemblent à celles qui constituaient l'ars amandi des poètes de la langue d'oc (voir dans Diez, P. d. Troub., 169 ; cf. Körting, Boccaccio, 137-142). Quant à leur forme, elles ne sont que la vulgarisation de la tenson, genre qui fut savamment cultivé par les troubadours.

Ne se pourrait-il pas que Boccace, qui connaissait si bien

---

[1]. Voyez, dans le même sens, Crescini, F. B., 103-105.

les goûts de la haute société de Naples, ait trouvé certaines inspirations dans une source aussi vive et aussi abondante que les controverses sur les questions d'amour? Il ne faut pas oublier que Boccace se peint lui-même sous les traits de ses personnages (Crescini, Boccaccio, 72), et qu'il a lui-même pris part à ces cours d'amour (ib. 75). Aussi se les rappelle-t-il. Les vers qui marquent le contraste entre Arcite, délivré de prison, mais banni, et Palémon qui, en y restant enfermé, peut cependant quelquefois jouir de la vue d'Emilie, paraissent justifier cette supposition. Ainsi Arcite, ne pouvant refuser la liberté que Peritoo a obtenue pour lui, commence à réfléchir (Tes. III, 69) :

> E tornandogli a mente che vedere
> Emilia non potrebbe, essendo in bando,
> Quasi vicino fu a dir di volere
> Innanzi la prigion che tale esilio :
> Con amor cospirando in tal consilio.

Mais il y a quelques *arguments* contre cette résolution qu'il est tenté de prendre : la ragion... Con tre buoni argomenti appena il tenne (III, 70). Ce sont bien là, en effet, des arguments dans le genre de ceux qu'on discutait dans les cours d'amour : 1° On l'accusera de lâcheté s'il dédaigne la liberté (ib.) ; 2° Une fois sorti de prison, il pourra revenir sous un déguisement (III, 71), ce qu'il fait en effet ; 3° Si Emilie épouse un prince étranger, — et c'était fort probable — à quoi bon rester enfermé dans une prison à Athènes (III, 72)? Le poète sait tirer des motifs charmants de ce contraste entre les deux amants ; les adieux qu'Arcite fait à Palémon sont d'un sentiment vraiment poétique (III, 75) :

> Io me ne vo, o caro compagnone,
> Con redine a fortuna abbandonate :
> *E vorria innanzi certo esta prigione,*
> *Che isbandito usar mia libertate.*
> Almen vedrei alla nuova stagione
> Colei che ha il mio core in potestate :
> Chè mai, partito, vederla non spero :
> Sicchè morrò di doglia ; e questo è vero.
>
> Io lascio l'alma qui innamorata,
> E fuor di me vagabondo piangendo
> Men vo, nè so là dove l'adirata
> Fortuna mi porrà così languendo :

> Perch' io ti prego, se alcuna fiata
> Vedi colei per cui io ardo e incendo,
> Che tu le raccomandi pianamente
> Quel che morendo va per lei dolente.

C'est encore, c'est toujours Boccace qui parle ici par la bouche de ses personnages. M. Crescini a su montrer en des pages de fine érudition et de critique pénétrante à quel point le Filocolo portait l'empreinte de l'âme du poète et de son amour pour Fiammetta ou Marie d'Aquino (Crescini, Boccaccio, 50 suiv., 70 suiv.). Ce souci le poursuit encore dans la Théséide[1]; il n'y a pas là de roman byzantin : il y a un roman *vécu*.

Palémon, à son tour, est saisi d'une grande tristesse; mais il trouve que son ami est plus heureux que lui et voici pourquoi (III, 78) :

> Ma s' tu se' savio siccome tu suoli,
> Dei di fortuna assai bene sperare,
> Ed alquanto mancar delli tuo' duoli,
> Pensando che puoi molto adoperare,
> Libero come se' di quel che vuoli ;
> Là dove a me conviene ozioso stare :
> Tu vederai andando molte cose
> Che alleggieranno tue pene noiose.
>
> Ma io, che sol rimango, a poco a poco
> Verrò mancando come cera ardente ; etc. (III, 79).

Ainsi parlent les deux amants. Le souvenir du séjour à Naples poursuit toujours notre poète. Remarquons-le : les propos échangés entre Arcite et Palémon sont une sorte de raisonnement poétique qui aurait pu fournir un sujet de tenson : Lequel des deux amants est le plus heureux, celui qui est mis en liberté, mais qui est banni loin des yeux de la femme adorée, ou celui qui reste en prison, mais qui peut se consoler par la vue de sa belle[2] ? Le poète ne nous fait pas

---

1. Crescini, Boccaccio, 215 suiv.
2. Chaucer, Canterb. t. (The Knightes tale, v. 489 = 1347) reproduit le même raisonnement sous forme de question : Yow loveres axe I now this questioun, Who hath the worse, Arcite or Palamoun ? That oon may seen his lady day by day, But in prisoun he moot dwelle alway. That other wher him list may ryde or go, But seen his lady shal he never-mo.

deviner la réponse ; il préfère laisser la solution dans le vague ; chacun se plaindra ainsi avec une apparence de raison.

Le problème psychologique que veut résoudre le poète dans la Théséide peut se résumer dans le conflit entre l'amitié et l'amour ; l'amitié, après avoir passé par une dure épreuve, ne s'éteint pas dans le cœur des deux amis ; mais le triomphe final est réservé à l'amour. Le poète ne néglige rien pour le faire triompher : Palémon et Arcite, liés de la plus étroite amitié, se battent en duel à deux reprises. L'intervention des héros de la Grèce n'a pas été imaginée dans le seul but de nous montrer l'érudition vaste de l'auteur ; elle est aussi destinée à entourer de plus de magnificence et de solennité l'amour des deux jeunes Thébains. Agamemnon, Ménélas, Ulysse, Nestor, enfin tout ce que la Grèce offre de noms illustres, se soumet aux lois d'amour, se range aux côtés de ces deux jeunes princes inconnus, tout à l'heure encore déshérités et retenus en prison par Thésée ; cette noblesse héroïque n'a d'autre but, en les assistant, que de leur assurer, même au péril de la vie, les jouissances de l'amour. Le poète rehausse l'éclat de son récit amoureux, en lui donnant un arrière-plan imposant. Ainsi donc, ce poème est encore en un sens une autobiographie : à côté des sources différentes que nous avons mentionnées et auxquelles nous n'avons fait que toucher, à côté de Stace, de la Légende d'Œdipe, de la Divine Comédie, des événements célèbres du moyen âge, comme le duel de Bordeaux, à côté de la poésie des cours d'amour, il y a toujours le souvenir vivant de Naples et de Fiametta et, par endroits, le souvenir des propres amours du poète. Sa pensée se dégage ainsi plus clairement et son poème se laisse mieux comprendre. Le véritable sujet de la Théséide est une glorification de l'amour.

[A cet endroit, le ms. de M. John Schmitt nous donne une étude sur les imitations de Chaucer (The Knigthes tales, ci-dessus, p. 311, 2). Je suis obligé de supprimer ce chapitre, faute de place et aussi parce qu'il nous entraînerait dans une série de recherches nouvelles. On trouvera, p. 293, n. 1, ci-dessus, les principaux éléments de la discussion.

M. Schmitt mentionne également les traductions françaises (cf. Quadrio, IV, 462 ; Mazzuchelli, II, 3, p. 1362 ; Grässe, I, 448).

Voici ce qu'on sait au sujet de l'une de ces traductions (du Maine et du Verdier, III, 81) : « Anne de Graville, Dame du Boys de Malesherbes, *et* fille à feu Messire Jacques de Graville, Admiral de France, a translaté du vieil langage et prose, en nouveau *et* rime, par le commandement de la Roine, le beau Roman des deux amans, Palamon et Arcita, *et* de la belle *et* sage Emilia, commençant ainsi :

> *Victorieux en armes & amours*
> *Fut Theseus, après que plusieurs jours*
> *Eut séjourné en l'Amazone terre,*
> *Où Cupido & Mars luy firent guerre,*
> *Lesquels vainquit & Hypolite aussi.*

J'en ai vu un exemplaire écrit à la main, en la librairie de Monsieur le Comte d'Urfé, *et* n'a été onc imprimé que je sache. Icelle Dame Anne de Graville, étoit la mère de l'ayeule dudit Sieur d'Urfé du côté paternel. »

Cette dernière notice intéresserait davantage l'histoire des sources de Boccace ; mais M. Schmitt reconnaît à son tour que la traduction d'Anne de Graville « en nouveau et en rime » (Quadrio, l. l.; Mazzuchelli, l. l.) repose sur un modèle « en vieil langage et prose », qui lui-même est une traduction de la Théséide. C'est, du reste, ce qui a toujours été admis. Cf. du Maine et du Verdier, III, 82, 4 : « Je n'ai point vu la Traduction, en vieille prose Françoise, qui servit de cannevas à Anne de Graville, mais seulement une, in-12. à Paris » etc. C'est celle que nous décrivons plus loin. Ce ne sont donc toujours que des traductions. Boccace n'a rien pris de ce côté. — Ce qui est remarquable, c'est qu'après Anne de Graville, la Théséide reparut une seconde fois en prose. Voici la description donnée par M. Schmitt, d'après l'exemplaire de la Bibliothèque Nationale (Y² 881 Réserve), que j'ai moi-même collationné :

« LA | THESEYDE | DV SIEVR IEAN | BOCACE GENTIL- | HOMME FLORENTIN. | CONTENANT LES BELLES, | cha*s*tes *et* honnestes Amours des deux | ieunes Cheualiers Thebains, ARCITE *et* PALEMON.

Histoire non moins belle *et* docte, | que plaisante et vtile à toute sorte | de personnes qui ayment la vertu. | *Traduicte d'Italien en François, par le* | *Sieur D.C.C.* A PARIS, | Chez ABEL L'ANGELIER, au | premier pillier de la grand'Salle | du

Palais. CIƆ. IƆ. XCVII. Avec privilege du Roy ». 17 feuill.
— 202 fol. C'est une traduction très libre.

J. P.]

II

LA THÉSÉIDE GRECQUE

La Théséide grecque est à peu près inconnue; voici, d'après Legrand, Bibl. hell., I, 206, la description de la Théséide imprimée : « ΘΗCΕΟC ΚΑΙ ΓΑΜΟΙ ΤΗC ΕΜΗΛΙΑC. [Au verso de l'avant-dernier f.] REGISTRO. A. a. b. c. d. e. f. g. h. i. k. l. m. n. o. p. q. r. s. t. u. x. y. Tutti sono Quaderni eccetto. A. & y. che sono Terni. — Stampato in Vinegia per Giouanantonio et fratelli da Sabbio a requisitione de M. Damiano de Santa Maria de Spici. M. D. XXIX. del. Mese de Decembrio. — In-4 de 180 ff. non chiffrés (dont le dernier blanc) et divisés en 23 cahiers signés et composés comme il est indiqué dans le registre. Marque d'André Counadis sur le titre, qui est blanc au verso. Les gravures sur bois insérées dans le texte sont empruntées à la traduction de l'*Iliade* de Lucanis (voy. ci-dessus pp. 188 et suiv.) »[1]. Ce livre est de la plus insigne rareté (voir Legrand, Bibl. hell. I, 206 ; Krumbacher, 453). On connaît les exemplaires suivants : Bibliothèque royale de Copenhague (Legrand, Bibl. hellén., I, 206, 2)[2] ; British Museum (ibid., 207), Bibliothèque du Lycée de Corfou (Krumbacher, 453) ; le prince Georges Mavrocordato en possède un exemplaire (Legrand, Bibl. hell., I, 206) ; voyez aussi Boccaccio, t. XVI, p. 9, n. 2 (notice de Baldelli).

Je ne connais que deux manuscrits de ce poème : le Gr. 2898 (Omont, Invent. III, 56) et le Palatinus gr. 426 (Stevenson, p. 276) ; le premier a largement servi à fournir des matériaux aux glossaires de Meursius et de D. C.—Bien que je n'aie

---

1. Description très imparfaite, avec nombreuses fautes d'impression pour le grec, dans les Ediz. Bocc., 127. — Mentions dans Grässe, I, 448 ; Brunet, V, 808.
2. Voir Legrand, Bibl. hellén., I, 206, 2, sur le titre : *Comœdiae hodierna Graecorum dialecto conscriptae quae Venetiis publice solent aliquando exhiberi*, attaché à la Théséide et les malentendus auxquels il donne lieu.

pu consulter l'édition de 1529, il me fut cependant possible d'en obtenir une copie. Mon ami, M. Mabillis, de Corfou, a mis à ma disposition la copie qu'il fit faire sur l'exemplaire de la Bibliothèque du Lycée de cette ville. A mon tour, je fis recopier ce manuscrit par M. Callivoulis, professeur de turc à Paris ; c'est d'après cette copie et celle de M. Mabillis que je fais mes citations. Je me permets d'exprimer ici mes remerciements à M. Mabillis pour l'amabilité avec laquelle il a bien voulu me venir en aide.

La Théséide parisienne manuscrite se trouve dans le volume qui contient la Chronique de Morée, et qui provient de la Bibliothèque de François Ier à Fontainebleau (Omont, Mss gr. de Fontainebleau, p. 37). Au premier feuillet se lit une note de la main d'Ange Vergèce : Ἱστορία τὶς βουλγάρε, περὶ τοῦ Θησέως καὶ τῶν ἀμαζόνων. La fiche collée sur le même feuillet est une note de Du Cange : « 2569 [N° du catalogue de 1682] Anonymi de amoribus Thesei et Aemyliae Libri XII. versib. politicis; edit. Venetijs. ». On y trouve encore d'autres indications, mais celles-ci se rapportent à la Chronique de Morée. Avant d'être reliés, les feuillets s'étaient détachés du ms. ; une main peu habile les a recueillis, sans se préoccuper de l'ordre dans lequel ils devaient se suivre ; quelques feuillets ont été perdus de cette manière. Une fois relié, le ms. fut paginé, dans l'ordre ou plutôt dans le désordre où il avait été mis avant la reliure. C'est là un grand inconvénient pour le lecteur qui, après avoir lu un feuillet, est arrêté jusqu'à ce qu'il arrive à retrouver, dans le corps du volume, le feuillet qui continue le récit. Le premier feuillet est à sa place; mais la suite se lit au fo 8 ; de là, nous passons au fo 10 ; ici, il y a une lacune de deux feuillets, probablement perdus, de sorte qu'il nous manque une partie du prologue, les deux premiers sonnets, et les 8 premières octaves. Le texte reprend au fo 11, à la 9e octave ; à la fin du premier livre, il y a une autre lacune de 20 octaves, à partir de la 103°; une bonne partie du 1er livre fait ainsi défaut (les parties perdues se lisent dans l'éd. de Venise, qui reproduit le poème en entier). Dans le premier livre, les feuillets doivent se succéder dans l'ordre suivant : 1, 8, 10, 11, 9, 12, 13, 2, 3, 4, 5, 6, 7, 14, 15.

Ces lacunes sont bien regrettables, parce qu'elles ne permettent pas de prendre toujours pour base d'une nouvelle édition la version du Parisinus 2898, qui me paraît bien supérieure à l'édition de Venise. Le Parisinus, dont l'écriture, selon M. Omont, est de la fin du xv° ou du commencement du xvi° s., se trouvait probablement déjà à Fontainebleau, quand l'autre version, après avoir subi un rajeunissement, fut imprimée à Venise.

La comparaison de ces deux textes établit jusqu'à l'évidence la supériorité du Parisinus. Nous rapprochons ici, pour le prouver, la traduction grecque de la 42° octave du premier livre, dans le ms. et dans l'édition.

(Gr. 2898, fo 13 b)	(Ed. Ven. fo 11 b)
καὶ ὡς τὸ λονταρόπουλον ποῦ ἡ πείνα τὸ [κεντάγει	καὶ ὡς τὸ λονταρόπουλον ποῦ πείνα τὸ [κεντάει·
καὶ γίνεται πλέον μανιακὸ καὶ [πλέον ἐξαγριομένο	καὶ περισσὰ μανιόνεται καὶ πλείο ξανα- [γριομένο,
ἅμα ν'ιδῆ τίποτες φαγεῖ διὰ ν'ἀρπάξῃ·[1]	καὶ σὰν ἰδεῖ γὰρ τίποτες φαγεῖ διὰ ν'ἀρπάξη
τὴν τρίχα του ἀγριόνει τὴν ἀπ' ὄρεξιν [τὴν ἔχει,	τὴν τρίχα τ'αναγριόνει τὴν ἀπ'ὄρεξιν [ὅπ' ὄχει,
τὰ νύχια του τὰ δόντια του ὅλα τὰ [ἐξακονίζει·	τὰ νύχια του τὰ δόντιατου ὅλα τὰ ξα- [κονίζει·
ἔτζι ἔκαμνεν καὶ ὁ Θησεὺς ἐβλέποντας τὸν [τόπον	οὕτως γὰρ ἔκαμνε Θησεὺς ἐβλέποντα τὸν [τόπον
καὶ τὸ βασίλειον ἐκεινῶν ὅλος ἐξαναγριόθη πεθυμισμένος νὰ γενῇ ἐκεῖνο ποῦ θυμήθη.	καὶ τὸ βασίλειον ἐκεινῶν ὅλος ἐξαναγριόθη πεθυμισμένος γίνηκε ἐκεῖνο πόθυμήθη.

L'éditeur ne savait sans doute pas ce qu'il faisait, en corrigeant le deuxième vers : καὶ γίνεται πλέον μανιακὸ en καὶ περισσὰ μανιόνεται ; le participe ξαναγριομένο, qui dépend du verbe γίνεται, ne donne plus de sens dans cette version. On peut remarquer encore que le Parisinus répond littéralement au texte : Il qual più fier diventa e più ardito (Tes. I, 42). De même, le dernier vers du Parisinus correspond à : Volonteroso a fare il suo pensiero (Tes. I, 42), sens que l'éditeur obscurcit en faisant, au premier hémistiche, un changement qui ne s'accorde plus avec le second : ἐκεῖνο πόθυμήθη ; même en corrigeant σ ἐκεῖνο, on n'arrive pas à une bonne leçon. Évidemment, le remaniement a été fait sans que le texte italien ait été consulté.

Il y a encore à noter dans l'édition une très légère tendance à la langue littéraire : ainsi, elle met plusieurs fois οὕτως

---

1. Ce vers est peut-être bon. Cf. Chron. Mor. 5943 Ὅτι εἴχασιν ἔλθει au premier hémistiche. Je pourrais en citer un certain nombre de ce type.

pour ἔτζι, τοιαύτη pour τέτοια, etc., et emploie plus volontiers la cheville γάρ; par contre, le ms. ne connaît pas l'aphérèse dans les mêmes proportions. Confrontons encore un passage des deux versions pour confirmer ces résultats.

(Gr. 2898, fo 2 b)	(Ed. Ven. fo 13 a)
Ἀυτὲς ἐρίκτασι φωτίες συχνὰ πρὸς τὰ [χαράδια	κτ' ἀρματομένα κάτεργα, πολλὰ ἐκάψαν [τότε
στ' ἀρματομένα κάτεργα πολλὰ ἔκαψαν [ἀπ' αὖτα,	τοὺς Ἕλληνας ζημιόνασι μὲ τὸν τοιοῦτον [τρόπον·
ὁποῦ πολλὰ ἐζημιόνασιν τοὺς Ἕλληνας [με τ' αὖτο	καὶ πάλι μ' ἄλλες μηχανὲς, μὲ τέχνες [καὶ μὲ λίθους
καὶ πάλιν μὲ ἄλλες μηχανὲς μὲ τέχνες [καὶ μὲ λίθους	ὅλα τὰ ξύλα σπούσασι καὶ τζάκιζαν [ὁμοίως·
ὅλα τὰ ξύλα ἐσπούσασιν καὶ τζάκιζαν [φριχτῶδες,	πολὺ κακὸ ἐπρόκετον στοὺς Ἕλληνας νὰ [γένη
ἂν δὲν τὰ διαφεντέβασιν ἔτζι γουργὰ εἰς [τὴν ὥραν.	ἃ δὲν τὰ διαφέντεβαν ἔτζι γουργὰ στὴν [ὥραν.

Esse gittavan fuoco spessamente
Sopra l'armate navi, il quale acceso
Molto offendeva i Greci; e similmente
Con artifizii e pietre di gran peso,
Che rompevan le navi di presente
Dove giugnean se non era difeso : (Tes. I, 52).

Il est évident que les changements dans l'édition ont été faits après coup; ce remaniement de la phrase ne peut provenir que d'un scribe qui n'avait pas sous les yeux le texte italien. Le Parisinus reproduit le texte fidèlement, sauf quelques répétitions entraînées par la longueur du vers politique.

Le Palatinus 426, décrit par Stevenson, p. 276: « Chart. in-8, varia manu, saec. XVI, fol. 100 », n'a aucune importance pour la Théséide.[1] Comme j'ai pu m'en assurer, il correspond en

---

1. Ce manuscrit a un autre intérêt: il contient une grande partie du roman d'Imbérios et Margarona; cette version diffère de celles qui ont été publiées par Wagner (Imb. I), Lambros (Imb. II) et Legrand (Imb. III). Le commencement : καὶ πιλαλοῦσιν τὰ φαρία καὶ δόσουν κονδαρίαις, fo 65 a, correspond à Imb. I, 354 et Imb. III, 456, et finit Imb. I, 668. Stevenson, p. 276, en parle en ces termes : « ... describitur Hastiludium (τζόστρα) Germanum inter et Graecum, praesente Margarita Porphyrogenita. » L'auteur du catalogue n'a pas vu qu'il s'agissait de « Alamanos », nom de chevalier, de son rival Imbérios et de la πορφυρογέννητη ὡραία ἡ Μαργαρώνα, c'est-à dire de la belle Maguelonne.

tous points avec l'édition de Venise ; il est difficile, et d'ailleurs sans intérêt, de savoir si c'est le ms. qui a été copié sur l'édition, ou si c'est le ms. qui a servi de base à l'édition. Le ms. est mutilé au commencement et à la fin ; il commence Tes. I, 99, v. 5 : ἀξιοσύνη καὶ τιμὴ νὰ ἔχῃς εἰς τὸν κόσμον, et finit Tes. XI, 80, = fol. 64 b : τ' αυθέντη του στὴν φυλακὴν, τοῦ Παλαμῶνε πάλι. De plus, il y a une grande lacune, Tes. X, 9 (fo 56 b) καὶ φώτισεν ἡ μέρα, à Tes. XI, 34 : δὲν ἧτον πρᾶγμα τίποτε. Ce qui est certain, c'est que l'éd. et le ms. se ressemblent. Certaines erreurs comme : πλείστερον, ainsi accentué, et κτὴν πόλιε μήσεψε, mal divisé, IV, I, se répètent dans les deux textes ; dans le sonnet qui précède le septième livre, tous deux portent : ἐκεὶ ἐσυνχζέτων.

La Théséide grecque est très peu connue en Occident ; Tyrwhitt la cite dans son édition de Chaucer (cf. Chaucer, p. LVI, n. 13 in f.) et Mazzuchelli, Scritt. it., II, part. III, p. 1362, la mentionne. Dans le livre fort curieux de M. Neander, que j'ai pu consulter grâce à l'obligeance de M. Legrand (cf. Bibl. hell., I, 206), Crusius en parle avec éloges, fo 71 a, 74 b. Néander écrit à un ami : « Cuius generis verò sit illa vulgaris græca lingua, potuisti cognoscere ex iliade Homeri, *et* libris duodecim de Thesei Atheniensis celebrati rebus gestis *et* nuptijs cum regina Amazonum, græca lingua vulgari, sed tamen eleganti scriptis, quos tibi anno superiori accipiendos dedi, Venetijs olim excusos, *et* ad me ex Italia dono ab amico quodam singulari nostro missos, », fo 54 a. Neander paraît ne pas savoir qu'il n'a devant lui que la traduction d'un poème italien ; il lui fait l'honneur extrême de le placer à côté de l'Iliade.

Dans une lettre datée du 7 mars 1581, Crusius écrit à Neander (M. Neander, fo 70 a.) : « Conor item Græcam (politicam *et* patriarchicam, cum varijs Græcis epistolis) *et* Barbaro Græcam historiam omnem cum co*n*uersione mea latina. Sed quia non tantum è viuis Græcis vulgarem linguam disco, sed ex libris quo*que* : tu autem, clarissime vir, amice colende, habes libros 12. Barbaro Græcos de historia Thesei Athenarum Regis, obsecro mitte mihi eos commodatò, primo quo*que* tempore, tabellario obtingente aut commoda mittendi facultate. Restituam, inuicem tibi alterum eiusdem linguæ autorem mittens. Ne destitue me, quæso. Faciam in annotationibus, quas copiosas *et* varias operi addo, tui honestam mentionem. » Une lettre datée de Tubingue, mois d'août, 1581, accuse réception du livre demandé (M. Neander, fo 71 a) : « die 16. Julij ipso meridie, adhuc ad mensam prandij sedens, accepi literas tuas exoptatas, atq*ue* ipsam Theseidem, *et* adiuncta. O lœtum diem... » Crusius cherche à se procurer des livres, des manuscrits et des lettres, afin de mieux apprendre le grec *barbare*; de même, dans la lettre suivante, du 28 juin 1581 (M. Neander, fo 72 a, 74 b), il dit qu'il a besoin de matériaux de ce genre pour compléter son *Histoire*, parce qu'il n'y avait pas encore un glossaire de la langue vulgaire. Ce n'est que plus tard, en 1614 (Grässe, IV, 510) que parut le glossaire de Meursius, qui donne beaucoup d'importance lexicographique à la Théséide. Quant à Crusius, il semble ne s'être servi de l'exemplaire de Neander que pour son usage particulier ; je ne crois pas qu'il en ait fait mention dans sa Turco-græcia.

M. Sathas (Ἑλλην ἀνέκδ., I, πβ΄) fait une brève mention de la Théséide[1] ; ibid., p. πϛ΄, après avoir fait la description du volume, il ajoute que l'Apocopos (Apok. I, Essais, I, 5 ; Legrand, Bibl. hellén., I, 218) est sinon antérieur à la *Théséide*, au moins contemporain de l'éditeur de ce poème (paru en grec pour la première fois en 1529, ci-dessus). Rien ne s'oppose à cette hypothèse. Notre Théséide ne paraît pas antérieure au XVIe s. La langue le prouverait à elle seule. Il faut donc répéter ici une fois de plus que la Théséide grecque est en tout cas *postérieure* à celle de Boccace, dont elle n'est que la *traduction*. Nous n'insisterions pas, si tout récemment encore cette supposition n'avait été émise. Rohde, Griech. Rom., 541, n. 2, dit qu'il faudrait voir si la fable de la Théséide n'est pas un emprunt à un poème byzantin en langue romaïque. Il ajoute, il est vrai, qu'il ne connaît de ce poème que l'extrait donné par Tyrwhitt (ibid. ; cf. Crescini, Boccaccio, 220, 2)[2]. Cette opinion avait déjà été réfutée par Sandras, Chaucer, 52-54, avec les meilleurs arguments ; même avant lui, on avait su voir que le texte italien était l'original, puis-

---

1. Mentionnée également dans Landau, Boccaccio, 78; Crescini, F. B., 473, 1 : Sandras, Chaucer, 53 ; p. 286, ibid., on lit trois octaves de la Théséide grecque d'après le Gr. 2898 (cf. ibid., p. 53).

2. Je n'ai pas pu avoir entre les mains l'éd. de Tyrwhitt en question. — J. P.

que le texte grec offrait la même dédicace à Fiammetta (Chaucer, p. LVI, n. 13, in f.). Il y en a une preuve plus irrécusable encore, si c'est possible. Dans la Théséide grecque (= Tes. I, 40, v. 7) nous lisons : x.' εἰς τὴν θάλασαν ἔσωσεν τὴν λέγουν καλαμπιδέαν; Gr. 2898, fo 13 b, l. 10, καὶ εἰς τὴν θάλασαν ἔσωσεν. τὴν λέγουν καλαμπιδέαν. Cette mer, on s'en doute, n'a jamais existé sur aucune carte. Boccace dit tout simplement que les Grecs étaient entrés dans la mer, « che all' abideo Leandro fu soave e poscia reo ». Ce sont les flots des Dardanelles qui portèrent Léandre d'Abydos, mais qui un jour lui devinrent funestes. Le traducteur n'a pas compris le *sens* du mot, dont il a si exactement rendu la forme [1].

Maintenant, il serait important de savoir sur quelle édition de la Théséide a été faite la traduction grecque. Je trouve la mention d'une Théséide italienne, imprimée à Ferrare, sans date et peut-être antérieure à celle de 1475, cf. Quadrio, IV, 462-463: Un... Romanzo... di GIOVANNI BOCCACCIO... che uscì in Ferrara chiosato da Pietro Andrea de' Bassi in foglio, ma senza nome di stampatore, e senz' anno... con titolo d'*Amazonide*... fu ristampata nel 1475 in foglio, col vero titolo di *Teseide,* colle chiose stesse del medesimo Andrea de Bassi etc. (Grässe, I, 448 ; Brunet, I, 1016-1017 ; Baldelli, Boccaccio, p. XLV, p. 31-32, n. 1). Il y eut une troisième édition à Venise, en 1528 (Quadrio, l. l.). La Bibliothèque Nationale en possédait un exemplaire sous la cote Y^2+880 in-4°[2].

---

[1]. L'erreur est facile, surtout si l'on compare la leçon de l'édition de 1475, fo 9 b (éd. de la B. N.) l. 2 du b:
    Entrando poi nel mar calabideo
    Laonde fu suaue epossa reo
La note marginale porte : « Abido e sexto due notabile citade e greche ne lequale furono dui amorosi giouani cioe lea*n*dro & hero. » Suit l'histoire de Léandre. Ce n'est donc pas probablement cette édition qui a servi au traducteur, puisqu'elle explique les mots en question. Il y en a d'autres preuves; voir ci-dessous. L'octave où se lisent ces vers est la 48e du L. I dans l'édition, tandis que dans la vulgate (Boccaccio, IX, p. 22) elle est la 40e du L. I, ainsi que dans la version grecque de ce passage. C'est là un nouveau problème dans l'histoire de la constitution du texte de Boccace.

[2]. M. Blanchet, qui a bien voulu se livrer à des recherches spéciales au sujet de cet exemplaire, m'a appris qu'il était classé parmi les livres disparus. Il manque à la Bibliothèque depuis environ cinquante ans. — J. P.

En revanche, il s'en trouve un à la Bibliothèque Mazarine, sous la cote 10931 [1], Réserve. En voici la description : LA THESEI | DA DI MESSER GIOVANNI BOC | CACCIO DA MESSER TIZZO | NE GAETANO DI POFI DILI | GENTEMENTE RIVISTA. *Con gratia & con privilegio.* Au bas du dernier feuillet, on lit : *Impressa in uinegia per me Girolamo pentio da lecco a 7 di marzo.* 1528. — La même Bibliothèque possède un exemplaire de l'édition de 1579, dont voici la description en caractères ordinaires : « La Theseide di M. G. Boccaccio, Innamoramento piacevole, et honesto, di due Giovani Thebani Arcito, et Palemone; D'ottava Rima nuovamente ridotta In Prosa Per Nicolao Granucci di Lucca, Aggiuntoui un breve Dialogo nel principio e fine dell'opera dilettevole, et vario. In Lucca appresso Vincenzo Busdraghi 1579, ad Istantia di Giulio Guidoboni. » 8°, 8-144 feuillets. B. M. 21927 ; fait partie d'un recueil factice qui commence par une pièce intitulée : Didone tragedia di M. Lodovico Dolce, etc. In Venetia MDLXVI ; d'après une pagination à l'encre, la Théséide commence à la p. 247 de ce volume.

L'édition de 1475 est cotée, à la Bibliothèque Nationale INV. RÉSERVE Y^d 99 ; sur la garde, on lit écrit à la main : Boccaccio Il Teseo Poema con li Commenti | di Pietro Andrea Bassi. Ferrara. Appresso Agostino di Bernardo 1475. La date est d'ailleurs imprimée à la fin du volume M° CCCC° LXXIIII° ; il n'y a pas de titre ni de pagination ; voyez encore sur cette édition, Appendice II, exemplaire à Rome ; voir aussi Chaucer, p. LIII, n. 9. L'édition de 1579, on l'a vu, est en prose.

Pour arriver à savoir la date au moins approximative de la traduction grecque, il faudrait d'abord que le Parisinus fût publié en entier et que l'édition de 1529 fût réimprimée, afin que la comparaison entre ces deux versions nous fixât, d'une façon précise, sur leurs rapports chronologiques. Ce travail fait, nous aurions pour nous guider un indice d'une grande valeur. Je signale plus loin six octaves grecques qui traduisent un texte absent de la vulgate de Boccace et qui ne sauraient être attribuées au traducteur (ci-dessous, p. 329). L'édition qui présenterait ces six octaves en italien serait évidemment le texte dont le traducteur s'est servi. Or, l'édition de

---

1. Voir, sur ces éditions, les notices souvent imparfaites dans les Ediz. Bocc., 125-127 ; surtout Grässe, I, 448.

Etudes néo-grecques.

1475, d'après la vérification que j'en ai faite sur l'indication de M. Jean Psichari, ne donne pas les octaves en question, pas plus dans le texte que dans le commentaire marginal. L'édition de 1528 ne les contient pas davantage. Peut-être se trouvent-elles donc dans un ms. de la Théséide, qui aurait ainsi servi de base au traducteur. Il va de soi, d'ailleurs, que ni le ms. ni l'édition, renfermant ces octaves (si c'est l'édition antérieure à celle de 1475, voir ci-dessus) ne nous fixeraient d'une façon définitive sur la date de la traduction : celle-ci n'est pas forcément contemporaine de l'édition ou du manuscrit qui lui auront servi de base : ms. ou édition peuvent être tombés entre les mains du traducteur bien après l'année de leur confection. Une édition critique et l'étude statistique des formes nous donneraient encore les renseignements les plus certains.

Il serait intéressant d'entreprendre un classement des mss de la Théséide. Les meilleurs mss se trouvent à Florence. Il ne m'est pas possible de les consulter pour le moment. Je ne puis donner de renseignements que sur le seul ms. qui est à ma portée :

C'est le ms. 11 S. Pantaleo de Urbe, actuellement à la Bibl. Vittorio Emanuele. Dans le catalogue ms. on lit : Codex chart. saec. xv (1444) ff. 160 in-fol. Codex integer est et habet praefationes *a Fiammetta,* et argumenta XII librorum. Post finem vero legitur auctoris dedicatio ad Musas, Musarumque responsio. — Format : 28 1/2 × 21. Il est très lisible. Il n y a que les deux octaves (VII, 18-19) :

f. 81 a.   Cosi diuisi degli suoi elesse
Arcita diecie liquali charamente
Pregho, che ciaschuno noue ne prendesse
Consecho della sua piu chara gente
Accio che ciento de migliori auesse
Et essi el fero assai prestamente
E scritti furo e a gli altri fu detto
Che buon tenpo si dessono chon diletto

Il simile fecie anchora palamone
E di buoni huomini si trouar si pari
Che el non uera uariazione
E credesi che non ne fusser guari
Rimasi, al mondo, di tal chondizione
Cosi gientili e di prodezza chari

Quali eran quiui luno el altro ciento
Di che theseo ne fu assai chontento.

Les mss de Florence nous diront le reste.

III.

IMPORTANCE HISTORIQUE ET LITTÉRAIRE DE LA THÉSÉIDE GRECQUE.

La Théséide grecque doit être rangée parmi les poèmes romanesques qui ont subi l'influence des littératures de l'Occident, ou, pour nous exprimer d'une façon plus précise, elle rentre dans la série des poèmes inspirés par la poésie italienne. Cette influence qui, par la suite, prend beaucoup de développement, se manifeste ici par une reproduction intégrale, comme cela est tout naturel dans les débuts ; ainsi, notre poème suit son modèle avec la plus grande fidélité, sans jamais s'en écarter, sauf dans des détails insignifiants. Par opposition aux habitudes du moyen âge, qui nous fournit plutôt des adaptations aux mœurs et coutumes du temps et des remaniements au lieu de traductions dans le sens moderne, notre poète renonce à toute initiative personnelle et rend octave pour octave, vers pour vers, et même mot pour mot, quand cela lui est possible. Ce procédé, qui n'est pas très fécond au point de vue littéraire, est cependant d'un grand intérêt en ce qui concerne le vocabulaire et la critique verbale ; la confrontation avec l'original nous met en état de pouvoir reconnaître le sens exact de chaque mot et d'établir le texte, dans les cas où les leçons du manuscrit et de l'édition nous laissent quelques doutes.

L'étude des rapports littéraires entre les pays d'Occident et l'Empire byzantin seraient aujourd'hui une belle œuvre à tenter. M. Krumbacher dit qu'une recherche faite sur ce sujet est un des besoins les plus urgents (Krumbacher, 438) ; voir aussi G. Paris, Litt. fr., p. 81 suiv. Fervet opus. Il faut lire les pages suggestives de M. Krumbacher pour se convaincre de la nécessité de reprendre ce beau sujet. M. Gidel nous a donné deux volumes précieux sur ces matières ; mais, depuis, des textes importants ont vu le jour, surtout grâce à l'énergie infatigable de M. Legrand. Beaucoup de travaux aussi, pour ne citer que le livre excellent de M. Crescini (F. B.), sont venus s'ajouter aux premières études et reculer nos horizons (voir la bibliographie dans Krumbacher, 428-453 ; G. Paris, l. c.). Il s'agirait maintenant de reconnaître quels sont, au juste, les romans de provenance byzantine, en Occident, et de classifier, en second lieu, suivant l'ordre chronologique, les romans de provenance occidentale en Orient. Nous verrions de quelle façon les Grecs entremêlent souvent leurs imitations de souvenirs classiques (Krumbacher, 450), et la façon encore dont les traditions orientales viennent se confondre avec les habitudes féodales introduites par la conquête et la littérature (ibid. 448). Les idées nouvelles se greffent sur les anciennes. Les poètes empruntent des discours et des images à la langue homérique (Krumbacher, 450, dans Gyron le Courtois ; Gidel, Et., 75 ; Sen. eq. à l'Index bibl.). Plus tard, les idées chevaleresques se répandent (Krumbacher, 447), surtout dans les parties conquises par les feudataires ; de là une nouvelle phase de la littérature néo-hellénique qui, depuis, ne s'est jamais affranchie de l'influence venue des pays d'Occident.

La Théséide de Boccace marque un des points saillants de cette histoire. Dans les octaves un peu gauches de la traduction littérale, elle apporte avec elle en Grèce l'influence de l'Italie. Ce n'est encore qu'un premier essai. Mais une fois que la poésie romanesque avait conquis en Orient son droit de cité, on commença peu à peu à s'affranchir d'une imitation servile et à cultiver ce nouveau genre avec une plus grande indépendance. M. Bursian, dans une étude excellente, a montré, par exemple, que l'Erophile, sur plusieurs points, a surpassé son modèle italien (Bursian, Eroph., 615) ; l'Erotocritos, où les idées romanesques sont exprimées dans une belle langue populaire, est peut-être une production originale. Pour la Grèce médiévale, qui ne pouvait plus créer de nouvelles formes poétiques, la fécondation qui lui venait de l'Occident doit être considérée comme une chose heureuse. L'influence de l'Italie[1] est un événement capital pour la

---

1. Voir Crescini, F. B., 472. La rime, ibid., serait un résultat de cette influence italienne. Cf. Krumbacher, p. 339, § 179, et bibliographie, ibid., sur la question.

Grèce. Les pays grecs, qui se trouvaient sous la domination vénitienne[1] et l'île de Crète[2] en particulier, témoignent d'une grande activité poétique ; et ce sont justement ces pays-là qui arrivent, les premiers, à la transformation partielle de la langue populaire en langue littéraire. On dirait que l'exemple de l'Italie, s'affranchissant elle aussi de ses langes latines, a été décisif ; la Grèce, un moment, a fait comme les autres peuples ; de même que l'Italie, elle apprenait à parler sa propre langue.

Il serait important de connaître les raisons pour lesquelles la littérature italienne a eu tant d'action sur la Grèce. Ce n'est que tardivement, en somme, que la poésie se développe chez les Italiens ; pendant les croisades, elle était encore en état de formation. Mais avec Dante, Pétrarque et Boccace, elle se révèle dans toute sa splendeur. Les lettres italiennes ne tardent pas à se répandre dans toute l'Europe, et la Grèce, qui avait accueilli les idées chevaleresques venues de France, ne put, par la force des circonstances, se soustraire à cette influence nouvelle. Dante lui-même, quoiqu'il fût trop savant pour la muse populaire, inspire certains épisodes de l'Apòkopos (Apok., I, p. 8 ; cf. Apok., I, 127 suiv. = Dante, Purg. V, t. 17, v. 50 suiv.) ; de Pétrarque nous possédons aussi quelques sonnets traduits en grec vulgaire (Cypr., p. LXVI) ; Boccace a été accueilli avec plus de faveur ; sa Théséide, qui devait trouver un écho en Occident, dans le poème de

---

1. Le vocabulaire littéraire serait intéressant à étudier à ce point de vue ; cf. Bursian, Eroph., p. 571 : σένα σεκόντα. Σένα est précisément la forme *vénitienne* (Boerio, s. v.). On parle d'ordinaire un peu à tort et à travers de mots *italiens* en grec, sans se préoccuper des *dialectes* italiens d'où viennent ces mots, et particulièrement du dialecte de Venise.

2. Ce qui est tout à fait remarquable à cet égard, c'est que l'alphabet italien s'introduit dans les pays grecs avec l'influence littéraire de l'Italie. Ainsi nous possédons des mss contenant des textes populaires, mais confectionnés par des Grecs qui ne savaient évidemment ni lire ni écrire le grec, p. ex., le ms. de l'Erophile (Essais, II, 269). Mittelgr., 135, voici ce que M. Chatzidakis objecte contre cette assertion : « Der abschreiber muss das altgriechische kennen gelernt haben, sonst würde er nie auf den gedanken kommen *hora* st. ora zu schreiben. » Cette objection prouve seulement l'ignorance où se trouve M. Chatzidakis des habitudes orthographiques de l'Italie au XVIe et au XVIIe s. Ce sont tout simplement les habitudes orthographiques latines. Perte de temps que d'insister. — J. P.

Chaucer, devait plaire encore plus en Grèce[1]. N'est-ce pas parce que l'action se passe à Athènes que la *Théséide* a été choisie de préférence? Le traducteur aura cru sans doute avoir devant lui une vieille histoire qu'il regardait comme authentique. C'est, en tout cas, par une coïncidence singulière que la Grèce, en traduisant la Théséide, a fait preuve d'une reconnaissance spéciale envers celui qui avait consacré tant d'efforts à la renaissance des lettres grecques.

Cette action de l'Italie fut très persistante et ne fit que croître en force. Pour savoir jusqu'où allait l'influence française au XIIIe et encore au commencement du XIVe s., il suffit d'étudier le texte de la Chronique de Morée, qui ne connaît qu'un nombre insignifiant d'italianismes. Par contre, cette chronique reflète les mœurs, les coutumes et avant tout les idées féodales que les conquérants de la Champagne et de la Bourgogne avaient introduites en Grèce; les gallicismes y abondent. Comment se fait-il cependant qu'une influence aussi grande, établie par des usages féodaux qui avaient jeté des racines si profondes, pût se perdre presque jusqu'à la dernière trace? Nous venons de dire qu'à l'époque où nous sommes, la littérature italienne avait répandu sa lumière dans toute l'Europe et que la Grèce, elle aussi, avait profité de ce grand mouvement littéraire ; mais ce n'est pas la seule raison. Venise, la reine de l'Adriatique, était relativement plus rapprochée des îles de la Grèce ; Naples, de qui dépendaient souvent les destinées de la principauté d'Achaïe (ci-dessus, 297), pouvait exercer également une action plus durable que les pays du nord de la France, trop lointains. La domination vénitienne était aussi plus stable. Les Français, poussés par l'esprit d'aventure, avaient conquis à différentes époques l'Orient tout entier ; mais, toujours amoureux de nouveaux exploits, ils ne pensaient pas à jouir en paix des conquêtes qu'ils avaient

---

1. Le poème romaïque connu sous le nom de Φλώριος καὶ Πλατζιαφλώρα (Flor.) ne remonte pas à un remaniment italien du Filocolo, comme le croit M. Gidel, Et., 235-246. M. Crescini à qui nous devons un travail remarquable sur la matière (Crescini, F. B., 33 s.; 81 s.; cf. 85; 93-94), a prouvé, semble-t-il, avec succès que le *cantare* (Hausknecht, F. e Bianc.) a été la source du Filocolo, du poème grec et d'une version espagnole. A son tour, il dérive du roman français de Floire et Blanchefleur (p. 6), qu'on croit inspiré, d'autre part, de quelque roman grec ou byzantin; cf. G. Paris, Litt. fr., p. 82, § 51.

faites ; toujours une nouvelle entreprise les entraînait. Les Vénitiens agirent par d'autres motifs ; fins et hardis, mais en même temps réfléchis et persévérants, ils ne perdaient jamais de vue l'intérêt de leur commerce, et tous leurs efforts aboutissaient à ce but précis. Pendant que les chevaliers français s'épuisaient dans des batailles sanglantes et souvent inutiles, le vide laissé dans leurs cadres était peu à peu rempli par les Vénitiens. A la bataille d'Halmyros (1311), la fleur de la chevalerie française périt avec Gautier de Brienne (voir Hopf, Gr. Gesch. I, 390 suiv. ; cf. ib. 369 ; 370-395, etc.) ; le duché d'Athènes passa à la grande Compagnie Catalane (Gregorovius, St. Ath., II, 51 ; cf. 215), et puis à Nerio Acciajuoli (ib. 198 suiv.; Hopf, Gr. Gesch., II, 1 suiv.). En Morée, les suites désastreuses de cette bataille obligèrent les Français à se réconcilier avec les Grecs ; l'époque glorieuse de la conquête avait trouvé sa fin, et les nobles barons et chevaliers furent peu à peu assimilés par le peuple qu'ils avaient conquis.

Ces changements politiques dans les destinées de la Grèce sont marqués tour à tour par deux monuments littéraires : la Chronique de Morée et la traduction de la Théséide.

Il nous reste encore à étudier la valeur littéraire de notre poème. La Théséide tient un juste milieu entre la Chronique de Morée et les deux poèmes de l'Érotocritos et de l'Érophile, dont le premier remonte à la fin du xvi° et le second au commencement du xvii° s. (Essais, II, p. 259 sqq., particulièrement, p. 277). Le style de la Théséide est bien supérieur à celui de la Chronique, par la raison que le traducteur avait sous les yeux un excellent modèle, dont il n'avait pas besoin de s'écarter ; mais la langue n'a pas encore atteint l'élégance et l'allure aisée des deux chefs-d'œuvre de l'école de Crète. Ces développements littéraires sont intéressants à suivre dans leur marche progressive. Il est certain, en effet, que, parmi les poètes et les littérateurs d'un pays, une tradition se forme peu à peu, si bien que l'on puise toujours certains tours de phrase, certaines expressions chez les prédécesseurs. Or, il n'est pas du tout improbable que notre poète ait connu la Chronique de Morée. Ce qui nous frappe tout d'abord, ce sont des hémistiches communs à ces deux poèmes. Il est vrai que des locutions comme : μικροί τε καὶ μεγάλοι (Thes., II, 71, VI, 7. — Chron. 165, etc.) se trouvent un peu partout au moyen âge et ne prouvent rien ; ce sont là des *clausules* courantes (cf., entre autres, Belis., 32, 218, 342 etc., etc.). Mais nous pouvons signaler d'autres rencontres entre les deux textes :

εἶμαι στὸ θέλημά σου Thes. III, 22.	ὅλοι εἶναι εἰς θέλημά σου Chr. Mor. 5512.
τὴν κεφαλὴν του κόψω III, 54.	τ. κ. τ. κόψε 4558, ἐκόψεν 4934 ; cf. aussi 5738.
ἀπάνω στὴν ψυχήν μου III, 54.	ἀ. στὴν ψ. σας 6208 ; cf. 4492, 6203.
ὡς πτωχὸς στρατιώτης IV, 22.	ὡσὰν π. στ. 3196.
ωσαν καλός » II, 58.	ἕνας π. στ. 3676.
ἀπὸ τὸ χέρι τὸν κρατεῖ II, 4.	littéralement 2882, 4155, 4456, 5096.
ἐκίνησεν ὑπάγει II, 53, IV, 4.	ἐκίνησαν κ' ὑπάγουν 437, 7676, 7708.
» ὑπαγένει III, 82.	κ' ἐκίνησεν ὑπαγένει 2870.
πηδᾶ καβαλικεύει V, 61	πηδάει καβαλικεύει 3504, 4453 ; cf. 3818.
χωρὶς νὰ πολεμήξῃ II, 57.	δίχα νὰ πολεμήσῃ 7834.
μὲ πεθυμιὰ μεγάλη II, 59.	μὲ προθυμιὰν μεγάλην 705, 3390, 6353.
ὅλα τὰ κατακόψαν II, 59.	ὅλους ἐκατακόψαν 4351, 7809, cf. 2704.
ὄρθοσε τὰ φουσάτα του II, 74.	ὄρθοσαν τὰ φ. τοὺς 341.
	νὰ ὀρθόσουν τὰ φ. 7633.
ὡς τ' ὄχουσι συνήθειαν II, 79.	ὡς τὸ ἔχουσιν σ. 3924, cf. 6141, 6798.
στὴν φυλακὴν ἀπέσω II, 89, V, 23.	εἰς φ. του ἀπέσω 6634.
μετὰ τιμῆς μεγάλης II, 94.	de même 7505 ; cf. μετὰ χαρᾶς μ. 9341[1]
εἰς τέτοιον τρόπον κι ἀφορμὴν III, 3.	de même 545, 666 ; μέ τι τρόπ. κι ἀφ. 7468 ; τὸν τ. καὶ τὴν ἀφ. 7489.
ἐπεὶ τοὺς κάμνει χρείαν VI, 13.	ὅσον μᾶς κ. χ. 6956 ; ὅταν του κ. χ. 7608.
ἂν ἔναι θέλημά του III, 4.	ἐὰν ἔνι τὸ θέλ. σου.
ἀπολογιὰ..., νὰ πάρω ἀπ' ἐσένα III, 74.	ἀπ. νὰ πάρῃ 217.

On pourrait multiplier ces exemples, en citant des vers qui ont pour base la même locution, comme p. e., νὰ ποιήσω στρέμα, *je retourne*, et d'autres ; νὰ πάρουν ἢ νὰ δώσουν VI, 5, se trouve déjà dans Prodr. IV, 185 : νὰ δώσω καὶ νὰ πάρω. On sait que cette locution est restée. Nous signalons enfin des vers entiers qui se retrouvent à peu près intégralement dans les deux poèmes :

τὰ ὁποῖα οὐ λέγομεν γιὰ τὴν πολυγραφίαν Thes. VI, 39.
οὐδὲν τοὺς ὀνομάζομεν διὰ »   »   Chron. Mor., 640.
βουλὴν νὰ πάρω μὲ αὐτὸν καὶ νὰ μᾶς συμβουλέψῃ Thes. V, 20.
    »   ἐζήτησε αὐτῶν τοῦ νὰ τὸν συμβουλεύσουν Chron. Mor., 6489 ; cf. 6429.

---

1. Cf. Belis. 501 μετὰ χαρᾶς μεγάλης. Ces coïncidences et d'autres prouvent précisément qu'il y avait une sorte de tradition littéraire d'un poème à l'autre, que, par conséquent, les poètes se lisaient entre eux. Cela, comme on sait, s'est vu dans tous les pays ; Virgile ne parlait pas précisément la langue de son temps, aux endroits où il imitait Lucrèce.

Je voudrais présenter maintenant quelques réflexions sur la façon dont le traducteur a su rendre le poëme italien. Nous avons déjà dit qu'il observe à l'égard de son modèle une fidélité scrupuleuse ; mais la reproduction du vers de onze syllabes par celui de quinze amène forcément des amplifications. Le romaïque, qui est loin d'être une langue fixée, est souvent aussi obligé d'avoirs recours à des périphrases pour rendre la netteté de l'italien ; ceci explique la lenteur, la timidité et l'hésitation qui caractérisent la phrase grecque. Enfin, la syntaxe coordonnée qui est propre à toutes les langues peu développées, contribue à donner à notre version un caractère populaire, qui contraste avec la disposition savante et artistique que Boccace a su introduire dans ses octaves. Souvent le traducteur s'écarte de son modèle, soit quand il lui vient à l'esprit une tournure ou une locution conforme au génie de sa langue, soit tout simplement quand il s'abandonne à sa propre fantaisie d'expression.

Quand il s'agit de rendre vers pour vers, l'amplification devient inévitable. Ainsi Boccace dit simplement : Perchè con seco ognun forte dannava La crudeltà la qual Creonte usava Tes. II, 35. Le grec développe autrement : οἱ πάντες ὁμοφώνησαν καὶ ἐκατηγοροῦσαν Τοῦ Κρεόντος ὠμότητα οὐδὲν τὴν ἐπαινοῦσαν.—E in quello [tempio] entrò a tututti palese II, 94, devient en grec : Κ'εἰς τὸν ναὸν σεβαίνει Στολὴν πολλὰ ἐξέλαμπρη ἀπάνου του φορένει. Dans ces exemples, l'amplification est entraînée par la rime. D'autres fois l'entassement des synonymes produit un certain effet poétique ; ainsi les deux vers : Il sangue lor vedevan sopra l'onde Con trista schiuma molto rosseggiare ; (Tes. I, 56), font assez bien en grec : τὸ αἷμα τους ἐβλέπασι ὅλο νὰ πορφυρίζει. Ἀπάνου εἰς τὰ κύματα, κόκινα, αἱματομένα.

Les passages mal rendus sont assez nombreux ; quelquefois cependant il est difficile de savoir si les divergences que nous constatons sont dues à la corruption du texte italien, ou bien à l'ignorance du traducteur. Avant de se prononcer, il faudrait avoir consulté la première édition et les manuscrits les plus importants de la Théséide italienne, ce qui jusqu'ici ne m'a pas été possible. Pourtant, il me paraît hors de doute que le texte italien, qui a servi de modèle au traducteur grec, était plus complet que celui de l'édition de Moutier. Ainsi, au lieu des deux octaves 18 et 19 du livre VII, nous en trouvons huit en grec, c'est-à-dire six de plus qu'en italien ; ces six octaves ont à coup sûr été traduites et reposent sur une version italienne que nous ne connaissons pas encore ; en tout cas, elles n'ont pu être ajoutées par le traducteur, car celui-ci n'aurait certainement pas été capable d'une pareille invention ; on n'y trouve que des souvenirs mythologiques. A la rigueur, ces octaves peuvent ne pas être dues à Boccace lui-même, mais, de toute façon, elles ne sont pas de l'auteur grec. Pour secouer le dernier doute à cet égard, il suffit de jeter les yeux sur la forme des noms propres, et particulièrement sur les nominatifs en -ες = -e it. C'est l'énumération des héros qui prennent parti, au nombre de dix, pour Arcite et pour Palémon. Nous donnons plus loin, à l'Appendice II, ces six octaves. Peut-être la découverte d'un nouveau texte italien pourrait-elle fournir un indice chronologique pour la composition de notre poème (voir ci-dessus, p. 322). A l'heure qu'il est, nous ne possédons pas même une édition critique de la Théséide italienne (cf. Tes., p. vii suiv.); c'est une lacune regrettable qui, espérons-le, sera bientôt comblée par quelque savant italien.

Voici maintenant quelques exemples de contre-sens, qui sont parfois amusants. Par ignorance de l'antiquité, l'auteur traduit : urne funéraire (Tes. II, 74, fe' la cenere riporrò Dentro ad un' urna) par σεντούκι ; i Fauni e le Driade (V, 62) par στοιχεῖα, et autres choses du même genre. Voici qui est encore plus grave : Sì ch'egli lasci *l'ombre* ad Acheronte, ...trapassare (Tes. II, 47) donne lieu à ce vers : στὸ σκότος νὰ τὸν στείλωμε ἐκεῖνο τ''Αχερόντα ; l'expression et la mythologie sont aussi peu pénétrées l'une que l'autre. Quand le traducteur se tient trop près de son modèle, il lui arrive de produire des effets plaisants, p. e. : ciascun di noi è albergatore Di pianti e di sospiri, (Tes. III, 41) est rendu par : καὶ ξενοδόχοι γίνηκαν τοῦ κλάψιμου καὶ θρήνου[1].

L'imitation libre de certains passages tient parfois à d'autres causes ; ainsi, notre Grec, qui ne comprend pas très bien les allusions mythologiques, les rend souvent par des périphrases ou par des réflexions générales, destinées à remplir l'octave. Au mythe de *Semele* (Tes. IV, 14), il ajoute des plaintes d'un autre genre. Dove son ora le case eminenti

---

1. Cf. cependant Plat. Civ. IX, c. vi, 580 A (vol. III, sect. ii, p. 264) ἀνδρὶ ...ἀνοσίῳ καὶ πάσης κακίας πανδοκεῖ τε καὶ τροφεῖ. L'image est la même.

Del nostro primo Cadmo ? demande le poète italien. Le traducteur continue : ποῦ' ναι. Οἱ βρύσες οἱ πανέγνωστες καὶ τὰ πολλὰ ποτάμια ; Il est certain que les sources et que les rivières sont restées à leur place. Pourtant, il faut rendre au traducteur la justice qui lui est due ; voici quelques passages qui nous paraissent heureux. Au l. IV, 1, il s'écarte de Boccace qui, à cet endroit, emprunte ses expressions à la mythologie classique; Orion, les Pléiades et Eole ne sont pas très familiers à notre auteur ; aussi, n'en tient-il pas grand compte ; en revanche il y met du sien et cette fois y réussit fort bien :

Ὅσον εἰμπόριε πλειότερον ἦτον βροχὴ μεγάλη
Καὶ ταραχὴ κτοὺς οὐρανοὺς ἐγίνετον μὲ σκότος,
Βροντὲς μεγάλες κι ἀστραπὲς, καθοὔρη καὶ χαλάζι·
Ἐσκότοσεν ὁ ἥλιος, ἐφύσκταν[1] οἱ ἄνεμοι,
Τὰ δένδρη ξεριζόνονταν καὶ τὰ ποτάμια τρέχαν·
Τέτοια σκληριὰ πολλὰ φρικτὴ ἐγίνετον ἐτότε...

Si toutes ces amplifications, qui donnent parfois aux vers de Boccace un caractère si essentiellement populaire, étaient toujours du même goût et de la même inspiration, l'auteur aurait pu nous laisser un ouvrage original dans le genre de celui de Chaucer. Mais il était bien loin de réunir les qualités d'un bon traducteur à celles d'un véritable poète. Il lui manquait la culture de l'esprit et l'éducation ; avec un peu d'habileté et aussi d'indépendance vis-à-vis de son modèle, il aurait pu éviter les nombreux écueils qu'il trouvait sur son chemin ; il aurait supprimé les passages où s'étale l'érudition mythologique de Boccace, ou bien il aurait remplacé ces passages par de nouveaux thèmes, plus heureusement choisis et plus convenablement appropriés à l'état de la langue et à l'aptitude poétique de ses contemporains. Les passages de ce genre, souvent mal compris et mal digérés, ne sont pas à leur place dans un poème aux allures populaires, et ne contribuent qu'à lui donner je ne sais quel aspect grotesque et bizarre. Les défauts de l'original nous y apparaissent grossis ; déjà Boccace lui-même était loin d'user avec mesure de son vaste savoir.

1. M. Chatzidakis verrait probablement là un nouveau dorisme. Cf. Pernot, Inscr. Par., 63. — J. P.

Quelquefois nous rencontrons aussi de ces beaux traits pleins d'énergie, qui font le charme de la poésie populaire ; les deux vers : e ciò che dammi duol maggiore, E con asprezza più ll core assale (Tes., IV, 8) sonnent bien en grec : Ἐκεῖνο ποῦ μὲ σφάζει πλειὸ καὶ καίγει τὴν καρδιά μου Κι ἀπέσω διασπορίζομαι καὶ λύουσι τἄντερά μου. Le parallélisme, qui en grec moderne devient un véritable ornement poétique, est souvent ici très habile ; Atate dal dolor nella fatica (Tes. II, 15), donne un beau vers : τὸν πόνον εἴχαν βοηθὸν, τὴν τύχην προδοδὸν τους. Un passage composé d'infinitifs, employés substantivement : L'abito scuro, e 'l piangere angoscioso, E 'l voi conoscer pe' vostri maggiori (Tes. II, 37) est assez bien rendu : ἡ φορεσιὰ ἡ σκοτεινὴ, τὸ κλάψιμό σας, ἄθλιες, Καὶ σᾶς γνωρίζοντας ἐγὼ ὁτάν᾽ ὅτε στὴν ἀξία σας. Il y a dans cette traduction un effort intéressant. La description allégorique du temple de Mars a été bien comprise ; en voici un vers : Ed il cieco Peccare, ed ogni Omei (Tes. VII, 33) devient : καὶ τὴν τυφλὴ τὴν ἁμαρτιὰ, και τὸ Οὐαὶ καὶ Ὄχου. Citons encore quelques exemples : Penteo cherche la solitude dans un bosquet : e 'n su l' erba recente Sotto un bel pino si ponea a dormire ; A ciò invitato dall' acqua corrente Che mormorava :.. (Tes. IV, 66). Le grec est d'un grand charme : ἀπάνω σ᾽ χορταρόπουλο κ᾽εἰς δένδρο ἀποκάτω Ὁποῦ 'τον πεῦκος ἔμορφος ἔγερνε κ᾽ ἐκοιμᾶτον Συγκαλεσμένος τὰ πολλὰ ἐκ τοῦ νεροῦ τὸ σύρμα καὶ ἐκ τὸ συχνοστάλαγμαν... ici l'effet est dû à la langue elle-même, si véritablement poétique, plutôt qu'à l'habileté du poète. Les beaux vers du commencement du sixième livre (Tes. VI, 1) qui sont une imitation libre de Dante (Inf. VII, t. 23, v. 68 ; cf. p. 292, ci-dessus) sont très bien venus.

Ἡ τύχη ὑψηλότατη, τοῦ κόσμου συμαχήτρια,
μὲ θέλημα καὶ ὄρεξη πᾶν πρᾶγμα συναλάσει·
πολλὲς φορὲς τὰ πράγματα, ποτ᾽ ἔνα, πότε ἄλλο,
παίρνει καὶ δίνει καθ᾽ ἑνὸς ὡς ἐν τὸ θέλημά της·
πότε τ᾽ ἀνθρώπου φαίνεται ἄσπρη καὶ πότε μαύρη
σὰν τῆς φανῇ στὴν ὥραν της τὸ ποῦ καὶ πῶς καὶ πότε...

Le passage où se trouve racontée la transformation subie par les Amazones qui, après avoir été vaincues par Thésée et ses compagnons, redeviennent des femmes aimables et affectueuses (Tes. I, 132), n'est pas moins heureux :

Οἱ ἀρχόντησες ἀλάξασι τὴν γνώμην τους καθόλου
καὶ παρατίονται τ' ἄρματα, ὅλλα χάμου τὰ ρίχνουν,
καὶ στράφησαν σὰν ἤσασιν εἰς τοὺς καιροὺς τοὺς πρώτους·
χαριτομένες κι ἔμορφες κουρτέσες καὶ δροσάτες·
τότε μὲ λόγια ἀηδονικὰ καὶ μὲ γλυκειὰ τραγούδια
ἄλαξαν τὲς φωνίτζες τους ὁποῦ 'σαν ἄγριες πρῶτα·
τὸ διῶμα τὸ ἀγαληνό, περπατισιὰ ὡραῖα
ὁποῦ 'σαν πρῶτα εἰς τ' ἄρματα μεγάλα καὶ πλατέα.

En faisant connaître au lecteur la version grecque de la Théséide, qui nous intéresse autant par elle-même que par le rôle qu'elle joue dans l'histoire littéraire de la Grèce, nous croyons avoir rempli un des vides nombreux qui se présentent dans le domaine de nos études. Une édition critique, à cause de l'étendue considérable de notre poème, demanderait beaucoup de temps et de soin. D'un autre côté, il reste à publier des documents originaux qui mériteraient la préférence. La Théséide garde cependant sa valeur; car, tout en nous offrant une nouvelle image des progrès accomplis par la langue parlée, elle nous montre les efforts tentés pour la création d'une langue littéraire.

Sur la proposition de M. Ottavio Grampini, la *Biblioteca Vittorio Emanuele* de Rome a fait acquisition de plusieurs livres indispensables à l'étude du néo-grec. Je suis heureux de pouvoir m'acquitter ici de mon devoir de reconnaissance envers M. Grampini et M. le comte de Gnoli, préfet de la Bibliothèque ; la Direction a bien voulu me donner toutes les facilités qui étaient en son pouvoir.

Rome, Juin, 1891 (— Paris, Juin, 1892. J. P.).

APPENDICE I

L'édition de la Théséide grecque étant à peu près inaccessible, je donne ici, dans une reproduction littérale, les principaux passages auxquels il est fait allusion dans le cours de la présente étude, en rangeant ces divers extraits suivant l'ordre des octaves dans la Théséide italienne [1].

Tes. I, 2.

> Εἰς ὄρεξ' ἦλθε μοῦ λοιπὸν γιὰ στίχου γιὰ νὰ γράψω
> πολλὰ παραπονετικὴ ἱστόρια παλαία
> τόσα κρυμένη βρίσκετον μετὰ πολλοὺς τοὺς χρόνους,
> ὅτι κανένας ποιητής οὐ φαίνεται νὰ λέγει
> οὐδὲ 'ς βιβλίον, οὐδὲ 'ς χαρτί, οὐδὲ 'ς κανέναν τρόπον...

Tes. III, 69.

> Οὐδὲν ἐστάθηκε ποσῶς κι' ἀπέσω του σκοπίζει
> κι' ἀναθυμήθη πῶς ποτὲ οὐ θέλει εἰμπορέσει
> ἔσοντα νἆναι εἰς ξοριὰ νὰ βλέπη τὴν Ἐμίλια·
> καὶ εἰς ὀλίγον ἔλειψε νὰ πῆ νὰ ἀπομείνῃ,
> νὰ ἔναι εἰς τὴν φυλακὴν πχροῦ νὰ τὸν ξορίσῃ
> ἀγάπη γάρ, τὸν ἔκαμνε τοῦτο διὰ νὰ ποίσῃ.

Tes. III, 75.

> Ἐγὼ μισέβω, σύντροφε, φίλε μου κι ἀδελφέ μου,
> μ' ἀπολυμένα ρέτενα στῆς τύχης μου τὸ θάρος·
> καλιἔθελα τὴν φυλακὴν ἐτούτην μετ' ἐσένα
> πχροῦ τὴν τέτοιαν λευθεριὰ· νὰ εἶμαι ξορισμένος·

---

[1]. Je reproduis scrupuleusement, dans tous les extraits qui vont suivre, le ms. de M. John Schmitt. On a vu, d'ailleurs, plus haut (p. 315), que la reproduction de M. John Schmitt reposait elle-même sur deux copies faites par deux mains différentes. C'est ce qui explique pourquoi le texte qu'on va lire ne paraît pas toujours satisfaisant et arrête à plus d'un endroit. L'auteur du mémoire ne pouvait pas ici, par suite des circonstances, nous donner une reproduction diplomatique du texte de l'éd. de 1529. — J. P.

κ'ἂν τὸν ἐρχόμενον καιρὸν λέγω τὸ καλοκαῖρι
ἤθελα βλέπει κείνηνε ποῦ σφάζει τὴν καρδιά μου·
ὅτι ποτὲ μισέδοντας οὐ θέλω βλέπει πῶναι·
γίκυτὸ πεθνήσκω καί θ͵ηνῶ, μεγάλος πόνος μῶναι.

λοιπὸν ἀρίνω τὴν ψυχὴν ἐδῶ καὶ τὴν καρδιά μου,
καὶ κλαίοντας ὀλόθρηνος κ ἔξω ἀπὲ τὸν νοῦ μου
πηγκίνω, πόθεν βλέπουσιν τὰ δολερά μου μάτια,
ποῦ νὰ με βγάλῃ τύχημου ἡ πολυπικραμένη·
γιὰ τοῦτο σὲ παρακαλῶ καμία φορ' ἂ σὲ τύχῃ
νὰ δῇς ἐκείνη ποῦ γι' αὐτὴ καίγομαι καὶ ἀνάφτω·
νὰ χαιρετήσῃς ἀπ' ἐμὲ καὶ νὰ τῆς παραδώσῃς
ἐκεῖνο, ὁποῦ δι' αὐτὴν εἶπα τῆς θλίψης τόσης.

ἐσὺ ἂν εἶσαι φρόνιμος, ὡς ἤσουν ἀπ' ἀρχῆθες,
ἀπὸ τὴν τύχη σου ἐσὺ πολλὰ καλὰ παντέχεις,
καὶ νὰ λαφρύνῃς τίποτες ἀπὸ τοὺς πόνους πώχεις
σκοπόντας πῶς πολλὰ μπορεῖς, νὰ πράξῃς καὶ νὰ ποίσῃς·
ἔσοντας νᾶσαι λεύθερος εἰς εἴτι κι ἀνθελήκος
οὐχὶ νὰ εἶσαι 'σφυλακὴ ἀργὸς ἐδῶ νὰ στέκῃς...
στὸν κόσμον σύρε μὲ χαρὰ πράξες πολλὲς νὰ βλέπῃς,
νὰ σ' ἀλαφρένουν τὲς πικρίες κόλασες τῆς ἀγάπης.

ἀμὴ ἐγὼ ποῦ εἶμαι δῶ ἔτζι ὀλίγο λίγο
χονέβει θέλ' ὡς τὸ κερὶ ποῦ καίγεται στὴν πύρα.

Tes. V, 97, 98.

Καὶ γιὰ νὰ παύσῃ ἀπ' ἐσᾶς ἡ ὄχλησις καὶ μάχη,
κάρνει σας χρεία μὲ τ' ἄρματα τοῦ νὰ πολεμηθῆτε,
μὲ τρόπον ποῦ σᾶς θέλω πεῖ· ὅτι ὁ Παλαμόνες
νὰ βρῇ συντρόφους ἑκατὸν καὶ νὰ τοὺς διαλέξῃ
'οσόμπορεῖ καὶ δύναται νᾶναι γιὰ σύμφερόν του·
καὶ ἄλλους τόσους πάλι ἐσὺ ὡς ἔν τὸ δυνατό σου·
κι ὁ κάθε εἷς στὸν πόλεμον νὰ σέβῃ στὸ θεάτρο
μὲ κείνους τοὺς συντρόφους του, ὅλοι νὰ εἶν μὲ μέτρο.

Κι ὅποιος τοὺς ἀντιδίκους του νικήσῃ καὶ διώξῃ
ἐκ τὸ θεάτρο, παρευθὺς γυνὴν του νὰ τὴν λάβῃ·
ὁ ἄλλος κτὴν ἀγάπην της ἂς ἔν ἀπελπισμένος,
καὶ νὰ σταθῇ στὴν κρίσιν της ὅλως στὸ θέλημά της,

τῆς κόρης εἴτι τῆς φανῇ· καὶ δίδω τῆς ξουσία
ἀπεδομπρὸς καὶ θέλημα νὰ ποίσῃ εἴτι χρῄζει·
πολέμου γὰρ τὸ τέρμενο ποῦ δίδει τοῦ καθ' ἑνὸς
χρόνον ἀκαίριον ἔστησε, ἔτζι τοὺς λέγει κεῖνος.

Ἀλήθεια σᾶς παρακαλῶ τὸ πρᾶγμα 'ς ἄλην τάξιν
νὰ στέρξετε νὰ τελειοθῇ, ὡσὰν σᾶς θέλω εἶπει:
ἐδῶ οὐκ ἔν δικάσιμον γιὰ κέρδος βασιλείας,
οὔτε δία κληρονομίαν ποῦ ν'ἄτονε χαϊμένη·
ἐδῶ οὐκ ἔναι μέσα τους ἔχθρα θανατησήμη (?),
οὔτε γυρέβουν πταίσιμον νὰ ἐξεκδικηθοῦσι:
γη ἀγάπη ἔναι ἀφορμὴ ἐτούτης τῆς μαλαίας,
ὡσὰν τὸ ἐπροείπαμε μίας κιαλλῆς μερέας

Tes. VI, 103.

Καὶ δίχως ἄργηταν καμιάν, μετὰ τιμῆς μεγάλης,
μὲ τὰ σπαθία τοὺς ἔζωσεν τοὺς ἔμορφους Θηβαίους·
τὰ πτερνιστήρια τὰ χρυσὰ ὁ Πόλος καί ὁ Κάστωρ
τ''Αρκίτα τὰ φορέσασι μετὰ καλῆς καρδίας·
τοῦ Παλαμῶν τὰ φόρεσε Δησέας καὶ Διομήδης·
πολλὴν τιμὴν τοὺς ἔκαμναν ὅσοι τοὺς ἀγαποῦσαν,
καὶ καβαλάροι γίνησαν οἱ πανέμνοστοι νέοι
τοῦτοι οἱ ἀγαπητικοί, οἱ ἔμορφοι Θηβαῖοι.

Tes. VII, 8.

Λοιπὸν μ'ἀγάπη πρέπει σᾶς τὸν πόλεμον ἐτοῦτον
νὰ τὸν ἐποίσετ' ὅλοι σας, οὐχὶ μὲ κακοσύνη.

[Cf. Gr. 2898, 53 c, l. 3 du b. — 53 d, l. 1.
Λοιπὸν πρέπει ἀγαπητικά, τὸν πόλεμον ἐτοῦτόν·
νατὸν ἐποίσετε, ὅλλοι σας, οὐχὴ με κκωσήνη.]

Tes. VII, 11.

Ἀφῶν ἤλθετε, ἄρχοντες, γιὰ τὴν αἰτίαν ἐτούτην,
γιὰ νὰ μὴν ἔναι εὔκαιρη ἡ στράτα σας ἐτούτη,
ὁ καθεὶς ὅγιον ἀγαπᾶ ἀπὲ τοὺς δυὸ Θηβαίους
τούτους τοὺς ἀγαπητικούς, τὸν Παλαμὸν κι 'Αρκίταν,
εἰς μέρος ἂς ξεχωριστῇ μὲ ἑκατὸν συντρόφους·
εἰς κάθε μέρος ἂς σταθοῦν, ὡς ἓν ἀπόφασίς μου

ἐκείνη, ποῦ τοὺς ἔδωκα ὅταν τοὺς ἤδρα 'σ μάχη,
καὶ μὲ θυμὸν ἐσφάζονταν ποῖος τὴν ἀγάπη νάχη.

Tes. VII, 12.

καὶ γιὰ νὰ μὴ προσγενηθῇ μέσα σὲ σᾶς ἐχθρία,
ἀφῆτε τὰ κονδάρια γιατ' εἶναι τοῦ θανάτου·
μόνον τὰ πελατίκια σας μὲ τὰ σπαθία στὸ χέρι
τὴν δύναμιν νὰ δείξετε καὶ τὴν ἀνδρία σας ὅλοι·
ὅποιος λατζόνι ὀρέγεται λαφρὸ ἂς τὸ βαστένῃ
καὶ ὄχι ἄλλον τίποτες, νὰ ἔναι γιὰ ζημία σας·
καὶ εἴτις καλιότερα ποίσῃ γὰρ εἰς τὸ πρᾶγμα,
ἂς παραλάβῃ τὴν τιμὴν καὶ τὸ κοράσιο ἀντάμα.

Tes. VII, 68.

ὡς ὅτε κόσμος ἔκριδε τὸ φώτισμα ἡλίου,
ἐστέκετον ὁ Παλαμὼν εἰς τὸν ναὸν κλεισμένος
πάντοτε εἰς σὲ δέησιν μὲ ταπεινοὺς τοὺς λόγους,
ὥσπερ εἴχαν συνήθεια, εἰς τὸν καιρὸν ἐκεῖνον,
σέκείνους ποῦ ἐδούλονταν νὰ ποίσουν ἀλλαξίαν
ἀπὸ στρατιῶτες νὰ γενῇ καὶ χρυσοκαβαλάρους·
σὰν αὐτὸς π' οδέχετον τέτοιαν τιμὴ νὰ λάβῃ
νὰ τὸν ἐζώσουν τὸ σπαθί, καὶ νὰ τὸ παραλάβῃ.

Tes. VII, 99.

Ἡ κούρτη ὅλη ἔγεμεν ἀπὸ ὑψηλοὺς αὐθέντες:
βασιλεῖς, ἄρχοντες φρικτούς, δουκάδες, ἀμυράδες·
παιγνίδια εἶχαν ρίφνητα καὶ μοσχαράδες τόσους,
ὁποῦ παιγνίδια ἔκαμναν ἀπάπασαν μερέαν,
γεράκια καὶ ξεπτέρια, πετρίτες καὶ φαλκόνια,
ζαγάρια καὶ λαγονικὰ στὲς ἄλυσσες δεμένα·
στὰ χέρια τους τὰ βάσταζαν ὁ κάθε εἷς σεργέντης·
πολλάμορρα νὰ τἄβλεπε πᾶς εὐγενὴς αὐθέντης.

Tes. VII, 104.

Φλάμπουρον εἶχε κάθε εἷς σημάδιν ἐδικόν του·
ὅλοι τοὺς ἐσυνάζονταν στὸ φλάμπουρον ἐκεῖνο

Tes. VII, 108 suiv.

Ἔξω κτὴν πόλιν βρίσκετον καμπόσο τὸ θέατρο·
ἔμορφον ὁλοστρόγγυλον ἐγύριζ' ἕνα μίλι·

Etudes néo-grecques.

ὁ τοῖχος ὁλομάρμαρος στὰ ὕψη σηκονέτον,
ἐφαίνετόν σου ἔγγυζεν στοὺς οὐρανοὺς ἀπάνω·
μὲ μάρμαρα κατάγλυπτα μετὰ μεγάλης τέχνης,
ὅτι σχεδὸν ἀπόσταιναν οἱ ὀφθαλμοὶ νὰ βλέπουν·
τὸ ἔμπα ἀπὲ δυὸ μερὲς ἤτονε ὡρθομένο
μὲ πόρτες. ὁλοσίδερες, ἔμορφα ὀρδινιασμένο

τὸ ἕνα θώριε ἄντικρυς ὁθὲξόγενεν ὁ ἥλιος,
καὶ εἰς κολόνες ὑψηλὲς ὁ θόλος ἐστεκέτον·
τὸ ἄλλο ἔμπα στέκετον εἰς τὴν μερίαν τῆς δύσης·
ὁμοίως γὰρ ἐστέκετον τὄνα ὡσὰν τὸ ἄλλο·
ἐξ αὔτες τὲς δύο μερὲς ἐσέβαιναν τὰ ἔθνη,
οὐχὶ ἀλλόθεν πούπετε, γιατὶ ἔμπα οὐκ εἶχε·
μέσα στὴν μέση στρογγυλὸς κάμπος, πλατύς, μεγάλος·
ὀλίγα νἄβρῃς θέατρα νἄχουν αὐτὸ τὸ κάλος.

Τριγύρου γύρου ἔγεμε πεζούλια μαρμαρένια
σκαλία ὡς τὴν κορυφὴν πλέον πεντακοσίων,
πλατέα ἦσαν μάρμαρα πᾶσα λογῆς καὶ χρόας,
ἔμορφα τὰ συνθέσασι ἐκεῖνοι οἱ τεχνῆτες,
γιὰ νὰ καθέζεται λαὸς μὲ τὴν ἀνάπαυσίν τους,
νὰ βλέπουσιν πῶς πολεμοῦν καὶ πῶς ἐκεῖ παλέβουν,
χωρὶς νὰ δίδουν ἔμποδον τινός, μόνον νὰ στέκουν
μ' ἀνάπαυσι, νὰ κάθονται ὅλους νὰ τοὺς ἐβλέπουν.

Tes. VII, 131 suiv.

Ἀφέντες, ὁποίους ἀπ'ἐσᾶς στὸν πόλεμον νὰ πιάσουν
λέγω ν' ἀφήσῃ τ'ἄρματα πλέον μὴ πολεμήσῃ
μόνον νὰ στέκῃ νὰ θωρῇ τοὺς ἄλλους ἂν θελήσῃ.

καὶ ὅποιος ἀπὸ σήβαλμα ἢ ἀπὲ τοῦ τυχόντος
ὡς θέλῃ ἂς ἔναι νὰ ξεβῇ ἔξω ἐκ τὸ θεάτρο,
οὐμὴν νὰ ἔν ἀπόκοτος καὶ τολμηρῆς καρδίας·
στὸν πόλεμον νὰ μὴ σεβῇ διὰ κανένα πρᾶγμα·
ἀμὴ ὅποιος μετὰ δύναμης τὸν πόλεμον νικήσῃ
ἂς περιλάβῃ τὴν ὡρίαν· ὁ ἄλλος νὰπομένῃ
ὥσπερ ἐδώθη ἀπόφασις ἀρχῆθες ἀπ'ἐμένα·
λοιπὸν ὅλοι πολεμήσετε ὡς ἄνδρες, ξεχομένα.

Tes. IX, 5 suiv.

Ἐτούτη ἦλθε μὲ μανιὰ τὴν χύτη ξαγριομένη
καὶ ἀπὸ φίδια πράσινα ἦτονε στολισμένη·
ἡ ὁποία εἰς τὴν ἄλυσον ζωὴν τῆς γὰρ τὴν ὅλην
ἐποῖκε, ἔργατα κακὰ καὶ σκάνδαλα νὰ βάνῃ·
ἡ ὅποι᾽ ἀπὲ τὸν ξέλαμπρον λαμπρὸν ἀπὲ τὸ τιάφι
ὁπἐὄγενε κτὸ στῶμα τῆς μετὰ μεγάλον βρῶμον
ἄγρια πολλὰ τὴν ἔδειχνεν στὰ μάτια κ᾽ εἰς τὰ φρύδι
καὶ βίτζαν εἰς τὸ χέριν τῆς ἐβάστα ἀπὸ φίδι.

Τῆς ὁποίας γὰρ τὸ ἔλα τῆς ἔδωσε τόσο κρότος
σ᾽ ἐκείνους ὅπου στέκασι ἀπέσω στὸ θεάτρο,
ὅτι ὅλοι τους ἐστέκασι μὲ φόβον τρομασμένοι
καὶ τὸ διατὶ οὐκ εἴξευραν, ποθ᾽ ἔρχετον ἐτοῦτο·
οἱ ἄνεμοι φυσήσασι μὲ ταραχὴ μεγάλη,
ὁ οὐρανὸς ἐμαύρισε καὶ κατεσκοτεινιάσθη,
καὶ τὸ θεάτρο ἔτρεμε ἐκ τὸν σεισμὸν τὸν μέγαν
καὶ κάθε πόρτα ἔτριζε κ᾽ οἱ πάντες γὰρ ἐφεύγαν.

Αὐτὴ ἀφοῦ καθαίρησε ἡ μέρα, καὶ τὸ σκότος
δὲν ἄλλαξε ἡ ὄψις τῆς οὐδ᾽ ἄλλαξε ἡ θωρία τῆς,
μόνον κατέβη σύντομα καὶ διέβη εἰς τὸν κάμπον
ἐκεῖ, ποῦ τρέχει μὲ χαράν, Ἀρκίτας, καὶ μὲ δόξαν :
ἔτζι κατάγρια ὡς εἴτονε κιἄσκημη, ἐφαντάστη
ὀμπρὸς στὰ μάτια τοῦ φαρίου τὸ ἔτρεχεν Ἀρκίτας,
ὁποῖον γὰρ ἐκ τὸν σκιασμὸν στοὺς πόδας του σηκόθη,
καὶ ὄπισθεν ἀνάσκελα χάρου στὴν γῆν ξαπλόθη.

λοιπὸν Ἀρκίτας ὁ πτωχὸς ἔπεσεν ἀπὸ κάτω
καὶ πλάκωσε τὸ στῆθος του κακὰ τὸ μπροστοκούρβι
καὶ τόσο τὸν ἐπλήγωσε ποῦ μιὰ πληγὴ φαινέτον
τὸ στῆθος κι ὅλον τὸ κορμὶ τοῦ πανεμνόστου νέου·
ὀλίγον γὰρ τοῦ ἔλειψε στὴν ὥραν ν᾽ ἀποθάνῃ
ἐκ τὸ βαρὺ τὸ πέσιμο κ᾽ ἐκ τὴν πολλὴν ὀδύνην :
καὶ τότες ἔδραμαν πολλοὶ τάχα νὰ τοῦ βοθήσουν
καὶ δώσαν του βοήθειαν χωρὶς πολλὰ ν᾽ ἀργήσουν.

APPENDICE II

(Cf. ci-dessus, p. 321.)

Les six octaves grecques absentes du texte italien.

I

Gr. 2898, fo 54 c, l. 12 du bas :

Μέσα σε κείνους ήτον γὰρ, ὁ μέγας πκρμενόνες·
ὁ πολυμάθος ἔμορφος, ὁ ἀρθηνᾶν καὶ ἑλένος·
θῶας ὁ βρυαρόχειρος, με τὰ τῶν ἀγιλέων·
ἐρὺξ ὁ πανεξέρετος, με τὸν ἀλκὸν ἀντάμα·
ἐνέος μετὰ τὸν κέφαλον· ἐπίδαβρὸς ὁ μέγας·
νεφῆσος καὶ ἀλκηδαμᾶς, με ταύτους ἐλιδώρος·
φῶκος καὶ τελαμώνιος, με τὸν καλὸν κυεδῶνε·
φενίκες με τὸν ἄκαστον, τάρσος με τὸν ἀδώ ‖ νε.   54 d

Ἀλελύξ ἤτον με συντροφία, τοῦ εὐγενίκου ἴδλαοῦ,
ὁ παρμεσός καὶ ἄρίος· με τὸν καλλὸν φλεζίπον·
ἀνθὸρ ὁ ποῦτον λαρυσέος, με τὸν τεστύαν τὸν γέρον·
ὁ ἄγριος κύλος· καὶ λυγγέος· κουρίγκυς ἐκ τὴν θύβαν,
θωσέως μέγας καὶ χονδρός, ὀπόμιαζεν γιγάντου·
ὁ κάσπικος ὁ θαυμαστός, ὁ πελοπὲς ὁ νέος·
ἄπειθος με τὸν φαλεόν, ὁ ποῦσασιν συντρόφοι·
ἀρκόπηλος ὁ μυρμιδόν, κει τρεῖς στους ἐξαδέλφοι.

Ὁ κύρεος ὁ θαυμαστός, δρύας καὶ λυγουρόρες·
ἡδονὲς ὁ θαυμαστός, κύφαλος ὁ κουρτέσης·
νεσέος ὁ βρυαρόχειρας, ὁ μυρμιδὸν γαπένθος·
φύναιας ὁ πανεξέρετος, με τὸν καλὸν ρυζίπον·
σφυλακίδος ὁ ἔμνοστος· φίτζεος ὁ ἀνδριώμενος·
ὁ δεκαλίος ὁ ἐξάκουστος, μετὰ τὸν ἀλμιτόρε·
ἀμφίος καὶ ἄλλοι καβαλαροί, πουδὲν τοὺς λογαριάζω.
διατὸ νομάτους πόσθεσεν[1], οὐδὲν τοὺς ὀνομάζω.

---

1. Ecrit ποсδεσεν : avec un trait, remontant légèrement sur la droite au dessus du c (sigma lunaire) : je lis un accent aigu. Cf. 54 d, l. 8 γιγάντου et ci-dessous, 55 a, l. 15 à 16 du bas, où l'accent aigu est évident.

Τὸ ὅμοιον πάλαι ἔπϊκεν, τότες ὁ παλαμῶνες·
μετὰ τοὺς δέκα ἐδϊάλεξεν, ἄλλους ἐνέα ὁ καθένας·
ὄλλους καλλὰ τοὺς ἔγραψαν, ὁσὰν καὶ τοῦ ἀρκήτα·
μέσα σεκείνους ἥτον γὰρ, φλεγέος ὁ ἀνδρϊόμενος·
ἀνθεόδὸν ὁ θαυμαστὸς, μετὰ τὸν φῦλακήδε·
τεοὐμέφηος ὁ φρόνημος, με τὸν ἀλφεσϋμπαίων·
ἀρκήϊλος εὐγενϊκὸς, λϊάρκος ἀνδρϊόμενος·
καὶ νύξ· ὁποῦτον ἔμορφος, καὶ πανεξερεμένος.

Ὀθωνέος ὁ γέροντας, μὲ τὸν ἀλϊμεδόντε,
κρϊστέμης ὁ ‖ σοφότατος· πύρος ὁ βαρὐάρχης·   f° 55 a
τιθέως με τὸν ἄστραγον, μϊντόρες ὁ μεγάλος·
ἀρπάθος ποῦ τον μανϊακὸς, μετὰ τὸν γγϋδονέον·
ριφέος ὁ νέος ὁ φρόνημος· δειχῶς καμία ἁμαρτία·
μεμφῆς ὁποῦτον πονηρὸς, τρϊκόνης με τὶν φίλφη·
ἀκόνες ὁ θαυμάσιος, ὁποϋμϊαζεν γιγάντου·
τὸν πήνδαρον τὸν θαυμαστὸν, εἶχεν στὴν συντροφία του.

Ὁ μπρίκολας με τὸν κροτὸν, μαϋτὸν τὸν κϊδονόντε·
μερόλος με τὸν κέφεον, τρύφὸς, με τὸν θεγέον·
μεμφῆς ἀσκύρος κύραλος[1], ἀλκέστρος κελίμάχος·
ἐρεμεθέος ὁ θαυμαστὸς, μετὰ τὸν πϊρανϊώνε·
κήρος ὁ δοξαράστορας, σύλον ὁ καβαλάρις·
μπετέος ὁποῦ τὸ φλάμπουρο εἶχε σε φύλαξίν του·
καὶ ἄλλοι πολλοὶ καβαλαροί, ποῦ δὲν τοὺς ἀφϋγοῦμεν·
διάτο νομάτους πόσβεσεν, καὶ πῶς νὰ τοὺς εἰποῦμεν;

Τέτϊους τοὺς ἐδϊάλέξασιν, καὶ ἀπὲ τὰ δύο μέρει·
καβαλαρίους εὐγενικοὺς, ὅλλους καλοὺς στρατϊῶτες·
ποῦ τίποτες προτίμησιν, οὔκείτον εἰς ἐκείνους·
καὶ πίστευσέ με εἰς ἀλήθειαν, ὅτοι ἄλλοι τόσοι πλέον·
οὐ μὴ να εὐρϊσκόντϊσαν, ἱστὸν ἄπαντα κόσμον·
τέτοι εὐγενεῖς καὶ δϋνατοί, ὁμοίως ὁσὰν ἐτούτους·
ὁποῦσαιν οἱ ἑκατῶ, καὶ οἱ ἑκατῶσϊασμένοι·
καλλὰ ἐχέρετον ὁ Θϋσεὺς πῶς εἶσαν μϊρασμένοι·

fo 55 a, l. 2 du bas.

(Puis : λοιπὸν ἐδϊάλαλήσασιν, ἀπάνου εἰς τὴν ὁρ (55 b:) γήν του·
ὄλλοι τους οἱ ἄλλοι παντελῶς, νὰ στέκουν εἰς εἰρήνην etc. etc.)

[Les sept octaves qu'on vient de lire ont été transcrites par moi-même d'après le Gr. 2898. Pour plus de sûreté, j'ai repassé ma propre copie

1. Le copiste avait d'abord écrit κύλαλος.

avec M. Henri Lebègue, chef des travaux paléographiques à l'École des Hautes Études. Je reproduis exactement la leçon du ms.; il n'y a pas de grandes difficultés de lecture. Ma reproduction est purement diplomatique. Ce que je figure, ci-dessus, par des points en haut ou des points en bas aux fins de vers, est souvent représenté dans le ms. par des points au milieu, sans qu'on puisse toutefois se prononcer toujours sur la place juste du point, qui n'a d'autre valeur que de marquer un repos métrique. — Au moment de mettre sous presse, je reçois de M. John Schmitt la transcription des mêmes octaves d'après l'éd. de 1529, avec cette note: « Je rends le texte italien avec une fidélité absolue; quant au texte grec, je laisse subsister la forme des noms propres, mais pour le reste je me conforme à nos habitudes actuelles d'orthographe et d'accentuation; seulement je laisse που et όπου sans accent, puisque l'imprimeur semble les regarder comme des proclitiques ». — A mon tour, je me contente de reproduire exactement la collation de M. John Schmitt, la Théséide grecque ne m'étant pas accessible pour le moment. Voir d'ailleurs, ci-dessus, p. 334, n. 1. Quant au texte italien, il a été collationné à nouveau par moi à la B. N. — J. P.]

II.

18   Ἀπ' αὔτους που ἐχώρησαν ἔκλεξεν ὁ Ἀρχίτας   fol. 91 b.
δέκα τοὺς καλιότερους κι αὐτοὺς παρακαλεῖ τους,
ὁ καθεείς ἀπ ἐκεινοὺς ἐνὲχ νὰ ἐκλέξῃ
ἀπὲ τοὺς ἴδιους ἄρχοντες, τοὺς κάλιους ὅπου ν' ἄχουν,
νὰ εἶναι πλήρης ἑκατὸν ὅλοι διαλεγμένοι.
Γουργὰ τὸ ἐπληρώσασι ὅλοι τους ἐδιαλέξαν,
καὶ ὅλους τοὺς ἐγράψασι· καὶ ὅσοι ἀπομεῖναν,
λέγουν τούς· σύρτε, χαίρεττεν ἐδῶ εἰς τὴν Ἀθῆναν.

18 a Μέσα σ' ἐκείνους ἤτονε ὁ μέγας Παρμενόνες,
ὁ πολυμάθος ἔμορφος ὁ Ἀρθανὰν κι Ἐλένος,
Θόας ὁ βριαρόχειρας μετὰ τὸν Ἀγελέον,
Ἔρηξ ὁ πανεξαίρετος μὲ τὸν Ἀλκὸν ἀντάμα,
Ἐνέος μετὰ κέφαλον Ἐπήδαυρος ὁ μέγας,
Νέφεσος καὶ Ἀλκιδαμὰς μετ' αὔτους Ἐληδόρος,
Φῶκος καὶ Τελαμόνιος μὲ τὸν καλὸν Κιδῶνε,
Φενίκες μὲ τὸν Ἄκαστον, Τάρσος με τὸν Ἀδῶνε

18 b Λέληξ ἦτο μὲ συντροφιὰ τοῦ εὐγενῆ Κολάου,   fol. 92 r.
Παρμέσος καὶ ὁ Ἄρειος, οἱ δυὸ καλοὶ συντρόφοι,
Ἄθος ὁποῦτον Λαρισίος μὲ τὸν Τεστίαν τὸν γέρον.
Κίλος ἀπὲ τὰ Μέγαρα, Κουρίκης ἐκ τὴν Θήβαν

Θόας ὁ μέγας καὶ χονδρὸς, ὁμοίαζε γιγάντου,
ὁ Κάπηκος ὁ θαυμαστὸς, ὁ Πέλωπος ὁ νέος,
Ἄπηνθος μὲ τὸν Φαλεὸν ποῦ ἦσανε συντρόφοι,
Ἀρκόπηλας ὁ Μηρμηδὼν κ' οἱ τρεῖς τοὺς ἐξαδέλφοι.

18 c Ὁ κύρεος ὁ θαυμαστὸς, Δρύας καὶ Λιγουρόρες,
Ἰνδομενὲς ὁ φουμιστὸς, Κύφαλος ὁ κουρτέσης,
Νεσέος βριαρόχειρας, ὁ Μηρμηδὼν Γαπένθος,
Φινέας πανεξαίρετος μὲ τὸν καλὸν Ριζήπον,
Φιλακηδεὺς ὁ ἔγνωστος, Φῆτζος ἀνδρειωμένος,
ὁ Δεκαλίος ἐξάκουστος μετὰ τὸν Ἀλμητόρε,
Ἀνφιὸς κι ἄλλοι καβαλαροὶ ποῦ δὲν τοὺς λογαριάζω,
γιὰ τ'ὄνομα ὁπόσθεσεν οὐδὲν τοὺς ὀνομάζω.

19 Ὁμοίως πάλε ἔποικε τότε ὁ Παλαμῶνες
μετὰ τοὺς δέκα διάλεξεν ἐνέα ὁ καθένας·
ὅλους καλοὺς τοὺς ἔγραψαν ὡσὰν καὶ τοῦ Ἀρκήτα·
μέσα σ' ἐκείνους ἤτονε Φλέγεος ἀνδρειωμένος,
Ἀνθεοδὼν ὁ θαυμαστὸς μετὰ τὸν Φυλαμήδε,
Τεμένηφος ὁ φρόνημος μὲ τὸν Ἀλφεσιμπέον,
Ἀρκήφιλος εὐγενικὸς, Λίαρκος ἀνδρειωμένος,
Κενὴξ ὁποῦτον ἔμορφος καὶ πανεξαιρεμένος.

19 a Πθονεὸς ὁ γέροντας μὲ τὸν Ἀλημηδόνε,
Κρηστέμης ὁ σοφώτατος, Πύρος ὁ βριαρόχειρ,·
Τίθεος μὲ τὸν Ἀστραγὸν, Μηστόρες ὁ μεγάλος,
Ἀρπάθος ποῦτον μανιακὸς μετὰ τὸν Κηδονέον,
Ρίφιος ὁ ἐμορφότατος χωρὶς καμία μαρτία,
Μένφης ὁποῦτον πονηρὸς, Τρικόνης μὲ τὸν Φέλφη,
Ἀκόνες ὁ θαυμάσιος, ὁπόμοιαζε γιγάντου,
τὸν Πίνδαρον τὸν θαυμαστὸν εἶχε στὴν συντροφίαν του

19 b Μπρίκολας μὲ τὸν Κροτὸν, μ' αὐτὸν τὸν Κυνοδόντε, f. 92 v.
Μήρολος μὲ τὸν Κεφεὸν, Τρίφος μὲ τὸν Θεφέο,
Μένφης, Ἀκήρος, Κηλαρὸς, Ἀλκέστος καὶ Λημάχος,
Ἐρημεθίος ὁ θαυμαστὸς μετὰ τὸν Πηρανιόνε,
Κήρος ὁ δοξαράτορας, Σίλων ὁ καβαλάρης,
Μπεντέος ποῦ τὸ φλάμπουρον εἶχε σὲ φύλαξίν του,
Ἄλλοι πολλοὶ καβαλαροὶ ποῦ δὲν τοὺς ἀφηγοῦμαι,
γιὰ τ' ὄνομα ὁπόσθεσε καὶ πῶς νὰ τοὺς εἰποῦμε;

19 c   Τέτοιους τοὺς ἐδιαλέξασι κι ἀπὲ τὰ δύο μέρη,
καβαλαρίους εὐγενεῖς, ὅλους καλοὺς στρατιῶτες·
τίποτε γὰρ προτίμηση οὐκ ἤτονε εἰς αὔτους.
Καὶ πίστευσον σ' ἀλήθειαν ὅτι ἄλλοι τόσσοι πλέον
οὐ μὴ νὰ εὑρισκόντησαν εἰς τὸν ἀπάνου κόσμον,
τέτοι βγενεῖς καὶ δυνατοὶ ὅμοιοι σὰν ἐτούτους
ὁποῦσασιν οἱ ἑκατὸν καὶ οἱ κατὸν σιασμένοι·
καλὰ ἐχαίρετον Θησεὺς πῶς ἦσαν μοιρασμένοι.

Voici maintenant le texte des deux octaves Tes. VII, 18-19, d'après l'édition de Ferrare de 1475 :

fol. 83 a :
   Cussi diuisi de li suoi elesse
   Arcita diece li quai caramente
   Prego che ciaschuno noue ne prendesse
   Con secho de la sua piu cara giente
   A cio che cento di migliori auesse
   E essi il fecero assai prestamente
   E scripti furo e a i altri fu detto
   Che bon tempo si desser con diletto

   Il simile fece anchora palemone
   E di boni si trouar si pari
   Che el non uera uariatione
   E credessi che non ne fosser guari
   Rimasi al mondo di tal condicione
   Cussi gientili e per prodezza pari
   Quale era quiui luno e laltro cento
   Di che theseo fu assai contento.

La rarissime édition, d'où nous transcrivons ces deux octaves, se trouve dans l'Alessandrina de Rome. C'est un volume in-folio long de 0ᵐ,32 1/2, et large de 0ᵐ,23 1/2 ; il est coté N. 9, 41. Le titre manque comme dans l'exemplaire de la B. N. Voir Brunet, I, 1016. Sur la première feuille, on lit en caractères rouges : Adsit principio uirgo beata meo. Puis il reste une place en blanc pour une miniature qui n'a pas été exécutée. Les premiers mots sont : « [P]er Che preclarissimo principe con elegantissima facundia li philosophanti ne dimostra la jocundissima arte de poesia essere processa da una releuata nobilita de animo laquale fu ne li principii de lalma natura: » etc. Toute cette introduction provient, à ce qu'il semble, de l'éditeur; dans les éditions modernes, on trouve à cet endroit la lettre à Fiammetta (voir Brunet, I, 1017, in f.). Les pages ne sont pas numérotées; le chiffre des feuilles est indiqué, sur l'exemplaire, au crayon [à l'encre, sur celui de la B. N., rogné souvent par la reliure); au milieu de chaque page, il y a une colonne qui contient les octaves; à droite et à gauche, et quelquefois même en haut et en bas, on trouve des notes explicatives en prose. L'édition consiste en 164 feuillets, mais on a oublié de compter le feuillet 5; le 4º suit ainsi immédiatement le 6º. A la fin on lit:

> Hoc opus impressit theseida nomine dictum
> Bernardo genitus bibliopola puer:
> (Augustinus ei nomen:) cum dux bonus urbem
> Herculeus princeps ferrariam regeret.
> .Mº.CCCº.LXXIIIIº.

Sur cette dernière façon de dater, c.-à-d. LXXIIII et non: LXXV, on peut voir Brunet, I, 1017, in f.; car, certains exemplaires présentent V, au lieu de IIII. Il résulte de cette particularité que l'exemplaire de Rome est du même *tirage* que celui de Paris.

WOHER STAMMT DAS WORT ZIFFER (CHIFFRE)?

Von KARL KRUMBACHER

Ueber die Identität von mittellat. *cifra* (*ciphra*), ital. *cifera, cifra,* span. und portug. *cifra,* französ. *chiffre,* englisch *cipher,* deutsch *Ziffer,* russ. (und wohl allgemein slavisch) *zifra* kann kein Zweifel bestehen. Auf die Frage nach der Herkunft dieses allgemein europäischen Lehnwortes antworten die etymologischen Wörterbücher — man wird mir die Aufzählung ihrer Titel erlassen — mit seltener Einstimmigkeit, es stamme aus dem Arabischen: Sein Vater sei das arabische *sifr* (*çafar*) = leer, ein Wort, das ursprünglich die Null bezeichnet habe, weil die Null *leer* an Wert sei, und später auf die übrigen Zahlzeichen übertragen worden sei[1]. Diese Uebertragung wird ganz richtig damit begründet, dass die Null das wichtigste Element der indischen Dezimalrechnung sei.

Die neusprachlichen Formen gehen zweifellos auf *mittelalterlich lateinische* zurück, und diese sind daher zur chronologischen Bestimmung des Wortes zunächst ins Auge zu fassen. Den ältesten Beleg für mittellateinisch *ciphra* oder vielmehr † *ciphrus* oder *ciphrum* böten die Intercalarverse in dem Gedichte *De fonte vitae* von *Audradus modicus* aus der Mitte des 9. Jahrhunderts, wenn *A. Ebert,* Allgemeine Geschichte der Litteratur des Mittelalters II (1880) S. 275 gut daran thäte, der Ausgabe von Oudin zu folgen, welche

aeterni fontis, *ciphri* paschalis et horae

schreibt. *L. Traube* aber hat, Poetae latini aevi Carolini III, 1

---

[1]. Vgl. ausser den Wörterbüchern noch bes. *Woepcke,* Journal Asiatique, 6ᵉ série, tome I (1863) S. 524.

(1886) S. 76 V. 146 (et passim) nach der römischen Handschrift mit Recht hergestellt:

aeterni fontis, *scyphi*, paschalis et horae.

Alle übrigen lateinischen Belegstellen, welche Du Cange und andere anführen, gehören frühestens dem 12. Jahrhundert an. Seit dieser Zeit beginnt auch das Zeichen o in den lateinischen Handschriften häufiger und sicher bezeugt zu werden[1]. Am Ende des 13. oder im Anfang des 14. Jahrhunderts ist das Wort in der Bedeutung Null auch von den Byzantinern übernommen worden. Der in der lateinischen Sprache und Litteratur wohl bewanderte Mönch *Maximos Planudes* (ungefähr 1260 — ungefähr 1310), der durch Uebersetzung vieler lateinischer Werke ins Griechische die Durchbrechung der im späteren Mittelalter immer dichter gewordenen Scheidewand zwischen dem lateinischen Abendlande und dem griechischen Osten kräftig beförderte[2], hat in seiner Ψηφοφορία κατ' Ἰνδοὺς ἡ λεγομένη μεγάλη auch das Wort und den Begriff *cifra*, wohl aus einer ostarabischen, aber durch das Lateinische vermittelten Quelle[3] bei seinen Landsleuten einzuführen versucht; doch vermochte diese Neuerung bei den Griechen bekanntlich lange nicht durchzudringen. Planudes lehrt: τιθέασι δὲ καὶ ἕτερόν τι σχῆμα, ὃ καλοῦσι τζίφραν, κατ' Ἰνδοὺς σημαῖνον οὐδέν, καὶ τὰ ἐννέα δὲ σχήματα καὶ αὐτὰ Ἰνδικά ἐστιν· ἡ δὲ τζίφρα γράφεται οὕτως 0[4]. Weiter unten fügt er hinzu: ἡ μέντοι τζίφρα, κατὰ μὲν θάτερον μέρος ἐπὶ τῷ ἄκρῳ τῶν ἀριθμῶν τῷ πρὸς τὴν ἀριστερὰν ἡμῶν χεῖρα οὐδέποτε τίθεται, κατὰ δὲ τὸ μέσον τῶν ἀριθμῶν καὶ θάτερον μέρος τὸ πρὸς τὴν δεξιὰν ἤτοι τὸ μέρος τῶν ἐλαττόνων ἀριθμῶν, ἐπὶ τῷ ἄκρῳ τίθεται· καὶ τίθεται κατά τε τὸ μέσον καὶ τὸ εἰρημένον ἕτερον μέρος οὐ μία μόνον, ἀλλὰ καὶ δύο καὶ τρεῖς καὶ τέσσαρες, καὶ ἐφ' ὅσον ἂν δέῃ. ὥσπερ δὲ αἱ χῶραι αὐξάνουσι τοὺς ἀριθμούς, οὕτω καὶ αἱ τζίφραι ἐπὶ τῶν χωρῶν κείμεναι· οἷον ὡς ἐπὶ ὑποδείγματος μία τζίφρα ἐπὶ τοῦ ἄκρου κειμένη δεκαδικὸν ποιεῖ τὸν ἀριθμὸν u. s. w.[5]

---

1. Vgl. *G. Friedlein*. Gerbert, die Geometrie des Boethius und die indischen Ziffern. Erlangen 1861, Tafel 6.

2. Vgl. *K. Krumbacher*, Geschichte der byzantinischen Litteratur S. 248-251.

3. Vgl. *Woepcke* a. a. O. S. 527.

4. Das Rechenbuch des Maximus Planudes, herausgegeben von *C. I. Gerhardt*, Halle 1865, S. 1.

5. Ebenda S. 3.

Ein Scholion des *Neophytos Monachos* (14. Jahrh.), das Boeckh veröffentlicht hat[1], lehrt: τζύφρα (var. lect. τζύμφρα) ἔστι καὶ λέγεται τὸ ἐπάνω ἑκάστου τῶν στοιχείων, ἀπὸ τοῦ δέκα καὶ τῶν καθεξῆς ἀριθμῶν κείμενον ὡς ὁ μικρόν· σημαίνει δὲ διὰ ταύτης τῆς Ἰνδικῆς φωνῆς τὸ τοιοῦτον τὴν ἀναλογίαν τῶν ἀριθμῶν u. s. w. Die Bedeutung des Wortes ist sowohl in der lateinischen und romanischen Litteratur des Mittelalters als an den angeführten griechischen Stellen stets *Null*. Erst etwa im 16. Jahrhundert erhielt *cifra* die allgemeinere Bedeutung « Ziffer, Zahlzeichen »[2] und etwa gleichzeitig scheint sich auch die Spaltung der Form endgiltig vollzogen zu haben, indem neben *cifra, chiffre* das aus dem ursprünglich mit *cifra* identischen *zephyrum*, ital. *zefiro* hervorgegangene *zéro* in der speziellen Bedeutung von *Null* trat. Aber noch im 17. Jahrhundert hat man in Frankreich *chiffre* (*chifre*) im Sinne von *Null* gebraucht; denn ein Rechenbuch aus dem Jahre 1643 muss ausdrücklich lehren, die Null heisse *zéro* und man nenne sie mit Unrecht *chifre*; dieses letztere Wort bedeute vielmehr alle Figuren und überhaupt die Kunst der Arithmetik « toutes les figures et l'art d'arithmétique[3] ». Und noch heute wird das portugiesische *cifra,* das englische *cipher* und das neuarabische *syfr*[4] speziell für *Null* gebraucht.

Um nun die folgende etymologische Untersuchung im strengsten Sinne durchzuführen und definitiv abzuschliessen, müsste ich die verwickelte Frage über den Ursprung und die Wanderungen des *indischen Zahlensystems* aufrollen und besonders die Geschichte der Null und ihrer Benennungen kritisch auseinanderlegen. Zur Lösung dieser Aufgabe gebricht es mir an der notwendigen Kenntnis der orientalischen Sprachen. Ich kann daher nur einige bekannte Thatsachen anführen, die geeignet erscheinen, den etymologischen Ausführungen wenigstens im allgemeinen als hi-

---

1. *Fr. Aug. Boeckh*, Index lect. Berolin. f. d. Sommersemester 1841, S. IX = Gesammelte kleine Schriften 4 (1874) 500. Vgl. *Friedlein*, Gerbert, S. 32; 34 und Woepcke a. a. O. S. 526 f.

2. Vgl. die Belegstellen bei *Friedlein* a. a. O. S. 47 f.

3. *Marcel Devic*, Dictionnaire étymologique de tous les mots d'origine orientale (Supplement zum französ. Wörterbuche von Littré, Paris 1878) S. 29.

4. C. A. F. *Mahn*, Etymologische Untersuchungen, Berlin 1855, S. 46.

storische Grundlage zu dienen ; wer die litterarischen und kulturgeschichtlichen Voraussetzungen unserer Etymologie und den gegenwärtigen Stand aller auf sie bezüglichen Fragen selbständig und erschöpfend kennen lernen will, möge auf die neueste Litteratur verwiesen werden[1].

Die Araber hatten zwei Zahlensysteme, ein *ostarabisches*, das nach Bagdad weist, und ein *westarabisches* (spanisches, occidentalisches), das *Gobar-(Staub-)system* hiess, weil es ursprünglich nur zum Rechnen auf einer mit Sand bestreuten Tafel benützt wurde. Die Araber haben diese Ziffersysteme der Hauptsache nach aus Indien entlehnt; doch ist es nicht ausgemacht, ob die Inder dieselben selbst erfunden oder auch ihrerseits von auswärts importiert haben (neupythagoräische Elemente? Aegypten? Phönikien? Vermittelung von Baktrien?)[2]. Seit dem Anfang des 13. Jahrhunderts ist das westarabische Ziffersystem mit der Dezimalnull bei den Romanen und Germanen verbreitet worden. Für das Zeichen der Null findet man bei den Arabern zwei verschiedene Namen, die aber wahrscheinlich zwei ganz verschiedene Arten von Null bezeichneten (s. unten S. 353). Auf der berühmten und viel besprochenen Abacustafel, welche in den besten Handschriften der Geometrie des Boethius eingeschaltet ist, ist die *Null* durch das Wort *sipos* bezeichnet. Derselbe Name ist auch durch *Radulphus*, Bischof von Laon, († 1131) bezeugt, der in seinem Tractat über den Abacus sagt : « Inscri-

---

[1]. Die wichtigsten Thatsachen und die nötigen Verweisungen auf sonstige ältere und neuere Monographien findet man in folgenden Schriften : *G. Friedlein*, Gerbert, die Geometrie des Boethius und die indischen Ziffern, Erlangen 1861. *G. Friedlein*, Die Zahlzeichen und das elementare Rechnen der Griechen und Römer und des christlichen Abendlandes vom 7. bis 13. Jahrhundert, Erlangen 1869. *M. F. Woepcke*, Mémoire sur la propagation des chiffres indiens, Journal Asiatique, 6e série, tome I (1863) S. 27 ff, 234 ff. 442 ff. *Moritz Cantor*, Vorlesungen über Geschichte der Mathematik, erster Band, Leipzig 1880, bes. S. 593 ff, 728 ff. *E. Clive Bayley*, On the genealogy of modern numerals. The journal of the royal asiatic society, New series, t. 14 (1882) S. 335 ff, t. 15 (1883), S. 1 ff. *W. Wattenbach*, Anleitung zur lateinischen Palaeographie, 4. Aufl., Leipzig 1886, S. 99 ff. *H. Weissenborn*, Gerbert. Beiträge zur Kenntnis der Mathematik des Mittelalters, Berlin 1888, bes. S. 209 ff.

[2]. S. bes. *Clive Bayley* a. a. O. t. 14, S. 362 ff; auch *Woepcke* a. a. O. S. 452 ff.

bitur in ultimo ordine et figura ☉ *sipos* nomine, quae, licet numerum nullum significet, tamen ad alia quaedam utilis est, ut insequentibus declarabitur[1]. » Später führt die Null den Namen *cifra*, der, wie oben bemerkt, etwa seit dem 16. Jahrhundert auf die anderen Zahlzeichen überging.

Das Wort *sipos* stammt nach Spiegel « sicherlich nur aus dem Arabischen[2] »; von Vincent[3] ist es mit dem hebräischen *saph* = Gefäss, von Martin[3] mit dem griechischen ὕηρος in Zusammenhang gebracht worden. Das Wort *cifra* leitet man, wie bemerkt, allgemein aus dem arabischen *ṣifr* ab, wofür in den arabischen Wörterbüchern auch die Formen *çafar, çafron, çafiron, çufuron* sich finden[4]. Man erklärt, das arabische *ṣifr* bedeute leer und sei eine wörtliche Uebersetzung des indischen *sunya*[5]. Neben *cifra* erscheint auch die, wie es scheint, gelehrt zurechtgemachte Form *zephyrum*, woraus ital. *zephiro, zefiro, zefro, zéro* entstanden ist[6].

Wenn es nun einerseits höchst wahrscheinlich ist, dass das arabische Ziffersystem aus *Indien* stammt, so ist es andererseits sicher, dass die Araber den grössten Teil ihrer mathematisch-astronomischen Weisheit den *Griechen* verdanken. Vor allem wurden die Werke des Ptolemaeos, Euklides, dann auch die des Nikomachos, Pappos, Heron, Zenodoros u. a. in verschiedenen Bearbeitungen den Arabern mundgerecht gemacht[7]. Das sind allbekannte Thatsachen. Weniger bekannt ist es, dass die Araber auch für das *praktische Rechnen*, ehe sie ihre eigenen Zahlensysteme ausbildeten, die Hilfe der Griechen in Anspruch nahmen. Bekanntlich entwickelte sich die arabische Schreibkunst erst seit dem 7. Jahrhundert; in welcher Weise sie in dieser Zeit die Zahlen schrieben, scheint nicht festgestellt zu sein; doch ist sicher, dass sie es liebten, die Zahlwörter vollständig zu schreiben, eine Gewohnheit, die noch in einem zwischen 1010

---

1. *Woepcke* a. a. O. S. 48 f.
2. *Friedlein*, Gerbert, S. 30.
3. *Woepcke* a. a. O. S. 51 f.
4. Vgl. G. W. *Freytagii* Lexicon Arabico-Latinum, 2. Band, Halle 1833, s. v.
5. *M. Cantor* a. a. O. S. 610; Clive Bayley a. a. O. t. 15, S. 25; 39.
6. *Woepcke* a. a. O. S. 522 ff. und *Clive Bayley* a. a. O. t. 15, S. 39.
7. Für alles Nähere vgl. die Darstellung von *M. Cantor* a. a. O. S. 593 ff.

und 1016 in Bagdad verfassten Rechenbuche beibehalten ist[1]. « Ausserdem bedienten sich die Araber ihrer in der Reihenfolge Abudsched geordneten Buchstaben in derselben Weise wie die übrigen Semiten um die Zahlen von 1-400 darzustellen. Freilich ist die genannte Reihenfolge nicht aller Orten ganz streng festgehalten worden. Der gleiche Buchstabe, der in Bagdad 90 bedeutete, hatte im nördlichen Afrika den Werth 60, 300 wechselte an eben diesen Orten mit 1000 u. s. w.[2] » Bei solchen Verhältnissen ist es klar, dass die Araber, als sich bei der schnellen Ausdehnung ihrer Macht die Notwendigkeit einer regelmässigen staatlichen Finanzverwaltung herausstellte, in Verlegenheit gekommen wären, wenn ihre Schatzmeister und sonstigen Rechnungsbeamten sich der arabischen Schrift bedient hätten. Wir haben aber zwei ganz bestimmte Nachrichten, dass diese Rechnungsbeamten griechische oder gräzisierte Christen waren und dass sie anfänglich die Bücher *ganz griechisch* führten, später wenigstens die *Zahlen* nach griechischer Weise eintrugen. Der byzantinische Chronist *Theophanes*, der von ungefähr 750 bis 817 lebte, erzählt aus der Regierungszeit des Justinianos II Rhinotmetos, der Chalife *Walid* habe im Jahre 707 die Hauptkirche in Damascus den Christen genommen und gleichzeitig verboten, die öffentlichen Rechnungsbücher griechisch zu führen, *mit Ausnahme der Ziffern*, da es unmöglich gewesen sei, im Arabischen gewisse Zahlen auszudrücken; daher seien noch heute (d. h. zur Zeit, als Theophanes schrieb, also zwischen 810/11 und 814/15) als Rechnungssekretäre Christen bei den Arabern verwendet: Τούτῳ τῷ ἔτει Οὐαλὶδ ἥρπασε τὴν καθολικὴν Δαμασκοῦ ἁγιωτάτην ἐκκλησίαν φθόνῳ τῷ πρὸς Χριστιανοὺς ὁ ἀλιτήριος διὰ τὸ ὑπερβάλλον κάλλος τοῦ τοιούτου ναοῦ· καὶ ἐκώλυσε γράφεσθαι Ἑλληνιστὶ τοὺς δημοσίους τῶν λογοθεσίων κώδικας, ἀλλ' ἐν Ἀραβίοις αὐτὰ παρασημαίνεσθαι, χωρὶς τῶν ψήφων, ἐπειδὴ ἀδύνατον τῇ ἐκείνων γλώσσῃ μονάδα ἢ δυάδα ἢ τριάδα ἢ ὀκτὼ ἥμισυ ἢ τρία γράφεσθαι· διὸ καὶ ἕως σήμερόν εἰσι σὺν αὐτοῖς νοτάριοι Χριστιανοί[3]. Etwas Aehnliches ist nach Theo-

---

1. *Cantor* a. a. O. S. 607.
2. *Cantor* a. a. O. S. 608.
3. *Theophanes*, ed. Bonn. I 575, 10-17 = ed. de Boor I 375, 31-376, 7. In der Aufzählung der Zahlwerte scheint etwas nicht in Ordnung zu sein, da ἢ τρία nach ἢ τριάδα unverständlich ist. Doch

phanes noch unter der Regierung des Konstantinos Kopronymos im Jahr 759 vorgekommen. Die Araber entfernten damals die Christen eine Zeitlang aus den öffentlichen Rechnungskanzleien; doch waren sie bald genötigt, sie wieder einzusetzen, *weil sie selbst die Ziffern nicht schreiben konnten*: Τούτῳ τῷ ἔτει φθόνῳ τοὺς Χριστιανοὺς ἐκώλυσαν Ἄραβες ἐκ τῶν δημοσίων χαρτοθεσίων πρὸς ὀλίγον χρόνον, αὖθις ἀναγκασθέντες ἐγχειροῦσιν αὐτοῖς τὰ αὐτὰ διὰ τὸ μὴ δύνασθαι αὐτοὺς γράφειν τοὺς ψήφους[1].

Diese Nachrichten, die man in ihrer hohen Bedeutung noch nicht genugsam gewürdigt hat, sind wohl verbürgt, da Theophanes ja fast noch als Zeitgenosse berichtet; sie stimmen aber auch mit allem überein, was wir sonst über die arabische Kultur im 8. Jahrhundert wissen. Wenn nun das gesammte Rechnungswesen den Arabern bis um diese Zeit von Griechen besorgt wurde, so liegt die Vermutung nahe, dass die Araber, die den Griechen manche andere wissenschaftliche Ausdrücke (z. B. *Al-magest* aus Al-μεγίστη sc. σύνταξις τῆς ἀστρονομίας des Ptolemaeos) verdankten[2], von ihnen auch einzelne arithmetische Termini entlehnten und dieselben verwerteten, als sie später aus Indien oder Persien ein eigenes Ziffer- und Rechnungssystem bei sich einführten. Der Rechenstein und Zahlbuchstabe heisst bei den Griechen ψῆφος[3] und darnach die Rechenkunst seit Ptolemaeos' (und wohl schon früher) ψηφοφορία mit der späteren Nebenform ψηφηφορία. In der lebenden Sprache wurde ψηφοφορία nach dem Lautgesetze, nach welchem λειποπυρία in λειπυρία, ἀμφιφορεύς in ἀμφορεύς[4] und noch im Mittelalter συναναστροφή in συναστροφή, Χαλκοκονδύλης in Χαλκονδύλης[5] verkürzt wurde, zu ψηφορία. Diese Form lässt sich nicht nur mit Sicherheit erschliessen, sondern auch handschriftlich belegen z. B. in einem Briefe des *Lapithes* an Nikephoros Gregoras: τοὺς τῆς ψηφορίας κανόνας[6]. Der Stamm dieses ψηφορ-ία und des dazu gehörigen ψηφόρ-ος, ψηφόρ-ον wird

---

wage ich ohne ein tieferes Studium der arabischen und griechischen Ziffersysteme keine Emendation vorzuschlagen.

1. *Theophanes* ed. Bonn I 664, 9-12 = ed. de Boor I 430, 31-431, 3.
2. Vgl. *M. Cantor* a. a. O. S. 602.
3. Vgl. z. B. die oben angeführten Stellen des Theophanes.
4. Vgl. *G. Meyer*, Griech. Gramm.² § 302.
5. Vgl. *K. Krumbacher*, Geschichte der byz. Litt. S. 103 Anm. 4.
6. Not. et extr. 12, 2, 11.

im Arabischen, welches wie die romanischen Sprachen[1] anlautendes *ps* durch *s* wiedergibt, lautgesetzlich zu *sifor*. Ebenso musste aus ψῆφος lautgesetzlich *sifos* (*siphos*) werden.

Es ist gewiss kein allzu kühnes Unternehmen, wenn wir nun die Formen *sifor* und *sifos* mit den arabischen Bezeichnungen der Null *ṣifr* und *sipos* in Zusammenhang bringen. Dass im Arabischen für die Null *zwei* Namen existieren, erklärt sich aus chronologischen und anderen Gründen. Allem Anscheine nach ist *sipos* das ältere Wort und schon in einer Zeit, als die wirkliche *Dezimalnull* noch gar nicht bekannt oder eingeführt war, für ein der Null ähnliches Zeichen gebraucht worden; darauf führt wenigstens die Beschreibung, welche der oben erwähnte Bischof *Radulphus* von der Anwendung des *sipos* gibt. Cantor[2] schliesst seine Erörterung der betreffenden Stelle des Radulphus mit den Worten : « Man sieht somit: das *sipos* ist keine Null, ist, wie Radulph ganz richtig bemerkt, überhaupt kein Zahlzeichen, sondern nur ein Rechnungsbehelf ähnlich dem Pünktchen, dessen auch wohl in der heutigen Zeit Rechner beim Dividiren sich bedienen, sowie beim Multipliciren vielziffriger Zahlen mit einander, vorausgesetzt, dass sie diese letztere Rechnung so vollziehen, dass alle Zwischenrechnungen bis zum Hinschreiben der einzelnen Ziffern des Gesammtproduktes im Kopfe vorgenommen werden. Dass beim *sipos* ein Kreis das Pünktchen umschliesst, ist vielleicht nur die Zeichnung einer runden Marke überhaupt und die Aehnlichkeit mit dem Zeichen der Null eine durchaus zufällige. »

Die schon von Martin vorgeschlagene und von Cantor[3] begutachtete, wenn auch nicht lautlich begründete Ableitung des Wortes *sipos* von ψῆφος gewinnt noch eine Stütze durch den Umstand, dass auch einige andere der auf der oben (S. 349) erwähnten Abacustafel verzeichneten fremdartigen Namen höchst wahrscheinlich *griechischen* Ursprungs sind. Diese Namen lauten :

---

1. Vgl. *Diez*, Grammatik d. rom. Sprachen, I[3] 278. W. *Meyer-Lübke*, Gramm. d. rom. Sprachen I (1890) 384.
2. A. a. O. S. 768 f. Vgl. *G. Friedlein*, Die Zahlzeichen und das elementare Rechnen der Griechen und Römer, Erlangen 1869, S. 55.
3. A. a. O. S. 769.

1 Igin	6 Calctis oder Chalcus
2 Andras	7 Zenis
3 Ormis	8 Temenias
4 Arbas	9 Celentis
5 Quimas	0 Sipos[1]

Ich will mich nicht in das Chaos von Hypothesen vertiefen, welche zur Erklärung dieser Namen vorgebracht worden sind, und nur erwähnen, dass schon *Vincent* in ihnen ein Gemisch von griechischen und semitischen Wurzeln gesehen hat, von welchen die ersteren an die neupythagoraeische Zahlenmystik erinnern, die letzteren einfach Zahlenwerte ausdrücken. In den ersten drei Namen erblickte er die griechischen Stämme γυν- (mit vorgesetztem Artikl ἡ), ἀνδρ- und ὁρμ-[2]. Dazu muss bemerkt werden, dass in *Andras*, was niemand beachtet hat, nicht nur der Stamm ἀνδρ-, sondern geradezu die *vulgärgriechische Form des Nom. Sing.* ἄνδρας erscheint[3]. Auch gegen die Deutung von *igin* und *ormis* aus dem Griechischen lässt sich nichts Erhebliches einwenden; ὁρμής sieht aus wie eine Analogiebildung nach den Nomina auf -ης und -ις. Dass bei der angenommenen Erklärung die ersten drei Zahlen als *Weib, Mann, Liebe* (Vereinigung des Weiblichen und Männlichen) bezeichnet erscheinen, hängt wohl mit der neupythagoräischen Zahlenmystik zusammen[4]. Nach den an die zwei Stellen des Theophanes angeknüpften Darlegungen wird hoffentlich die griechische Erklärung von *igin, andras, ormis, sipos* mehr Beifall finden, als die von *Gildemeister*, der *igin* mit dem persischen *yagân* (eins) zusammenbringt, *andras* aus *annadir* « der entgegengesetzte Punkt » ableitet, *ormis* für unlösbar hält und endlich *sipos* schlankweg mit *siphor, siphra* = Null identifiziert[5]. Als die

---

1. *Friedlein*, Gerbert, S. 30 f und Tafel III. *Woepcke* a. a. O. S. 47; Clive Bayley a. a. O. t. 15, S. 62 ff.

2. *Woepcke* a. a. O. S. 50 und darnach *Cantor* a. a. O. S. 766 f., der jedoch *andras* aus (einem nicht existierenden) ἀνδρές erklärt.

3. Vgl. *J. Psichari*, Essais de grammaire historique néo-grecque, I (1886) S. 88 ff. und II (1889) S. 291 s. v. *G. N. Hatzidakis*, Einleitung in die neugriechische Grammatik, Leipzig 1892, S. 376 ff.

4. Vgl. Woepcke a. a. O. S. 46 ff und bes. 234 ff.

5. Bei *M. Büdinger*, Ueber Gerberts wissenschaftliche und politische Stellung, Marburg 1851, S. 32 f. Vgl. dazu *Friedlein*, Gerbert, S. 30; *Woepcke* a. a. O. S. 47 ff; *Cantor* a. a. O. S. 766 f.

wirkliche Dezimalnull bei den Arabern eingeführt wurde, nahmen sie zur Benennung derselben nicht das Wort *sipos*, welches einen anderen Begriff ausdrückte und vielleicht auch schon in Vergessenheit geraten war, sondern ein anderes mit *sipos* allerdings eng zusammenhängendes griechisches Lehnwort, nämlich *sifor, sifr*.

Dass man ein Wort, welches ursprünglich die allgemeine Bedeutung von *Rechenkunst* hatte, auf ein einzelnes Zeichen, die *Null,* anwendete, darf nicht befremden; denn die Null wurde als etwas ganz Eigenartiges, von den früheren Zahlbuchstaben prinzipiell Verschiedenes betrachtet; sie war der Grund- und Eckstein der neuen Rechnungsweise, der Schlüssel zum neuen Dezimalsystem, dessen Erfindung eine wahre Revolution in der arithmetischen Theoretik und Praxis mit sich brachte. Wir Modernen lernen die Null im frühesten Jugendalter und vermögen ihre Verschiedenheit von den übrigen Ziffern nicht mehr zu fühlen; wie ganz neu und fremdartig sie aber den Völkern des Mittelalters erschien, wie langsam und schwerfällig sie sich einbürgerte, kann man aus der zu S. 349 angeführten Litteratur ersehen[1]. Uebrigens zeigt auch die spätere Bedeutungsgeschichte des Wortes *cifra,* wie eng verwandt die Begriffe *Null, Ziffern* und *Rechenkunst* sind; denn im 16. Jahrhundert ging das Wort, wie oben bemerkt wurde, in die ursprüngliche Bedeutung seines Stammwortes (ψηφορία) *Ziffern, Rechenkunst* über.

Es fragt sich jetzt nur noch, was mit dem angeblich rein arabischen *sifr* (*safar, safron, safiron, sufuron*), das « leer » bedeuten soll, anzufangen ist. Ich hatte das Glück, die bedeutendsten Arabisten wie Nöldeke, Socin, Zotenberg, Hommel u. a. über dieses Wort befragen zu können und erhielt ziemlich übereinstimmend die Auskunft, dass thatsächlich über dasselbe nichts Näheres bekannt sei, als dass es « leer » bedeute; eine sichere Etymologie aus semitischen Elementen vermochte mir niemand mitzuteilen. Darnach scheint es wahrscheinlich, dass *sifr* thatsächlich identisch ist mit ψηφορ- und erst durch seine Anwendung für *Null,* die « *figura nihili* », in späterer Zeit die Bedeutung « nichts, leer » erhielt. Es bleibt aber die Möglichkeit offen, dass es neben dem

---

1. Vgl. bes. die interessanten Thatsachen, welche W. Wattenbach a. a. O. S. 104 mitteilt.

griechischen Lehnworte ṣifr ein echt arabisches gleichen oder ähnlichen Klanges gab, das « *leer* » bedeutete und dann volksetymologisch mit dem Lehnworte ṣifr = Null vermischt wurde. Zur Entscheidung dieser Frage, die für unsere Etymologie übrigens von nebensächlicher Bedeutung ist, müsste die Bedeutung und Form des Wortes in der ganzen arabischen Litteratur verfolgt werden[1].

---

1. Ueber die Form und Anwendung der Null im Almagest und anderen Werken handelt *Woepcke* a. a. O. S. 467 ff.

ΞΥΠΝΩ

ÉTUDE DE LEXICOLOGIE HISTORIQUE

Par M. PERNOT

(Élève de l'École des Hautes Études)

Le verbe ξυπνῶ s'emploie couramment dans le langage ornaire ; il n'a rien de particulier à la littérature populaire (Pio, 160, l. 2) ni au style poétique (Zalokostas, p. 189 : Ξύπνα, Νεράϊδα τοῦ χωρίου, ξύπνα λαμπρό μου ἀστέρι). Ξυπνῶ a deux acceptions ; il signifie, *se réveiller*, comme dans Zalokostas, et *réveiller quelqu'un*, à l'actif. Il se compose, comme on voit, de la préposition ἐξ et du verbe ὑπνῶ : c'est l'histoire de ce dernier que nous voudrions entreprendre. Il peut être intéressant de rechercher l'origine de ce verbe en grec moderne ; lui vient-il de l'attique ? Existait-il dans la κοινή ancienne et d'où venait-il à la κοινή ? N'était-ce pas ce qu'on appelle quelquefois un mot du langage poétique ? C'est à ces diverses questions que je vais m'efforcer de répondre.

Ὑπνόω se rencontre chez Herodt. I, 11 ὑπνωμένῳ ; III, 69 ὑπνωμένου ; de même III, 69 κατυπνωμένον ; IV, 8 κατυπνῶσαι ; VII, 12 κατύπνωσε. Il abonde chez les poètes : Call., Epigr. LXIV (63), 1 et 3 ὑπνώσαις ; Anth. pal., V, 184, 3 ὑπνοῖς ; VII, 305, 3 ὑπνώσῃς ; Nic. Ther. 127 ὑπνώσουσα (ibid. v. l. ὑπνώσσουσα, ὑπνωσούσα, ὑπνώσσουσα ; voir ci-dessous) ; Orac. Sibyll. VII, 45 βάρβαρον ὑπνώσει τοῦτον νόμον. En vers, on a souvent ὑπνώω ; les grammairiens byzantins en avaient déjà fait la remarque ; cf. Bachmann, An. gr. II, 42, 18 (Maxime Planude) τό γε μὴν ἱδρώοντες καὶ ὑπνώοντες οὐκ ἀπὸ περισπωμένων θεμάτων, ἀλλ' ἀπὸ τοῦ ἑδρώω καὶ ὑπνώω βαρυτόνων, ποιητικῶν καὶ αὐτῶν, διὰ τοῦ ο τοῦ μικροῦ ταύτην τηροῦσιν, ὡς ἀπαθῆ ; cf. ibid., l. 14 καὶ τὸ πηδῶντες, πηδώοντες· καὶ ταῦτα δὲ πάντως ποιοῦσιν ὑπὸ τῶν μέτρων εἰς ταῦτα δὴ συνωθούμενοι[1]. Voici quelques passages pour ὑπνόω

---

[1]. Cette explication, généralement admise, surprend toujours. La licence poétique ne rend compte des faits qu'à demi. Car on se de-

seulement : Hom. ω, 344 ὑπνώοντας ἐγείρει ; de même ε, 48 ; ω, 4 ; Orph. hymn. LVII, 9 ὑπνώοντας ἐγείρεις ; Buc. gr. Mosch. I, 24 ὑπνώουσα ; Bion. IX (III), 1 ὑπνώοντι ; Nic. Ther. 433 ὑπνώοντες ῥέγκουσιν ; 546 ἐνυπνώοντα (v. l. ἕν γ' ὑπνώοντα) ; Opp. Hal. II, 657 ὑπνώοντας ἔλλοπας, ἀλλ' ἄρα τοῖσι καὶ ὄμματα καὶ νόος αἰὲν ἐγρήσσει πανάυπνος ; cf. Opp. sch. p. 326 ὑπνώοντας· καθεύδοντας, κοιμωμένους ; Opp. Venat. (= Cyneg.) I, 518 νομῆα ὑπνώοντα ; III, 50 οὐδ' ὕπνον μυχάτοισιν ἔχει παρὰ τέρμασι πέτρης, ἀμφαδὸν ὑπνώει δέ, θρασύφρονα θυμὸν ἑλίσσων, εὕδει δ', ἔνθα κίχησιν ὑπείροχος ἑσπερίη νύξ ; Opp. sch., p. 253 ὑπνώει· εὕδει ; Anth. pal. VII, 202, 3 ὑπνώοντα ; IX, 378, 1 ὑπνώοντι (ib., 4 κοιμῶ ; 5 διϋπνισθείς) ; X, 16, 7 ὑπνώει δὲ θάλασσα ; Quint. Sm. Posth. I, 664 ; XIV, 275 ὑπνώουσα ; IX, 524 ὑπνώειν ; Nonn. Dionys. V, 415 ; XI, 331 ; XX, 44 ὑπνώεις ; V, 498 ; XVIII, 205 ; XXXIV, 89 ὑπνώοντα ; XXXI, 195 ὑπνώειν ; XL, 404 ὑπνώοντος ; XLVIII, 531 ὑπνώοντι ; XLVIII, 525 ὑπνώουσαν ; Maneth. Apotelesm. A[E], 82 νύκτα μὲν ἐργάζονται, ἐν ἤματι δ' ὑπνώουσιν ; Colluth. Rapt. Hell. 328 ὑπνώουσα ; 345 ἀστέρες ὑπνώουσι (v. 346 ἀστ. ἀντέλλουσι) ; 364 πολλάκις ὑπνώουσιν, ὅτε κλαίουσι γυναῖκες ; 375 ὑπνώουσαν. Cf. Quint. Sm. Posth. X, 191 ὑπνώεσκεν.

Les Attiques, en revanche, ne connaissent ni ὑπνόω, ni ὑπνώω. On lit une fois ὑπνώσῃ Eurip. P. Cycl. 454 (dans un chœur) ; mais il est plus juste et très facile de corriger avec les éditeurs et d'écrire ὑπνώσσῃ. Ar. Lysistr. 143 ὑπνῶν est une forme laconienne[1] pour ὑπνοῦν.

La forme attique généralement usitée est ὑπνώττω. Plat.

mande précisément pourquoi la licence poétique admet phonétiquement ωω et ne tolèrerait pas, p. e., οο (ὑπνόο). Par le fait, les formes en -ωω avaient un modèle et une analogie toute trouvée dans ῥιγώω, qui est normal, Johannes Schmidt, Ind.g. N., p. 142 ; voir la note suivante. — Cf. Sütterlin, V. den., 107, 1, où ὑπνώω est expliqué un peu différemment.

1. Voir Kühner-Blass, I, 205. — La situation n'est pas la même pour ῥιγῶν ; celui-ci est aussi attique (cf. ibid.) et repose sur *ῥιγω-εν, voir G. Dindorf, dans H. S., s. v. (ῥιγο-εν), G. Meyer[2], p. 155 ; Johannes Schmidt, Ind. g. N., 142. Il se lit dans Ar. Ach. 1146 ; Ar. Av. 935 ; Ar. Nub. 443 ; Ar. Vesp. 446 ; cf. Ar. sch. Ach. 1145 (ῥιγῶν Ἰωνικῶς ἀντὶ τοῦ ῥιγοῦν) ; Ar. sch. Av. 935 (τὸ δὲ ῥιγῶν Δωρικόν ἐστι κατὰ τροπὴν τοῦ ο εἰς ω, ῥιγοῦν ῥιγῶν) ; Ar. sch. Vesp. 446 ('Ἀντὶ τοῦ ῥιγοῦν. Δώριον δὲ τοῦτο κατακρατῆσαν παρὰ Ἀττικοῖς) ; pas de sch. à Ar. Nub. 443. — Voir Mœr. p. 309 ('Ῥιγῶν Ἀττικοί· ῥιγοῦν κοινῶς· ῥιγοῖ Ἑλληνικῶς) et ibid. 307. — Cf. στεφανῷ (Eleusis), Meisterhans[2], 140, 6 ; voir aussi ibid. 139, 4 ; στεφανῶται Bekk. An. III, 1037, 10-13 = Gr. gr. I, 75, 2-4.

Civ. VII, c. 14, p. 534 C (I, s. II, p. 148 St.) τὸν νῦν βίον ὀνειροπολοῦντα καὶ ὑπνώττοντα; Aesch. W. Eum. 121, 124 ὑπνώσσεις; Aesch. W. Sept. 287 ὑπνώσσει; Eur. W. Or. 173 (chœur) ὑπνώσσει; Aristt. Part. Anim. II, 7, 14 (I, 653, 14) οἱ ὑπνώσσοντες; c'est uniquement par tradition littéraire que l'on retrouve plus tard ce verbe, chez des écrivains de l'époque post-classique, d'autre part chez des écrivains de l'époque byzantine, comme dans Anne Comnène. Cf. Galen., De mot. musc. II, ιv (t. IV, 436, 1. 4) καὶ τοῦτ' ἔστιν ἄρα τὸ μέχρι πλείονος οὐκ ἐπιτρέπον ὁδοιπορεῖν τοῖς ὑπνώττουσι, τὸ μὴ δύνασθαι λείας ἀκριβῶς ἐπιτυχεῖν τῆς ὁδοῦ; ib. (p. 439, 1. 4 du b.) οὐ γὰρ ἀναίσθητοι παντάπασίν εἰσιν οἱ ὑπνώττοντες, ἀλλὰ δυσαίσθητοι; Ael. n. a. VIII, 25 καὶ ἐκεῖνος αὐτὸν ἀμείβεται καθεύδοντος προμηθῶς ἔχων καὶ ὑπεραγρυπνῶν αὐτοῦ· κειμένῳ μὲν γὰρ καὶ ὑπνώττοντι ἐπιβουλεύει ὁ ἰχνεύμων; Diog. Laert. V, 78 (129, 26) καί πως ὑπνώττων ὑπ' ἀσπίδος τὴν χεῖρα δηχθεὶς τὸν βίον μεθῆκε; Damascius, dans Phot. II, 336, 32, col. 2 ἀντὶ δὲ ἀληθείας ἀλήθειαν ἐγρηγορυῖαν ἀντὶ ὑπνωττούσης ἐπεδίδουν; Ann. Comm. I, 99, 10 ὕπνωττον; Niceph. Br. 112, 13 εὑρόντες δὲ τοὺς φύλακας βαθέως ὑπνώττοντας καὶ μηδέν τι τῶν δρωμένων προαισθομένους, τὰ ξίφη γυμνώσαντες περιέστησαν αὐτοῖς ἀφύπνιζόν τε; Clem. Alex. Protr. II, 36 (I, 37, 17) ὑπνωσσόντων; Schol. hom. K, 186 (III, 431, 3). De même ἀφυπνώττω Schol. Pind. Isthm. VII, 23 (= II, 467, 8) πᾶσα χάρις, φησί, παλαιῶν ἔργων ἀφυπνώττει καὶ εἰς λήθην ἐμπίπτει; cf. ib. 1. 4 πᾶσα χάρις πεπαλαιωμένη καθεύδει καὶ μεμάρανται, donc ἀφυπνώττει = καθεύδει; Ann. Comn. I, 99, 14 τοῦ δώματος, ἐν ᾧ ὁ ἐπ' ἐγγόνῃ γαμβρὸς αὐτῆς ὁ Βοτανειάτης ἀφύπνωττεν; Niceph. Br. 78, 11: ἐπεὶ δὲ ἤδη ἀφύπνωττον ἅπαντες, ὁ τοῦ πρεσβυτέρου τῶν παίδων παιδαγωγὸς τοῦ χαριεστάτου Μιχαὴλ (ὄνομα τῷ παιδαγωγῷ Λεοντάκιος ἦν), ἀνὴρ ἐκτομίας καὶ νουνεχέστατος, ἀφύπνιζέ τε τὸν παῖδα (ib. l. 16 ἀφύπνισίν τε καὶ ἔξοδον); Julian. Epist. XV, ad Max. (p. 494, 9-10) Ἀλέξανδρον μὲν τὸν Μακεδόνα τοῖς Ὁμήρου ποιήμασιν ἐφυπνώττειν λόγος; Nicet. Akom. 226, 15 οὐδ' αὐτὸς εἴα τὸν Περσάρχην καθεύδειν, ἀλλ' ὅσα καὶ θῆρα ὠμηστὴν ἐφυπνώττοντα ἐξηγρίαινεν ὑπονύσσων; Niceph. Br. 78, 4 ὁπηνίκα οἱ φύλακες νυκτὸς καθυπνώττουσι.

Mais la véritable forme de la langue commune, c'est ὑπνόω qui apparaît si souvent plus tard à l'état de verbe simple et de verbe composé; Aesop., N. 341, p. 168 τίνος μελῳδοῦ πρὸς τὸν ἦχον ὑπνώσεις; Aesop. K., N. 284 Ταλαίπωρον ὑπνώδη· ὅταν τὸν ἄκμονα κρούω, ὑπνοῖς, ὅτε δὲ τοὺς ὀδόντας κινήσω, εὐθὺς ἐγέρῃ (cf. ib. plus haut: ὁ κύων ἐκοιμᾶτο· πάλιν δ' ἐσθίων, ἐγρηγόρει); Ar. Schol.

Lysistr. 143 Ἀττικὸν τὸ ὑπνῶν· τὸ γὰρ κοινὸν ὑπνοῦν; Socr. Epist. 40, 25 ὑπνώσαντες; Cinn. 117, 7 πρὸς τοῖς ὅπλοις ὕπνωσε τοῖς αὑτοῦ; Chrysost. Hom. VIII, In petit. matr. fil. Zeb. 1 (XLVIII, 769) Πάλιν ὑπνοῦν αὐτόν φασιν αἱ Γραφαὶ οὕτω λέγουσαι· Ἀνάστηθι, ἱνατί ὑπνοῖς, Κύριε; οὐχ ἵνα τὸν θεὸν καθεύδειν ὑποπτεύωμεν·...ὁ μὲν γὰρ ὑπνοῦν αὐτόν φησιν, ὁ δὲ μὴ ὑπνοῦν; Paus. III, 17, 8 ὑπνωμένον; id. IX, 20, 5 πιόντα δὲ ἐρρῖφθαι κατὰ τῆς ἠόνος ὑπνωμένον; Luc. v. h. I, 29 (IV, 257) καὶ οὔτε δειπνῆσαι, οὔτε ὑπνῶσαί τις ἡμῶν ἐτόλμησεν; Plut. Alex. 76 (III, 362, 23) τῇ ἕκτῃ μικρὸν ὕπνωσεν, ὁ δὲ πυρετὸς οὐκ ἀνῆκεν, cf. ibid. l. 7 ἐκάθευδεν ἐν τῷ λουτρῶνι; Diosc. Mat. med. IV, 64 (= I, 553) Ταύτης τὰ κεφάλια πέντε ἢ ἓξ μετ' οἴνου κυάθων τριῶν ἐψήσας, ὡς εἰς δύο ἀγγεῖν, πότιζε οὓς ἂν βούλει ὑπνῶσαι; V. T. Sir. XLVI, 20 μετὰ τὸ ὑπνῶσαι αὐτόν; ib. I Reg. 26, 12 καὶ οὐκ ἦν ὁ ἐξεγειρόμενος, πάντες ὑπνοῦντες; ib. Prov. III, 24 ἐὰν δὲ καθεύδῃς ἡδέως ὑπνώσεις; ib. Ps. III, 6 ἐκοιμήθην καὶ ὕπνωσα· ἐξηγέρθην; ib. Ps. IV, 9 κοιμηθήσομαι καὶ ὑπνώσω; ib. Ps. XLIII (XLIV), 24 ἐξεγέρθητι, ἵνα τί ὑπνοῖς, κύριε; (cf. Orig. Hex. II, 160: Symm. ἱνατί ὡς ὑπνῶν εἶ, δέσποτα); ib. Job. III, 13 νῦν ἂν κοιμηθεὶς ἡσύχασα, ὑπνώσας δὲ ἀνεπαυσάμην; Antig. Car. CXIII (123) = 87, 17 ὑπνοῦντα; Pol. III, 81, 5 (Pol. H.², 292, 25) οὐδ' ὑπνῶσαι δύνανται χωρὶς ἀλλοιώσεως καὶ μέθης; Aristt. De Somn. I (I, 454, 2) ᾧ γὰρ τὸν ἐγρηγορότα γνωρίζομεν, τούτῳ καὶ τὸν ὑπνοῦντα; ib. III (457, 3) ὑπνοῦντος (ὕπνος, καθεύδω, ἐγρήγορσις sont très fréquents dans tous ces passages); cf. ibid. I (I, 454, 19) κοιμώμενα; Plut. Mor. 236 B (Ap. Lac. 64 = II, 179, 14) ἐπὶ ψιάθου ὑπνωκέναι; id. ibid. 383 F (Is. et Os., 80 = II, 556, 13) τὸ σῶμα διὰ τῆς πνοῆς κινούμενον λείως καὶ προσηνῶς ὑπνοῖ (ib. v. l. ὑπινοῦται); Luc. B., Ocyp. (t. X, p. 30) Κλίνης ὕπερθε καταπεσών, ὑπνοῖ μόνος· Ἔπειτα νυκτὸς διυπνίσας, ἐκραύγασεν; Joseph. Ant. V, 9, 3 (I, 355, 21) τὴν κόρην ὑπνωσομένην; ibid. (= I, 355, 24) βαθέως καθυπνωκότα; Hesych. II, 503, 50 κοιμηθέντι· κατακλιθέντι, οὐ πάντως ὑπνώσαντι; Hesych. II, 503, 51, κοιμηθῆναι· κατακλιθῆναι, ὑπνῶσαι; Eust. H., A, 60, 11 (= I, 51, 46) ὑπνώσας ὕπνον; Geop. XVIII, 14 (1190, 3) μετασχόντες δὲ τῶν κρεῶν, ἤτοι τῆς ὀσμῆς, σκοτωθέντες ὑπνώσουσι; καὶ ὥσπερ ναρκήσαντας εὑρὼν κατάσφαξον; de même Socr. Epist. XVII, Ἀθηναῖοι γὰρ ἤδη ποτὲ ἀνύπνωσαν ὑπνώσαντες; Past. Herm., Vis. I, 1 (6, 12) περιπατῶν ἀφύπνωσα, καὶ πνεῦμα μὲ ἔλαβεν καὶ ἀπήνεγκέν με; N. T. Luc. VIII, 23 πλεόντων δὲ αὐτῶν ἀφύπνωσεν· cf. 24 ib. προσελθόντεσ δὲ διήγειραν αὐτόν; Heliod. K., II, 295 (à Heliod. Aeth. IX, 12 = Heliod. K., I, 366, l. 12: καὶ πρὸς τῆς εὐωχίας ἀφυπνωμένους; mais cf. Heliod. Aeth. IX, 12 (éd.

Bekker, p. 257) ἀφυπνωμένους dans le contexte : καὶ ὡς πρὸς θεραπείαν τῶν κρειττόνων ὄντας καὶ πρὸς τῆς εὐωχίας ἀφυπνωμένους διαλάθοιεν, ἴσως ἂν διαδράντες καὶ ἰδόντων καὶ γυμνῶν τοὺς ἐν ὅπλοις κωλύειν ἀδυνατούντων) Στ. 12 Ἀφυπνωμένους. Οὕτως αἱ ΚΑ. ἔοικε δὲ ἡ λέξις τοῦ παρακμάσαντος Ἑλληνισμοῦ· εἶχε δὲ λέγειν καὶ Ἀφυπνώσαντας, ἀμεταβάτως, οἷόν ἐστι καὶ τὸ παρὰ τῷ Λουκᾷ (Η, κγ´ [voir ci-dessus]), « Πλεόντων δὲ αὐτῶν ἀφύπνωσε »; Ephr. III, 314 A μόνον μὴ ἀφυπνώσωμεν, παρακαλῶ, μὴ ῥᾳθυμήσωμεν, κρούοντες διὰ μετανοίας, καὶ λέγοντες; Memnon, dans Phot. I, 224, 10, col. 2 ὑφ' ὧν οὐ μόνον περὶ τὴν ἀρχὴν ῥᾳθύμως εἶχεν, ἀλλὰ καὶ ἐπειδὰν ἀφυπνώσειε, βελόναις μακραῖς τὸ σῶμα διαπειρόμενος (τοῦτο γὰρ ἄκος μόνον τοῦ κάρου καὶ τῆς ἀναισθησίας ὑπελείπετο) μόλις τῆς κατὰ τὸν ὕπνον καταφορᾶς ἐξανίστατο ; Achmet, C. 225, p. 198, 1 Εἰ δὲ ἴδῃ ὅτι ἀφύπνωσεν ἀλλοτρίῳ στρώματι ἐν οἴκῳ ξένῳ; Const. Adm. 266, 4 ὁ δὲ ἀνὴρ αὐτῆς ἐκ τοῦ πολλοῦ πότου ἀφύπνωσεν· ἡ δὲ Γυκία ἰδοῦσα τοῦτον κοιμηθέντα (à corriger en ὑφύπνωσεν); Eust. Op. 188, 51 καὶ χρὴ πάντως μὴ πρὸς θάνατόν σε ἀφυπνῶσαι ; Nicet. Akom. 95, 12 βληθῆναι μὲν ἀπὸ τόξων πολλούς, καταβληθῆναι δὲ καὶ ἀφυπνῶσαι βραχεῖς εἰς θάνατον ; id. 510, 12 τὸ ὑγρὸν πῦρ, ὁ τοῖς στέγουσιν ἐφυπνοῦν σκεύεσι κατὰ τὰς ἀστραπὰς ἐξαίφνης προίησι τὰ ἐξάλματα καὶ πιμπρᾷ καθ' ὧν διεκπίπτον ἀφίεται ; Orig. Hex. II, 360 = Prov. XXIV, 33 (Sept. ὀλίγον νυστάζω (alia exempl. νυστάζεις), ὀλίγον δὲ καθυπνῶ (s. καθυπνοῖς, s. καθεύδεις), ὀλίγον δὲ ἐναγκαλίζομαι (s. ἐναγκαλίζῃ) χερσὶ στήθη [cf. V. T. Prov. XXIV, 48]) Aq. ὀλίγον ὕπνοις, ὀλίγον δὲ νυσταγμοῖς, ὀλίγον περιλήψονται (s. ἐναγκαλίσονται) χερσὶ τοῦ κοιμηθῆναι [voir ibid.]. Aq. Symm. Theod. τοῦ κοιμηθῆναι ; Ephr. I, 119 D καὶ ἐν μέσῃ νυκτὶ λύκοι ἐπελθόντες τὰ πρόβατα διεσπάραξαν, τοῦ ποιμένος ὑπὸ μέθης ἐφυπνώσαντος.

Le verbe ὑπνῶ n'est pas resté dans la langue moderne ; c'est le verbe κοιμοῦμαι qui remplit ses fonctions sémasiologiques[1]. On a déjà vu, dans les exemples que nous venons de citer, ce verbe associé à ὑπνῶ (Hesych., V. T., ci-dessus) ; Ar. schol. Lysistr. 143, le scholiaste dit d'abord ὑπνῶν : Κοιμᾶσθαι. Ἀττικὸν τὸ ὑπνῶν etc. (voir ci-dessus). Rapprochons encore Anth. V, 23, 1-2 κοιμίζεις ; Schol. hom. Κ, 98 (= I, 345, 7) ὅτι Ζηνό-

---

1. Le sens métaphorique, *être mort*, ne paraît pas être un développement postérieur, dû à l'influence biblique (exemples dans Schleusner I, 2, p. 1289), Duchesne-Bayet, N. 110 Ἐκοιμήθη ὁ δοῦλος τοῦ Θεοῦ Μ. Ἀέτιος μοναχός, etc. etc. ; on trouve déjà dans la même acception ὡς ὁ μὲν αὖθι πεσὼν κοιμήσατο χάλκεον ὕπνον Hom. Λ, 241 ; Εὖτε γὰρ ὁ ποντισθεὶς Μυρτίλος ἐκοιμάθη Soph. El. 508.

δοτος μὴ νοήσας τὸ σημαινόμενον γράφει ἀδηκότες ἡδέϊ ὕπνῳ κοιμήσωνται. ἔτι δὲ καὶ νῦν λέγομεν ὕπνου μεστὸν οὐ τὸν ἐξυπνωκότα, ἀλλὰ τὸν πολὺ τὸ ὑπνωτικὸν ἐν αὐτῷ ἔχοντα; ib. K, 186 (= III, 431, 3) κἂν οἱ ἄνδρες ἀφυπνώσωσιν, οὐκέτι κοιμῶνται οἱ κύνες. διὸ ὑπερβολικῶς εἶπε τὸ ὄλωλεν, ὡς μηδὲ ὕστερον εἰ βουληθεῖεν ὑπνωσόντων; Long. Pastor. I, 22 ἐκοιμήθησαν; V. T. Judd. V, 27 ἔπεσε καὶ ἐκοιμήθη ἀνὰ μέσον τῶν ποδῶν αὐτῆς; Joseph. Ant. jud. V, ιx, 3 (= I, 356, 6 κεκοιμημένην); Anth. pal. V, 23, 1-2 κοιμᾶσθαι; V. T. Judd. XVI, 14 κοιμᾶσθαι; N. T. Jo. XI, 11 κεκοίμηται; Galen. De mot. Muscul. II, ιv (IV, 436, 1) σχεδὸν γάρ τι στάδιον ὅλον διῆλθον κοιμώμενός τε καὶ ὄναρ θεωρῶν, καὶ οὐ πρότερον ἐπηγέρθην, πρὶν προσπταῖσαι λίθῳ; Const. Adm. 266, 3 ἐκοιμήθη (voir ci-dessus); Nicet. Akom. 89, 23 ἀναγκάζειν τὸ τοῦ θυμοῦ θηρίον ἀφυπνίζειν τὸ τέως κοιμώμενον; Phryn. P. S. (= Bekk. An. I, 68, 25) Ὑπνῶσαι· κατακοιμῆσαι, εἰς ὕπνον ἀγαγεῖν. Cf. Eust. H., H, 693, 7 (II. 181, 15) Ὅτι καὶ ἐνταῦθα, ὡς καὶ ἐν Ὀδυσσείᾳ, κοιμηθῆναι μὲν λέγει τὸ ἀναπεσεῖν καὶ ὡς εἰς ὕπνον ἀνακλιθῆναι, ὅ περ καὶ καθεύδειν ἀλλαχοῦ εἶπεν, ὕπνου δὲ δῶρον λαβεῖν αὐτὸ τὸ ὑπνῶσαι, ὡς ἄλλο μὲν εἶναι τὸ κοιμᾶσθαι, ἄλλο δὲ τὸ ὑπνοῦν, παρακολούθημα ὂν τοῦ κοιμᾶσθαι, φησὶ γοῦν· κοιμήσαντ' ἄρ ἔπειτα, καὶ ὕπνου δῶρον ἕλοντο.

Comment expliquer maintenant l'apparition du verbe ἐξυπνῶ avec le double sens de *réveiller* et de *se réveiller*? Le verbe ἐξυπνῶ ne se trouve que rarement avant le xᵉ s.; Orig. Hex. II, 294 = Ps. CXXXVIII, 18 ἐξυπνώσω, καὶ εἰς ἀεὶ ἔσομαι μετὰ σοῦ Symm.; Ἄλλος· ἐξυπνώσω (sc. ἐξυπνίσω), καὶ εἰς ἀεὶ ἔσομαι παρὰ σοί; Sept. ἐξηγέρθην, καὶ ἔτι εἰμὶ μετὰ σοῦ [V. T. Ps. CXXXVIII (CXXXIX), 18]); Joseph. Macc. 5 (= Joseph. B. VI, 278, 29) οὐκ ἐξυπνώσεις ἀπὸ τῆς φλυάρου φιλοσοφίας ὑμῶν, καὶ ἀποσκεδάσεις τῶν λογισμῶν σου τὸν λῆρον; Schol. hom. K, 98 (I, 345, 19) ἐξυπνωκότα (ci-dessus); Andr. Cret. 1240 B σὺν τρόμῳ ἐξύπνησα ἐν φόβῳ πολλῷ; cf. Aesop. K., N. 284, p. 186 ἐγίνετο ἔξυπνος.

Ce fait doit s'expliquer par l'influence du verbe ἐξυπνίζω, ἐξυπνίζομαι. Du simple ὑπνῶ, qui survit dans la langue commune, on forme tout d'abord un composé ἐξυπνῶ, *je me réveille*, c.-à-d. le contraire de ὑπνῶ. On avait déjà un modèle dans ἐξυπνίζω, ἐξυπνίζομαι. Le verbe ἐξυπνίζω semble faire son apparition vers le ιιᵉ s. A. D. Les grammairiens attiques le proscrivent à cette époque; cf. Lob. Phryn. 224 Ἐξυπνισθῆναι οὐ χρὴ λέγειν, ἀλλ' ἀφυπνισθῆναι; Moer., N. 61, p. 56 Ἀφυπνίσαι (voir ibid. n. 8), Ἀττικῶς· ἐξυπνίσαι. Ἑλληνικῶς; Herod. Philet., N. 448, p. 406 Ἀφυπνίσαι μᾶλλον, οὐχὶ ἐξυπνίσαι; un écho de ces proscriptions se retrouve chez Thom. M., 18, 9 Ἀφυπνίζω καὶ διυπνίζω, οὐκ ἐξυπνίζω, et chez Georges Lecapène, dans les Lect. Mosq. I, p. 59 Ἀφυπνίσαι ἀττικῶς· ἐξυπνίσαι δέ οὐκ ἔστιν. En effet, ἀφυπνίζομαι était en usage dès l'époque attique ; cf. Eur. Rhes. 25 ὄτρυνον ἔγχος αἴρειν, ἀφύπνισαν ; Meineke, II, 1, p. 349, XXXI "Ἴν' ἀφυπνισθῇτ' οὖν ἀκροᾶσθ', ἤδη γὰρ καὶ λέξομεν (cf. Bekk. An. I, 473, 8 dans la Συναγωγὴ λέξεων χρησίμων ἐκ διαφόρων σοφῶν τε καὶ ῥητόρων πολλῶν, Ἀφυπνισθῆναι : τὸ ἐξ ὕπνου ἐγερθῆναι. Φερεκράτης· ἵν' ἀφυπνισθῇτ' οὖν, ἀκροᾶσθ. ἤδη γὰρ καὶ λέξομεν); Meineke, II, 1, p. 174, v, Ἀφυπνίζεσθαι...χρὴ πάντα θεατὴν ἀπὸ μὲν βλεφάρων αὐθημερινῶν ποιητῶν λῆρον ἀφέντα.(Cratinus); Long. Pastor. I, 25 Ὀκνῶ δὲ καὶ μὴ φιλήσας αὐτὴν ἀφυπνίσω (plus haut ἔλαθεν ἡ Χλόη κατανυστάξασα); Plut. Nicias, c. IX (III, 12, 8) τοὺς ἐν εἰρήνῃ καθεύδοντας οὐ σάλπιγγες, ἀλλ' ἀλεκτρυόνες ἀφυπνίζουσι ; Polyaen. IV, 6, 8 (191, 15) οἱ μὲν ἔτι καθεύδοντες, οἱ δὲ ἄρτι ἀφυπνίζοντες ; Philostr., V. Ap., IV, 45 (= I, 164, 5) ἀφύπνισε τὴν κόρην τοῦ δοκοῦντος θανάτου ; Ael. v. h. I, 13 ὁ δὲ κύων, ὅσπερ οὖν αὐτῷ παρεκάθευδεν... ὑλάκτει καὶ ἐκ τούτων ὁ Γέλων ἅμα τε ἀφυπνίσθη καὶ τοῦ δέους ἀφείθη ; Heliod. Aeth. VI, 14 ἡ Χαρίκλεια δὴ οὖν οὐδὲ τὰ πρῶτα ἀδεῶς κατοπτεύουσα, τότε δὴ καὶ ὑπέρριπτε, καὶ... τὸν Καλάσιριν ἀφύπνιζέ τε καὶ θεατὴν γενέσθαι τῶν δρωμένων παρεσκεύαζεν ; Chrysost. Hom. 42, III, in Act. Ap. (= 60, 300) καὶ διεγείροντα καὶ ἀφυπνίζοντα τοὺς μαθητάς ; en revanche, Nic. Ther. 546 ἀφύπνισσεν est une conjecture de Bentley (voir ib. v. l.) et ne peut ici entrer en ligne de compte.

La recommandation que les grammairiens mentionnés faisaient du verbe ἀφυπνίζομαι en explique également l'emploi littéraire chez quelques écrivains byzantins ; Agath. 134, 9 ἀφυπνισθεὶς δὲ ἀθρόον ὑπὸ τοῦ δέους ; Patric. 131, 6 μετὰ ταύτην τὴν ὄψιν ἀφυπνισθεὶς ὁ Κωνστάντιος ; Niceph. Br. 78, 13 ἀφύπνιζε (voir ci-dessus) ; Nicet. Akom. 89, 22 ἀφυπνίζειν ; Eust. H., A, 60, 13 (I, 52, 2) ἀφυπνίζει τὴν αὐτοῦ κοιμωμένην ὀξυτόνησιν ; Eust. op. 67, 10 ἀφυπνισθείς ; 110, 32 ἀφυπνίσω ἐχθροὺς εὕδοντας ; 116, 73 εὕδουσαν ἀφυπνίζει ; 255, 5 εἴ που καὶ ἐκοιμᾶτο, ἀφυπνίσαντες ; 275, 7 ἀφυπνίζοντο ; 313, 58 ἀφυπνίζων ἐξήγειρε.

Quel que soit l'usage fréquent de ce verbe sous le patronage des grammairiens, il ne résiste pas à la concurrence que lui fait ἐξυπνίζομαι. La victoire de ce dernier s'explique par l'extension croissante de la préposition ἐξ dans les verbes composés. Nous sommes sans lumière sur l'histoire de cette préposition, qui demanderait une étude spéciale ; nous nous contentons de signaler deux faits : l'usage dominant de ἐκ dans Polybe, cf. Krebs, Pol. Praep., 8 (ἐκ 2130, περί 1114, ὑπό 620 fois); le second fait, qui n'est pas moins intéressant, nous est fourni par l'abondance énorme dans la langue moderne des verbes avec ξε-, ξεκάνω, ξεβγάζω, ξεδιδώνω, ξεφορτώνω, ξημερώνω etc. etc., voir les lexiques. C'est ainsi qu'à la place de ἀφ-υπνίζομαι, nous voyons apparaître ἐξ-υπνίζομαι; en dehors des témoignages des grammairiens, on peut rapprocher Testam. XII Patr. 1104 D ἐξυπνισθῆναι αὐτὸν τὸ πρωΐ; V. T. Job. XIV, 12 καὶ οὐκ ἐξυπνισθήσονται ἐξ ὕπνου αὐτῶν; et, à ce passage, Theod. dans Orig. Hex. II. 27 ἐξυπνισθήσεται ἐκ τοῦ ὕπνου αὐτοῦ; V. T. Judd. XVI, 14 καὶ ἐξυπνίσθη ἀπὸ τοῦ ὕπνου (Orig. Hex. I, 454, à ce passage, quelques mss donnent ἐξηγέρθη); V. T. III, Reg. 3, 15 ἐξυπνίσθη Σολωμῶν (p. 413); N. T. Jo. 11, 11 Λάζαρος ὁ φίλος ἡμῶν κεκοίμηται· ἀλλὰ πορεύομαι ἵνα ἐξυπνίσω αὐτόν; Plut. Ant. XXX (IV, 372, 23) Μόλις οὖν ὥσπερ ἐξυπνισθεὶς καὶ ἀποκραιπαλήσας ὥρμησε; Plut. Mor. W. 979 D De Solert. anim. XXIX (IV, 2, 972) Ἀλλὰ τοῦ γεράνου σοφὸν ἡ τῆς λίθου περίδραξις, ὅπως προϊεμένη πυκνὸν ἐξυπνίζηται; ibid. 979 E οὕτω δ' ἐξυπνισθεὶς ἀναρροιζεῖ, καὶ πάλιν ἄνω γενόμενος ἐνδίδωσι; Orig. Hex. II, 359 = Prov. XXIII, 35 ἐξυπνισθήσομαι dans Aq. Symm. Theod., mais ὄρθρος ἔσται dans les Sept., V. T. Prov. XXIII, 35; Orig. Hex. II, 160 = Ps. XLIII, 24 Symm. ἐξύπνισον, Aq. ἐξεγέρθητι, Ἄλλος· ἐξυπνίσθητι, Sept. ἀνάστηθι; Orig. Hex. II, 8 = Job. III, 8, Aq. οἱ παρεσκευασμένοι ἐξεγεῖραι Λευιαθάν, Symm. οἱ μέλλοντες διεγείρειν τὸν Λευιαθάν, Theod. οἱ ἕτοιμοι ἐξυπνίσαι δράκοντα (Sept. ὁ μέλλων τὸ μέγα κῆτος χειρώσασθαι); Gregor. Naz., Or. II, 62 C (XXXV, 1, p. 508 C) εἰς τὸ τῆς λύπης ἑαυτὸν ἔρριψε πέλαγος· καὶ διὰ τοῦτο χειμάζεται, καὶ καθεύδει, καὶ ναυαγεῖ, καὶ ἐξυπνίζεται, καὶ κληροῦται, καὶ ὁμολογεῖ τὴν φυγήν, καὶ καταποντίζεται, καὶ ὑπὸ τοῦ κήτους καταπίνεται; Basil. Ep. XLII, 2 (127 B = t. 32, 352 B) Ὁ γὰρ ἡδέως λαλῶν τὰ τῶν ἁμαρτωλῶν ἑτοίμως καθ' ἑαυτοῦ ἐξυπνίζει τὰς ἡδονάς; Reg. brev. XLIII (t. 31, 1109 C προσέξει τῷ ἐξυπνίζοντι (bis), ἐξυπνισθεὶς ibid. (le premier intransitif?); Aesop. K., N. 284, p. 186 ἐξυπνίζῃ; voir ib. (p. 185) ἐγρηγόρει, ὑπνοῖς (voir ci-dessus), à côté de ἐγείρῃ (cf. ταχέως διεγείρῃ ib. p. 186), p. 185 εἰς ὕπνον ἐτρέπετο, p. 186 ἐγίνετο ἔξυπνος; Leont. Cypr. 1740 D ἐξυπνισθέντος οὖν τοῦ ἀρρώστου; cf. Ann. Comn. I, 100, 3 διυπνισθείς... ἐξῄει.

Ces derniers exemples nous mettent sur la voie : ἐξυπνίζω veut dire à la fois *réveiller* (voir ci-dessus le N. T. et Basil.) et *se réveiller* (Symm. ci-dessus). C'est ainsi que sous l'influence de ἐξυπνίζω, transitif, en regard de ἐξυπνίζομαι, intransitif, ἐξυπνῶ a fini par prendre le sens actif qu'il a aujourd'hui; en retour, ἐξυπνίζω s'est laissé lui-même contaminer par le sens intransitif de ἐξυπνῶ, que nous lui voyons dans Symmaque (ci-dessus). Mais ἐξυπνῶ arrive à évincer complètement ἐξυπνίζω et ἐξυπνίζομαι, inconnus de nos jours, du moins dans la langue commune : et cette double acception de ἐξυπνῶ tient, comme nous l'avons dit, à deux causes : d'abord, à ce que le simple ὑπνῶ survit à l'époque postclassique, d'où le composé ἐξυπνῶ ; ensuite, à ce que l'emploi parallèle, à un certain moment, de ἐξυπνίζω et ἐξυπνῶ, permet à celui-ci de devenir actif à son tour. Dès lors, deux mots sont inutiles pour remplir le même emploi, et ξυπνῶ reste seul dans la langue.

Les destinées de ce verbe nous ouvrent ainsi un jour sur une terre encore inexplorée : l'histoire lexicologique du néo-grec, nous pouvons dire tout aussi bien du grec ancien[1]. Car, il serait vain, sinon impossible, de vouloir s'occuper du lexique paléo-grec, sans le suivre jusqu'à nos jours ; nous ne connaîtrons jamais la valeur d'un mot, les nuances de sens qu'il revêt, son emploi dans les auteurs classiques, tant que nous ne serons pas informés de ses destinées ultérieures ; l'exemple de ὑπνῶ le prouve mieux que tout le reste. Voilà un verbe qui, étudié au point de vue ancien seulement, serait immédiatement classé, comme il l'a été jusqu'ici, dans le vocabulaire poétique. Notre monographie nous démontre que cette classification est dépourvue de justesse. Ce que l'on appelle poétique est tout simplement extra-attique. A côté de l'attique, vivaient encore des vocabulaires locaux, qui pouvaient, à l'occasion, apporter à la langue commune leur contingent lexicologique[2]. Telle est la double conclusion à laquelle aboutit cette courte étude ; elle cherche à s'inspirer surtout de la méthode générale à suivre dans ce genre de recherches. L'état moderne de la langue nous renseigne ici sur le vocabulaire ancien. Depuis les poètes, depuis Homère

---

1. Ce point de vue perce à peine chez Autenrieth, Griech. Lexikogr. 605, 2. Les références de l'auteur ne sont pas très heureuses. L'ouvrage auquel il renvoie n'a jamais été au courant d'aucune question.

2. On voit qu'il s'agit ici du *vocabulaire* et non des formes dialectales, puisque ὑπνῶ lui-même ne se distingue en rien des formes de la langue commune.

et depuis Hérodote, le verbe ὑπνῶ, inconnu à l'époque classique et, par là, mis, en quelque sorte, hors de mode, devait être toujours vivant, puisqu'il reparaît dans la κοινή, à l'heure où l'attique subit mille atteintes, et qu'il se retrouve encore aujourd'hui dans ξυπνῶ, qui appartient au vieux fond populaire de la langue.

Paris, Juin 1892.

POST-SCRIPTUM

AU MÉMOIRE PRÉCÉDENT

(ἔνι *dans Sophocle, les tragiques et dans le Spanéas*)

Par JEAN PSICHARI

On a vu par le mémoire précédent que certains mots réputés poétiques n'avaient jamais en réalité complètement disparu du vocabulaire courant. L'histoire du grec nous montre la continuité de ces mots à travers les siècles. Mais le terme étudié était un terme extra-attique ; il ne nous donne pas de renseignement direct sur l'époque attique elle-même ; il nous apprend seulement ce qui n'était pas usité à cette époque. Peut-être y aurait-il à tirer de l'état moderne ou plutôt de l'évolution du grec, envisagé dans son ensemble, quelques vues plus précises sur l'atticisme. Il est un problème qui intéresse au vif l'hellénisme et la culture classique : nous voudrions savoir où les écrivains de la belle époque — bornons-nous, pour le moment, aux tragiques — puisaient les éléments de leur style ; se servaient-ils des mots courants ? jusqu'à quel point leur vocabulaire était-il populaire ? dans quelle mesure suivaient-ils la tradition ? qu'est-ce qui constituait à leurs yeux la langue *littéraire* et par quoi celle-ci se distinguait-elle de la langue de la conversation, notamment en ce qui touche le lexique ? Peut-on arriver à reconnaître, à isoler les uns des autres les éléments divers dont leur style se compose ? C'est pour les tragiques surtout — nous ne parlons pas des chœurs — que la question se pose d'une façon toute spéciale. La petite brochure de Tycho Mommsen a fait époque ; Tycho Mommsen (σ. u. μ. c. gen. b. Eur., 2 suiv.) a signalé chez Euripide l'usage de μετά avec le gén., en regard de σύν avec le dat., et cet usage est conforme à celui de la prose, *der attischen Umgangsprache* (ibid.). C'est ainsi que l'auteur finit par découvrir chez Euripide, en étudiant cette particularité et d'autres du même genre, ce qu'il appelle la *Zunahme des prosaischen Ausdrucks* (ib.). Le critère de Tycho

Mommsen est celui que de pareilles recherches nous indiquent d'elles-mêmes ; il compare la langue des poètes à celle des prosateurs, et, par une statistique rigoureuse, obtient des résultats significatifs. D'autres fois, quand il laisse les poètes de côté, il parvient à expliquer, en ne s'arrêtant qu'à certaines nuances de pure psychologie ou de morale, l'emploi croissant de δεῖ et de βούλομαι au lieu de χρή et de ἐθέλω (op. cit., p. 2, n. 2). Ce critère est, en quelque sorte, aussi sûr (voir ibid.) que celui qui nous est offert par la comparaison du style de la tragédie avec les poèmes homériques ; quand une forme de l'épopée est inconnue aux prosateurs et ne se retrouve que chez les tragiques, il est évident que ces derniers ne se conformaient pas à l'usage courant, mais qu'ils puisaient dans la tradition (voir pourtant Kühner-Blass, 384, § 105, ρ, pour κισι, σισι, et le critérium *épigraphique*).

La comparaison avec la prose nous fournit-elle toujours un critère suffisant ? Nous apprenons par la méthode de Tycho Mommsen qu'Euripide ne se servait pas exclusivement du vocabulaire poétique. Mais savons-nous du même coup si les prosateurs se servaient des locutions courantes ? Voici, par exemple, un cas fort douteux : Tycho Mommsen, op. cit., p. 2, n. 2, montre que βούλομαι exprime, dans le cercle des philosophes, une idée morale nouvelle ; il n'en résulte pas que le peuple ait aussitôt admis ou même connu l'expression. D'autre part, on sait que les prosateurs eux-mêmes innovent souvent (Thuc. Cr., I, 111). Il y aurait donc peut-être à fouiller plus avant dans une direction voisine de celle de Tycho Mommsen.

Suivons d'abord la méthode de Tycho Mommsen dans les monographies de Krebs. Tycho Mommsen établit que la construction de μετά avec le gén., au détriment de σύν avec le dat., favorisait aussi — car tout se tient — le développement du génitif au détriment du datif. Il faut se rappeler ici que dans Hésiode et dans Homère, σύν et μετά n'admettent que le dat. (Tycho Mommsen, π. u. μ. b. d. nachh. ep., 3 suiv.). Voici que maintenant, à son tour, l'accusatif l'emporte sur le génitif (Tycho Mommsen, π. u. μ. b. Eur., 2; Gr. Präp., I, 34 suiv.; voir ibid. l'historique ; il descend jusqu'aux byzantins). Krebs. Pol. Praep., 6 et suiv.) aboutit, de son côté, aux mêmes résultats pour Polybe. Descendons plus loin maintenant dans l'histoire : nous voyons qu'aujourd'hui : 1° l'accusatif l'a définitivement emporté sur le datif, et que : 2° le gén. cède devant l'accus. (Mondry Baudouin, Cypr., 66); cela est surtout vrai pour le pluriel; le singulier résiste encore (Essais, II, 59), et la lutte se poursuit ainsi depuis l'antiquité. Le grec ne se dément pas dans sa continuité historique.

N'y a-t-il pas moyen maintenant d'envisager du même biais la question du vocabulaire chez les tragiques, c.-à-d. précisément la question tout à l'heure posée au sujet des éléments populaires et littéraires dans le style de la tragédie? Choisissons un exemple. Nous voyons par Sophocle lui-même qu'à ses yeux ἔνι est le synonyme de ἔνεστι. Soph. El. 1031 Ἄπελθε· σοὶ γὰρ ὠφέλησις οὐκ ἔνι. Ibid., v. 1032, à la réplique : Ἔνεστιν· ἀλλὰ σοὶ μάθησις οὐ πάρα. Sophocle connaît bien cet ἔνι; cf. OR. 170, 598, 1239; OC. 1133, 1232; Phil. 648 (et Soph. fr., 855, 7); ailleurs il dit ἔνεστι (*inest*) : Soph. Oc. 116; El. 370, 1032 (ci-dessus), 1244, 1328 (Soph. fr. 238, 1; 855, 10); aucun de ces passages n'est douteux. Commençons par constater que Sophocle s'exprime ici exactement comme Euripide. Cf. Eur. W. 702 : Ἔνεστι δ'οἶκτος, ἔνι δὲ καὶ θυμὸς μέγας (cf. Eur. Ind.; Aesch. fr., III, 25, 4; 26, 1; 212, 1; 259; 641, 2; 1052, 5; ἔνι 67, 5; 131, 2; 166, 1; 710, 2; 854, 2): Sophocle et Euripide parlent comme Aristophane : Ar. Nub. 486-487 : ἔνεστι δῆτά σοι λέγειν ἐν τῇ φύσει; λέγειν μὲν οὐκ ἔνεστ'ἀποστερεῖν δ'ἔνι. Observons également que ἔνι est connu de la prose attique (H. S., s. v. ἔνειμι) et remontons maintenant plus haut dans le passé; ἔνι est attesté pour Homère en nombre d'endroits : Σ, 53; Υ, 248; Ψ, 104; ε, 846; ι, 126; λ, 367; σ, 355; φ, 288 (pl.).

Voilà ce que nous fournit la méthode à peu près employée jusqu'ici. Mais tout d'abord il n'est peut-être pas indifférent de savoir que ce même ἔνι se retrouve dans la grécité postérieure; cela, déjà, nous fera faire un pas de plus. Il suffit pour le moment de regarder S., s. v. ἔνι; ce n'est pas ici le lieu d'examiner si, dans les passages cités par Sophoclis, ἔνι a le sens de *est* ou celui de *inest*; ce dernier semble toujours préférable, vu le contexte : N. T., I Cor. VI, 5 οὐκ ἔνι ἐν ὑμῖν οὐδεὶς σοφός; Gal. III, 28 οὐκ ἔνι Ἰουδαῖος οὐδὲ Ἕλλην... ἅπαντες γὰρ ὑμεῖς εἷς ἐστε ἐν Χριστῷ Ἰησοῦ; Col. III, 11 ὅπου οὐκ ἔνι Ἕλλην καὶ Ἰουδαῖος (*ubi*); Jac. I, 17 παρ' ᾧ οὐκ ἔνι παραλλαγή (*apud quem*); V. T., Sir. 37, 1 οὐχὶ λύπη ἔνι ἕως θανάτου; se traduit bien par : Nonne tristitia *inest* usque ad mortem? Nulle part le sens de ἐστί n'est très franc. Je sais bien que la nuance est délicate; Xen. Eq. IV. 2 ἢ τὸ σῶμα ὑπεραιμοῦν δεῖται θεραπείας ἢ κόπου ἐνόντος δεῖται ἀναπαύσεως, la différence pour nous est bien légère ; cependant, κόπου ὄντος ne serait plus grec. Ce qui fit douter pour le N. T., c'est que ἔνεστι ne s'y trouve pas. Plus tard, dans Jo. Mosch. 2985 D Τί ἔνι, ἀββᾶ Ζώσιμε ; il y aurait encore à la rigueur une nuance de *in: qu'y a-t-il ?* (voir les autres exemples dans Sophoclis). Ce qui nous occupe ici, c'est l'emploi du mot plutôt que son sens précis. A ce point de vue, le témoignage de Spanéas, poème en grec *vulgaire* du XIIe s. (Mélanges Renier, 282), acquiert une valeur nouvelle : ἔνι y est dominant. Cf. Spaneas I, 13, 14, 15, 27, 81, 85, 93, 156, 214, 250, 257, 264, 270, 283 (2), 284 ; il est synonyme de ἐστί qui ne se lit qu'à un seul passage ; cf. Spaneas I, 14 (corriger, d'après cela, Essais, II, 214), et encore H. Pernot voudrait-il, à ce qu'il me semble avec raison, y rétablir ἔνι (voir ibid.). Ἔνεστι, dans ce poème et dans les autres du même genre, n'a laissé aucune trace. Voilà donc un mot que nous avons rencontré chez Sophocle et chez les tragiques (pour Eschyle, voir Lex. Aesch., s. v. ἔνειμι), et qui s'offre à nous maintenant au XIIe s., où il fait partie de la langue populaire. C'est donc que pendant cet espace de temps il n'a cessé de prospérer, c.-à-d. d'être vivant. En bonne méthode et à ne considérer que les résultats obtenus jusqu'ici, cela prouve, non pas absolument que ἔνι dans Sophocle soit vulgaire, mais, tout au moins, que plus tard cette forme ἔνι devient une forme des plus courantes, — une forme *vulgaire*.

Ce premier point acquis, ne cessons pas d'envisager le grec dans tout son développement historique et cherchons d'abord à savoir ce que ἔνι est devenu de nos jours. Comme il a été dit ailleurs (Essais, I, 69, n. 1, in f.), ἔνι, par une série de transformations analogiques, dont les textes médiévaux nous donnent les échelons et où la *phonétique* n'est pour rien, est représenté aujourd'hui par εἶναι, *il est*, forme à ce point dominante, que même dans les livres écrits en langue savante, elle a fini par s'imposer, à l'exclusion de ἐστί. Cette constatation nous met ainsi plus à l'aise pour juger de la valeur de ἔνι chez les attiques. Nous savons maintenant que d'Homère à nos jours, ἔνι s'est à la fois modifié quant à la forme et quant au sens ; cette modification même prouve l'emploi constant et séculaire de ce mot ; on ne peut modifier que les formes dont on se sert. Nous tenons donc les attiques par les deux bouts : nous avons Homère d'un côté, de l'autre, nous avons le grec de la minute même où nous parlons. Dès lors, il me semble que nous possédons un critère plus précis; il est évident que chez les tragiques, ἔνι n'a pas dû cesser d'être une forme vivante. Cette observation a surtout son importance pour Sophocle dont le style est toujours un peu plus tendu. Ajoutons que ἔνεστι ainsi que ἐστί ont complètement disparu du grec pour faire place à ἔνι; les premiers symptômes de cette lutte se laissent donc surprendre dès l'époque attique, chez Eschyle, Sophocle, Aristophane et Euripide; aussi est-il possible que chez les tragiques, ἔνι nous donne la forme courante en regard de la forme déjà littéraire ἔνεστι; il y aurait eu, dès ce moment, entre ces deux mots, la nuance que nous saisissons aujourd'hui en français entre *il y a* et *il est* (*il y a des gens* ou *il est des gens*); les deux locutions sont usitées; mais la première est assurément plus *vulgaire*. La voie à suivre dans les recherches de ce genre serait donc, il me semble, à peu près celle-ci : il faudrait commencer par s'informer de l'état actuel du grec, et, dans les cas de doublets comme ἔνι, ἔνεστι, voir quelle est celle des deux formes qui finit par l'emporter. C'est la *méthode statistique*. Ensuite, il faudrait, pour reconnaître les *vulgarismes* des classiques, établir le degré de *vulgarité* que présente, en persistant dans la grécité postérieure, la forme examinée; quand la transformation est définitive, en d'autres termes, quand elle est conforme aux lois du développement linguistique du grec, la forme ainsi modifiée mérite d'être sérieusement prise en considération. Cela nous donne le *critère historique*. Il n'est pas nécessaire qu'il y ait toujours, comme ici, des doublets en jeu. La transformation à elle seule prouve la continuité, c.-à-d. la vie. Si telle forme a vécu, c'est qu'elle était née viable. Et c'est exactement le point de vue auquel il importe de se placer dans l'étude des éléments qui constituent le style des classiques.

Il n'est pas indispensable de retrouver un mot dans Homère, avant de le chercher chez les tragiques ou les prosateurs et d'en constater ensuite l'existence aujourd'hui. Voici un exemple : χωρίον est absent des poèmes homériques, d'Eschyle et de Sophocle; nous le rencontrons seulement chez Euripide : Eur. fr., Sis. I, 39 (cf. Aesch. fr., p. 770, 772; Nauck, ib.) ἐν πρέποντι χωρίῳ; Hérodote l'emploie également; cf. Herodt., II, 10 τὰ χωρία (rapprochez Schmidt (Heinr.), Lat.

u. gr. Syn., p. 434, 2, p. 435, 4); Thuc. IV, 8, on lit aussi τὸ χωρίον; pour Demosthène et Lycurgue, voir Schmidt (Heinr.), op. cit., p. 435-436, et, pour les orateurs, Or. att. ind., p. 859 (très incomplet); voir aussi H. S., s. v. Maintenant, il n'est pas indifférent de savoir que χωριό est une forme aujourd'hui commune et partout employée. Ce fait nous permet d'établir une comparaison d'un nouveau genre entre le style d'Euripide et des autres tragiques, entre celui des poètes et des prosateurs (voir H. S., s. v.) : il y a donc chez Euripide, chez Aristophane (Ar. Nub. 209), chez Thucydide, Démosthène, etc., des formes qui plus tard sont devenues régnantes et qui font défaut chez Sophocle et chez Eschyle. Χωρίον, naturellement, est connu du N. T. (Matth. XXVI, 36); mais le N. T. dût-il ignorer le mot, le simple rapprochement entre l'état ancien et l'état moderne n'en serait pas moins suggestif. L'histoire du grec s'éclaire ainsi, dans toute son étendue, par les deux extrémités. L'essentiel est d'avoir admis une fois la doctrine du développement; or, elle ne fait plus de doute pour personne, et, on l'a vu, l'histoire littéraire elle-même peut profiter à cette doctrine. Peut-être y aurait-il donc quelque utilité à reprendre, à ce point de vue spécial, bon nombre d'écrivains anciens, je parle surtout des écrivains classiques. Pour ἔνι, le cas ne paraît guère douteux ; mais il est des problèmes plus difficiles et, par suite, plus passionnants; j'espère entreprendre une série de travaux dans ce sens, qui pourront former le second volume de ces Etudes. On peut avancer dès maintenant que toute coupure historique est artificielle et même arbitraire; le grec ne se laisse pas scinder en deux. Il n'est guère possible dans ces études de s'arrêter à un moment donné, puisque l'histoire ne s'arrête pas. S'enfermer dans l'époque classique, sans regarder au delà, ce serait, en quelque sorte, perdre de vue la réalité. La langue qu'ont parlée les maîtres a été parlée depuis par un peuple entier; il s'agit donc de mettre à part ceux des éléments de ce style qui ont persisté. Il suffit, en un mot, d'introduire l'histoire dans ces études. L'idée d'évolution ne peut manquer d'être féconde dans toutes les opérations philologiques. Quelquefois une simple comparaison entre le passé et le présent, nécessairement mieux connu, puisqu'il est à proximité, peut servir. Pour la constitution des poèmes homériques, à ne considérer que le mélange des formes, il n'est pas inutile de constater par l'analyse un mélange de formes analogue dans les productions populaires modernes (Essais, I, CLIX); les aperçus que nous pouvons acquérir aujourd'hui sur la formation des langues communes par égard aux patois locaux, le jour que nous ouvrent ces recherches sur le phénomène étrange qui nous frappe en Grèce des *langues dialectales communes* ou des *langues littéraires populaires* (Essais, II, CXLIX) peuvent nous faire envisager sous un aspect nouveau la question compliquée du style et de la langue d'Hérodote (Rev. des Et. gr., I, 198). Ce ne sont plus là, il est vrai, que des analogies dont le détail demanderait à être suivi et pourrait devenir instructif, mais qui ne rentrent pas précisément dans le cadre tracé tout à l'heure pour ἔνι, qui s'est conservé et développé. Sur un tout autre domaine pourtant, sur celui de la mythologie, l'histoire de Charon nous offrirait le pendant exact de χωρίον, où le lexique seul est mis en cause. Charon, lui aussi, est postérieur à Homère ; cf. Eust. H., κ, 502, p. 1666, 36 (= Od. I, 391, 12) : ὁ γὰρ πορθμεὺς Χάρων καὶ τὸ κατ' αὐτὸν πλοιάριον μεθ' Ὅμηρον μεμύθευται (voir Pottier, Léc. att., 43 suiv.). Or, Charon est, par excellence, le dieu de la mythologie moderne (B. Schmidt, Volksl. d. Ng., 222 suiv.). Il n'est donc pas superflu de savoir que ce dieu postérieur à Homère est précisément celui qui, suivant la loi générale du développement, a eu la plus grande fortune (cf. Essais, I, VII, n. 1); χωρίον, de même, a prospéré au détriment de χῶρος, parce que χωρίον était le dernier venu. Pour les idées religieuses des Grecs, comme tout à l'heure pour le vocabulaire des classiques, il est bon de savoir à la fois en quoi les tragiques diffèrent d'Homère et se rapprochent des temps modernes. Eschyle (voir Lex. Aesch., s. v.) et Sophocle (Lex. Soph., s. v.) ignorent Charon, comme Homère ; Euripide (Eur. Alc. 254, 361) et Aristophane (Ar. Ran. 183 ; cf. Rev. de philol., 1891, t. XV, 2, p. 155) le connaissent; après eux, il devient de plus en plus populaire (Preller, Gr. Myth., 672-673 ; Roscher, Myth. Lex., s. v. ; B. Schmidt, ci-dessus); ce sont, à peu près exactement, les résultats que nous avons obtenus pour χωρίον. Avec la mythologie, il est vrai, nous sommes sur un terrain moins solide que celui de la pure philologie ou de la phonétique, grâce à laquelle nous pouvons parfois, à ce qu'il semble, restituer les formes de la κοινή par l'étude comparée des patois modernes (voir Pernot, Inscr. Par., 63, n. 2). Mais les rapprochements mythologiques ne sont pas eux-mêmes à dédaigner, et c'est peut-être le cas pour le témoignage d'Eustathe, renforcé par l'état moderne.

En somme, l'histoire étant continue, il y a un perpétuel échange de services entre nous et le monde antique. Il nous importe de savoir, pour le développement de l'accusatif, qu'Euripide favorise ce cas, comme il importe à Euripide que les mots, favorisés par lui, aient prospéré, et que ceux qu'il abandonne aient disparu. Cette remarque s'applique à Eschyle et à Sophocle ainsi qu'aux prosateurs. Le grec, même à n'envisager que le côté littéraire, s'expliquera toujours mieux par ses destinées ultérieures, puisqu'en définitive il se parle encore, s'il ne s'écrit pas toujours.

TABLE DES MATIÈRES

PRÉFACE. — (Préambule, i-iv ; Objet de ce livre, Néo-grec et roman, ii ; Frontières de nos études, iii.
I. — Grammaire historique. Histoire intérieure du grec, iv-xvii. — L'infinitif grec, iv ; La préposition εἰς, v ; Mouvement et repos, vi ; Emploi mixte, vii ; ἐς δόμους μένειν, viii ; Analogies sporadiques, ix ; Continuité du grec, x ; Anciennes théories, xi ; Sophocle et Spanéas, xii ; Monographies grammaticales, xiii ; L'Erophile, xiv ; Critique des témoignages, xv ; Langue littéraire moderne, xvi.
II. — Grammaire historique. Les dialectes anciens. Les patois modernes, xvii-xli. — Suprématie d'Athènes, xvii ; Sophoclis, xviii-xix ; Monographies dialectales, xx ; Histoire dialectale du grec, xxi ; Les inscriptions, xxii-xxiii ; Les textes médiévaux, xxiv ; Méthode historique, xxv ; Les survivances dialectales, xxvi ; Le tzaconien, xxvii ; Inscriptions métriques de Paros, xxviii ; Investigations dialectales, xxix ; xxx ; Dialectes et langue commune, xxxi ; Biographie des sujets parlants, xxxii ; Documentation dialectale, xxxiii ; Milieux psychologiques, xxxiv-xxxv ; Corrélations phonétiques, xxxvi ; Expiration et genèse des phénomènes, xxxvii ; Les hypothèses phonétiques, xxxviii ; Patois et langue commune, xxxix ; Lexicologie historique, xl-xli.
III. — Histoire extérieure du grec. Rome et le latin, xli-lv. — Philologie hellénique, xli-xlii ; Le latin en Grèce, xliii ; Invasion du latin, xliv ; Rome à Byzance, xlv ; La grande idée, xlvi ; Athènes, Rome et Byzance, xlvii ; L'élément latin en grec, xlviii ; Critérium phonétique, xlix ; Critérium documentaire, l ; Emprunts au latin vulgaire, li ; Emploi des mots latins, lii ; Latin juridique, liii ; Critériums paléographiques, liv.
IV. — Histoire littéraire. Romans français et byzantins, lv-lxix. — Histoire littéraire, lv ; Histoire littéraire et grammaire, lvi ; Imitations latines, lvii ; La Théséide de Boccace, lviii, lix, lx ; Romans byzantins, lxi, lxii ; Le Roman de Florimont, lxiii ; Le grec de Florimont, lxiv ; Grec d'Otrante et de Bova, lxv ; L'auteur du Florimont, lxvi ; La Grèce et l'Italie, lxvii ; Grammairiens byzantins, lxviii.
V. — Éléments grecs en turc osmanli. — Influences lexico-

LOGIQUES EXERCÉES ET SUBIES, LXIX-LXXXIV. — Influence turque, LXIX ; Le turc et le latin, LXX ; Migrations des mots, LXXI ; Élément grec et italien, LXXII ; Amour-propre national, LXXIII ; Lexique, LXXIV, LXXV, LXXVI, LXXVII, LXXVIII, LXXIX, LXXX, LXXXI ; Éléments slaves et romans, LXXXII, LXXXIII.

VI. — VARIA : DOMAINES VOISINS DE NOS ÉTUDES. QUESTIONS DE MYTHOGRAPHIE POPULAIRE. GRAMMAIRE COMPARÉE DES DIALECTES ROMAÏQUES. DICTIONNAIRE DE LA LANGUE NÉO GRECQUE, LXXXIV-XCVI. — Branches voisines, LXXXIV ; Épigraphistes et archéologues, LXXXV ; Noms de lieux, LXXXVI ; Mythologie et ethnographie, LXXXVII ; Charon, LXXXVIII ; Intermédiaires mythographiques latins, LXXXIX ; Études mythographiques, XC ; Tradition orale et littéraire, XCI ; La Chanson de la Pernette, XCII ; Le miroir importun, XCIII ; Explication de textes médiévaux, XCIV ; Grammaire et dictionnaire, XCV.

VII. — INDEX BIBLIOGRAPHIQUE, XCVI-CVI. — Index général, XCVI ; Les abréviations, XCVII ; Abréviations et renvois, XCVIII ; Les éditions, XCIX ; Les éditions anciennes, C ; Les indications essentielles, CI ; Les périodiques, CII ; Objet de l'index, CIII ; Les apparats critiques, CIV ; Difficultés des recherches, CV.

VIII. — TRAVAUX DES MEMBRES DE LA CONFÉRENCE, CVI-CXI. — Travaux de la conférence, CVI-CX.

IX. — CONCLUSION, CXI-CXX. — Conclusion, CXI ; État de nos études, CXII ; État de nos linguistes, CXIII ; Polémique athénienne, CXIV ; Troubles linguistiques, CXV ; Les dialectes à la course, CXVI ; Notation grecque des patois, CXVII ; Dialectes et langue nationale, CXVIII ; Philologie et littérature, CXIX ; CXX). . . . I-CXX

INDEX BIBLIOGRAPHIQUE. . . . . CXX-CCIII

LISTE GÉNÉRALE des abréviations usitées dans le présent volume. CCIV-CCVI

LISTE DES ERRATA. . . . . CCVII-CCXI

ESSAI HISTORIQUE SUR L'INFINITIF GREC, par D. HESSELING (professeur au gymnase de Delft). (I. NOTICE BIBLIOGRAPHIQUE ; OBJET DU PRÉSENT TRAVAIL, 1-2. — II. REMARQUES SUR L'INFINITIF EN GÉNÉRAL ET SUR L'INFINITIF GREC EN PARTICULIER, 2-7. — III. L'INFINITIF DU GREC NON CLASSIQUE ET DU GREC MÉDIÉVAL, 7-37. — IV. LES RESTES DE L'INFINITIF EN GREC MODERNE, 37-44). 1-44

ÉTUDES SUR LES SUBSISTANCES DIALECTALES EN NÉOGREC. — LES INSCRIPTIONS DE PAROS, par H. PERNOT (élève titulaire à l'École des Hautes-Études).

(I. — Les dialectes anciens en néo-grec. — Méthodes d'investigation. — Opinions et assertions de M. Chatzidakis au sujet de ces subsistances dialectales. — Attractions vocaliques. — Traitement du σ en tzaconien et en laconien, et l's des patois français. — θ = σ. — Rhotacisme. — Les dialectes grecs de l'Italie méridionale. — Pas de traces jusqu'ici de subsistances dialectales anciennes. — État de la question et position du problème, 44-66.

II. — Le dialecte ionien à Paros. — Extinction graduelle de ce dialecte. — Influence attique. — Prédominance des formes communes. — Histoire dialectale d'après les inscriptions, 66-73.

III. — Les formes poétiques retardataires dans les inscriptions métriques postérieures. — Le N. 2415 du C. I. G. — Analyse des formes de cette inscription au point de vue dialectal. — Leur provenance diverse ; formes doriennes, ioniennes, poétiques, communes. — Preuves indirectes de la disparition des anciens dialectes, 73-82). 44-82

INFLUENCE DU LATIN SUR LE GREC, par L. LAFOSCADE (licencié ès lettres, boursier d'agrégation à la Faculté des lettres). (I. LES CONTACTS MILITAIRES, 85-91. — II. LES CONTACTS OFFICIELS, 91-100. — III. LA CONTAGION DU LATIN, 100-119. — IV. DE CONSTANTIN A JUSTINIEN, 119-131. — V. L'OUBLI DU LATIN A PARTIR DE JUSTINIEN, 131-143. — VI. CAUSES DE LA RÉSISTANCE DU GREC, 143-158). 82-158

LEXIQUE DES MOTS LATINS DANS THÉOPHILE ET LES NOVELLES DE JUSTINIEN, par J. G. TRIANTAPHYLLIDÈS (docteur en droit ; élève titulaire à l'Ecole des Hautes-Etudes).

(REMARQUES PRÉLIMINAIRES, 159-161. — § 1. VALEUR HISTORIQUE DE LA PARAPHRASE AU POINT DE VUE DU VOCABULAIRE LATIN, 161-167. — § 2. TRANSCRIPTION DES MOTS LATINS DANS LES TEXTES JURIDIQUES, 167-199. — § 3. ORTHOGRAPHE GRECQUE DES MOTS LATINS, 199-254. [Par JEAN PSICHARI]. 158-254

LEXIQUE DES MOTS LATINS DANS THÉOPHILE ET LES NOVELLES. . 255-277

ΚΕΛΑΗΔ῀Ω, par JOHN SCHMITT. 278

LA THÉSÉIDE DE BOCCACE ET LA THÉSÉIDE GRECQUE, par JOHN SCHMITT (Dr en philologie de l'Université de Munich).

(I. SOURCES DE LA THÉSÉIDE DE BOCCACE, 279-314. — II. LA THÉSÉIDE GRECQUE, 314-323. — IMPORTANCE HISTORIQUE ET LITTÉRAIRE DE LA THÉSÉIDE GRECQUE, 323-333. — APPENDICE I (Passages grecs de la Théséide), 334-339. — Appendice II (Les huit octaves grecques absentes du texte italien), 340-345. . . 279-345

WOHER STAMMT DAS WORT ZIFFER (CHIFFRE) ? Par KARL KRUMBACHER. 346-

ΞΥΠΝ῀Ω. Etude de lexicologie historique, par M. PERNOT (élève à l'Ecole des Hautes-Etudes). 357-366

POST-SCRIPTUM AU MÉMOIRE PRÉCÉDENT ("Ἐνι dans Sophocle, les tragiques, et dans le Spanéas). Par JEAN PSICHARI. . . 367-374

www.ingramcontent.com/pod-product-compliance
Lightning Source LLC
Chambersburg PA
CBHW070357230426
43665CB00012B/1154